# 国际私法
## 原理与案例

Private International Law
Cases and Materials

# 国际私法

## 原理与案例

冯霞 ◎著

北京大学出版社
PEKING UNIVERSITY PRESS

图书在版编目(CIP)数据

国际私法:原理与案例/冯霞著. —北京:北京大学出版社,2017.6
ISBN 978-7-301-28242-7

Ⅰ.①国… Ⅱ.①冯… Ⅲ.①国际私法—高等学校—教材 Ⅳ.①D997

中国版本图书馆 CIP 数据核字(2017)第 085395 号

| 书　　　名 | 国际私法——原理与案例 |
|---|---|
|  | GUOJI SIFA——YUANLI YU ANLI |
| 著作责任者 | 冯　霞　著 |
| 策 划 编 辑 | 郭栋磊 |
| 责 任 编 辑 | 郭栋磊 |
| 标 准 书 号 | ISBN 978-7-301-28242-7 |
| 出 版 发 行 | 北京大学出版社 |
| 地　　　址 | 北京市海淀区成府路 205 号　100871 |
| 网　　　址 | http://www.pup.cn |
| 电 子 信 箱 | law@pup.pku.edu.cn |
| 新 浪 微 博 | @北京大学出版社　@北大出版社法律图书 |
| 电　　　话 | 邮购部 62752015　发行部 62750672　编辑部 62752027 |
| 印 刷 者 | 北京鑫海金澳胶印有限公司 |
| 经 销 者 | 新华书店 |
|  | 730 毫米×980 毫米　16 开本　25.25 印张　538 千字 |
|  | 2017 年 6 月第 1 版　2017 年 6 月第 1 次印刷 |
| 定　　　价 | 69.00 元 |

未经许可,不得以任何方式复制或抄袭本书之部分或全部内容。
版权所有,侵权必究
举报电话: 010-62752024　电子信箱: fd@pup.pku.edu.cn
图书如有印装质量问题,请与出版部联系,电话: 010-62756370

# 前　言

对中国人而言,任何学习和研究都侧重于解决实际问题的考量,这种实践理性的法律观同西方那种逻辑分析式的法律观是大异其趣的。同样,中国人学习法律的目的也是为了运用,故对研习法律之人来说,要想取得理性的效果必须采取正确之方法。一般而言,用法找法的结果无非有三:(1)有可以适用的法律规范;(2)没有可适用的法律规范;(3)虽有规定,可由于其过于抽象,必须加以具体化。无论哪种情况,均需法律规范解释,或使之系统化或使漏洞得以弥补或使法律规范的价值得以补充。概言之,在西方,无论是分析法学派、历史法学派、哲学法学派、比较法学派,还是近代勃兴的社会法学派都无不侧重以研究典型案例的方法来阐述和解释法律的真义。可见,法律的学习和适用,都必将涉及法律的解释问题;而法律解释的重要方法之一即为案例的研究。申言之,法科学生绝不能仅专注于法律条文的分析,更不能只对现行法律条文穿凿附会,而应当在法律条文之外,对社会变迁、社会现状、社会发展趋势,有相应的了解,而要做到这一点,案例的研析便是最便捷的途径之一。而国际私法是以解决涉外民事关系法律适用为核心,包括规定外国人民事法律地位规范、冲突规范、统一实体规范和国际民事诉讼程序和国际商事仲裁程序规范在内的一个独立的法律部门。由此可见,本书《国际私法——原理与案例》对国际私法的原理与案例的研究具有同样重要的意义。

20世纪末叶至今,世界上许多国家或制定或修改了本国的国际私法,以适应本国的经济发展和经济全球化的形势,中国也不例外。2010年10月28日通过并自2011年4月1日起施行《中华人民共和国涉外民事关系法律适用法》(以下简称2011年《法律适用法》),是我国国际私法立法的一个里程碑,该法的颁布,有利于在涉外民商事审判中正确适用法律,平等地保护中外当事人的合法权益,最终保障涉外民事关系的正常发展。本书《国际私法——原理与案例》共分为十三章,将国际私法的基本原理与2011年《法律适用法》所有条文相结合,并将真实案例穿插于全书之中,以期使读者能对国际私法原理和2011年《法律适用法》的条文得以全面的理解与掌握。

本书坚持简洁、明了的特点,紧密联系我国法学教育的实际,贯彻理论联系实际的文风,力求通俗易懂,努力使这本法学教材反映当代国际私法发展成果。本书适合高等学校法学专业本科生作为教材使用,也是法学专业研究生、司法工作者的专业参考书。

冯　霞
2017年5月7日

# 目 录

**第一章 涉外民事关系法律适用法概论** ·········································· 1
    第一节 涉外民事关系法律适用法的调整对象 ································ 1
    第二节 国际私法基本原则在2011年《法律适用法》中的体现 ············ 12

**第二章 冲突规范与准据法** ······················································ 21
    第一节 冲突规范 ································································ 21
    第二节 连结点与系属公式 ···················································· 25
    第三节 准据法 ·································································· 28
    第四节 冲突规范适用中的几种制度 ········································ 31

**第三章 涉外民事关系法律适用法的主体** ···································· 57
    第一节 自然人 ·································································· 57
    第二节 法人 ····································································· 74
    第三节 国家 ····································································· 84
    第四节 国际组织 ······························································· 90
    第五节 外国人民事法律地位的几种制度 ··································· 92

**第四章 涉外婚姻家庭关系的法律适用** ······································ 96
    第一节 结婚关系的法律适用 ················································ 97
    第二节 离婚的法律适用 ····················································· 104
    第三节 涉外夫妻关系的法律适用 ·········································· 111
    第四节 亲子关系的法律适用 ··············································· 115
    第五节 收养关系的法律适用 ··············································· 118
    第六节 涉外监护与涉外扶养关系的法律适用 ··························· 121

**第五章 涉外继承关系的法律适用** ············································ 124
    第一节 遗嘱继承 ······························································ 124
    第二节 法定继承 ······························································ 131
    第三节 遗产管理的法律适用 ··············································· 138

第四节　无人继承财产的法律适用 …………………………………… 140

## 第六章　涉外物权关系的法律适用　143
　　第一节　物之所在地法原则 …………………………………………… 143
　　第二节　中国的涉外物权法律适用制度 ……………………………… 150

## 第七章　涉外知识产权关系的法律适用　160
　　第一节　知识产权关系的概述 ………………………………………… 160
　　第二节　知识产权关系的法律冲突及解决 …………………………… 163
　　第三节　我国涉外知识产权的法律适用 ……………………………… 169

## 第八章　涉外合同关系的法律适用　179
　　第一节　合同关系的法律适用概述 …………………………………… 179
　　第二节　合同关系法律适用的一般原则 ……………………………… 183
　　第三节　国际贸易合同关系的法律适用 ……………………………… 197
　　第四节　消费合同的法律适用 ………………………………………… 210
　　第五节　劳动合同的法律适用 ………………………………………… 214
　　第六节　代理合同的法律适用 ………………………………………… 218
　　第七节　信托合同的法律适用 ………………………………………… 220

## 第九章　涉外侵权关系的法律适用　225
　　第一节　侵权行为的概念及其法律冲突 ……………………………… 225
　　第二节　一般侵权行为的法律适用 …………………………………… 228
　　第三节　特殊侵权行为的法律适用 …………………………………… 235

## 第十章　涉外不当得利和无因管理的法律适用　253
　　第一节　不当得利的法律适用 ………………………………………… 253
　　第二节　无因管理的法律适用 ………………………………………… 256

## 第十一章　国际民事诉讼　261
　　第一节　国际民事诉讼概述 …………………………………………… 261
　　第二节　国际民事诉讼管辖权 ………………………………………… 270
　　第三节　财产保全与证据保全 ………………………………………… 285
　　第四节　国际民事司法协助 …………………………………………… 289
　　第五节　域外送达 ……………………………………………………… 292
　　第六节　域外调查取证 ………………………………………………… 297
　　第七节　国家间法院判决承认与执行 ………………………………… 302

## 第十二章　国际商事仲裁 ……………………………………………………………… 309
第一节　国际商事仲裁概述 …………………………………………………… 309
第二节　国际商事仲裁协议 …………………………………………………… 316
第三节　国际商事仲裁程序 …………………………………………………… 337
第四节　国际商事仲裁裁决的撤销制度 ……………………………………… 346
第五节　国际商事仲裁裁决的承认与执行 …………………………………… 352

## 第十三章　区际私法 …………………………………………………………………… 361
第一节　区际法律冲突和区际私法 …………………………………………… 362
第二节　中国区际法律冲突及其解决模式 …………………………………… 364
第三节　中国各法域间解决区际法律冲突的实践 …………………………… 370

## 跋 …………………………………………………………………………………………… 396

# 第一章
## 涉外民事关系法律适用法概论

我国于 2010 年 10 月 28 日通过《中华人民共和国涉外民事关系法律适用法》,共计 8 章 52 条,自 2011 年 4 月 1 日起施行(以下简称 2011 年《法律适用法》),这是我国国际私法立法史上的一个里程碑,标志着具有中国特色的法律体系已经基本建立。随后,最高人民法院在 2013 年 1 月 7 日起施行了《最高人民法院关于适用〈中华人民共和国涉外民事关系法律适用法〉若干问题的解释(一)》(以下简称 2013 年最高人民法院新司法解释〈一〉)。该法的颁布有利于在涉外民商事审判中正确适用法律,平等地保护中外当事人的合法权益,最终保障涉外民事关系的正常发展。对于涉外民事法律适用法的调整对象、调整范围、调整方法等基本理论问题,古今中外的学者都存在较大的分歧。本章仅就相关基础概念进行介绍,以后各章依次对涉外民事关系法律适用法的具体内容进行分析。

本章涉及 2011 年《法律适用法》相关条款:

第 1 条 为了明确涉外民事关系的法律适用,合理解决涉外民事争议,维护当事人的合法权益,制定本法。

第 2 条 涉外民事关系适用的法律,依照本法确定。其他法律对涉外民事关系法律适用另有特别规定的,依照其规定。

本法和其他法律对涉外民事关系法律适用没有规定的,适用与该涉外民事关系有最密切联系的法律。

第 3 条 当事人依照法律规定可以明示选择涉外民事关系适用的法律。

第 4 条 中华人民共和国法律对涉外民事关系有强制性规定的,直接适用该强制性规定。

第 5 条 外国法律的适用将损害中华人民共和国社会公共利益的,适用中华人民共和国法律。

第 6 条 涉外民事关系适用外国法律,该国不同区域实施不同法律的,适用与该涉外民事关系有最密切联系区域的法律。

第 7 条 诉讼时效,适用相关涉外民事关系应当适用的法律。

## 第一节 涉外民事关系法律适用法的调整对象

法律依据其调整对象的不同而划分为不同的部门。人们把调整在国际交往中所产生的民商事法律关系的法律,称为涉外民事法律适用法。因此,涉外民事法律适用法的调整对象即是涉外民事关系,从一个国家的角度而言,也即涉外民商事关系,也可以简称为涉外民事关系。

## 一、涉外民事关系的概念和特征

涉外民事关系,又称国际民事关系,是指主体、客体和法律事实方面含有一个或一个以上涉外因素的民商事法律关系。2013年1月7日施行的最高人民法院《关于适用〈中华人民共和国涉外民事关系法律适用法〉若干问题的解释(一)》(以下简称新司法解释(一))第1条规定:"民事关系具有下列情形之一的,人民法院是可以认定为涉外民事关系:(1)当事人一方或双方是外国公民、外国法人或者其他组织、无国籍人;(2)当事人一方或双方的经常居所地在中华人民共和国领域外;(3)标的物在中华人民共和国领域外;(4)产生、变更或者消灭民事关系的法律事实发生在中华人民共和国领域外;(5)可以认定为涉外民事关系的其他情形。"

▶ 典型案例

【案情】[①]

原告俄罗斯甲公司与被告中国乙旅行社签订了关于俄罗斯汽车、摩托车特技表演团来中国进行友好演出的合同及补充合同,在华时间为1994年3月15日至5月30日,出入境口岸为中国新疆维吾尔自治区霍尔果斯。合同对于双方的权利义务作了约定。被告在与俄罗斯公司签订此合同之前,与第三人武汉丙就共同组织俄罗斯表演团赴武汉演出事宜,于1993年12月24日达成协议和补充协议。俄罗斯公司在我国进行了演出后,在离境前的当天,要求被告履行与其签订的给付俄罗斯公司28万元人民币演出费的协议。此后,被告未按该协议给付演出费,俄罗斯公司遂向中华人民共和国人民法院提起诉讼。

【审理】

法院经审理认为,本案的性质属于涉外演出合同,原、被告签订的演出合同、被告与第三人签订的协议,均合法有效,各方均应履行。原被告之间的合同以及被告与第三方签订的合同都对各自的权利义务作了明确的约定,因此,法院按照合同的约定以及我国法律的相关规定对案件进行了审理。

【法理】

本案是一起涉外民商事案件,本案原、被告之间的演出合同关系就属于涉外民事关系。依据前文所述,涉外民商事关系是主体、客体或法律事实方面含有一个或一个以上涉外因素的民商事法律关系。第一,涉外民商事关系必须具有民商事性质,即属于平等主体之间的财产或人身关系,本案中当事人之间的关系是合同法律关系,当然

---

[①] 参见《俄罗斯BOA公司诉天山国际旅行社演出合同纠纷案》,载最高人民法院应用法学研究所编:《人民法院案例选》(商事卷上),中国法制出版社2002年版,第629—632页。

具有民事性质。第二,涉外民商事关系必须具有涉外性,本案中的合同法律关系的一方当事人是俄罗斯某公司,其属于外国法人,该法律关系的主体具有涉外因素。因此,本案当事人之间的演出合同关系就属于涉外民商事关系。

与国内民商事关系相比,涉外民商事关系具有如下三个特征:

1. 这种民商事关系都具有一个或一个以上的涉外因素,具体表现为:

(1) 法律关系主体的一方或双方是外国公民、外国法人或者其他组织、无国籍人,或者一方或双方的住所、经常居所地在国外。例如,一个中国女子在留学期间与一名德国男子结婚、我国的某公司与美国的某公司进行某项货物的买卖等。

(2) 法律关系客体具有涉外因素,如标的物位于外国、标的物属于外国人所有或标的物需要在外国实施或完成。例如,旅居英国的中国公民李某在英国死亡并留有一批不动产和动产,李某的儿子要求继承该不动产。

(3) 法律关系的产生、变更或消灭的事实发生在外国。例如,我国远洋货轮在地中海与外国一艘船舶相碰撞等。

这种涉外民商事关系的涉外因素可以是单一的,也可以是多元的。在实践中,一个涉外民商事关系中往往包含两个或两个以上的涉外因素。

需要特别指出的是,这里所说的涉外因素既包括外国,又包括一个国家之内的不同"法域"(Territorial Legal Unit)。例如,在我国实行"一国两制"的情况下,中国大陆与台湾地区、香港特别行政区、澳门特别行政区之间,均属不同的法域,也可以参照涉外民商事关系的原则,适用有关涉外民事法律适用法的规范来调整。

2. 这种民商事关系是广义上的民商事法律关系。这种法律关系的性质是民事性的,是平等主体间的财产关系和人身关系。之所以说它是广义上的民商事关系,是比较而言的,因为世界各国民法的调整范围不同。在英国、美国没有系统的民法,仅有财产法、合同法、侵权法等;而大陆法系国家虽有民法典,但其所含的内容也不同。瑞士、意大利采取民商合一的原则,即民法中含有商法的内容,而德国、法国等采取民商分立的原则,其民法中不包含商法的内容,东欧一些国家以及我国的民法中不包括婚姻家庭关系和劳动关系。此外,涉外民事法律适用法所调整的涉外民商事关系,还包括国际民事诉讼和国际商事仲裁程序关系,这是所有国家民法典都不具有的,而都是国际私法所包括的内容。

3. 这种民商事关系具有国际性。由于该民事关系是在国际民事交往中产生的,并随着国际交往的发展而发展,它虽然表现为不同国家当事人之间的关系,但是实质上体现了不同国家之间的关系,每个国际民事关系都与两个或两个以上的国家利益密切相关,所以国际性是其特点之一。国家在处理这种关系时,都要服从国家总的对外政策,都要受国际关系的制约。

**二、涉外民事关系的法律冲突**

法律冲突(Conflict of Laws)也称"法律抵触",是指针对同一涉外民事关系,由于其涉外因素而导致有关国家在法律效力上的抵触。

涉外民事关系法律冲突产生的原因,归纳起来主要有三点:

1. 在同一涉外民事关系中,有关国家的法律对同一问题作了不同的规定,这是发生法律冲突的前提条件。法律是统治阶级意志的体现,是由经济基础决定的。各个国家由于政治制度、经济基础、历史文化、宗教信仰和风俗习惯的不同,其立法也不可能完全一致。即使社会制度相同的国家,在立法上也会有很大的差异。

2. 一个国家法律的域内效力与另一个国家的法律的域外效力同时出现在一个法律关系时,便出现了不同国家法律的域内效力与域外效力的冲突。法律的域内效力,亦称属地效力,是指一个国家法律的空间效力,即国内立法对本国境内的所有人、物和行为都有效,这是国家主权的表现。例如,我国的《民法通则》第8条规定:"在中华人民共和国领域内的民事活动,适用中华人民共和国法律……本法关于公民的规定,适用于在中华人民共和国领域内的外国人、无国籍人,法律另有规定的除外。"

法律的域外效力,也称作属人效力,是指一个国家的法律对本国的一切人,无论该人在境内还是境外都有效,都应当适用。例如《法国民法典》第3条规定:"有关个人身份及享有权利的能力的法律适用于全体法国人,即使其居住于国外时亦同。"

国内立法在一般情况下,同时具有域内效力和域外效力,特别是在有关自然人的权利能力和行为能力方面,既要求位于其境内的外国人遵守国内法,又要求位于境外的本国人遵守本国法。这样就发生一个国家的法律的域内效力与另一个国家法律的域外效力的法律冲突。例如,我国的一位22岁的公民李某与在中国留学的18岁的法国女留学生结婚。依据我国的法律的域内效力,该法国人不具有结婚的权利能力,但是依据法国的法律的域外效力,她具有结婚的权利能力。因此,法律冲突本质上就是法律适用的冲突。

3. 受案法院在一定条件下承认外国法律的域外效力。所谓承认外国法律的域外效力,就是受案法院承认当事人依据该外国法取得的某项权利在法院地国家也有效,这也就等于是适用了该外国法。一般意义上而言,一个国家的立法仅仅在其境内有效,其他国家并没有承认和适用外国法律的义务。但是,如果受案法院绝对地适用其内国法,而拒绝所有外国法以及依据外国法所取得的权利,那么就会回到严格的属地主义时代,法律冲突无从产生,涉外民事法律适用法也就丧失了存在的必要性了。而涉外民事交往的稳定与发展要求国家相互之间承认对方国家的某些法律的效力,并在一定条件下适用有关的外国法。

▶ 典型案例

【案情】[①]

2001年8月9日,甘肃公路局所属的一辆"甘05291"福特越野车从兰州开往西安,该车途经西安绕城高速公路时,由于车左前轮突然爆破,致使车辆失控飞出高速公

---

① 参见《中国公民诉日本横滨橡胶株式会社产品责任赔偿案》,http://www.pkulaw.cn/case/pfnl_117527384.htm/? match=Exat,访问日期:2017年3月25日。

路并碰撞到几十米外的地下涵洞,车上4人死亡,车辆报废。事故发生后,经有关部门现场勘查取证和分析,认定事故原因是"左前轮爆破,车速过高,致使车辆失控"。由于出事的轮胎是由日本某株式会社生产的,受害人认为日本某株式会社应当承担侵权赔偿责任,遂委托律师展开调查。

2002年8月,4名死者的家属和甘肃省公路局到西安市中级人民法院分别起诉。

**【审理】**

法院经审理认为:本案属于涉外侵权案件,案件的焦点集中在是否由于被告生产的轮胎的缺陷导致了受害人的身亡,以及举证责任的承担问题。对于本案的法律适用问题,原告主张适用日本法律,被告表示法律适用问题由法院决定。依据日本的法律,本案的赔偿标的额可以达到人民币2,000万元,而依据中国的法律,每位原告得到的赔偿金不会高于人民币20万元。

**【法理】**

根据上文所述,涉外民事法律冲突的产生有如下三个原因:(1)不同国家对同一问题的法律规定不同;(2)一个国家法律的域内效力与另一国家法律的域外效力同时出现在一个涉外民商事关系上;(3)受案法院在一定条件下承认外国法律的域外效力。本案即存在涉外民事关系的法律冲突。首先,在该案中,中日两国相关法律对产品责任的赔偿问题规定的标准差异巨大,依据日本的法律,本案的赔偿标的额可以达到人民币2,000万元,而依据中国的法律,每位原告得到的赔偿金不会高于人民币20万元。其次,该案为涉外侵权纠纷,一方当事人为中国人,另一方为日本法人,此时就出现了中国法律与日本法律同时出现于同一涉外民事关系的情形,中国的产品责任法的域内效力与日本的产品责任法的域外效力同时作用于该涉外侵权赔偿案件。最后,由于涉外民事交往的日益发展,根据平等互利原则,各国的法律在涉外民事关系中的地位平等。因此,我国承认日本法律在我国境内的法律效力。由此,在该涉外侵权纠纷中就产生了法律冲突,即适用日本法律和适用中国法律的冲突,法官在解决纠纷时首先必须解决的就是应当适用哪国法律的问题,这也是涉外民事法律适用法要解决的问题。

### 三、涉外民事关系的调整方法

由于涉外民事关系必然涉及两个或两个以上的国家的法律,因此,究竟应适用哪个国家的法律来调整涉外民事关系就成为涉外民事法律适用法的核心问题。调整涉外民事关系主要有如下几种方法。

(一)间接调整的方法

纵观各国的立法以及司法实践,对于法律冲突的解决,主要采用的是运用冲突规范来指定应当适用的法律的间接调整方法。

所谓的间接调整方法,是指在国内立法或者国际条约中,制定法律适用规则,规定在何种情况下应当适用内国法,在何种情况下应当适用外国法以及适用哪国法,然后再依据所指定的那个国家的实体法来具体确定当事人之间的权利义务,而不是直接规定当事人之间的权利义务关系。2011年《法律适用法》就属于典型的间接调整方法。

利用冲突规范进行间接调整,是涉外民事法律适用法的主要调整方法,也是传统涉外民事法律适用法唯一的调整方法。随着国际关系的发展,在某些领域也出现了对涉外民事关系进行调整的国际公约。但是,由于国际公约在缔约国数量以及其调整的事项方面具有局限性,因此,冲突规范仍是迄今为止调整涉外民事关系的主要方法。

然而,利用冲突规范进行间接调整,也存在其自身的局限性,主要表现在:第一,冲突规范作为一种间接规范,与实体规范相比,因为其不直接规定当事人之间的权利义务,所以不能够使当事人预见法律行为的后果。第二,依据冲突规范确定实体法的过程非常复杂,要受到反致、转致、法律规避、公共秩序保留、外国法内容的查明等一系列与适用冲突规范相联系的法律制度的制约,从而使得冲突规范最初指向的法律与法院最终用于调整该国际民事关系当事人之间的权利义务关系的法律往往并不一致。第三,各国制定的冲突规范通常互不相同,就会导致同一个民事纠纷在不同国家诉讼,就会适用不同国家的法律,导致不同的判决结果。

(二) 直接调整的方法

1. 统一实体法

统一实体法调整,即制定统一的实体规范,直接规定当事人之间的权利与义务。统一实体规范是指在国际条约(包括双边和多边条约)和国际惯例中用以确定当事人权利义务的规范。这种规范可以绕开法律冲突,更迅速、更准确地直接确定当事人的权利义务。统一实体规范又包括两种,即有关国家间缔结的双边或多边条约,以及国家承认并允许当事人选用的国际惯例。自19世纪以来,在国际贸易领域出现了众多相关的国际公约和国际惯例,它们对于调整涉外民事关系、消除法律冲突、解决法律适用问题起到十分重要的作用。

但是,利用统一实体规范调整涉外民事关系也有一定的局限性,具体表现在:首先,统一实体法的适用仅限于缔约国之间,而非缔约国的当事人之间以及缔约国与非缔约国的当事人之间的国际民事关系往往不受公约的约束。而目前,还没有一个世界各国均参加的国际公约。其次,某些公约仅仅调整某一法律关系的某一方面,而对于这种法律关系的其他方面,仍须借助于冲突规范进行调整。例如,1980年《联合国国际货物销售合同公约》仅适用于合同的成立、双方当事人的权利与义务、违约责任以及补救措施等方面,而对于当事人的缔约能力、无形物的买卖等,该公约均不调整。该《公约》第7条第2款规定:"凡本公约未明确解决的属于本公约范围内的问题,应按照本公约所依据的一般原则来解决,在没有一般原则的情况下,则应按照涉外民事法律适用法规定应适用的法律来解决。"也就是说,仍然需要借助冲突规范进行间接调整。最后,有些公约允许当事人排除其适用,而国际经济贸易方面的国际惯例则更因为多是任意性的,必须在当事人选择以后才能适用,这无疑在一定程度上减损了国际公约和国际惯例在调整涉外民事关系上的效力与作用。例如,1980年《联合国国际货物销售合同公约》第 6 条规定:"双方当事人可以不适用本公约,或在第 12 条的情况下,减损本公约的任何规定或效力。"即公约的适用要让位于对当事人所选择的其他法律的适用。

▶典型案例

**【案情】**[①]

1994 年 3 月 31 日和 9 月 6 日,原告日本国甲株式会社(需方)与被告中国福建乙有限公司(供方)先后签订了 5 份冻切块章鱼买卖成交确认书。其中,双方约定的价格条件为 CNF 横滨价,并具体约定了不同规格的货物的单价。后由于在履行合同的过程中,原告发现存在货物短重问题,于是自 1995 年 4 月 19 日起通过函件向被告主张权利,双方协商未果,原告遂向我国法院提起诉讼,要求被告赔偿其所遭受的损失。

**【审理】**

法院经审理认为:该案属于涉外合同纠纷案件。二审法院经审理认为,上诉人与被上诉人签订的合同符合当事人的意思表示,应属有效合同。由于当事人在合同中约定了 CNF 价格条款,因此应依据国际商会《国际贸易术语解释通则》的规定处理货物短重等风险责任的承担问题。鉴于双方当事人在合同中没有选择支配合同其他事项的准据法,因此,依据我国法律的规定,应适用与合同有最密切联系的法律,在该案中即中国的法律来支配合同的其他方面。

**【法理】**

本案涉及了涉外民商事案件中国际惯例的适用问题。国际惯例虽然具有任意性,但在国家予以承认并由当事人选用的情况下就具有法律的约束力,应当予以适用。一般意义上的"国际惯例补缺原则"并不能涵盖国际惯例在国际私法中的地位与作用。即便在存在相关的国际公约或国内立法的情况下,只要公约允许当事人对其适用加以限制,那么当事人所选择的国际惯例就具有在一定范围内排除公约以及国内法的适用的效力。

2. 国内法中"直接适用的法"

在涉外民事法律适用法的发展中,在欧洲出现了一种"直接适用的法"的调整方法。这种法律规则的适用并不依赖于连结因素的指引,而是依据它们所体现的政策与有关案件的关系的程度,自己决定自己的适用范围。对于这一类规范,最初只是将其作为公共秩序制度的一部分,而且主要只涉及法院地国自己的这种实体规范。但现在,随着对于本应当适用的外国公法不得借助冲突规范而加以排除的观念的逐步盛行

---

[①] 参见《日本国三忠株式会社诉中国福建九州集团(股份)有限公司国际货物买卖合同短重赔偿案》,载最高人民法院应用法学研究所编:《人民法院案例选》(商事卷上),中国法制出版社 2002 年版,第 119—125 页。

以及立法的逐渐接纳,把各国国内法中的"直接适用的法"纳入涉外民事法律适用法的范畴的观点也比较常见,并为一些国家的立法所采纳,例如,2011年《法律适用法》第4条规定:"中华人民共和国法律对涉外民事关系有强制性规定的,直接适用该强制性规定。"[1]从涉外民事法律适用法的功能,即建立国际交往的新秩序的角度而言,将这种"直接适用的法"纳入调整涉外民事关系的方法范围内未尝不可,因为虽然调整的方法不同,但它毕竟起到调整涉外民事关系的作用。但是,对于"直接适用的法"的适用并不是不受限制的,它必须符合国际公共秩序,并且不得破坏内外国法律平等的原则。

总之,间接调整的方法和直接调整的方法都是调整涉外民事关系、解决涉外民事关系的法律适用问题的方法。但是,它们的调整方法不同,运用的法律规范也不同,在解决同一个国际民事关系时,只能适用其中的一种,不能同时适用。在一般情况下,统一实体规范具有优先于冲突法规范的效力,只有在没有统一实体规范或统一实体规范规定不全面的情况下,才适用冲突规范。但是,这两种方法并非是对立的,在解决某一国际民事关系的法律适用问题上,二者是相辅相成的。

### 四、几种不同的法律冲突形态

涉外民事法律适用法上的法律冲突,主要是指不同国家间的法律冲突,即国际法律冲突。此外,还有一些法律冲突也是国际私法应当解决的,包括区际法律冲突、人际法律冲突和时际法律冲突。

(一) 区际法律冲突

一个国家内部不同的地区由于实施不同的法律而被分为不同的法域,不同法域的法律制度之间的冲突,就被称为区际法律冲突。[2] 在涉外民事关系中,如果应当适用的法律是某一多法域国家的法律,或者该民商事关系发生于同一国家的不同法域之间,那么,由于各法域立法的不同,便产生了应当适用哪个法域的法律的问题。这种区际法律冲突(International Conflict of Laws)又称州际法律冲突(Interstate Conflict of Laws),多见于联邦制国家或复合法域国家,即一国内部存在实施不同的法律制度的地区。我国目前实行"一国两制"的制度,我国大陆与香港特别行政区、澳门特别行政区以及台湾地区实行不同的法律制度。因此,我国也属于多法域的国家,在实践中,区际法律冲突问题亦层出不穷。

---

[1] 最高人民法院《关于适用〈中华人民共和国涉外民事关系法律适用法〉若干问题的解释(一)》第10条:有下列情形之一,涉及中华人民共和国社会公共利益、当事人不能通过约定排除适用、无需通过冲突规范指引而直接适用于涉外民事关系的法律、行政法规的规定,人民法院应当认定为涉外民事关系法律适用法第4条规定的强制性规定:(一)涉及劳动者权益保护的;(二)涉及食品或公共卫生安全的;(三)涉及环境安全的;(四)涉及外汇管制等金融安全的;(五)涉及反垄断、反倾销的;(六)应当认定为强制性规定的其他情形。

[2] 冯霞:《涉港澳台区际私法》,中国政法大学出版社2012年版,第5页。

▶ **典型案例**

【案情】①

1991年9月17日,被告中国乙工业总公司向原告浙江甲银行香港分行出具了一份贷款担保书,对于原告向丙电子有限公司提供的50,000,000美元的贷款提供担保,并约定担保合同受香港特别行政法律管辖。

1991年9月19日,被告将《关于为香港丙电子有限公司贷款担保的报告》向国家外汇管理局备案,但该担保书未获国家外汇管理局的批准。

此后,丙电子有限公司陆续偿还了原告的部分贷款。对于未还的贷款及利息,二者与被告以及中国航天工业总公司签订了一份《丙电子有限公司重新安排还款方案》,并约定该协议应由被告乙以及中国航天工业总公司来函确认,但被告以及中国航天工业总公司并未确认。

1998年11月18日,丙电子有限公司被清盘破产。于是,原告向法院起诉,请求法院判决被告乙对丙电子有限公司未偿还的贷款及利息承担连带责任。

【审理】

法院经审理认为,被告于1991年9月17日出具的为丙电子有限公司向原告借款50,000,000美元承担连带责任的担保书,因其未按照当时我国有关金融、外汇管理法律法规的规定向国家外汇管理局办理外汇担保许可登记手续而无效。在担保合同的法律适用问题上,虽然原被告双方当事人在担保合同中约定"受香港特别行政法律管辖并根据香港特别行政法律解释",但是内地公司提供外汇担保应当履行批准及登记手续是内地法律法规的强制性要求。在未履行规定的审批及登记手续的情况下,双方当事人有关适用香港特别行政法律的约定违反了内地法律法规的强制性规定。根据民通意见的规定当事人规避我国强制性或者禁止性法律规范的行为,不发生适用外国法的效力。本案当事人选择适用香港特别行政法律的情形,亦应参照这一规定执行。法院最终适用了内地的法律来支配担保合同的效力。

【法理】

在本案中,针对同一个问题,我国内地的法律与香港特别行政区的法律作出了不同的规定。当事人的担保合同如果依据香港特别行政法律的规定,是有效的,当事人必须遵守;而依据内地的法律规定,因为其未按照当时我国有关金融、外汇管理法律法规的规定向国家外汇管理局办理外汇担保许可登记手续,因而是无效的。因此,本案中的担保合同在适用香港特别行政法律与内地法律时会产生完全不同的结果,这就是法律冲突的一种表现形式,即区际法律冲突。区际法律冲突是发生在一个主权国家境内的不同法域之间的,对该类法律冲突的解决同样具有极为重要的意义。

---

① 参见《中国银行(香港)有限公司与中国长城工业总公司担保合同纠纷案》,中华人民共和国最高人民法院民事判决书:(2001)民四终字第16号,转载自北大法意网http://www.edu.lawyee.net/,访问日期: 2016年10月21日。

2011年《法律适用法》第4条规定,"中华人民共和国法律对涉外民事关系有强制性规定的,直接适用该强制性规定。"本案中法院可以直接依照该条规定适用大陆的相关法律判断担保合同的效力。

对于区际法律冲突问题,国际上主要的解决方法有如下三种:

(1) 直接适用法院地的冲突规范以确定应适用的法律。例如,法院地的冲突规范为"合同适用合同缔结地法",那么将适用合同缔结地所在法域的法律。

(2) 依据多法域国家的区际私法确定应适用的法律。所谓区际民商事法律适用法,是指解决统一国家内部因不同地区的民商法不一致所导致的法律冲突的法律。这种法律规范可以是国家统一制定、在全国范围内统一实施的,也可以是地方制定的。

(3) 法院地国的冲突规范专门针对多法域国家制定的法律适用规范,规定以哪一法域的法律为应当适用的法律。这种规定有的是在多法域国家内部不存在统一的区际民商事法律适用法时进行补救以确定案件应当适用的法律,有的则是无论多法域国家内部有没有统一的区际民商事法律适用法而直接作出此类规定。2011年《法律适用法》第6条规定:"涉外民事关系适用外国法律,该国不同区域实施不同法律的,适用与该涉外民事关系有最密切联系区域的法律。"此条款需要做如下说明:(1)首先是中国冲突规范的运用,即运用冲突规范指引要适用某一个外国法而遇到的情形。例如,在一个合同纠纷的具体赔偿问题上,双方当事人选择适用英国法,根据中国的冲突规范,合同首先适用当事人选择的法律,当事人既然选择了英国法作准据法,那么法官就应当依据英国法律审理案件,但法官在查明外国法时发现英国法并不统一,英格兰、苏格兰各有自己的法律,此时,法官就要运用此条规则,对法律关系的各个因素进行最密切联系的考察,找到联系最密切的区域的法律予以适用。这里出现两个层次的指引,第一个层次是中国某条冲突规范的指引,援引出的是某个国家,第二个层次是用"最密切联系原则"进行指引,指引到的是某个外国的某个区域的法律。(2)中国法官遇到的是外国法律的区际冲突,而不是中国自己的区际冲突。随着中国"一国两制"方针的实施,中国大陆、香港、澳门、台湾同样存在区际冲突,但该区际冲突的解决不包含在此条款当中,不能套用。本条款调整的是中国法官在确定准据法时遇到的外国法律因为区域不同而存的冲突,即外国的区际冲突。(3)适用的规则是"最密切联系原则"。最密切联系原则的运用关键在于与什么因素联系最密切以及如何判断最密切。本条款规定的是法律关系与区域之间联系的最密切,而不是与法律联系的最密切,所以供法官考量的因素多为客观场所和情形。(4)依照此条款最终适用的是一个国家某个区域的法律,例如美国纽约州法律的适用、加拿大魁北克法律的适用。

同国际法律冲突一样,区际法律冲突问题在涉外民事法律适用法中也具有十分重要的作用。对于区际民商事法律适用法问题,在下文的有关章节将进行详细的介绍。

(二) 人际法律冲突

人际法律冲突是指在一个国家中适用于不同民族、种族、宗教、部落的民事法律之间在效力上的冲突。这种法律冲突之所以存在,是因为在有的国家,不同种族、宗教或阶级的人适用不同的民法。这些冲突主要存在于有关人的身份、婚姻家庭以及遗产继承等方面。例如，摩洛哥的《个人身份法》第 30 条第 1 款规定，信奉伊斯兰教的男子可以娶 4 个妻子，而在摩洛哥的犹太人则受犹太法支配。解决这类法律冲突的法律就是人际民商事法律适用法。如果某一国际民事关系应当适用的法律为存在人际法律冲突的国家的法律，那么，如果该国制定了统一的人际民商事法律适用法，那么即适用该人际民商事法律适用法确定应适用的法律，或者直接适用当事人在该国所属的民族、种族、宗教的法律，或者适用与当事人有最密切联系的法律。

（三）时际法律冲突

时际法律冲突是指当涉外民事关系所应该适用的法律所属国的相关法律出现了新旧法更替，在新法与旧法之间的冲突。时际法律冲突是法律领域一种普遍存在的现象，主要指先后在同一地区实施并且涉及相同问题的前后法律规定之间在时间效力上的冲突。时际法律冲突存在两种情形：其一是法院地的冲突规范发生了变化，针对某一法律冲突问题，先后出现了两种不同的冲突规范，且相关的涉外民事关系发生在新的冲突规范完全取代旧的冲突规范之前，在这种情况下，就需要确定究竟是以旧的冲突规范还是以新的冲突规范来援引应适用的法律。其二是法院地的冲突规范所指向的实体法在相关的涉外民事关系发生后产生了变化，此时就要决定是以旧的实体法还是以新的实体法对该涉外民事关系进行调整。

对于时际法律冲突问题，一般通过以下途径解决：首先，如果新法对其自身是否具有溯及力作出了明确的规定，就适用新法的该规定以确定应适用的法律，即如果新法规定其有溯及力，则适用新法，如果新法规定其没有溯及力，则适用旧法的规定去调整新法生效前的涉外民事关系；其次，如果新法对其自身是否具有溯及力没有明确规定，一般依据"法律不溯及既往"的原则，由旧的法律来调整新法生效前的涉外民事关系。

▶ 典型案例

【案情】[①]

1997 年 5 月 8 日，原告美国甲国际货运服务有限公司受被告上海乙公司委托，为其承运一批从上海至加拿大蒙特利尔的危险品货物。双方约定运费预付，承运人原告为被告出具了提单。货物运出后，承运人于 1998 年 1 月 19 日通过律师向被告发函催讨运费，被告未予支付，原告据此于 1998 年 6 月 26 日向法院提起诉讼。

【审理】

法院经审理认为，原告作为承运人为被告运输货物，被告应支付运费。但被告认为，依照有关法律规定，其与原告间的纠纷诉讼时效为 1 年。本案运输合同期限从 1997 年 5 月 8 日至 1998 年 5 月 8 日，原告起诉时间为 1998 年 6 月 26 日，时效已过。法院经审理认为，原告在货物运出后两年内提起诉讼，未超过诉讼时效。因为海商法

---

① 参见《美国定航国际货运服务有限公司与上海华源经济发展公司海上货物运输合同案》，中国涉外商事海事审判网 http://www.comt/org.cn/index.php，访问日期：2017 年 2 月 19 日。

对承运人主张运费的诉讼时效问题未作规定;最高人民法院关于承运人就海上货物运输向托运人、收货人或提单持有人要求赔偿的请求权时效为1年的批复于1997年8月7日公布施行,对本案无溯及力。故本案应适用《民法通则》规定的2年普通诉讼时效。被告认为原告诉讼时效已过的主张依据不足,法院不予采纳。据此,法院依法判决被告上海乙公司支付原告美国甲国际货运服务有限公司货物运费及应付利息。

**【法理】**

本案就涉及时际法律冲突问题。在本案中,由于海商法对承运人主张运费的诉讼时效问题未作规定,而当事人之间的运输合同关系又产生在最高人民法院关于承运人就海上货物运输向托运人、收货人或提单持有人要求赔偿的请求权时效为1年的批复公布实施之前,并持续到该批复公布实施之后。这就必然产生应当适用最高人民法院关于诉讼时效的批复还是该批复实施前的其他法律关于诉讼时效的规定的选择。由于最高人民法院的批复并没有就其自身的溯及力做出规定,那么,依据"不溯及既往"的原则,应当适用该批复实施前的旧法,在本案中即民法通则关于时效的规定对案件进行审理。

# 第二节 国际私法基本原则在2011年《法律适用法》中的体现

## 一、国家主权独立原则

从国际法角度来看,主权是国家具有的独立自主地处理自己的对内和对外事务的最高权力。国家主权具有两个方面的特性,即在国内是最高的,对外是独立的。国家主权独立不仅仅是调整国际公法关系的最基本原则,也同样是国际私法中处理国际民商事关系的最重要原则。在国际私法上,国家主权独立原则主要表现为以下几个方面。

1. 主权独立

在立法上,任何主权国家都有权独立自主地从自己国家和公民利益出发规定各自的法律适用规则,规定国际民商事案件的管辖权规则,决定是否参加某个国际条约,是否承认某个国际惯例。在司法上,针对外国请求予以司法协助和承认与执行外国法院的判决,如果认为予以司法协助或承认和执行外国法院判决违反本国国家利益或安全,任何国家都有权拒绝该请求。

2. 主权平等

在国际私法上谈到主权平等,最主要的是不同国家的法律完全处在一个平等基础上,互不从属,平等共存。任何一个国家的法律都不能优于或高于另一个国家的法律。这应当从三个方面来理解:(1)从法律冲突的基础来讲,法律冲突是平等法律之间的冲突,如果不同国家的法律存在从属关系,存在优劣关系,那么实际上法律冲突就已完全失去了存在的基础,因而不同国家应相互尊重、相互承认对方法律,特别是民商事法律的效力。(2)在当事人法律地位方面,国家应赋予外国人以国民待遇,对他们的权利给予同样的保护,不应有歧视。当然这只是相对而言,根据主权原则和国际习惯,各国均可以根据自己的具体情况,在某些领域中,对外国人的民事权利做出必要的限制,以维护自己国家的主权和安全。(3)反映在司法实践方面,不同国家应该在司法方面进行广泛的合作,相互尊重对方国家的司法管辖权,在不违反本国公共秩序的情形下,相互承认和执行对方国家的法院判决,以维护法律关系的稳定和安全。

3. 主权协调和合作

随着各国经济的不断发展,科学技术的进步,国家之间的民商事交往愈发紧密。国际社会正在或者已经步入全球化时代,国与国之间相互依赖、利益共存。在新的历史条件下,那种国家主权在国家立法和司法活动中可以不受任何限制的传统主权理念已经不能适应新时期的发展。因此,国际私法在立法和司法活动中要在不损害国家主权利益的基础上尽量加以协调和合作。即在立法上或者通过参加国际条约的方式或者在国内立法上遵循国际上的习惯做法,使各国法律得以最大程度的协调;在司法上各国应尊重彼此的司法管辖权,增强司法合作,以改善国际民商事法律环境。

▶ 典型案例

【案情】①

刘某原籍宁波,1942年在当地与林某结婚。婚后无子女。1962年,刘某以继承其伯伯遗产名义到香港,后来结识了离异多年的陈某并按香港传统习俗结为夫妻。80年代初,刘某返沪探亲与林某团聚。1998年刘某将公司转让,回沪定居。1998年9月间,刘某与林某在沪家中因煤气中毒而身亡。刘某在生前就其巨额遗产未留遗嘱。就刘某的遗产分割问题,陈某的二子一女及林某之兄、妹和侄子均向上海法院提起诉讼。同时,刘某的两位兄弟也向法院提出继承刘某遗产的主张。

【审理】

一审中,本案争议的焦点就在于陈某与刘某之间是否存在合法的夫妻关系这个问题。一审法院经查明事实,认为刘某与陈某的婚姻关系应适用香港特别行政区法律,陈某可以依法继承刘某的遗产,并在此基础上对刘某的遗产进行分割。后刘某的兄弟及林某的兄妹、侄子均不服,向上海市高级人民法院提起了上诉。二审合议庭根据民通意见的规定认为一审适用香港特别行政区法律确认刘某与陈某的关系似乎没有错,但适用香港特区法将会违反我国内地"一夫一妻"的法律规定,认为应根据《民法通则》第150条的规定,排除香港特区法律的适用,对刘、陈间的婚姻关系效力不予认可,并以此重新分割了遗产。

---

① 参见《陈某两子一女与林某之兄妹和侄子就刘某遗产的分割纠纷》,载赵相林主编:《国际私法教学案例评析》,中信出版社2006年版,第8页。

**【法理】**

根据一国的社会公共利益或公共秩序排除其他国家法律的适用,是尊重和维护国家主权的重要内容之一。公共秩序指的是一国国家或社会的重大利益或法律和道德的基本原则,公共秩序关乎一国国家或社会的重大利益,包括政治、经济、文化等各方面。在平等的涉外民商事交往中无论是当事人还是法院都必须尊重和维护这一重大利益,这是尊重和维护国家主权的应有之意。虽然区际私法与国际私法在公共秩序的适用方面存在不同,但这种不同只是在适用的多少和程度上的不同,而不是有无的不同,公共秩序制度也存在于区际私法之中。

在本案中,根据我国的冲突规则,刘某与陈某间的婚姻关系应适用香港法的规定,但由于适用香港法的规定将违反我国婚姻的基本制度,即"一夫一妻"制,为维护我国社会在这一领域的公共利益,二审法院排除了香港特别行政法律的适用。二审法院当时依据《民法通则》第150条的规定"依照本章规定适用外国法律或者国际惯例的,不得违背中华人民共和国的社会公共利益",排除香港特别行政法律的适用。而现在可以直接依据2011年《法律适用法》第5条的规定"外国法律的适用将损害中华人民共和国社会公共利益的,适用中华人民共和国法律",一方面排除香港特别行政法律的适用,另一方面直接适用内地法律解决相关纠纷。

内地与香港之间的关系不同于英美国家不同法域间的关系,两地根本制度的差异造成在很多方面存在不同,因此在我国法域之间,适用公共秩序制度以维护经济、社会的重大利益的情形相对于英美国家还是较多的。这里需要注意的是,应区分国际私法上的公共秩序与国内法的公共秩序不同的内涵和外延,违反国内法上的公共秩序并不导致公共秩序保留制度的适用。因为国内法的公共秩序保护的是私人利益,而国际私法上的公共秩序关乎国家和社会的公共利益,关乎国家的主权,在涉外民商事交往中应予以尊重和维护。

**二、平等互利原则**

作为国际私法的一项基本原则,平等互利就是要求在制定和实施国际私法规范以及处理国际民事法律关系时,必须遵循各国当事人地位平等、互利互惠原则。根据这一原则,(1) 承认外国当事人的法律地位平等,他们的合法权益受到同等的保护,在商事关系中实现互利互惠。这一原则无论在国内法还是在国际条约中都有明确体现。如我国《专利法》《商标法》都规定,外国人可以在互惠的条件下,向我国申请专利权和商标权;1883年《保护工业产权巴黎公约》和1886年《保护文学和艺术作品伯尔尼公约》也分别确定了国民待遇原则和互惠原则。(2) 在解决国际民事诉讼问题时,也要赋予外国人以同等的诉讼地位,任何国家的当事人的合法权益受到侵害时,都能够获得司法救济。如1928年《布斯塔曼特法典》第317条就规定:"缔约各国不得根据对物管辖和对人管辖在国际关系范围内区别当事人是国民还是外国人的身份,而使后者受到不利。"我国2013年修订的《民事诉讼法》第5条第1款也规定:"外国人、无国籍人、外国企业和组织在人民法院起诉、应诉,同中华人民共和国公民、法人和其他组织有同等的诉讼权利义务。"(3)平等对待外国当事人在外国依法获得的司法判决和仲裁裁决,在不违反本国公共秩序的基础上,承认并执行该判决或裁决,以确保外国当事人的判决利益或裁决利益得以实现。2005年海牙国际私法会议通过的《排他性法院选择协议公约》第8条规定:"一项由排他选择法院协议指定的法院作出的判决,应按照本章规定在其他缔约国承认和执行。承认或执行仅可依据本公约列明的理由拒绝。"

总之,在构建国际民商新秩序过程中,平等互利原则是其中最为重要的要素,国际私法作为构建这种新秩序的一种法律手段,必然在立法与司法实践整个过程中自始至终都反映和贯彻平等互利原则。

▶ 典型案例

【案情】①

一个英国商人请俄国的某代理商为其采购一批货物,该代理商按照其指示购得货物,并将其交付英国商人租用的运货船舶。在这艘船舶离开俄国港口以前,英国商人丧失偿债能力,代理商因此把即将起运的货物扣下。

【审理】

由于就代理商是否有权扣留货物发生争议,当事人在英国法院提起诉讼。代理商将所购货物交付英国商人租用的运货船舶的行为是否发生货物所有权转移的效力是该案的核心问题。依照英国法律,所有权转移,代理商无权扣货;根据俄国法律,所有权没有转移,代理商仍是货物所有人,有权扣货。最后,英国法院根据俄国法律确认,代理商享有货物的所有权,有权扣留货物。

【法理】

在该案中,英国法院在解决国际民事争议时适用了俄国的法律,充分体现了国际私法的平等互利原则。平等互利原则是指法律上地位平等和经济上互为有利。平等互利原则不但是国际私法立法的基本原则,也是国际私法赖以存在的基础。平等体现在国家、国家法律以及当事人平等三个方面。首先,国家主权是平等的。国家应该通过立法保护外国人在其境内的合法利益,给外国人一定的法律地位。其次,国家的法律也是平等的,这是国家主权的体现和延伸。在涉外民商事关系中,有关国家的法律都有被适用的可能,内国法院在一定条件下适用有关的外国法,使外国法与法院地法处于平等的地位,这是国际私法的基础。最后,当事人法律地位平等,即在国际民商事关系中,当事人不管是自然人、法人还是国家,其法律地位一律平等。经济上互为有利体现为合同双方当事人的权利义务对等,在立法中允许当事人通过"意思自治"选择法律适用。对国家而言,应加强经济交流,达到互惠互利、共同发展。

2011年《法律适用法》第1条规定:"为了明确涉外民事关系的法律适用,合理解

---

① 参见《英格里斯诉阿瑟伍德案》,载赵相林主编:《国际私法教学案例评析》,中信出版社2006年版,第9页。

决涉外民事争议,维护当事人的合法权益,制定本法。"随着我国对外开放进一步扩大和深化,涉外民商事关系也得到快速发展,涉外民商事交往也必然会衍生出日益复杂的涉外民事争议。近年来,我国涉外民事争议的数量急剧上升,对于我国涉外立法及其司法工作提出了新的要求,即公平有效地解决涉外民事纠纷,推进涉外法治的和谐发展。解决涉外民事争议的重要一环就是要确定案件的实体法律适用问题,而这一任务的完成就需要完善而系统的涉外民事关系法律适用法。涉外民商事关系中的平等互利原则要求在处理涉外民事关系时,应从有利于发展国家间平等互利的经济交往关系出发。根据这一原则,本法的立法宗旨即在于,将各国民商法置于平等的地位,在可以而且需要适用外国法时就予以适用。

公平合理解决涉外民事争议,从宏观角度看,指的是国家间的平等互利。平等互利原则是国际交往的基本原则,反映在主权国家之间则是国家不分大小、强弱等,在法律地位上一律平等,在经济关系中相互有利。平等互利原则在我国国内立法也有规定,我国通过的现行法律中,如《宪法》《民法通则》和《民事诉讼法》等都体现了这一基本原则。在进入全球化的时代,针对于各国之间的民商事交往,若干重要的国际条约中也彰显了该原则。

### 三、保护弱方当事人合法权益原则

保护弱方当事人合法权益原则,系指国际私法在立法和司法过程中对处于弱势一方当事人的合法权益给予适当的特别保护。一般而言,法律是公平公正的,对各方当事人都应予以平等保护。但是,我们也必须注意到,在当今世界,各国经济发展水平仍存在巨大差距,当事人在市场上的力量有时处在极不平衡的状态中,如富人与穷人、企业与消费者之间等,经济实力较弱的一方当事人有时不得不附和经济实力较强的一方当事人,或者一方当事人凭借其丰富的信息与技术知识,在交易中欺骗、胁迫对方当事人接受对己有利的条件,从而使得法律关系显失公平。这种因弱势或不利地位所引起的不平等现象,不仅为法律的"公平、正义"理念所不允许,也是国际经济稳定和发展所不能容忍的。因此,坚持给予在交易中处于弱势一方的当事人提供特别保护原则具有法律和经济的双重社会意义,也是社会进步的必然趋势。

目前,许多新近颁布的有关国际私法的国内立法甚或国际条约都有很多体现这一原则的条款。有关保护弱方利益的规定,在1986年《联邦德国关于改革国际私法的立法》以及1980年《罗马公约》中都有所体现。在诉讼程序方面,早在罗马法时代就已经出现所谓的"穷人规范"(Poor Persons Rules)。根据这一规范,国家应当对"穷人"参加诉讼给予司法救助,如减免其诉讼费用、免费提供法律咨询等。一般说来,一国法院在作出是否给予外国人以司法救助时,通常考虑以下几个因素:(1)当事人确实没有支付诉讼费用的能力;(2)诉讼并非显然无胜诉希望;(3)当事人提出了诉讼费用减免的申请;(4)外国当事人国籍国与内国的条约关系或互惠关系[①]。我国2013年修正的

---

① 李双元主编:《国际和法学》,北京大学出版社2000年版,第505页。

《民事诉讼法》第5条、第118条和2007年施行的《诉讼费用交纳办法》第5条也规定,在互惠和对等的基础上,外国籍当事人缴纳诉讼费用确有困难的,可以向我国人民法院申请缓交、减交或者免交。

2011年《法律适用法》在多个方面的规定也都体现了该原则:如家庭法领域,父母子女人身、财产关系,适用共同经常居所地法律;没有共同经常居所地的,适用一方当事人经常居所地法律或者国籍国法律中有利于保护弱者权益的法律;扶养,适用一方当事人经常居所地法律、国籍国法律或者主要财产所在地法律中有利于保护被扶养人权益的法律;监护,适用一方当事人经常居所地法律或者国籍国法律中有利于保护被监护人权益的法律。在契约方面,以下两类合同则限制或者不允许当事人协议选择法律。如第42条和43条规定,消费者合同,适用消费者经常居所地法律;消费者选择适用商品、服务提供地法律或者经营者在消费者经常居所地没有从事相关经营活动的,适用商品、服务提供地法律。劳动合同,适用劳动者工作地法律;难以确定劳动者工作地的,适用用人单位主营业地法律。劳务派遣,可以适用劳务派出地法律。

▶ **典型案例**

**【案情】**[①]

中国吉林省吉林市某建筑公司在利比亚承揽一石油管道建设项目中的部分工程。2001年11月,该公司组织中国民工到利比亚施工。建筑公司招聘民工与民工签订了劳务合同,合同规定了民工的月工资为人民币1200—1500元,疾病、工伤的医疗费用由建筑公司承担。韩国现代建筑公司也承揽了该项目部分工程。在施工过程中,韩国现代建筑公司劳力不足,遂与吉林某建筑公司协商租用中国民工。吉林某建筑公司同意将其招聘的民工转让给韩国现代建筑公司,韩国现代建筑公司向吉林某建筑公司支付民工的劳动报酬,其酬金数额是吉林某建筑公司支付给民工工资的数倍。吉林某建筑公司未将与韩国现代建筑公司签订民工转让协议的事情告知民工,即将雇用的民工派往韩国现代建筑公司工地,民工的工资未增加。在检查石油管道焊接质量过程中,发生伽马射线泄露,致使派往韩国现代建筑公司工地的一中国民工受到辐射。该民工回国后,到医院进行体检,初步诊断为白血病。对于伤害赔偿问题,建筑公司与民工进行了协商。建筑公司同意赔偿,但赔偿的数额为医疗费及适当的补偿,受伤民工提出人民币300万元的赔偿数额,双方在赔偿数额上分歧较大,协商未果。受伤民工咨询律师,如何能最大限度地维护其合法权益,律师们的意见也不一致。

**【审理】**

本案涉及三个涉外法律关系:两个涉外劳务合同关系和一个涉外侵权关系。第一个合同法律关系是吉林某建筑公司和受害民工之间的劳务合同关系,劳务合同中载有工伤治疗、医疗费负担条款,受害民工可依据劳务合同在中国法院起诉吉林某建筑公

---

[①] 参见《中国劳工利比亚伽马射线伤害案》,载赵相林主编:《国际私法教学案例评析》,中信出版社2006年版,第12—13页。

司,要求吉林某建筑公司履行合同承担赔偿责任。但劳务合同中吉林某建筑公司与受伤民工没有协商确定合同应适用的法律,故意思自治原则在本案中不能适用。因此,应依据最密切联系原则确定合同的准据法。依据当时的司法解释关于劳务合同的法律适用规则是"劳务合同,适用劳务实施地的法律"。所以,本案适用的法律是利比亚的法律。

第二个合同关系是吉林某建筑公司与韩国现代建筑公司之间签订的劳务合同关系,该合同因吉林某建筑公司未披露,故其内容不详。如果合同中有民工工伤治疗、医疗费负担条款,吉林某建筑公司可以合同为依据在利比亚法院或韩国法院先行起诉韩国现代建筑公司,韩国现代建筑公司赔偿后,吉林某建筑公司再赔偿受害民工。

一个侵权关系是受害民工与吉林某建筑公司、韩国现代建筑公司之间的侵权关系。本案中,侵权的直接责任人是韩国现代建筑公司。吉林某建筑公司在没有告知受害民工的情况下违反合同约定转让民工,而且收取了韩国现代建筑公司支付的劳务报酬,吉林某建筑公司与韩国现代建筑公司应承担连带赔偿责任。

**【法理】**

依据2011年《法律适用法》第43条规定:"劳动合同,适用劳动者工作地法律;难以确定劳动者工作地的,适用用人单位主营业地法律。劳务派遣,可以适用劳务派出地法律。"第44条规定:"侵权责任,适用侵权行为地法律,但当事人有共同经常居所地的,适用共同经常居所地法律。侵权行为发生后,当事人协议选择适用法律的,按照其协议。"因此在本案中,中国劳工可以选择劳务派出地法律——利比亚法律,也可以选择侵权当事人共同经常居所地法律——中国法律,这需要依据各个国家的赔偿数额、执行情况等因素进行选择。

由此可见,本案的事实部分很简单,法律关系很复杂,但是本案中的弱者却一目了然,是受到伤害的中国民工。因此,中国法院在运用合同的准据法确立所适用的法律时,应首先重点考虑保护弱方民工的利益,从而更好地体现国际私法的这一基本原则。

**四、维护和促进国际民商事交往发展的原则**

和平与发展是当今国际社会的主题。在经济全球化的今天,国家之间的经济联系更加密切,国际民商事交往的规模得到了空前的发展。建立一个适合国际民商事交往的国际秩序是国际社会的普遍要求。因此,作为调整国际民商事法律关系的国际私法,在立法和司法的整个过程中就应当秉承维护和促进国际民商秩序的原则。根据这一原则,一国在制定其国际私法时,不能仅以其本国利益为背景,更应当考虑国际普遍实践和国际民商新秩序的建立;应当通过双边或多边国际条约,共同致力于制定国际统一的冲突法和程序法,并恪守"条约必须信守"原则,忠实履行条约义务;在互惠的基础上,国家之间应加强司法合作,相互承认和执行对方国家法院的判决和仲裁裁决,为发展国际民商事交往创造良好的司法环境。

## ▶典型案例

**【案情】**①

美国教育考试服务中心(ETS)主持开发 TOEFL 考试。1988 年至 1995 年,ETS 分别在中国核准注册了"TOEFL"商标,核定使用的范围分别是盒式录音带、考试服务、出版物等。1989 年至 1999 年,ETS 将其开发的 53 套 TOEFL 考试题在美国版权局进行了著作权登记。

新东方学校主要从事外语类教学服务。在进行外语教学过程中复制了 TOEFL 考试题供学生使用。1996 年,北京市工商行政管理局对其进行了检查,并责令其停止侵权。1997 年,ETS 在中国大陆地区的版权代理人中原信达知识产权代理有限责任公司与新东方学校签订了《盒式录音带复制许可协议》和《文字作品复制许可协议》,许可新东方学校以非独占性的方式复制协议附件所列的录音制品和文字作品(共 20 套试题)作为内部使用,但不得对外销售,协议有效期为 1 年。2001 年 1 月 4 日,ETS 向北京市第一中级人民法院提起诉讼,状告新东方学校侵害其著作权及商标权。

**【审理】**

北京第一中级人民法院经审理认为,中国和美国均是《保护文学和艺术作品伯尔尼公约》的成员国,依据该公约,中国有义务对美国国民的作品在中国给予保护。新东方学校未经 ETS 许可,擅自复制并通过互联网渠道公开销售 ETS 享有著作权的 TOEFL 考试题,其行为侵害了 ETS 的著作权。且其在发行的 TOEFL 考试题出版物封面上以醒目的字体标明 TOEFL 字样的行为构成对 ETS 注册商标专用权的侵犯。新东方学校应就其侵犯著作权和商标专用权的行为向 ETS 承担民事责任。

新东方学校对该判决不服,向北京市高级人民法院提起了上诉,法院认为中国和美国均是《保护文学和艺术作品伯尔尼公约》的成员国,根据《著作权法》第 2 条第 2 款及《保护文学和艺术作品伯尔尼公约》第 3 条第 1 款(A)项的规定,我国有义务对美国国民的作品在中国给予保护。但以新东方学校对"TOEFL"只是在进行描述性或者叙述性的使用,纠正了一审法院关于新东方侵犯 ETS 商标权的判决。

**【法理】**

条约必须信守,是国际法的基本原则,缔约国都有遵守条约的义务,在涉外交往中也是如此,凡是当事人的所属国之间有共同参加或缔结的国际条约,当事人的所属国必须遵守,当事人也必须服从。条约优于国内法,也是国际法的基本原则之一,凡是国际条约与国内法有不同规定的,优先适用国际条约的规定。该原则在我国的立法中也得到了充分的体现,如我国《民法通则》《海商法》都对这一原则进行了表述,即"中华人民共和国缔结或参加的国际条约同中华人民共和国的民事法律有不同规定的,适用国际条约的规定,但中华人民共和国声明保留的除外"。

---

① 参见《美国教育考试服务中心诉新东方私立学校侵犯著作权和商标专用权纠纷》,载赵相林主编:《国际私法教学案例评析》,中信出版社 2006 年版,第 10—11 页。

在法律适用方面,本案涉及的是著作权保护问题。在著作权保护问题上,中美都是《保护文学和艺术作品伯尔尼公约》的成员,所以应首先考虑公约的规定。该公约是世界上第一个保护文学、艺术和科学作品的国际公约,规定了各成员国在著作权保护方面应当遵循的基本原则以及著作权立法的最低要求。依照该公约对著作权保护方面的要求,结合我国的现实状况,我国于2001年和2010年两次修正了《著作权法》。遵守国际条约的原则不但体现在我国根据国际条约的内容对相关法律进行修改,也体现于在实践中依照国际条约的规定处理争议。

2011年《法律适用法》并没有对国际条约和国际惯例的适用进行规定,但是最高人民法院新司法解释(一)第4条和第5条对国际公约与国际惯例的适用做出了说明,即《民法通则》《票据法》《海商法》《民用航空法》等法律有关规定仍然适用,但知识产权领域的国际条约已转化或者需要转化的国内法律除外。

# 第二章

# 冲突规范与准据法

冲突规范是国际私法最古老的一种规范,也是迄今为止国际私法的核心规范。在国际民商事法律适用法产生与发展的较长时间里,冲突规范曾一直是国际私法唯一的一种规范形式。冲突规范与其所指引的实体法即准据法相结合,发挥着调整国际民商事关系的作用。本章就冲突规范与准据法以及冲突规范适用过程中的一系列制度,如识别、反致、法律规避、公共秩序保留、外国法的查明等进行介绍。

本章涉及 2011 年《法律适用法》相关条款:

第 2 条 涉外民事关系适用的法律,依照本法确定。其他法律对涉外民事关系法律适用另有特别规定的,依照其规定。

第 4 条 中华人民共和国法律对涉外民事关系有强制性规定的,直接适用该强制性规定。

第 5 条 外国法律的适用将损害中华人民共和国社会公共利益的,适用中华人民共和国法律。

第 8 条 涉外民事关系的定性,适用法院地法律。

第 9 条 涉外民事关系适用的外国法律,不包括该国的法律适用法。

## 第一节 冲突规范

**一、冲突规范的概念与特征**

(一) 冲突规范的概念

冲突规范(Conflict Rules),又可称为法律适用规范,它是指出某种国际民商事关系应当由何国法律来调整的规范。例如,我国 2011 年《法律适用法》第 31 条规定:"法定继承,适用被继承人死亡时经常居所地法律,但不动产法定继承,适用不动产所在地法律。"这就是一条冲突规范,它指出在遗产的法定继承中,如果被继承人死亡时经常居所地在中国,则动产的继承应适用中国的有关实体法,如果其死亡时经常居所地在法国,则动产的继承应适用法国的实体法;对于不动产,如果不动产位于中国境内,则不动产的继承应适用中国相关的实体法,而如果不动产位于法国,则不动产的继承应适用法国的实体法,进而最终确定当事人之间的权利义务。由此可见,冲突规范是一种间接规范,它本身并不明确规定国际民事关系当事人之间的权利义务,而是指出应当适用哪一国家的法律来确定当事人的具体的权利义务关系。冲突规范在国际民商事关系与应当适用的某一特定的实体法之间架起一座桥梁，从而使得该特定的法律最终得以适用，使国际民事关系得到有效的调整。

(二) 冲突规范的特征

作为一种特殊的法律规范，与实体规范相比，冲突规范具有如下特征：

(1) 从冲突规范的内容看，它仅仅指出国际民商事关系应当如何适用法律，而不像实体规范那样，能够直接规定当事人的具体的权利义务。例如，我国 2011 年《法律适用法》第 44 条规定："侵权责任，适用侵权行为地法律……"从该条冲突规范本身我们并不能看出究竟什么样的行为会构成侵权责任，它仅仅规定了如果某一行为构成了侵权责任，在责任方面应如何适用法律。

(2) 从冲突规范的作用看，它作为一种间接规范，在国际民商事关系与应当适用的法律之间起到指示或桥梁的作用。对于国际民商事关系而言，只有冲突规范与所指向的实体法结合起来，其才能得到有效的调整。而一般的实体规范本身就能直接确定当事人的权利义务，对某一民事关系进行调整。

(3) 从冲突规范的结构看，它是由"范围"和"系属"两部分组成的。而实体规范是由假定、处理、制裁三部分组成的，三者分别为法律规范中指出的适用该法律规范的条件部分、法律规范规定的内容和要求部分，以及违反该法律规范将导致何种法律后果的部分。

## 二、冲突规范的结构

如前所述，冲突规范主要是由范围和系属两大部分组成的。

(一) 范围

冲突规范的"范围"(Category)是指冲突规范所调整的国际民商事法律关系的类型。它是导致冲突规范指定所应适用的法律的起因。例如，在"侵权适用侵权行为地法"这一冲突规范中，侵权即是该冲突规范所调整的法律关系的类型。

(二) 系属

冲突规范的系属(Attribution)是指冲突规范所调整的某一国际民商事关系应当具体适用的某一特定的法律。例如，在"侵权适用侵权行为地法"这一冲突规范中，"侵权行为地法"即为"系属"部分，它指出冲突规范的"范围"应当适用的法律。冲突规范的"系属"可以进一步划分为如下两个部分。

(1) 连结点(Point of Contract)。"连结点"又可以称为"连结因素"，它把冲突规范的"范围"与调整该"范围"的某一特定的实体法连接起来。例如，在"侵权适用侵权行为地法"这条冲突规范中，"侵权行为地"就是连结点。

(2) 准据法(Applicable Law)。所谓的"准据法"是指冲突规范所援引的、据以确定某一国际民商事关系当事人具体的权利义务的某一特定国家的实体法规范。例如，在某一涉外继承案件中，如果相关的冲突规范援引中国法律为该案件的准据法，那么中国的《继承法》就是该案的准据法。当然，此处的"准据法"是一个抽象的概念，它并不包括实体法的具体内容。只有将冲突规范中的"准据法"具体化,即与具体案情相结合,援引某一特定的实体法,才能最终解决当事人的权利义务问题。例如,在"不动产适用不动产所在地法"这条冲突规范中,"不动产所在地法"即是抽象意义上的准据法,如果结合案件情况,应当适用中国的法律,那么中国的实体法才是实质意义上的准据法。从某一角度而言,利用冲突规范对国际民事关系进行调整的过程,就是将抽象意义上的准据法具体化的过程。

### 三、冲突规范的类型

冲突规范中的连结点起到桥梁的作用,某一国际民商事关系究竟适用哪一法律,完全依赖连结点的指示。因此,依据"系属"中连结点的数量和性质,可以将冲突规范分为如下四种基本类型。

(一)单边冲突规范

这种类型的冲突规范的"系属"中只有一个连接点,它或是直接指明应适用内国法,或是直接指明适用外国法。运用这种冲突规范时不用推定就可以直接适用某一特定国家的实体法。

1. 直接指明应适用内国法。例如《中华人民共和国合同法》第126条规定:"……在中华人民共和国境内履行的中外合资经营企业合同、中外合作经营企业合同、中外合作勘探开发自然资源的合同,适用中华人民共和国法律。"

▶ 典型案例

【案情】[①]

1994年10月26日,原告南京甲公司与被告韩国乙株式会社协商签订了年产360吨漂白坯布的中外合资企业的"意向书",对双方的投资总额、各自出资以及出资方式等事项做了约定,并约定由双方负责编制可行性报告、起草合同章程,由南京甲公司负责执笔并办理有关手续、申报、领取合资企业的营业执照。同年12月1日,南京甲公司为申报合资企业,单方起草了合同的章程及可行性报告,并将双方于10月26日所签的"意向书"中的外方签名、盖章内容复制到合资合同上。在合同章程中,原告对双方的投资方式和出资额、投资比例做了有利于自己的重大修改。经有关部门批准后,同年12月,该合资企业领取了企业法人营业执照。1995年4月,被告经调查,对合资合同所载的双方出资额、投资比例提出了异议。其后,被告以原告在申办合资企业过程中存在欺诈行为,且至今资金不到位为由,要求解除合同,并向有关部门提出了注销合资企业的申请。经协商未果,1995年8月25日,南京市工商局注销了该合资企业的营业执照。原告遂于同年10月21日诉至法院,要求被告赔偿因单方申请导致中外合资企业被注销给其造成的98万元人民币的经济损失。

---

① 参见《南京飞龙公司诉韩国三井株式会社单方申请导致中外合资经营企业被注销赔偿损失案》,载最高人民法院应用法学研究所编:《人民法院案例选》(商事卷下),中国法制出版社2002年版,第1081—1086页。

**【审理】**

法院经审理认为,该案的性质是中外合资经营企业合同纠纷,应依据我国关于中外合资经营企业合同的冲突规范援引准据法。《合同法》第 126 条规定:"……在中华人民共和国境内履行的中外合资经营企业合同、中外合作经营企业合同、中外合作勘探开发自然资源的合同,适用中华人民共和国法律。"依据该冲突规范的规定,法院依据我国的《中外合资经营企业法》对案件进行了审理。

**【法理】**

本案所适用的冲突规范即为单边冲突规范,且是直接指明适用内国法的单边冲突规范。由于这种冲突规范系属中的连结点单一明确,因此适用起来较为简便。单边冲突规范大多是直接指向适用内国法的冲突规范,因为这是一国认为某一民事关系与该国的利益关系重大时,维护该国利益的一种工具。我国之所以在《合同法》中规定上述三类合同适用我国的法律,就是因为这三类企业对我国的经济利益具有重大的影响。但同样可以看出,如果一国只注重自己国家的政治经济利益而制定大量的直接适用内国法的单边冲突规范,无疑会损害其他国家的利益,并且不利于国际社会经济文化交流的进一步发展。

2. 直接指明适用外国法。例如,我国《民法通则》第 143 条规定:"中华人民共和国公民定居国外的,他的民事行为能力可以适用定居国法律。"

3. 直接指明适用某一特定国家的法律。例如,《苏联和比利时、卢森堡经济同盟临时贸易专约》第 13 条规定:"关于苏联驻比利时商务代表处订立或担保的贸易合同的一切争执,如在该合同中没有关于司法管辖或仲裁的专门条款,应受比利时法院的司法管辖,并依比利时法律解决。"

由此可见,当国家认为某些民事关系需要用国内法加以调整时,往往采用单边冲突规范,这种规范形式虽然适用起来比较简单,但是欠缺灵活性,大量的此类规范的存在无疑会阻碍国际交往的进一步开展,因此,世界各国越来越少地采用单边冲突规范。

(二) 双边冲突规范

这类冲突规范的"系属"中只有一个连接点,但它并不直接指向内国法或外国法,而是提供一个抽象的标识,并以此为导向确定应适用的是哪一法律。适用这类冲突规范必须结合案件的具体情况才能推出应适用的法律究竟是内国法还是外国法。例如,"侵权适用侵权行为地法",如果侵权行为地在中国,则适用中国的相关法律,如果侵权行为地在法国,则适用法国的法律。

双边冲突规范站在内外国法律的地位平等的立场上,对内外国法律采取一视同仁的态度,是各国冲突规范的主要形式。但是此类冲突规范过于灵活,如果其指向的某一外国的法律与内国的政策以及利益需要相违背,则法院为了避免被动往往会采取反致、转致以及公共秩序保留等制度,抵消外国法的效力。

(三) 重叠适用的冲突规范

这一类型的冲突规范,其"系属"中指明必须同时适用两种或两种以上的法律。例如,我国 2011 年《法律适用法》第 28 条规定:"收养的条件和手续,适用收养人和被收养人经常居所地法律",据此,关于涉外收养的条件和手续管理,我国法院必须同时适用收养人经常居所地法律和被收养人经常居所地法律。

(四) 选择适用的冲突规范

这类冲突规范的"系属"中包含两个或两个以上的连结点,分别连接着不同国家的实体法,但法院仅从中选择一个实体法来调整国际民商事关系。依据法院的选择是否附条件,可以将此类中突规范分为以下两种:

(1) 无条件的选择适用的冲突规范。这种冲突规范的系属中包含的多个连结点处于同等序位,没有先后主次之分,法院可以无条件地从中选择一个。例如,我国 2011《法律适用法》第 39 条规定:"有价证券,适用有价证券权利实现地法律或者其他与该有价证券有最密切联系的法律。"即是说,对于涉外有价证券的纠纷,可以适用权利实现地法,也可以适用与该有价证券有最密切联系地法,可以在这两者中间选择一种。

(2) 有条件的选择适用的冲突规范。这类冲突规范系属中的连结点是有主次之分的,在选择的时候有先后顺序,只有在序位在先的不能选择时,才可以选择序位在后的。例如,我国 2011 年《法律适用法》第 41 条规定:"当事人可以协议选择合同适用的法律。当事人没有选择的,适用履行义务最能体现该合同特征的一当事人经常居所地法律或者其他与该合同有最密切联系的法律。"根据此规定,我国法院在处理涉外合同争议时,应当首先适用当事人合意选择的法律,只有在当事人未作选择的情况下,才能适用履行义务最能体现该合同特征的一方当事人经常居所地法律或者适用与合同有最密切联系的国家的法律。

选择适用的冲突规范从法律上保证了法院在处理案件时,既有相对的稳定性,又具有一定的灵活性,因此近年来为许多国家的立法所采用。

综上,在上述冲突规范的四种类型中,双边冲突规范是最基本的冲突规范类型,其他类型的冲突规范都可以由它发展而成。就一个国家而言,究竟采用什么样的冲突规范类型,取决于该国的内外政策以及根本利益的需要。如果某一涉外民事关系适用外国法并不会对内国的根本利益构成妨碍,则一般会采用双边或选择性的冲突规范;反之,则要采用单边或重叠适用的冲突规范。我国 2011 年《法律适用法》根据不同的涉外民事关系的特性,分别采用了上述四种类型的冲突规范,既体现了原则性,又具有一定的灵活性。

## 第二节 连结点与系属公式

### 一、连结点

(一) 连结点的概念

连结点是冲突规范的"系属"中的一个重要的组成部分,也是冲突规范的核心。它将特定的民商事关系或法律问题与某一特定的法律连接起来,是指示"范围"部分应适用何种实体法的媒介。任何一个国际民商事关系都涉及诸多可以作为选择准据法的媒介的连结因素,一旦某一连结因素被选作确定准据法的媒介时,就构成了连结点。例如,在确定侵权的准据法时,可以作为媒介的既可以是侵权行为发生地,也可以是侵权结果地,还可以是当事人共同住所地等,如果选定了侵权结果地作为选择准据法的媒介,那么连结点就是侵权结果地。

连结点在冲突规范中占据核心的地位,具有重要的法律意义。从形式上看,连结点发挥的是一种桥梁或媒介的作用,而冲突规范作为一种间接规范,其之所以能够对国际民事关系进行调整,就是因为它通过连结点指引某一国家的法律来确定当事人的权利义务。从实质上看,连结点反映了某一国际民商事关系与特定国家法律之间的实质的密切的联系,反映了该法律关系应该受一定国家的法律支配。

(二) 连结点的分类

根据不同的标准,连结点可以作如下几种分类:

(1) 主观连结点与客观连结点。主观连结点主要是指当事人的合意选择,客观连结点表现为国籍、住所、居所、物之所在地、婚姻缔结地、法院地等一系列不以人的意志为转移的客观标识。

(2) 静态连结点和动态连结点。静态连结点是指固定不变的连结点,如合同订立地、婚姻举行地、侵权行为地等。静态连结点在适用上具有较强的稳定性和可预见性。动态连结点是可变的连结点,如国籍、住所、所在地、法人的管理中心地等。动态连结点在一定程度上增加了法律选择的灵活性,但正是因为如此,也为当事人规避法律提供了可能。

(三) 连结点的选择

国际私法的中心任务就是通过适用准据法解决有关的法律冲突问题,而准据法的确定有赖于连结点的选择,因此,运用国际私法解决法律冲突,归根到底就是连结点的选择问题。

连结点的选择遵循着一定的客观规律。任何一个连结点的形成与发展都与一定时期的政治经济状况以及国际经济活动的发展状况密切相关。例如,有关物权关系的法律适用,各国普遍采用"物之所在地"作为连结点,体现了物权所反映的经济关系的特殊性,同时也反映了物之所在地国维护本国主权及经济利益、行使属地管辖权的需要。由于连结点的形成和发展取决于一定时期政治经济的状况,随着政治经济的变化,连结点的选择也会发生变化。"物之所在地法"原则在过去的较长时间中仅适用于不动产物权关系,动产物权在中世纪直至 19 世纪中叶一直都适用"动产随人"原则,即动产物权适用动产所有人的属人法。这主要由于在当时的历史条件下,动产的种类不多,与不动产相比,价值很小,并且动产一般都位于动产所有人的住所地,适用属人法简便易行。但是,随着国际民商事交往的日益发展,动产的种类不断增多,财产关系也日益复杂,一个财产所有人的财产往往位于数国,并且许多财产交易并非财产所有人直接进行的,动产适用属人法在客观上陷入困境,此外,也不利于维护财产所在地国的利益。出于确保动产权利的稳定性的目的,诸多国家主张将其法律的效力扩大至位于其本国境内的所有财产关系,而不论是动产还是不动产。因此,自 19 世纪中叶起,不少国家逐步放弃"动产随人"的原则,而不再区分动产与不动产,一律适用物之所在地法。

再如,合同关系的法律适用,在属地主义盛行的封建社会一直受到"场所支配行为"原则的束缚,当事人不享有选择合同准据法的权利与自由。但是到了自由资本主义时期,意思自治原则与契约自由原则相吻合,在资本主义自由竞争的环境下迅速产生并发展,成为各国公认的确定合同准据法的基本原则。

自20世纪60年代以来,连结点的选择方面呈现出令人瞩目的新变化。软化的、开放性的、可供选择的连结点逐步代替僵硬的、单一的、封闭的连结点。在世界范围内广泛流行的"最密切联系原则"就是该变化的集中反映。依据该原则,法官在审理涉外民商事案件时,不能囿于某一个或几个客观的连结因素,而应从质和量两方面对各种主客观因素进行考察,从而找出法律关系的"重力中心地",该中心地的法律即是案件的准据法。最密切联系原则摆脱了僵化的仅基于某一个连结点确定准据法的传统模式,适应了涉外民商事关系复杂多变的需要,增强了法律适用的针对性与灵活性及合理性。

## 二、系属公式

系属公式是针对双边冲突规范而言的,它将双边冲突规范中的"系属"公式化、固定化,用于解决同类性质的国际民商事关系的法律适用问题。这种公式化的系属就叫做冲突规范的"系属公式"。不同的系属公式与不同种类的国际民事关系相对应,因而也被称为法律适用原则。

较为常见的几种主要的系属公式有以下七种。

(一) 属人法

属人法是以法律关系当事人的国籍、住所或者惯常居所为连结点的系属公式,主要用于解决人的身份、能力以及亲属继承方面的法律冲突问题。

属人法在传统的大陆法系国家和普通法系国家采用不同的标准。以法国、德国等为代表的大陆法系国家以国籍作为属人法的标准,即属人法就是当事人的本国法,这主要是因为这些国家大多向国外移民,采用本国法原则有利于扩大这些国家国内法的适用范围。而英美等普通法系国家采用住所作为属人法的标准,即属人法就是当事人的住所地法。究其原因,主要是这些国家在历史上大量接受外来移民,以住所地法作为属人法有利于扩大这些国家内国法的适用范围。而随着国际交往的进一步展开,本国法原则和住所地法原则之间进行了调和,当事人的惯常居所逐渐成为新的确定属人法的连结点,呈现取代住所地法的趋势,并也为大陆法系国家所采用。

我国于2011年《法律适用法》关于属人法的条款中更多的情况下使用的连结点为"经常居所地"。

(二) 物之所在地法

物之所在地法是指国际民事关系的标的物所在地在空间上所位于的国家的法律,它用来解决物权、所有权方面的法律冲突。在历史上,一般是将物之所在地法作为解决不动产物权的法律冲突问题的原则,后来许多国家都将其扩展至动产,但动产依该系属公式确定准据法存在较多的例外情形。

(三)行为地法

行为地法是指做出某一民事法律行为时所在地的法律。它源于"场所支配行为"原则,主要用于确定行为方式的有效性。由于民事法律行为的多样性,行为地法又可以分为若干系属公式,如合同缔结地法、侵权行为地法、婚姻举行地法、立遗嘱地法等。

(四)法院地法

法院地法是指涉外民事案件的法院所在地的法律,主要用于解决有关涉外民事诉讼程序方面的法律冲突问题,在某些情况下也用于解决实体方面的问题。此外,在识别问题中,也常常作为识别的标准。

(五)旗国法

旗国法是指悬挂或涂印在船舶或飞行器上的国旗所属的特定国家的法律,通常用于解决飞行器、船舶在运输过程中发生的一些纠纷中的法律适用问题。

(六)当事人选择的法律

当事人选择的法律是指当事人协商一致同意适用于他们之间的民事关系的法律,也即当事人"意思自治",主要用于解决涉外合同的法律适用问题。不过近年来这一系属公式在合同以外的其他领域,如侵权、继承等领域也被采用。2011年《法律适用法》第3条规定当事人依照法律规定可以明示选择涉外民事关系适用的法律。也就是说,涉外民事关系的当事人可以通过口头或者书面的明确表达选择适用于该民事关系的法律,这个法律可以是中国法,可以是外国法,也可以是国际条约或者国际惯例。这就是涉外民事关系法律适用中的当事人意思自治原则。和以往的立法不同,该条并没有规定冲突规范中"范围"的内容,即法律关系或者法律问题,而是直接规定当事人可以依据法律规则选择适用的法律。

(七)最密切联系地法

最密切联系地法是指与国际民商事案件有最密切联系的国家或地区的法律,主要用于合同领域,有一些国家还把它扩展至侵权行为和家庭关系等领域。

我国2011年《法律适用法》不仅在合同、侵权、区际冲突等方面明确规定适用该原则,而且在该法的"一般规定"中将其作为一般原则予以运用。该法第2条第2款规定:"本法和其他法律对涉外民事关系法律适用没有规定的,适用与该涉外民事关系有最密切联系的法律。"

## 第三节 准据法

### 一、准据法的概念与特点

准据法是国际民商事法律适用法的一个特有的法律概念,它是指通过冲突规范的援引用来确定国际民事关系当事人具体权利义务的特定的实体法。例如,我国2011年《法律适用法》第36条规定:"不动产物权,适用不动产所在地法律。"中国法院依据该条冲突规范的指引,如果确认不动产位于中国,则中国的相关法律即成为确定不动产物权的准据法。

准据法这一特殊的法律具有以下两个特点:

(1) 准据法必须是通过冲突规范援引的法律。各国的民商法只有在经过冲突规范援引,应当适用于国际民事关系时,才成为准据法;如果未经冲突规范援引,则不能称作准据法。例如,一国国内的某些专门适用于国际民事关系的实体规范,由于其可以直接适用于国际民事关系,无需冲突规范的援引,因而不是准据法。

(2) 准据法必须是能够确定国际民商事关系当事人具体权利义务的某一特定的实体法。准据法必须具有实体的内容,在通过冲突规范的援引之后就可以确定当事人的权利义务。这种实质意义上的准据法并不是冲突规范的组成部分。冲突规范"系属"中的"准据法"只是一个抽象的法律概念,在实际处理某一具体的国际民事案件时,应当将抽象的法律概念与案件具体情况联系起来,将该法律概念具体化,以最终确定适用于该国际民事关系的准据法。例如,在"侵权行为适用侵权行为地法"这一冲突规范中,"侵权行为地法"这一抽象的法律概念就是该条冲突规范的系属,只有将"侵权行为地法"与特定的案件联系起来,假如,最终确认侵权行为地在中国,那么由此指向的中国法律才是侵权行为的准据法。

**二、准据法的确定方法**

国际私法的主要任务就是解决国际民事关系的法律冲突问题,或者说法律适用问题,而解决该问题的最基本的方法就是冲突法解决方法。如前所述,准据法是通过冲突规范援引的法律,因此,准据法的确定方法就是冲突法方法。对于国际法律冲突、区际法律冲突、时际法律冲突以及人际法律冲突的准据法的确定方法,前文已有所论述,在此不再赘述。此处仅对确定准据法过程中的一个特殊问题——先决问题的准据法确定问题进行讨论。

"先决问题"(Preliminary Question)是与"主要问题"(Principle Question)相对而言的,是指解决主要问题必须首先解决的问题。例如,某人以配偶的身份向法院起诉要求继承被继承人的遗产,此时必须首先确定该人与被继承人之间是否存在合法的婚姻关系,或该婚姻关系是否已经解除。在该案件中,婚姻问题就是"先决问题",而继承问题就是"主要问题"。

先决问题在涉外民事案件中具有独立性,故需要单独考虑其准据法,并且准据法的选择直接影响主要问题的处理结果。一些学者认为,要构成一个需要单独考虑其准据法的先决问题,需要具备以下三方面的条件:(1) 按照法院地的冲突规范,主要问题的准据法为外国法;(2) 该先决问题相对独立于主要问题,并且有针对它的专门的冲突规范可以适用;(3) 依据主要问题准据法所属国针对先决问题的冲突规范所应适用的法律,与依法院地针对先决问题的冲突规范所应适用的法律不同,由两者得出的判决结果将完全相反。

由于"先决问题"具有相对独立性,有的时候需要单独考虑其准据法的确定问题。

对于"先决问题"准据法的确定,在理论界和各国的实践中分歧较大,主要有如下两种观点:

(1) 主张依据"主要问题"的准据法所属国的冲突规范来确定"先决问题"的准据法。其理由是:这样有助于"先决问题"与"主要问题"判决结果的相互协调一致。但是,它忽略了先决问题的独立性,使得"先决问题"准据法的选择缺乏合理性、针对性。

(2) 主张依据法院地国的冲突规范来确定"先决问题"的准据法。这种方法考虑到了先决问题的相对独立性,但是故意割裂了"先决问题"与"主要问题"的有机联系,可能会导致"先决问题"与"主要问题"的判决结果完全相反。

由于上述两种方法存在各自的缺陷,有的学者主张采用最密切联系方法确定"先决问题"的准据法,即看先决问题究竟是与法院地法还是与主要问题的准据法的联系更为紧密,适用其中与其有最密切联系的法律来确定准据法。

再由于先决问题的认定往往已经存在外国法院作出的裁判结果,如果解决主要问题时对已有结果的先决问题由法院地国重新认定,这种做法是否合适?这实际上涉及了外国法院判决的承认与执行问题,并非一个简单的问题。因此,目前世界上大多数国家的国内立法以及国际条约中都没有规定先决问题的准据法确定问题。

我国 2011 年《法律适用法》没有对先决问题进行相关规定,我们认为,先决问题是一个颇为复杂的问题,往往与其他问题相联系,不是单纯的一个规则就能解决的。一般而言,法院在处理主要问题时遇到的先决问题已被外国法院作出判决,为了解决主要问题,对已有结果的先决问题进行重新认定是否妥当,如果在重新审视后与原有的结论不同又作何解释,尤其是遇到某一个先决问题的判决是由法院地国作出的,那么法院岂不是要推翻自己原来的判决,这在结果上必然陷入矛盾和恶性循环。所以先决问题的准据法不能用一个简单机械的办法来解决,而应根据具体情况灵活妥善处理。2013 年最高人民法院新司法解释(一)第 12 条规定:"涉外民事争议的解决须以另一涉外民事关系的确认为前提时,人民法院应当根据该先决问题自身的性质确定其应当适用的法律。"正因如此,国际上大多数条约和国内立法均未涉及先决问题,仅是个别条约提及,如 1979 年《美洲国家间关于国际私法一般规则的公约》第 8 条规定:"因主要问题产生的先决问题,不必一定依适用于主要问题的法律解决。"该条规定只是说明先决问题的解决不必依主要问题的准据法,即解决主要问题的实体法解决,并没有指明先决问题的准据法用什么冲突规范来确定。可见,在立法上不对先决问题规定规则,留待司法实践中法官根据具体情况确定更加便利和稳妥,这也是大多数国家的共同做法。

▶ 典型案例

【案情】[①]

1938 年,李某在广东台州与范某结婚,婚后一直无子女。1943 年李某前往美国定

---

① 参见《李伯康房产继承案》,http://zhidao.baidu.com/question/15422867.html,访问日期:2016 年 10 月 25 日。

居,住在加利福尼亚州洛杉矶。1967年11月,李某与周某(美籍)在美国内华达州结婚。1981年,李某在洛杉矶去世。其遗产中有一栋位于广东的四层楼房。1986年5月,已离开广东台州到香港定居多年的范某得知李某在美国去世后,到广州公证处办理了继承上述房产的有关证明,同年7月领得房屋产权证,取得了房屋的产权。周某得知后,立即委托代理人在广州某区人民法院提起诉讼,要求继承其亡夫留下的上述房产。

**【审理】**

法院经审理认为:对于不动产的继承应适用不动产所在地法,在本案中即中华人民共和国的实体法。而判断周某是否具有继承李某在广东的房产的权利,首先要确定的是周某与李某在美国缔结的婚姻是否有效。依据当时《民法通则》的规定,中华人民共和国公民定居国外的,其民事行为能力可以适用定居国的法律。中华人民共和国和外国人结婚适用婚姻缔结地法律,离婚适用受理案件的法院所在地法律。但是,一夫一妻制是我国极力维护和推行的重要原则,属于我国重大公共利益的范畴,如果承认李某与周某在美国的婚姻有效,就违背了我国的一夫一妻制原则,违反了我国的重大社会公共利益,应当予以打击和遏制。因此,依据公共秩序保留原则,李某与周某的婚姻在我国无效,原告周某的继承权不能得到法律的承认与保护。

**【法理】**

在本案中,主要问题——继承权的解决,离不开婚姻有效性这一前提的解决。但是从与上述构成先决问题的条件是否严格相符的角度看,该案的婚姻有效性问题似乎并不构成先决问题。因为先决问题的构成首先要求主要问题的准据法为外国法,而本案中的主要问题——房产继承问题的准据法是法院地法而非外国法。但是事实上,在本案中,婚姻效力问题直接影响了主要问题——继承问题的处理结果。因此,先决问题的重要性还是很突出的,其一直以来在理论界和司法实践中都备受关注。

## 第四节 冲突规范适用中的几种制度

在运用冲突规范确定国际民商事关系准据法的过程中,一般应考虑识别、反致、法律规避、外国法内容的查明以及公共秩序保留制度等,本节将分别予以论述。

### 一、识别

(一)识别的概念

国际私法上的识别是指依据一定的法律概念,对有关的事实构成进行定性或分类,将其归入特定的法律范畴,并对冲突规范所使用的法律名词进行解释,从而确定应适用哪一冲突规范去援引准据法的认识过程。西方学者通常的称谓是 qualification、classification、characterization 等。

▶典型案例

【案情】①

1997年3月10日,原告厦门甲公司与被告香港乙公司签订了一份买卖合同,约定:原告向被告购买某一特定规格的涤纶短纤100万公斤,价格为CNF中国厦门每公斤单价1.05美元,总货款105万美元,付款方式为不可撤销见单后120天的远期信用证。后双方协商将价款降至104万美元。

1997年4月14日,被告将其开出的金额为1,041,551.89美元的发票及提单等传真给原告。4月21日,被告要求开证行承兑信用证。5月7日,开证行以单证不符为由拒绝承兑。同日,信用证项下的货物抵达厦门港。第二天,原告委托厦门另一进出口公司转委托第三公司以无提单担保方式提货。1997年5月13日,原告致电被告,称由于被告的原因致使货物迟延到港,且国内行情下跌,要求被告每吨降价60美元,否则将退港,但未告知其已提货。经双方协商,被告同意原告的要求。但此后,原告一直未承兑信用证。后经被告催促,原告于1997年10月28日委托某某支付共计1,051,824.73美元的款项(系原合同货款105万美元及其利息)。过后,原告对付款金额提出异议,遂向法院提起诉讼,要求被告返还原告多支付的部分。

【审理】

一审法院经审理认为,原告与被告签订的合同合法有效。在合同履行过程中,被告书面同意合同标的物每吨降价60美元,应视为双方对购销合同做了变更。被告向原告多收取的部分为不当得利,因此,法院判决支持原告的诉讼请求,要求被告返还不当得利。

被告不服,提起上诉。二审法院经审理认为,原告与被告最初签订的合同符合法律的有关规定,为有效的合同。原告在拒绝承兑信用证的同时,一方面以无提单担保的方式提取货物,一方面又以退港为要挟向被告提出降价的要求,该行为违反了诚实信用原则和信用证操作惯例,存在欺诈行为。被告在受原告欺诈的情况下做出的降价等承诺自始无效,不构成对合同的变更。嗣后,原告委托他人向被告支付原合同约定的全部货款和利息,是应被告的要求,为赎回项下单据而做出的,是双方当事人真实的意思表示。因此,原告主张被告存在不当得利的行为,于法无据。

法院判决驳回原告的诉讼请求。

【法理】

这是一起涉外民商事案件,本案首先必须解决的是该案究竟属于"不当得利"还是"国际货物买卖合同"的定性问题。一审法院将其识别为不当得利,故而适用有关不当得利的法律,判决支持原告的诉讼请求;而二审法院将其定性为合同,从而适用合同法

---

① 参见《万时红公司诉伊藤忠公司同意降价后又依原国际货物买卖合同收取货款不当得利返还案》,载最高人民法院应用法学研究所编:《人民法院案例选》(商事卷下),中国法制出版社2002年版,第145—154页。

的相应规定,判决驳回原告的诉讼请求。可见,识别或定性问题是适用冲突规范从而援引准据法去解决涉外民事关系当事人之间的争议的前提和基础,是国际私法的一个基本问题。识别的目的就是为了寻找适当的冲突规范。在该案中,我国法院依据我国法律对案件的事实进行识别,但是,在无论将案件识别为"不当得利"抑或"国际货物买卖合同"之后,法院的判决书中都没有涉及如何依据识别的结果而寻找冲突规范的过程,而直接适用我国的实体法加以解决,这使得适用我国实体法进行处理缺乏说服力,也是该判决的不足之处。

从识别的概念中可以看出,这一法律认识过程包括两个方面:(1)对国际民商事案件所涉事实或问题进行定性或分类,将其纳入特定的法律范畴。因为不同的法律关系适用不同的冲突规则,所以在适用冲突规范前,必须对案件所涉事实进行定性,将其划归一定的法律范畴,才能确定应该适用哪一条冲突规范去援引准据法。例如,一个法律关系究竟是合同问题还是侵权问题,是属于程序问题还是实质问题等。(2)如果识别为合同问题,则适用"合同适用当事人选择的法律"这一冲突规范去援引准据法,如果识别为侵权,则适用"侵权行为适用侵权行为地法"去援引准据法。由此可见,识别的结果不同,必然会导致适用不同的冲突规范援引不同的准据法,从而使案件出现可能截然不同的判决结果。这一过程的另一方面是对冲突规范"范围"上所使用的名词术语进行解释。这是两个相互联系的方面,即一方面依据一定的法律对法律概念进行解释,同时依据这一法律概念对案件事实进行正确的定性。

(二)识别的对象

关于识别的对象,学者们主要有三种不同的主张。

(1)认为识别的对象是整个冲突规范,识别包括对整个冲突规范的解释,是在适用冲突规范时对冲突规范中的法律名词的含义及内容的确定。

(2)认为识别的对象是冲突规范的"范围"和"连结点",识别是对这二者的解释。

(3)认为识别只是对冲突规范的"范围"的解释,或只是对事实构成性质的判定。

本书比较赞同第三种观点。因为识别的目的在于正确的寻找冲突规范,它是法官适用冲突规范之前的一种思维活动,是适用冲突规范的前提。而对"连结点"或"系属"的解释都是发生在找到了适当的冲突规范之后的,因此,不属于识别的对象。

(三)识别的冲突

识别冲突是指法院在处理国际民事案件时,由于各国法律对同一案件事实构成进行不同的分类或定性,或对冲突规范范围中的同一法律概念赋予不同的含义,因此,采用不同国家的法律进行识别就会导致适用不同的冲突规范从而适用不同的准据法。对于法院地国而言,识别冲突就是依内国法识别与依外国法识别之间的冲突。

在国际私法中,识别冲突问题的产生主要存在如下几个原因:

(1)对于同一事实,不同国家的法律赋予不同的法律性质,从而导致适用不同的冲突规范。例如,对于未达一定年龄的人结婚需要父母同意的问题,美国将其识别为婚姻形式问题,而法国将其识别为婚姻能力问题。如果依法国法进行识别,则会适用当事人的属人法来判定婚姻能力问题,而如果依美国法进行识别,则会援用婚姻举行地法来决定婚姻形式的有效性问题。

(2) 不同国家对同一问题即便规定了相同的冲突规范,但对于冲突规范的"范围"规定了不同的含义。例如,同样是"不动产适用不动产所在地法"这条冲突规范,对于什么是不动产,各国的法律规定并不完全相同。例如蜂房,法国法律将其识别为动产,而荷兰法律却将其纳入不动产的范畴。

(3) 不同国家的法律将具有相同内容的法律问题划分到不同的法律部门中去。例如,关于时效问题,有些国家将其划分到程序法范畴,而另一些国家将其划分到实体法范畴。对于程序问题应当适用法院地法,而实体问题则需要依据各种不同性质的法律关系分别适用不同的冲突规范以援引准据法。因此,将具有同一内容的法律关系划分到不同的法律部门,会导致适用不同的冲突规范,最终使得判决结果相互抵触。

(4) 由于社会制度以及历史文化的差异,也会出现一国法律规定的制度或适用的法律概念在另一国不存在的情况。在此情况下,也需要通过识别确定应适用的法律。

(四) 识别的依据

识别冲突的解决,即确定应当依据哪一法律进行识别的问题,也就是识别的依据问题,对此,学者们提出了不同的主张,主要有以下几种。

1. 法院地法说

该学说主张以法院地国的实体法作为识别的依据,为康恩和巴丹首创,并得到许多学者的支持,也为许多国家的司法实践所采纳,是目前各国采用最广泛的一种识别依据。该主张的主要理由在于:(1) 国际民商事法律适用法作为国内法的一个组成部分,其冲突规则和内国法规则属于同一法律体系,因此其使用的名词术语只能依其所属国家的内国法,即法院地法进行解释;(2) 法官只熟悉自己国家的法律概念,依据法院地法识别简单明确,无须查明外国法,也不需要外国专家的证明;(3) 识别是法官适用冲突规范之前的一种思维活动,是适用冲突规范的前提,在没有解决识别冲突之前,外国法并没有得到适用,因此,除了法院地法,不可能有其他的法律可以作为识别的依据;(4) 如果依据外国法来确定法院地的某一冲突规范在何种情况下适用,则法院地就丧失了对自己的冲突规范的控制,同时,法院地国法律的完整性也就遭到了破坏;(5) 如果以外国法作为识别的依据,法院地国就丧失了司法主权。

但是,对该主张持反对意见的学者认为,如果一律以法院地法进行识别,那么有时会出现有关的国际民事关系本应适用外国法而得不到适用,而不应适用外国法的却适用了外国法的情形。而且,在法院地法没有类似于外国的法律概念时,也无法依据法院地法进行识别。

为了克服上述弊端,有学者提出依据法院地国的国际民商事法律适用法进行识别,并称之为"新法院地法说"。这一主张有一定的合理性,也为一些学者所倡导。法院地法说也认为,对于一些特殊的问题,不应以法院地法进行识别,而应依据有关的外国法概念进行识别,例如,对于财产的性质究竟是动产还是不动产,就应依物之所在地法进行识别。

我国 2011 年《法律适用法》采用的也是法院地法说,其第 8 条规定:"涉外民事关系的定性,适用法院地法律。"

2. 准据法说

该学说主张用来解决案件实质争议的准据法,同时就是对争议问题的性质进行识别的依据,其理由在于:第一,对于某一涉外民商事关系,既然冲突规范指向适用该外国法,如果不依据该外国法进行识别,就有违冲突规范的本意,其结果与不适用外国法并无差别。因为,依据准据法进行识别,可以避免因对冲突规范识别不准确而导致的法律适用的歪曲。第二,法院地国家的冲突规范既然已经援引外国法为准据法,就意味着已经承认外国法的效力,如果承认外国法的效力而不适用外国法进行识别,就会有损外国的立法及司法主权。但在实践中,追随这一学说的学者以及司法判例并不多,主要是该学说存在一个极大的缺陷,即逻辑上的恶性循环,不能自圆其说。因为识别是适用冲突规范从而援引准据法的先决条件,在解决识别冲突问题前,准据法不可能确定,因而也无从依据准据法进行识别。

3. 分析法与比较法说

该学说认为识别的依据不应当限于某一项法律原则,而应当以分析法学的原理在比较法研究的基础之上形成的一般法律原则为识别的依据。该学说为德国学者拉伯尔(Rabel)和英国学者贝克特(Beckett)以及戚希尔(Cheshire)所提倡。他们认为,冲突规范所适用的名词术语与实体法中所适用的法律概念并不一定是同一的,由于冲突规范是使法官能够就某一法律问题的准据法在相关的多个国家的法律中进行选择的规则,那么识别过程就应按照分析法学的原则和在比较基础之上形成的一般法律原则,以及比较法研究中抽象出来的普遍适用的原则为依据。这一主张是站在内外国法律完全平等的基础之上进行的,从公正合理的角度而言,十分具有说服力,但是过于理想化,整个学说的基础就是一种理想化的设想。各国民法、冲突法的差异极大,能够建立在分析法或比较法基础之上的共同概念极少,因此要研究出具有普遍意义的法律原则难度极大。此外,从法院的角度来看,会使法院不堪重负,而且会严重地降低法院审理案件的效率,延长诉讼时间,增加诉讼成本。因此,该学说最大的缺陷就是在实践中欠缺可行性。

4. 个案识别说

该学说主张根据不同情况采用不同的依据进行识别,为原苏联学者隆茨和德国学者克格尔(Kegel)所提倡。他们认为,对于识别问题,不应当采取统一的解决原则,识别问题究其本质就是一个对于冲突规范的解释问题,没有什么统一的规则,应当依照案件的具体情况与一国制定和适用冲突规范时所追求的目标,来确定是依据内国法还是依据外国法进行识别。该学说最明显的缺陷在于缺乏明确性和结果的可预见性。

此外,西方一些学者在研究识别问题的过程中,还提出了所谓的"一级识别"与"二级识别"的理论。所谓的"二级识别"就是在识别基础上发生的第二次识别的思维过程。"对案件中的法律事实进行定性或分类,将其纳入适当的法律范畴",是一般意义上的识别,可称为"一级识别"或"初步识别"。"一级识别"发生在准据法确定之前,必须依据法院地法进行,"二级识别"则是在确定要适用某一冲突规范之后,对冲突规范所援引的准据法定界或决定其适用范围。"二级识别"发生在准据法确定之后,应当依据准据法进行识别。但是,对于"二级识别"问题,我国学者普遍持否认的态度。有的学者认为,法院进行识别的过程一般包括三个步骤:首先,决定案件的法律性质;其次,决定适当的连结点;最后,决定准据法的适用范围。所谓的"二级识别"发生在第三阶段,实质上是对外国法的解释和适用。与其称为"二级识别",不如称作"外国法内容的查明"更为贴切。

▶ **典型案例**

**【案情】**[①]

1998年,被告南非甲公司通过原告江苏省淮阴市乙公司从中国进口一批货物,原告向被告提出了开立信用证的申请。被告分别于1999年6月23日、6月25日开立了以被告为申请人、原告为受益人、中国工商银行(总部)为议付行的不可撤销循环信用证两张:L092790620032和L092790620050。以上两张信用证均为提单日180天后付款的延期付款信用证,金额分别为105,000美元和110,000美元。两份信用证条款中均规定:授权适用《国际商会跟单信用证统一惯例》(第525号出版物)。原告在收到被告开立的上述信用证后,即依约履行了交货义务,然后通过中国工商银行淮阴市分行向被告交单。从1999年8月19日至同年的12月17日,原告在信用证规定期限内通过工商银行淮阴市分行共向被告交单13次,累计金额86万美元。1999年12月22日,被告来电称,依据"欺诈免责"原则撤销信用证,并对1999年12月9日以后新发的货物不再承担付款责任。事实上,以上所有款项在信用证付款日期届满后被告均未予支付。因此,原告遂诉至淮阴市中级人民法院。被告在答辩期内提出了管辖权异议,认为本案双方的争议属于信用证项下的付款争议,该争议为非合同性的担保责任争议,依照原告就被告原则,应当由担保人或信用证开证人所在地法院管辖。由于被告在北京设有办事处,根据当时《民事诉讼法》的规定,本案应由其代表机构所在地的人民法院管辖。

**【审理】**

淮阴市中级人民法院经审理认为:信用证虽然有别于作为其依据的基础合同,但其作为一个独立的交易,就其本质而言,依然不能改变其契约性质。对此,被告开立的信用证授权适用的《国际商会跟单信用证统一惯例》(即5CP525)以及国际商会制定的相关惯例、操作指南都做了肯定。在本信用证承兑纠纷中,原告一直通过实际的议付行工商银行淮阴市分行履行向被告的交单义务,对此,由原告举证的相关证据证明。据此,可以认定淮阴是合同的履行地。故被告的管辖权异议不能成立,不予支持。依据当时《民事诉讼法》之规定,该院裁定驳回被告对本案管辖权提出的异议。

---

[①] 参见《南非莱利银行与淮阴市对外贸易公司信用证承兑纠纷管辖权异议案》,载最高人民法院应用法学研究所编:《人民法院案例选》2001年第4辑(共38辑),人民法院出版社2001年版。

被告不服一审裁定,仍以管辖权异议为由,向江苏省高级人民法院提起上诉。江苏省高级人民法院经审理认为:上诉人与被上诉人之间的信用证承兑纠纷属于信用证项下的付款纠纷,根据5CP525以及UCP525,它是一种独立的票据合同法律关系。本案中的工商银行淮阴分行是信用证的实际议付行。依据中华人民共和国最高人民法院关于票据权利纠纷由票据支付地或被告住所地人民法院管辖的规定,江苏省淮阴市中级人民法院对本案享有管辖权,上诉人的上诉理由不成立,不予采纳。裁定驳回上诉,维持原裁定。

**【法理】**

本案涉及识别的依据问题。在本案中,被告认为信用证不是合同,只是非合同性的担保责任,不应当依合同纠纷确定管辖地,只能将其定性为财产权益纠纷,由被告或其代表机构所在地法院管辖。一审法院认为信用证属于合同的范畴,并且其履行地在受诉法院辖区内,因此受诉法院有管辖权。二审法院虽然也认为信用证属于合同,但认为属于票据合同,受诉法院之所以具有管辖权,是基于票据的支付地在受诉法院辖区内。

不论一、二审法院对本案信用证项下付款纠纷做出了怎样不同的定性,但二者都是以法院地法即我国的法律作为对信用证关系进行识别的依据的。虽然在识别的过程中也提及有关国际惯例的相关规定,但是这只是用来佐证其观点的,并非识别的依据。对于识别依据问题,我国2011年《法律适用法》第8条规定涉外民事关系的定性,适用法院地法律。其主要理由是:(1)涉外民事关系适用法是一国法律体系的组成部分,其所使用的概念或名词自然应与其他法律所适用的名词或概念一致;(2)法官熟悉自己国家的法律概念,依法院地法定性简单明了,无需外国专家证明;(3)定性是法官适用涉外民事关系法律适用法之前的思维活动,是适用法律适用规则的先决条件,在解决定性问题之前,外国法还没有获得适用,故此除法院地法以外,不可能有其他法律作为定性的依据;(4)如果用外国法定性,有损法院地国司法主权。

## 二、反致

### (一)反致概述

在国际私法中,反致是发生在适用冲突规范的过程中的一个问题。反致(renvoi)有广义与狭义之分。广义的反致除了包括狭义的反致外,还包括转致(transmission)、间接反致(indirect remission)以及外国法院说(foreign court theory)等。

**1. 狭义的反致**

狭义的反致也称直接反致,是指对某一涉外民商事关系的调整,甲国法院按照其本国的冲突规范,应当适用乙国法,而乙国的冲突规范规定,应当适用甲国的法律,甲国法院据此适用了甲国的实体法。用图示表示如下:

依据甲国的冲突规范　　依据乙国的冲突规范
甲国(法院地国)法 ⟵⟶ 乙国法

例如,在英国法院受理的一起动产继承案件中,一个在意大利有住所的英国人,在未立遗嘱的情况下死亡并留下一大笔遗产,依据英国的冲突法规定,动产继承适用被继承人住所地法,即以意大利法为准据法;而依据意大利的冲突规范规定,动产继承应适用被继承人本国法,即英国法。英国法院据此适用了英国的实体法对案件进行了审理,此时就构成直接反致或单一反致。

2. 转致

转致是指对于某一涉外民商事案件,甲国法院依据自己国家的冲突规范的指引本应适用乙国法,并且认为被指定的乙国法包括乙国的冲突规范,而乙国的冲突规范规定该民商事关系应当适用丙国法,甲国法院据此适用丙国的实体法,这种现象就构成转致。用图示表示如下:

依据甲国的冲突规范　　依据乙国的冲突规范
甲国(法院地国)法 ─────→ 乙国法 ─────→ 丙国法

转致的典型案例就是英国法院1887年审理的特鲁福特(Truffort)案。特鲁福特是一位在法国有住所的瑞士公民,在英国有动产。其生前立有遗嘱,将其在英国的全部财产留给其教子。他的独生子在英国法院起诉,要求继承这笔遗产。英国冲突法规定,动产继承适用被继承人住所地法,因而指向法国法,而法国冲突法规定,动产继承适用被继承人本国法,因而指向瑞士法,最后英国法院依据瑞士实体法判决此案,使特鲁福特儿子的要求基本得到满足。

3. 间接反致

间接反致,是指对一涉外民事案件,甲国法院根据自己国家的冲突规范本应适用乙国法,而乙国的冲突法规定应适用丙国法,但丙国的冲突规范规定应适用甲国法,结果甲国法院据此适用甲国的实体法,这就构成了间接反致。用图示表示如下:

依据甲国的冲突规范　　依据乙国的冲突规范　　依据丙国的冲突规范
甲国(法院地国)法 ←───── 乙国法 ←───── 丙国法

例如,一位在英国有住所的阿根廷人死于英国,却在日本留有一笔不动产,其子女就继承问题诉诸日本法院。依据日本的冲突法规定"继承依被继承人的本国法",应当适用阿根廷的法律,而阿根廷的冲突规范规定"不动产继承依遗产所在地法",即英国法,而依英国的冲突规范"不动产继承依遗产所在地法",应适用日本法。如果日本据此适用了日本的实体法作为审理案件的准据法,这就构成了间接反致。

4. 外国法院说

外国法院说也称双重反致,是英国冲突法中一项独特的制度,是指法院在审理涉外民事案件时,如果依据英国的冲突规范应当适用某一外国的法律,英国法官应当将自己视为在该外国法院审理案件,并依据该外国法对待反致的态度,决定最终适用的法律。如果英国冲突规范所指向的那个国家承认反致,英国法院就会适用该外国的实体法,此时就会出现"双重反致";如果该外国拒绝承认反致,那么英国法院就会适用英国的实体法作为案件的准据法,此时会出现"单一反致"的情形;如果英国冲突规范所指向的那个外国法还承认转致,其适用结果也可能出现转致,从而适用第三国的实体法。

(二)反致产生的条件

反致问题的产生需要具备如下几个条件:

1. 审理案件的法院认为,其冲突规范指向的某一特定国家的法律既包括该国的实体规范,也包括该国的冲突规范。即包括外国的全部法律制度,法院国冲突规范的指引属于"概括指引"而非"单向指引"。如果法院地国把本国冲突规范援引的外国法理解为仅指该外国的实体法,那么直接依据该实体法就可以确定当事人的权利义务了,反致问题也就无从发生了。这纯粹是立法者或法官的观点和看法,因此,是反致产生的主观条件。

2. 对于同一国际民事案件,相关国家规定的冲突规范不同,主要表现为各国就同一涉外民事问题所制定的冲突规范的连结点不同,或者虽然规定的连结点相同,但各国对该连结点的解释不同。这是反致产生的法律条件。

3. 对于某一国际民商事争议,法院地冲突规范最初指向的是外国的法律,而不是法院地本国的法律。这是反致产生的客观条件。如果法院地的冲突规范指向法院地法,即便各相关国家的冲突规范规定的不一致,也不会对法院最终适用法院地国的实体法产生任何影响,即不会出现反致。例如,一个中国公民在乙国死亡,并在乙国留有不动产,在对该不动产的继承问题上,甲国规定,继承适用被继承人本国法,乙国规定,不动产继承适用不动产所在地法。因此,虽然两国的冲突规范规定不同,但无论是在甲国法院起诉还是在乙国法院起诉,法院都将适用法院地法,而不会出现适用外国法的情况,因此,反致问题也无从产生。这是反致问题产生的客观条件。有学者用"致送关系"来概括该条件,如果致送关系中断,反致就不会发生,如果致送关系没有中断,反致就可以发生。

反致问题的发生,必须同时具备上述三个条件,缺少任何一个条件都不会发生反致。

(三)反致的理论和实践

1. 关于反致的理论

对于反致制度,国际社会一直存有较大的争议,从而形成赞成派与反对派两大阵营,双方各持己见。赞成反致的学者认为:

(1)采用反致可以达到判决结果的一致,也即针对同一案件,无论在哪国法院提起,因为最终适用的法律相同,因此可以实现判决结果的一致。实现判决结果的一致,正是国际民商事法律适用法追求的目标之一。

(2)采用反致可以在一定程度上扩大内国法的适用范围。因为除了转致以外,反致、间接反致的直接后果都是适用法院地的实体法。此外,采用反致也不会损害法院地国的司法主权,因为这样做可以维护法院地国法律的完整性,因为法官完全是依据自己国家的法律行事的,不存在有损本国司法主权的问题。

(3) 采用反致也可以尊重外国的法律完整性。一国的实体规范和冲突规范都是一国的国内法律体系的有机组成部分,既然法院地的冲突规范指向该外国法,其所指引的当然就是该国的一切法律。

反对反致制度的学者认为:

(1) 采用反致与法院地冲突规范的目的相悖。因为既然法院地的冲突规范规定某一涉外民事关系应适用某一外国法,就是说明法院地国认为其冲突规法中所采用的连结因素是最合理的,该冲突规范指向的外国法律与该民事关系有最密切的联系,用它来解决纠纷是最恰当的。如果采用反致而放弃依据本国的冲突规则援引准据法,反而适用其他国家的冲突规则确定准据法,有悖于法院地国冲突规范的初衷。

(2) 采用反致有损于内国的司法主权。反致制度体现了对他国司法主权的尊重,却损害了法院地国的司法主权。因为法院地的冲突规范指向适用某一外国法,该法律规定体现了法院地国主权以及立法者的要求,如果放弃适用该冲突规则援引准据法,而采用外国的冲突规则确定准据法,这显然是对国家司法主权的违背。

(3) 采用反致会大大增加法官的负担,因为法官在审理涉外民事案件时,要对相关的多个国家的冲突法进行考察,必要时还得研究外国的公共秩序保留等制度。

(4) 采用反致会出现恶性循环,使准据法得不到确定,从而使得法律的预见性和稳定性得不到保证。

上述赞成和反对反致制度的理由各自存在一定的合理性,也都存在一定的弊端。是否采用反致,应该综合一国调整国际民事关系的基本政策以及国际民商事法律适用法的任务与目的加以考虑。传统国际民商事法律适用法的一个主要的任务就是实现判决结果的一致,而在各国的冲突规范相互歧异的情况下,采用反致就是对该相互歧异的冲突规范的一种调和的手段,在一定程度上能够实现判决结果的一致。现代国际民商事法律适用法讲求案件的公正解决,追求法律选择的灵活性,采用反致便能实现这一目的。在拒绝承认反致的情况下,法院地的冲突规范指向的只能是某一国家的实体法,除此之外不会有其他可能。而在采用反致制度的情况下,即在法院地的冲突规范指向适用的外国法包括其冲突法时,就有三种可能:其一,依该外国的冲突规范适用该外国的实体法;其二,依该外国的冲突规范适用法院地的实体法;其三,依该外国的冲突规范适用第三国的法律。这在实际上扩大了法律选择的空间,法官可以借此对相关国家的法律进行比较,确定何者与案件有最密切的联系,以实现个案审理的公正与合理。总而言之,反致制度在国际民商事法律适用法上具有一定的意义和作用,具有其存在的价值。

2. 关于反致的立法与司法实践

(1) 反致的立法现状。与反致的理论分歧相对应,各国立法对反致也表现出接受和拒绝两种相反的态度。

最早在立法上接受反致的是德国。1896年的《德国民法施行法》第27条规定,关于人的行为能力、结婚、夫妻财产制、离婚以及继承,依德国的冲突规范应适用某一外国法时,如果依该外国的冲突规范应适用德国法,则适用德国的实体法。从上述规定可以看出,在上述五种属人法事项上,德国接受从当事人的本国法向德国法的反致。其后取代《德国民法施行法》的1986年颁布的《联邦德国国际私法》也规定了反致制度,其第4条第1款规定:"若适用某外国法时,应适用外国的冲突法,除非适用此冲突法违反适用该外国法的意图。如果该外国法反致德国法,适用德国实体法。"其他国家如法国、奥地利、日本等也在立法上接受反致,但是其具体做法存在差异,有的仅接受反致而拒绝转致,如日本、泰国;有的既接受反致也接受转致,如奥地利、波兰等;有的只在有限的民事关系中接受反致或转致,如美国、德国以及法国。

在立法上明确拒绝反致的国家主要包括希腊、意大利、伊拉克、荷兰、巴西、埃及等。例如《希腊民法典》第32条规定:"在应适用的外国法中,不包括该外国的国际私法在内。"《意大利民法典》第32条规定:"依上述各条的规定应适用外国法时,应适用该外国法自身的规定,而不考虑它的任何反致规定。"

此外,海牙国际私法会议制定的一系列统一冲突法公约,原则上也是拒绝反致的,主要是因为统一冲突法公约将各国互相歧异的冲突规范统一起来了,使其都指向同一实体法,冲突规范的冲突不存在了,也就使得反致丧失了存在的基础。但公约也在例外情况下承认反致。

(2)反致制度的立法及实践的特点与发展趋势。反致制度的立法以及司法实践呈现出以下的特点及发展趋势:

第一,世界各国普遍采用反致制度的趋势。当前,反致制度为世界上大多数国家的立法以及司法实践所采纳,明文拒绝的国家并不多。如上文所述,国际公约原则上对反致持拒绝的态度,这是由公约的性质和宗旨决定的,不代表国际社会的普遍趋势。

第二,在反致的适用范围上逐渐趋于一致。无论是采用将反致作为一般原则的立法方式,还是采用将反致适用于具体的民事关系的立法方式,其实际上都是将反致的适用范围限定在属人法事项,即民事身份、婚姻及继承等法律关系中。

第三,在某些领域排除反致的适用。各国在普遍采纳反致的同时,都对其做出一定的限制。就其限制的内容而言,具有一些共同点,即各国一般在如下三个领域或事项上排除反致的适用:

首先,在合同领域排除反致。各国普遍在立法中明文规定,在合同领域拒绝适用反致。这主要是因为合同领域通行的"当事人意思自治原则"和"最密切联系原则"与反致是不相容的。如果认为当事人选择的法律包括冲突规范,那么最终适用的实体法往往会与当事人的意图相去甚远,这违背了"意思自治原则"的初衷。此外,合同当事人选择某一法律的时候,就是希望将其权利义务完全置于该实体法的管辖之下,适用反致制度无疑与当事人的本意相抵触,也违背了当事人对于结果可预见性的期待。而"最密切联系原则"的理论基础就是最密切联系地只有一个,依最密切联系原则确定的法律只可能是一个国家的实体法,即最密切联系地的实体法,因此,没有适用反致的必要。

其次,在侵权领域拒绝反致。由于现代灵活的法律选择方法,如侵权行为自体法、有限的意思自治原则等正逐步补充和取代了传统的"侵权行为依侵权行为地法"规则,适用反致的情形较为少见。

最后,在法律行为的有效性问题上排除反致。由于多采用选择性冲突规范,且各国对法律行为的有效性问题多持宽松的、尽量使之有效的态度,因此需要适用反致的情形也大大减少。

(3) 中国的反致制度。我国 2011 年《法律适用法》第 9 条规定:"涉外民事关系适用的外国法律,不包括该国的法律适用法。"第一次在立法中明确了对反致的态度,即我国不承认反致制度。尤为重要的是我国 2011 年《法律适用法》关于属人法的连结点均使用"经常居所地",即用"经常居所地法"这个系属替代了传流的"国籍国法"和"住所地法",使反致制度存在的价值和意义大大降低。值得注意的是,我国香港、澳门、台湾三个地区是赞成和适用反致制度的。

## ▶ 典型案例

### 【案情】①

1994 年 12 月 12 日,住所在英国伦敦的原告某投资公司,与某船舶管理公司签订贷款协议。约定由原告向船舶管理公司贷款 175 万美元,用于购买被告巴哈马某航运公司所属的"曲母普海"轮的股份;12 月 15 日,原告与被告航运公司签订保证书,明确借款人为船舶管理公司,保证人为航运公司,投资公司向管理公司提供 175 万美元贷款的对价是保证人航运公司无条件、不可撤销地担保履行管理公司的义务;协议约定在巴哈马法律的管辖下,船舶以第一法定抵押权抵押给原告某投资公司,如果航运公司未按约定或者未按抵押权人要求支付应付款项时,原告有权在任何地方、任何时间通过法律或海事法院或其他合适的诉讼程序,保护和执行自己的权利。原告与被告在巴哈马共和国船舶登记机关对"曲母普海"轮进行了抵押权登记。1996 年 4 月 18 日,"曲母普海"轮更名为"曲母普马兹"轮,其船舶所有人、船籍以及其他登记事项均未变更。后被告不能履约,原告向被告出具 2 份催款函,未果。1997 年 12 月 20 日,"曲母普马兹"轮因船舶保赔保险合同纠纷被武汉海事法院另案扣押。

1998 年 3 月 21 日,原告投资公司向武汉海事法院提起诉讼,请求法院确认投资公司对被告航运公司所属的"曲母普马兹"轮享有船舶抵押权,并准许原告对该轮行使第一优先抵押权;请求判令被告航运公司偿还贷款本金和利息。双方在庭审过程中同意本案适用中国法律。

### 【审理】

武汉海事法院经审理认为:原被告双方均同意本案适用中国法律。但是依据《中华人民共和国海商法》第 271 条第 1 款的规定,船舶抵押权应适用船旗国法律,因此,本案应适用巴哈马共和国的有关法律。原告投资公司与管理公司签订的借贷协议以及与被告航运公司签订的抵押契据、保证书均合法有效,且船舶抵押已在当地的船舶

---

① 参见《英国达拉阿尔巴拉卡投资公司船舶抵押权优先受偿案》,http://www.ttadd.com/falv/HT-ML/98169.html.,访问日期:2016 年 10 月 22 日。

登记机构登记,因此依照巴哈马共和国《海商法》第246章第33条以及当时的《民事诉讼法》的规定,判令被告支付原告175万美元及相应利息。

**【法理】**

本案是一起涉外船舶抵押合同纠纷,在法律适用方面很有意思,因为本案会被误认为是我国在审理涉外案件的过程中运用反致制度的一个特例。

从本案的准据法确定过程看,当事人在抵押协议中选择了巴哈马的法律作为准据法,但在案件审理的过程中,原被告双方均同意适用我国的相关法律,这是当事人依意思自治原则对原合同内容的变更而重新选择了法律。因此,应当适用的法律为中国的法律。在确定了应当适用我国的《海商法》之后,法院认为,我国《海商法》的立法体例比较特殊,其虽然是调整我国海上运输关系、船舶关系的实体法,但是第14章单独就涉外海事关系的法律适用问题作了规定,其中第271条就规定:"船舶抵押权适用船旗国法律。"依据该规定的指引,本案最终应适用的准据法是"曲母普马兹"轮的船旗国巴哈马共和国法律中的《海商法》。这个过程看似与反致相同,但二者有着实质的区别:第一,反致产生的首要条件是依据法院地冲突规范的规定,某一涉外案件应当适用的法律是外国法,但本案中,合同争议首先应当适用的是当事人合意选择的法律,即中国法,也即法院地法,因此不能满足产生反致必备的条件;第二,反致要求依据他国的冲突规范,再指向法院地国法,而本案中却是依据法院地国的冲突规范,再指向外国法,这两个过程的方向完全相反。仅从这两点就可以看出,本案中并不存在对于反致制度的运用,而只是法律适用问题而已。

但是,本案的法律适用过程并非无可非议的。在合同领域,当事人合意选择的法律仅仅是实体法,并不包括冲突规范,因为如果当事人选择的法律包括冲突规范,那么会使当事人的权利义务处于不确定的状态,这是与合同当事人的初衷相违背的。因此,在本案中,当事人合意选择的法律应当是我国的实体法,即我国的《海商法》中的实体部分的规定,并不包括第14章的冲突规范。最终用来确定当事人权利义务的法律应当是我国的相关实体法律,而不是依据《海商法》第14章的冲突规范指向的巴哈马法律。

### 三、法律规避

**(一)法律规避的概念和构成要件**

法律规避(Evasion of Law),又称法律欺诈,是指国际民商事关系的当事人为利用某一冲突规范,故意制造某种连结因素,以避开本应适用的准据法,而使对其有利的另一法律得以适用的行为。

在国际民商事关系的准据法确定过程中,冲突规范中的连结点起着指引或导向的作用,连结点不同,必然导致所适用的法律也不同。如前所述,动态的连结点,即可以随着当事人的意思或行为而改变的连结点,为当事人规避法律提供了可能。

在法律规避方面的经典案例就是法国最高法院1878年审理的鲍富莱蒙诉比贝斯

格(Bauffremont V. Bibesco)一案。该案原告鲍富莱蒙王子与一比利时女子结婚,该女子因与之结婚而成为法国王妃并取得法国国籍。鲍富莱蒙的王妃为了达到与当时的罗马尼亚王子比贝斯格结婚的目的,首先于1874年在法国取得了"别居"的判决(当时法国只允许别居而不允许离婚)后,便只身移居德国并加入德国国籍,之后便在德国法院获得与鲍富莱蒙离婚的判决(当时德国法律允许离婚),随后即在柏林与比贝斯格王子结婚,后又以德国公民的身份回到法国。鲍富莱蒙便向法国法院起诉,要求法院宣告其妻加入德国国籍、离婚以及再婚一系列行为均属无效。根据当时法国冲突法的规定,离婚应适用当事人本国法,即该案应依德国法的规定来确认鲍富莱蒙王妃在德国与鲍富莱蒙的离婚是否有效。但法国最高法院认为,王妃移居德国并取得德国国籍的目的,是为了规避法国关于禁止离婚的法律规定,是一种逃法行为,性质上构成欺诈。"欺诈使一切无效",所以王妃因此行为而获得的离婚及再婚,均属无效。法国法院最终做出有利于鲍富莱蒙的判决。在此案中,鲍富莱蒙王妃就是通过改变"国籍"这个动态的连结因素以实现离婚及再婚的目的的。

从上述案例可以看出,构成法律规避需要以下五个要件:

(1)主观上,当事人规避法律必须是故意的,即当事人有规避法律的意图,它是区分某种改变连结点的行为是否构成法律规避的首要标志。

(2)从当事人的行为上看,必须是通过故意制造或改变连结点来实现的。从表面上看,这种行为是一国法律所允许的合法行为,但是从实质和目的看,又具有违法性。当事人改变连结点可以具体分为两种情形:一是改变事实情况。例如,改变物之所在地,在物权关系适用物之所在地法的情况下,故意把某一法律规定不允许为此种处分的物转移到无此种限制的国家。二是改变法律状况。例如,通过加入另一国籍从而规避原国籍国在结婚、离婚方面的禁止性规定等。

(3)从规避的对象看,被规避的法律是本应适用的强行性或禁止性的法律规定。一般而言,强行性或禁止性的法律是不允许当事人排除适用的,而对于任意性的法律规定,由于其本身不具有必须适用的性质,因此对其的排除不构成法律规避。

(4)从客观结果上看,当事人已经达到了规避法律的目的,即当事人规避法律是既遂的,不存在未遂的法律规避。

(5)当事人达到了规避法律的目的之后,又与被规避的法律产生了某种联系。

▶典型案例

【案情】[①]

1991年9月17日,被告中国乙工业总公司向原告浙江甲银行香港分行出具了一份贷款担保书,对于原告向丙电子有限公司提供的50,000,000美元的贷款提供担保,

---

[①] 参见《中国银行(香港)有限公司与中国长城工业总公司担保合同纠纷案》,中华人民共和国最高人民法院民事判决书;(2001)民四终字第16号,http://www.ttadd.com/falv/HTML/98169.html,访问日期:2016年12月21日。

并约定担保合同受香港特别行政法律管辖。

1991年9月19日,被告将《关于为香港丙电子有限公司贷款担保的报告》向国家外汇管理局备案,但该担保书未获国家外汇管理局批准。

此后,丙电子有限公司陆续偿还了原告的部分贷款。对于未还的贷款及利息,二者与被告以及中国航天工业总公司签订了一份《丙电子有限公司重新安排还款方案》,并约定该协议应由被告以及中国航天工业总公司来函确认,但被告以及中国航天工业总公司并未确认。

1998年11月18日,丙电子有限公司被清盘破产。于是,原告向法院起诉,请求法院判决被告对丙电子有限公司未偿还的贷款及利息承担连带责任。

**【审理】**

法院经审理认为,被告于1991年9月17日出具的为丙电子有限公司向原告借款500,000,000美元承担连带责任的担保书,因其未按照当时我国有关金融、外汇管理法律法规的规定向国家外汇管理局办理外汇担保许可登记手续而无效。在担保合同的法律适用问题上,虽然原被告双方当事人在担保合同中约定"受香港特别行政法律管辖并根据香港特别行政法律解释",但是内地公司提供外汇担保应当履行批准及登记手续是内地法律法规的强制性要求。在未履行规定的审批及登记手续的情况下,双方当事人有关适用香港特别行政区法律的约定违反了内地法律法规的强制性规定。根据《民法通则》意见的规定,当事人规避我国强制性或者禁止性法律规范的行为,不发生适用外国法的效力。本案当事人选择适用香港特别行政法律的情形,亦应参照这一规定执行。法院最终适用了内地的法律来支配担保合同的效力。

**【法理】**

本案是运用法律规避排除香港法适用的一个案例,但是,对于本案当事人在担保合同中约定适用香港特别行政区法律的行为是否构成法律规避还存有疑问。如前文所述,构成法律规避必须同时满足五个要件,但是本案当事人的行为并不能同时满足这五个要件。首先,法律规避必须要求当事人有规避法律的故意,但是本案当事人是在法律允许当事人对合同的准据法进行选择的情况下对于担保合同的准据法进行了选择,并不能由此推断出当事人有规避法律的意图。其次,从行为上看,法律规避要求当事人具有故意制造或改变连结点的行为,但本案当事人没有这种行为。最后,从规避的对象看,当事人所规避的是本应唯一适用的对其不利的强制性法律规范,而对于本案中的合同而言,其本应适用的法律就是当事人合意选择的法律,即内地法律或香港特别行政区法律,这两者是平等适用的,没有哪一种法律是必须唯一强制适用的。因此,本案运用法律规避排除香港特别行政区法律的适用并不妥当。就本案的担保合同而言,其所适用的法律就是当事人协议选择的香港特别行政区法律,而由于香港特别行政区法律的规定与我国内地有关外汇管制的强制性规定相抵触,因而,可以因此排除香港法的适用,而适用内地的法律。

对于法律规避究竟是一个独立的问题还是从属于公共秩序保留问题,学者们有不同的观点。有的学者认为法律规避是一个独立的问题,不能与公共秩序保留混为一谈,也有学者认为法律规避属于公共秩序保留的范畴。

我国学者基本上同意上述第一种观点,认为法律规避是一个独立的问题,其与公共秩序保留有着如下区别:(1)二者的起因不同。法律规避是由当事人故意改变连结因素的行为造成的;公共秩序保留是由于冲突规范所指向的外国法的内容或者其适用结果与法院地国家的公共秩序相抵触而导致的。(2)二者保护的对象不同,法律规避行为所规避的既可能是内国法,也可能是外国法,因此,法律规避制度所保护的既可以是内国法也可以是外国法,且多是禁止性的规定。而公共秩序保留制度所保护的只是内国法,且是内国法中的基本原则,并不一定是禁止性的法律规定。(3)二者行为的主体不同。法律规避行为的主体是私人,而公共秩序保留的主体则是司法机关。(4)二者的后果不同。在否定了法律规避行为的效力以后,当事人不仅达不到目的,而且要承担相应的法律责任。而由于公共秩序保留而不予适用外国法的时候,当事人不承担任何法律责任。(5)二者的法律地位不同。对于法律规避问题,绝大多数国家的立法并没有作明文规定,而各国冲突法几乎无一例外地肯定了公共秩序保留制度。

**(二)法律规避的效力**

法律规避的效力问题,就是基于法律规避行为而导致的法律适用结果是否有效的问题。

对于该问题,在理论上出现两种主张,一种主张认为国际民商事法律适用法上的法律规避是一种有效的法律行为。主要以英美普通法系国家的学者为代表,他们认为,既然双边冲突规范承认可以适用内国法,也可以适用外国法,适用哪一个法律取决于连结点的指引,当事人在此只是在法律许可的范围内,通过改变连结点在内、外国法律之间进行选择,其行为并未超出法律所容许的范围,因此不应视其为违法行为。但是如果以此为由承认法律规避的效力,必然造成法律关系的不稳定,鉴于此,有的学者提出了法律规避行为相对无效的主张,即"规避内国法无效,规避外国法有效"。另一种主张则认为法律规避是一种欺诈行为。依据"欺诈使一切无效"的原则,在发生法律规避的情况下,应当排除当事人所希望援引的法律的适用,而适用本应适用的法律。

与上述两种主张相应,在各国的立法与司法实践中,对于法律规避的效力存在着较大的分歧,概括起来主要有三种不同的态度。

(1)规避内国法无效,规避外国法有效。例如1982年南斯拉夫《法律冲突法》第5条规定:"如适用依本法或其他联邦法可以适用的外国法,是为了规避南斯拉夫法的适用,则该外国法不得适用。"

这方面的案例有法国法院于1922年审理的佛莱(Fermi)案。该案事实为:意大利人佛莱夫妇为了规避意大利关于只允许别居、不允许离婚的规定,商定由妻子归化为法国人并向法国法院提出离婚请求。对于佛莱夫人规避意大利法律行为的效力,法国法院并未加以否认,而是依据法国关于"离婚适用当事人本国法"的规定,作出了准予离婚的判决。

(2) 规避内国法、外国法一律无效。例如《阿根廷民法典》第1207条规定:"在国外缔结的规避阿根廷法律的契约是毫无意义的,虽然这个契约依据缔结地法是有效的。"该法第1208条规定:"在阿根廷缔结的规避外国法的契约是无效的。"

(3) 仅规定规避内国法无效。多数国家在立法中,仅规定规避内国法无效,而对规避外国法的效力不作规定。

我国2011年《法律适用法》没有对法律规避的效力问题做出系统的规定,一直以来在实践中有一种做法,即运用法律规避的无效制度来确认中国法律的强制适用。2013年最高人民法院新司法解释(一)第11条规定:"一方当事人故意制造涉外民事关系的连结点,规避中华人民共和国法律、行政法规的强制性规定的,人民法院应认定为不发生适用外国法律的效力。"例如,倘若当事人在涉外担保中约定适用外国法,但涉外担保合同未履行批准、登记手续,该法律适用条款的效力如何?中国是实行外汇管制的国家,承担外债必须履行相关的批准、登记手续是强制性的规定。当事人未履行批准、登记手续的行为规避了中国强制性法律规范,不发生适用外国法律的效力,即未履行批准、登记手续的涉外担保合同中的法律适用条款是无效的,而应当适用中国法律。[①] 在"香港中成财务有限公司与香港鸿润(集团)有限公司、广东江门市财政局借款合同纠纷案"中,江门市法院就认定当事人规避我国强制性、禁止性规定的行为无效。但是在2011年《法律适用法》第4条中明确设定了"直接适用"的条款,即:中华人民共和国法律对涉外民事关系有强制性规定的,直接适用该强制性规定。这些强制性规定因其特殊目的而必须由处理涉外案件的人民法院和行政机关排他地予以适用,这些实体法规则有其自己的适用范围,在特定情形下直接适用于涉外民事关系,且因其强制性而优先于冲突规则。例如,《外汇管制法》《消费者权益保护法》等都属于此类"直接适用的法律"。本条通过规定强行性规则的适用,表明了我国对于法律规避的态度:即当事人规避我国强制性法律规范的行为无法发生适用外国法律的效力,因为只要我国对相关的法律关系有强制性的规定,就必须予以直接适用。

### 四、外国法的查明

(一) 外国法查明的概念

外国法的查明,是指一国法院在依据法院地的冲突规范而适用外国法作为准据法时,如何查明或确定该外国法的内容。这是法院按照冲突规范的指引适用外国法律时首先必须解决的问题,只有明确了应适用的外国法的内容,才能具体规定当事人的权利义务。外国法的查明具体涉及两个问题:(1) 外国法的查明方法;(2) 外国法内容不能查明时如何处理。

由于世界各国的法律差异很大,一个国家的法官不可能对各国的法律都了解。此外,"法官知法"仅要求法官通晓自己国家的法律,对于外国法法官没有知晓的义务。因此,在审理涉外民事案件时,如果依据本国的冲突规范,该涉外民商事关系应当适用

---

① 广东省高级人民法院编:《涉外商事案例精选精析》,法律出版社2004年版,第29页。

某一外国的法律,那就必须通过一定的途径查明外国法的内容。无论是由法官依职权来查明,还是由当事人负责查明,在实践中都可能面临一个问题,即外国法的内容查找不到,或者该外国没有相应的法律,针对这种情况,就需要一定的补救措施。此外,在外国法适用的过程中,也可能由于法官的错误理解等而出现适用外国法错误的情况,是否允许当事人适用内国程序法的上诉制度,就外国法的适用错误提起上诉,这些都是外国法查明所涉及的问题。外国法查明实际上包括了从寻找外国法、正确适用外国法直至对外国法适用错误的救济这一整个过程。

(二)外国法查明的方法

各国对外国法的查明,主要有以下三种方法:

(1)由当事人举证证明。这主要是英美等普通法系国家和拉美部分国家的做法。他们把外国法律视为当事人引用来主张自己权利的事实而非法律,所以由当事人举证证明。美国的具体做法是,如果当事人双方对应适用的外国法有一致的理解的,法官就据此确定该外国法的内容,不必再用其他方式证明,即使当事人的共同理解是错误的。如果双方当事人对该外国法的内容有争议,则由法院判定哪一方的主张是正确的。在英国,传统上也是将外国法看作是事实,并采取长久以来实行的由陪审团在诉讼中认定事实的制度,将外国法的内容交由陪审团来认定。

(2)由法官依职权查明。采取这种做法的主要是欧洲大陆的一些国家和拉美的部分国家,他们将外国法看作是法律,认为应当由法官查明。例如1978年《奥地利联邦国际私法法规》第4条第1款规定:"外国法应由法官依职权查明。可以允许的辅助方法有:有关的人的参加,联邦司法部提供的资料以及专家的意见。"

(3)由法官依职权查明,当事人负协助的义务。采取这种做法的国家主要有瑞士、奥地利、土耳其等。在这些国家法官主动查明法律,但不排除当事人提供证明,对于当事人提供的法律,法官可以采用,也可以拒绝或限制。例如1988年《瑞士联邦国际私法法规》第16条规定:"外国法的内容由法官依职权查明。为此可以要求当事人予以合作。有关财产的事项,可令当事人负举证责任。"

我国2011年《法律适用法》第10条规定:"涉外民事关系适用的外国法律,由人民法院、仲裁机构或者行政机关查明。当事人选择适用外国法律的,应当提供该国法律。"本条共有两个条款,分别规定了两个方面的问题:一是查明外国法的方法;二是无法查明时的救济方法。涉外民事关系适用的外国法律,主要由人民法院、仲裁机构或者行政机关查明。只有在当事人选择适用外国法时,当事人才负有证明该外国法律的责任。由本条可知,我国采用法院、仲裁机构或行政机关依职权查明为主,当事人提供外国法为辅的方法查明外国法。在通过上述的方法仍无法查明外国法时,则用法院地法——我国的法律取代该外国法适用于涉外民商事关系。这是第一次在法律规则中明确了外国法的查明责任。该第10条还规定当事人对查明的外国法律内容经质证后无异议的,人民法院应予确认。当事人有异议的,由人民法院审查认定。

(三)外国法无法查明时问题的处理

如果采取一切途径均不能查明外国法,此时,各国在立法和实践中采取如下不同的处理方法：

(1) 大多数国家直接适用其内国法。其理由在于，在外国法无法查明时，内国法是法官最熟悉的法律，应以内国法取代不能适用的外国法。例如，1978 年《奥地利联邦国际私法法规》第 4 条第 2 款规定："如经充分努力，在适当时期内外国法仍不能查明，应适用奥地利法。"《波兰国际私法》第 7 条规定："无法认定外国法的内容或外国法的系属时，适用波兰法。"

(2) 有的国家类推适用内国法。例如英国，在当事人提不出关于外国法内容的证明，或者法院认为证据不足时，英国法院就推定该外国法内容与英国法内容相同，从而适用英国法。美国法院也采取类似的做法，但仅仅限于普通法系的国家，即只有在该外国法是英国法、澳大利亚法、加拿大法时，才类推适用美国法。

(3) 驳回当事人的诉讼请求或抗辩。德国和美国等国家采用这种做法，其理由在于既然当事人据以主张权利的外国法不能证明，即表明当事人的诉因或抗辩缺乏相应的事实依据。例如，《德国民事诉讼法典》第 293 条规定，德国法院依职权确定外国法的内容，但也有权要求当事人双方提供有关外国法的证据，如果负责提供外国法证据的一方不能提供时，则法院可以证据不足驳回其诉讼请求或抗辩。美国在司法实践中，如果外国法为非普通法系国家的法律，在当事人不能证明时，则不采用前述推定的方法，而是以证据不足驳回诉讼请求或抗辩。

(4) 适用与本应适用的外国法律相近似或类似的法律。德国曾有过此种判例。一个厄瓜多尔人依其父亲的遗嘱被剥夺了他对其父遗产保留份的权利，为此而发生争议。该案本应适用《厄瓜多尔民法典》，但当时一战刚刚结束，无法查明《厄瓜多尔民法典》，但法院知晓该法典是以《智利民法典》为蓝本制定的，于是法院便依照《智利民法典》的规定对案件进行了审理。其理由在于，适用与《厄瓜多尔民法典》近似的《智利民法典》比适用法院地法似乎更接近正确的解决方法。①

(5) 适用一般法理，这种观点主张在不能查明外国法的时候，依据法理进行裁判，日本的学说以及判例大都持此主张。

对于外国法无法查明时的处理，我国 2011 年《法律适用法》第 10 条第 2 款规定："不能查明外国法律或者该国法律没有规定的，适用中华人民共和国法律。"此外，2013 年最高人民法院新司法解释(一)第 17 条对"不能查明外国法律"的情形做了规定，"人民法院通过当事人提供、已对中华人民共和国生效的国际条约规定的途径、中外法律专家提供等合理途径仍不能获得外国法律的，可以认定为不能查明外国法律。根据 2011 年《法律适用法》第 10 条第 1 款的规定，当事人应当提供外国法律，其在人民法院指定的合理期限内无正当理由未提供该外国法律的，可以认定为不能查明外国法律。"

---

① 参见〔英〕马丁·沃尔夫著：《国际私法》，李浩培、汤宗舜译，法律出版社 1988 年版，第 324 页。

▶ 典型案例

【案情】①

原告是甲(亚洲)有限公司,被告为广西壮族自治区乙公司。1983 年 11 月 13 日,被告乙公司与香港丙有限公司签订《丁饭店合营企业合同》,约定双方合资兴建并经营丁饭店。合同签订后,香港丁饭店与甲公司签订了一份贷款协议,约定香港丙公司为了中国的合营企业丁饭店的营造,向原告借款 2877.305 万港元,此笔贷款由乙公司担保。同日,被告乙向原告甲出具了一份不可撤销的、无条件的、凭要求即付的《担保书》,并约定该担保书受香港特别行政区法律管辖,按照香港特别行政区法律解释。同日,该担保书经某公证处公证。而后因为香港丙公司未能按期向原告还本付息,原告便于 1987 年 9 月 8 日要求香港丙有限公司偿还已提取的贷款本金和利息,次日致电被告要求其履行担保义务。后因被告未履行担保义务,原告遂诉至法院。

【审理】

法院经审理认为,当事人在担保合同中对于适用香港法的约定是有效的,但香港法的具体内容应首先由当事人提供。本案原告只提供了香港律师出具的法律意见书,以证实香港商业贷款的可强制执行性,但是此种证明方法所证明的内容是否确定,原告不能举证证实。法院通过其他途径也未能查明香港有关法律的规定,故本案应适用中华人民共和国的法律。最后,法院适用了我国内地的法律对案件进行了审理。

【法理】

本案涉及外国法的查明方法以及外国法不能查明时的处理这两个问题。如前所述,根据 2011 年《法律适用法》第 10 条规定,在外国法的查明方法上,当事人选择适用外国法律的,应当提供该国法律。之所以如此,是因为"法官知法"一般只要求法官熟悉其本国法,如果当事人选择的外国法都由法官查明,无疑会大大增加法官的负担,影响案件审理的效率;另外,既然当事人选择了某一外国法,即将其权利义务置于该外国法的支配下,那么他就应当熟知该外国法的内容。因此,2013 年最高人民法院新司法解释(一)第 18 条指出,"人民法院应当听取各方当事人对应当适用的外国法律的内容及其理解与适用的意见,当事人对该外国法律的内容及其理解与适用均无异议的,人民法院可以予以确认;当事人有异议的,由人民法院审查认定。"

在外国法不能查明的情况下,我国在实践中的做法都是直接适用我国的法律,这样做简单明确,操作起来比较方便。

(四) 外国法适用错误的救济

在处理涉外民商事案件时,可能发生的外国法的适用错误主要有两种情况:一种是适用内国的冲突规范错误导致的适用外国法错误;二是适用外国法本身的错误。

---

① 参见《渣打(亚洲)有限公司诉广西壮族自治区华建公司履行涉港借款合同担保义务纠纷案》,载最高人民法院应用法学研究所编:《人民法院案例选》(商事卷上),中国法制出版社 2002 年版,第 467—473 页。

1. 适用内国冲突规范的错误

适用内国冲突规范的错误是指法官依据本国冲突规范的指引,本应适用外国法而适用了内国法,或本应适用内国法而适用了外国法,或者本应适用某一外国法而适用了另一外国的实体法。由于内国的冲突规范与实体规范同属于内国法,因此适用内国冲突规范的错误与适用内国其他法律规范的错误具有同等性质,因此,一般都允许当事人依法上诉,以纠正这种错误。

2. 适用外国法本身的错误

适用外国法本身的错误是指法官依冲突规范选择了一个正确的外国法,但在适用该外国法的过程中发生了错误,具体表现为对该外国法的内容或条款作了错误的解释或适用,并据此作出了错误的判决。对于在该情况下是否允许当事人提起上诉,各国的做法不同。

(1) 不允许当事人上诉。法国、德国、瑞士、西班牙等国家采用此做法,主要的原因有两类:一类是有的国家把外国法内容的查明视为对事实的认定,而其最高法院仅负责"法律审",即他们必须接受下级法院对于案件事实的认定,他们的职责仅限于复审下级法院根据事实做出的法律结论,而对事实本身不作审理。因此,对适用外国法本身的错误也就不允许上诉至最高法院。另外一类是有的国家也视外国法为事实,但是这些国家认为,本国最高法院的职责在于确保本国法律解释适用的正确性与一致性,对于外国法的解释是否正确与一致,已经超出了本国最高法院的职责范围,应由外国最高法院加以纠正。因此,在这些国家中,外国法被错误适用时,不允许当事人上诉。

(2) 允许当事人提起上诉。奥地利、葡萄牙、意大利、芬兰、波兰等一些欧洲国家就采取这种做法。其理由在于:从理论上看,外国法的适用是基于内国冲突规范的指引,所适用的外国法应与内国法同等对待,即可以视为违反了内国法,应当允许当事人提起上诉,对错误加以纠正;让下级法院对其他国家的法律进行解释而不允许最高法院加以审查是不合适的。此外,以英、美为代表的普通法系国家,尽管将外国法看作是事实,但是由于上诉审法院对事实的认定和法律的适用问题均有审查职权,因此,在这些国家,若发生了错误适用外国法的情况,当事人可以通过上诉获得救济。

在对外国法适用错误的救济方面,由于我国对民事案件实行两审终审制,没有事实审和法律审的区别,根据"有错必纠"原则,对中国法院在审理涉外民商事案件时发生的适用外国法的错误,无论是属于适用内国冲突规范的错误,还是属于适用外国法本身的错误,当事人均可对之提起上诉,要求加以纠正。

▶ 典型案例

【案情】[①]

原告南京甲海运公司所有的"华宇"轮,船籍中国,于 1994 年 6 月 14 日在曼谷港

---

① 参见《南京华夏海运公司诉塞浦路斯澳费尔提斯航运有限公司船舶碰撞损害赔偿纠纷案》,http://info.jctrans.com/wl/hy/hyal/2003917351157.shtml.,访问日期:2016 年 10 月 22 日。

湄南河南侧3号码头装货时,被进港的被告塞浦路斯乙航运公司所有的"珊瑚岛"轮的左舷艉部撞击。事故发生之后,"华宇"轮的船长向曼谷国际法律办公室提交了"海事声明",该办公室作了海事签证。1994年7月14日交由曼谷海事服务工程有限公司进行海损临时修理,并于同年8月17日修理完毕。"华宇"轮在曼谷港停止营业66天。被告所有的"珊瑚岛"轮船籍是塞浦路斯,碰撞发生后,"珊瑚岛"轮没有将其船舶所有人、船籍港、船旗国等告诉"华宇"轮以及港口的有关海事机构,并在曼谷港16号码头卸货后于6月16日离开该港。1994年7月30日,"珊瑚岛"轮驶抵中国南京港,经原告南京甲海运公司的申请,武汉海事法院于1994年8月1日对该轮实施扣押。原告请求判令被告承担因碰撞事故发生的船舶修理费、航次营运损失等18项共计1,750,970.74美元。

**【审理】**

一审武汉海事法院经审理认为:对于本案的法律适用问题,根据《中华人民共和国海商法》关于涉外关系的法律适用原则,本案法律适用的第一选择是《1910年统一船舶碰撞若干法律规定的国际公约》,但是由于该公约当时尚未对我国生效因而不能被选择适用;第二选择是泰国法律,即侵权行为地法,但因双方当事人均不属泰国国籍,又不主张适用泰国的法律,视为当事人对泰国法不举证,因此泰国法律不能被选择适用;第三选择是法院地法,即《中华人民共和国海商法》,因此,本案应适用《中华人民共和国海商法》。一审法院依据《中华人民共和国海商法》对案件进行了审理。

被告不服一审判决,认为一审法院将当事人未主张适用泰国法视为当事人对泰国法的不举证,因此不适用泰国法,存在外国法适用的错误,并以此作为理由之一提起上诉。

二审法院经审理认为:根据《中华人民共和国海商法》第273条第1款的规定,本案应当适用泰国法。只是在依查明外国法的途径不能查明的情况下,才能依法适用法院地法即中国法律。

**【法理】**

从本案可以看出,我国在外国法适用错误的情况下是允许当事人提起上诉,要求对错误加以纠正的。因为我国对民事案件采取两审终审制,没有法律审与事实审的区分,根据"有错必纠"的原则,对中国法院在审理涉外民事案件时发生的适用外国法的错误,无论是属于适用内国冲突规范的错误还是适用外国法的错误,都同等对待,允许当事人上诉。

## 五、公共秩序保留

（一）公共秩序保留的概念与作用

国际私法上的公共秩序保留是指一国法院根据内国的冲突规范本应适用某一外国法时,如果该外国法的适用将与法院地国的重大利益、道德的基本观念或法律的基本原则相抵触,即可以排除其适用的一种制度。

具体来说,公共秩序保留制度具有两方面的作用:一方面,是排除外国法适用的消极否定作用,即在外国法的适用与法院地国的公共秩序相抵触时,便可以起到对外国法的适用予以排除的作用。另一方面,是对内国法中的强制性规范的肯定作用。对于涉及本国国家和社会重大利益、道德和法律的基本原则的某些特殊的涉外民事关系,必须直接适用内国的强制性法律规定,从而起到排除外国法而直接适用内国法的肯定作用。

(二) 公共秩序保留的立法方式

公共秩序保留主要有如下三种立法方式:

1. 直接限制的立法方式。这种立法方式是在冲突法中明确规定,外国法的适用不得违背本国的公共秩序,否则,即排除该外国法的适用。这种立法方式并不说明何种外国法的适用会违反本国的公共秩序,而留待法官在具体案件中自由裁量。例如,1896年的《德国民法施行法》第30条规定:"外国法的适用,如违背善良风俗或德国法的目的时,则不予适用。"

2. 间接限制的立法方式。这种立法方式往往只规定内国的某些法律规范必须强制适用,从而间接地排除了外国法的适用。这些条款多以单边冲突规范的形式出现,能起到积极的防范作用。例如,1804年的《法国民法典》第3条第1款规定:"有关警察与公共治安的法律,对于居住在法国境内的居民均有强行力。"

3. 合并限制的立法方式。这种立法方式就是同时采用直接限制和间接限制两种方式,既规定了内国的某些法律规范具有直接适用的强行效力,又在立法没有预见的情况下赋予法官在具体案件中自由裁量的权力,因此更完善,更有利于维护内国法律的基本原则。例如,1978年的《意大利民法典》第28条规定:"刑法、警察法和公共安全法,对在意大利领土上的一切人均有强行力。"其第31条规定:"……在任何情况下,外国的法律和法规,如果违反公共秩序和善良风俗,在意大利领土上无效。"

(三) 公共秩序保留的理论与发展趋势

公共秩序保留制度,无论是在理论还是实践中,都已得到国际社会的普遍承认,成为国际民商事法律适用法的一项基本制度。但是对于公共秩序保留的内涵和意义,学者们很难达成一致的观点,这主要是由于公共秩序本身就是一个极具弹性的含糊的概念,它与一国的政治制度、社会结构以及历史文化密切相关,并且是在特定时间、特定地点,一国维护其在某一特定问题上的重大利益的工具,因此,很难有一个一致的标准。但是其实质都是相同的,即运用公共秩序保留消除隐含在冲突规范中的某种有损于本国的重大利益的危险性,借以排除外国法的适用,维护本国国家和社会的重大利益。

对于何为违反公共秩序,主要有两种不同的主张。

1. 主观说。即认为法院地国的冲突规范指向的某一外国法本身的规定与法院地国的公共秩序相抵触,即可排除其适用。该主张强调的是外国法本身的可恶性,而不注重外国法适用的结果是否违反法院地的公共秩序。

2. 客观说。即不注重外国法本身的规定是否不妥,而注重个案是否违背法院地国的公共秩序。客观说具体又可以分为如下两种:

(1) 联系说,即认为外国法是否应被排除,除了该外国法违背法院地国的公共秩序外,还要看个案与法院地国是否有实质的联系,如果有实质的联系,则可排除外国法的适用,如果没有实质联系,则不应排除该外国法的适用。

(2) 结果说,即认为是否应排除外国法的适用,不应注重外国法本身规定的内容,而应当看外国法适用的结果是否违反了法院地国的公共秩序。如果仅仅是内容本身的违反,并不一定导致外国法适用的排除,只有外国法适用的结果危及法院地国的公共秩序时,才可以援用公共秩序保留,从而排除该外国法的适用。

无论是从各国的国内立法还是从国际条约来看,都呈现严格限制援用公共秩序保留的倾向。首先,各国的国内法或国际条约一般规定,只有当适用外国法"明显违背"法院地国的公共秩序时,才可以援用公共秩序保留对其加以排除;其次,采"结果说",如果仅仅是外国法规定本身违反法院地国公共秩序,不得排除外国法的适用;最后,对于援用公共秩序保留排除外国法后,是否以法院地法取而代之的问题,各国的立法也出现了变化。原来许多国家都规定,在排除外国法后适用法院地法,这就使得公共秩序保留成为法院地国扩大其内国法适用范围的一种工具,容易导致公共秩序保留的滥用,因此,一些国家的立法开始对直接适用法院地法予以限制。

(四) 我国公共秩序保留的立法与实践

我国关于公共秩序保留的立法,首先是1986年《民法通则》第150条的规定,即"依照本章规定适用外国法律或国际惯例的,不得违背中华人民共和国的社会公共利益"。1993年施行的《海商法》第276条和1996年3月1日起实施的《民用航空法》第190条也作了同样的规定。在判决的承认与执行方面的公共秩序保留条款见于1982年颁布的《民事诉讼法(试行)》第204条,该条规定:"中华人民共和国人民法院对于外国法院委托执行的已确定的判决、裁决,应当根据中华人民共和国缔结或者参加的国际条约,或者按照互惠原则进行审查,认为不违反中华人民共和国法律的基本原则或者我国国家、社会利益的,裁定承认其效力,并且依照本法规定的程序执行。否则,应当退回外国法院。"2013年修正的《民事诉讼法》第282条也规定,如果外国法院的判决"违反中华人民共和国法律的基本原则或者国家主权、安全、社会公共利益的,不予承认和执行"。可见,我国对于公共秩序保留采用的是直接限制的立法方式,并且具有如下三个特点:用"社会公共利益"指代公共秩序;在援用公共秩序保留时,我国采用的是"结果说";我国的公共秩序保留条款不仅指向外国法律,还指向国际惯例。

我国2011年《法律适用法》第5条规定:"外国法律的适用将损害中华人民共和国社会公共利益的,适用中华人民共和国法律。"对于此条可作如下解读:(1) 该条适用的前提是依据中国的冲突规范指引要适用某个外国法,此时需要对该外国法的适用是否会违背中国的社会公共利益做一个考量和分析,如果发现其适用会产生损害的结果,则应排除其适用,而代之以适用中国相关的实体法。如果不会产生损害,则应直接适用该被指引的外国法。(2) 我国在立法中对公共秩序的表述用的是"社会公共利益"。"社会公共利益"是一个代表词,代表公共秩序的所有方面,不能作狭义理解。一般可被考量的因素有:国家主权和利益、社会公共利益、公序良俗、宪法原则等。(3) 在公共秩序的标准上,我国用的是结果说,即外国法的适用结果不得损害"中华人民共和国的社会公共利益",而不是外国法律的内容本身,这是一个关于适用该制度的理由问题。排除外国法的适用,是仅仅因为该外国法的内容与本国的公共秩序相抵触,还是因为该外国法的适用在效果上有违本国的公共秩序。此条规定在排除外国法的适用上强调外国法适用结果的危害性,而不是外国法本身条文的不适当性。此外,这种结果的危害性是一种合理的判断,而不是实际结果的发生。(4)本条规则的公共秩序保留制度限制的仅仅是外国法,而不包括国际惯例。即只是在冲突规则指引适用外国法时,需要做中国社会公共利益是否会被损害的分析和判断,而对国际惯例的适用则不能运用该制度予以排除。

## ▶ 典型案例

### 【案情】[①]

1988年7月20日,原告海南省甲公司与被告新加坡乙(私人)有限公司签订了被告向原告供应马来西亚坤甸木的购货合同,付款条件为银行即期信用证。合同签订以后,中国银行海口分行依原告申请开具了货款总额为183万美元的不可撤销信用证,并以电传通知了中国银行新加坡分行,该信用证规定了与合同约定一致的条款。被告新加坡乙(私人)有限公司收到中国银行海口分行开具信用证之后,便凭本案另一被告新加坡丙船务私人有限公司签发的海运提单以及其他单证到新加坡结汇银行结汇,结汇银行要求开证行中国银行海口分行支付货款183万美元。开证行海口分行经审查,确认全部单证同信用证的要求相符,于是通知原告付款赎单。原告审查发现单证存在多处疑点,便要求中国银行海口分行暂不付款。后经过调查得知,被告新加坡乙(私人)有限公司并没有将货物装船,而是与另一被告丙船务公司串通,伪造货物已装船的清洁提单和其他单证,以骗取原告的货款。

原告遂诉至法院,请求法院冻结中国银行海口分行开具的以被告新加坡乙(私人)有限公司为受益人的信用证,并由两被告赔偿因新加坡乙(私人)有限公司未依约交付货物给原告造成的经济损失。

### 【审理】

法院经审理认为,原告领有进口木材许可证,经营进口木材合法。原告与被告新加坡乙(私人)有限公司签订购货合同,申请银行贷款,依约向中国银行海口分行申请开具信用证等,均系正当经营活动,依法应受到保护。新加坡乙(私人)有限公司与原告签订购货合同后,不按合同的约定向原告提供坤甸原木,而在没有交货的情况下,串通被告新加坡丙船务公司取得已装船的清洁正本提单,并依据该提单以及其他伪造的单证,企图收取货款。上述行为足以证明新加坡乙(私人)有限公司是蓄谋欺诈。被告船务公司明知未收到新加坡乙(私人)有限公司交付的坤甸木货物,却签发了坤甸木已装船清洁提单,嗣后又数次向海口外轮代理发电,配合新加坡乙(私人)有限公司制造货

---

[①] 参见《海南省木材公司诉新加坡泰坦船务私人有限公司、新加坡达斌(私人)有限公司提单欺诈损害赔偿纠纷案》,载《中华人民共和国最高人民法院公报》1993年第2期。

已装船并即将到港的假象,为后者骗取货款提供了必要的条件。以上事实说明,两被告利用合同和作为运输合同证明的提单共同实施欺诈,以此骗取原告货款,没有履行合同的诚意。依照《民法通则》第58条和当时的合同法规定,被告新加坡乙(私人)有限公司为实施欺诈与原告签订的购货合同,以及船务公司签发的假提单和伪造的发票等单证均属无效。造成上述合同和单证无效的责任完全在两被告。依照《民法通则》第61条和当时的合同法规定,两被告应对原告因合同和单证无效而受到的损害负赔偿责任。由于两被告实施的欺诈行为构成了共同侵权,依照《民法通则》第130条的规定,应对其造成原告的经济损失承担连带责任。同时对于原告的冻结信用证的请求予以支持。

**【法理】**

我国《民法通则》第150条对于公共秩序保留作了规定:"依据本章规定适用外国法律或者国际惯例的,不得违背中华人民共和国的社会公共利益。"此外,1993年施行的《海商法》以及1996年3月1日起实施的《民用航空法》中都有同样的规定。可见,我国援用公共秩序保留排除的不仅是外国法,还包括国际惯例,这是我国立法的独创。本案就是借助公共秩序排除国际惯例的适用的一个典型。

被告新加坡两家公司恶意串通,利用仿造的提单及信用证的手段骗取货款。但是,在适用《跟单信用证统一惯例》的情况下,只要"单单一致,单证一致",开证行中国银行海口分行就必须付款,这样被告就能达到骗取货款的目的。因此,法院审理后,援用我国《民法通则》第150条的规定,排除了《跟单信用证统一惯例》的适用。

但是,对于援用公共秩序保留排除国际惯例的适用的合理性是深受学者质疑的。国际惯例是国际社会在长期的经济贸易往来中经过反复实践形成的经各国普遍认可和接受的行为规则,这些规则含有具体的内容,为国际社会的贸易往来提供极大的便利。此外,适用国际惯例会使外方达到骗取钱财的目的,并不构成适用公共秩序保留的充分理由。本案中的信用证欺诈纠纷根本没有达到危害我国根本利益的程度,只是普通的信用证欺诈案,完全可以利用信用证欺诈例外制度要求开证行止付,或者以侵权为由提起诉讼,以维护原告的合法权益,我国法院运用公共秩序保留排除《跟单信用证统一惯例》的适用,影响了我国银行在国际上的声誉与形象,也不利于我国与其他国家贸易往来的开展。

若援引2011年《法律适用法》第5条的规定,外国法律的适用将损害中华人民共和国社会公共利益的,适用中华人民共和国法律。本条规则的公共秩序保留制度限制的仅仅是外国法,而不包括国际惯例。即只是在冲突规则指引适用外国法时,需要做中国社会公共利益是否会被损害的分析和判断,而对国际惯例的适用则不能运用该制度予以排除。因此本案中我国法院就无法排除《跟单信用证统一惯例》的适用,《跟单信用证统一惯例》规定只审查单证的表面一致,而不审查其真实性,只要"单单一致,单证一致",开证行就必须付款。所以如前所述,本案中的原告可以利用信用证欺诈例外制度要求开证行止付,或者以侵权为由提起诉讼,以维护其合法权益。

# 第三章

# 涉外民事关系法律适用法的主体

国际私法是以涉外民事关系为调整对象的,所以涉外民事关系的主体就是国际私法的主体。国际私法的主体是指能够参与涉外民事关系,享有权利和承担义务的法律人格者。作为国际私法合格主体的基本条件:(1) 具有独立地参与国际民事关系的能力,(2) 具有享有国际私法上的权利和承担国际私法上的义务的能力。一般认为,国际私法的主体包括:自然人、法人、国家和国际组织。

本章涉及 2011 年《法律适用法》的相关条款:

第 11 条　自然人的民事权利能力,适用经常居所地法律。

第 12 条　自然人的民事行为能力,适用经常居所地法律。

自然人从事民事活动,依照经常居所地法律为无民事行为能力,依照行为地法律为有民事行为能力的,适用行为地法律,但涉及婚姻家庭、继承的除外。

第 13 条　宣告失踪或者宣告死亡,适用自然人经常居所地法律。

第 15 条　人格权的内容,适用权利人经常居所地法律。

第 19 条　依照本法适用国籍国法律,自然人具有两个以上国籍的,适用有经常居所的国籍国法律;在所有国籍国均无经常居所的,适用与其有最密切联系的国籍国法律。自然人无国籍或者国籍不明的,适用其经常居所地法律。

第 20 条　依照本法适用经常居所地法律,自然人经常居所地不明的,适用其现在居所地法律。

第 14 条　法人及其分支机构的民事权利能力、民事行为能力、组织机构、股东权利义务等事项,适用登记地法律。

法人的主营业地与登记地不一致的,可以适用主营业地法律。法人的经常居所地,为其主营业地。

## 第一节　自然人

### 一、自然人的国籍

自然人的国籍是区别一个人是内国人还是外国人或无国籍人的标志,也是判断某一民商事法律关系是否为涉外民商事法律关系的重要标志之一。自然人的国籍问题在国际私法上对于确定当事人属人法具有重要意义,自然人的国籍冲突及其解决是国际私法需要加以研究的问题。

(一) 自然人国籍的概念

所谓国籍(nationality),是指一个人属于某一个国家的国民或公民的法律资格。而国籍在国际私法上的意义,首先表现在当事人是否具有外国国籍是判断某一民商事关系是否涉外民商事关系的根据之一;其次,国籍是指引涉外民商事关系准据法的一个重要连结因素;最后,国籍又是国家对于在外国的侨民的民事权益受到侵犯时,作为原告而回到祖国来进行诉讼时行使管辖权的一种根据。因为,尽管原告随被告是诉讼法中一条公认的管辖权原则,但是在涉外民事领域,要求一概依此原则来起诉,有时又不太可能或不太合理。正因如此,欧洲的一些国家常常允许自己的侨民回到本国起诉。

(二) 自然人国籍的积极冲突的解决

1. 自然人国籍的积极冲突的解决

在国际私法上,把一个人同时拥有两个或两个以上国籍的情况称为国籍的积极冲突,而把一个人同时无任何国籍的情况称为国籍的消极冲突。国籍的冲突(conflict of nationalities),完全是因各国对国籍的取得和丧失所采取的制度各异而发生的。

对于自然人国籍的积极冲突解决,各国在实践中分别不同情况采取如下方法加以解决:

第一,当事人所具有的两个以上的国籍中有一个是内国国籍。在这种情况下,国际上通行的做法是内国国籍优先,即认为该人是内国人,而以内国法作为他的本国法。这种方法被不少国家的国内法和一些国际公约所采用。

第二,当事人所具有的两个以上的国籍都是外国国籍。在这种情况下,又有几种不同的解决方法。

(1) 以取得在先的国籍优先。其理由是,当事人对取得在先的国籍是一种既得权,而既得权在国际间应受到尊重。但这种主张势必导致一个人要永久服从唯一的一个属人法,如果一个人同时取得两个以上国籍,其间并无先后之分,这种主张就无法适用。

(2) 以取得在后的国籍优先。其理由是,当事人享有变更国籍的自由,他既已放弃了以前的国籍,自然不能再以该国法律作为他的属人法,而应根据取得在后的国籍决定其属人法。但按这种主张,势必要承认个人可以随时变更属人法;如一个人同时取得两个以上国籍,这种主张也解决不了问题。

(3) 以当事人惯常居所或住所所在地国的国籍优先。其理由是,具有两个以上国籍的人,同他的惯常居所或住所所在地国关系较为密切,所以应当以该国国籍为准。但如果具有两个以上国籍的人的惯常居所或住所是在其他非国籍所属国境内,这个主张就解决不了问题。

(4) 以与当事人有最密切关系的国家的法律为其本国法,或者说依他的"实际国籍"决定其属人法。所谓"实际国籍"或"关系最密切国家"的国籍,应综合各方面的因素考虑确定。如当事人在哪一国出生,在哪一国设定惯常居所或住所,在哪一国行使政治权利,在哪一国从事业务活动,以及其内心倾向于哪一国等等,都应加以考虑。因为只有综合这些条件,才能判定是否"关系最密切"。这种方法为许多学者所倡导,也为许多国家的立法和司法实践所采纳。

▶ 典型案例

**【案情】**①

诺特包姆出生在1881年9月18日,出生地是汉堡,其父母是德国人。按照德国国籍法,他出生时就取得德国国籍。

1905年,他离开德国,开始在危地马拉设定住所,并把危地马拉作为他的事业的中心。从1905到1939年,他只是有时到德国居住一个短时期。从1931年起,他有时也到列支敦士登,因为他的一个弟弟居住在那里。1939年3月间,他离开危地马拉,而到汉堡去,行前曾委任诺特包姆·海尔曼诺斯(Nottebohm Hermanos)商店保护他的利益。在汉堡住了一个短时期以后,他就到列支敦士登,并在1939年10月依照1934年1月10日的列支敦士登国籍法,申请入籍获得批准。1939年12月1日,危地马拉驻苏黎世总领事曾在他的护照上签证,准许他回到危地马拉。他回到危国以后,即向危政府申请将他在外国人登记簿上说明的国籍改为列支敦士登国籍,并经过危政府批准。此后他在危地马拉恢复商业活动。1941年12月11日,危地马拉同法西斯德国宣战。1943年11月19日,他被危地马拉警察逮捕,并被移交给美国军事当局。后者将他送到美国境内拘留起来,直到1946年1月22日才将他释放。同时,他在危地马拉的财产和商店被危政府依照处理敌国人的法律扣押和没收。1946年1月,他向危地马拉驻美国的领事申请准许他回到危国,但危政府予以驳回。1946年7月24日,他又请求危地马拉政府撤销该政府1944年12月20日所作出的取消把他登记为列支敦士登国民的行政决定,危国政府也予以驳回。因此,列支敦士登政府于1951年12月10日向国际法院对危地马拉起诉,请求发还他的财产,并且赔偿损害。列国政府的理由是:危国政府把他逮捕、拘留、驱逐并且排除于危国境外,以及扣押和没收他的财产,是违反国际法的,而且它拒绝为实施这些非法行为给予赔偿,也是违反国际法的。

**【审理】**

国际法院将列支敦士登的起诉驳回。法院判决的理由是:它认为列国政府对诺特包姆不能行使外交保护权,而国际诉讼也是外交保护的一种方式。但是,法院并不否定国籍主要是国内法上的一个制度。并且,法院也认为,一方面,"国籍属于国家的国内管辖","国际法让每个国家规定关于它的国籍的赋予";另一方面,"国籍在赋予该国籍的国家的法律秩序内有其最直接,最广泛的效力,而且就大多数人而言,有其唯一的效力。(一国的)国籍首先可以决定具有该国籍的人享有该国财产法对本国人所赋予的权利以及施加的义务。"所以,列支敦士登,正如任何主权国家一样,有权用自己的立

---

① 参见《诺特包姆(Nottebohm)案》,载中国人民大学国际法学研究所,http://jpkc.rucil.com.cn,访问日期:2016年10月11日。

法来规定它的国籍的取得。按照法院的意见,诺特包姆确实是列支敦士登国民,并且只具有列支敦士登国籍,因为他已经加入列国国籍,并且已经丧失德国国籍。但是,尽管这样,法院仍认为列国政府对诺特包姆不能行使外交保护权。法院实际上认为,国籍应当被认为"原则上"或者"一般说来"属于国家的保留范围的原则只适用于个人对国家的政治上从属关系,即只适用于一国内部的关系。当该国主张其他国家应当承认它所赋予的国籍时,或主张国际法院应当承认这个国籍时,即承认这个国籍的国际效力时,就应当按照国际法的标准来解决这个问题。换句话说,按照一国国内法应当赋予哪些个人以国籍,以及赋予的国籍在该国国内法上产生什么效力是一个问题,这个问题须依照该国国内法的标准来解决;而该国是否有权将它赋予的国籍对抗其他国家是另一个问题,这个问题须依照国际法的标准来解决。因此,按国内法赋予的在国内法上完全有效的国籍,在国际法上不一定可以用来对抗其他国家。

**【法理】**

国际法院以实际国籍(Nationalité Effective)作为决定一个国籍在国际法上是否可以对抗其他国家的标准。法院在判决中说:"按照各国的实践、仲裁和司法的判决以及学说上的意见,国籍是一个法律上的纽带,其基础是关于联结的社会事实,关于生存、利益和情绪的实际连带关系,以及权利和义务的相互性。可以说,国籍是下列事实的法律上表现:这个或者由法律直接地或者由行政行为赋予国籍的个人,是事实上更密切地同赋予他国籍的那个国家的人口密切地相结合,而不是同任何其他国家的人口密切地相结合。一个国家赋予他国籍以后,只是在这个国籍是把被赋予国籍的个人依附于赋予国籍的国家的事实用法律名词表现出来的条件下,才能使这个国家有权向另一个国家行使保护权。"

法院审查了诺特包姆在列支敦士登入籍以前、入籍期中及以后的行动后,认为他同列支敦士登并无实际的关系,而同危地马拉却有很久和很密切的关系,而且他同危地马拉的关系不因他加入列国国籍而减弱。诺特包姆在列国既无住所,又无长期居所,也无在列国定居的意思,更无经济利益,或已进行或将来拟进行的活动,最后,在其入籍以后在生活上也无变更。他的申请加入列国国籍并不是由于他在事实上属于列国的人口,而是希望在第二次世界大战发生时取得一个中立国的保护。而列国准许他入籍也不是以他同列国有实际的关系为根据的。因此,诺特包姆的列国国籍不是实际国籍,不符合国际法上实际国籍的标准,因而危地马拉没有义务承认列国赋予他的国籍,换句话说,列国不能以这个国籍对抗危地马拉,不能根据这个国籍来向危地马拉行使对诺特包姆的外交保护权。

国际法院对诺特包姆案的判决,实际上是将国际私法中确立久已的解决国籍积极抵触的实际国籍原则扩张而适用于国际法上外交保护的条件。这是在国际司法实践中仅有的一个判决,论证了虽然每一国家有权以其自己的法律决定谁是他的国民,但是这种法律如与"普通承认的关于国籍的法律原则"不相符合,其他国家即可不予承认的理论。然而这个判决本身是否能为世界各国所接受,仍是疑问。因为,由于这个判决使诺特包姆不能得到列支敦士登的外交保护,实际上等于在国际关系的范围内剥夺他所具有的唯一国籍,即列国国籍,而使他从一个有国籍人的地位,转变为无国籍人。这是同1948年《世界人权宣言》第15条所规定的每个人享有一个国籍的权利的原则相违背的。而且,如果在入籍问题上必须适用实际国籍的标准,那么在原始国籍的赋予上也没有理由不适用这个标准。但是,在现代世界各国中,有很多依据血统主义将国籍赋予居住在外国的本国侨民在外国所生的子女。如果依照实际国籍的标准,那么,这种国家对于这些国民将很难行使外交保护权,因为其他国家可以提出争论说,这些国民同他们的本国很少有实际关系,因此不符合实际国籍的标准。

(三) 自然人国籍的消极冲突的解决

国籍的消极冲突,可分为三种情况:

(1) 生来便无国籍;

(2) 原来有国籍后来因身份变更或政治上的原因而变得无国籍;

(3) 属于何国国籍无法查明。

在国籍消极冲突的情况下,本国法的确定,一般主张以当事人住所所在地国家的法律为其本国法;如当事人无住所或住所不能确定的,则以其居所地法为其本国法。

(四) 中国解决自然人国籍冲突的法律规定

为解决涉外民事关系自然人国籍的冲突,2011年《法律适用法》做出了明确立法规定,即该法第19条规定:"依照本法适用国籍国法律,自然人具有两个以上国籍的,适用有经常居所的国籍国法律;在所有国籍国均无经常居所的,适用与其有最密切联系的国籍国法律。自然人无国籍或者国籍不明的,适用其经常居所地法律。"根据其内容,可明确为解决自然人国籍的积极冲突是依该自然人有经常居所的国籍国法律为其属人法,在其所有国籍国均无经常居所的,适用与其有最密切联系的国籍国法律为其属人法。而解决自然人国籍消极冲突是依其自然人经常居所地法律为其属人法。这一法律规定与国际社会的立法与实践趋于一致。在司法实践中,自然人的经常居所的确定,可根据2013年最高人民法院新司法解释(一)第15条,对"经常居住地"的司法解释即"自然人在涉外民事关系产生或者变更、终止时已经连续居住一年以上且作为其生活中心的地方,人民法院可以认定为涉外民事关系法律适用法规定的自然人的经常居所地,但就医、劳务派遣、公务等情形除外"。而与自然人有最密切联系的国籍国法律,可根据自然人的出生地国、住所地国、行使民事权利、履行民事义务的所在地国以及更有利于其民事权利保护地国的法律为其国籍国法律。

二、自然人的住所

住所在国际私法中占有重要的地位,对管辖权和属人法的确定起着重要作用。

(一) 自然人住所的概念

所谓住所(domicile),就是一个人以久住的意思而居住的某一处所。一般认为,居住者的久住意图和长住事实是决定住所的两个重要因素。而居所(residence)是指一个人在一定时间内居住的处所,因此,住所是久住之处,居所只是暂住或客居之地。居所可分为临时居所和惯常居所(habitual residence),后者是一个人在某段时间内生活的中心和居住的处所。人们普遍认为,惯常居所就是去掉住所中的意向因素的"持续一定时间的经常的实际居住"。

英美两国内部法律不统一,一直以住所地法为属人法,故对住所的研究比较细致详尽。它们的判例对住所确立了以下几个原则:(1)任何人必须有一住所;(2)一个人同时不能有两个住所;(3)住所一经取得,则永远存在,不得废弃,除非已取得了新的选择住所;(4)只有具有行为能力的人,才享有设立选择住所的能力。

(二)住所冲突的解决

1. 关于住所积极冲突的解决,有以下几种主张:

(1)以个人的意思选择住所。该说主张,一个人有多个住所时,就由当事人选定其中一个住所地的法律为其属人法或属人法的代用法。但有人认为,放任当事人选择住所,并不是解决住所积极冲突的好办法。因此,世界上真正采用这种作法的国家几乎没有。

(2)如果一个人有两个以上的住所,其中一个住所在法院地国,法院地法就优先适用,即以法院所在地的住所为准。但反对该说的人认为,法院在哪里,就以哪里的住所为准,这使当事人的属人法难以稳定。

(3)根据法律关系的性质和法律关系所适用的法律确定一个住所。例如,关于遗产继承的法律关系,应适用财产所在地法或本国法的规定来解决。但是,如果该法律关系应适用住所地法,该如何解决住所积极冲突呢?

(4)根据住所冲突的具体情形选择住所。该说认为,住所冲突的情形不相同,对不同情形的住所冲突以一个相同的模式去解决很不合适,故应根据住所冲突的具体情形选择一个合适的住所。该说主张:内国住所与外国住所发生冲突的,选择适用内国法为住所地法;外国住所与外国住所发生冲突的,根据住所取得的时间,或以先取得的住所为住所,或以最后取得的住所为住所。如果一个人同时取得两个住所,或以与当事人关系最密切的住所为住所,或以当事人现在居所地的住所为住所。当事人无居所的,则以父或母的最后住所为住所。

2. 关于住所消极冲突的解决,各国普遍采用的方法是以居所代替住所。

对于现在无住所的人,有的主张以其最后的住所为住所,或以其出生时的住所为住所,如果没有最后住所或出生住所,就以居所为住所。但对于一个到处流浪的人,要确定他的居所也是困难的。因此,有人主张,对于无住所、居所的人,以他的现在所在地法为住所地法。

(三)中国解决涉外住所冲突的法律规定

2011年《法律适用法》第20条规定:依照本法适用经常居所地法律,自然人经常居所地不明确的,适用其现在居所地法。在自然人经常居所地无法确定时,本法规定以其现在居所地法律为其经常居所地法律。

可以看出,我国2011年《法律适用法》中没有住所概念,而是采用"经常居所"这一定义,因此,2011年《法律适用法》自然也没有解决住所冲突的规定。该法第20条规定"依照本法适用经常居所地法律,自然人经常居所地不明的,适用其现在居所地法律。"这一规定是解决经常居所地不明时的情况,就是将"居所"结合时间概念"现在"来替代"经常居所",从这个角度看,经常居所地的理解又应该比"居所"稍严格。

此外,本法明确规定了以自然人经常居所地法解决自然人的身份、权利与行为能力、家庭关系以及继承等方面的涉外民事法律冲突。立法的这一规定强调客观实际居住地的事实,有利于人民法院在审理涉外案件中连结点的确定,而且解决了住所的法律冲突。同时,在经常居所地不明时,适用现在居所地法律,克服了司法实践中法官自由裁量权过大的弊端,同时更便于法院司法审判中的操作,从而有利于涉外民事纠纷案件的审理。

▶ 典型案例

【案情】①

原告林某和被告张某都是台湾省居民,住所地在台湾省某市,经常居住地是福建省厦门市。

1995年,被告张某因来厦门市湖里区鹭辉大厦开办茵辉保龄球公司资金短缺,在台湾向原告林某借得台币620万元,后到期未还。原、被告双方遂于1998年8月26日在厦门市湖里区重新立下一份借据,写明被告愿将其本人位于湖里区海天路65号鹭辉大厦的两套价值人民币57.6万元的房产偿还欠原告的部分款,尚欠原告人民币112.4万元。后被告未再还款,经原告多次催还,被告仍拖延未付。原告林某于2000年9月1日向厦门市湖里区人民法院提起诉讼。

被告张某收到起诉状副本后,于15日的答辩期外的2000年10月9日向湖里区人民法院提出管辖权异议。认为:本案原、被告都是台湾居民,双方的身份证和居住地都为台湾,双方借贷的行为、币种、内容都发生在台湾,且借据上并无注明非在中国大陆履行,双方也没有书面选择大陆法院管辖,本案应由台湾法院管辖,湖里区人民法院对本案没有管辖权。

原告林某对被告张某提出的管辖权异议反驳认为:第一,被告的住所地虽然在台湾,但其经常居住地在厦门市湖里区海天路65号708室;本案的借款行为虽发生在台湾,但对于该借款事实的再次确认(即本案起诉所依据的借条),却是在湖里区进行的,且还款行为有部分发生在这里,因此,湖里区也是该借款合同的履行地之一。第二,被告的主要财产在湖里区,湖里区是被告可供扣押财产的所在地。第三,被告未在规定的期限内提出管辖权异议,应视为被告接受湖里区人民法院的管辖。据此,湖里区人民法院对本案依法享有管辖权。

---

① 参见《被告张剑珍以借贷法律关系发生在台湾、双方当事人均为台湾居民为由提出管辖权异议案》,载最高人民法院中国应用法学研究所编:《人民法院案例选》第1辑(总第35辑),人民法院出版社2001年版,第141页。

**【审理】**

法院经审查认为：对公民提起的民事诉讼，由被告住所地人民法院管辖；被告住所地与经常居住地不一致的，由经常居住地人民法院管辖。本案被告的经常居住地为福建省厦门市湖里区海天路65号鹭辉大厦708室，且被告在该大厦内拥有房产。同时，被告收到起诉状副本后，没有在15天的答辩期内提出管辖权异议。据此，依照规定，作出裁定：驳回被告张某对本案管辖权提出的异议。

一审裁定后，被告张某不服，向厦门市中级人民法院提起上诉。称其一审法院经办人向其送达上诉状时，未告知其应在15天内提出管辖权异议。请求撤销厦门市湖里区人民法院民事裁定。

厦门市中级人民法院经审查后认为：上诉人张某虽系台湾省居民，但其自1995年起至今均居住在厦门市湖里区鹭辉大厦。根据我国民事诉讼法的有关规定，上诉人的经常居住地在厦门市湖里区辖区内，故厦门市湖里区人民法院对本案享有管辖权。上诉人的管辖权异议理由不能成立，原裁定应予维持。但上诉人提出一审法院在送达起诉状时未告知其提出管辖权异议的期限，经查属实，故一审法院认为上诉人未在法定期限内提出管辖权异议与事实不符。即便如此，并不影响本案管辖权的确定。据此，依照相关规定，裁定：驳回上诉，维持原裁定。

**【法理】**

本案的争议焦点，是当事人双方均为台湾居民，借贷关系发生在台湾，但被告在大陆有固定住所，也有可供执行的财产，大陆法院对此类纠纷是否有管辖权的问题。

本案中，住所地的确定成为解决管辖权争议的先决条件。中国有关住所的规定体现在《民法通则》第15条，公民以他户籍所在地的居住地为住所；经常居住地与住所不一致的，经常居住地视为住所。当时的法律规定：公民的经常居住地是指公民离开住所地至起诉时已连续居住一年以上的地方，但公民住院就医的地方除外。本案被告的住所地虽然在台湾，但其在大陆厦门的住处为其所购房产，并连续居住于此，故厦门市湖里区可视为被告的经常居住地。

依据2011年《法律适用法》第20条规定：依照本法适用经常居所地法律，自然人经常居所地不明确的，适用其现在居所地法。在自然人经常居所地无法确定时，本法规定以其现在居所地法律为其经常居所地法律。由此，大陆法院依此就享有了对本案诉讼的管辖权。

综上所述，住所在国际私法中占有相当重要的地位，不但是确定法律适用的重要连结点，而且对确定国际民事诉讼管辖权更具重要意义。包括中国在内的很多国家都规定行使民事管辖权的依据，首先是当事人在内国有住所。

### 三、自然人的权利能力

自然人的权利能力是指能够依法享有民事权利和承担民事义务的资格。权利能力是依附于公民人身的，具有与公民人身不可分离的性质，依照现代法的观点，凡自然人都具有权利能力。

(一) 自然人权利能力的概念

1. 权利能力的开始

各国民法对自然人的"出生"的理解与规定有很大差异。阵痛说、部分露出说、全部露出说、断带说、哭声说、独立呼吸说、存活说等。如《西班牙民法典》则规定自然人与其母体分离后需存活 24 小时以上才能取得权利能力。

2. 权利能力终止

一般说来,在自然死亡的情况下不会发生法律冲突。一般认为,死亡发生于心脏停止跳动之时,但现在以脑死亡为死亡标志的主张也已存在。

但在宣告失踪或宣告死亡方面,因各国规定不同而常导致冲突发生:首先,在宣告失踪或宣告死亡的时间上,各国规定不同;其次,宣告失踪或死亡发生效力的日期也有不同规定;最后,宣告失踪或死亡所发生的实体法上的效力不同。

"推定存活"(presumption of life)制度的差异也会导致冲突。例如,1804 年《法国民法典》第 720—722 条规定,如同时死亡者均不足 15 岁时,推定最年长者后死;均在 60 岁以上者,推定年龄最低者后死;如既有 15 岁以下的又有 60 岁以上的,推定最年少者后死;且如年龄相等或相差不过 1 岁,而且其中既有男性也有女性时,推定男性者后死,等等。1925 年《英国财产法》则不分性别,仅在第 184 条规定,如年龄不同者同时死亡时,推定年幼者后死。

(二) 自然人权利能力的法律适用

1. 适用各该法律关系的准据法所属国法律

其理由是,所谓权利能力,不外乎是特定的人在特定的涉外民事法律关系中能否享有权利和承担义务的能力问题,因此是最妥当的。如权利能力涉及合同关系,则应适用合同准据法所属国的法律制度,如权利能力涉及物权关系,则应适用物权关系准据法所属国的法律判定,如权利能力涉及继承关系,则应适用继承关系准据法所属国法律判定等。

在欧洲,还有区分一般权利能力(如人的法律地位与人格)和特殊权利能力的,在此情况下,也有主张前者依属人法(本国法),后者依相关法律关系的准据法的。

2. 适用法院地法

此说的理由是认为自然人的权利能力关系到法院国法律的基本原则,关系到法院国的重要公共利益,故应由法院地法判定。

3. 适用当事人的属人法

其理由是,权利能力是自然人的基本属性,特定的人的这种属性是受一国伦理、历史、社会、经济、政治等方面的条件决定的,因而只应适用他的属人法来判定。

我们认为,在判定自然人的权利能力时,原则上必须肯定应适用当事人属人法。因为只有这样,才有利于自然人权利能力的稳定,有利于发展国际民事交往。不过,以不违背法院地法的基本原则及国际人权法和有关法律关系的准据法为辅助,可能更为合理。

### （三）中国解决涉外权利能力冲突的法律规定

我国 2011 年《法律适用法》第 11 条规定："自然人的民事权利能力，适用经常居所地法律。"可以看出，我国立法是采取了以属人法中的经常居所地法的方式来规定的。

从属人法的发展趋势看，自然人权利能力适用其属人法，特别是住所地法或经常居所地法是合理的选择。采用住所地是属人法在当今世界不断解决法律冲突的新的趋势和发展，更加具有弹性、现实性和可操作性。住所地或经常居所地的弹性在于它与当事人的民事活动紧密相连。特别是对于一个具有双重国籍、多重国籍或是无国籍的人来说，其国籍无法确定，也就意味着国籍地法无法适用。即便是对于一个具有确定的单一国籍的人来说，若是其与国籍国没有发生任何民商事联系的人，此时国籍也只是一个政治身份，硬性适用只会造成对当事人的不公。而现实性主要是因为中国在目前及以后的相当长一段时间里是一个"一国两制四法域"的国家。在这种情况下，各法域的公民只有一个国籍，即中华人民共和国国籍，此时以国籍作为连结点是毫无用处的，也无法解决一国国内的区际私法冲突。可操作性是指在司法审判中，住所地或经常居所地法院往往成为民商事案件中的受诉法院，在当前法律适用法院主义依然占上风的趋势下，住所地法或经常居所地法符合这种趋势，能减少因此而带来的法律冲突。

### ▶ 典型案例

#### 【案情】①

2001 年 5 月 31 日早晨，33 岁的巴勒斯坦医生巴某在他居住的耶路撒冷北部的苏亚哈特难民营一家咖啡馆前，被以色列定居者的复仇子弹打中了头部。当这位出生于巴勒斯坦·哈尼亚的年轻人被送到以色列一家医院抢救的时候，巴以联合医疗小组随即宣布他已经脑死亡了。

巴某的父亲洛特菲给儿子收拾生前用过的物品的时候，一张人体器官自愿捐赠申请表格突然跳到眼前。当洛特菲看着人体器官自愿捐赠表发呆的时候，以色列人体器官移植中心的代表轻轻地打断洛特菲的呆滞，问他能不能把儿子的器官捐出来。他决定实现儿子生前的愿望，把器官捐出来挽救几位以色列人！

按照巴某家人的意愿，他的心脏、肺、脾、肾和胰等器官被医生摘下，分别送往耶路撒冷的以色列哈达什大学医院、拉宾医疗中心、贝尔逊医院、以色列施科纳达儿童医院和特拉维夫特尔哈什默尔医院。此后，朱拉尼的遗体才被家人迅速埋葬。

让做器官移植手术的以色列医生们拍案称奇的是，5 位接受巴某移植器官的病人全都奇迹般地康复了，没有丝毫不良排斥反应。

#### 【审理】

本案中，以色列采用的死亡标准是脑死亡，遇脑死亡病人时，以色列人体器官捐赠

---

① 参见《巴泽恩·朱拉尼器官捐献案》，载赵相林主编：《国际私法教学案例评析》，中信出版社 2006 年版，第 104—105 页。

协调官要征询死者亲属的意见,是否能捐献死者器官。巴勒斯坦现虽没有建国,但已被公认为是国际法主体,有独立的法律。巴勒斯坦采用的死亡标准也是脑死亡。以色列、巴勒斯坦采用的死亡认定标准是相同的,法律规定是一致的,这种情况下,巴勒斯坦人巴某在以色列才能被宣布脑死亡,否则,巴泽恩·朱拉尼是不能被宣布脑死亡的。

**【法理】**

现代国家的立法对自然人权利能力的规定是一致的,自然人的权利能力"始于出生,终于死亡"。各国关于"出生"和"死亡"的具体规定却并不一致,因此,自然人的权利能力仍然会发生法律冲突。

本案中,以色列、巴勒斯坦采用的死亡认定标准是相同的,法律规定是一致的,这种情况下,巴勒斯坦人巴某在以色列才能被宣布脑死亡,否则,巴某是不能被宣布脑死亡的。而我国2011年《法律适用法》第11条规定:自然人的民事权利能力,适用经常居所地法律。这种"经常居所地"的弹性能最大限度地解决当事人的权利能力方面的冲突。

### 四、涉外失踪或死亡宣告的管辖权与法律适用

**(一) 涉外失踪或死亡宣告的概念**

宣告失踪(Declaration of Absence)是指一个自然人下落不明达到一定的法定期限时,经与该自然人有利害关系的人的申请,由一个国家的有关部门宣告其失踪,从而在法律上解除或确立与其有关的法律关系。宣告死亡(Declaration of Death)又称推定死亡,与宣告失踪的目的一样,只是一般情况下需等待更长的法定时间。在宣告失踪与死亡方面,宣告失踪和宣告死亡涉及自然人权利能力的存否,意义重大。因而,对于失踪和死亡宣告的管辖权和法律适用的解决,也是国际私法所面临的重要问题之一。

**(二) 死亡或失踪宣告的法律适用**

各国对自然人的死亡或失踪宣告的差异主要体现在以下三个方面:

(1) 由国籍国管辖,因为个人的权利能力的开始与终止,是由他的国籍国所赋予的。

(2) 由住所地国宣告,因为这是保护失踪人住所地国的公共秩序和经济利益所需要的。但人们又指出,如果其人此时实际上仍生存于他的国籍国或第三国,也会给这些国家带来许多不利。

(3) 原则上应属于失踪者本国法院管辖,但在一定条件和一定范围内,也可由住所地国管辖。

在第二次世界大战中,因战乱和种族歧视及政治迫害,曾造成大批人失踪,为在法律上妥善处理这些人的死亡宣告问题,1950年通过了一个《关于失踪人死亡的公约》。该《公约》规定,失踪人的最后住所或居住地、本国、财产所在地、死亡地,以及一定的亲属申请人的住所或居所地,都可以行使对这些人的死亡宣告管辖权。

**(三) 中国解决涉外失踪或死亡宣告冲突的法律规定**

我国2011年《法律适用法》第13条规定:"宣告失踪或者宣告死亡,适用自然人经

常居所地法律。"宣告失踪或死亡,主要是影响了被宣告人民民事法律关系,而被宣告人经常居所地国和国籍国分离的现象已经很普通,因此,经常居所地法适用于这些民事法律关系就更为合理,同样对中国的区际法作冲突的解决更具有现实意义。

▶ 典型案例

**【案情】**[①]

2004年5月,北京市石景山区法院受理了一起中国公民杨某诉妻子王某的自诉重婚案件,这一自诉重婚案件涉及一起涉外死亡宣告案件。

1991年,杨某与王某相识,经过两年的自由恋爱,于1993年11月1日登记结婚。结婚4个月后,杨某所在单位派杨某去日本研修两年。后听从王某的劝告,杨某滞留日本,开始了打工生活。杨某在日本打工期间,王某几次去信说要买商品房,并想出国留学。杨某陆续给她寄回了800万日元,约合人民币56万元。2001年,王某对杨某态度大变,说不认识杨某,让杨某不要再骚扰她。2002年,杨某被日本警方以非法滞留起诉,并遣返回国。回国后的杨某多次找王某,但王某避而不见。为此,杨某起诉,要求与王某离婚,分割夫妻共同财产。2003年,法院作出了杨某与王某离婚,婚前财产归杨某所有,王某给付杨某23万元的判决。王某不服提出上诉,声称她早以杨某下落不明为由,向法院申请宣告他死亡。

经查:2002年,王某以杨某下落不明为由,向法院申请杨某死亡宣告。法院经过公告寻人,未获线索,于2002年12月宣告杨某死亡。2003年3月,王某与胡某登记结婚。杨某认为,在与王某婚姻关系存续期间,王某故意隐瞒事实真相,恶意申请法院宣告他死亡,以达到重婚目的。王某的行为严重伤害了自己的感情,已涉嫌重婚罪,为此他起诉到法院要求追究王某的刑事责任,并要求赔偿损失10万元。

杨某、王某虽然都是中国公民,在中国有住所,但王某向法院申请宣告杨某死亡时,杨某身在日本,王某称杨某在日本下落不明,申请死亡宣告,所以,王某申请杨某死亡宣告案是涉外死亡宣告案。

**【审理】**

当时我国法律对涉外死亡案件管辖权作了规定。即下列民事诉讼,由原告住所地人民法院管辖;原告住所地与经常居住地不一致的,由原告经常居住地人民法院管辖:对不在中华人民共和国领域内居住的人提起的有关身份关系的诉讼;对下落不明或者宣告失踪的人提起的有关身份的诉讼。根据这一法律规定,我国法院对不在我国境内居住的人提起的有关身份的诉讼行使管辖权。

但我国法律对涉外失踪宣告或死亡宣告的法律适用未作明确规定。实践中,我国法院对这类案件行使管辖权时,应适用我国法律审理案件。

---

① 参见《王梅申请杨永平宣告死亡案》,载赵相林主编:《国际私法教学案例评析》,中信出版社2006年版,第106—108页。

**【法理】**

本案是关于宣告死亡而产生自然人权利能力的终止问题。

依据我国 2011 年《法律适用法》第 13 条规定:"宣告失踪或者宣告死亡,适用自然人经常居所地法律。"2013 年最高人民法院新司法解释(一)第 15 条:"自然人在涉外民事关系产生或者变更、终止时已经连续居住一年以上且作为其生活中心的地方,人民法院可以认定为涉外民事关系法律适用法规定的自然人的经常居所地法,但就医、劳务派遣、公务等情形除外。"本案中宣告死亡的被申请人杨某在中国有经常居所地,即应适用中国法律。

### 五、自然人的行为能力

**(一) 自然人行为能力的概念**

自然人的行为能力是指公民以自己的行为取得民事权利和承担民事义务的资格,即实施民事法律行为的能力。自然人的权利能力始于出生,终于死亡,有行为能力的一定具备权利能力,但有权利能力并不一定就具备行为能力。行为能力以人的认识能力为根据,而人的认识能力与人的年龄和健康状况有密切联系。根据各国的立法,行为能力的取得应同时具备两个条件:达到一定的年龄;具有健全的智力,能够承担自己行为的后果。

**(二) 自然人行为能力冲突及法律适用**

1. 自然人行为能力冲突

各国对自然人行为能力规定的冲突主要体现在以下方面:

(1) 各国对成年年龄的规定不同。

(2) 各国对完全无行为能力和限制行为能力年龄界线的规定的差别。一般认为,未满 7 岁的小孩为完全无行为能力,而满 7 岁至成年这一阶段为限制行为能力。但中国《民法通则》却以 10 岁作为区分界线。

(3) "禁治产"(Interdiction)制度的不同。对于成年人因某种原因而宣告其为无行为能力人或限制行为能力人的制度。

2. 自然人行为能力的法律适用

在国际私法中,一般多主张依解决自然人权利能力冲突的同一原则,即依当事人属人法来解决自然人行为能力的法律冲突。

不过,随着内外国人之间商业交往的发展、杂居情况的增加,为了保护相对人或第三国人不致因不明对方人法的规定而蒙受损失,以保护商业交易的稳定与安全,在下面两种情况下,也需要采用行为地法来判定人的行为能力:第一,处理不动产的行为能力和适用于侵权行为的责任能力,分别适用物之所在地法和侵权行为地法;第二,有关商务活动的当事人的行为能力也可适用商业行为地法,亦即商业活动当事人如依其属人法无行为能力,而依行为地法有行为能力,则应认为有行为能力。

**(三) 中国解决涉外自然人行为能力冲突的法律规定**

我国 2011 年《法律适用法》第 12 条规定:"自然人的民事行为能力,适用经常居所地法律。自然人从事民事活动,依照经常居所地法律为无民事行为能力,依照行为地法律为有民事行为能力的,适用行为地法律,但涉及婚姻家庭、继承的除外。"可以看出,我国是在坚持传统的属人法,即以经常居所地法为主、以行为地法为例外。

婚姻、家庭作为社会最基本的单位,不论是对个人,还是对整个国家社会都有着重要的地位,亲继法作为法律规范中重要的一部分,一般都对其单列规范,我国的2011年《法律适用法》也是将亲属与继承单列成篇。更重要的原因是因为亲继法律关系的适用规则庞大而琐细,不能简单地用"经常居所地法"和"行为地法"笼统概括,例如仅婚姻中就包括结婚与离婚、亲子关系、离婚、收养、抚养与监护关系,在婚姻关系中的当事人的行为能力的法律适用规则就不能适用"经常居所地法为主,行为地法为补充"的规则,而是按照"特别法优于一般法"的原则,来适用亲继法的法律适用规则。

▶ **典型案例**

**【案情】**[①]

1986年,一个19岁的法国人与我国某纺织品进出口公司在杭州签订一份纺织品原料购销合同,法国人向中国公司销售纺织品原料。合同签订后,这种纺织品原料在国际市场上价格暴涨。法国人若履行合同,将遭受巨大经济损失,若不履行合同,将承担违约责任。法国人权衡利弊,选择了不履行合同。

中国某纺织品进出口公司在中国法院对法国人提起诉讼,追究法国人的违约责任。法国人答辩称:根据法国法律,我签订合同时是一个未成年人,不具有行为能力,不是合同的适格主体,我签订的合同是无效合同,不应承担赔偿责任。

**【审理】**

本案中,法国人是否具有行为能力应依哪国法律认定呢?法国人是否具有行为能力的法律适用取决于法律适用规范的指向。自然人的行为能力适用当事人的属人法,这是各国普遍承认的确定自然人行为能力的法律适用规则,我国法律也作了这样的规定。这样,法国关于自然人取得行为能力年龄的法律规定在我国具有法律效力。法国法律规定,成年人的年龄为21岁,若适用法国法律为准据法,法国人不承担违约责任。法国关于自然人取得行为能力年龄的法律规定与我国法律关于自然人取得行为能力年龄的规定不同,我国法律规定,成年人的年龄为18岁,若适用中国法律为准据法,法国人应承担违约责任。我国18岁为成年人的法律规定与法国21岁为成年人的法律规定产生法律冲突,中国法律的域内效力与法国法律的域外效力发生抵触。在这一案件中,中国法院究竟应该适用中国法,认定法国人具有行为能力,应承担违约责任,还是应该适用法国法,认定法国人不具有行为能力,不是合同的适格主体,不承担违约责任呢?

中国法院最终适用中国法律作为准据法,认定法国人具有行为能力,是合同的适

---

① 参见《19岁的法国人与我国某纺织品进出口公司纺织品原料购销合同案》,http://www.lzdd.cn/zjzy/zdkc/gjsf/hdwb.htm,访问日期:2016年11月20日。

格主体,判令法国人承担违约责任。中国法院判决的法律依据是:判定法国人是否具有行为能力适用法国法律,根据法国法律,这个 19 岁的法国人不具有行为能力。但根据各国公认的有关商务活动的当事人依其属人法无行为能力,而依行为地法有行为能力者,视为有行为能力的规则,法国人是否具有行为能力依合同签订地、合同履行地法律——中国法律判定。中国法律规定 18 岁为成年人,该法国人已是成年人,具有完全的民事行为能力,故应承担赔偿责任。

**【法理】**

本案争议的焦点是自然人行为能力取得的法定年龄标准的冲突。自然人的行为能力的取得应当同时具备两个条件:一是年龄条件,自然人须达到法定年龄,对其行为具有认知能力;二是心理和生理条件,自然人须心智健全,能够承担行为所引起的法律后果。由于各国在这两个条件上的规定不同,就造成了许多冲突。

我国 2011 年《法律适用法》第 12 条规定:"自然人的民事行为能力,适用经常居所地法律。自然人从事民事活动,依照经常居所地法律为无民事行为能力,依照行为地法律为有民事行为能力的,适用行为地法律,但涉及婚姻家庭、继承的除外。"本案中,19 岁的法国人虽然依据法国法律不具有行为能力,但是其在我国实施了民事行为,依据行为地的法律即中国法律规定,自然人的成人年龄为 18 岁,因此,判定其具有民事行为能力。

可以看出,我国对自然人的民事行为能力的确定采取的是以属人法中的"经常居所地主义"为主,而以行为地法作为例外。此规定符合了当前国际社会的普遍做法,有利于保护内国的交易安全,保证当事人的期待利益,是值得肯定的。

### 六、涉外禁治产宣告的管辖权与法律适用

1. 禁治产的概念

禁治产指禁止为财产方面的法律行为,而禁治产者即指被依法宣告禁止其为财产上的法律行为的人。这一制度主要为保护已成年而因精神缺陷,心志不健全的自然人的利益而设立的。

各国民法关于宣告禁治产或无行为能力与限制行为能力的条件,往往规定各不相同,因而在自然人的行为能力方面,也不免时常出现冲突。

例如依《德国民法典》第 6 条的规定,对有下列各种情况的成年人,均可通过一定的程序,由法院宣告为禁治产者,并应对他们设置监护:因精神病或心神耗弱或低能而不能管理自己财产的人;因其挥霍无度致使他自己或他的家庭生活急需发生困难的人;因酗酒成性或吸毒成癖而不能管理自己事务,或因此而使他自己或他的家庭生活急需发生困难,或危及他人安全的人。

英国则除承认因心神失常而作出的此种宣告外,其他各种禁治产原因概不为英国所承认,所以在英国法中,只有"宣告精神病"这个概念,而无"禁治产"这个概念。

2. 禁治产宣告的管辖权

许多学者认为禁治产宣告是以剥夺乃至限制禁治产人的能力为目的,而且被宣告

人是所属国之主权所辖,因此理所当然应由被宣告人所属国法院管辖。当然,此说也有其局限性,即若内国人远离本国,本国法院难于为事实上的调查,且难以达到禁治产制度的目的,故多数国家立法除承认本国法管辖权外,并把居住地国管辖作为补充。

3. 禁治产宣告的准据法

(1) 禁治产宣告原因的准据法:一是禁治产人的本国法;二是宣告地国家的法律。

(2) 禁治产宣告效力的准据法:同样有两种做法。我们认为,从禁治产制度设立的宗旨来看,依宣告地国法——禁治产人居住地国法更有利于保护禁治产人的权益及维护交易安全及社会秩序的稳定。

**七、人格权**

(一) 人格权的概念及其内容

人格权是作为民事主体必备的、以人格利益为内容,并为法律所承认和保护的民事权利。人格权是作为一个人不能被剥夺的与生俱来的权利,是社会个体生存和发展的基础,是一项基础性权利。当今,越来越多国家的民法愈加重视人格权保护,具体的人格权不断增多,其保护范围不断拓宽。对人格权的保护如何,是当今衡量法律先进与否的一个标志。在国际层面,联合国《世界人权宣言》及《公民权利和政治权利国际公约》等法律文件都有人格权保护的规定;而在国内法方面,许多国家的宪法也涉及人格权的相关内容,规定人的尊严不受侵犯。

在这一背景下,涉及人格权的涉外民事关系必将增多起来,而成为各国国际私法调整范围中的重要部分。

人格权具有以下三大特点:其一,人格权是一种固有的、与生俱来的原始权利,可以说如同权利能力一样,始于其出生,终于其死亡。其二,人格权是不可转让的专属权,具有人身性,如同权利能力一样,由权利人所专有,不得让与或继承,也不得抛弃。其三,人格权是一种对世的绝对权。可以对抗一切其他人,任何人对其都有尊重其权利的义务。

总体上来说,人格权的内容可以分为两大类:一类是以权利人的人身为客体,包括生命权、身体权、健康权;另一类是以权利人的其他人格利益为客体,包括姓名权、自由权、名誉权、肖像权、隐私权、尊严权等。

我国承认人格权,并对其进行保护,体现在《中华人民共和国宪法》第 38 条规定的"公民的人格尊严不受侵犯"。此外,要在民事领域进行保护,必须进一步将内容具体化,即明确规定人格权在民法上的具体类型及其相应内容,因为人格权只是一种总括性表述。作为抽象法律概念的人格权,它的内容与范围随时间、地区及社会情况的变迁而有所不同。由人格权和身份权共同构成的人身权(广义),被认为是民法的基本权利,与民法的另一基本权利财产权相对应。身份权指存在于一定身份关系的权利,即亲属权,例如夫权、亲权、家长权等,在第二次世界大战以后身份权已经趋于消亡。我国《民法通则》第 5 章第 4 节题为"人身权",规定了诸如人的生命健康权、姓名权、肖像权、名誉权、荣誉权、婚姻自主权等多种具体的人格权,其中有的条款同时规定了行使权利的内容,例如在姓名权项下指明公民"有权决定、使用和依照规定改变自己的姓名",有的条款还规定了禁止侵权的行为,例如在婚姻自主权项下指明"禁止买卖、包办婚姻和其他干涉婚姻自由的行为"。另外,我国《侵权责任法》第2条就侵权对象的民事权益进行了规定,包括生命权、健康权、姓名权、名誉权、荣誉权、肖像权、隐私权、婚姻自主权等具体的人格权。

(二) 人格权的法律适用

虽然各国都对人格权作出了相关规定,但人格权的具体内容和保护范围在各国民法的规定中是不同的。从目前世界范围来看,立法上有关人格权法律适用的直接规定并不多,而在规定了的国家,多数仅限于姓名权或名称权法律适用的规定,如突尼斯、罗马尼亚、白俄罗斯、奥地利、德国、瑞士、列支敦士登等国。

从准据法看,它们规定适用的法律多为当事人本国法,瑞士则规定适用当事人住所地法,德国在规定适用当事人本国法的同时,又对婚姻家庭关系中姓名的确定、使用或改变规定有条件适用当事人惯常居所地法律。

另外,有少数国家规定了总括性人格权或人身权的法律适用,例如:匈牙利规定人格权适用当事人本国法;意大利规定人身权的存在及内容适用当事人本国法,但产生于家庭关系的人身权则应适用于家庭关系的法律。

(三) 中国对人格权的法律适用的规定

我国2011年《法律适用法》第15条规定:"人格权的内容,适用权利人经常居所地法律。"根据该规定,涉外民事主体具体享有什么内容的人格权,就依其经常居所地法律确定。实际上也可以这样说,如果认为涉外民事主体享有某种具体的人格权,就应当符合该主体(即权利人)的经常居所地法律的规定,包括此种人格权相关内容的规定。

关于人格权(内容)法律适用的连结点,我国立法采用了经常居所地,而不同于一些国家较多采用的国籍。依当事人经常居所地法律确定其人格权的内容,这对当事人是便利的,对其权利的有效保护也是有利的。何况,个人的经常居所往往就在其本国。

而对于产生于婚姻家庭关系的人格权,其法律适用无疑包括在2011年《法律适用法》第15条的范围内,即人格权内容适用权利人经常居所地法律。

▶ **典型案例**

【案情】①

2010年12月2日12时30分许,由武汉某国际旅行社有限公司组织的30名中国游客,在游览完泰国帕塔亚金沙岛返回途中,所乘游船被一艘突然失控的快艇拦腰撞沉,事故造成两名武汉游客郑某、陈某溺水死亡,另有5名游客受伤。

事发后,保险公司根据保险合同,对郑某、陈某的亲属各赔偿35万元人民币、30万元泰铢。另外,武汉方旅行社和泰国旅行社共同赔偿每位死者亲属10万元人民币。

---

① 参见《游客溺水遇难旅行社被判赔偿》,http://www.bjcity.cn/2010/1110/71192.html,访问日期:2016年3月23日。

2011年8月,郑某、陈某的家人以人身损害为由,将武汉某国际旅行社有限公司告上法庭索赔。硚口区人民法院一审宣判:武汉某国际旅行社有限公司赔偿两名死者家属合计50万余元人民币,加上之前保险公司等单位的赔款,总赔款额折合近150万元人民币。据了解,该案为武汉最大一起出境旅游赔偿案。

【审理】

法院审理认为,这家武汉旅行社作为本次泰国游的组织方,应履行与其相适应的安全保障义务,确保每位游客的人身财产安全。在本次旅游中,事发前被告未及时提醒游客注意安全,未采取安全有效的防范措施,致郑某、陈某死亡,且死者在本次事故中并无过错。根据法律规定,被告应承担全部赔偿责任。法院遂判决该旅行社赔偿郑某、陈某的家人合计50万余元人民币。

【法理】

本案的人身损害发生在泰国,是一起典型的涉外人格权侵权案件。

我国2011年《法律适用法》第15条规定:人格权的内容,适用权利人经常居所地法律。案中,权利人经常居住地是在中国武汉,应当适用中国的相关法律规定。而根据我国《民法通则》第98条的明确规定,公民享有生命健康权。据此,生命健康权作为人格权最重要的一部分,当然受到法律的保护。因此,法院有关人格权的内容适用中国法律是正确的。

# 第二节 法人

## 一、法人的国籍

与区分内国人和外国人的标准是国籍一样,区分内国法人和外国法人的标准也是国籍,法人的国籍代表了它与某一国家的固定的法律联系。这种联系的意义是:(1)享有相应法律地位的依据;(2)确定国际民事管辖权时的重要根据;(3)法人寻求外交保护的法律纽带;(4)决定法人属人法的基本标准。

(一)法人国籍的确定标志

由于国际经济活动范围的日益扩大,某一公司为甲国人集资所组成,但其登记注册地却在乙国,董事会或管理中心设于丙国,而实际经营的业务却在丁国的情况屡见不鲜。特别是跨国公司的出现,更给确定法人的国籍造成了极大的困难,对于如何确定一个法人的国籍,国际上并无一致的做法,各国及其学者提出了下列不同主张。

1. 成员国籍主义,也称资本控制主义。这种主张认为,法人成员的国籍就是法人的国籍,因为法人成员的国籍和这个法人服务的那个国家通常是一致的。不过,这种主张实行起来有一些难处:(1)弄清法人的资本真正为何国人控制并非易事;(2)控制法人资本的股东经常变动,股东的国籍也随之变化;(3)在股东国籍相异时,究竟依人数定其国籍还是依出资额多少定其国籍,还成问题;(4)法人如果是发行无记名股票的股份有限公司,其国籍就更难确定。

2. 设立地主义,或称登记地主义。这种主张认为,法人的国籍就依其设立地而定,凡在内国设立的法人即为内国法人,凡在外国设立的法人即为外国法人。这是英美法院及判例的主张,其理由为,一个组织之所以成为法人,全靠一国依法对该组织章程的批准或给予登记。换句话说,是国家依法批准或给予登记的行为创造了法人,法人因而具有登记地(或批准地)国的国籍。赞成这种主张的人认为它有许多优点:(1)登记地或成立地确定不移,很容易辨识;(2)不经法人登记地国的同意,该法人不能变更自己的国籍;(3)遇有法人的行为严重违反法律或社会公共利益,登记地国易于通过撤销登记而解散该法人。但也有人认为,采用这种主张,在有些场合看不出法人实际为何国人控制;另外,当事人有时到限制较宽的国家去成立法人,以达到规避法律的目的。

3. 住所地主义。这种主张认为,法人的住所是法人确定的经济活动中心,法人的国籍因而就依其住所所在地而定。但究竟以何处为法人的住所,学者的见解和各国的实践尚不一致。反对住所地主义的人认为,由于法人可以随意选定住所,就难以防止它们随意改变其国籍以规避法律。

4. 准据法主义。此说认为,法人都是依一定国家法律的规定并基于该国明示或默示认许而成立的,故法人的国籍就依法人设立时所依据的法律确定之。这种学说为一般英美学者及少数大陆学者所主张,它虽然比较简便,但易被当事人利用,即当事人可以选择对于法人设立限制较少的国家设立一个法人,而将其住所设于外国,借以达到逃避纳税等目的。同时,外国投资者依内国法律所成立的法人,实际上往往为外国股东所控制,如果不加区别地一概承认为内国法人,往往对内国不利。

5. 实际控制主义。此说主张法人实际上由哪国控制,即应具有哪国国籍。在实际生活中,一些法人有时虽依敌国法律成立,但并不足以判定其为敌国法人;反之,有些法人的股份虽为内国人所掌握,也不足以证明它就完全为内国利益服务。因此,持这种主张的人认为应透过表面现象,看法人实际上为哪一国所控制即哪国法人。不过,这种主张一般在战争时期定性敌国法人有重要意义。第二次世界大战期间,这种主张为美国、瑞士、法国、瑞典、英国等国家广泛采用。但是,它并不是完全取代上述几种作法,而是准据法主义和住所地主义的补充。

6. 复合标准说。第二次世界大战后,随着法人在国际经济交往中的作用日益加强,出现了一种把法人设立地和法人住所并用的主张,即综合法人的住所和设立地决定其国籍。

总之,到底如何确定法人的国籍,国际上尚无统一标准,各国实践中总是根据自己的利益和要求确定标准,并随情势的变化而变化。因此,法人的国籍不能以一成不变的形式主义标准来确定,否则很难圆满解决问题。从实践看,采用登记地主义和住所地主义的国家较多。但为了解决某些具体问题和适应某些合理需要,在登记地主义、住所地主义之外,还可兼采其他学说,如实际控制主义。所以,采取复合标准是比较灵活、比较实用的方法。

(二) 中国确定法人国籍的立法与实践

1. 我国在解放初期,为了肃清帝国主义在华特权,曾采用实际控制主义,以法人资本实际控制在何国人手中的情况来确定法人的国籍。例如,上海永安公司,在成立时登记为美商,太平洋战争爆发后,为逃避日本帝国主义的迫害,改为华商,抗日战争胜利后,又恢复为美商。但该公司实际上是我国人投资的,且一直为我国人所经营掌握。因此,新中国成立后,我国政府将该公司定为我国私营企业,而没有当做外国法人对待。

2. 根据我国《中外合资经营企业法》《中外合作经营企业法》《外资企业法》的有关规定,在中国境内设立的外商投资企业符合中国法律关于法人条件的规定,依法取得中国法人资格。

3. 2014年我国修订的《公司法》第191条规定:"本法所称外国公司是指依照外国法律在中国境外设立的公司。"

4. 1988年《民通意见》第184条规定:"外国法人以其注册登记地国家的法律为其本国法,法人的民事行为能力依其本国法确定。"

由以上规定可以看出,我国现行立法中主要采用注册成立地作为确定法人国籍的标志。

▶ **典型案例**

**【案情】**[①]

1994年1月12日,甲投资有限公司(住所地在香港)与天津市乙公司签订了合资经营天津南华工具(集团)有限公司合同。合同约定:甲出资51%,以现金分五次缴资,在取得营业执照一年内公司注册资本全部到位;乙公司出资49%,以现有固定资产、分厂、门市部及其他第三产业等作价投入,在取得营业执照一个月内一次性缴清;逾期欠缴者,应按月支付欠亏额的2%的迟延利息。合同还约定,由于一方不履行合同、章程规定的义务或严重违反合同、章程规定,致使合资公司无法经营或者无法达到合同规定的经营目的,视为违约方片面中止合同,对方除有权向违约方索赔外,还有权报原审批机关批准终止合同。任何一方在发生不能履约行为时,应及时通知对方,并对其行为和相应后果负责。同年2月7日,该合资公司领取了《企业法人营业执照》。到1995年4月5日止,甲按约定三次投入注册资本,但尚欠人民币34,635,840.67元未投入。乙则按期投入相当于人民币7,394.7万元价值的房屋和设备供合资公司使用。之后,乙以多种方式催告甲缴纳剩余资金未果,于是诉诸法院。

**【审理】**

法院认为该中外合资经营企业为中国法人,在中国境内履行的中外合资经营企业合同应适用中国法律。因此,法院按照合同的约定以及我国法律的相关规定对案件进行了审理。

---

[①] 参见《香港沛时投资公司诉天津市金属工具公司中外合资合同纠纷案》,最高人民法院民事判决书(2002)民四终字第3号,http://www.lzdd.cn/zjzy/zdkc/gjsf/hdwb.htm,访问日期:2016年9月11日。

**【法理】**

本案涉及的主要问题是法人的国籍确定问题。

法人作为涉外民事法律关系的主体参与国际经济活动,已是国际上的一种普遍现象。国际上解决法人自身的一些法律问题所依据的原则就是法人属人法,而法人的国籍就是确定法人属人法的标志。

本案属于中外合资经营企业合同纠纷,该中外合资经营企业在中国领取了《企业法人营业执照》,应当属于中国法人,同时根据《合同法》第 126 条第 2 款的规定,在中国境内履行的中外合资经营企业合同,应当适用中国法律。

## 二、法人的住所

### (一) 法人住所的确定标准

对于法人住所确定的标志,在国际上有以下几种不同的主张。

(1) 管理中心所在地说,或称主事务所所在地说。这种主张认为,法人的管理中心是法人的首脑机构,它决定该法人活动的大政方针并监督其施行,就应该以法人的主事务所所在地为法人的住所。许多国家的立法采取这种主张。法国、德国民法认为,法人的住所,就商业法人而言在其商业事务管理中心地;而就非商业法人而言,应是它履行其职能活动所在地。不过,采取此说确定法人的住所,本在内国从事经营活动的法人,如规避内国法律的适用,只要将管理中心主事务所设在国外,即可轻易达到目的。

(2) 营业中心所在地说,即以法人实际从事营业活动的所在地为法人的住所。其理由是,一个法人运用自己的资本进行营业活动的地方,是该法人实现其经营目的的地方,与该法人的生存有着重要的关系;另外,法人的营业中心地相对来说比较稳定,不可能因当事人意欲规避而任意变更。埃及、叙利亚等国认为法人住所应在其营业中心地。但是,此说也有不当之处,如从事保险、运输或银行业的法人,其营业范围往往跨越数国,因而没有营业中心地。又如,从事港建等行业的法人的营业中心地时常随地而转移。因此,对于此等法人,以营业中心地决定其住所显然有困难。

(3) 法人住所依其章程之规定说。由于法人的登记,一般应在其章程中指明住所。因此,法人的住所,应依章程的规定,而在章程无规定时,则以主事务所所在地为法人的住所。这种方法比较方便、明确。但在实际生活中,不少法人虽然在章程中规定了住所,但其管理中心地或营业中心地可能不在这些地方。

### (二) 中国确定法人住所的法律规定

依照我国《民法通则》及《公司法》的有关规定,法人以它的主要办事机构所在地为住所。若法人只有一个办事机构,该办事机构即为法人的住所;有几个办事机构时,则以其决策作用的主要办事机构所在地为法人的住所。

我国 2011 年《法律适用法》第 14 条规定:"法人及其分支机构的民事权利能力、民事行为能力、组织机构、股东权利义务等事项,适用登记地法律。法人的主营业地与登记地不一致的,可以适用主营业地法律。法人的经常居所地,为其主营业地"。纵观 2011 年《法律适用法》,关于属人法的条款中更多的情况下使用的连结点由"住所"换成了"经常居所地",这一变化也同样体现在对法人的相关规定当中。在该条中,主营业地法律成为一条很重要的系属,虽然是选择性适用,但在以前立法与实践中难得一见,此外,主营业地的界定依据是法人的经常居所地。

## ▶典型案例

### 【案情】①

1997年12月到1998年3月期间,香港某石油有限公司与中国某市石油化工集团股份有限公司先后5次签订了5份轻柴油售货合同,合同规定由香港某石油有限公司向中国某市石油化工集团股份有限公司提供轻柴油合计94 000吨,卖方有权增减数量10%;5份合同的轻柴油价格从FOB每吨138美元至186美元不等;装运港为香港;在1998年4月底之前分批装运;付款方式为卖方须在提单日起60天内(提单日计第一天)收到买方汇出的全部货款,若买方延期付款,卖方将向买方自付款截止日(即提单日的第60天)起,按照美国万国宝通(银行)最优惠利率加2%收取利息。香港某石油有限公司称,上述5份合同签订后,香港某石油有限公司已全面履行了合同项下包括交货在内的一切义务,先后分8批交中国某市石油化工集团股份有限公司轻柴油90,712.59吨,按合同总货款应为1,365,937.57美元。中国某市石油化工集团股份有限公司收到上述货物后仅支付货款4,478,240.71美元,余款9,172,696.86美元至今未付。为此,香港某石油有限公司提请仲裁,请求被申请人偿还拖欠申请人的货款及其利息。

仲裁庭对本案进行了审理,查明案件事实如下:本案合同签订后,申请人根据某石化油库有限公司的书面提货通知,按照本案五份合同规定的货物品种、数量和交货地点,先后分49批交付轻柴油共计90,712.59公吨,货款总额为13,650,937.57美元。货物提单上的收货人为某石化油库有限公司指定的人,提单上的通知人均为某石化油库有限公司。

### 【审理】

仲裁庭认定,上述被申请人和某石化油库有限公司致申请人上级集团母公司的函所述欠款,就是本案合同的货款,从而表明被申请人承认欠申请人轻柴油货款。被申请人实际上收到了申请人按合同规定寄送的货物提单、发票等本案合同规定的文件,某石化油库有限公司所提申请人交付的轻柴油为本案合同项下的轻柴油,被申请人和某石化油库有限公司已支付给申请人的款项为本合同项下的货款,某石化油库有限公司的提货和付款行为应视为被申请人的行为。根据《INCOTERMS1990》关于FOB术语的规定,可以认定申请人已向被申请人履行了交货的义务,被申请人有义务按合同规定向申请人支付货款。据此,仲裁庭裁决被申请人向申请人支付拖欠货款本金及其相应的银行利息。

---

① 参见《香港某石油有限公司与中国某市石油化工集团股份有限公司仲裁案》,载赵相林主编:《国际私法教学案例评析》,中信出版社2006年版,第92—96页。

本案仲裁庭通过分析母公司(中国某市石油化工集团股份有限公司)与子公司(某石化油库有限公司)具有同一注册地址和实际办公地均在同一栋大楼等事实情况,认定母子公司存在混同管理或统一管理,从而确立了本案的真实债务人为母公司。

**【法理】**

本案的争议焦点在于,申请人认为上述交货行为是被申请人履行本案5份合同的交货义务,而被申请人则认为申请人向某石化油库有限公司交货不等于是向被申请人履行交货义务。仲裁庭认为该争议涉及的是一个事实认定问题,对这一问题需要综合分析有关各方面的事实加以认定。然而,确立法人的住所对于最终确定本案的债务人起到举足轻重的作用。

我国《民法通则》第39条对法人住所的确定作了规定,其内容为"法人以它的主要办事机构所在地为住所"。2014年《公司法》第10条对法人的住所作了相似的规定,即"公司以其主要办事机构所在地为住所"。我国2011年《法律适用法》第14条规定"法人及其分支机构的民事权利能力、民事行为能力、组织机构、股东权利义务等事项,适用登记地法律。法人的主营业地与登记地不一致的,可以适用主营业地法律。法人的经常居所地,为其主营业地"。可以看出,我国对法人住所的规定采取登记地和主营业地所在地的法律,且明确规定了法人的主营业地作为法人的经常居住地,既方便又可行。

本案中,中国某市石油化工集团股份有限公司和某石化油库有限公司在法律上是两个相互独立的法人,但事实上,两公司之间有千丝万缕的联系。被申请人为中国某市石油化工集团股份有限公司,某石化油库有限公司既是被申请人绝对控股的子公司(被申请人拥有该公司51%的股份),又是被申请人公司集团内的一个下属公司。该两公司的法定代表人(董事长)为同一人,两公司主要经营地在同一地,两公司的注册地址和实际办公地均在同一栋大楼,被申请人的董事兼任某石化油库有限公司的总经理。本案中,中国某市石油化工集团股份有限公司的法定代表人有时代表被申请人对外签署文件,有时又代表某石化油库有限公司对外签署文件,这些事实是母子公司存在混同管理或统一管理的典型情况,仲裁庭因而作出两公司在本案的交易中存在相互混同的情况,不是相互绝对独立的认定,应该说是符合实际的。基于这一认定,结合本案其他相关事实,仲裁庭进一步认定某石化油库有限公司接收申请人货物和向申请人支付部分货款的行为实际是中国某市石油化工集团股份有限公司的行为。这里,仲裁庭实际上运用了"揭开法人面纱"的理论,确认本案的债务人为中国某市石油化工集团股份有限公司。

### 三、外国法人的认可制度

(一)外国法人认可的概念

外国法人的认可是内国根据本国的法律对外国法人的资格进行审查,承认并允许其在内国从事涉外民事活动的过程。一般说来,对外国法人的认可包含两方面的内容：一是外国法人依有关法律是否已有效成立的问题；二是依外国法已有效成立的外国法人，内国法律是否也承认它作为法人而在内国存在与活动。对于前一个问题，它涉及外国法人是否存在的事实，当然依法人的属人法来决定，如果依外国法人属人法未能有效成立的法人，内国也不可能认可，当然不允许其在内国从事经营活动。对于第二个问题，它涉及内国的法律及权益问题，即内国是否在法律上认可其法人资格并允许其活动的问题，这显然要依据内国的外国人法审查，如外国法人能否在内国活动，其活动的范围和权利的限制，以及对外国法人的监督等。因此，一个外国法人要进入内国进行经营活动，还必须同时符合其属人法和内国的外国人法所规定的条件。

（二）外国法人认可的几种制度

1. 国际立法承认方式，即有关国家通过制定国际条约保证相互认可对方国家的法人。

2. 国内立法承认方式，即内国在其法律中规定认可外国法人的条件，然后根据这种条件对具体的外国法人进行审查和认可。国内立法认可又有三种制度。

（1）特别认可制度，即内国对外国法人通过特别登记或批准程序加以认可。这种程序有利于控制外国法人在内国的活动；但其不足之处在于逐个认可，程序繁琐，不便于国际经济贸易活动的进行。

（2）概括认可制度，即内国对属于某一类特定的法人概括地加以认可。

（3）一般认可制度，即内国对于外国特定种类的法人，不问其属于何国，一般都加以认可。依此种程序，凡依外国法已有效成立的营利性的商务方面的法人，均予以承认，既不需要特别认可，也不需要互惠存在。

事实上，各国往往并不是采取单一的认可方式。许多国家常常既参加国际公约对缔约国的法人进行认可，同时又制定国内法规定认可外国法人的方式和条件。

（三）中国有关外国法人认可的规定

在外国法人的认可问题上，我国采取的是特别认可制，这主要体现在对外国法人在中国设立代表机构或分支机构的管理上。外国法人进入中国从事民商事活动，主要有三种方式。

1. 在中国设立三资企业。这种情况下，三资企业本身就具备了中国的法人或者非法人组织资格，对此类三资企业是不存在法人认可问题的。

2. 临时来华从事经营活动的外国法人，其资格也不需要政府机构的特别审批和认可。

3. 外国法人进入中国后，不在中国设立三资企业，但准备以外国法人的名义长期从事特定的民商事活动。这种情况下，就需要在中国设立代表机构或者分支机构，这就需要对其法人资格进行认可。

2014年《公司法》设专章规定了外国公司的分支机构问题（第11章第192条至第198条）。根据《公司法》第193条规定的设立程序，外国公司在中国境内设立分支机构，必须向中国主管机关提出申请，并提交其公司章程、所属国的公司登记证书等有关文件,经批准后,向公司登记机关依法办理登记,领取营业执照。外国公司分支机构的审批办法由国务院另行规定。关于外国公司分支机构的法律地位,《公司法》第196条明确规定,外国公司在中国境内设立的分支机构不具有中国法人资格。外国公司对其分支机构在中国境内进行经营活动承担民事责任。

▶ 典型案例

### 【案情】[①]

"美国立新世纪"未在深圳注册,擅自利用深圳市恒天伟业工贸实业有限公司办公场所,销售其生产的保健品和护肤品。一次购买港币2,088元的"美国立新世纪"产品,就可以成为公司"会员",享受7折优惠,并在发展一定数量的新"会员"后,成为"经销商"。加入"会员",可直接与香港立新世纪公司签订协议,由恒天伟业公司代办"会员"手续。成为"会员"后,就可以发展下线,并依据发展下线的数量和下线的销售额,确定自己的"会员"级别,级别越高,收入越多。根据线索,工商执法人员对恒天伟业公司的营业场所进行突击检查,当场查获参与传销人员77人,暂扣免疫宝、强肝宝、活力芦荟等"美国立新世纪"产品一批。在现场还查扣了"美国立新世纪"的宣传材料、独立经营商申请表、协议书及401个已办好的"美国立新世纪"会员卡及有关收据。3名主要涉案人员被移送公安机关处理。

2002年以来,一些境外企业非法入境从事传销和变相传销活动情况突出,引起社会的普遍关注。工商行政管理机关也先后查处了慕立达、康宝莱、如新、莱克瑟斯、爱博美娜等境外企业入境从事传销和变相传销违法案件。

### 【审理】

深圳工商机关经调查认为,"美国立新世纪"公司没有在中国注册,其在中国进行的经营活动也没有得到中国工商行政机关的认可和批准,其主体资格和活动范围都没有得到内国法即中国法律的审查,属于非法经营,因此,依法对"美国立新世纪"公司进行了查处。

### 【法理】

本案主要涉及的问题是外国法人在中国的认可。本案中,"美国立新世纪"公司主体资格的认定,依据我国2011年《法律适用法》第14条的规定,"法人及其分支机构的民事权利能力、民事行为能力组织机构、股东权利义务等事项,适用登记地法律。"

本案中,"美国立新世纪"公司在美国登记,故为美国公司。作为外国法人,在我国未获得我国法律的许可,擅自进行经营活动,不符合我国法律的规定,没有得到我国的认可。深圳工商机关对"美国立新世纪"公司依法进行查处是符合法律规定的。

---

[①] 参见《深圳工商机关依法查处"美国立新世纪"传销案》,载赵相林主编:《国际私法教学案例评析》,中信出版社2006年版,第96—98页。

## 四、法人的权利能力和行为能力

### (一) 法人的权利能力和行为能力的概念

法人的权利能力是法人作为民事权利主体,享受民事权利并承担民事义务的资格。法人的行为能力是指法人以自己的意思独立进行民事活动,取得民事权利和承担民事义务的资格。

法人的权利能力和行为能力同自然人的权利能力和行为能力是有区别的,主要表现在:(1) 法人的权利能力和其行为能力在时间上是一致的。法人的民事权利能力和民事行为能力始于法人成立,终于法人消灭。所以,对于法人来说,有民事权利能力必然有民事行为能力。而公民的民事行为能力受年龄、健康等因素的影响,公民有权利能力不一定有行为能力。(2) 法人的民事行为能力和其民事权利能力在范围上是一致的。法人的民事权利能力要受到其性质、法律和行政命令以及法人核准登记的经营范围的限制,法人的民事行为能力同样要受到这些因素的限制。(3) 法人的民事行为能力是以其不同于单个自然人意思的团体意思为前提的。法人的团体意思不同于个人的意思,而是一种意思的综合,因而法人实现自己民事行为能力的方式不同于公民实现自己民事行为能力的方式。法人的民事行为能力是通过法人的机关来实现的。

因此,法人权利能力的法律冲突和法律适用同其行为能力的法律冲突和法律适用是完全一致的。

### (二) 法人权利能力和行为能力的法律冲突

需要指出的是,第一,对于法人的权利能力和行为能力的法律冲突,国际私法上是采用同一冲突规则来解决的,即适用法人的属人法。第二,外国法人在内国活动,首先必须遵守内国的法律,所以,在具体的权利能力和行为能力等问题上,也还得同时受内国的外国人法的控制和制约。

1. 法人属人法的确定

一般主张法人属人法是决定法人权利能力和行为能力的准据法,即确定法人身份、构成和法律地位的法律。法人属人法主要采法人国籍国法说。但确定法人国籍的标准如前所述,有各种不同的主张。

2. 法人属人法的适用范围

(1) 法人的成立和法人的性质。这与适用属人法来解决自然人是否已取得权利能力基于同一道理。因此,凡依其属人法已取得法人资格的组织,便也可在外国被认为是法人;反之,依其属人法不具有法律上人格的组织,在其他任何国家也不会被认为是法人。

(2) 法人的权利能力。这包括法人能从事何种活动、能取得何种财产权利、法人能否为"权限外的行为"(即超出法人章程范围以外的行为)、法人有无侵权行为责任能力、法人有无诉讼能力等问题。

(3) 法人的内部体制和对外关系。

(4) 法人的解散。

(5) 法人的合并或分立对前法人债务的继承问题等。

至于是否允许外国法人在内国活动及其活动的范围、对外国法人的监督以及外国法人在内国享有权利与承担义务的限制等问题，则是必须适用内国的外国人法的。

(三) 中国解决法人权利能力和行为能力冲突的法律规定

1988年《民通意见》第184条规定："我国法人以其注册登记国家的法律为其本国法，法人的民事行为依其本国法确定。外国法人在我国领域内进行的民事活动，必须符合我国的法律规定。"

2011年《法律适用法》对法人本国法的范围进行了扩展，该法第14条规定："法人及其分支机构的权利能力、行为能力、组织机构、股东的权利义务等事项，适用登记地法律。法人的主营业地与登记地不一致的，可以适用主营业地法律。法人的经常居所地，为其主营业地。"很明显，我国是采用了一种综合性的标准，即"成立地标准"和"主营业地标准"相结合，不仅如此，还从法人的权利能力和行为能力的适用扩大到了法人的组织机构和股东的权利义务等其他法人内部事项。因为法人的权利能力和行为能力是依赖于法人的组织机构来实现的，而作为其成员的股东权利义务与其利益密切相关。总之，法人的权利能力和行为能力只能作为法人内部和外部行为的一个前提条件存在，而其能力的实现也必须依赖于公司的内部和外部运作，因此这种扩大是十分必要的。

在主营业地与登记地不一致的情况下，既可以适用登记地也可以适用主营业地的标准，二者之一的选择给了法官一定的自由裁量权，根据具体的实际情况来适用。而在确定主营业地时，也是采用了经常居住地的标准，与国际上的通行做法保持一致。

▶ **典型案例**

**【案情】**[①]

上海A公司于1929年在美国特拉华州成立，公司主营业所在中国上海，负责上海美租界的电力供应。日本侵华期间，上海A公司被日本占据。1949年中华人民共和国成立后，中国政府没收了该公司的财产。

1964年，上海A公司根据美国1948年《战争索赔法》，向日本索赔。美国国会授权成立的"外国索赔解决委员会"估算上海A公司总共的损失约4,400万美元，加上利息共1.4亿美元，并认定日本应赔偿780万美元。受此鼓舞，上海A公司又向中国提出5,400万美元的赔偿要求。

中美政府在1979年5月11日签订了《中美解决相互资产要求的协议》。协议规定美方于1949年10月1日以后对中方的资产要求，由中国政府一揽子解决。中国政府向美国政府总付8.5亿美元。以后个人不得再直接向对方政府要求索赔。根据协议和中方的赔偿数额，上海A公司按比例分得2,000万美元。上海A公司状告美国

---

① 参见《上海电力公司补偿案》，载赵相林主编：《国际私法教学案例评析》，中信出版社2006年版，第113—114页。

政府,声称签订协议未征求其意见,给上海 A 公司的赔偿少于外国索赔解决委员会的估算数,构成了对美国宪法第五修正案的违反。法院驳回了上海 A 公司的起诉。

上海 A 公司将 800 万美元按比例分给公司优先股股东,有大量的个人和企业提出索赔要求,其中包括 32 家中国的银行和其他企业。上海 A 公司反诉中国索赔者,并发出了调查表。A 公司要求法院对未做回答的中国索赔者提出缺席判决。

1983 年 4 月,中华人民共和国政府向美国政府提出抗议,声称缺席判决是违背中美协议的。1984 年 3 月,美国政府提出介入诉讼动议,声称根据中美协议,其对反诉有利益关系。法院准许介入。美国政府认为,与中国签署的协议已经是联邦法律的一部分,因而该协议对法院和上海 A 公司都有约束力。

**【审理】**

本案中,由于上海 A 公司的属人法是美国法,因此,其权利能力和行为能力也应依美国法来确定。而根据中美两国政府于 1979 年 5 月 11 签定的《中美解决相互资产要求的协议》,且该协议事后已成为美国联邦法律的组成部分,完全彻底地解决了上海 A 公司因征用而求偿的事项。法院做出判决:支持美国政府介入;上海 A 公司不得反诉。

**【法理】**

本案涉及法人国籍的确定问题以及法人权利能力及行为能力的法律适用问题。

本案中,对于法人的国籍的确定,美国采用法人成立(设立)地国籍说。1971 年美国《冲突法重述(第二次)》中规定:商业法人的有效成立,必须符合其成立所在州法律规定的条件,而不管其活动地,或者董事、经理及股东住所地的法律做何规定。该案中,上海 A 公司在美国特拉华州成立,因此依美国法上海 A 公司的法人国籍国应当是美国,上海 A 公司的属人法是美国法。

我国 2011 年《法律适用法》第 14 条规定:"法人及其分支机构的权利能力、行为能力、组织机构、股东的权利义务等事项,适用登记地法律。法人的主营业地与登记地不一致的,可以适用主营业地法律。法人的经常居所地,为其主营业地。"根据此规定,本案中的上海 A 公司的主营业地在上海,其权利能力和行为能力等相关事项是可以适用中国法律的。但是此案由于中美两国政府专门签订《中美解决相互资产要求的协议》来解决战后索赔问题,因此,美国法院判决支持美国政府介入诉讼,上海 A 公司不得反诉是有其法律依据的。

## 第三节 国家

### 一、国家作为主体的特殊性

国家对于国际民商事关系的影响体现在两个方面:一方面,国家通过立法和缔结国际条约的方式为国际民商事交往制定规则,同时,国家通过司法和行政手段管理这一国的对外民商事交往秩序,在这里国家是作为国际公法的主体或行政法的主体发挥着作用。另一方面,国家以自己的名义直接参与到国际民商事交往中来,比如,以一国国家的身份与外国法人签订对外经贸合同,对外直接投资或者发行债券等。这时,国家就成为国际民商事关系的主体。本节要探讨的就是在后一种情况下,国家作为国际私法主体的特殊性。

当国家不以主权者的身份出现,同其他民事主体缔结国际民商事关系时,在具体的权利和义务上与自然人和法人具有明显的差别,具有以下特殊性。

(1) 国家需要遵守民事法律关系的平等性原则,以民事主体身份出现,自我限制其主权者的地位。

(2) 国家参加国际民商事活动必须以国家本身的名义并由其授权的机关或负责人进行。

(3) 国家作为国际私法关系主体时,以国库财产承担因此产生的民事法律责任,因而是无限责任。

(4) 国家享有豁免权,国家虽作为民事主体参与国际民商事法律关系,但它毕竟是主权者,国家及其财产享有司法豁免权。

**二、国家豁免问题**

国家豁免原则来源于国家主权原则,它包括行政豁免、司法豁免和税收豁免等。在国际私法中,最主要的就是国家的司法豁免权。

(一) 国家豁免问题的提出

当国家作为国际私法关系的主体与其他主体发生纠纷时,国家豁免可能在下列情况被提出来:

(1) 国家在外国直接被诉。

(2) 国家不是某一涉外诉讼的主体,但是该诉讼涉及国家,国家因而主张豁免以维护自己的权利。

(3) 国家主动提起诉讼,或在其被诉时明示或默示放弃管辖豁免,但是在判决作出前或作出后,如果财产有可能被诉讼保全或强制执行时,国家提出豁免或执行豁免。

(4) 国家提起诉讼,如遇对方当事人提起反诉的范围超出了原诉,国家可能会对该反诉主张豁免权。

(二) 国家豁免的根据

国家豁免的根据是国家主权原则。自 1234 年罗马教皇格列高里九世颁布"平等者之间无管辖权"的教谕以来,国家主权原则得到世界各国的普遍赞同。主权是国家具有的独立自主地处理自己的对内和对外事务的最高权力。因此,主权具有两方面的特性,即在国内是最高的,对外国是独立和平等的。国家主权在本国领土内享有最高权力这一特性派生出属地管辖权,而国家主权在国际关系中的平等和独立性派生出国家豁免。由此可见,国家豁免权是国家固有权利,它来源于国家主权原则。

(三) 国家豁免的理论

关于国家豁免问题,各国学说和实践存在着较大分歧。传统的理论有绝对豁免理论和限制豁免理论。第二次世界大战以后,国际法学界出现了废除豁免理论和平等豁免理论。前两种理论在一些国家的实践中得到了贯彻和支持,而后两种理论尚限于理论上的探讨。

1. 绝对豁免论(the doctrine of absolute immunity)。绝对豁免理论是一种最古老的国家豁免理论。这种理论认为,一个国家,不论其行为的性质如何,在他国享有绝对的豁免,除非该国放弃其豁免权。享有国家豁免的主体包括国家元首、国家本身、中央政府及各地、其他国家机构、国有公司或企业等。国家不仅在直接被诉的情况下享受豁免,在涉及国家的间接诉讼中也享受豁免。另外,它主张在国家未自愿接受管辖的情况下,通过外交途径解决有关国家的民事争议。绝对豁免论得到了许多著名国际法学家如奥本海、海德(Hyde)、戴赛、菲兹莫利斯(Fitzmaurice)、哈克沃斯(Hackworth)等的支持,并在国际法院判决的"比利时国会号案"(The Parlement Belge)、"佩萨罗号案"(S. S. Pesaro)中获得了支持。绝对豁免论在19世纪曾经得到了几乎所有西方国家的支持,只是自20世纪30年代以来,西方国家渐渐地放弃了这种理论。但一些发展中国家都支持绝对豁免论。不过,绝对豁免论在提法上欠科学。而且,把国家本身同国有公司或企业在豁免问题上等同起来也是不当的。此外,强调通过外交途径解决涉及国家的民事争议,也不利于涉外民事纠纷的及时解决。

2. 限制豁免论(the doctrine of relative or restrictive immunity),又称"职能豁免说"。它产生于19世纪末,主张把国家的活动分为主权行为和非主权行为。主权行为享有豁免权,而非主权行为不享有豁免权。有些国家通过了专门法律,在承认国家享有豁免权的前提下,同时详细地列举了国家不享有豁免权的情形。如1976年《美国主权豁免法》、1978年《英国国家豁免法》即是如此。而区分国家行为性质的标准主要有三种:目的标准、行为性质标准和混合标准。现在,赞成国家行为性质标准的占多数,在识别国家行为性质上,他们主张适用法院地法。限制豁免论实质上是通过对"商业行为"的自由解释为限制外国国家的主权提供了借口,因而与国家主权原则是不相容的,它把国家行为划分为主权行为和非主权行为也是不科学的。

3. 废除豁免论(the doctrine of abolishing immunity)。这种学说产生于20世纪40年代末50年代初。英国国际法学家劳特派特是该理论的创始人。瑞士的拉里规(Lalive)、荷兰的鲍切兹(Bouchez)也赞同这一理论。废除豁免论主张从根本上废除国家豁免原则,并确定国家不享有豁免是一般原则,在某种情况下出现的豁免是例外。它不仅反对绝对豁免论,也与限制豁免论所主张的国家享有豁免是一般原则、不享有豁免是例外的观点相反。在立法技术上,它主张采用否定列举式。这种观点目前只停留在少数学者的学说阶段,在实践中还没有哪个国家采用。

4. 平等豁免论(the doctrine of equal immunity)。这个理论是由德国学者弗里兹·恩德林(Fritz Enderlein)首先提出的。它认为,国家豁免是平等原则派生出来的权利,同时,又是国家主权的一个实质组成部分。由于国家主权不是绝对的,国家豁免也同样不是绝对的。因此,国家不享有绝对豁免,只享有平等豁免。平等豁免论将国家的司法管辖豁免称为"关于组织的豁免",而把执行豁免称为"关于资产的豁免"。关于组织的豁免,它把国家的组织分为两类:一类是要求国家豁免的组织,指靠国家预算维持并实现政治、行政或社会和文化职能的国家机构或组织;另一类是当然已放弃豁免的组织,指具有独立经济责任的国营公司或企业。平等豁免说可以说是在绝对豁免说和废除豁免说之间的一种折中措施,这个理论有一定道理,但还有待于进一步发展、完善。这种理论主要是针对社会主义国家公有制占主体地位的情况而提出来的。随着 1990 年 10 月 3 日以民主德国并入联邦德国的方式实现了两德的统一,全德实行资本主义制度,平等豁免理论正经受着考验。

### 三、我国对国家豁免问题的立场

我国一向坚持国家及其财产享有豁免权的国际法基本原则。2013 年修正的《中华人民共和国民事诉讼法》对享有司法豁免权的外国人、外国组织和国际组织在民事诉讼中的豁免权作了原则性规定。而 1986 年颁布的《中华人民共和国外交特权与豁免条例》只对外交豁免问题作了规定,但对国家豁免问题并未作出回答。因此,我们今后应加强这方面的立法。

我国法院尚未审理过涉及外国国家及其财产豁免的案件。但自新中国成立以来,中国曾被动地在其他一些国家或地区被诉,例如"贝克曼诉中华人民共和国案""湖广铁路债券案"等。

▶ 典型案例

**【案情】**[①]

1911 年,清政府为修建湖北至广东等地的铁路,向美、英、法、德等国的银行财团借款,签订了总值为 600 万英镑的借款合同。合同规定,上述外国银行以清政府名义在金融市场上发行债券,即"湖广铁路五厘利息递还英镑借款债券",年息五厘,合同期限为 40 年。但该种债券从 1938 年起停付利息,1951 年本金到期也未归还。一些美国人在市场上收购了这种债券。1979 年,美国公民杰克逊等人在美国亚拉巴马州地方法院对中华人民共和国提起诉讼,该法院受理此案并向中华人民共和国发出传票,要求中华人民共和国在收到传票 20 日内提出答辩,否则将作出缺席判决。

**【审理】**

1982 年 9 月 1 日,亚拉巴马州地方法院作出缺席裁判,判决中华人民共和国偿还原告 41 313 038 美元,外加利息和诉讼费等。其理由是:根据现行国际法原则,一国的政府更迭通常不影响其原有的权利和义务,作为清朝政府和国民政府的继承者的中华人民共和国政府有义务偿还其前政府的债务。此外,根据美国 1976 年《外国主权豁免法》第 1605 段的规定,外国国家的商业行为不能享受主权豁免。湖广债券是商业行为,不能享受国家主权豁免。

中国政府拒绝接受美国法院的判决,1983 年 8 月 12 日,中国通过聘请当地律师特

---

① 参见章尚锦主编:《国际私法》,中国人民大学出版社 2007 年版,第 145—158 页。

别出庭,提出撤销缺席判决和驳回起诉的动议。同时,美国司法部和国务院向亚拉巴马州地方法院出具了美国利益声明书,表示支持中国的动议。在此情况下,1984年2月,该法院重新开庭,以1976年《外国主权豁免法》不溯及既往为理由,裁定撤销上述判决;10月,判决驳回原告起诉。1986年7月,杰克逊等人不服,提出上诉,被上诉法院驳回。1987年3月,美国最高法院驳回原告复审此案的请求。至此,湖广铁路债券案终于获得圆满终结。

【法理】

本案是中美两国建交后发生的一个涉及司法豁免权和国家债务继承的重要案件。中国是一个主权国家,与美国建立有正常的外交关系,承认中国在美国享有司法豁免权是美国的法律义务。美国法院无视国际法和美国承担的义务,对一个主权国家行使管辖权,向中国外交部长发出传票,竟对一个主权国家作出缺席判决,这在国际法的历史上是极为罕见的。主权豁免作为中国所固有的权利,除非自己放弃,任何国家或其机关都无权剥夺这一权利。

美国转向有限豁免立场后颁布的《外国主权豁免法》只是一项国内法。该法规定国家的商业性行为不能享有主权豁免,那只是美国单方面的主张。在没有国际条约规定的情况下,一国通过其国内法单方面地剥夺他国的主权豁免是不适当的。而且,就如美国上诉法院所说,即使1976年法律有效,其效力也不能追溯到1911年的行为。因此,中国反对美国法院行使管辖权、拒收传票、拒绝出庭和拒绝判决的立场是合法的。

对于国家债务的继承,"恶债不予继承"是一项公认的国际法规则。这个规则在英美的实践中早已得到承认。湖广铁路债券是清政府为了修建一条便于镇压南方各省的革命运动的铁路而发行的,根本不是什么商业行为。该债券在英、法、德、美列强之间认购,是列强划分在华势力范围的历史证据。因此,这笔债务毫无疑问的是"恶债",中华人民共和国政府当然不予继承。

在这些案件中,我国表明了自己的立场,归纳起来,主要有以下几点:

(1) 坚持国家及其财产豁免是国际法上的一项原则,反对限制豁免和废除豁免论。

(2) 坚持国家本身或者说以国家名义从事的一切活动享有豁免,除非国家自愿放弃豁免,也就是说坚持绝对豁免论。

(3) 在对外贸易及司法实践中,我国把国家本身的活动和国有公司或企业的活动区别开来,认为国有公司或企业是具有独立法律人格的经济实体,不应享受豁免,因而,中国坚持的绝对豁免论与原来意义上的绝对豁免论不同。

(4) 赞成通过协议来消除各国在国家豁免问题上的分歧。根据我国1980年参加的1969年《国际油污损害民事责任公约》第11条的规定,我国实际上已经放弃了油污损害发生地的缔约国法院的管辖豁免。

(5) 如果外国国家无视我国主权,对我国或我国财产强行行使司法管辖权,我国保留对该国进行报复的权利。

(6) 我国在外国法院出庭主张豁免权的抗辩不得视为接受外国法院管辖。

此外,2005年10月,我国第十届全国人大常委会第十八次会议审议通过了《中华人民共和国外国中央银行财产司法强制措施豁免法》,并决定将之列入香港和澳门两个特别行政区基本法附件三以适用于特别行政区。这是我国第一部关于国家财产豁免的专门立法。《外国中央银行财产司法强制措施豁免法》共4条。主要内容有:

(1) 豁免的对象是外国中央银行财产。所谓外国中央银行,既包括外国的中央银行,也包括区域经济一体化组织的中央银行,以及履行中央银行职能的金融管理机构。所谓外国中央银行财产,包括外国央行的现金、票据、银行存款、有价证券、外汇储备、黄金储备、有关不动产和其他类型的财产。

(2) 豁免的范围限于司法强制措施,即我国法院对外国央行的财产在判决前不能采取查封、扣押、冻结等财产保全措施,在判决后不能采取查封、扣押和执行措施。

(3) 享有豁免的外国央行或该行所属国政府有权放弃强制执行豁免。通常放弃豁免有两种方式:① 书面明示放弃;② 默示放弃,即指定央行的某一财产可被法院用于财产保全,或可被法院强制执行。

(4) 对外国央行财产的豁免实行对等原则。如果外国不给予或给予我国中央银行或港澳两个特别行政区的金融管理局财产的豁免低于本法规定的,我国对该外国央行的财产同样将不给予或只给予相应的豁免。

《外国中央银行财产司法强制措施豁免法》的公布实施标志着我国在国家财产豁免立法领域迈出了重要一步,也为外国央行在华财产提供了法律保障,有利于吸引外国央行资产来华。该法适用于港澳特别行政区,将有力维护香港特区的国际金融中心地位以及促进澳门特别行政区金融业的发展。

在司法实践中,针对那些涉及特权与豁免的民事案件,最高人民法院出台了《关于人民法院受理涉及特权与豁免的民事案件有关问题的通知》(以下简称《通知》)。该《通知》决定对人民法院受理的涉及特权与豁免的案件建立报告制度,即在中国享有特权与豁免的主体为被告、第三人向人民法院起诉的民事案件时,人民法院应在决定受理之前,报请本辖区高级人民法院审查;高级人民法院同意受理的,应当将其审查意见报最高人民法院。在最高人民法院答复前,一律暂不受理。

这些享有特权与豁免的主体有:外国国家;外国驻中国使馆和使馆人员;外国驻中国领馆和领馆成员;途经中国的外国驻第三国的外交代表和与其共同生活的配偶及未成年子女;途经中国的外国驻第三国的领事官员和与其共同生活的配偶及未成年子女;持有中国外交签证或者持有外交护照(仅限互免签证的国家)来中国的外国官员;持有中国外交签证或者持有与中国互免签证国家外交护照的领事官员;来中国访问的外国国家元首、政府首脑、外交部长及其他具有同等身份的官员;来中国参加联合国及其专门机构召开的国际会议的外国代表;临时来中国的联合国及其专门机构的官员和专家;联合国系统组织驻中国的代表机构和人员;以及其他在中国享有特权与豁免的主体。

## 第四节 国际组织

### 一、国际组织作为主体的特殊性

国际组织（International Organization）分为政府间组织和非政府间组织。前者指若干国家（政府）为特定目的以条约建立的一种常设机构。广泛意义上的国际组织包括非政府间组织，即凡是两个以上国家或其政府、人民、民间团体基于特定目的，以一定协议形式建立的各种机构，都可以称为国际组织。为了便于国际组织发挥其职能，其成员建立该组织时一般都在成立文件中赋予该组织以一定权利能力和行为能力，使之拥有了一定的法律人格，这些被赋予的能力不仅被其成员国承认，根据国际法和惯例，一般也能得到非成员的尊重和承认。另外，在一些国际条约中，也对国际组织的资格和能力作出了规定，如《联合国宪章》《维也纳外交公约》。国际组织作为国际关系中的一个实体，当它作为国际私法关系的主体时，其特殊性表现在：

（1）国际组织是以自身名义参加国际民商事关系的。
（2）国际组织所从事的民事活动是执行职务和实现其宗旨所必需的。
（3）政府间组织在参与国际民商事关系时享有一定的特权和豁免。
（4）国际组织以自身的财产独立承担民事责任，其财产责任与其各成员之间没有连带关系。

▶ **典型案例**

【案情】[①]

1948年9月17日，联合国派往中东调停阿以冲突的瑞典籍调解员贝纳多特和法国籍观察员塞洛在耶路撒冷以色列控制区遭暗杀，以色列警方事先疏于防范、事后行动迟缓而致使罪犯逃脱。联合国拟根据国际法向其求偿，但其有无求偿能力是个先决问题。为此，联合国大会于该年12月3日作出决议，请求国际法院就以下问题发表咨询意见：

（1）联合国的代表在执行职务受到伤害时，在涉及国家责任的情况下，联合国作为一个组织是否有能力对应负责的法律上或事实上的政府提出国际求偿，以便联合国和被害人就其所受的损害取得应有的赔偿？

（2）如果对上面问题的回答是肯定的，联合国的求偿与受害者本国的求偿应如何协调？

【审理】

1949年4月11日，国际法院给出咨询意见：联合国是一个国际人格者。但这并不等于说它是一个国家，或它的法律人格及其权利和义务与国家相同，更不等于说它是

---

[①] 参见《为联合国服务而受伤害的赔偿案》，载程晓霞：《国际法案例分析应试指导》（第2版），中国人民大学出版社2003年版，第129页。

一个"超国家"。这只意味着它是一个国际法主体并能够享有国际权利和义务,以及它有能力提起国际求偿以维护其权利。

对于前述第一个问题,法院认为,由国籍国行使外交保护的传统规则并没有对此作出否定的回答。因为,首先,该规则只适用于国家,而此案是个新情况,求偿是由联合国提出的;其次,即使在国家间的关系中,该规则亦有例外,例如有些国家为不具有其国籍的人提出外交求偿;最后,该规则有两个依据:一是被告在对待原告国民方面违反了对原告的义务;二是只有国际义务所指向的一方有权对这种不法行为提出求偿。联合国在为其代表所受的损害提出求偿时,正是援引了被告对该组织的义务这一理由。

法院接着指出,一般来说,外交保护权必须由国籍国行使,联合国宪章亦未明确规定它可以为其代表遭受的损害提出求偿。但是,按照国际法,联合国应该具有这种权利。联合国代表执行其职能就暗含着联合国有权对其代表提供有限的保护,这是代表在执行职务时必不可少的。因为宪章要求联合国的工作人员应脱离其本国而从国际角度进行活动。法院强调,为履行其宗旨和职能,联合国有必要授予其代表以重要使命,前往世界动乱地区,并为其代表提供有效的支持,联合国必须提供充分保护。联合国职能的特点与其代表使命的性质证明,宪章中暗含着联合国有对其代表行使职能性保护的能力。

对于前述第二个问题,法院认为不存在任何优先的国际法规则,但有关各方可依善意或常理解决这一问题。联合国与受害者本国之间可能发出冲突,这可以通过签订一般性公约或特别协定加以解决。

国际法院发表咨询意见后,联合国大会根据这个意见授权秘书长采取必要步骤实现联合国的损害赔偿请求。秘书长据此要求以色列道歉;逮捕人犯治罪;向联合国赔偿 54,628 美元。1950 年 6 月,以色列政府表示接受上述要求。

【法理】

传统国际法认为,只有国家才是国际法的主体。这种理论为 19 世纪下半叶以来的国际实践所否定。尤其是自 20 世纪 40 年代联合国组织成立以后,政府间国际组织对国际关系与国际法的发展产生了深刻的影响。在这种情况下,赋予国际组织以国际法律人格乃是国际社会客观需要的结果。这是因为:(1) 国际组织的发展形成了一种新型的国际关系,即国际组织与国家、国际组织相互间的关系,它们独立于国家与国家的活动之外;(2) 国际组织事实上已经具有了各种国际法上的权利能力和行为能力,这已为一些国际条约(包括其组织章程)所确认或规定。鉴于这些原因,国际法院在本案的咨询意见中明确肯定联合国组织是国际法的主体。

国际组织作为国际法的主体具有特殊性。正如国际法院所说,联合国的国际人格是其宪章及其宗旨与职能所决定的。这表明国际组织的主体资格具有创设的性质,因为它们的组织章程不外乎是一种国家间的多边条约,所反映的是国家意志,其国际人格也是这种意志的产物。而且,说国际组织是国际法的主体,亦不等于说它们是一个国家或具有国家所有的权利与义务,更不等于说它们是一种超国家的国际法主体。国际组织,包括联合国,永远都不可能拥有国家主权之类的权利,相反,它们还要尊重这些权利。所以,国际组织是一种特殊的国际法主体。

#### 二、政府间国际组织的特权与豁免

国际组织的豁免权最初来源于外交特权和豁免,早期的国际组织大都直接适用有关外交特权与豁免的法规。联合国成立以后,制定了一系列以联合国为中心的有关国际组织的法律地位、特权和豁免的公约,才确立了政府间国际组织的豁免权。

国际组织的特权与豁免来自成员国的授权,那么,成员国为什么要授予这种特权和豁免权呢?主要有两种观点:一种是职能说。这种观点认为,国际组织之所以享有特权和豁免,是成员国为了使国际组织更好地履行其作为国际组织的职能。完成有关公约及其组织章程规定的宗旨和任务,而授予其享有主权国家才能享有的豁免权。另一种是代表说,认为成员国之所以授予国际组织以特权和豁免权,是因为国际组织在一定的程序上或某些方面代表着成员国的愿望和利益。这两种观点都有一定的道理,但多数人支持职能说。《联合国宪章》第105条和其他国际组织的章程及有关的公约中关于国际组织的特权与豁免的规定都订明国际组织享有特权与豁免是执行其职务和实现其宗旨所需要。国际法委员会在制定《维也纳外交关系公约》的过程中也认为,"国际组织的豁免权只能建立在职能的基础上"。有些学者认为仅仅用职能说不能概括国际组织有特权和豁免的根据,只有职能说和代表说的结合才能较圆满地解释国际组织享有特权和豁免权的依据问题。

国际组织在涉外民事法律关系中享有特权和豁免的主要有:国际组织的会所、公文档案不受侵犯;国际组织的财产和资产免受搜查、征用、侵犯和其他任何形式的干涉等。另外,国际组织及其财产享受对当地国的司法管辖及执行豁免。

## 第五节 外国人民事法律地位的几种制度

#### 一、外国人民事法律地位的概念

外国人的民事法律地位,是指外国自然人和法人能在内国享有民事权利和承担民事义务的法律状况。这里所指的"外国人"应做广义的理解,既包括外国的自然人,也包括外国法人和非法人组织。在国际私法中,外国的自然人是指不具有本国国籍的人,包括外国人和无国籍人。外国法人和非法人组织是指根据本国法律的规定不具有本国国籍的法人和非法人组织。

各国一般在国内法中都有关于外国人民事法律地位的规定,同时也通过缔结国际条约的形式对外国人民事权利与义务加以规定。这些规定中,既有原则性的制度,如国民待遇、最惠国待遇制度,也有大量的具体民事权利和义务,如劳动权、知识产权等。规定外国人民事法律地位的规范都是实体规范,但它们对于冲突法具有非常重要的意义,因为赋予外国人以民事权利,是发生国际民事关系的前提。一个外国人,若根据内

国法不享有任何权利,那也就不可能产生国际民事关系,也就不会发生法律冲突。一国给予外国人什么样的民事法律地位是由各个主权国家自行决定的,但各国必须考虑其承担的国际义务和当时的国际关系及有关的国际惯例。从19世纪初到现在,在各国的实践中逐步形成了几种关于外国人民事法律地位的制度。

**二、国民待遇**

所谓国民待遇(National Treatment)是指内国给予外国人的待遇和给予本国人的待遇相同,即在同样的条件下外国人和内国人所享有的权利和承担的义务相同。

从当前各国的有关立法和实践来看,国民待遇表现出如下特点:

(1)当今的国民待遇是一种互惠的待遇,但并非一定以条约和法律上的规定为条件。为了防止本国公民在外国受到歧视,各国多采取对等原则加以限制。

(2)国民待遇仅就一般原则而言,并非在具体的民事权利享有上外国人与内国人完全一样。事实上,任何采取国民待遇的国家,都要对外国人的权利作些限制,如日本和美国的许多州就规定外国人不得享有土地的所有权。

(3)国民待遇的范围常在条约中作出限制。从当前的国际实践来看,各国一般通过双边或多边条约把国民待遇限制在船舶遇难施救、商标注册、申请发明专利权、版权以及民事诉讼权利方面;而在沿海贸易、领水渔业、内水航运、公用事业、自由职业等方面,一般不给予外国人国民待遇。

**三、最惠国待遇**

最惠国待遇(Most Favoured-Treatment)是指施惠国给予受惠国的待遇不低于授予国已经给予或将来给予任何第三国的待遇。1978年7月联合国国际法委员会起草的《关于最惠国条款的条文草案》第5条规定:"最惠国待遇是指施惠国给予受惠国或与之有确定关系的人或事的待遇不低于施惠国给予第三国或与之有同于上述关系的人或事的待遇。"

同国民待遇相比,最惠国待遇有如下特点:

(1)两者的规定方式不同。最惠国待遇必须以双边或多边条约的规定为基础;而国民待遇既可以在国内立法中加以规定,也可以在国际条约中规定。

(2)两者的待遇标准不同。最惠国待遇以施惠国给予任何第三国的待遇为标准;而国民待遇以本国国民的待遇为标准。

(3)两者的目的不同。最惠国待遇是为了使处于一国境内的不同外国人处于平等地位;而国民待遇则是使外国人在某些领域与内国人的民事法律地位相等。

(4)两者的适用范围不同。国民待遇一般适用于概括性的一般问题;而最惠国待遇常适用于经济贸易的某些事项,如关税、航行、旅客、行李和货物的过境、铁路、公路的使用等。

一国在规定最惠国待遇的同时,也常规定了其例外条款,即指出哪些情况不属于最惠国待遇的范围。这些例外事项主要有:

(1)一国给予邻国特权与优惠;

(2) 边境贸易和运输方面的特权与优惠；
(3) 有特殊的历史、政治、经济关系的国家形成的特定地区的特权与优惠；
(4) 经济集团内部各成员国互相给予对方的特权与优惠。

**四、优惠待遇**

优惠待遇(Preferential Treatment)是指一国为了某种目的给予外国及其自然人和法人以特定的优惠的一种待遇。

优惠待遇和国民待遇不同：(1) 优惠待遇是在条约或国内立法中所规定的几个有限领域给予外国和外国人的优惠，而国民待遇则是在国内立法或国际条约中概括性地给予外国人与本国人同等的待遇。(2) 待遇的水平不同。优惠待遇给予外国人的待遇水平既可以高于本国人所享有的待遇，也可能低于本国人所享有的待遇，而国民待遇只能与本国人的待遇标准相同。

优惠待遇与最惠国待遇的区别是：前者是通过内国立法或国际条约直接给予外国人的，外国人可以直接享有，而后者必须借助于国家间订立的最惠国待遇条款才能享受最惠国待遇。

**五、普遍优惠待遇**

普遍优惠待遇(Treatment of Generalized System of Preference)是指发达国家单方面给予发展中国家以免征关税或减征关税的优惠待遇。

普遍优惠待遇是发展中国家为建立国际经济新秩序而斗争的结果。在国际经济交往中，由于发达国家和发展中国家经济实力过分悬殊，通过国民待遇原则和最惠国待遇原则所赋予形式上的平等并不能给发展中国家带来多大收益，相反往往会使发展中国家背上沉重的包袱。发达国家利用该条款大量向发展中国家倾销商品，而发展中国家却产不出什么商品向发达国家出口，相反却不得不负沉重的减免税义务。这样，形式上虽平等，但发展中国家却吃了很大的亏。发展中国家为了发展民族经济，维护国家利益，在建立国家经济新秩序的斗争中，向工业发达国家提出了实行普遍优惠待遇制度的要求。1968年联合国贸发会议通过决议，认为发展中国家在向发达国家出口制成品或半成品时，发达国家应给予它们以免征关税或减征关税的优惠待遇。1970年联合国第二十五届大会接受了联合国贸发会议的建议，通过了关于建立普遍优惠制的提案，1974年12月联合国大会在《各国经济权利和义务宪章》第19条中又规定，为了加速发展中国家的经济增长，弥合发达国家与发展中国家之间的经济差距，发达国家在国际经济合作可行的领域内，应给予发展中国家普遍优惠的、非互惠的和不歧视的待遇。

由此可见，普遍优惠待遇具有如下三个特点：
(1) 普遍的，即所有发达国家对所有发展中国家在出口制成品和半制成品时给予普遍的优惠待遇。
(2) 非歧视的，即应使所有发展中国家都无歧视、无例外地享受到普惠制待遇。
(3) 非互惠的，即由发达国家单方面给予发展中国家以特别的关税减让，而不要求对等。

自 1970 年联合国通过上述决议以来,已有 16 个单位(英美等国家和欧洲经济共同体)先后宣布了普惠制方案。希望获得普惠制的发展中国家,由各国自行掌握标准宣布,即享有普惠制的大前提是该国自己宣布本国为发展中国家。同时,发达国家在实施普惠制时也指定适用于哪些发展中国家。目前,已有 22 个国家给予中国普遍优惠待遇,它们是 12 个欧盟成员国、5 个欧洲自由贸易联盟国家和波兰、加拿大、澳大利亚、新西兰、日本。

**六、不歧视待遇**

不歧视待遇(Non-discriminate Treatment)是指有关国家约定互相不把对其他国家或仅对个别国家所加的限制加在对方身上,从而使自己不处于比其他国家更差的地位。不歧视待遇是歧视待遇的对称。歧视待遇又叫差别待遇,是指一国把某些特别的限制性规定专门用于特定外国的自然人和法人。适用歧视性待遇的结果会使得某个或某些外国的自然人或法人处于比其他外国的自然人或法人更不利的地位,因而常常会遭到该外国的报复。为防止歧视待遇的发生,各国常常通过相互签订条约来承担保证不给予对方国家的自然人或法人以歧视待遇的义务。不歧视待遇可以和国民待遇、最惠国待遇一起,规定在一个国际条约中。不歧视待遇和最惠国待遇的目的都是为了使处于一国领域内的不同外国人享有平等的法律地位,但前者是从消极的方面入手,后者是从积极的方面入手。

**七、互惠待遇**

互惠待遇(Reciprocal Treatment),是指外国人在内国享有的以该外国人所属国在相同条件下同样赋予内国国民的待遇。这意味着,一国赋予外国人某种待遇时,要求本国国民在该外国人所属国享有相同的待遇,或者说以本国国民在该外国人所属国享有相同的待遇为条件。

在现代国际实践中,互惠常常是其他类型的待遇的前提条件。比如说,国民待遇要求互惠,最惠国待遇要求互惠,不歧视待遇也要求互惠。在这种情形下,互惠是其他类型的待遇的重要组成部分。同时,我们也应该看到,互惠本身也是一种待遇状态,在国家之间不存在互相赋予其他待遇的情况下,或者在其他待遇之外,互惠待遇在国际交往中发挥着重要的作用。

# 第四章

# 涉外婚姻家庭关系的法律适用

婚姻家庭法律关系是各国民事法律的重要组成部分,又兼受各国不同宗教信仰与风俗习惯以及民族传统之影响,所以各国的婚姻家庭法律制度差别很大。对人类的社会生活来说,婚姻家庭法律关系对每一个人都是不可或缺的。由于国家与国家之间在政治、经济和文化上的联系的加强,不同国家的男女相互结合,建立家庭也越来越多。在国际交往日益密切的大背景之下,不同国家区域的人员之间产生的婚姻家庭法律关系势必受到不同婚姻家庭法律制度的主宰,由此产生的冲突在所难免。关于涉外婚姻家庭关系的冲突法即为解决此类问题而设。本章分节就国际结婚、离婚、夫妻关系,国际家庭关系中的亲子、收养、监护、抚养等问题的法律适用逐一阐述。

本章涉及 2011 年《法律适用法》相关条款:

第 21 条　结婚条件,适用当事人共同经常居所地法律;没有共同经常居所地的,适用共同国籍国法律;没有共同国籍,在一方当事人经常居所地或者国籍国缔结婚姻的,适用婚姻缔结地法律。

第 22 条　结婚手续,符合婚姻缔结地法律、一方当事人经常居所地法律或者国籍国法律的,均为有效。

第 23 条　夫妻人身关系,适用共同经常居所地法律;没有共同经常居所地的,适用共同国籍国法律。

第 24 条　夫妻财产关系,当事人可以协议选择适用一方当事人经常居所地法律、国籍国法律或者主要财产所在地法律。当事人没有选择的,适用共同经常居所地法律;没有共同经常居所地的,适用共同国籍国法律。

第 25 条　父母子女人身、财产关系,适用共同经常居所地法律;没有共同经常居所地的,适用一方当事人经常居所地法律或者国籍国法律中有利于保护弱者权益的法律。

第 26 条　协议离婚,当事人可以协议选择适用一方当事人经常居所地法律或者国籍国法律。当事人没有选择的,适用共同经常居所地法律;没有共同经常居所地的,适用共同国籍国法律;没有共同国籍的,适用办理离婚手续机构所在地法律。

第 27 条　诉讼离婚,适用法院地法律。

第 28 条　收养的条件和手续,适用收养人和被收养人经常居所地法律。收养的效力,适用收养时收养人经常居所地法律。收养关系的解除,适用收养时被收养人经常居所地法律或者法院地法律。

第 29 条　扶养,适用一方当事人经常居所地法律、国籍国法律或者主要财产所在地法律中有利于保护被扶养人权益的法律。

第 30 条　监护,适用一方当事人经常居所地法律或者国籍国法律中有利于保护被监护人权益的法律。

# 第一节　结婚关系的法律适用

### 一、结婚实质要件的法律冲突

结婚的法律冲突有结婚的实质要件和形式要件的法律冲突两种。所谓结婚的实质要件,就是指依据各国的法律规定,婚姻双方当事人在实体上必须具备的条件和必须禁止的条件。一般来说,这些实质要件包括当事人双方的自愿,当事人双方达到法定婚龄,是男女两性的结合,一般禁止近亲结婚、重婚以及禁止有一定疾病或生理缺陷的当事人结婚等。

*(一) 结婚必备的实质要件概述*

就结婚必须具备的实质要件来说,大体有如下几个方面:

1. 结婚双方当事人自愿。当事人双方自愿已经成为大多数国家婚姻法的基本原则。只有极少数规定宗教婚姻和一些比较保守的国家的婚姻法没有明文规定此原则。遵从当事人各自自主的意愿,体现了契约自由的精神。我国 2016 年 3 月 1 日正式实行的新《婚姻法》第 5 条规定:"结婚必须男女双方完全自愿,不许任何一方对他方加以强迫或任何第三者加以干涉。"另外有一些国家对结婚除规定男女双方自愿外,还附加一些条件,如日本《民法典》第 737 条规定,未成年人结婚必须取得其父母或监护人的同意。

2. 当事人达到法定婚龄。法定婚龄是指一国法律规定男女双方结婚的最低年龄。由于各国具体情况的差异,在法定婚龄的规定方面存在着比较大的差异。各国从本国的实际国情出发,对婚龄作出不同的规定。比如,阿根廷、西班牙、希腊的法律规定的法定婚龄为男为 14 周岁,女为 12 周岁;澳大利亚法律规定的法定婚龄为男女均为 14 周岁;意大利、菲律宾法律规定的法定婚龄为男为 16 周岁,女为 14 周岁;比利时、荷兰、印度、法国、伊朗等国的规定是男为 18 周岁,女为 15 周岁;罗马尼亚、日本、匈牙利的规定是男为 18 周岁,女为 16 周岁;德国、英国、捷克、南斯拉夫等国的法律规定为男为 18 周岁,女为 18 周岁;丹麦、波兰、瑞典的法律规定为男为 21 周岁,女为 18 周岁。我国现行法律规定为男为 22 周岁,女为 20 周岁。

3. 婚姻为男女两性的结合。大多数国家并没有将婚姻为男女双方的结合作为法律明确规定写进法律,而是作为一项事实规范发生法律效力。并且男女两性结合的婚姻伴随着人类的文明历史发展经历了悠久的岁月。但同时,随着人权运动的开展,一些国家立法已经开始关注同性伴侣婚姻。例如西欧国家丹麦于 1989 年通过《伴侣注册法》,成为西欧国家中第一个承认同性婚姻为合法的国家。近来,西欧的德国、英国等国家也相继地通过了同性婚姻的法案。目前,我国法律规定不承认同性伴侣婚姻。

(二) 结婚的禁止要件概述

有关结婚的禁止要件方面,各国法律大体都有以下方面的规定:

1. 禁止一定范围内的血亲结婚。近亲结婚禁忌也是一个源远流长的规范,据人类学家的研究,在原始社会就存在此类规范。但是各国关于近亲结婚禁止的范围的规定并不一致。一般来说,直系血亲之间的结婚为各国法律所禁止,但是旁系血亲之间以及法律拟制血亲之间结婚的限制就存在差别。如日本的民法典规定直系血亲或三等亲内的旁系血亲之间不许结婚,但养子女与养亲的旁系血亲之间不在此限制内。我国的法律规定是禁止直系血亲和三代以内的旁系血亲结婚。

2. 禁止患有一定疾病的人结婚。此条规定多半是从优生学以及夫妻生活的角度来考虑。因为严重的精神疾病会影响到当事人的判断力和控制力,并且有可能遗传给下一代。另外一些疾病则可能影响到夫妻的正常生活。但是各国对于禁止结婚的疾病的规定也不尽相同。一般来说,患有精神疾病者在患病期间禁止结婚。法国民法典要求当事人结婚时应当提供健康证明。我国现行婚姻法取消了以前关于婚前强制体检的规定,仍然规定患有医学上不应当结婚的疾病者禁止结婚。这些疾病一般是指先天性痴呆症、未经治愈的精神疾病以及其他已经被实践证明不应结婚的传染性或遗传性疾病。

3. 禁止重婚。一夫一妻制是当今大多数国家法律所奉行的原则。该原则要求婚姻当事人在婚姻关系存续期间只能有一个配偶,不得同时有两个或者多个配偶。《德国民法典》就明确规定,任何人不得于婚姻解除前或宣告为无效前再行结婚。并且对于解除前婚或宣告前婚为无效的判决提起无效或恢复原状之诉时,夫妻双方于诉讼终结前不得缔结新婚。由于伊斯兰教的教规规定穆斯林男子可以拥有四个妻子,因此一些信仰伊斯兰教的国家的法律大多没有规定一夫一妻制度。我国新中国建国以前允许男子纳妾,对于纳妾的数量并没有具体的限制。新中国成立以后,废除了以前的婚姻法律规定,确立了一夫一妻、禁止重婚的规定。同时,中国在刑法中规定了重婚罪,对重婚的行为加以惩处。

▶ 典型案例

【案情】[①]

原告高某,24岁,住台湾省台北县板桥市,原告高月某系高某姑姑,住台湾省台北县新店市;被告翁某,19岁,住福建省漳浦县,被告翁明某系翁某之父。原告于1994年12月期间从台湾来到福建探亲,经过他人介绍,高某与翁某于同月20日订婚,由高月某代表高某、翁明某代表翁某签订了《婚约和约书》。高某、高月某付给翁某、翁明某

---

① 参见《高志雄诉翁美桃解除婚约返还财物案》,载最高人民法院中国应用法学研究所编:《人民法院案例选民事卷》(上),中国法制出版社2002年版,第42—46页。

新台币 62,000 元,金项链一条,金手镯一对,金耳环一对,金戒指两枚。随后,高某、高月某返回台湾。1995 年高某再次来到福建省漳浦县,向翁某提出了办理结婚登记的要求。因为翁某未到法定婚龄,未办成登记,双方发生纠纷。1995 年 8 月 16 日,高某、高月某向福建省漳浦县人民法院提起诉讼,请求依法解除高某与翁某的婚约关系,判令翁某、翁明某返还收受的 2 万元人民币和金银饰物,并赔偿原告一方从台湾至厦门的往返路费机票损失 16,218 元。翁某、翁明某答辩称:原告高某并无真意要解除婚约关系,因为他与翁某已经同居 20 多天,原告也无权要求返还财物。原告高月某不是讼争财物的所有权人,无权作为原告起诉,请求驳回原告的诉讼请求。

## 【审理】

漳浦县人民法院经审理认为:高某与翁某订立的婚约不受法律保护。原告赠与被告财物,是一种附条件的民事行为。现所附条件未成就,赠与行为尚未生效,原告要求被告返还财物有理,应酌情返还。但原告要求被告赔偿来大陆办理结婚登记往返的机票损失,于法不合,不予支持,应予驳回。被告的辩解缺乏事实根据,不予采纳。最后判决两被告返还两原告新台币 13,000 元(折合人民币 4,193 元)及金项链一条、金手镯一对、金耳环一对、金戒指枚;驳回两原告要求两被告赔偿机票损失的诉讼请求。

## 【法理】

婚约,指婚姻预约,即男女双方以今后缔结婚姻为目的所作出的一种一致意思表示。与台湾地区民法对婚约关系予以保护不同,我国《婚姻法》的精神是不承认婚约对订婚双方具有法律约束力的,男女双方结婚,完全以他们在结婚登记时所表示的意愿为根据。当然法律并不禁止男女双方自行订立婚约,只是不予以保护。所以,婚约在双方当事人之间并不产生权利义务关系。在审判实践中,对婚约期间男女互赠的财物,在婚约解除后是否应当返还存在着分歧。一种意见认为,婚约期间男女互赠的财物,与民法上的一般赠与关系一样,具有无偿性和实践性,不能要求返还。另一种认为此种赠与是有条件的,是以结婚为目的的赠与,结婚目的没有达到,则条件不成就,应该予以返还。本案采用的是后一种意见。就本案来说,原告给予被告金钱和贵重首饰的形式是赠与,实质上是迫于社会习惯,为达到结婚目的而作出的有条件的赠与,是一种附条件的民事法律行为。由于当事人最终没有结婚成功,所附条件未成就,应视为赠与行为尚未生效。因此在解除婚约的同时,应酌情返还为好。因此法院判决被告将上述财物返还原告是合情合理的。至于原告来办理结婚登记的往返机票费用,这是其往返大陆的必要费用,是纯粹为自己利益支出的费用;结婚登记不成是因为翁某未到达法定婚龄,而不是因为其欺诈,法律上的障碍不能归罪于当事人。所以原告要求被告赔偿其机票费用损失,没有法律依据,法院驳回这一诉讼请求是正确的。

本案是涉台婚姻案件,由于两岸是两个法域,因此,关于结婚的民事实体规定就存在差别,关于两地的法定婚龄的规定就存在差别。另外,法律和司法实践是否保护婚约,也可能存在差别。这些都是形成该案的重要原因。

## 二、结婚实质要件的法律适用

**(一) 结婚实质要件的法律适用类型**

对于实质要件所采用的准据法,各国国际私法的规定一般有三类:一是婚姻缔结地法,一是住所地法,一是本国法。

1. 采用婚姻缔结地法。美国各州、墨西哥、阿根廷、瑞士各国等主要采用婚姻缔结地法。采用婚姻缔结地法的立法理由主要是认为婚姻是一种契约。契约的成立通常依照缔约地法,所以婚姻也应该适用婚姻缔约地法;同时,婚姻的缔结一般与缔结地的公序良俗有很密切的关系,适用婚姻缔结地的法律来认定婚姻的有效性,也有尊重当地法律的考虑。同时从适用法律的角度来说,适用婚姻缔结地法对当事人也比较简单易行。适用婚姻缔结地法最大的缺点是容易使人规避不利于当事人的本国法或者住所地法。

2. 采用住所地法。采用住所地法主义的国家主要有英国、挪威、丹麦等国。采用住所地法的主要理由认为婚姻属于属人法事项之一,住所作为人的生活中心地,与婚姻的成立有密切的关系。其缺点是住所地的变更比较容易,使得当事人比较容易逃避对己不利的法律的适用。同时对于当事人住所在多法域国家中的不同法域时,其住所地法就有可能存在冲突。对于这种冲突,一般又有如下解决方式:一是采用夫之住所地法,此法有违男女平等的原则;二是婚姻住所地法,即当事人结婚时,有意选择为婚姻住所地的法律。或者是采当事人各该住所地法主义,即分别适用各自的住所地法。

3. 采用本国法。德国、日本、法国、意大利等大陆法系国家主要采用此种立法。采本国法比较容易顾及到本国婚姻法的强行性规定。而且相比较住所来说,一人的国籍不容易经常变更。对于双方不同国籍时,一般的解决方法有:一是采用丈夫的本国法;一是当事人各该本国法,也就是当事人分别适用各自的本国法。

为了有利于婚姻关系的建立,或者尽量减少承认婚姻的合法有效性的障碍,也有国家混合采用上述几种立法原则。例如美国的《第二次冲突法重述》第283条中规定的以婚姻缔结地法为主,兼采当事人住所地法或本国法。也就是学者所谓的"单一制"与"混合制"的区别。

**(二) 我国关于涉外婚姻实质要件法律适用的相关法律规定**

《民法通则》第147条明确规定:"中华人民共和国公民和外国人结婚适用婚姻缔结地法律",它既适用于有关婚姻实质要件方面的法律冲突,也适用于有关婚姻形式要件方面的法律冲突;既适用于中国境内中国公民与外国人所缔结的婚姻,也适用于中国境外中国公民与外国人所缔结的婚姻。

2011年《法律适用法》第21条规定:"结婚条件,适用当事人共同经常居所地法律;没有共同经常居所地的,适用共同国籍国法律;没有共同国籍,在一方当事人经常居所地或者国籍国缔结婚姻的,适用婚姻缔结地法律。"其与《民法通则》第147条关于结婚法律适用的规定有很大不同,如调整范围突破了《民法通则》只规定中国人和外国人结婚一种情形的限制,弥补了旧法范围的缺失;新法区分结婚的实质要件与形式要件作不同规定;新法在结婚实质要件的法律适用上,以属人法取代婚姻缔结地法的主导地位,并将其与婚姻缔结地法混合适用;等等。

此外,2011年《法律适用法》第4条明确规定:"中华人民共和国法律对涉外民事关系有强制性规定的,直接适用该强制性规定。"根据1983年民政部颁布的《中国公民同外国人办理婚姻登记的几项规定》第4条,现役军人、外交人员、公安人员、机要人员和其他掌握重大机密的人员,以及正在接受劳动教养和服刑的中国公民不准与外国人结婚。因此,此类人员与外国人结婚即使符合本条规定指向的外国法关于结婚实质要件的规定,其婚姻效力也不能获得我国承认。

### 三、结婚形式要件的冲突

(一) 各国关于结婚形式要件的规定概述

结婚的形式要件是指成立一项合法的涉外婚姻所必须履行的手续等外部形式。由于世界各国的婚姻家庭制度的差异,各国在结婚形式要件的立法上也存在不同的法律规定。少数国家,如美国的普通法婚姻,不需要任何手续或者形式要件。一般来说,有民事登记方式,有宗教婚姻方式,有事实婚姻方式,有领事婚姻方式以及可以采取两种缔结婚姻方式相结合的复合方式等。

1. 民事登记方式

民事登记方式是指婚姻当事人必须到指定的婚姻登记机关依法进行婚姻登记,履行完毕婚姻登记手续之后,婚姻的效力才得到承认的方式。大陆法系国家多规定结婚采用民事登记方式,英美等国也采用民事登记方式,不过各国在民事登记方式的具体规定上也存在着差别。比如日本的民事登记方式采用的是证人制度,即进行结婚登记的时候男女双方需要找两名证人,由证人向登记机关说明双方的具体情况,证人对自己的证言承担法律责任。法国的民事登记方式是采用公示制度,即婚姻登记机关对符合条件的登记进行公示,公示期为一个月,期间内无人提出异议,公示期满后,当事人婚姻成立。我国婚姻登记采用的是审查制。婚姻当事人要向登记机关提供法律规定必须提交的证件和证明材料,由登记机关审查完毕无异议后,登记机关发给婚姻当事人以结婚证书,婚姻合法成立。

2. 宗教方式

宗教方式是指结婚双方当事人按照宗教教规教义的要求,由有关神职人员主持结婚仪式,仪式结束婚姻即成立的方式。由于宗教存在不同的教派,各不同教派团体的仪式也是不一样的。当今世界的宗教主要有基督教、天主教、伊斯兰教、佛教、印度教、犹太教等教派。大多数的国家已经奉行政教分离,只有少数国家是政教合一的国家,因此大多数国家也不再以宗教结婚仪式作为婚姻成立的必须,尽管如此,宗教结婚方式还是存在的,尤其在教徒之间还是很普遍的。比如伊斯兰国家要求穆斯林教徒的婚姻必须在阿訇面前举行,天主教徒之间的婚姻应该按照天主教规定的方式举行等。

#### 3. 重叠方式或者任择方式

所谓的重叠方式就是指民事登记和宗教仪式重叠适用的结婚方式;而任择方式是允许当事人有选择权,选择登记方式或者宗教方式中的一种,法律均承认其法律效力。例如英国1949年婚姻法允许当事人在宗教仪式和民事登记方式中任选一种。美国纽约州的法律则规定的是重叠方式,当事人必须完成两种方式婚姻才能成立。

#### 4. 事实婚姻方式

事实婚姻方式是指不须经过登记或者一定的仪式,男女双方当事人只要符合结婚的实质要件,在一起以夫妻的名义共同生活,相互履行夫妻义务,该婚姻关系即成立。瑞士、奥地利、瑞典等国承认此种方式,美国部分州也承认此种方式。我国以前由于历史原因,存在相当数量的事实婚姻,一段时间内法律规定也予以承认。但是现行《婚姻法》对新成立的婚姻不承认事实婚姻方式,只承认民事登记方式。

### (二) 我国关于涉外婚姻形式要件的相关法律规定

根据《婚姻法》以及2003年民政部颁发的《婚姻登记条例》的规定,中国公民与外国人在中国境内结婚的,男女双方应当共同到内地居民常住户口所在地的婚姻登记机关办理结婚登记,且持有以下证件:中国公民持有本人的户口簿、身份证;本人无配偶以及与对方当事人没有直系血亲和三代以内旁系血亲关系的签字证明。外国人需持有本人的有效护照或者其他有效的国际旅行证件;所在国公证机关出具的、经中华人民共和国驻该国使(领)馆认证或者该国驻华使(领)馆认证的本人无配偶的证明,或者所在国驻华使(领)馆出具的本人无配偶的证明。婚姻当事人双方都是外国人,在中国境内结婚,一般都应持有有关证件和证明到我国婚姻登记机关登记结婚,在互惠的条件下也可以到其驻华使、领馆办理领事婚姻。

### 四、结婚形式要件的法律适用

#### (一) 关于涉外婚姻结婚形式要件的法律适用类型

关于婚姻成立形式要件的准据法,一般也有三种立法主义:一种是婚姻缔结地法主义,一种是本国法主义,一种是折中主义。

##### 1. 适用婚姻缔结地法

婚姻缔结地法主义是"场所支配行为"原则的集中体现。英国、美国、日本等国家都是这种立法原则。采用这种立法的缺点是容易使得婚姻因为受到婚姻缔结地法律的规定而不易成立,从而影响国际婚姻的安定性。

##### 2. 适用本国法

采用本国法主义立法原则的主要见于某些宗教国家,对于信仰某特定宗教的人,不论其在内国还是外国,其结婚的方式应该依照特定的宗教仪式。希腊、以色列、保加利亚、埃及以及伊朗等国都采用这种立法原则。只是此种立法的缺点是当事人国籍不同或者信仰宗教不同之时,极易遭受婚姻成立上的障碍。

##### 3. 折中主义原则

至于折中主义则是兼采用婚姻缔结地法和本国法。只要当事人的本国法或者婚姻缔结地法的其中任何一种法认为该婚姻有效,则可以认可婚姻有效,这样可以使得婚姻在形式上更容易成立。

(二) 领事婚姻制度

随着领事职务活动范围的扩大和民事结婚登记效力不断被普遍承认,领事婚姻制度也逐渐成为适用婚姻缔结地法及其例外的一种补救措施。现在,领事婚姻制度已经得到许多国家的法律和条约的采用。当然,各国关于领事婚姻制度的具体规定也仍旧存在一定的差异。如巴西、日本等国规定结婚的当事人双方必须都是使、领馆所属国的公民,而意大利、丹麦、澳大利亚等国家则只是要求当事人一方是本国公民就可以。

(三) 相关的国际条约概况

1903 年海牙《婚姻法律冲突公约》对结婚的形式要件和实质要件的法律适用都采用了在各国普遍流行的混合制度。关于结婚的实质要件的法律适用,公约采用了以当事人本国为主兼采用婚姻举行地法的原则。关于结婚形式要件的法律适用,公约采纳了以婚姻举行地法为主兼采当事人属人法的原则。

1978 年海牙《关于婚姻缔结以及婚姻有效性的承认的公约》,该公约于 1978 年 3 月 4 日订于海牙。条约共分四章:第一章是关于举行婚礼的规定,第二章是关于婚姻效力的承认,第三章是关于一般条款的规定,第四章是关于最后条款的规定。该《公约》第 2 条规定:婚姻的形式要件依婚姻仪式举行地国家的法律。对于实质要件的法律冲突该公约也同样采用婚姻缔结地法。另外关于婚姻的承认问题,《公约》所规定的有效婚姻的承认具有广泛性,即公约规定的成员国对婚姻的承认,不只限于那些在其他缔约国成立的婚姻,而是所有在其他国家有效成立的婚姻。该《公约》关于外国婚姻承认的基本原则主要体现在《公约》第 9 条第 1 款中,即在婚姻缔结地国家有效成立的婚姻或其后根据该国法律获得效力的婚姻得同样被公约成员国家认为有效。这也适用于外交和领事婚姻。而且,根据婚姻缔结地国家有关当局签发的结婚证明也得推定该婚姻有效成立,且应予以承认。对于各成员国拒绝承认在外国有效成立的各种婚姻的情况公约也作了规定。

通过国际公约进行婚姻的有效承认,有利于避免"跛脚婚姻"的出现。目前,我国没有加入相关的与婚姻缔结以及婚姻效力的承认有关的国际公约。

(四) 我国目前的相关法律规定

2011 年《法律适用法》第 22 条规定:"结婚手续,符合婚姻缔结地法律、一方当事人经常居所地法律或者国籍国法律的,均为有效。"在该法通过之前,根据 1986 年《民法通则》的规定,中国公民与外国人结婚的实质要件与形式要件都适用婚姻缔结地法。根据民政部《关于办理婚姻登记中几个涉外问题处理意见的批复》第 3 条的规定,外国人之间结婚,要求在华办理结婚登记的,应当根据我国法律的规定办理婚姻登记。1983 年,外交部、最高人民法院、民政部、司法部、国务院侨办联合印发的《关于驻外使领馆处理华侨婚姻问题的若干规定》也承认在国外居住的华侨按居住国的法律在当地办理结婚登记或举行结婚仪式缔结婚姻的效力。上述规定表明,在结婚形式要件上,我国以往的立法倾向于适用婚姻缔结地法。2011 年《法律适用法》修改了以往只适用婚姻缔结地法的规定,对符合婚姻缔结地法律、一方当事人经常居所地法律或者国籍国法律规定的结婚形式要件的涉外婚姻,均承认其效力。这是冲突法与实体法价值目标的契合,是立法的一大进步。

## 第二节 离婚的法律适用

离婚是指配偶双方生存时通过法定程序解除婚姻关系的法律手段。离婚制度是婚姻制度的重要组成部分。离婚将对当事人产生一系列的影响,涉及夫妻关系的消灭、共同财产的分割、子女的扶养与探视等一系列复杂的法律关系。涉外离婚是具有涉外因素的离婚。关于涉外离婚的法律问题主要有涉外离婚的管辖权、涉外离婚的法律适用问题以及判决的承认与执行问题等。

▶典型案例

**【案情】**[①]

申请人李某与丁某于1974年11月结婚,婚后感情尚好,1975年2月生一个女孩李某某。1980年11月,李某赴日本留学,从此之后,双方感情逐渐淡漠。1988年1月,丁某赴日本留学,双方在日本共同生活了一段时间之后,于同年底开始分居。1989年春,丁某向日本国大阪府地方法院提起离婚诉讼,因为手续不齐全,大阪府地方法院未受理。1990年12月,丁某再次提起离婚诉讼,日本国大阪府地方法院受理并进行了调解,于1991年2月27日调解解除李某、丁某的婚姻关系;丁某在中国和日本的财产归丁某所有;李某给付丁某生活费200万日元;李某在日本的财产归李某所有;女儿李某某归丁某抚养,李某给付抚养费200万日元。按照日本法律规定,双方还到大阪府丰中市市长处领取了"离婚申请受理证明书"。事后,丁某准备回中国,向日本国大阪府地方法院要求提取李某已交付于法院的生活费、抚养费。大阪府地方法院提出,李、丁双方解除婚姻关系的证明书得到中国法律的认可后,才能将上述费用交给丁某。因此,李某、丁某分别向中国北京市中级人民法院申请承认日本国大阪府地方法院解除双方婚姻关系的调解协议。

**【审理】**

北京市中级人民法院受理申请后,经审查认为:日本大阪府地方法院对李某、丁某离婚一案作出的解除双方婚姻关系的协议书,与我国法律规定的承认外国法院判决、裁定的条件不抵触,裁定:日本国大阪府地方法院关于申请人李某、丁某离婚的1991年2月27日第273年号调解协议书,在中华人民共和国领域内具有法律效力。

**【法理】**

本案是申请承认外国法院作出的离婚调解协议的案件。关于此案的承认等属于

---

[①] 参见《李庚、丁映秋申请承认日本法院作出的离婚调解协议案》,载最高人民法院中国应用法学研究所编:《人民法院案例选民事卷》(下),中国法制出版社2002年版,第2030—2032页。

国际民事诉讼程序方面的内容。在日本国法院的离婚调解协议书中，包括了解除双方婚姻关系的内容，以及财产分割和生活费、抚育费的给付以及子女扶养的内容。依照最高人民法院《关于中国公民申请承认外国法院离婚判决程序问题的规定》第2条的规定，对该调解协议中除婚姻关系以外的各项内容，不在承认的范围之内。北京市中级人民法院的裁定，对其承认仅仅限定在婚姻关系上。

现代社会大多数国家都是许可离婚的，这也是婚姻自由精神的体现。只有少数的国家因为强大的宗教力量而不允许离婚，一些地区也还保留有休妻的制度，但是毕竟不是当今世界的主流。但是在离婚的制度安排上，各国的法律规定还是存在着差异。同涉外结婚一样，涉外离婚也存在着实质要件和形式要件两类法律冲突。离婚的实质要件一般就指男女双方当事人离婚的理由。

**一、离婚形式要件的法律冲突与法律适用**

（一）离婚形式要件的法律冲突

离婚的形式要件指婚姻合法解除的方式。涉外离婚的形式要件即是指婚姻关系合法解除的方式也就是程序问题。离婚程序大致可分为诉讼离婚和协议离婚程序两种。极少数国家采用宗教方式离婚程序。诉讼离婚程序指婚姻当事人通过诉讼，由法院判决解除婚姻关系，这种离婚方式又称为判决离婚方式；协议离婚程序指以婚姻行政主管机关受理当事人的离婚请求，查明离婚理由符合法律规定，当事人对财产分割达成协议，子女抚养妥善安置，发给申请人离婚证书解除婚姻关系，这种离婚方式又称为行政离婚方式。德国、意大利、瑞典、法国等国都是采用判决离婚方式。中国两种方式都采用。2003年我国民政部颁布的《婚姻登记条例》第10条第2款规定："中国公民同外国人在中国内地自愿离婚的，内地居民同香港居民、澳门居民、台湾居民、华侨在中国内地自愿离婚的，男女双方应当共同到内地居民常住户口所在地的婚姻登记机关办理离婚登记。"

（二）离婚形式要件的法律适用

各国对离婚形式要件的法律适用一般都采用适用法院地法这一原则。即凡在法院地国提起的离婚诉讼，不论当事人的属人法规定如何，离婚的程序问题均应依法院地国家法律规定。例如上案李某、丁某在日本申请离婚，虽然两人都是中国人，但是因为在日本申请离婚，所以他们提交的相关材料必须符合日本关于离婚的形式要件的法律规定。

在识别哪些问题是离婚的形式要件，哪些问题是离婚的实质要件上，也会发生一些特殊问题。比如宗教离婚问题，究竟识别为离婚程序问题，还是属实质问题，争议较大。由于对宗教离婚性质的理解不同，因此就会适用不同的准据法。例如法国就倾向于宗教方式离婚为离婚实质要件问题，故主张应适用当事人的属人法。一些国家倾向于宗教方式离婚为离婚形式要件问题，故主张适用行为地法律。

## 二、离婚实质要件的法律冲突与法律适用

### (一) 离婚实质要件的法律冲突

涉外离婚实质要件是指法律规定的准许离婚的条件。各国主要采用原则性规定和列举性规定的方法来规定离婚的实质条件。目前,世界上除了少数国家外,绝大多数国家对离婚采取自由主义原则,允许当事人离婚,将婚姻无法挽回的破裂作为离婚的重要依据。《日本民法典》第770条第1款规定,夫妻一方,限于下列情形,可以提起离婚之诉:配偶有不贞行为时;被配偶恶意遗弃时;配偶生死不明在3年以上时;配偶患有强度精神病没有康复希望时;有其他难以继续婚姻的重大事由时。《法国民法典》第229条至第232条将通奸、重大暴行、虐待受刑等处分,双方无法共同生活等列为离婚的理由。另外,英国1971年生效的《离婚改革法》也以类似列举的形式列出了离婚的要件。目前,美国、挪威、意大利、瑞典、澳大利亚、西班牙国家的婚姻法、离婚法大体上都采取这种列举性的方式规定离婚理由。有的国家是采用原则性规定,如规定如果夫妻感情确已破裂或婚姻关系无法继续维持时,当事人即可提出离婚,离婚并不因为夫妻一方的过错引起。

### (二) 离婚实质要件的法律适用

各国在离婚实质要件的法律适用方面大致规定了以下几种法律适用原则。

1. 适用当事人本国法。采用此原则的理由为离婚关系属于人的身份问题,因此在实体法上应该受属人法的支配。而且夫妻关系的创设适用当事人属人法的话,则婚姻关系的解除应当受同一法律支配。

在适用当事人本国法时,若夫妻双方国籍相同,则依夫妻共同本国法。日本就采用此种制度。若夫妻双方国籍不同,则又有以下几种准据法的确定方法:(1) 适用丈夫的本国法。这种立法的理由为丈夫为一家之主,所以应该适用丈夫的本国法。此种做法违背男女平等原则。(2) 适用原告的本国法。瑞士、比利时等国采用此种制度,这种做法也是没有平等的权衡两方面主体的利益。(3) 同时适用夫妻各自的本国法。即只有在夫妻双方的本国法都认为符合离婚条件时,才准予离婚。但是重叠适用双方本国法,容易增加离婚的难度,限制了离婚自由。(4) 适用共同住所地法。即在夫妻双方已共同适用本国法时,以夫妻双方实际的共同住所地法作为准据法。该方法为法国首创。

2. 适用夫妻共同住所地法律或夫妻一方住所地法律。英美法系国家大多采取这一制度。在英美法系,住所地被认为是当事人生活的中心,与当事人关系最为密切,所以离婚适用夫妻共同住所地法律或一方住所地法律。美国1971年《第二次冲突法重述》第285节规定,确定离婚权利的法律应该是受理离婚之诉的当事人的住所地所在州的实体法。

3. 适用法院地法律。该原则为德国学者萨维尼首创。适用此原则的理由为离婚法律多为强行法,涉及法院地国的公共秩序、伦理道德以及宗教观念;同时,一国法院取得对离婚案件的管辖权后没有不适用法院地法的理由,如果一味追求适用外国法,

容易导致很多不便。适用法院地法的缺点是容易导致当事人挑选法院以及"跛脚婚姻"现象的产生。丹麦、挪威等国都采用此原则。

英美法系国家审理离婚案件首先以住所地为标志确定其管辖权,然后又依据管辖权来确定离婚实质要件的法律适用。因而它们规定的离婚适用住所地法律,从另一角度看也是适用法院地法律。

4. 选择或重叠适用当事人的属人法和法院地法。该原则反对绝对的法院地法,也反对绝对的属人法,因为单方面地支持任何一种做法,都不利于离婚和离婚判决的承认和执行。因此,从司法实践的实际情况出发,主张选择或重叠适用属人法和法院地法。主张选择适用当事人属人法和法院地法的理由是,如果允许选择,则实现离婚比较容易。主张重叠适用属人法和法院地法的理由是,如果重叠适用上述两个法律,则可以避免"跛脚婚姻"的发生。

采用选择适用当事人属人法或者法院地法的各国,一般先要求选择双方当事人的共同本国法,当当事人没有共同本国法时,则法律又规定了各自不同的选择:有的国家要求,若无共同本国法时,则先改用双方共同住所地法,只有在无共同住所地法时,才允许选择法院地法;有的国家规定,在无共同本国法时,可直接选择适用法院地法;还有的国家规定,在无共同本国法时,应并行适用当事人各自的本国法,但如依该各自本国法不能解除婚姻时,应允许选择适用法院地法等采用此原则。

采用重叠适用原则的国家在立法上又分为三种情况:(1) 以采用当事人属人法为主,兼采法院地法。德国《民法施行法》、韩国《关于国际民事法律的法令》等采用这种方法。(2) 以采用法院地法为主,兼采当事人属人法。(3) 属人法和法院地法同时适用。

5. 适用有利于实现离婚的法律。婚姻自由原则既包括结婚自由,也包括离婚自由。该原则在离婚关系方面的体现就是各国对离婚的限制的放宽。为解除婚姻关系,适用最有利于解除离婚关系的法律便是实现离婚目标的有效途径。1964年《捷克斯洛伐克国际私法》第 22 条第 2 款规定,如果依夫妻共同本国法不准离婚,或离婚条件非常严格时,只要夫妻一方长期居住在捷克斯洛伐克境内,就应该适用捷克斯洛伐克法。1978年《奥地利联邦国际私法法规》第 20 条规定,离婚的要件和效力,依离婚时支配婚姻人身效力的法律,如依该法婚姻不能根据所举事实解除,或适用于婚姻人身法律效力的准据法无一存在时,则适用离婚时原告的属人法。

(三) 相关的国际公约

1902 年海牙《关于离婚及别居管辖权与法律冲突公约》在离婚及别居法律适用上采用一种所谓的"双重隶属原则",也就是重叠适用当事人属人法和法院地法原则。因为当时有的国家法律规定只许离婚不许别居,有的则规定只许别居不许离婚。该《公约》第 1 条规定,夫妻非依其本国法及起诉地法均允许离婚时,不得提出离婚的请求。第 2 条规定,离婚的请求非依夫妻本国法及起诉地法均有离婚的理由的,不得提出。该公约使得离婚的法律规定趋于严格,借鉴意义不大。我国没有加入该公约。

### (四) 我国的法律规定

2003年我国民政部颁布的《婚姻登记条例》第10条规定：中国公民同外国人在中国内地自愿离婚的，内地居民同香港居民、澳门居民、台湾居民、华侨在中国内地自愿离婚的，男女双方应当共同到内地居民常住户口所在地的婚姻登记机关办理离婚登记。

2011年《法律适用法》第26条规定："协议离婚，当事人可以选择适用一方当事人经常居所地法律或者国籍国法律。当事人没有选择的，适用共同经常居所地法律；没有共同经常居所地的，适用共同国籍国法律；没有共同国籍国的，适用办理离婚手续机构所在地法律。"该法第27条规定："诉讼离婚，适用法院地法律。"由此可见，2011年《法律适用法》对离婚的形式进行了区分，并将当事人意思自治原则引入离婚领域，顺应了意思自治原则扩张至婚姻家庭领域这一发展趋势，体现了对婚姻自由的尊重。

## 三、离婚案件管辖权的冲突与协调

▶ 典型案例

**【案情】**[①]

原告王某原系江西省丰城甲医院主治医师，住丰城矿务局家属区，与被告陈某于1960年4月自愿登记结婚，婚后生育二女一子，自1974年开始，双方因为家庭矛盾而将经济分开，夫妻感情逐渐淡漠。1998年陈某赴美国探亲，在此期间，双方通讯逐渐减少，而后中断书信联系，后陈某在美国俄亥俄医科大学攻读医学博士，住在美国俄亥俄州哥伦布市。原告王某以及有关部门曾多次请陈某早日回家团聚，但是被置之不理。为此，原告王某以夫妻感情破裂为理由，向江西省宜春地区中级人民法院起诉，要求与被告陈某离婚；并提供家庭财产清单。被告陈某答辩称她对原告王某提出夫妻感情已破裂的诉讼理由，表示无异议，并同意离婚；对原告王某提供的夫妻共同财产证明属实，同意全部归王某所有；各人的衣物归各人所有。

**【审理】**

经过法院主持调解，双方自愿达成离婚及财产分割协议。宜春地区中级人民法院予以确认。

**【法理】**

根据我国民事诉讼法的相关规定，中国公民一方居住在国外，一方居住在国内，不论哪一方向人民法院提起离婚诉讼，国内一方住所地人民法院都有管辖权。如国外一方在居住国法院起诉，国内一方向人民法院起诉的，受诉人民法院有管辖权。因此，本案江西宜春地区中级人民法院拥有对该案件的管辖权。

---

[①] 参见《王宝有诉在美国自费留学的陈德珍离婚案》，载最高人民法院中国应用法学研究所编：《人民法院案例选民事卷》(上)，中国法制出版社2002年版，第7—9页。

(一) 离婚案件管辖权的冲突与协调

各国法律对涉外离婚案件管辖权的确立规定了两大原则：属人管辖原则和属地管辖原则。对涉外离婚案件行使管辖权的依据规定了两个连结点：一是以当事人的住所、居所为连结点；二是以当事人的国籍为连结点。目前两大法系的国家都兼采住所地标准和国籍标准确立国际离婚案件的管辖权。各国对管辖权的规定的具体内容多有不同，于是产生离婚案件管辖权的冲突。

1. 以住所或居所为标志的管辖原则。该原则以美国、英国等国家为代表。在美国，确定管辖权与当事人及案件的审理结果有密切的关系。大多数法院在审理离婚案件时，均适用法院地法。美国认为，住所地或居所地的法院是与离婚有密切联系的法院。美国1971年《冲突法重述(第二次)》中的观点充分体现了该原则。英国1973年《住所与婚姻诉讼法》第5条第2款规定，只有当婚姻当事人在诉讼开始时，在英国有住所，或到诉讼开始日止，在英国有习惯住所达1年之久时，英国法院才有管辖权。

2. 以当事人的国籍为主，住所或居所为辅的管辖原则。该原则以大陆法系的法国和德国为代表。1986年《德国民事诉讼法》规定夫妻双方或一方具有德国国籍或在德国有住所或习惯居所都可以成为德国法院受理当事人之间离婚诉讼的根据。另外，1970年《关于承认离婚与司法别居的海牙公约》规定，下列国家的法院可以对离婚诉讼行使管辖权：(1) 被告在该国有习惯居所。(2) 原告在该国有习惯居所，且该居所于诉讼前已经持续1年以上(或配偶双方的最后习惯居所所在国)。(3) 配偶双方为该国国民，或原告为该国国民，且有习惯居所在该国或他(她)的习惯居所于该国1年以上且于诉讼开始时至少已有部分时间进入了第二个年头。(4) 原告是该国国民，且他(她)于诉讼提起时正在该国，而配偶双方的最后习惯居所国于诉讼提起时的法律不允许离婚。凡符合上述条件的缔约国作出的判决在其他缔约国中均应得到承认。

(二) 我国的法律规定

根据我国《民事诉讼法》和《最高人民法院关于适用〈中华人民共和国民事诉讼法〉若干问题的意见》(以下简称《民事诉讼法》若干问题的意见)规定，总的原则是我国法院受理涉外离婚案件，采取原告就被告，被告在我国境内有居所或住所，或被告不在我国境内居住，但原告在我国境内有住所或居所，则我国法院有管辖权。此外对涉外离婚案件的管辖权作了专门性规定。

1. 由婚姻缔结地或一方在国内最后住所地人民法院管辖。在国内结婚并定居国外的华侨，如定居国法院以离婚诉讼须由婚姻缔结地法院管辖为由不予受理，当事人向人民法院提出离婚诉讼的，由婚姻缔结地或一方在国内的最后住所地人民法院管辖。

2. 由一方原住所地或在国内的最后住所地法院管辖。在国外结婚并定居国外的华侨，如定居国法院以离婚诉讼须由国籍所在国法院管辖为由不予受理时，当事人向人民法院提出诉讼的，由一方原住所地或在国内的最后住所地法院管辖。

3. 受诉人民法院有管辖权。中国公民一方居住在国外,一方居住在国内,不论哪一方向人民法院提起离婚诉讼,国内一方住所地人民法院都有管辖权。如国外一方在居住国法院起诉,国内一方向人民法院起诉的,受诉人民法院有管辖权。

4. 原告或被告原住所地人民法院管辖。中国公民双方在国外但未定居,一方向人民法院起诉离婚的,应由原告或者被告原住所地人民法院管辖。

▶ 典型案例

【案情】①

申请人潘某与谭某于1979年相互认识,次年6月9日在我国云南省昆明市婚姻登记机关办理了结婚登记手续。婚后于1981年1月生育一女潘某某。1990年8月谭某自费赴美国留学,1993年潘某某赴美与母亲一起生活。由于潘某和谭某长期分居达6年多,致使夫妻感情日渐疏远。谭某于1995年1月向美国佛罗里达州DADE县法院提起了离婚诉讼。该院受理了此案后,在美国佛罗里达州报上公告了此事,并书面通知了潘某应诉。潘某作了书面答辩,并委托美国律师代为诉讼。1995年7月,该院作出了婚姻关系解除的最终判决书。1996年,申请人潘某向云南省昆明市中级人民法院申请要求承认美国法院的这一离婚判决,依法解除其与谭某的婚姻关系。

【审理】

法院审理认为:昆明市中级人民法院对此案拥有管辖权。同时,此案不存在依法不予承认的五种情况:即外国法院是否拥有管辖权;外国法院判决是否发生法律效力,外国法院判决是否在被告缺席且未经合法传唤的情况下作出的;外国法院判决是否是在我国法院正在审理或已经作出判决的情况下作出的,或是在第三国法院的判决已被我国承认的情况下作出的;外国法院判决是否违反了我国法律的基本原则或者危害了我国国家主权。根据美国关于离婚案件管辖的规定,该离婚案原告谭某在美国佛罗里达州居住满6个月以上,依照美国法律规定,佛罗里达州DADE县法院对该案拥有管辖权。同时,该外国法院判决已经载明判决作出之日即生效,因而可以确认美国佛罗里达州DADE县法院所作出的离婚判决书是一种在美国已生效的法院判决。根据最高人民法院《关于中国公民申请承认外国法院离婚判决程序问题的规定》第9条的规定,在申请承认外国法院判决的案件中,申请人应当提供作出判决的外国法院已合法传唤离婚案件中被告出庭的有关证明文件。在此案中,潘某向昆明市中级人民法院提交了美国佛罗里达州DADE法院在该州州报上所登公告的复印件,通知应诉的通知书,本人应诉的答辩状和委托美国律师代为诉讼的陈述,可以认定美国佛罗里达州DADE法院是在经过合法传唤申请人,且申请人已经行使了诉讼权利的基础上作出离婚案件的判决的。同时,在此申请承认离婚判决的案件中,没有证据证明潘某和谭某曾向我国或其他国家的法院提出过离婚诉讼。通过对本案离婚判决书内容的审查,该

---

① 参见《潘硕申请承认美国佛罗里达州法院离婚判决案》,载中国高级法官培训中心、中国人民大学法学院编:《中国审判案例要览》(1997年民事审判案例卷),中国人民大学出版社2008年版,第418—421页。

判决的第1项和第6项声称美国佛罗里达州DADE县法院"具有对本案及婚姻各方的法律管辖权,保留对本案各方的管辖权",这与我国法律的规定"对不在中华人民共和国领域内居住的人提起的有关身份关系的诉讼,由原告住所地人民法院管辖"相左,有损我国主权原则,但是申请人要求我国人民法院对判决离婚的法律效力予以承认并不存在违反我国法律的基本原则或危害我国国家主权、安全和社会公共利益的问题。

因此,云南省昆明市中级人民法院裁定对美国佛罗里达州DADE县法院判决解除潘某与谭某的婚姻关系的法律效力予以承认。

**【法理】**

外国法院作出离婚判决,然后我国法院予以承认,也是涉外离婚方式的一种。但是外国法院的判决不能够违反我国法律的基本原则,也不能违背我国的公共秩序和善良风俗。

## 第三节 涉外夫妻关系的法律适用

夫妻关系主要包括夫妻人身关系与夫妻财产关系。随着时代的演变,夫妻间的权利义务关系的具体内容也在不断更新。由于涉外因素的存在,各国对其具体内容规定的不同,法律冲突必然产生,由此涉及冲突法的问题。

**一、夫妻人身关系法律冲突与法律适用**

夫妻人身关系的冲突体现在各国对夫妻权利义务的不同规定的基础之上。例如有关姓氏权方面、同居义务方面、男女从事职业和社会活动方面以及住所决定权方面等。

(一)各国关于夫妻人身关系的法律适用

1. 适用当事人的本国法

夫妻的人身关系的法律适用同人的身份能力的法律适用有密切关系。人的身份能力按照属人法的原则一般适用当事人的本国法。由于各国关于夫妻身份关系的规定的区别,在适用丈夫的本国法还是适用夫妻共同本国法或者夫妻双方共同本国法等方面的规定上也有不同。主要有以下几种做法:(1)适用夫妻共同属人法。在夫妻双方有共同本国法或共同住所地法时,适用此规则是比较理想的。但如果没有共同本国法或共同的住所地法时,一些国家主张适用他们的最后共同属人法,只有在无此最后共同属人法时,才适用丈夫的属人法。而法国的趋势是主张以住所地作为解决不同国籍夫妻间身份关系的辅助连结因素。(2)适用丈夫本国法。不过由于体现男女不平等,该主张逐渐被夫妻共同属人法所代替。(3)以夫妻双方共同本国法为主兼采住所地法或法院地法。1982年《南斯拉夫法律冲突法》第36条规定,夫妻之间的身份关系依双方共同的本国法;如夫妻为不同国家的公民,依他们共同的住所地法;如果既没有共同国籍,又没有共同住所,依他们最后的共同住所地法;而依上述各种立法均不能确立准据法时,则依南斯拉夫法。此外波兰等国也有类似规定。

## 2. 适用当事人住所地法

英美法系的国家比较强调住所地作为连结点的重要作用。因此,关于夫妻身份关系的法律适用住所地法也是比较普遍的。英国、美国、丹麦、巴西、秘鲁、乌拉圭等国家都采用住所地法。1989年瑞士的《瑞士联邦国际私法》规定适用住所地法,不过应该是配偶双方的共同住所地法,如果没有这种共同住所,应适用最有密切联系的国家的法律。

## 3. 适用法院地和行为地法

1905年海牙《婚姻对夫妻身份和财产关系的效力的法律冲突公约》第1条规定:"有关夫妻身份上的权利义务,依双方本国法,但前项权利义务的行使,非依行为地法所认可的方式,不得为之"。采用这一法律规定,多是考虑到法院地或者行为地的公共秩序或者善良风俗。

### (二) 我国的法律规定

我国2011年的《法律适用法》第23条规定:"夫妻人身关系,适用共同经常居所地法律;没有共同经常居所地的,适用共同国籍国法律。"该法在夫妻人身关系法律适用上采用当事人共同属人法不仅体现了夫妻平等原则,从冲突法的角度,也是最密切联系原则适用的结果。

## 二、夫妻财产关系的法律适用

### (一) 夫妻财产关系的法律冲突

夫妻财产关系是指因为夫妻身份所形成的双方当事人对家庭财产的权利和义务,它关系到夫妻双方的切身利益,也深受各国不同的政治经济制度、伦理道德、宗教信仰以及文化传统的影响。各国所采用的夫妻财产制度有共同财产制、分别财产制、约定财产制等等。

▶ **典型案例**

**【案情】**[①]

原告邬某是我国台湾省台北市立甲中学退休教师。被告苏某是四川成都人。原告邬某与被告苏某于1994年2月经苏某之父介绍进行通讯往来,同年4月4日邬某来蓉与苏某见面,并于当日至4月10日同居了7天,邬某于4月11日离蓉返台。同年4月19日,苏某与其前夫杨某经成华区人民法院调解离婚,同年7月8日苏某与邬某在成都市民政局登记结婚。同年12月28日,苏在成都生一女邬小某。由于原告、被告婚前了解不够,婚后经常为家庭琐事发生矛盾,相处不和睦。邬某于1996年6月向成都市锦江区人民法院提起离婚诉讼。

在该案的审理中,邬某对邬小某系自己女儿表示怀疑,要求进行亲子鉴定,其请求被法院采纳,经过成都市中级人民法院法庭科学技术研究所进行亲子鉴定,其结论为

---

[①] 参见《邬某诉苏某离婚案》,载中国高级法官培训中心、中国人民大学法学院编:《中国审判案例要览》(1997年民事审判案例卷),中国人民大学出版社1998年版,第5—8页。

二人之间不存在血缘关系。在共同财产的问题上,双方对家电、家具等财产没有异议,但被告提出原告位于武侯区一环路南苑小区的房屋和台北市有二室一厅住房和家电、家具、轿车等应系共同财产。对此,原告说明上列财产均系婚前财产,并就部分财产的取得时间举证,被告不再对此提出异议。

**【审理】**

法院认为:原告和被告虽系自由恋爱,但是双方从见面到结婚仅有短短三个月的时间,婚前缺乏了解。登记结婚后,由于双方年龄悬殊较大,加之文化水平、思想观念的差异,使双方在共同生活中常产生摩擦,未建立起真挚的夫妻感情。邬某怀疑邬小某不是自己的亲生女儿,苏某认为邬某大男子主义严重,双方感情已经日渐疏远,继续维持这种缺乏感情基础的婚姻已经毫无意义。邬某提出离婚,符合《婚姻法》的规定。

邬某要求亲子鉴定,因该项鉴定结果将直接影响对离婚后邬小某抚养问题的判决,是本案一个必须查清的事实,故其请求法院予以准许。

在共同财产问题上双方曾有分歧,后又对原告在成都市南苑小区的住房和台北的住房及家具、家电、轿车系原告婚前个人财产达成共识,并在共同财产的认定上形成了一致的看法。法院对此予以确认。

**【法理】**

本案是一个包含问题非常丰富的案子。首先涉及涉台结婚的问题,然后是涉台离婚的问题,以及夫妻财产的分割和亲子关系的认定等问题,几乎包含本章所涉及问题的方方面面。

专就夫妻共同财产的确定问题来说,法院采取的是约定财产制的做法,也就是允许当事人就自己的意愿达成关于共同财产的共识。我国《婚姻法》中就约定财产制作了相应的规定。由于对于双方自愿达成的对于处理财产的意愿的法律上的承认,事实上完全忽略了财产中位于台湾地区的不动产等财产的准据法的适用问题。假如台湾地区对此财产有不同的强行法的规定,理论上台湾地区的法院有可能会不承认当事人双方作出的对于该财产的处分;当然,若台湾地区也承认当事人对财产的约定制的话,就不会存在上述问题。

共同财产制度是指夫妻的全部或者部分财产归双方共同所有。目前多数国家采用这一制度。不过在共同财产的范围的规定上,各国还是有不同的规定。主要体现在对待婚前财产,以及婚姻存续期间共同所得与个人财产的区分等方面。

分别财产制是指无论夫妻婚前所得财产还是婚后所得财产,无论是动产还是不动产,一律归各自所有,夫妻各自进行管理、用益,夫妻有自由处分各自财产的权利。例如英国的法律规定结婚对夫妻财产不发生影响,除双方的另外约定外,夫妻双方各自支配其自己的财产,只是财产被划分为"共同使用"和"个人使用"两种,而不改变权利归属。

约定财产制是指法律允许夫妻双方以契约形式确定夫妻财产使用的夫妻财产制

度。美国、法国、英国、荷兰、丹麦、德国等许多国家都实行约定财产制。约定财产制的原则体现出契约精神。我国婚姻法也规定了约定财产制度。我国《婚姻法》第19条规定："夫妻可以约定婚姻关系存续期间所得的财产以及婚前财产归各自所有、共同所有或部分共同所有。约定应当采用书面形式。没有约定或者约定不明的，适用本法第17条、第18条的规定。"

(二) 夫妻财产关系的法律适用

1. 属人法原则。采用该原则的理由是夫妻关系由人身关系与财产关系构成，而正是由于夫妻人身关系的存在，所以才会在人身关系的基础上形成主要的财产关系。既然夫妻人身关系适用属人法，财产关系当然也不例外。在解决夫妻财产的法律冲突时，许多国家相继采用属人法。

2. 意思自治原则的运用。意思自治原则解决夫妻财产关系是"意思自治"原则在婚姻家庭领域的新发展，也是对夫妻双方本身生活的尊重和不干涉，更是婚姻自由原则贯彻到夫妻生活关系中进而在处理夫妻财产关系中，对双方意志的尊崇。双方对财产的协商一致对适用的法律作出选择的前提下，得到的结果往往双方都能接受，有利于争议的解决。1979年《奥地利国际私法》在夫妻财产关系的法律适用上，即采用该原则。如其第19条规定，夫妻财产依当事人明示选择的法律，无此协议选择的法律时，依结婚时支配婚姻的人身法律效力的法律。另外美国、英国、日本、瑞士等国都有类似条款的规定。对意思自治原则有的国家主张对夫妻选择的范围和方式作出一定的限制，有的国家主张不加限制。不过此种情况容易造成"法律规避"，不利于案件的公平解决。

3. 对财产适用的分割制和同一制问题。该问题也就是对夫妻财产是区分动产还是不动产分别适用不同准据法，还是不区分动产与不动产适用同一准据法。分割制把夫妻财产分为动产和不动产，动产适用夫妻的住所地法，不动产适用物之所在地法。把夫妻财产分为动产与不动产，分别适用不同的准据法，可以保持夫妻财产制和继承财产权的统一。

4. 关于准据法的不变与可变主义问题。该问题解决的是在夫妻财产关系的准据法发生变更的情况下，是适用新法还是旧法的问题。当事人的国籍或住所变更，是适用由此发生改变的准据法，还是原来的准据法，也就是不变主义和可变主义的问题。不变主义是适用旧法和原来的准据法，是为着稳定和一贯的利益，防止出现大量规避法律的现象。而可变主义主张夫妻财产关系受一国法律的约束，就暗示了若其法律发生变更，应适用变更后的法律。1978年海牙《夫妻财产法律适用公约》采用可变主义原则。

(三) 夫妻关系法律适用方面的国际公约

1905年7月海牙《关于婚姻对夫妻双方人身与财产权利义务效力的法律冲突公约》对夫妻人身关系的法律适用作了原则性的规定。该公约把结婚时丈夫的本国法作为处理夫妻关系的基本原则。该规定过于简单，且不符合时代潮流，故借鉴意义不大。

1978年《夫妻财产法律适用公约》对夫妻财产关系的法律适用作了较详细的规

定。公约规定了有限制的意思自治原则。即允许夫妻双方选择关于夫妻财产关系的适用法，但是限制了该选择的范围。在当事人没有选择准据法的情况下，公约规定了一系列的解决方案。最后《公约》规定了有限制的变更主义原则，第6条突出体现了这一点。该公约的规定还是比较成熟和可行的。目前我国没有加入该上述两公约。

（四）我国的法律规定

2011年《法律适用法》第24条规定："夫妻财产关系，当事人可以协议选择适用一方当事人经常居所地法律、国籍国法律或者主要财产所在地法律。当事人没有选择的，适用共同经常居所地法律；没有共同经常居所地的，适用共同国籍国法律。"在该法通过之前，我国法律、行政法规与相关司法解释没有就涉外夫妻关系的法律适用作出专门规定。新法的颁布将夫妻财产关系与夫妻人身关系相区别，单独规定其法律适用规则，符合国际私法在夫妻财产关系领域立法的发展趋势。此外，在夫妻财产关系的法律适用上引入有限意思自治原则，允许夫妻双方自主选择适用于其财产关系的法律，这是我国冲突法在婚姻家庭领域立法上的突破。

需要注意的是，我国涉外夫妻人身、财产关系法律适用均规定适用当事人共同国籍国法律。如果当事人没有共同国籍，那么，就采用2011年《法律适用法》第2条第2款规定，即"本法和其他法律对涉外民事关系法律适用没有规定的，适用与该涉外民事关系有最密切联系的法律"。

## 第四节　亲子关系的法律适用

亲子关系又称父母子女关系，是父母子女的权利义务关系，该关系既包括人身关系也包括财产关系。广义的亲子关系包括监护、收养、扶养等各种父母与子女的关系，狭义的亲子关系一般仅指具有血缘关系的父母与亲生子女的关系。根据各国一般的划分，亲子关系被分为父母与婚生子女关系以及父母与非婚生子女的关系。就各国的法律冲突的表现此处不再赘述，专就法律适用方面作一介绍。

**一、亲子关系的法律适用**

婚生子女与非婚生子女的区别在当今世界中还是存在的。而且如何确定婚生子女的法律适用原则也具有丰富性。

（一）父母与婚生子女的法律适用

1. 父母属人法

采用父母的属人法体现了夫妻平等的原则。该原则具体又分为：(1) 父母共同的属人法。《奥地利联邦国际私法》第21条规定：子女婚生的要件以及因此而发生的争议，依该子女出生时配偶双方的属人法，如子女出生前婚姻生活解除，依解除时配偶双方的属人法。配偶属人法不同时，依其中更有利于认定子女为婚生的法律。(2) 父母各自的属人法。即由父的属人法来适用父与子女的婚生关系，由母的属人法来规定母与子女的婚生关系。

2. 父母各自的属人法

该原则即采用父母一方的属人法来规定父母与子女的婚生关系。该原则具体又分为：(1) 适用父的属人法。该方法有适用父的本国法、住所地法等差别。(2) 适用子女出生时生母的属人法。

3. 子女属人法

采用此原则的理由是婚生地位对子女的身份关系非常密切。1965年《波兰国际私法》即采用此规定。由于实体规范的不同，适用子女属人法不一定真正对子女最有利。

4. 适用对子女更为有利的法律

该原则比较有灵活性和弹性。该弹性法律适用规范的根本目的是更好地达成保护子女利益的目的。如《秘鲁民法典》第2083条规定："婚姻中子女地位的确认，依婚姻举行地法或子女出生时婚姻住所地法，视其中何者最有利于子女的认可。"

(二) 父母与非婚生子女关系的法律适用

在父母与非婚生子女关系的法律适用中，各国一般都规定准正制度。所谓准正制度就是通过父母事后婚姻、认领和通过法院判决等方式和程序，使得非婚生子女取得同婚生子女大体相同或同等的法律地位，有利于对非婚生子女利益的保护。各国对准正制度的法律适用的规定主要有：

1. 关于事后婚姻的准据法。有关事后婚姻的准据法，各国的做法主要有：(1) 依照生父事后婚姻的准据法。(2) 依照父母的属人法。1979年奥地利的国际私法规范就采用此原则。(3) 依照子女的属人法。

2. 关于认领的准据法。各国法律都规定认领不仅要通过一定的方式与程序，而且还要具备一些实质要件。因此，对于认领的法律适用需要区分形式要件和实质要件来分别适用准据法。对于认领的形式要件，一般认为以行为地法为准据法，以此指引的实体规范来认定认领的形式要件。对于实质要件的法律适用，主要有以下几种做法：(1) 适用父母属人法。(2) 子女属人法。(3) 最大限度地有利于认领有效成立的法律。《瑞士联邦国际私法》第72条第1款规定："在瑞士认领非婚生子女，得依子女的惯常居所地国家的法律或依其本国法或依母或父的住所地法或本国法为之。"(4) 分别适用父母子女的属人法，即对于非婚生子女的认领实质要件，对其生父母而言，适用父母属人法，对于非婚生子女而言，适用子女的属人法。《日本法例》第18条就作此规定。

3. 通过法院判决准正的准据法。各国立法一般不专门作关于此的规定，由具体的法院判决来确定。

(三) 父母与子女间权利义务关系的法律适用

父母与子女间权利义务关系也包括了人身方面的权利义务关系和财产方面的权利义务关系。一般来说，人身方面的权利义务关系主要是法定代理权、监护权、教育保护权等等。财产方面的权利义务关系主要是对其财产的管理、使用、收益、处分的权利义务关系。以是否区分人身关系与财产关系为标准,父母子女的权利义务关系的法律适用大体分为两类:一类是不区分人身关系与财产关系统一适用一个法律;一类是区分人身关系与财产关系分别适用不同的法律。

1. 不区分人身关系和财产关系统一适用一个法律

采用此原则的理由是在父母与子女的关系中,人身关系和财产关系是不可分的,是一个完整的整体,区分适用徒增麻烦。在具体适用的法律上,存在着以下类别:(1) 父母属人法。《意大利民法典》第 20 条规定:"父母子女间的法律关系,依父的本国法,如无父时,依母的本国法。"另外,德国、法国也有类似的规定。(2) 子女属人法。该做法主要是从保护子女、谋求子女的幸福的角度作出的选择。《匈牙利国际私法》第 45 条第 1 款规定:"父母子女间的家庭法律关系,特别是子女的姓名、保护、监护、法定代理、扶养和财产管理适用子女的属人法,但对父母的赡养除外。"(3) 父母子女双方共同的属人法。该做法从家庭中父母子女关系的相互融洽的角度出发,综合两方面的因素,父母子女关系应适用父母子女共同的属人法。

2. 区分人身关系和财产关系分别适用不同的法律

该原则认为由于各国法律对人身关系和财产关系的法律规定的严格程度不同,人身关系相比较财产关系,更关乎国家的伦理道德,而财产关系又有动产和不动产的区别,所以,不宜以统一的准据法来适用父母子女关系。例如英国把父母子女关系分为未成年子女的一般亲权和对子女的财产权,分别适用不同的法律规则;而对子女的财产权又区分动产和不动产分别适用不同的法律规则。

## 二、我国的法律规定

我国《婚姻法》第 25 条规定:"非婚生子女享有与婚生子女同等的权利,任何人不得加以危害和歧视。不直接抚养非婚生子女的生父或生母,应当负担子女的生活费和教育费,直至子女能独立生活为止。"此条款充分肯定了在我国非婚生子女和婚生子女的法律地位没有任何区别。关于父母子女在人身关系和财产关系方面的法律适用规范,我国 2011 年《法律适用法》第 25 条规定:"父母子女人身、财产关系,适用共同经常居所地法律;没有共同经常居所地的,适用一方当事人经常居所地法律或者国籍国法律中有利于保护弱者权益的法律。"这一条的规定不区分父母子女人身关系与财产关系,统一适用同一冲突规范,充分体现了最密切联系原则,明确规定保护弱者利益原则的适用。根据该规定,对于没有共同经常居所地的父母子女,其相互之间的人身、财产关系,依保护弱者权益的原则选择适用一方当事人的经常居所地法律或国籍国法律。就是说,在规定的这些法律当中,哪一个最有利于保护弱者一方当事人的权益就适用哪一个。根据实际情况的不同,父母子女关系中作为弱者的一方当事人,可能是子女,也可能是父母。

## 第五节　收养关系的法律适用

收养关系是一方根据法律规定通过一定的法律程序把另一方即非自己亲生子女认定为自己的子女,从而拟制出一种如亲生父母子女关系的权利义务关系。在涉外收养的法律关系中,收养成立要件的法律适用,收养的权利义务关系的法律适用以及收养案件的管辖权方面,都面临着法律冲突以及法律适用问题。

### 一、收养案件的管辖权问题

关于跨国收养的管辖权,由于和各国的切身利益相关,而且同保护儿童最大利益、打击国际贩卖儿童的犯罪以及各国的出入境以及移民制度都有密切联系,因此司法方面各国对收养案件的管辖权都比较重视。具体来说,各国一般以国籍、住所、最密切联系地等为连结点来确定管辖权。一般有以下几种做法。

(一)收养人的住所地或国籍国的法院行使管辖权

英国主要采用以收养人的住所地或国籍国的法院行使管辖权。1975年《英国收养法》规定:只要收养申请人在英国有住所,被收养人或其生父母在收养申请提出时出现在英国,英国高级或地方法院就有管辖权。《瑞士联邦国际私法法规》第75条规定,如果收养人夫妻双方住所地在瑞士,瑞士法院对宣告收养有管辖权。如果收养人或收养人夫妻双方在瑞士没有住所,其中一方为瑞士人,并且,如果他们在外国住所地不可能进行收养或被不合理地要求依当地收养程序收养时,瑞士原始所属地法院主管机关对宣告收养有管辖权。

(二)被收养人的住所或国籍国的法院行使管辖权

该原则以保护儿童的利益为出发点。美国《第二次冲突法重述》第78条规定了这种做法。《美洲国家关于未成年人收养的法律冲突公约》第15条明确规定:"依该公约的规定,被收养人的惯常居所地所在的缔约国的主管机关有权批准收养。"

(三)依最密切联系原则确立跨国收养的管辖权

最密切联系原则是一种灵活开放、富有弹性的准据法确定方法。目前采用此原则的国家比较少。因为各国对涉外收养问题目前一般都采取比较严格的控制措施。但是依最密切联系原则有加强国际合作与协调的积极作用。

### 二、收养成立要件的法律适用

涉外收养的成立形式要件,即收养程序,申请、订立书面协议、公证和登记,各国有不同规定,在发生争议确定法律适用时都依据程序问题应适用行为地法即适用收养成立地法。但对于年龄规定、年龄差的规定、身份、双方自愿等法律适用规定就比较复杂。在属人法的确定上有以下做法。

(一)适用法院地法

美国1971年《冲突法重述(第二次)》第289节主张法院应适用其本地法决定是否

准许收养。该《重述》指出,凡收养人或被收养人的住所在该州,以及收养人和被收养人或对被收养儿童有合法保护权的人愿意服从该州的对人管辖,该州便可行使此种管辖权,并且一旦确立了有管辖权,法院也只适用法院地法律。

(二) 适用收养人属人法

该主张认为,收养人通过申请,订立收养协议,公证或登记等程序成立收养关系,在收养关系成立之后,收养人就担负起行使亲权、抚养被收养人的责任,所以在该收养协议中,收养人应是"特征履行"的一方。收养人的住所地和国籍国是该收养关系的重心所在地,应适用收养人属人法来确定收养的实质要件,同时也有利于保护收养人的权利。

(三) 适用被收养人属人法

此做法体现了保护弱者利益的原则,在涉外收养领域中,保护被收养人的最大利益是确定法律适用的一个立足点。适用被收养人的属人法才能给予被收养人以有效的保护。

(四) 适用收养人和被收养人各自的属人法

该做法认为收养关系的形成与双方当事人的利益是息息相关的,所以在确定法律适用时,不能只考虑一方的利益,而损害另一方的利益。另外为防止"跛足收养"情况的出现也应该分别适用各自的属人法。

### 三、涉外收养的权利义务关系的法律适用

各国在收养人与被收养人在收养成立后的权利义务关系的规定不同,因此在确定涉外收养的权利义务关系时,面临不同的法律适用问题。

1. 适用收养人的属人法

这种做法主要是考虑到收养关系成立后,被收养人将在收养人的住所地和国籍国生活,被收养人将要完全适应新的环境,这其中也包括了遵守收养人所在国的法律,另外只有融入到收养人所在国,才更有利于保护被收养人的利益,在确定收养效力时,应适用收养人属人法。

2. 适用收养人和被收养人的共同属人法

此主张主要是兼顾双方当事人的利益,同时也考虑到实际情况,灵活方便,有利于问题的解决。

### 四、有关的国际公约

(一) 1965年海牙《收养管辖权、法律适用和判决承认公约》

海牙国际私法会议1965年的《收养管辖权、法律适用和判决承认公约》是第一个专门性的国际收养公约。该公约规定,各国主管当局在批准收养时必须将保护儿童利益作为唯一的标准或原则,而且应坚持对收养人、被收养儿童及其家庭进行详细的调查。这是该《公约》第6条第1款确立的一项基本原则,也是整个公约的根本原则,除此以外,该《公约》第6条第2款和第3款以及第9条,也规定了国际收养合作机制的

雏形。关于跨国收养的管辖权,《公约》第 3 条规定只有收养人的国籍国的主管机关或收养人的惯常居所地国的主管机关有权批准收养,而被收养儿童的国籍国或惯常居所地国的主管机关并不具有批准收养的权利。关于收养的准据法,公约分两部分规定,一是有管辖权的主管机关应该将其本国法适用于收养的条件。如果收养人本国法或在夫妻共同收养时共同的本国法对收养规定了禁止性条款,而且该国依据《公约》第 13 条宣布为禁止的收养,那么,应适用收养人本国法作为准据法。二是对有关收养的统一和商议的法律适用,除了关于收养人、其家庭或其配偶的同意和商议以外,应该适用儿童的本国法。但是关于收养的准据法的规定并不是具体和明确的。公约第 7 条规定了主管机关撤销收养或宣布收养无效的管辖权行使的依据和宣布收养无效或撤销收养的理由。该公约目前被执行的情况不是很理想,仅有奥地利、英国、瑞士批准该公约。

**(二) 1993 年海牙《跨国收养方面保护儿童及合作公约》**

1993 年海牙国际私法会议制定的《跨国收养方面保护儿童及合作公约》(简称《跨国收养公约》)是一个比较成功的公约。该公约明确限制了"收养"的限制范围:《公约》第 2 条第 2 款规定"公约仅适用于产生永久性的父母关系的收养"。公约规定了关于跨国收养的中央机关制度,各缔约国在跨国收养的过程中应该建立专门负责这方面工作的部门。详细明确地规定了跨国收养的启动程序,被收养儿童的安置程序等具体的程序性事项。其实体性规范和程序性规范均体现了联合国《儿童权利公约》的精神和原则,特别强调和健全收养国与原住国的有关机关的合作机制。与 1965 年的公约相比较,1993 年海牙《跨国收养公约》没有通过明确规定儿童原住国或收养国的主管当局的管辖权的方式或者通过指定准据法的方式来规范跨国收养,而是通过规定每一缔约国应履行的基本义务以及要求儿童原住国与收养国对任何一件公约成立的跨国收养共同承担责任的方式来保证跨国收养得到承认。这也是 1993 年海牙《跨国收养公约》在国际私法规范方面比较特殊的地方。该公约目前得到了比较广泛的承认和执行。目前,我国已经加入该公约,这也是我国加入的第一个海牙国际私法会议的公约。

**五、我国的法律规定**

我国 2011 年《法律适用法》第 28 条规定:"收养的条件和手续,适用收养人和被收养人经常居所地法律。收养的效力,适用收养时收养人经常居所地法律。收养关系的解除,适用收养时被收养人经常居所地法律或者法院地法律。"我国先前《收养法》中并未系统地将收养法律关系分成不同的方面来分别规定法律适用,而是进行了统一规定。而 2011 年《法律适用法》将收养关系分割为收养的成立、收养的效力、收养的解除三个方面,对收养关系的不同方面分别确定应当适用的实体法律。这种方式有利于提高法律适用的针对性和增强法律适用的灵活性,有利于更好地保护双方当事人的合法权益。

上述 2011 年《法律适用法》第 28 条的规定,与《收养法》的相关规定有所不同。

2011年《法律适用法》第2条第1款规定:"涉外民事关系适用的法律,依照本法确定。其他法律对涉外民事关系法律适用另有特别规定的,依照其规定。"据此,《收养法》的相关规定仍然可以适用。

## 第六节　涉外监护与涉外扶养关系的法律适用

**一、监护的法律适用**

监护是指对无行为能力人和限制行为能力人的人身关系和财产权益依法实行的监督和保护。监护制度的设立是帮助具有权利能力而无行为能力的人的权利能力得到实现,使其与完全行为能力一样得到生存与发展。就监护制度的内容来说,主要包括监护人和被监护人的范围和条件,监护人的权利和义务,设立监护的方式,监护的变更与终止等。监护制度的内容各国的法律规定都存在着差别。基于此,涉外监护必然产生法律冲突。而对当事人而言,就会因为选用不同国家的法律进行调整而产生不同的法律后果。

(一)监护的法律适用

涉外监护的法律适用,大多数国家主要依被监护人的属人法,少数国家主张依法院地法。

1. 适用被监护人属人法。监护制度本身就是为救济和保护弱者利益而设置的,通过设置监护制度,使得被监护人的利益不会因为自身能力的限制而落空和得不到实现。大多数国家的立法对于涉外监护的属人法都规定适用被监护人属人法。例如《奥地利国际私法》第72条规定:"监护与保佐的构成与终止的要件与效力,依被监护人的属人法。"对于属人法的具体应用,各国又有被监护人的本国法与被监护人的住所地法等两种做法。如《泰国国际私法》第32条第1款规定:"对未成年人因无行使亲权的原因而设监护时,监护人的义务和权限及监护的终止,依未成年人本国法。"《日本法例》第23条规定:"在日本有住所或居所的外国人依其本国法有监护开始原因而无人行使监护的或在日本宣告禁治产的,其监护依日本法。"

2. 适用法院地法。英国在关于涉外监护的司法实践中,注重法院地法的运用,由于英国多运用有管辖权的法院地法,而英国的司法传统又特别注重运用管辖权来处理争议案件,因此,运用法院地法的结果往往是运用英国法来处理此问题。

(二)有关涉外监护的国际公约

国际上有关未成年人监护的公约有1902年《未成年人监护权公约》和1961年《关于未成年人保护的管辖权和法律适用公约》。

1961年海牙《关于未成年人保护的管辖权和法律适用公约》就未成年人监护的管辖权和法律适用作了具体规定。该《公约》第1条规定:未成年人的惯常居所地国的司法机关和行政机关有权采取措施,以保护未成年人的利益。该条确定了未成年人的惯常居所地的管辖权以及法律适用。同时,公约也规定未成年人的本国法也可以适用,公约第 3 条和第 4 条对未成年人本国法的适用情况作了规定。而公约第 8 条规定了从保护未成年人的利益出发,在紧急状态下,赋予惯常居所地法以更大的适用权力。公约兼顾了各国的不同的利益,提出"惯常居所地法"并赋予"惯常居所地法"更大的适用权力,同时给予被监护人本国机关和本国法一定的权力和适用范围,但这样做的结果是使不同国家的法律在相互牵制中难以发挥作用,公约制定的主旨便大打折扣。

(三) 我国的法律规定

我国 2011 年《法律适用法》第 30 条规定:"监护,适用一方当事人经常居所地法律或者国籍国法律中有利于保护被监护人权益的法律。"我国先前立法中没有关于涉外监护的明确规定,只在《民通意见》第 190 条规定"监护的设立、变更和终止,适用被监护人的本国法律。但是,被监护人在我国境内有住所的,适用我国的法律。"相比较而言,2011 年《法律适用法》的规定符合国际社会对弱者的保护,也与监护制度的本质和目的相符。

## 二、扶养关系的法律适用

(一) 扶养的法律适用

扶养是指根据法律规定,在配偶之间、亲子之间和其他亲属之间,一方在生活上出现有接受扶助的必要时,有经济能力的一方予以扶养,以使其正常生活的一种制度。广义的扶养不仅包括夫妻之间的扶养,还包括亲子之间和其他亲属之间的扶养三种情况。其中又有两种不同的做法:即以匈牙利为代表的国家,立法中不把扶养当做一个单独的问题,而是分别由调整夫妻关系、亲子关系的法律来调整。另有一种做法是以扶养问题的相符性为原则,把配偶之间、亲子之间和亲属之间的扶养都合并为一个整体,这类做法的国家以土耳其为代表。世界各国对扶养的范围界定不同,与此相对应,对扶养问题的法律适用也作出了不同的规定。

一种观点认为夫妻之间的扶养和亲子之间的扶养是有差别的,所以应当分别适用调整夫妻关系和亲子关系的法律,而其他亲属的扶养就适用其单独的法律。另一种观点把扶养看作一个整体概念,发生争议应统一适用一个法律。认为扶养作为一个整体法律概念,吸收了相关内容的组成部分独立出来,并随着时代的统一趋势发展,逐渐增加法律选择的难度。并且,在扶养领域保护弱者一方利益是制定冲突规范的一个重要原则,这在夫妻关系和亲子关系的扶养方面也属例外,在基本原则相同的情况下,法律适用规则的规定也一致,即都适用最有利于保护被抚养人的法律,即被抚养人的属人法。表现在具体立法上,该主张表现为适用统一的冲突规范。

(二) 关于扶养法律适用的公约

在 1973 年的《关于扶养义务法律适用公约》中,把扶养的法律适用分为两个部分,即离婚或别居扶养的法律适用和一般扶养的法律适用。对于前者,根据该《公约》第 8 条规定,由于离婚和别居而产生的扶养义务的法律适用,离婚别居配偶之间的扶养依解决离婚或别居的准据法;至于离婚和别居之外的扶养义务的综合的法律适用,根据该公约第 4 条至第 6 条:"扶养义务适用被扶养人惯常居所地法。"如根据该国法律,被扶养人不能得到扶养,则可以适用被扶养人和扶养人共同本国法;如果被扶养人和扶养人没有共同国籍或者根据该共同国籍法律,被扶养人不能获得扶养,则可以适用法院地法。

公约把扶养义务的法律适用分成两个部分,即离婚或别居的扶养的法律适用和一般的扶养的法律适用。其主要原因是因为夫妻双方离婚,当判决生效时夫妻关系自动解除,所涉及扶养义务也由法院依据离婚的法律得到确定,至于以后关于扶养义务的实现问题发生争议也只能适用解决离婚时的准据法,自然不能与一般扶养合并起来统一适用一个法律冲突规范,这是具有根本性质的差别。但同时公约把扶养看作一个整体,在通常意义上统一了各缔约国关于扶养的国内法冲突规范,起到了很好的示范作用。《瑞士联邦国际私法》第 83 条第 1 款规定:"父母子女之间的扶养义务,适用 1973 年 10 月 2 日《关于扶养义务法律适用公约》。"目前,我国还没有加入该公约。

(三) 我国的法律规定

我国 2011 年《法律适用法》第 29 条规定:"扶养,适用一方当事人经常居所地法律、国籍国法律或者主要财产所在地法律中有利于保护被扶养人权益的法律。"该法颁布之前,《民法通则》第 148 条规定:"扶养适用与被扶养人有最密切联系的国家的法律"。《民通意见》第 189 条规定:"父母子女相互间的扶养、夫妻相互之间的扶养以及其他有扶养关系的人之间的扶养,应当适用与被扶养人有最密切联系国家的法律。扶养人与被扶养人的国籍、住所以及供养被扶养人的财产所在地,均可视为与被扶养人有最密切的联系。"2011 年《法律适用法》相较于上述规定,更加明确了弱者利益保护原则,且更为简明。

# 第五章

# 涉外继承关系的法律适用

继承是指继承人对被继承人生前的财产及与财产有关的权利义务承继下来的法律制度。作为一项古老的法律制度,继承是伴随着私有财产的产生而产生的。随着社会的发展和人们对私有财产占有量的增加,继承制度的内容不断丰富,法律规定日益完善。古代的继承制度一般包括身份的继承和财产的继承,而现代各国的法律一般只规定财产的继承制度。

涉外继承是指继承法律关系的主体、客体和法律事实诸要素中,至少有一个或者一个以上具有国际因素的继承关系,其国际因素主要表现在:继承人和被继承人一方或者双方为外国人,或者所继承的遗产全部或者部分在国外,或者产生继承的法律事实发生在国外等等。各国的社会制度、经济制度以及历史文化、宗教信仰的差异对于各国的继承法律制度的影响是巨大的,因此各国的继承法律制度也存在着很大的差别。但是各国的继承制度一般都规定了法定继承制度和遗嘱继承制度。关于继承关系的法律适用方面,主要是围绕这两种继承法律制度展开,另外就是关于遗产管理和无人继承财产的法律适用问题。

在解决继承的法律冲突方面,海牙国际私法会议取得了显著的成绩,主要表现在与继承有关的三个海牙公约上,即《遗产国际管理公约》《死者遗产继承法律适用公约》和《遗嘱处分方式法律适用公约》。

**本章涉及 2011 年《法律适用法》相关条款:**

第 31 条  法定继承,适用被继承人死亡时经常居所地法律,但不动产法定继承,适用不动产所在地法律。

第 32 条  遗嘱方式,符合遗嘱人立遗嘱时或者死亡时经常居所地法律、国籍国法律或者遗嘱行为地法律的,遗嘱均为成立。

第 33 条  遗嘱效力,适用遗嘱人立遗嘱时或者死亡时经常居所地法律或者国籍国法律。

第 34 条  遗产管理等事项,适用遗产所在地法律。

第 35 条  无人继承遗产的归属,适用被继承人死亡时遗产所在地法律。

## 第一节  遗嘱继承

遗嘱是被继承人生前按照法律规定,预先处分自己的财产以及对死后的权利义务的分配进行处理和安排,并于其死亡时开始发生法律效力的单方法律行为。遗嘱继承是指按照被继承人生前所立的合法有效的遗嘱进行继承的继承方式。遗嘱继承的法律适用包括遗嘱能力、遗嘱形式、遗嘱效力、遗嘱的撤销和解释等问题,各国普遍采用的是立遗嘱人的属人法。

## ▶典型案例

### 【案情】[①]

原告文某,美国人,家住美国宾夕法尼亚州费城。被告文中某是香港人,第三人文小某也是香港人。原被告所争讼的是位于广东省惠阳市甲中路56号房屋的产权。原告称:1993年1月15日,原告祖父文老某在美国宾夕法尼亚州立下遗嘱:将其名下的财产(包括该房屋)全部遗赠给原告。该遗嘱经由费城县及宾夕法尼亚州公证机关公证,宾夕法尼亚州政府办公室秘书通过证明书证实上述公证人属实,同时州政府也附有印章认可;中华人民共和国驻纽约总领事馆又证实宾夕法尼亚州政府的印章属实。经过中国驻美国领事馆认证,是一份合法有效的遗嘱。1994年1月,原告的祖父在香港去世。1998年5月,原告回国到惠阳市房产管理部门办理房产过户手续时,得知该房的产权证保管在被告手中,原告到香港索要产权证未果,于是诉至法院。而法庭审理期间查明,被继承人文老某有三个儿子:长子文大某,次子文中某,三子文小某,未生有女儿。原告是文老某的孙子、文大某的儿子。原告与被告是叔侄关系。文老某所立遗嘱除有财产安排的内容外,另有立即清偿其本人债务以及葬礼费用等内容。庭审时,被告对原告所提交的证据的真实性没有异议,但否认该遗嘱是其父所立,理由是遗嘱中没有文老某的中文签名,并拒绝交还产权证。同时,被告和第三人提出文老某死后的丧葬费20000港元是他们兄弟二人负担的,文大某及原告均没有负担。同时被告和第三人均表示文老某在香港逝世前未立遗嘱,并且原告在得知被继承人文老某将自己的财产遗嘱遗赠给他后立即明确表示接受遗赠;文老某死后也没有留下债务。

### 【审理】

法院经审理认为本案件属于房屋遗赠纠纷。原告依据被继承人生前的遗嘱要求受遗赠房屋的产权,被告是遗产的第一顺序法定继承人,因此对于被继承人将争议的房屋遗赠给原告而产生的纠纷属于房屋遗赠纠纷。而被继承人于1993年1月15日在美国宾夕法尼亚州费城县所立遗嘱属于公证遗嘱,其真实性有相应的证据证实,遗嘱的内容没有违反法律规定和社会公共利益,是合法有效的遗嘱。原告在得知被继承人的意愿后立即明确表示接受遗赠,该房屋属于遗嘱人个人合法财产,且在遗赠给原告的财产范围之内,应归原告所有。

---

① 参见《文立本诉文志伟房屋遗赠案》,载中国高级法官培训中心、中国人民大学法学院编:《中国审判案例要览》(1999年民事审判案例卷),中国人民大学出版社2002年版,第537—540页。

**【法理】**

这是一个因财产遗赠而产生的房屋遗赠纠纷案件,在本案中,围绕着遗赠,有遗嘱的真实性、遗嘱的效力等问题需要考虑。关于遗嘱的真实性,本案中,遗嘱人在美国宾夕法尼亚州费城县公证机关并由公证人公证立下一份公证遗嘱,宾夕法尼亚州政府办公室秘书又通过证明书证实上述公证人属实,同时州政府也附有印章认可,中华人民共和国驻纽约总领事馆又证实宾夕法尼亚州政府的印章属实。由此可见,遗嘱的真实性可以认定。而关于遗嘱的效力问题,形式上,若根据2011《法律适用法》第32条的规定:"遗嘱方式,符合遗嘱人立遗嘱时或者死亡时经常居所地法律、国籍国法律或者遗嘱行为地法律的,遗嘱均为成立。"则因为本案遗嘱人所立的是公证遗嘱,符合美国的法律规定,因此形式上是完备的。关于遗嘱的内容方面,若根据2011《法律适用法》第33条的规定:"遗嘱效力,适用遗嘱人立遗嘱时或者死亡时经常居所地法律或者国籍国法律。"本案中,遗嘱人处分的是其个人的合法财产,没有损害国家、集体或者他人的合法财产,遗嘱人在立遗嘱的时候具有相应的行为能力,而且是其真实的意思表示;遗嘱人没有缺乏劳动能力又没有生活来源的继承人,也就没有必要留下其他遗产份额,是符合法律规定的。因此法院确认遗嘱人所立遗嘱合法有效是有效的。《继承法》第25条第2款规定"受遗赠人应当在知道受遗赠后两个月内,作出接受或放弃受遗赠的表示"。本案原告文某在得知祖父将财产遗赠给他之后,已经立即表示接受遗赠。该房屋判归原告所有。被告保管该房的房屋所有产权证不能认为就已经取得该房屋的产权,应该将房屋的产权证交付给原告。虽然被继承人生前最后住所地国家是美国,但是因为本案争议的标的物是房屋,属于不动产,根据我国2013年修订的《民事诉讼法》第34条第1款的规定:"因不动产纠纷提起的诉讼,由不动产所在地人民法院管辖",广东惠阳市人民法院有权对本案进行审理和判决。

此房屋遗赠案件中,在遗嘱的真实性的认定上,就牵扯到国际私法中遗嘱形式要件的法律冲突问题,即在遗嘱的形式有效性上,面临由何地法律规定该遗嘱的真实有效性的问题。该法院的处理是以遗嘱作出地,即立遗嘱人立遗嘱时所在地也就是美国宾夕法尼亚州的法律判断该遗嘱的形式有效性。在遗嘱内容方面,由于遗嘱处分的是位于中国的不动产,因此法院适用的是不动产所在地也就是中国的继承法来调整该不动产的分配关系。此案集中体现了国际继承中形式要件的法律冲突与法律适用以及其实质要件的法律冲突与法律适用。

## 一、遗嘱形式要件的法律冲突

### (一)遗嘱形式的主要种类

遗嘱形式也叫遗嘱方式,是指遗嘱必须具备的法定形式。各国法律对遗嘱的形式要件都作了规定。

我国《继承法》第17条对遗嘱形式要件作了规定,法律规定的遗嘱形式有公证遗嘱、自书遗嘱、代书遗嘱、录音形式的遗嘱、口头遗嘱等。对于公证遗嘱,由遗嘱人经公证机关办理。自书遗嘱由遗嘱人亲笔书写,签名,注明年、月、日。代书遗嘱应当有两个以上见证人在场见证,由其中一人代书,注明年、月、日,并由代书人、其他见证人和遗嘱人签名。以录音形式立的遗嘱,应当有两个以上的见证人在场见证。遗嘱人在危急情况下可以立口头遗嘱。口头遗嘱应该有两个以上见证人在场见证,危急情况解除后,遗嘱人能够用书面或者录音形式立遗嘱的,所立口头遗嘱无效。

《日本民法典》第7章对遗嘱形式要件作了详细规定,该法把遗嘱方式分为普通方式的遗嘱和特别方式的遗嘱。普通方式包括秘密证书、公证证书和自笔证书。秘密证书由遗嘱人签名盖章,将证书密封,同时要有1名公证人和2名以上的证人在场,证人需要签名盖章。特别方式遗嘱主要是指一些特殊的紧急情况下的遗嘱,有死亡紧急、传染病隔离、住在船上人员在船舶遇难情况下所立的遗嘱等。若采用特别方式立下遗嘱,自立遗嘱日起20天内,未经1名证人或利害关系人请求家庭裁判所确认的话该遗嘱就无效。在英国法律规定中,规定了遗嘱的形式主要有自书遗嘱和公证遗嘱,只要遗嘱上签有立遗嘱人的姓名,而且该签名有两人证明就合法。

(二) 遗嘱的变更与撤销方面的法律冲突

一个有效成立的遗嘱可能会因为遗嘱人后来新作的遗嘱、行为或事后发生的事件而被变更或撤销。而各国关于遗嘱得以被变更或撤销所规定的条件也是存在差异的。《俄罗斯联邦民法典》规定,由公证证明的遗嘱在任何时候可以被立遗嘱人废止或变更。废止遗嘱可以通过两种方式:一是向公证处提出废止该公证遗嘱,一是新制作的遗嘱的公证证明。遗嘱的变更则通过制作新遗嘱的方式进行。我国《继承法》第20条规定,遗嘱人可以撤销、变更自己所立的遗嘱。立有数份内容相互抵触的遗嘱的,以最后的遗嘱为准。自书遗嘱、代书遗嘱、录音遗嘱、口头遗嘱不得撤销、变更公证遗嘱。

**二、遗嘱形式要件的法律适用**

遗嘱形式要件的法律适用包括遗嘱形式有效性的法律适用,也包括关于遗嘱的变更、撤销有效性的法律适用。

(一) 遗嘱形式有效性的法律适用

1. 各国的法律规定

对于遗嘱形式的法律适用有同一制与区别制两种处理原则。

(1) 同一制原则。所谓的同一制就是指立遗嘱人在立遗嘱时,对财产不作动产和不动产的区分,适用同一遗嘱方式的准据法。立遗嘱人属人法或者立遗嘱行为地法常作为确定遗嘱形式的依据。多数采用同一制的国家规定采用的是当事人本国法,少数国家采用的是立遗嘱行为地法作为确定遗嘱形式的准据法。《泰国国际私法》第40条规定:遗嘱的方式,依遗嘱人本国法,或依遗嘱地法。《埃及民法典》第17条规定:遗嘱的形式由遗嘱人立遗嘱时的本国法或遗嘱成立地法规定。

(2) 区别制原则。区别制原则是指立遗嘱时将财产区分为动产和不动产,分别适用不同的遗嘱形式准据法。采用区别制的国家一般在确定不动产遗嘱形式准据法时,适用遗产所在地法;动产遗嘱形式准据法适用立遗嘱人立遗嘱时的属人法或者立遗嘱地法。例如英国传统判例对遗嘱方式采用区别制,分别规定了两个法律适用规则,即不动产的遗嘱方式依遗产所在地法;动产的遗嘱方式依立遗嘱人死亡时的住所地法。

《俄罗斯联邦民法典》在确定遗嘱方式准据法问题上的规定比较特殊。该法第567条第2款规定,遗嘱的形式由遗嘱人制作时经常住所地所在国法律规定。但是遗嘱形式符合遗嘱文件制作地法律亦为有效。

2. 我国的法律规定

我国2011年《法律适用法》第32条规定:"遗嘱方式,符合遗嘱人立遗嘱时或者死亡时经常居所地法律、国籍国法律或者遗嘱行为地法律的,遗嘱均为成立。"该条在遗嘱方式的法律适用上采用的是同一制,即不区分动产与不动产,适用同一准据法。该条款为无条件选择适用的冲突规范,有五个连结点可选择,即:遗嘱人立遗嘱时经常居所地、遗嘱人死亡时经常居所地、遗嘱人立遗嘱时的国籍国、遗嘱人死亡时的国籍国以及遗嘱行为地。只要遗嘱人所立遗嘱的形式符合上述任何一个地方的法律,该遗嘱即为有效成立。对遗嘱形式要件的宽松掌握,体现了立法者对立遗嘱人生前意愿的充分尊重,也和国际上对遗嘱形式法律适用的规定相一致。我国现行的《民法通则》和《继承法》都没有对涉外遗嘱方式的法律适用做出规定。《继承法》对涉外继承法律适用的规定没有明确是否涵盖遗嘱继承,即使涵盖遗嘱继承,其规定适用于遗嘱方式上也是不合适的。可以说,关于遗嘱方式法律适用尚属立法空白。因此,本条规定填补了我国立法上的一大空白,具有突破意义。该条采用无条件的选择适用方式,有利于保障当事人不会因为某些国家对于遗嘱方式的苛刻要求而使当事人的意愿落空,符合最大限度地保证遗嘱在方式上的有效性的原则,能够达到保护当事人,特别是立遗嘱人合法权益之目的。

(二) 遗嘱的变更、撤销有效性的法律适用

关于遗嘱的变更、撤销的法律适用大体上有三种方式:一是适用撤销时遗嘱人的本国法;一是适用撤销时遗嘱人的住所地法;一是根据撤销遗嘱的不同方式适用不同的法律。

日本的法律规定遗嘱的取消依取消时立遗嘱人的本国法。意大利的法律规定遗嘱的设立、修改和撤销受遗嘱人在设立、修改或撤销遗嘱时对其有效的本国法支配。德国法律规定遗嘱订立的有效性和遗嘱的废除适用立遗嘱时支配继承关系的法律。取得和丧失德国国籍不影响当事人的遗嘱能力。匈牙利的法律规定遗嘱或者撤销遗嘱,如果依照匈牙利法或下列各法为有效,在方式上即认为有效:(1) 遗嘱签署时或撤销时的行为地法。(2) 遗嘱签署时或撤销时或遗嘱人死亡时遗嘱人的属人法。(3) 遗嘱签署时或撤销时或遗嘱人死亡时遗嘱人的所在地法或惯常居所地法。(4) 在不动产遗嘱的场合,不动产所在地法。韩国的法律规定遗嘱的撤销适用立遗嘱人撤销遗嘱时的本国法。英国1963年遗嘱法规定撤销另一据本法可视为恰当作成之遗嘱的遗嘱,或撤销另一据本法可视为恰当作成之遗嘱中的某一条文的遗嘱,如其作成,符合前一被撤销之遗嘱或条文被撤销之遗嘱所遵守的法律。《布斯塔曼特法典》规定关于撤销遗嘱的程序、条件和效力,依遗嘱人的属人法,但撤销的推定取决于当地法。

### (三) 相关的国际条约

1961年10月5日签订的《遗嘱处分方式法律冲突公约》对遗嘱方式准据法作了规定：凡遗嘱在处分方式符合下列国内法的应为有效：(1) 立遗嘱人立遗嘱时所在地法。(2) 立遗嘱人立遗嘱时或死亡时国籍所属国法，或立遗嘱人立遗嘱时或死亡时的住所地法。(3) 立遗嘱人立遗嘱时或死亡时的住所地法。(4) 立遗嘱人立遗嘱时或死亡时的惯常居所地法。(5) 在涉及不动产时，财产所在地法。在适用该公约时，如果某国内法是由不统一的法律制度组成，则应适用的法律应由该法律制度的有效的规则确定，如果没有此类规则，则由立遗嘱人与构成该法律制度的各种法律中最有实际联系的任何一种法律确定。

关于遗嘱处分方式的范围，该《公约》第5条规定，任何以立遗嘱人的年龄、国籍或其他个人条件来限制被许可的遗嘱处分方式的法律条款，应视为属于方式问题。同一规则适用于遗嘱处分的有效性所要求的证人必须具有的资格问题。

《公约》第3条规定公约不妨碍缔约国现在或将来制定的法律规则承认其他法律所规定的遗嘱方式。上述规定也适用于撤销以前所为的遗嘱处分。《遗嘱处分方式法律冲突公约》对遗嘱方式准据法的规定对各国遗嘱方式准据法发展产生了重要影响，各国遗嘱方式准据法的规定都体现出《遗嘱处分方式法律冲突公约》的内容，例如瑞士法律就规定遗嘱在方式方面的有效性由1961年10月5日关于《遗嘱处分方式法律冲突公约》支配。

### 三、遗嘱实质要件的法律冲突与法律适用

#### (一) 立遗嘱人的立遗嘱能力的法律冲突与法律适用

遗嘱实质要件的法律冲突主要体现在立遗嘱人的立遗嘱能力和遗嘱的内容方面。对于立遗嘱人的立遗嘱能力，即立遗嘱人通过遗嘱处分自己财产的能力，各国对作为遗嘱实质要件的遗嘱能力的具体规定是不同的。各国多单独规定了法律适用规则，具有普遍性的规定是遗嘱能力适用立遗嘱人的属人法。多数国家规定立遗嘱能力与行为能力相同，具有完全行为能力的人有立遗嘱的能力，但是也有少数国家规定立遗嘱的年龄小于具有完全行为能力的年龄。美国、英国、加拿大等国规定只有具备完全行为能力的人才有立遗嘱能力，无行为能力或限制行为能力人所立遗嘱无效。法国规定达到16岁的未成年人具有立遗嘱能力。我国《继承法》第22条规定："无行为能力人或限制行为能力人所立遗嘱无效。"

《瑞士联邦国际私法》规定，根据立遗嘱人的住所地法律、习惯居所地法律或其本国法的规定，立遗嘱人具有立遗嘱行为能力的，他所立的遗嘱即为有效。澳大利亚有关立遗嘱人通过遗嘱处分其不动产的能力问题，规定应适用立遗嘱人死亡时的财产所在地法。

#### (二) 遗嘱内容效力的法律冲突与法律适用

遗嘱内容是立遗嘱人通过遗嘱处分个人财产的具体意思表示。主要包括立遗嘱人在遗嘱中指定的继承人范围以及继承人继承遗产的份额等内容。英美法系赋予立

遗嘱人处分个人财产的权力较大。而大陆法系国家法律对立遗嘱人的处分财产规定得比较严格,对立遗嘱人的处分财产的权力作了较大的限制。《日本民法典》第1028条规定,只有直系卑亲属是继承人或直系卑亲属及配偶是继承人时,立遗嘱人只能处分其财产的1/2。《俄罗斯联邦民法典》规定,享有必继份的继承人主要是未成年子女及其他无劳动能力的继承人。我国《继承法》第19条规定,遗嘱应当对缺乏劳动能力又没有生活来源的继承人保留必要的遗产份额。

关于遗嘱内容及效力的实体规定不同所引起的法律冲突,各国分别奉行四种准据法原则:

1. 依立遗嘱人的本国法。采用此原则的国家认为遗嘱的内容与立遗嘱人的本国有密切联系。奥地利的法律将遗嘱内容及效力和立遗嘱能力合并在一起,统一适用死者为该法律行为时之属人法,如该法不认为有效,而死者死亡时的属人法认为有效时,以后者为准。《日本法例》第26条第1款规定:"遗嘱的成立及效力,依立遗嘱时遗嘱人本国法。"

2. 区分动产和不动产分别适用不同的法律。动产遗嘱依被继承人住所地法;不动产遗嘱依不动产所在地法。英国的法律准用法定住所地法、惯常居所地法或本国法,但处分不动产遗产适用不动产所在地法。美国和法国的立法和司法实践也将遗嘱继承实质要件分为动产和不动产,分别适用不同的法律原则。

3. 依立遗嘱人住所地法。该立遗嘱人住所地又分为两种,一种是立遗嘱人立遗嘱时的住所地,一种是立遗嘱人死亡时的住所地。因此立遗嘱人住所地法就分为立遗嘱人立遗嘱时住所地法和立遗嘱人死亡时住所地法。《阿根廷共和国国际私法条例(草案)》第32条规定:"遗嘱的实质有效性适用立遗嘱人最后住所地法。但是,依立遗嘱人立遗嘱时所住地法当然有效的遗嘱,视为有效。"泰国的做法则是将遗嘱内容及效力与遗嘱能力划分得很清楚,前者适用立遗嘱人死亡时的住所地法,后者适用遗嘱当事人的本国法。《泰国国际私法》第38条规定:"动产继承不论法定继承或遗嘱继承,都依被继承人死亡时之住所地法",第42条规定:"遗嘱全部或部分条款失效消灭,依遗嘱人死亡时住所地法。"

4. 有限制的指定所适用的法律。1988年海牙国际私法会议制定的《死者遗产继承法律适用公约》实行有限制的意思自治原则,允许死者生前可以指定某一特定国家的法律作为支配其全部遗产的法律,但是这种指定限制在死者指定时或死亡时他的本国法或惯常居所地法。实行有限制的意思自治原则,一方面有利于充分实现死者生前安排财产和后事的意愿,另一方面又可以防止死者在本国法、惯常居所地法之外滥用意思自治原则。

(三) 遗嘱解释的法律适用

关于遗嘱的解释,大陆法系国家立法一般很少予以规定。一般认为,遗嘱解释应受遗嘱实质有效性准据法的支配。有立法的国家也一般将遗嘱解释的法律适用与遗嘱效力的法律适用原则相匹配。《泰国国际私法》第41条规定:遗嘱的效力和解释以及遗嘱全部或部分无效,依遗嘱人死亡时的住所地法。普通法系国家一般对遗嘱的解释另行确定准据法,一般而言,这些国家对于遗嘱的解释首先适用立遗嘱人选择的法律。关于遗嘱条款的解释问题,美国也适用当事人自己选择的法律。1971年《第二次冲突法重述》第264条规定,处分动产权益的遗嘱,其条文的解释,依遗嘱为此目的所指定的州的本地法;遗嘱中无指定时,其解释适用立遗嘱人死亡时住所地州法院将予适用的解释规则。第240条规定,对于处分推定权益的遗嘱解释,应适用立遗嘱人指定的法律,没有指定时,则应适用土地所在地法院将予适用的法律。

(四)我国的法律规定

2011年《法律适用法》第33条规定:"遗嘱效力,适用遗嘱人立遗嘱时或者死亡时经常居所地法律或者国籍国法律。"本条规定同遗嘱方式法律适用一样采用了"同一制",即不论是动产遗嘱继承还是不动产遗嘱继承均适用同一法律。该条款同样为无条件选择适用的冲突规范,有四个连结点可供选择,即:遗嘱人立遗嘱时经常居所地、遗嘱人死亡时经常居所地、遗嘱人立遗嘱时的国籍国、遗嘱人死亡时的国籍国。只要遗嘱人所立遗嘱的实质要件符合上述任何一个地方的法律,该遗嘱即为有效成立。应该说本条关于遗嘱效力选择适用准据法的范围还是非常宽泛的,仅比遗嘱方式法律适用少了"遗嘱行为地"一个连结点,符合尽量使遗嘱有效的立法趋势,体现了国家充分尊重当事人意愿,维护当事人利益的立法理念。

同遗嘱方式法律适用一样,我国现行的《民法通则》和《继承法》都没有对涉外遗嘱效力的法律适用做出规定。2011年《法律适用法》关于遗嘱效力的规定同样具有突破意义。需要注意的是,此处的遗嘱效力应做广义理解,应包含遗嘱继承所有的实质要件,即遗嘱能力、遗嘱内容、遗嘱的解释与撤销等都应适用本法第33条的规定。

2011年《法律适用法》在"继承"一章中,由于条文的限制,并没有对遗嘱能力的法律适用单独规定。遗嘱能力属于自然人的民事行为能力之一,将总则中关于一般民事行为能力法律适用的规定适用于遗嘱能力的法律适用,是一些国家所采取的做法。2011年《法律适用法》第12条对自然人民事行为能力的法律适用做了规定,该条第1款规定:"自然人的民事行为能力,适用经常居所地法律。"第2款规定"自然人从事民事活动,依照经常居所地法律为无民事行为能力,依照行为地法律为有民事行为能力的,适用行为地法律,但涉及婚姻家庭、继承的除外。"①遗嘱能力适用一般民事行为能力之规定,还是适用遗嘱效力的规定应留待立法者进一步的解释。

我们认为,遗嘱能力应适用本法中关于遗嘱效力之规定,因为关于遗嘱效力,2011年《法律适用法》第33条规定了四种可供选择的法律,与第12条规定的一种法律选择相比,更有利于遗嘱的有效成立,符合国际上遗嘱继承的立法趋势。

## 第二节 法定继承

法定继承是指被继承人死亡时未留遗嘱,或者所留遗嘱无效,被继承人死亡后,按

---

① "但涉及婚姻家庭、继承的除外"是针对第2款的规定,与第1款规定无关。

照法律规定的继承人范围、继承顺序和遗产分配份额进行继承的法律制度。各国关于法定继承的法律规定多有不同。

**一、法定继承的法律冲突**

法定继承的法律冲突包括继承人的范围、继承人的顺序、继承人的应继份额等内容。

(一) 继承人的范围

关于继承人的范围,法律一般要求法定继承人与被继承人之间存在一定的血缘关系、婚姻关系或者收养抚养关系等。各国对继承人的范围的规定的差异表现在继承人范围宽窄程度的差别上,以及是否承认与被继承人有拟制血亲关系以及婚姻关系、姻亲关系的人是否享有继承权上。中国法律承认养子女的继承权,承认婚生子女与非婚生子女具有同等的继承权。

(二) 继承人的顺序

继承人的顺序是指法定继承人继承遗产的先后次序。继承顺序的先后,主要是根据继承人与被继承人血缘关系的远近来规定的。各国关于继承顺序的规定是不同的。法定继承开始后,按照法律规定的继承顺序进行继承时,如果有第一顺序继承人,则第二顺序以及以后各顺序的继承人不得继承遗产。只有没有第一顺序继承人的情况下第二顺序继承人才能继承遗产。各国对继承顺序的规定不同,一是对继承顺序的数量上规定有差别,俄罗斯、中国的法律规定了两个继承顺序,保加利亚规定了3个继承顺序;一是对同一顺序的继承人规定的不同,《德国民法典》规定的各顺序继承人分别为:第一顺序继承人为被继承人的直系卑血亲,第二顺序为被继承人的父母及父母的直系卑血亲,第三顺序为被继承人的祖父母及祖父母的直系卑血亲,第四顺序为被继承人的曾祖父母与曾祖父母的直系卑血亲,第五顺序为被继承人的高祖父母以及高祖父母的直系尊血亲与直系卑血亲。此外,配偶可以和每一顺序继承人共同继承。中国法律规定了两个继承顺序:第一顺序继承人为配偶、子女、父母;第二顺序继承人为兄弟姐妹、祖父母、外祖父母。其中的子女包括婚生子女、非婚生子女、养子女和有扶养关系的继子女。其中的父母包括生父母、养父母和有扶养关系的继父母。其中的兄弟姐妹包括同父母的兄弟姐妹、同父异母或者同母异父的兄弟姐妹、养兄弟姐妹、有扶养关系的继父母兄弟姐妹。同时,中国继承法还特别规定丧偶儿媳对公、婆,丧偶女婿对岳父、岳母,尽了主要赡养义务的,作为第一顺序继承人。

(三) 继承人的应继份额

应继份额是指同一继承顺序的共同继承人在继承被继承人遗产时应继承的份额。应继份额的规定实质上是遗产在同一顺序法定继承人中如何分配。《日本民法典》规定,同一顺序的继承人有数人时,各继承人继承的应继份额分别为:(1) 直系卑亲属及配偶是继承人时,直系卑亲属的应继份额是 2/3,配偶的应继份额是 1/3;(2) 配偶及直系尊亲属为继承人时,配偶与直系尊亲属的应继份额各为 1/2;(3) 配偶与兄弟姐妹为继承人时,配偶的应继份额为 2/3,兄弟姐妹的为 1/3;(4) 直系卑亲属、直系尊亲属或者兄弟姐妹有数人时,各自的应继份额相等,非嫡生的直系卑亲属的应继份额是嫡生直系卑亲属的应继份额的1/2,父母一方相同的兄弟姐妹的应继份额为父母双方相同的兄弟姐妹的应继份额的1/2。中国的继承法规定同一顺序的继承人继承遗产的份额,一般应当均等。对生活有特殊困难的缺乏劳动能力的继承人,分配遗产时,应当予以照顾。对被继承人尽了主要扶养义务或者与被继承人共同生活的继承人,分配遗产时,可以多分。有扶养能力和有扶养条件的继承人,不尽扶养义务的,分配遗产时,应当不分或者少分。继承人协商同意的,也可以不均等。

(四) 其他相关的法律冲突

关于法定继承的其他方面的规定,各国法律也有较大的差别。比如在继承权的丧失、继承的开始、继承权的放弃、继承权的恢复上等。另外各国的继承法还往往规定一些特别的继承制度,比如代位继承制度、转继承制度、特留份制度等。各种制度规定上存在的差别,就是国际法定继承发生法律冲突的根源。

▶ 典型案例

【案情】[①]

刘某与汪某在大陆地区结婚,婚后生育5个子女,分别是刘一某、刘二某、刘三某、刘四某和刘五某。1949年,刘某由大陆地区去台湾地区,去台后未再婚。1972年,刘某之妻汪某在长沙去世。1995年2月8日,刘某在长沙去世。刘某在长沙去世后,留有若干遗产,为继承遗产,刘某之子女之间发生冲突,刘一某、刘二某、刘三某、刘四某以刘五某为被告,诉至长沙市南区人民法院。

湖南省长沙市南区人民法院审理认定:刘某生前由台湾地区汇款5笔至刘五某处。计17.031万美元,折合人民币141.87万。刘某去世后,由刘五某出资5.1万在刘四某处办理了丧事,另外支付刘某住院费0.2万元,汪某迁坟费0.2万元。原告要求对刘某的遗产进行分割,被告则认为刘某无遗产,故原告诉至法院。湖南省长沙市南区人民法院认为原、被告均系刘某子女,均享有继承权。刘某生前财物由刘五某保管,刘五某称父亲生前已将所有财物赠与她,却不能举证,故不予认定。判定刘某生前所汇的5笔汇款应该视为刘某的遗产,由5个子女继承;刘五某在刘某生前尽较多义务,可适当多分。遂判决刘某的遗产由5个子女继承,4原告各继承26.734万元,刘五某继承28.734万元。

宣判后刘五某不服,向长沙市中级人民法院提起上诉。

【审理】

长沙市中级人民法院经审理认为:刘某留有遗产,刘某生前由台汇的5笔美元计170310美元,均在刘五某处。就该5笔汇款的性质问题,刘某生前最后一次返回长沙

---

[①] 参见《刘岳华、刘靖华、刘湘华、刘树华诉刘复华遗产继承案件》,载中国高级法官培训中心、中国人民大学法学院编:《中国审判案例要览》(1997年民事审判案例卷),中国人民大学出版社1998年版,第240—244页。

时曾经致函五子女,对自己的部分财产的处分问题表明了自己的意向,被告不能就"赠与"问题举证,仅凭刘五某病重入院后写的自己"无遗产"的字条等不能够认定刘某生前已将自己由台汇长沙的五笔美元全部赠送给了刘五某。刘某去世后,经法院查证,无遗产不是事实,其生前财产扣除其医疗丧葬费用后,均应为刘某的遗产。

刘某的遗产应该由其5个子女按照法定方式分配。理由是刘某虽然在1994年10月20日致函5子女对自己的部分财产做了处分意向,但综合其病重住院后所写的字条等情况看,不宜将其认定为遗嘱,本案且无证据表明刘某另有遗嘱对其财产作了具体处分。刘五某在刘某生前尽义务较多,可以适当多分遗产;其他子女亦对刘某尽了生养死葬的义务,不存在丧失继承权问题。1996年9月长沙中级人民法院判决维持长沙市南区人民法院的初审判决的第一项,对刘某遗产的具体数额做出变更判决,刘一某等人各分得遗产26.357万元,刘五某分得遗产28.357万元。对于案件相关的诉讼费用的分担也作了分配。

【法理】

这是一个涉台的法定继承案件。

本案的正确处理方式是首先应该解决法律适用问题,即解决本案是适用大陆地区法律,还是适用台湾地区规定的问题。依据2011年《法律适用法》第31条规定:"法定继承,适用被继承人死亡时经常居所地法律,但不动产法定继承,适用不动产所在地法律。"刘某1949年去台湾地区后一直在台湾地区生活,最后一次回大陆地区的时间是1994年7月15日。刘某在大陆地区死亡,死亡时间为1995年2月8日。从1994年7月15日到1995年2月8日期间为6个月不足1年,所以刘某死亡时的住所地为台湾地区。根据动产适用被继承人死亡时住所地法律的规则,该案应适用的是台湾地区的规定,而不是大陆地区法律。

## 二、法定继承的法律适用

(一) 法定继承的法律适用原则

法定继承的法律适用大体上有同一制、区别制、适用遗产所在地法等三种主要的法律适用原则。

▶ 典型案例

【案情】[①]

柳某其兄春某为台胞。1994年6月30日春某在台湾地区去世,其无父母、配偶和子女,健在的兄弟姐妹中除柳某和桐某外,其余兄妹均过世。潘某、梁某为春某已故兄长佳某、德某之配偶。自春某死后,潘某、梁某就向柳某提出要分春某的遗产。因为怕潘某、梁某的争执会导致从台湾地区取得遗产的时间过期,因此,1995年3月24日柳

---

① 参见《柳金妹诉潘五等赠与案》,载中国高级法官培训中心、中国人民大学法学院编:《中国审判案例要览》(1997年民事审判案例卷),中国人民大学出版社1998年版,第24—27页。

某只好与潘某、梁某在梧州公证处的主持下签订协议,同意将遗产份额的30%赠与潘、梁二人。1995年7月26日台湾嘉义地方法院确认桐某与柳某是春某遗产的合法继承人。1996年1月24日,经春某的遗产继承人桐某、柳某委托的律师自台湾地区将春某的遗产折款带回广西南宁,由桐某、柳某两人签领。他们收款后,就将款项总额的30%交梧州市公证处代管。1996年1月26日,柳某自南宁回梧州的当天即要求梧州市公证处给回自己所有的财产。事后也以书面形式邮寄信件到梧州市公证处请求领取该笔财产,而梧州市公证处认为需要有关当事人协商一致才同意发放。当事人由于协商不成,遂向法院提起诉讼。

**【审理】**

梧州市郊区人民法院认为春某的合法继承人只有桐某、柳某两人,其遗产由以上两继承人委托的律师折款带到南宁,由桐某、柳某签领,遗产的所有权属于签领人即桐某、柳某所有。该遗产所有人与被告在梧州市公证处经调解于1995年3月24日达成协议,商定桐某、柳某将其继承的部分遗产赠与被告潘某、梁某,但该协议是在遗产继承人尚未取得遗产的情况下商定的。原、被告只是达成协议,在把赠与财产交付被告前,原告已明确表示不同意将自己继承所得部分遗产赠与被告,故赠与行为不成立,原存于梧州市公证处的财产仍属原告所有。被告潘某认为本人在春某年幼时曾从生活上给予照顾,应分得30%遗产,属于主张继承,与本案为不同法律关系,故另案处理。

判决作出后,被告不服上诉至梧州市中级人民法院。二审支持一审的判决,维持原判。

**【法理】**

本案实际上是涉台继承案件的一个衍生案件。在本案继承的法律适用上,由于被继承人春某是台胞,财产所在地为台湾地区,死亡所在地也是台湾地区,依照2011年《法律适用法》第31条规定:"法定继承,适用被继承人死亡时经常居所地法律,但不动产法定继承,适用不动产所在地法律。"其法定继承的法律适用应该是台湾地区的规定。台湾嘉义地区法院已经确认春某之弟弟桐某与妹妹柳某为合法继承人,故其遗产的合法拥有者就只是桐某与柳某二人而已。潘某等主张的继承权利不能够得到法律的支持。

1. 法定继承的同一制继承制度

同一制继承制度又称单一制继承制度,是指在国际法定继承中,对被继承人所有的遗产,不分动产不动产,不问财产所在地,继承都是用一个统一的法律适用规范,从而导致适用统一的准据法。一般单一采用被继承人的属人法。在属人法的具体应用上,各国又分为两种情况,即被继承人的本国法和被继承人的住所地法。

2. 法定继承的区别继承制度

又称分割制继承制度,是指将遗产区分为动产和不动产,分别适用不同的法律适用规范,从而导致遗产继承适用不同国家的法律。一般动产适用被继承人属人法,不动产适用不动产所在地法。例如罗马尼亚的法律规定,对于动产,无论其位于何处,适用被继承人死亡时的本国法;对于不动产及企业资产适用财产所在地法。

区别制原则中不动产适用不动产所在地法,是由于不动产往往价值较大与所在地国家密切相关,适用不动产所在地法可以保证有关判决的执行,从而避免同一制中遗产在外国的不动产判决难以为所在地国家承认和执行的困难。区别制也有其不足之处。即一项遗产继承可能分别受制于数个国家的法律,使本来就很复杂的继承关系变的更加复杂。与之相比,同一制原则在法律适用上比较简便易行。如果采用同一制原则,同一继承案件只需适用一国法律解决,而不会出现一个案件适用两个或两个以上国家法律解决的情况,这也是世界上大多数国家采用同一制的原因。

3. 遗产所在地原则

这是一个古老的法律适用规则,产生于中世纪,是当时严格的属地主义原则在继承领域适用的结果。随着资本主义商品经济的发展,动产在财产份额的比重的扩大,动产的分散性与流动性的特点,使得一概适用遗产所在地法的原则变得不适宜形势的发展。该适用遗产所在地法的古老作法已经少有国家采用。

(二) 法定继承准据法适用的限制

继承的法律适用若影响到本国或本国公民的经济利益,则会受到种种限制,甚至会被排除适用。从各国的立法规定与司法实践看,这种限制主要表现在:(1) 如果遗产在法院地国境内,而继承人中又有法院地国的公民时,则该国法院大多会保护其公民的继承权,使作为该项遗产共同继承人的本国公民能够依法院地国法律来继承遗产。例如,1896年《德国民法施行法》第25条规定,在德国有住所的外国人死亡时,其遗产继承依被继承人本国法,但如德国人对此遗产依德国法可主张继承权时,则按照德国法的规定继承。又如,法国、比利时、荷兰、阿根廷等国法律中,有所谓"优先继承制"或"先取权"的做法,即当外国人和本国人同为继承人时,本国人享有优先继承和先行扣留遗产的权利,即使按照应适用的外国法,本国人不是继承人时也是如此。(2) 在继承问题上,许多国家采用反致制度,以限制外国法的适用。例如,日本在国际继承上是采用同一制的,并且只适用死者本国法,但如死者是一个采取区别制国家的公民时,则对其在日本留下的不动产,日本法院会根据该死者本国的冲突规则反致适用日本法关于该不动产继承的规定。国际私法上关于反致的著名案例几乎都发生在继承问题上。此外,在继承问题上,公共秩序保留制度也经常被引用以排除外国法的适用。

(三) 相关的国际公约

《死者遗产继承法律适用公约》是海牙国际私法会议于1988年8月1日于海牙签订的国际公约,其制定的目的是为有关死者遗产继承的法律适用制定共同的规定。该公约分五章:第一章是公约的适用范围;第二章是具体的法律适用规则;第三章是关于继承协议的内容;第四章是一般条款;第五章是最后条款。公约规定该公约不适用于遗产处分的方式,处分遗产的能力,有关夫妻财产的争议,以及非因继承而设立或让与的财产权利、利益或财产。公约规定继承受死亡时是其国民的惯常居所地法律支配。当事人可以指定某一特定国家的法律支配其全部遗产的继承,但只是在该当事人于指定时或死亡时是该国国民或在该国拥有惯常居所时,这种指定方为有效。同时,上述指定应在一项符合遗产处分方式要求的声明中予以明示。指定行为的存在与否其实质有效性受所指定的法律支配。如果根据这一法律,该项指定是无效的,则应根据第3条确定适用于继承的法律。

从总体上说,该公约关于继承的法律适用上的特点是:(1)采用了同一制原则。为了采用同一制原则,公约规定原则上适用死者死亡时的惯常居所地的法律,只要他那时也具有该国国籍;或者他在该国已至少居住了5年时间;而在其他情况下,继承则受与死者有最密切联系的国籍国法支配,除非那时死者与另一国有更为密切的联系。(2)将意思自治原则纳入继承领域,允许被继承人生前有限度地指定适用于遗产继承和继承协议的法律。(3)允许转致。(4)规定了区际与人际法律制度以及公共秩序保留制度。该公约在同一制继承制度的总方针下,采用多种连结因素,基本上协调了不同法系在该问题上的权益,便于各国接受,对继承领域冲突法律制度的统一将产生深远影响。

(四)我国的法律规定

1954年,外交部、最高人民法院联合公布的《外国人在华遗产继承问题处理原则》的指示,"一律不承认外人在华土地所有权","外人死后,其土地任何人不得继承应为中华人民共和国所有";"外人在华遗产动产,在互惠原则上,可以按被继承人国家的法律处理"。这些原则也是我国早期处理国际继承问题的依据和具体的实践做法。

1985年制定的《继承法》第36条规定:"中国公民继承在中华人民共和国境外的遗产或者继承在中华人民共和国境内的外国人的遗产,动产适用被继承人住所地法律,不动产适用不动产所在地法律。外国人继承在中华人民共和国境内的遗产或者继承在中华人民共和国境外的中国公民的遗产,动产适用被继承人住所地法律,不动产适用不动产所在地法律。中华人民共和国与外国订有条约、协定的,按照条约、协定办理。"该法还是坚持了分割制的原则。不过此条规定没有明确该继承关系是法定继承还是遗嘱继承。

1986年制定的《民法通则》第149条规定:"遗产的法定继承,动产适用被继承人死亡时住所地法律,不动产适用不动产所在地法律。"该规定和《继承法》第36条一样,对涉外继承的法律适用采用了区别制,即规定动产和不动产继承分别适用不同的法律。与《继承法》相比,《民法通则》的规定更加明确,首先明确指出其适用范围仅仅限于法定继承;其次法条中明确规定适用被继承人"死亡时"的住所地法,在适用上更具可操作性。

2011年《法律适用法》第31条规定:"法定继承,适用被继承人死亡时经常居所地法律,但不动产法定继承,适用不动产所在地法律。"本条规定将取代《民法通则》第149条之规定,指导我国关于法定继承法律适用的司法实践。

目前关于海牙国际私法会议制定的三个关于继承的冲突法公约,即1961年《遗嘱处分方式法律适用公约》、1973年《遗产国际管理公约》、1989年《死者遗产继承法律适用公约》,我国都还没有加入。

## 第三节　遗产管理的法律适用

### 一、遗产管理的法律冲突

从财产所有人死亡,直至其财产被实际分割给继承人或终有归属(指无人继承的遗产),其间有必要对遗产进行管理。这一问题在遗嘱继承或法定继承中都是存在的,各国也都有遗产管理的法律规定。根据这些不同规定,遗产管理人在不同情况或条件下可以分别由遗嘱执行人或继承人或专门机关(如法院)选定的人担任。在英美法系国家,遗产不能由继承人直接取得,而必须通过遗产管理人才能将其转移给继承人。因此,遗产管理人具有重要作用,其职责是清理、收集和登记遗产,清偿遗产中的债务,确定有权继承的继承人范围,对遗产进行分配,直至将遗产移交给继承人。而在大陆法系国家,如果被继承人未指定遗嘱执行人,利害关系人也未申请法院指定遗产管理人,则继承人一般可以直接占有、取得遗产。各国法律对遗产管理的不同规定,使得涉外继承在这方面常常发生冲突。

### 二、遗产管理的法律适用

在遗产管理方面,英美法系国家和大陆法系国家的做法截然不同。

英美法系国家在管理方面采取的是间接继承制度,被继承人死亡后,其遗产由被继承人指定并被法院认许的遗产执行人或由法院选定的遗产管理人出面收集,并清理被继承人的债务和遗嘱,然后将遗产在有关继承人之间进行分配。根据这一制度,继承开始后,遗产不是直接转归继承人,而是作为独立的遗产法人,由遗嘱执行人或者遗产管理人负责管理。英国和爱尔兰在遗产转移的法律适用方面采取的也是单边冲突规则,其规定,如果有关不动产位于内国,或被继承人在内国设有住所,则遗产即应按照内国法律规定的方式进行转移。

一般而言,大陆法系国家实行的是直接的遗产转移制度,即被继承人死亡后,继承人按照法律的规定或者按照遗嘱,直接从被继承人或遗嘱执行人那里取得遗产。关于遗产管理的法律适用,各国冲突法中单独规定较少,一般适用继承关系本身的准据法。例如1987年《瑞士联邦国际私法》第92条规定:"在什么条件下采取何种措施对遗产进行管理,适用调整继承关系的法律。执行方式适用有管辖权的国家的法律。该项法律尤其适用于遗产的保护措施、遗产清理和遗嘱的执行。"有单独规定的国家,主要采用两种冲突原则,一是遗产所在地法,例如1982年《土耳其国际私法和国际诉讼程序法》第22条第2款规定:"遗产继承的开始、遗产的获得和分割适用遗产所在地法律。"二是适用被继承人属人法,例如1972年《塞内加尔家庭法》第847条规定:"涉及与继承范围、继承顺序以及继承人之间各自资产与债务的转移有关的遗产归属问题,由死者本国法确定。"又如1951年《荷兰、比利时、卢森堡关于国际私法统一法的公约》第13条第4款规定:"遗产有清理与分配,包括有关遗嘱执行人的规定,接受与抛弃继承,债务的返还以及实行返还捐赠的方式等等,都按死者最后住所地法律规定。"葡萄牙的做法较特别,其规定遗产的转移适用被继承人的属人法,这一规定通常能使遗产转移的准据法与继承准据法保持一致。另有个别国家对遗产转移的法律适用采用的是单边冲突规则。如奥地利法律规定,如果遗产的清算是在奥地利进行,则即使继承准据法是外国法律,遗产的转移方式也要依奥地利法。荷兰法律规定,如果被继承人的最后惯常居所位于荷兰,则对于遗产的转移应适用荷兰法律,即使该法并不支配继承顺序。

### 三、相关的国际公约

为了有助于遗产管理方面的法律冲突的解决,海牙国际私法会议于1973年10月在第十二次会议上制定了《遗产国际管理公约》(Convention Concerning the International Administration of the Estates of Deceased Persons),并于1993年7月1日生效。

《遗产国际管理公约》的最大特色是规定了"国际证书"制度,即凡由死者生前惯常居所地的缔约国的有关机构依公约所附格式及自己的法律作出的证书,应得到其他缔约国的承认。证书载有遗产证书持有人(遗产管理人)的姓名以及他依据一定的法律,有权对所有遗产中的有体或无体动产为有效的法律行为,并得为这类遗产的利益从事活动的权利。国际证书应由死者惯常居所地国根据该国的法律制定,但是,当死者的惯常居所地国和死者的本国法律均规定应适用死者本国法时,或死者死亡前在其惯常居所地国居住不满5年而死者的本国法律规定应适用死者本国法时,则应根据死者的本国法律制定该国际证书。通过发放国际证书管理跨国遗产是一项重要的国际制度,由于此项制度同许多国家的实际利益发生冲突,公约尚未被大多数国家接受,到目前为止,该公约仅获得了捷克、意大利、卢森堡、荷兰、葡萄牙、斯洛伐克、土耳其和英国8个国家的签署,其中只有捷克、葡萄牙和斯洛伐克3个国家批准加入。因此,国际遗产许可证制度真正实行可能还需时日。

### 四、我国的法律规定

2011年《法律适用法》第34条规定:"遗产管理等事项,适用遗产所在地法律。"

遗产管理的法律适用有其特殊性,不同于遗嘱效力、遗嘱方式的法律适用,后者以多个连结点的选择性冲突规范规定为宜,而前者以指定一个连结点的双边冲突规范规定更为合适。之所以适用遗产所在地法,主要是由于遗产管理活动更多涉及遗产所在地的利益,遗产所在地法更为方便适用。

我国《继承法》在遗产管理方面采取了直接遗产转移制度。根据该法的规定,凡存有遗产的人,包括放弃继承的继承人,应当妥善保管遗产,任何人不得侵吞和争抢。继承遗产应当清偿被继承人依法应当支付的税款和债务,缴纳税款和清偿债务以被继承人遗产实际的价值为限,超过遗产实际价值部分,继承人自愿偿还的不在此限。对于遗产管理的法律适用,我国《继承法》与《民法通则》也均未规定。随着国际交往的深入,人员跨国流动的频繁,涉外继承纠纷日益增多,本条对遗产管理法律适用作出规定十分必要。

关于涉外遗产管理,我国签订的双边条约也有涉及。1986年《中蒙领事条约》专门确立了"遗产保护"条款,规定派遣国国民在接受国逗留期间死亡遗有财物,且在接受国无亲属或代表情况下,领事官员有权领取和保管该遗物。1986年《中意领事条约》中,除了立有遗产管理条款外,还规定领事官员在管理遗产时,应负责偿付死者留下的债务。另外,我国与美国、波兰、保加利亚、墨西哥、德国、匈牙利等国签订的领事条约,对领事或外交人员管理遗产的权限,都作了类似的规定。

## 第四节 无人继承财产的法律适用

### 一、无人继承财产的法律冲突

无人继承财产也叫绝产,是指被继承人生前未立遗嘱处分财产,被继承人死亡后没有法定继承人继承的遗产,或者是被继承人无继承人,被继承人生前立遗嘱将财产遗赠他人,遗嘱无效,受遗赠人不能继承的遗产,或者是全部继承人都放弃遗产继承权或者全部继承人都被剥夺继承权所留的财产。

▶ 典型案例

【案情】[①]

印度侨民绒巴仁增死后,在中国留有遗产无人继承。为绒巴仁增遗产继承一事,西藏自治区高级人民法院进行继承人搜索,发布公告,寻找继承人,并调查被继承人有无继承人。公告发布一年后,仍然没有人前来主张遗产继承权。为妥善处理绒巴仁增遗产继承一事,西藏自治区高级人民法院请示最高人民法院。1966 年 5 月 25 日最高人民法院商同中华人民共和国外交部对此案处理一并复函,无人继承财产归国家所有。

【审理】

最高人民法院的复函为:

西藏自治区高级人民法院、外事处:

你院今年 2 月 3 日〔66〕藏民字第 19 号函已收悉。经我们研究认为:印侨绒巴仁增的遗产处理问题,你院于 1964 年 10 月 15 日公告后,迄今已一年多,一直无人前来声请继承,因此,有关遗产余额问题的处理,可参照我院与外交部 1954 年 9 月颁发外人在华遗产继承问题处理原则第 6 条的规定精神(公告期满,无人声请继承者,即视为绝产,收归公有)予以处理。此复。

【法理】

此案算是我国早期的一个案例,在处理此案件时,需要关注的是依照何国法律确定所涉及的财产为无人继承财产问题,以及依照何国法律来确定无人继承财产的归属问题。从该案件的实践来看,案件的处理结果采用了财产所在地法来确定无人继承遗产的性质判断问题,同时亦运用了财产所在地法来处理无人继承财产的归属问题。由于没有相关具体的法律规定,所以最高人民法院采用函件的形式对案件的处理进行了

---

[①] 参见最高人民法院、外交部:《关于印侨绒巴仁增遗产处理的批复》,1966 年 5 月 25 日〔64〕民他字第 34 号,〔66〕领二会字第 58 号。

解释，并参照了最高人民法院与外交部联合发布的公文作为处理依据。总的来说，该公文的规定过于简略，对于国家取得无人继承财产的依据究竟是根据先占权说还是根据继承权说没有详细的说明，而且从文件的效力位阶上来说也比较低。后来的《继承法》第 32 条以及《民通意见》第 191 条的规定对此问题作了规定。总的原则与此案的处理结果精神相一致，具体规定上都比较简单。2011 年《法律适用法》第 35 条规定："无人继承遗产的归属，适用被继承人死亡时遗产所在地法律。"为我国对无人继承财产的法律适用的解决提供了较为明确可用的法律。本条规定延续了我国历来关于无人继承遗产问题的司法实践，并用法律的形式确定下来。此外关于无人继承遗产的确定，建议适用继承准据法，即适用 2011 年《法律适用法》第 31 条关于法定继承法律适用的规定解决。

## 二、无人继承财产的法律适用

(一) 无人继承财产归属的法律冲突

对于无人继承财产的归属问题，各国法律规定大致都是相同的，就是无人继承财产归国家所有。但是不同的是国家取得无人继承财产的名义并不相同。理论上有继承权说和先占权说。基于不同的主张会产生不同的法律后果。基于继承权说的理论认为国家是以最后法定继承人的身份取得无人继承财产，且该国是被继承人的国籍国。大陆法系国家德国、意大利、瑞士等国采用这种主张。基于先占权说的理论是国家基于先占权取得无人继承财产，该先占取得的法律以财产所在地国家为准。采用此种主张的国家有英国、美国、法国、奥地利等国家。例如《奥地利联邦国际私法法规》第 28 条第 2 款规定，对无人继承财产应适用死者财产在其死亡时之所在地国家的法律。此项规定在于确保位于本国境内的无人继承财产归本国所有。由于被继承人的国籍和财产所在地是可以分离的，因此，若该分离的现象发生在采用不同法律规定的国家之间，那无人继承财产的归属就会发生冲突问题。

(二) 无人继承财产的法律适用

无人继承财产的法律适用，涉及两个方面：(1) 无人继承财产确定的法律适用，即依据哪个国家的法律来确定被继承人留下的财产是否属于无人继承财产；(2) 无人继承财产归属的法律适用，即依据哪个国家的法律来确定无人继承财产的归属。

关于认定被继承人的财产是否属于无人继承财产，各国一般依据继承准据法来确定，即根据法院地继承法律适用规范所指引的支配该继承关系的某国实体法来认定，通常是被继承人属人法，或是不动产所在地法。关于无人继承财产的归属的法律适用，只有少数国家有明确的法律规定，多数国家一般都没有明确的法律规定。各国的实践主要有以下几种做法。

(1) 适用被继承人的本国法

以适用被继承人本国法来解决国际无人继承财产归属问题的国家，多是主张国家以法定继承人的身份取得无人继承财产的国家。德国的审判实践就是适用被继承人本国法。如果被继承人本国把国家对无人继承财产的权利视为继承权，则德国就把该项财产交给被继承人所属国的国库所有;如果被继承人本国法把国家对无人继承财产的权利视为对无主财产的先占权,则德国就以先占权的名义把该项财产收归德国国库所有。

(2) 适用财产所在地法

以财产所在地法来确定无人继承财产归属问题的,多是主张国家先占权取得无人继承财产的国家。比如《奥地利联邦国际私法法规》第 29 条规定:如依死者死亡时的属人法,遗产无人继承或将归于作为法定继承人的领土当局,则在各该情况下,应以死者财产在其死亡之时所在地国家的法律取代该法律。土耳其的法律规定无人继承财产,位于土耳其境内的归土耳其国库所有。

(3) 适用继承准据法

采用此种原则的国家较少。英国判例曾以继承准据法解决无人继承财产的归属问题,但是,当依据继承准据法应当把无人继承遗产移交给外国的被继承人本国时,往往会利用二级识别将遗产交给遗产所在地国家。

(三) 中国相关的法律规定

2011 年《法律适用法》第 35 条规定:"无人继承遗产的归属,适用被继承人死亡时遗产所在地法律。"无人继承遗产一般涉及两个问题,首先应确定继承中的遗产是否是无人继承财产,之后才能解决无人继承遗产的归属。该条仅涉及无人继承遗产的归属,即无人继承遗产按照被继承人死亡时的遗产所在地法确定其归谁所有。关于无人继承遗产的确定,建议适用继承准据法,即适用 2011 年《法律适用法》第 31 条关于法定继承法律适用的规定解决。

在司法实践中有 1954 年外交部、最高人民法院发布的《外国人在华遗产继承问题处理原则》。其中规定,如果所有的合法继承人及受遗赠人均拒绝受领,或有无继承人不明确,在公告继承期满 6 个月,仍无人申请继承,财产即成为无人继承财产,应收归我国所有。如果外国人遗留在我国的无人继承财产为动产,该外国人所属国与我国建立了外交关系,则在互惠原则下,可将动产遗产移交给该外国驻我国使、领馆处理。因此,在司法实践中,对于外国人遗留在中国的无人继承遗产,除在负有条约义务的情况下,将该项财产交给死者所属国以外,应收归我国所有。

我国《继承法》第 32 条规定:无人继承又无人受遗赠的遗产,归国家所有;死者生前是集体所有制组织成员的,归所在集体所有制组织所有。《民通意见》第 191 条规定:"在我国境内死亡的外国人,遗留在我国境内的财产如果无人继承又无人受遗赠的,依照我国法律处理,两国缔结或者参加的国际条约另有规定的除外。"从上述司法解释中可以看出,2011 年《法律适用法》延续了我国历来关于无人继承遗产问题的司法实践,并将司法实践中的做法以法律的形式确定下来,为我国解决涉外无人继承财产的法律适用提供了较为明确可用的法律依据。

# 第六章

# 涉外物权关系的法律适用

"物权"一词是大陆法系民法中的表述,英美法系中与之相近的用语为"财产权"或"产权",而"物权"与"财产权"或"产权"意义虽相近但并不是对等概念,其在内涵、外延上都有所区别。由于各国物权法与其本国的社会制度、经济制度、历史传统、发展程度等紧密联系,因而表现出较强的国家性、民族性和地域性,此即物权法所谓的固有法性。随着国际民商事交往的深入发展,在物权关系中越来越多地介入了涉外因素,使得物权法律冲突呈现渐多的局面。依物权法定原则,在大多数情况下需要适用物之所在地法来解决物权法律冲突。但是,随着各国国际私法规范的日益完善和物权法律关系的细化,物之所在地法出现了越来越多的例外。

本章涉及2011年《法律适用法》相关条款:

第36条 不动产物权,适用不动产所在地法律。

第37条 当事人可以协议选择动产物权适用的法律。当事人没有选择的,适用法律事实发生时动产所在地法律。

第38条 当事人可以协议选择运输中动产物权发生变更适用的法律。当事人没有选择的,适用运输目的地法律。

第39条 有价证券,适用有价证券权利实现地法律或者其他与该有价证券有最密切联系的法律。

第40条 权利质权,适用质权设立地法律。

## 第一节 物之所在地法原则

目前,以物之所在地法作为国际物权关系的准据法,是当今各国解决国际物权关系法律冲突采用的基本原则。它产生的历史十分悠久,经过漫长的发展过程,成为物权领域适用最为广泛的冲突原则,其适用的范围和例外在各国渐趋一致。

### 一、物之所在地法原则的产生和发展

(一) 物之所在地法原则的产生和发展

物之所在地法,是指物权关系客体物所在地的法律普遍适用于涉外物权关系。这一原则的产生可追溯到13、14世纪意大利的法则区别说。巴托鲁斯提出不动产物权适用物之所在地法,动产物权则适用当事人属人法。直到19世纪末,对于动产物权,

各国仍普遍以适用当事人住所地法为原则,这是因为按照长期流行"动产附骨""动产随人"和"动产无场所"等理论,动产位于何地纯属偶然,通常随人之去处而定。此外,在当时,国际民事交往并不发达,涉外民事关系相对简单,动产的种类也不多,其重要性和经济价值都不及不动产。因此动产依当事人住所地法在当时自有其客观根据和可行性。

随着资本主义经济和国际商品流转的进一步发展,动产在经济生活中的地位和作用越来越突出,动产所在地已不仅仅限于动产关系当事人的住所地,而可能位于其他多个国家,这些国家也认为其本国法律有必要支配位于该国境内的动产之物权关系。19世纪开始,越来越多的国家开始在立法或实践中抛弃动产物权适用当事人住所地法的传统规则,而代之以动产和不动产皆依物之所在地法的原则。目前,用物之所在地法来调整涉外动产或不动产的关系,已经成为普遍现象。

(二) 物之所在地法原则的理论依据

1. 主权说。法国学者梅林认为,根据属地优越权,一国对位于其境内的物尤其是不动产享有支配权,适用物之所在地法是主权原则的体现。各国都有主权,任何国家都不愿意外国法律适用于本国境内的物,这是由一国主权不可分割的性质所决定的。

2. 法律关系本座说。德国学者萨维尼认为,物权关系的本座在标的物所在地,任何人要取得、占有、使用或处分某物,就必须受制于该地区所实施的法律。

3. 利益需要说。德国学者巴尔和法国学者毕叶认为,法律依据其社会目的,必须具有普遍的属地性。法律是为了集体利益而制定的,适用物之所在地法是集体利益和全人类利益的需要。物权如果不依据物之所在地法解决,物权的取得和占有都将陷入不确定的状态,社会秩序就要受到损害。

4. 方便说和控制说。英国学者戴赛和莫里斯认为,物之所在地是第三人可以合理地寻求确定物权的客观而易于确定的连结因素,且物之所在地国能对财产进行有效控制,适用物之所在地法具有稳定性和统一性,利于判决的承认与执行。

5. 物权性质说。奥地利学者翁格持这种观点。他认为,所谓物权就是对物的支配权。这种直接的支配权只能在物之所在地成立并实现。

本书认为,物权关系适用物之所在地法,是物权关系的性质决定的。

(1) 物权关系是对物权的直接管理和支配的权利关系,为了圆满地实现这种权利,谋求经济上的利益,只有适用标的物所在地法最为适当。

(2) 物权的排他支配性质,对第三者的经济利益有决定性的影响,各国为保护第三者的利益,也只能适用物之所在地法。

(3) 对处于某一个国家的物去适用其他国家的法律,不仅在法律技术上有许多困难,而且将使物权关系变得极为复杂,还会使正常的国际民事交往的稳定和安全受到明显的妨碍。所以,各国从自身的主权和经济利益出发,在物权关系的法律适用问题上普遍适用物之所在地法。

(三) 物之所在地的确定

物之所在地的确定,即对于物之所在地的识别,是适用物之所在地法原则时首先需要解决的问题。对于物之所在地的确定应以何国法律为依据,尽管在理论上有不同的主张,但实践中各国一般都以法院地法律为依据,即某物位于什么地方依据法院地国法律来判定。综观各国立法,除了对有体物所在地尚有一些明确规定外,对无体物所在地一般很少有规定,实践中各国也鲜有一致的原则。

1. 有体物所在地的确定

有体物的所在地一般是指作为标的物的有体物的自然的、物理的存在地点,因此,确定有体物的所在地,原则上不会发生困难。但在实践中也有一些限制或例外性的规定。

(1) 对有体物所在地在时间上加以限定。例如,1984年《秘鲁民法典》第2088条规定:"有体物权的设立、内容、消灭,依物权设立时物之所在地法。"

(2) 对于一些特殊的有体物的所在地作例外规定。一是运输中的物品,由于它们所在地处于不确定的状态,早期多主张以所有人的住所地为其所在地,现在则多主张以目的地为其所在地。二是船舶、航空器等交通运输工具,由于它们处于经常移动状态,多以其登记、注册地为其所在地。

2. 无体物所在地的确定

无体物不像有体物那样有一个自然的、物理的存在地点,因此,其所在地的确定比较困难。为了适用物之所在地法,实践中需要根据一些客观因素赋予无体物以人为的存在场所。英国学者戴赛、莫里斯等人主张,无体物的所在地在一般情况下,应认为是在该项财产能被追索或执行的地方。

**二、物之所在地法的适用范围**

综合各国的立法和司法实践,物之所在地法的适用范围主要包括以下方面。

(一) 动产与不动产的区分

由于各国法律对动产和不动产的范围规定不完全相同,因而在判定某物属于动产还是不动产时可能发生冲突。对此,各国一般依据物之所在地法规定的标准,将该物识别为动产或不动产。之所以以物之所在地法为识别依据,主要是考虑法院判决的承认和执行。如果某物按物之所在地法属于不动产,但法院依据法院地法或其他法律将其作动产处理,从而导致适用非物之所在地国家的法律,则法院的判决是得不到物之所在地国家承认与执行的。

(二) 物权客体的范围

物权的客体是物,这一点在各国立法中理解是一致的。但各国立法对物的范围规定却不一致。德国、日本等国是从狭义上理解物,仅指有体物而言。而法国、荷兰等国则是从广义上理解物,即物包括有体物和无体物。英国和美国等普通法系国家则一般不使用物权或物权法的概念,而通常用财产权或财产法的概念。但各国在确定物权的客体范围上,多采用物之所在地法。

(三) 物权的种类和内容

国际民事交往中何种民事权利可以成为某种涉外物权,其具体内容如何,此类问题就依所涉之物的所在地法律解决。

(四) 物权的取得、转移、变更和消灭的方式及条件

导致物权变动的最重要也是最常见的原因为法律行为,此外,引起物权变动的还有法律行为以外的其他原因,例如继承、时效、先占、添附等。各国法律在物权变动方面的规定多有不同,与此有关的争议和冲突也较多,各国对其一般适用物之所在地法。

(五) 物权的保护方法

各国民法对物权的保护方法都作出了详尽的规定,一般包括物权人请求停止侵害、排除妨害、恢复原状、返还原物、清除危险、确认所有权或其他物权存在、损害赔偿等,但涉外物权关系的当事人在何种情况下可以提出何种请求或通过何种方式获得物权保护,各国的规定是不一致的,一旦在这些问题上产生了法律冲突,一般依据物之所在地法确定。

### 三、物之所在地法适用的例外

(一) 运送中物品一般适用送达地法或发送地法或适用提单或其他权利证书转让地准据法

这是因为运送途中之物,由于其所在地不断改变而不易确定,因而对与其有关的物权关系难以适用物之所在地法。即使能够确定运送途中之物的所在地,往往也因为此物与该地仅有偶然或瞬间联系而使物之所在地法适用起来不合理。当运输工具处于公海或公空时,对其承载之物适用物之所在地法则成为不可能。

目前,调整运输中物品的物权关系,各国采用的冲突规则并不完全一致。有的主张适用发送地法,有的主张适用目的地法,还有的主张适用调整交易行为的法律,不过,比较普遍的主张是适用目的地法,特别是一些晚近的国际私法立法对此一般都作了明确的规定。

不过,运输中的物品并非绝对不能适用物之所在地法。在有些情况下,如运输中的物品长期滞留于某地,该物品的买卖、抵押、为防止货物腐烂而作出紧急处理等行为,也可以适用该物品的现实所在地法。

▶ 典型案例

【案情】[①]

1985年5月21日和22日,印度丙公司分别与马来西亚的丁公司、戊公司、戌公司签订了4份购买棕榈脂肪酸馏出物的合同,价格条件CIF孟买,单价每吨435美元;由卖方负责保险。同年6月26日,印度丙公司与马来西亚己有限公司签订了购买3级烟花胶片和20号标准橡胶的合同,价格条件为C&F马达拉斯,3级烟花胶片每吨802美元,20号标准橡胶每吨725美元;由买方负责保险。依据合同的规定,丁公司、戊公司、戌公司、印度丙公司分别向保险公司办理了保险手续。1985年7月2日至15日,

---

① 参见《甲公司、乙公司与印度丙公司、马来西亚丁公司、戊公司、戌公司货物所有权争议上诉案》,载赵相林主编:《国际私法》,中国政法大学出版社2003年版,第317页。

丁公司、库帕尔公司、戍公司将7,873桶(共计1,456.485吨)棕榈脂肪酸馏出物,马来西亚己有限公司将印度丙公司购买的3级烟花胶片500吨和20号标准橡胶2,000吨,装上巴拿马寅快运公司的货轮"热带国王"号。同年7月23日,"热带国王"号轮离开马来西亚的巴生港驶往印度的马达拉斯,8月5日以后中断了与船代理的联系。在"热带国王"号轮失踪后,丁公司、戊公司、戍公司取得了保险公司的全额赔付,并向保险公司出具了"代位求偿证书"。印度丙公司只从保险公司得到部分赔付。

1985年8月25日,经香港庚公司经理周某介绍,甲公司、乙公司与香港辛洋行(简称辛洋行)签订了购买3号橡胶300吨(每吨745美元)和20号橡胶1,460吨(每吨700美元)的广商进字第047号成交确认书。乙公司又与洋行签订了购买工业用棕榈油1,456吨(每吨155美元)的广商进字第048号成交确认书。两份成交确认书约定:货物的装船唛头为"塔瓦洛梦想",保平安险。货到经商检合格后,4个月内付清货款,如不符合国家规定标准,双方协商按质论价。

1985年8月29日,辛洋行经理廖某通知乙公司:装载货物的"塔瓦洛梦想"号轮已驶抵中国汕头港外水域,让乙公司办理货物进关手续,并交给乙公司一张没有日期的发票和两份"货运正本提单",但未附货物保险单据。两份提单中记载:棕榈油7,873桶,天然橡胶1,760吨,装船港高雄,卸货港汕头,货物唛头编号为N/M(即没有唛头)。乙公司凭此提单接收了从"塔瓦洛梦想"号轮上卸下的货物,其中橡胶因无进口许可证,被海关予以监管、存放。1985年8月30日至9月27日,乙公司应辛洋行的要求,委托汕头外轮公司为"塔瓦洛梦想"号轮加油、支付船员工资等,共计167,800美元。该款由乙公司垫付,约定日后从付给辛洋行的货款中扣除。1985年10月至1986年4月,乙公司因棕榈脂肪酸馏出物有变质的可能,除留5桶作样品外,其余全部出售。

1985年9月,接受印度丙公司和马来西亚的丁公司、戊公司、戍公司投保的保险公司得知有一艘名为"塔瓦洛梦想"号的货轮停泊在中国的汕头港,并卸下一批棕榈脂肪酸馏出物和橡胶。保险公司经调查认为"塔瓦洛梦想"号轮就是"热带国王"号轮,从该轮卸下的货物就是上述印度和马来西亚4家公司丢失的货物。印度和马来西亚4家公司经多次与乙公司协商索回货物未果,遂于1986年6月28日以乙公司为被告向法院起诉。法院受理此案后,追加甲公司为被告,香港辛洋行为第三人。

【审理】

一审法院经审理认为:本案诉讼为货物所有权争议。本案争议标的物分别属于各原告所有。二被告与第三人之间对本案争议标的物的买卖行为无效。二被告应将海关监管、封存的三级烟花胶片和20号标准橡胶返还给原告印度丙公司。货物在返还期间发生的费用,由原告自行负担。二被告应将已销售的棕榈脂肪酸馏出物还给原告丁公司、戊公司、戍公司。留存的5桶样品按现状返还给三原告。

被告甲公司、乙公司不服第一审判决,提出上诉。上诉法院经审理认为:维持原审判决第1项;上诉人乙公司、甲公司与被上诉人辛洋行之间买卖橡胶的行为无效。乙公司应按中国银行汕头分行为其先行处理橡胶提供的担保数额返还给被上诉人印度丙公司;上诉人乙公司与被上诉人辛洋行之间买卖棕榈脂肪酸馏出物的行为无效。乙公司应按丁公司、戊公司、戊公司与印度丙公司买卖棕榈脂肪酸馏出物时的净发票值返还给丁公司、戊公司和戊公司。留存的5桶样品,按现状返还给上述3公司。

**【法理】**

本案涉及运送中的动产物权的法律适用问题。首先指出的是,运送中的动产物品,随时都在发生移动,要确定其所在地比较困难。即使能够确定,以其短暂或偶然的所在地为连结点来决定应适用的法律,会导致不合理的情况发生,而且运送中的物品有时处于公海或公海上空,并没有相应的物之所在地法可以适用,因此,一般情况下,运送中的物品的物权关系不适宜适用物之所在地法。对于运送中的物品的准据法,理论上有不同的主张,有的主张适用动产所有人的本国法,有的主张适用发运地法,还有的主张适用运送目的地法。从目前各国的立法情况来看,目的地法受到较多的推崇,因为货物一旦离开了发运地,便失去了与发运地的实际联系,对在运输中的货物进行处置的行为,要等到运输终了时才会发生实际的效果。我国2011年《法律适用法》第38条规定:"当事人可以协议选择运输中动产物权发生变更适用的法律。当事人没有选择的,适用运输目的地法律。"本案中,当事人未约定其运输货物的物权变更所应适用的法律,若依本条的规定,在当事人未选择的情况下,运输目的地法应予适用。但是,本案中是否应当适用运输目的地法?从案情来看,本案中的货物运输目的地尚未确定,因为按照原告的主张,原告是该批货物的提单的合法持有人,而该批货物的最终目的地是印度的马达拉斯,而不是中国的汕头,因此应适用印度的法律,但如果适用印度的法律后果会怎样呢,是不是取得公平合理的结果?其实未必如此。

这个案例的特殊性就在于涉及物之所在地法原则的例外情形。前面论述到,对于运送中的物品的法律适用,作为物之所在地法的例外,不适用物之所在地法,一般情况下应适用目的地法。但是,运送中的物品依目的地法也不是绝对的,在下列情况下,还应回到物之所在地法的原则上去,这就是物之所在地法的例外的例外。(1)当运送中的物品长期滞留在某地时,对该物品的买卖、抵押等应当适用物品的所在地的法律;(2)当代表运送物品的所有权凭证在交易所成交而发生物权转移时,应适用交易所所在地法;(3)当运送途中的物品经过某国时,该国有关当局依主张权利的第三人的请求对货物予以扣押以及处置,应适用物品的现实所在地的法律。本案显然属于第三种情形。

如案情所显示的,本案的讼争对象为棕榈油以及橡胶,涉案货物运送到汕头港以后,因单证不全,缺少进口手续,被汕头海关予以监管、存放,而且有第三人在货物所在地主张货权,因此,按照上面的分析,尽管货物属于运送之中,但此案应适用货物滞留地和货物扣押地法律,即中华人民共和国的法律。

(二)船舶、飞行器等运输工具一般适用登记注册地法或旗国法

这是因为船舶和飞行器等一类运输工具,由于其经常处于运动状态,因而与运送

途中的物一样,其物权问题不宜适用物之所在地法,考虑到这类运输工具与其船旗国或登记地国的联系比较密切和固定,因此,许多国家规定对其物权适用登记注册地法或旗国法。

▶ **典型案例**

**【案情】**①

甲会社(以下称甲公司)是日本人中根于1992年在日本开办的公司,法定代表人为中根某。该公司在中国未设立分公司或办事处。

1994年底前后,甲公司从另一家日本公司购买了一条废钢船即"西方王子"号,买卖双方约定在中国上海港交货。该船抵达上海港后,由上海丙公司办理进口手续并交纳了有关关税。1995年6月14日,上海丙公司与丁公司在上海东海船厂码头签订了一份交接协议,协议称,"根据双方签订的合同,'西方王子'号油轮已于1995年6月14日下午14时在上海东海船厂码头正式交接"。并约定从即日起有关"西方王子"号油轮的一切事宜均由丁公司负责。

1995年7月28日中根某以甲公司(甲方)的名义与丁公司(乙方)签订了一份修船协议,约定:甲公司现有一艘2,000吨旧油轮"西方王子"号在青岛港委托丁公司修理。修理完毕后,由丁公司办理船舶保险和注册登记,费用暂由丁垫付。

1995年9月8日,双方代表又签订了一份有关该船的"船舶买卖协议"。协议称,"'西方王子'号油轮是一艘适航船舶,备有齐全设备的船舶证书和航运证件"。协议约定,该油轮的买卖价格为40万美元。合同签订后,丁公司支付甲公司30%款作为定金,该船到达青岛双方交接验收后三天内,丁公司将船款全部付清;双方交船地点为青岛市中港码头,交船时间为1995年5月18日。根据中华人民共和国山东省青岛港航监督档案记载,1996年3月28日丁公司将该船更名为"华龙湾2号"并申请办理了船舶所有权证书。

后来丁公司没有按照买卖协议付清剩余的70%的款项。1997年10月,丁公司被被告乙公司兼并。乙公司于1998年7月29日向中根某书面承诺,原丁公司所欠债务由乙公司负责处理。

中根某于2000年6月7日向法院起诉要求被告乙公司清偿剩余的款项。

**【审理】**

法院经审理认为:本案应适用中国法律,中国法院具有管辖权。甲公司不能证明该公司对买卖合同的标的物拥有所有权,无权要求被告乙公司返还船舶或剩余款项。

**【法理】**

本案的关键在于解决船舶的物权关系,而解决船舶的物权关系就不能照搬物之所

---

① 参见《中根振平诉山东海丰船舶工程有限公司船舶买卖欠款及借款纠纷案》,http://www.110.com/panli/panli-33946.html,访问日期:2016年5月19日。

在地法原则,而是考虑船舶登记国或船旗国法。基于海事关系的特殊性,它可能会涉及一些特别问题的法律适用,另一方面,其中的一般问题的法律适用,也由于其自身特点与一般民事关系的法律适用有所区别,因此,我国2011年《法律适用法》未对船舶的物权的法律适用做出规定。根据2011年《法律适用法》第2条第1款的规定:"其他法律对涉外民事关系法律适用另有特别规定的,依照其规定。"本案应适用《海商法》处理。依据《海商法》第270条的规定:"船舶所有权的取得、转让和消灭,适用船旗国法律。"本案双方当事人所签订的合同标的物"西方王子"号原先是一条废钢铁船,经过丁公司的修理后变成一艘适航的船舶,后来喜来多公司在中国境内注册登记该船舶,从而使该船具有中国的船籍,换言之,中国成为该船的船旗国。虽然该船在中国境内,如果适用物之所在地法也可同样导致适用中国法律的结果,但鉴于船舶这种运输工具本身具有的特殊性,在理论上我们还是应该运用物之所在地法的例外原则来解决本案的法律适用问题。根据《海商法》第270条规定:"船舶所有权的取得、转让和消灭,适用船旗国法律。"因此,该船舶的物权问题应当适用该船舶的船旗国法,即中国的实体法。

法院根据我国交通部1993年颁布的《老旧船舶管理规定》第5条规定,凡已经报废的船舶不准再行转卖用于营运。甲公司和丁公司明知该船舶已经是报废的旧船舶,却合谋采用先修改再转卖的手段,规避我国对废钢船管理的有关规定,其买卖行为不仅违反我国有关规章,而且违反我国的社会公共利益,因此,甲公司和丁公司所签订的合同无效。所以甲公司不具有对该船的所有权,请求乙公司返还剩余款项的主张不予成立。

(三) 外国法人终止或解散时有关物权关系一般适用法人属人法

这是因为财产权的变更是权利主体的能力终止的结果。

(四) 外国国家财产适用财产所属国的法律

根据国家财产豁免权原则,外国国家的财产不适用物之所在地法,而适用该财产所属国的法律。

(五) 与人身关系密切的动产一般适用有关的属人法

比如夫妻财产制中的动产、继承中的动产、亲子关系中产生的抚养费等动产物权,一般适用有关的属人法。

## 第二节 中国的涉外物权法律适用制度

### 一、不动产物权的法律适用

(一)《民法通则》的规定

所有权虽然是物权体系的核心,但在现代社会,他物权的形式日益多样化,其作用也愈显突出。我国《民法通则》第144条规定:"不动产的所有权,适用不动产所在地法律。"这一规定与世界各国普遍采用的不动产物权适用其所在地法的原则是一致的。另外,我国《民法通则》第149条规定不动产的法定继承适用不动产所在地法律,这与上述第144条的规定协调一致。《民通意见》第186条指出:"⋯⋯不动产的所有权、买卖、租赁、抵押、使用等民事关系,均应适用不动产所在地法律。"根据这一规定,已有部分他物权包括在内。

在我国,何为不动产,《民通意见》第 186 条有这样的解释:"土地、附着于土地的建筑物及其他定着物、建筑物的固定附属设备为不动产。不动产的所有权、买卖、租赁、抵押、使用等民事关系,均应适用不动产所在地法律。"我国《担保法》第 92 条第 1 款明确规定:"本法所称不动产是指土地以及房屋、林木等地上定着物。"我国 2007 年 10 月 1 日起生效的《物权法》第 2 条规定:"本法所称物,包括不动产和动产。法律规定权利作为物权客体的,依照其规定。本法所称物权,是指权利人依法对特定的物享有直接支配和排他的权利,包括所有权、用益物权和担保物权。"上述规定及解释,无疑是涉外民事争议在我国解决时确定其标的物为动产还是不动产的依据。但应该认为,该依据仅用于识别位于我国境内的标的物,而对处于外国的标的物进行识别,我国的法院或仲裁机构则应依据该外国的法律将其识别为动产或不动产,这样做符合世界各国的共同做法,即动产与不动产的识别适用物之所在地法。

(二)2011 年《法律适用法》的规定

2011 年《法律适用法》第 36 条规定:"不动产物权,适用不动产所在地法律。"根据该条规定,凡是与不动产有关的物权关系,包括不动产自物权和不动产他物权,均严格适用不动产所在地国的相关法律。包括不动产物权的种类、内容和不动产物权的取得、变更和丧失的条件及效力、不动产物权的公示方法及不动产物权的保护方法等,一律适用不动产所在地国的相关法律。不动产物权的行使应严格按照不动产所在地国的法律要求,不得违反不动产所在地国的相关法律。这与《民法通则》第 144 条显然不同,后者的适用范围仅限于不动产自物权——不动产所有权。

▶ 典型案例

【案情】[①]

原告葛某琪家住日本国东京千代田区。1996 年初,被告上海甲房地产开发有限公司在日本销售由其开发建设的"上海维多利大厦"外销商品房,称凡购买该房的业主可采用按揭形式付款,并且该公司能以包租形式提供租金保证,且已经与交通银行东京分行达成协议,购房者可由交通银行东京分行提供按揭贷款,上海甲房地产开发有限公司提供的租金可用来偿还抵押贷款的本息。原告据此与被告就"上海维多利大厦"外销商品房达成了买卖协议,合同约定于 1997 年 1 月 1 日以前交付房屋。1996 年 4 月 16 日双方签订了《租赁承诺确认书》,约定被告对原告购买的上述房屋作出 7 年的租金保证承诺,承诺于 1997 年 1 月 1 日开始。期间被告每月向原告支付租金美元 2,191.432,5 元,但自 1997 年 7 月起,因被告违约未给付原告其承诺应付的租金,双方产生纠纷,原告遂向法院起诉。

---

① 参见《葛佩琪诉上海康园房地产开发有限公司房屋租赁合同纠纷上诉案》,载国家法官学院、中国人民大学法学院编:《中国审判案例要览》(2000 年民事审判案例卷),中国人民大学出版社 2002 年版,第 48 页。

**【审理】**

本案争议的焦点为双方签订的《租赁承诺确认书》是否具有法律效力、被告上海市甲房地产开发有限公司是否应承担给付原告租金和赔偿的责任。

原、被告签订房屋预售合同和《租赁承诺确认书》之时,我国尚无外销商品房在预售过程中包租问题进行调整的法律法规,1997年10月1日实施的《上海市新建外销商品房售后包租试行办法》对外销商品房销售过程中的包租行为作了明确的界定。本案原、被告所签订的《租赁承诺确认书》是双方在平等自愿的前提下签订的,是原、被告双方真实意思的表示,其中的所有约定都得到了原、被告的认可。虽然双方于系争房屋预售合同订立后,订立出售合同和取得产权证之前订立了租赁确认书,但确认书约定的租赁日期是原、被告签订的预售合同中明确的被告应交付房屋的日期,即1997年1月1日起,此时的原告已支付了所有购房款,并与被告签订了房屋出售合同,系争房屋的物权标志产权证是一个申办手续的问题,被告也自1997年1月1日起履行了支付租金的约定。包租试行办法颁布实施虽在双方订立《租赁承诺确认书》之后,但双方的约定并未有与法规抵触之处,应认定《租赁承诺确认书》效力。

**【法理】**

本案当事人虽然是房屋租赁合同纠纷,但房屋租赁合同的法律适用规则不完全等同于一般的国际商事合同。本案中双方签订的《租赁承诺确认书》是否具有法律效力以及被告上海甲房地产开发有限公司是否应承担给付原告租金和赔偿的责任,必须考查房屋所在地的法律法规后才能得出结论。

本案属于涉外不动产物权的权利变更是否有效合法问题,属于物之所在地法的适用范围。根据2011年《法律适用法》第36条:"不动产物权,适用不动产所在地法律。"本案的标的物"上海维多利大厦"外销商品房位于中国,因此,关于本案的争议问题,应适用不动产所在地法即中国法。

## 二、动产物权的法律适用

(一) 2011年《法律适用法》的规定

关于动产物权的法律适用,我国《民法通则》未作规定,2011年《法律适用法》弥补了这一欠缺。该法在题为"物权"的第五章中,不但规定了普通动产物权的法律适用,而且对有价证券和权利质权的法律适用也作了规定。

1. 普通动产物权的法律适用

2011年《法律适用法》第37条规定:"当事人可以协议选择动产物权适用的法律。当事人没有选择的,适用法律事实发生时动产所在地法律。"该规定将当事人意思自治原则引入物权领域,允许当事人协议选择动产物权适用的法律,是物权法律适用方面的新趋向在我国的反映。实践中如果当事人没有选择适用于物权关系的法律,按规定就"适用法律事实发生时动产所在地法律"。这里回到物之所在地法律,表明它的适用仍然是一个基本原则,但已不像许多国家以往那样将其作为主要甚至唯一的原则。上述规定所称"法律事实",是指当事人设立、变更或消灭物权关系的法律事实。根据这一规则,当某一物权成立、变更或消灭后,该标的物被转移到另一国家时,所适用的是原来的物之所在地法。

2. 运输中的动产物权的法律适用

2011年《法律适用法》第38条规定:"当事人可以协议选择运输中动产物权发生变更适用的法律。当事人没有选择的,适用运输目的地法律。"对于在途货物的物权问题,一些国家早就规定适用运输目的地法律或起运地法律,有的国家还规定适用当事人选择的法律,其主要原因在于此类物权适用物之所在地法律可能不合适或者根本不可能(例如途经公海时)。我国的规定大致或部分与其他国家的相同。需要注意上述第38条规定的适用范围,它指明是"运输中动产物权发生变更",即运输状态下的动产发生物权变动的物权问题,而非该动产的其他物权问题。

此外,关于该运输中的动产物权的法律适用例外规定,并不适用于以下两种情况:一是如果动产停留在运输中的某一确定阶段,如某船被扣押于某一地方,某船因失事而在某一地方得到救护时,还是应适用物之所在地法而非该条规则;二是船舶和飞行器的法律适用并不适用于本条规定,船舶和飞行器并不被作为运输中的动产,一般认为船舶和飞行器的物之所在地是其登记注册地,关于船舶和飞行器的物权法律关系适用另外规则,对此我国《海商法》也有相关法律适用的规定。

3. 有价证券的法律适用

2011年《法律适用法》第39条规定:"有价证券,适用有价证券权利实现地法律或者其他与该有价证券有最密切联系的法律。"有价证券是设立并证明某种财产权的书面凭证,是物的一种,其持有人享有两种不同性质的权利:一是对有价证券本身的所有权;二是有价证券上所记载的权利。有价证券主要包括票据、股票、公司债券、国库券、提单、仓单等。由于2011年《法律适用法》第39条出现在该法题为"物权"的第五章中,因此,它的适用范围应该是有价证券所涉及的物权。而其条文中所称"有价证券权利",当指有价证券所表彰(即记载)的权利,例如票据持有人的付款请求权,股票持有人的股权,等等。这些权利可得行使以及权利要求可获满足之地,即为证券权利实现地。

4. 权利质权的法律适用

2011年《法律适用法》第40条规定:"权利质权,适用质权设立地法律。"质权是担保物权的一种,其成立的要件之一是质押品交质权人直接占有。一般来说,权利质权是以权利为质押品的质权;而具体什么权利可以质押,各国法律的规定有所不同。我国《担保法》第75条规定:"下列权利可以质押:(一)汇票、支票、本票、债券、存款单、仓单、提单;(二)依法可以转让的股份、股票;(三)依法可以转让的商标专用权,专利权、著作权中的财产权;(四)依法可以质押的其他权利。"可见,能够设质的权利多种多样但仍有限制。根据设质的权利不同,有些权利质押需要登记,如知识产权,有些不需要登记,如票据质押等。权利质权引发的法律冲突,适用质权设立地法律,具体而言,需要登记的以权利为客体的物权,指的是适用权利登记地法律;不需要登记的,指的是适用权利成立地法律。本条在具体适用中,其核心是权利质权设立地的确定,即在何种情况下质权得以设立。一般来说,交付权利凭证或登记等公示方法为质权的设立要件。如我国《物权法》第 224 条规定:"以汇票、支票、本票、债券、存款单、仓单、提单出质的,当事人应当订立书面合同。质权自权利凭证交付质权人时设立;没有权利凭证的,质权自有关部门办理出质登记时设立。"只有明确权利质权在何时得以确立,才能进一步确定"质权设立地法律"。

▶ 典型案例

【案情】①

原告香港某国际经贸公司与珠海市某开发公司经营进口电子计算机业务,需筹集 400 万人民币关税款及推销部分电子计算机。1995 年香港公司经人介绍,请求当时任深圳某贸易公司经理的邝某帮助筹款并推销电子计算机。邝某则要求香港公司借款 100 余万元人民币给邝某,以便偿还邝某欠本案被告广东省某电子进出口公司的货款。香港公司于是于 1995 年 7 月将 3 张广东省某银行香港分行的支票交给邝某,收款人为被告广东省进出口公司,总面额 120 万港元,该支票作为邝某向广东省进出口公司还款的抵押担保。同年 7 月 5 日,邝某将支票交给广东省进出口公司作为其欠该公司的部分货款。同日,邝某被公安局拘留。香港公司于是要求广东省进出口公司交还该 3 张支票,并通知广东省某银行香港分行止付。广东进出口公司则要求该香港公司兑付,被拒绝。双方协商不成,香港公司在广州向法院起诉,以不当得利为由要求广东进出口公司归还该 3 张支票。

【审理】

一审中,原告认为自己与被告之间没有发生债权债务关系,因此被告没有支付对价获得 3 张支票,属于不当得利,要求法院判决被告返还该 3 张支票。被告认为自己与邝某之间有合法的债权债务关系,原告自愿作为邝某的担保人,将 3 张支票作为质押,因此自己根据质押合同从邝某处获得该 3 张支票,有合法的依据,不构成不当得利。一审法院采纳被告的观点,驳回原告起诉。

原告提起上诉。二审法院经过审理,认为邝某拖欠广东进出口公司货款,香港公司为筹集税款求助于邝某,邝某向香港公司借款还账,香港公司自愿将 3 张支票作为抵押交给邝某并交付给广东进出口公司。因此,被告不构成不当得利。判决驳回上诉,维持原判。

【法理】

对于票据法律问题,要区分票据关系和票据的原因关系。票据关系是票据当事人之间基于票据行为发生的权利义务关系,而票据的原因关系属于非票据关系,即不是基于票据行为本身而发生,但与票据行为有联系的法律关系。票据原因关系就是导致票据当事人之间发生票据行为的法律关系。比如甲向乙购买一批货物,双方签订买卖合

---

① 参见《支票质押纠纷案》,载杜涛:《国际经济贸易中的国际私法问题》,武汉大学出版社 2005 年版,第 159 页。

同。甲用支票向乙付款。甲乙之间的合同关系就是双方之间的票据关系的原因关系。

本案中，原被告双方之间发生的争议显然不属于票据关系。因为，依据票据法原理，票据关系中，持票人取得票据权利必须给付对价（除赠与、继承、税收等少数无需对价而获得票据权利的情况外）。本案中被告是直接从原告手里取得支票的，即原告是支票的出票人，被告是直接接受票据的人，之间并没有经过（邝某）转手。本案中作为票据的当事人只有原告和被告，而被告取得票据并未向原告支付对价。因此，如果将本案作为票据关系来看待，被告就不能获得票据上的合法权利。

那么，本案中，被告是否合法拥有支票权利呢？我们认为，答案是肯定的。被告获得票据是根据双方之间的质押合同，因此本案是一起支票的质押担保纠纷，应当被识别为权利担保物权法律关系。

本案是一起涉港案件，被告为我国广东省某进出口公司，住所地在我国，因此我国法院享有管辖权。对于担保物权，应当依据我国2011年《法律适用法》第40条"权利质权，适用质权设立地法律"的规定，适用质权设立地法律，在本案中即大陆地区的法律，而不是香港特别行政法律。根据我国《担保法》，支票可以作为质押的客体，是为"权利质押"。本案中，被告与邝某之间存在债权债务关系，原告香港公司作为邝某的担保人，用3张支票作为质押，符合我国《担保法》的规定。被告广东省进出口公司获得票据上的权利有合法的依据。因此，原告主张被告不当得利，要求返还3张支票的诉讼请求不应得到支持。根据我国《担保法》，本案中，原告香港公司履行了担保义务之后，可以向邝某追偿。

### （二）《海商法》和《民用航空法》的规定

我国《海商法》第270条规定："船舶所有权的取得、转让和消灭，适用船旗国法律。"第271条规定："船舶抵押权适用船旗国法律。船舶在光船租赁以前或者光船租赁期间，设立船舶抵押权的，适用原船舶登记国的法律。"第272条规定："船舶优先权，适用受理案件的法院所在地法律。"这里的船舶所有权，是指船舶所有人依法对其船舶享有占有、使用、收益和处分的权利。船舶抵押权，是指抵押权人对于抵押人提供的作为债务担保的船舶，在抵押人不履行债务时，可以依法拍卖，从卖得的价款中优先受偿的权利。船舶优先权，是指海事请求人依照《海商法》第22条的规定，向船舶所有人、光船承租人、船舶经营人提出海事请求，对产生该海事请求的船舶具有优先受偿的权利。

▶ 典型案例

【案情】[①]

1995年2月20日，丙集团国际经济贸易公司（简称丙公司）与香港丁公司签订了

---

① 参见《葛佩琪诉上海康园房地产开发有限公司房屋租赁合同纠纷上诉案》，载国家法官学院、中国人民大学法学院编：《中国审判案例要览》（2000年民事审判案例卷），中国人民大学出版社2002年版，第48页。

买卖合同,丙公司供给丁热轧卷板5,000吨,每吨295美元,信用证结算。甲航业股份有限公司(WOODTRAN SNAV-IGATION CORPORATION,PANAMA)(为巴拿马公司)(简称甲公司)所属的"盛扬"轮在戊公司期租期间,按照戊公司与香港丁公司的航次租船合同的要求,于1995年7月8日在大连港受载了上述合同项下的货物。1995年7月9日,货物装船。大连外代的收货单上记载日期为1995年7月9日,并批注:货物锈蚀,钢卷松动无箍。同日,承运人戊公司的代理大连外代在丙公司出具保函的情况下签发了日期为1995年6月30日的一式三份正本提单交给了丙公司。该提单载明:托运人为丙公司,收货人根据雅加达 BUMIDAYA 私人银行 SAID 支行指示,装货港为大连,卸货港为雅加达,货物重量5,155.520吨。

在"盛扬"轮于大连港装货的同时,戊公司于1995年7月8日凭香港丁公司出具的保函签发了一份提单给香港丁公司。该提单上的签发地为大连。香港丁出具的保函抬头为:致"盛扬"轮船东/代理/承运人/船长。保函称:考虑到贵方在我方未出示第一套装港提单的情况下,签发给我方或按我方指示给有权拥有人等第二套提单。

7月21日,"盛扬"轮抵雅加达港,货物卸船后,收货人向戊公司出具了银行保函,按照莫柏提公司的指令,凭着银行保函和7月8日戊公司签发给丁公司的提单副本,"盛扬"轮将该批货物交给了收货人,事后收回了7月8日的正本提单。该提单经过银行流转,并经指示人的背书。

丙公司在取得大连外代代表承运人戊公司签发的清洁提单后,通过通知行中国银行鞍山分行向开证行转交包括正本提单、商业发票等在内的全套单证予以结汇,商业发票载明丙公司货物总价值1,520,878.40美元。上述单据于7月18日转到开证行,因信用证出现不符点,开证行将全套单证退回,丙公司于8月20日收到了返回的提单和发票。

丙公司以甲公司和戊公司为被告诉至大连海事法院,要求被告赔偿因无单放货造成的原告的损失并申请财产保全。大连海事法院于1996年5月6日在上海港扣押了甲公司所属的"SAN WAI"轮(原名 UNISON GREAT)。5月17日,乙公司以被扣的"SAN WAI"轮为其所有为由,向法院提出异议。大连海事法院通知其作为本案的第三人参加诉讼。5月31日,中国人民保险公司受日本船东保赔协会的委托,为被扣船舶的船东向法院提供了180万美元的担保,法院解除了扣押。

## 【审理】

法院经审理认为:本案是丙公司诉甲公司海上货物运输无单放货纠纷案。在一、二审审理过程中,当事人对适用中国的海商法未提出异议,故认定本案适用中国法律。根据《海商法》第270条的规定,船舶所有权的取得、转让和消灭,适用船旗国法律。关于本案"SAN WAI"轮所有权的问题,应适用巴拿马共和国的有关法律。根据原审法院查证,在大连海事法院扣押"SAN WAI"轮时,甲公司并未在公共登记局办理该船的所有权转移手续。因此,乙公司主张法院扣押时该轮所有权已经转移给乙公司的主张依据不足,不予支持。

**【法理】**

关于动产物权的法律适用问题,经历了一个从适用当事人住所地法到物之所在地法的变化。但动产适用物之所在地法也存在一些例外,比如船舶、飞行器等运输工具一般适用登记注册地法或旗国法。这是因为船舶和飞行器等一类运输工具,由于其经常处于运动状态,因而与运送途中的物一样,其物权问题不宜适用物之所在地法,考虑到这类运输工具与其旗国或登记地国的联系比较密切和固定,因此,许多国家多规定对其物权适用登记注册地法或旗国法。本案中,我国《海商法》的规定应予适用。我国《海商法》第 270 条规定:"船舶所有权的取得、转让和消灭,适用船旗国法律。"这里,就体现了对动产适用物之所在地法的例外,即船舶、飞行器等运输工具一般适用登记注册地法或旗国法。最后,法院根据"SAN WAI"轮的船籍是巴拿马,判决对于船舶的所有权问题应适用巴拿马的法律。

我国《民用航空法》第 185 条规定:"民用航空器所有权的取得、转让和消灭,适用民用航空器国籍登记国法律。"第 186 条规定:"民用航空器抵押权适用民用航空器国籍登记国法律。"第 187 条规定:"民用航空器优先权适用受理案件的法院所在地法律。"这里的民用航空器优先权,是指债权人依照民用航空法第 19 条规定,向民用航空器所有人、承租人提出赔偿请求,对产生该赔偿请求的民用航空器具有优先受偿的权利。

(三) 2011 年《法律适用法》与其他法律的效力问题

关于其他法律与 2011 年《法律适用法》的关系,2011 年《法律适用法》第 2 条第 1 款规定:"其他法律对涉外民事关系法律适用另有特别规定的,依照其规定。"2013 年最高人民法院新司法解释(一)第 3 条规定:"涉外民事关系法律适用法与其他法律对同一涉外民事关系法律适用规定不一致的,适用涉外民事关系法律适用法的规定,但《中华人民共和国票据法》《中华人民共和国海商法》《中华人民共和国民用航空法》等商事领域的特别规定以及知识产权领域的特别规定除外。涉外民事关系法律适用法对涉外民事关系的法律适用设备规定而其他法律实施的适用其他法律的规定。"据此,《海商法》和《民用航空法》关于法律适用的规定,在 2011 年《法律适用法》实施以后仍可适用。基于一些涉外法律关系的特殊性,它们可能会涉及一些特别问题的法律适用,另一方面,其中的一般问题的法律适用,也由于其自身特点与一般民事关系的法律适用有所区别,因此,《海商法》和《民用航空法》是根据其所调整商事关系的特殊性制定的特别法律适用规则,具有明确针对性,应当优先适用。

具体来说,《海商法》关于涉外民事关系法律适用的特别规定主要有以下几方面:(1)船舶物权适用船旗国法;(2)船舶碰撞的损害赔偿,如果碰撞船舶的船旗国相同,适用其共同船旗国法;在其他情况下,用侵权行为地法,船舶在公海上发生碰撞的损害赔偿,适用受理案件的法院所在地法律;(3)船舶优先权,适用受理案件的法院所在地法律;(4)共同海损理算,适用理算地法律;(5)海事赔偿责任限制,适用受理案件的法院所在地法律。《民用航空法》关于涉外关系法律适用的特别规定涉及物权、侵权与优先权三方面。具体包括:民用航空器所有权的取得、转让和消灭以及抵押权适用民用航空器国籍登记国法律;民用航空器对地面第三人的损害赔偿适用侵权行为地法律;在公海上空对水面第三人的损害赔偿适用受理案件的法院所在地法律;民用航空器优先权适用受理案件的法院所在地法律。

### 三、诉讼时效的法律适用

时效是指一定事实状态持续存在一定时间后发生法律后果的法律制度。时效也是引起物权产生和消灭的原因之一。关于时效的法律适用,2011年《法律适用法》第7条规定:"诉讼时效,适用相关涉外民事关系应当适用的法律。"本条所指的"应当适用的法律"在国际私法上称为准据法。也就是说,诉讼时效适用所涉涉外民事关系的准据法。由本条可知,我国将诉讼时效问题认定为实体问题。《民通意见》第195条规定:"涉外民事法律的诉讼时效,依冲突规范确定的民事关系的准据法确定"。本条继承了这一规定。

## ▶典型案例

**【案情】**①

香港甲公司与深圳乙公司之间因合作关系发生了多笔资金往来,双方于1995年1月9日经过对账达成了《关于乙公司与甲公司的前期合作中资金处理的协议书》,明确了双方自1993年4月以来,因合作关系发生的多笔资金往来以及资金占用和处理办法。

协议签订后,双方一直没有重新达成协议。甲公司称一直在与乙公司协商,并提交了2000年1月3日的函件及乙公司于2000年1月25日给甲公司的复函,内容为:"甲公司,你公司于2000年1月3日的来函收悉,经会议研究,现答复如下:你公司再次提出以1995年1月9日双方签订的《关于乙公司与甲公司的前期合作中资金处理的协议书》为基础,解决双方存在的债权债务。并要求双方对账。我公司认为,这一要求是不合理的,而且时间长达5年之久,并不存在再次对账问题。因我公司对这份协议书始终持否定态度。双方债务的问题,现在已经有部分在进行法律诉讼,无需你我公司进行对账。"

2000年10月,甲公司向法院起诉,请求判令乙公司偿还欠款人民币1,674.8万元。

**【审理】**

一审法院经审理认为:甲公司与乙公司达成的《关于乙公司与甲公司的前期合作中资金处理的协议书》签订于1995年1月,协议签订后,双方并没有按照协议履行,到2000年10月甲公司起诉时,已经超过中华人民共和国法律规定的诉讼时效,其请求不能得到保护。

二审法院经审理认为:本案是涉港欠款纠纷,原审被告乙公司的住所地在广东深圳,一审法院对本案有管辖权。由于双方没有约定解决争议应适用的法律,依据最密

---

① 参见《香港天罡国际企业有限公司与深圳市富临实业股份有限公司欠款纠纷上诉案信用证纠纷案》,载广东省高级人民法院编:《涉外商事案例精选精析》,法律出版社2004年版,第86—89页。

切联系原则,本案应适用中华人民共和国内地法律处理。甲公司和乙公司于1995年1月达成的协议书是双方真实的意思表示,内容没有违反我国法律、法规的禁止性规定,应为有效。

根据《民法通则》第137条规定:"诉讼时效期间从知道或者应当知道权利被侵害时起计算。但是,从权利被侵害之日起超过二十年的,人民法院不予保护。有特殊情况的,人民法院可以延长诉讼时效期间。"因此,诉讼时效应自甲公司于2000年1月3日向乙公司提出请求时开始起算,所以甲公司于2000年10月向法院提交诉讼状提起诉讼,并没有超过诉讼时效。最后,法院判决乙公司应向甲公司偿还所欠的款项。

**【法理】**

本案的主要问题是甲公司对乙公司的债权是否已经超过诉讼时效。诉讼时效是指权利人在法定期间内不行使权利就会丧失胜诉权的一种制度。法律规定诉讼时效的目的之一就是督促权利人尽快行使权利,以消除法律关系的不稳定性。

由于本案中,双方没有对所适用的法律作出协商一致的选择,根据2011年《法律适用法》第41条的规定:"当事人可以协议选择合同适用的法律。当事人没有选择的,适用履行义务最能体现该合同特征的一方当事人经常居所地法律或者其他与该合同有最密切联系的法律。"本案中,乙公司对甲公司的支付欠款义务构成本法律关系的特征履行,因此,法院可依据特征履行方即乙公司的经常居所地的法律,即中华人民共和国内地法律审理,或者,法院也可依据最密切联系原则,决定本案应适用中华人民共和国内地法律处理。

关于本案的关键问题时效的法律适用,2011年《法律适用法》第7条规定:"诉讼时效,适用相关涉外民事关系应当适用的法律。"因此,对于本案中是否已经超过时效的问题,也应适用内地法律进行处理。依据《民法通则》的规定,本案中甲公司对乙公司的债权的诉讼时效为2年。并且,诉讼时效从知道或者应当知道权利被侵害时起计算。本案当事人于1995年1月达成协议,但没有对债务的履行期限作出约定,此时,甲公司的债权并没有受到侵害,直到2000年1月3日,甲公司提出履约请求而乙公司2000年1月25日复函拒绝时,甲公司才知道或应当知道其权利被侵害,所以甲公司的债权的诉讼时效应当从2000年1月25日开始计算,其于2000年10月8日向法院提起诉讼时并没有超过2年的诉讼时效。

2011年《法律适用法》第7条所指的涉外民事法律关系,当然应认为既包括国际债权关系,也包括国际物权关系,还包括其他国际民事法律关系。根据上述规定,国际物权的诉讼时效也应根据物权关系的准据法确定。

# 第七章

# 涉外知识产权关系的法律适用

在我国加入世界贸易组织后,随着外国企业对华投资力度不断加大,涉外知识产权案件数量不断增长、涉案标的额不断增大。与此同时,案件类型多样化的趋势也进一步突显。在这些案件中,既有跨国企业对于中国市场的开辟和维护时经常遇到的驰名商标认定问题,也有涉及外方专利技术的"高精尖"问题,同时,网络侵权问题越发频繁。针对处理涉外知识产权纠纷出现的新问题、新情况,2011年《法律适用法》首次针对涉外知识产权进行了专章规定。

本章涉及 **2011 年《法律适用法》相关条款:**

第 48 条　知识产权的归属和内容,适用被请求保护地法律。

第 49 条　当事人可以协议选择知识产权转让和许可使用适用的法律。当事人没有选择的,适用本法对合同的有关规定。

第 50 条　知识产权的侵权责任,适用被请求保护地法律,当事人也可以在侵权行为发生后协议选择适用法院地法律。

## 第一节　知识产权关系的概述

### 一、知识产权的概念

知识产权(Intellectual Property)是指基于智力的创造性活动而产生的权利,又称为无形财产权、智慧产权。它是个人或组织对其在科学、技术、文学、艺术等领域内创造的精神财富或智力成果享有的专有权或独占权。知识产权一般分为两大类:(1)工业产权(Industrial Property),包括专利权(Patent)和商标权(Trade Mark);(2)著作权(Copyright),亦称为版权。作为一种法定的无形财产权,知识产权具有时间性、地域性和独占性等特点,这也是它与有形财产权的显著区别。知识产权的这些特点,尤其是其严格的地域性,使得根据一国法律获得承认和保护的知识产权一般只在该国领域内发生法律效力,而不会发生法律冲突。因此,传统的国际私法通常不讨论知识产权的法律适用问题。

国际社会保护知识产权的努力始于 19 世纪。从那时起,各国开始签订各种双边、多边、地区性以及全球性的国际条约来保护知识产权不受侵犯。二战结束后,知识产权的国际保护进一步得到加强。随着一系列知识产权国际条约的签订,知识产权的保护从一国范围扩及他国领域,这就从不同角度动摇了知识产权的属地性,从而使知识产权的法律冲突问题逐渐显现出来。因此,20世纪50年代以后,许多国家新颁布的国际私法开始规定知识产权的法律适用规则。知识产权的法律适用问题也成为现代国际私法的研究重点之一。

## 二、我国调整涉外知识产权的相关规则

### (一) 国际条约

自从加入世界贸易组织以来,中国对于知识产权的国际保护在不断地完善与加强,其具体体现在加入的多个国际条约之中,部分重要条约如下:《世界知识产权组织版权条约》《世界知识产权组织表演和录音制品》《与贸易有关的知识产权协议》《关于集成电路的知识产权条约》《专利法条约》《欧亚专利公约》《欧洲专利公约》《专利合作条约》《商标法条约》《商标国际注册马德里协定》。

与此同时,中国还先后与美国、瑞士、瑞典、挪威、俄罗斯、法国、乌兹别克斯坦、乌克兰、意大利、秘鲁、蒙古、吉尔吉斯等国家签订了关于知识产权的双边合作协定。

2013年最高人民法院新司法解释(一)第4条规定:"涉外民事关系的法律适用涉及适用国际条约的,人民法院应当根据《中华人民共和国民法通则》第142条第2款……等法律规定予以适用,但知识产权领域的国际条约已经转化或者需要转化为国内法律的除外。"《民法通则》第142条第2款的规定:"中华人民共和国缔结或者参加的国际条约同中华人民共和国的民事法律有不同规定的,适用国际条约规定;但中华人民共和国声明保留的条款除外。"故在审理涉外知识产权民事案件时,《巴黎公约》《伯尔尼公约》等国际条约具有直接适用的效力。就包括TRIPS协议在内的世贸协定,我国只是承诺以制定或者修改国内法律的方式予以履行,并未赋予其在国内的直接适用效力。因此,不能直接援用该规则作为裁判的依据。

### (二) 国内实体规则

1. 涉及专利权的国内立法

目前,我国涉及专利权方面的法律、法规主要有:1985年4月施行,并经1992年9月、2000年8月与2008年12月三次修订的《专利法》;2010年1月修订实施的《专利法实施细则》;1985年7月公布的《中国单位或个人向外国申请专利的办法》;1991年3月颁布的《专利代理条例》;1993年3月颁布的《关于受理台胞专利申请的规定》;1995年8月公布的《关于港澳地区专利申请若干问题的规定》等。

2. 涉及商标权的国内立法

我国调整涉外商标权关系的现行的法律、法规、部门规章以及司法解释主要有:1983年3月施行,并经1993年2月、2001年10月与2013年8月30日三次修订的《商标法》;2014年4月最后一次修订的《商标法实施细则》;1985年3月颁布的《关于申请商标注册要求优先权的暂行规定》;1989年9月公布的《关于申请马德里商标国际注册的办法》;1990年5月公布的《关于对我国企业在国外注册商标进行登记管理的通知》;1990年11月公布的《关于禁止擅自持他人商标在国外注册的通知》;1995年8月

颁布的《关于对外贸易中商标管理的规定》等。此外,为了制止侵犯商业秘密的行为,保护商业秘密权利人的合法权益,维护社会主义市场经济秩序,国家工商行政管理局于 1995 年 11 月 23 日公布了《关于禁止侵犯商业秘密行为的若干规定》(1998 年 12 月 3 日修订),以作为执法部门处理侵犯商业秘密案件的指导。2007 年 2 月 1 日实施的最高人民法院《关于审理不正当竞争民事案件应用法律若干问题的解释》对人民法院处理侵犯商业秘密民事案件的受理、管辖、停止侵害商业秘密的时间以及损害赔偿额的确定等问题作了具体说明。

3. 涉及著作权的国内立法

我国现行的有关涉外著作权的法律、法规主要有:1991 年 6 月施行,并于 2001 年 10 月和 2010 年 2 月修订的《著作权法》;2002 年 9 月施行,并于 2010 年 2 月 26 日修订的《著作权法实施条例》;1992 年 9 月公布的《实施国际著作权条约的规定》;2001 年 12 月公布的《计算机软件保护条例》和 1996 年 4 月颁布的《著作权涉外代理机构管理暂行办法》等。除了《著作权法实施条例》外,中国相关部门为实施《著作权法》制定了一系列法规和司法解释。1991 年 6 月 4 日,作为《著作权法》重要组成部分的《计算机软件保护条例》颁布;1992 年 4 月,当时的机械电子工业部发布了《计算机软件著作权登记办法》;为了解决当时国内版权法规和国际条约的衔接问题,国务院于 1992 年 9 月 25 日颁布了《实施国际著作权条约的规定》,对于中国参加的多边条约的成员国以及同中国签订了版权双边协定的国家的作品版权保护有关问题作出了具体规定;1993 年 12 月最高人民法院发布的《关于深入贯彻执行〈著作权法〉几个问题的通知》;1995 年 1 月最高人民法院发布的《关于适用(全国人民代表大会常务委员会关于惩治侵犯著作权的犯罪的决定)若干问题的解释》;1995 年 8 月国家版权局发布了《国家版权局关于不得使用非法复制的计算机软件的通知》;1996 年 8 月国家版权局发布《关于对出版和复制境外电子出版物和计算机软件进行著作权授权合同登记和认证的通知》;1996 年 9 月国家版权局发布《著作权质押合同登记办法》;1997 年 1 月国家版权局发布了《著作权行政处罚实施办法》。

(三) 国内冲突规则

2011 年《法律适用法》专设一章,调整涉外知识产权关系。具体规定包括:第 48 条:"知识产权的归属和内容,适用被请求保护地法律。"第 49 条:"当事人可以协议选择知识产权转让和许可使用适用的法律。当事人没有选择的,适用本法对合同的有关规定。"第 50 条:"知识产权的侵权责任,适用被请求保护地法律,当事人也可以在侵权行为发生后协议选择适用法院地法律。"

需要指出的是,本法采用了"整体法"的体例安排,即将涉及的三类知识产权的法律冲突的法律适用问题统一规定于"知识产权"的条款中,这样的安排既保持了与知识产权有关法律适用规则的完整性,又不影响每个单独条款发挥功效,填补了我国涉外知识产权法律适用的空白。

## 第二节　知识产权关系的法律冲突及解决

### 一、专利权的法律冲突及解决

(一) 专利权的法律冲突

专利权(Patent),是指一国专利主管部门根据该国法律的规定,授予发明创造人或合法申请人对某项发明创造在法定期限内所享有的一种独占权或专有权。专利权的主要内容有制造权、使用权、销售权、进口权、转让权和许可使用权等。一般而言,专利包括发明专利、外观设计专利和实用新型专利三类。专利权具有独占性、商品性、地域性和时间性等特点,是知识产权最重要的组成部分。

1. 客体的冲突

专利权的客体是指专利权主体的权利和义务所指向的对象,即专利法所保护的对象。各国专利法关于专利权客体的种类和范围的规定不尽相同。就种类而言,英国和德国现行专利法只保护发明专利,不保护实用新型专利和外观设计专利。美国现行专利法保护发明专利、外观设计专利和植物专利三种,不保护实用新型专利。法国专利法则保护发明、实用新型。我国专利法对于发明、实用新型和外观设计三种专利都加以保护。就保护范围而言,英国和德国专利法保护范围较广,几乎所有技术领域的发明都给予保护,对于食品、饮料、调味品、药品、化学物质、微生物品种也不例外。美国专利法规定除了原子核裂变物质不能取得专利外,一切科技发明都给予保护。法国专利法规定除了动物品种外,凡具有创造性及工业实用性的新发明均可获得专利。我国《专利法》第25条规定,除了科学发现、智力活动和规则和方法、疾病的诊断和治疗方法、动物和植物品种、用原子核变换方法获得的物质以及对平面印刷品的图案、色彩或者二者的结合的主要起标识作用的设计之外,其他领域的科技发明均可授予专利。

2. 授予条件的冲突

各国专利法通常规定,新颖性、创造性和实用性是授予专利的发明与实用新型所必须具备的三个条件,但认定标准存在较为明显的差异。如在判断是否具备新颖性的问题上,总体上有两个标准,即时间标准和地域标准。在时间标准上,有的国家以申请专利的发明技术所完成的时间为标准,如美国、加拿大等;有的以申请专利的时间为标准,如中国等。就"地域标准"而言,又可细分为世界新颖性、国内新颖性、混合新颖性等3种。采用世界新颖性标准的国家多为发达国家,如德国、法国等;采用国内新颖性标准的多为发展中国家,如巴拿马、尼加拉瓜等;采用混合新颖性标准的国家主要有日本、瑞典等国。我国《专利法》第22条规定:新颖性,是指该发明或者实用新型不属于现有技术;也没有任何单位或者个人就同样的发明或者实用新型在申请日以前向国务院专利行政部门提出申请,并记载在申请日以后公布的专利申请文件或者公告的专利文件中。

3. 申请原则的冲突

申请原则主要解决两个及两个以上的申请人分别就同样的发明创造申请专利时,

专利权应归属于谁的问题。有些国家规定了先申请原则,即当两个或两个以上相同的发明分别申请专利时,按申请日的先后确定,将专利权授予最先申请的人。目前,包括我国在内的世界上大多数国家采用了先申请原则。另外有些国家,如美国,则规定了先发明原则,即当两个或两个以上同样的发明分别申请专利时,专利权授予先发明的人,而不考虑申请时间的先后。

4. 审查制度的冲突

各国专利机关在受理专利申请之后如何进行审查和批准,各国专利法对此规定不同,大致有形式审查制、实质审查制和早期公开、延迟审查制三种不同的制度。形式审查制是指专利主管机关对专利申请的技术内容是否符合专利条件不予审查,只要该项申请在程序上符合法定手续,即给予登记并授予专利。比利时、卢森堡、西班牙等国即采用这种制度。实质审查制是指专利主管机关不仅对专利申请作程序上的审查,而且对其技术内容是否符合专利条件进行审查。目前,世界上大多数国家采用这一制度。早期公开、延迟审查制是指某一项专利申请提交后,专利主管机关先进行形式审查,认为合格后,在一定期限内予以公布,这就是早期公开;在早期公开的一定期限内,根据申请人的请求或专利主管机关认为必要,再对该申请进行实质性审查。英国、德国、日本和我国的专利法都规定了早期公开、延迟审查制度,但在具体时间的规定上仍有差别。如英国法规定专利申请自申请日或优先权日起 18 个月以后公开,公开后 6 个月申请人可提出实质审查请求。德国规定专利申请自申请日后 18 个月早期公开,7 年内可以提出实质审查请求。我国《专利法》规定专利行政部门收到发明专利申请后,经初步审查,自申请日起满 18 个月,即行公布;自申请日起 3 年内,专利行政部门可以根据申请人随时提出的请求,对其申请进行实质审查。

5. 保护期限的冲突

各国专利法对于专利权的有效期限规定不同,这也是涉外专利权产生法律冲突的原因之一。如英国法规定发明专利的保护期限为 20 年,自申请日起计算。美国法规定发明专利和植物专利保护期限为 17 年,外观设计分别为 3 年半、4 年或 14 年。法国法规定发明专利保护期限为 20 年,实用新型为 6 年,均自申请日起计算。德国法规定发明专利保护期限为 20 年,自提出申请第二天起计算。我国《专利法》规定发明专利的保护期限为 20 年,实用新型和外观设计保护期限为 10 年,均自申请日起计算。

(二) 专利权的各国法律适用

由于各国关于专利的客体、授予条件、申请原则、审查制度及保护期限的规定不同,专利权的跨国保护就会产生法律冲突现象。概言之,解决与专利权有关的法律冲突问题有以下几种主张。

1. 专利权的成立、内容和效力,适用专利申请地法。专利权具有明显的地域性,申请人不论国籍为何,也不论其住所何在,只要在哪里申请专利,就必须按哪里的法律规定办理申请手续。被授予专利权后,该专利权只在授予国(地区)境内有效。专利权人若想就同一发明创造在另一国境内享有权利,必须按该另一国的专利法到其境内办理专利申请手续并获得批准。所以,一项发明创造是否符合法定的申请条件,是否能被授予专利以及专利权的内容和效力如何,只能依专利申请地的法律来确定。

2. 专利权的保护,适用专利权原始国法。这是一条得到广泛使用的冲突规范。如《布斯塔曼特法典》第108条规定:"工业产权、著作权以及法律所授予并准许进行某种活动的一切其他经济性的类似权利,均以其正式登记地为其所在地。"该法典第115条规定:"著作权和工业产权应受现行有效的或将来缔结的特别国际公约的规定支配。如无上述国际公约,则此权利的取得、登记和享有均应依授予此项权利的当地法。"

3. 专利权的保护,适用专利权发出国或专利申请地国法。原则上,专利在登记国的保护适用登记地国的法律。但是,单一适用这一冲突规范过于机械,不能适应当今国际经济、文化交流迅猛发展的社会实践。因此,有国家制定了选择专利权原始国法与申请地法适用的双边冲突规范。如1979年《匈牙利国际私法》第20条规定:"对发明者或其利益继承人的保护,适用专利证发出国或专利申请地法。"

4. 专利权的创立、内容和消灭,适用实施权利行为或侵权行为发生地法。一项在原始国产生的专利权能否在某外国真正得到保护,应取决于专利权实施地或侵权行为地法,而不是其他准据法。如《奥地利联邦国际私法法规》第34条规定:"无形财产权的创立、内容和消灭,依使用行为或侵权行为发生地国家的法律。"1996年《列支敦士登关于国际私法的立法》第38条规定:"无形财产权的产生、内容与消灭,适用使用或侵权行为实施地法律。"

5. 对于涉外专利权的法律冲突,根据其特点,分别适用不同的准据法,亦即法律适用上的"分割论",这为不少国家所采纳。如有关专利申请日及优先权,适用被申请国的国内法;关于是否批准外国人的发明专利权,适用被申请国法律;专利权的保护范围和保护方法,适用被申请国法律;专利权的保护范围和保护方法,适用被请求保护该权利国家的法律;有关专利职务发明适用劳动合同准据法;有关专利的转让,适用当事人选择的法律,在当事人没有明示或默示选择法律时,适用与专利权转让有最密切联系国家的法律、受让方或转让方国家的法律。

本次制定的2011年《法律适用法》显然采用的分割法,依据第48条,专利权的归属与内容这两类事项适用被请求保护地的法律,这与不少国家的立法相近,同时能较好地适应司法实践的需要。

**二、商标权的法律冲突及解决**

商标通常由文字、图形或文字加图形组成,是商品生产者或销售者在自己的商品上使用的、用于区别其他商品生产者或销售者的商品的一种专有标记。商标权是商标所有人对法律确认并给予保护的商标所享有的权利,主要包括商标专用权、商标续展权、商标转让权、商标许可使用权等。商标权是一种无形财产权,属于工业产权的一种,具有专有性、时间性和地域性等特征。

(一)涉外商标权的法律冲突

1. 获取原则的冲突

各国商标法对商标的注册均有明确规定,但如果两个或两个以上的申请人就同一种或类似的商品,以相同或类似的商标申请注册时,商标权应授予哪一个申请人,各国对此规定并不一致,主要有三种做法。

(1) 注册在先原则。该原则按照申请注册的先后顺序来确定商标权的归属,即谁先申请商标注册,商标权就授予谁。如果商标最先使用人不及时申请注册,一旦被他人抢先申请注册,便无法对该商标取得商标权。这一原则为包括我国在内的世界上大多数国家所采纳。即便如此,采取注册在先原则的国家在获取商标权的具体规定上仍存在差别。有些国家采取自愿注册的方式,任由商标使用人自愿决定对其使用的商标采取注册与否的做法。有些采用全面注册的方式,要求所有生产者生产的产品和销售者经销的商品都应当使用注册商标。多数国家采取自愿注册与强制注册相结合的方式,规定除药品、食品、化妆品、烟草制品等必须使用注册商标外,其他商品是否使用注册商标听由当事人自愿申请而定。

(2) 使用在先原则。依据该原则,对于一个商标,谁最先实际使用它,谁就获得对它的专有使用权。目前,采用这一做法的国家尚不多,只有列支敦士登、挪威等少数国家采纳。

(3) 使用与注册互补原则,即原则上采用注册在先原则,同时规定商标的最先使用者拥有在一定期限内提出异议的权利。如果在此期限内无人对已注册的商标提出异议,或虽提出异议但不能成立的,则商标的注册人可以取得该商标的专有使用权。目前,美国、加拿大、印度等国即采用该原则。但提出异议的期限又各不相同,如美国规定为 5 年,西班牙规定为 3 年。

2. 使用规定的冲突

一般而言,注册商标的使用分两种情况:(1) 实际使用,即注册人或经注册人许可的人将商标使用在商品之上;(2) 商业使用,除了实际使用之外,将商标用于广告或展览。少数国家只承认第一种使用,大多数国家将两种情况都视为使用。此外,各国商标法一般都规定,注册商标在获得注册后的一段时间内必须使用,否则,利害关系人可以申请撤销该注册商标,商标主管机关也可以主动撤销。至于在商标注册后多长时间内必须使用,各国商标法规定有异,这也是容易导致冲突之处。

3. 保护期限的冲突

各国商标法对于商标专用权的有效期限规定从 5 年到 20 年长短不等,包括我国在内的世界上多数国家规定为 10 年。此外,各国关于保护期限的起算也不尽相同,有的国家规定从申请日起计算,有的国家规定从核准日起计算。

(二) 涉外商标权的各国法律适用

由于各国商标法在商标权的获取原则、使用规定和保护期限等方面存在差异,涉外商标权保护的法律冲突在所难免。目前,对商标权的法律适用有以下几种主张。

1. 商标权的成立、内容和效力,适用商标注册地法。世界上大部分国家采取商标注册原则,商标权通过注册核准产生,受法律保护。由于商标权具有严格的地域性,在一国或地区内核准的商标,只能在该国或地区内才有效力。因此,有关商标权的得失、内容、范围和效力等的法律适用,均应依注册地法,亦即权利成立地法。

2. 商标权的成立、内容和效力,适用商标先使用地法。世界上有些国家的商标法按照使用在先原则,即使用商标的先后来确定商标权的归属;商标注册手续只从法律上起到申请和告示作用,而不能决定商标权的归属;他人得以使用在先为由对抗使用在后、注册在先的人,请求撤销注册商标。商标权的地域性也要求有关商标权的生效要件、范围、效力及存续期间等的法律适用,依商标先使用地法。

3. 商标权的保护,适用商标注册证发出国或商标申请地法。1979年《匈牙利国际私法》第20条第2款规定,商标权的法律冲突可以采用专利权法律冲突的原则,也就是依商标注册证发出国或商标申请地国法。

4. 商标权的成立、内容和消灭,适用实施权利地法或侵权行为地法。《列支敦士登关于国际私法的立法》第38条规定:"无形财产权的产生、内容与消灭,适用使用或侵权行为实施国法律。"商标权是无形财产权的一种,自然适用这条冲突规范。1978年《奥地利联邦国际私法法规》亦有类似规定。

5. 商标权法律适用的"分割论"。对于商标权的法律适用,根据其具有的特点,分别适用不同的准据法。例如,有关商标注册申请日及优先权依被申请注册国法;有关是否批准外国人的商标注册适用向其提出申请的国家的法律;有关商标的保护范围和保护方法依被请求保护国法;有关商标的转让,适用当事人选择的法律,当事人没有作出选择的,按照最密切联系原则来确定准据法。

同专利权相似,2011年《法律适用法》也采用了分割法,依据第48条,商标的归属与内容这两类事项适用被请求保护地的法律。

### 三、著作权的法律冲突及解决

著作权(Copyright)又称版权,是指作者及其他著作权人依著作权法对文学、艺术和科学作品所享有的各项专有权利。著作权属知识产权的一种,具有知识产权的一般特性。不过,与工业产权相比,著作权还有其特殊性:(1)著作权的成立与工业产权的成立有很大不同。在绝大多数情况下,著作权的成立不需要通过向主管行政机关申请办理登记或注册手续并由其核准,而是自作品创作完成之日或首次出版之日起自动产生。(2)著作权的权利内容与工业产权有所不同。著作权包括人身权和财产权两个方面。人身权是指与作者本身不可分割的权利,包括发表权、署名权、修改权和保护作品完整权。财产权是指作者对于自己所创作的作品所享有的使用和获得报酬的权利,包括以复制、表演、播放、展览、发行、摄制电影、电视、录像或者改编、翻译、注释、编辑等方式使用作品的权利,以及许可他人以上述方式使用作品,并由此获得报酬的权利。此外,著作权的独占性和排他性明显弱于工业产权。

(一)涉外著作权的法律冲突

1. 客体的冲突

各国法律关于著作权客体的规定存在较大差异,这主要体现于以下两个方面:(1)各国著作权法对于著作权客体范围的规定有所不同。如我国著作权法保护的范围较广,有文字作品,口述作品,音乐、戏剧、曲艺、舞蹈作品,美术、摄影作品,电影、电视、录像作品,工程设计、产品设计图纸及其说明,地图、示意图等图形作品,计算机软件,法律、法规规定的其他作品。有的国家将计算机软件另外列入商业秘密法、合同法、专利法加以保护,或者采用专门立法来保护。(2)各国对于各类著作权客体所包含的具体内容的规定有所不同。

2. 内容的冲突

著作权的权利内容包括人身权和财产权两个方面,但各国法律在这两方面的规定都存在差异。如对于追续权,大多数国家持肯定态度,将之视为著作权的财产权利;但是,在美国、英国、日本等国家,该项权利却得不到承认,不受法律保护。再如,从理论上说,人身权一般包括出版权、署名权、保证作品内容完整权和更改权等四项内容,但实际上,更改权仅为法国、意大利等部分国家的法律所保护,多数国家的立法将之排除在人身权以外。

3. 内容的限制的冲突

大多数国家著作权法对于著作权内容的行使规定了"合理使用"与"强制许可"制度,但是具体做法并不一致。如英国现行版权法对版权合理使用的情况规定较严,只允许为科研或个人学习目的而使用文字、音乐、绘图或雕塑等艺术作品。所以,在英国为个人娱乐目的未经作者同意而使用其作品也被认为一种侵权行为。相比而言,日本著作权法规定了较宽的强制许可制度,对于版权所有者不明的作品、广播或录制已发表的作品都可以得到强制许可;为印刷供教学使用的课本,可以不经作者同意而复制已经公开的作品,但必须支付报酬。

4. 保护期限的冲突

各国著作权法最明显的差异体现在著作权保护期限的长短不一。如美国联邦版权法对作者权利的保护期限是作者有生之年加50年,共同作品的保护期限为最后一位作者的有生之年加50年,匿名作者的作品及雇佣作者的作品的保护期限是发表之日起75年。德国版权法版权保护期限为作者有生之年加70年,遗著如在作者去世后60到70年间发表的,其保护期为10年,作者不详的作品保护期自发表之日起70年;摄影作品的保护期为发表之日起25年,生前未发表的作品保护期自完成创作之日起25年。另外,在计算保护期限的起始日期上,各国的规定也有所不同,有的以开始创作之日为起算日;有的以作品完成之日为起算日;有的以作品登记之日为起算日;有的则以作品发表之日为起算日。

(二)涉外著作权的各国法律适用

目前关于著作权的法律适用,主要有以下几种主张。

1. 著作权的成立、内容和范围,适用最初发表地法。作者的文学、艺术和科学作品通过正式发表,即享有著作人格权,并在社会上产生经济价值和文化价值。因此,发表地对该著作权的联系最为自然和重要。例如,《法国民法典》第2305条规定:"文化及艺术产权由作品的首次发表地法规定,工业产权由注册或登记地法规定。"罗马尼亚《关于国际私法关系的调整第105号法》第60条第1款规定:"知识产品著作权的成立、内容和消灭适用作品以出版、演出、展览、广播或其他方式首次公开发表的国家的法律。"至于同时在数国发表的作品,发表日期不同者,一般以最先发表日为准;如为同期发表,从顾全大众利益和作者利益的角度出发,依据作品的重要性来决定其主要发表地。

2. 未发表作品的著作权,适用作者的属人法。对于未发表作品的著作权保护内容、范围等问题,因其缺乏最初发表地的因素,则应以作者的属人法,包括本国法、住所地法或惯常居住地法为其经常创作及完成创作之场所。作品是创作者人格的直接表露,作品与作者有密不可分的关系,所以,对于未发表作品的著作权的保护以适用作者的属人法为宜。1992年罗马尼亚《关于国际私法关系的调整第105号法》第60条第2款规定:"没有公开发表的知识产品适用作者本国法。"

3. 著作权的创立、内容和消灭,适用实施权利行为或侵权行为地法。著作权是无形财产权的一种,这种权利的保护在权利实施地或侵权行为地最能体现其有效性。1978年《奥地利联邦国际私法法规》第34条规定:"无形财产权的创立、内容和消灭,依使用行为或侵权行为发生地国家的法律。"著作权是无形财产权的一种,应当适用这条冲突规范。

4. 著作权的保护,适用被请求保护国法。例如,1979年《匈牙利国际私法》第19条规定:"著作权依被请求保护的国家的法律。"此外,从《伯尔尼公约》与《世界版权公约》对"国民待遇"原则的采纳来看,它们也倾向适用请求保护国法。

5. 有的国家主张从著作权合同的角度来确定解决法律冲突的原则。例如,1966年《波兰国际私法》规定,出版契约依发行人缔约时的住所地法。也有国家规定,对于利用受著作权法保障的作品的合同,依利用人主营业所所在地所依据的法律。有人主张也可以依当事人意思自治原则或最密切联系原则来确定涉外著作权的准据法。

6. 著作权法律适用的"分割论",即主张涉外著作权的法律适用应根据著作权的特点来分别适用不同的准据法。例如,有关作品国籍的取得依作品最初刊行国法;有关著作权是否存在,适用作品最初刊行国法或作品来源地法;有关是否和如何保护著作权,依该国缔结或参加的国际公约和所在国法律规定;有关著作权保护的范围、期限和向作者提供保护的救济方法,依向其提出要求保护的国家的法律;有关著作权的转让,适用当事人选择的法律或按最密切联系原则来确定准据法。

同专利权与商标权相似,2011年《法律适用法》也采用了分割法,依据第48条,著作权的归属与内容这两类事项适用被请求保护地的法律。

## 第三节 我国涉外知识产权的法律适用

如前所述,2011年《法律适用法》设定专章规定了有关涉外知识产权的权属、转让、侵权等问题。同时,本法采用了"整体法"的体例安排,即将涉及的三类知识产权的法律冲突的法律适用问题统一规定于"知识产权"的条款中,这样的安排既保持了与知识产权有关法律适用规则的完整性,又不影响每个单独条款发挥功效。

2011年《法律适用法》运用3条规定解决了三个法律冲突问题。第48条解决了关于知识产权的归属和内容的法律冲突。第 49 条解决了知识产权转让和许可使用的法律冲突。第 50 条解决了知识产权侵权的法律冲突。下面进行详细分析。

## 一、关于知识产权归属的法律适用

2011 年《法律适用法》第 48 条规定:"知识产权的归属和内容,适用被请求保护地法律。"这与绝大多数国家的冲突规则相一致。

▶ 典型案例

【案情】①

1995 年 2 月,美国发明人劳伦斯向中国专利机关申请有关 DX-001 型仪器的发明专利并获批准,取得对 DX-001 型仪器的专利权,专利号为 95120743。1996 年 3 月,劳伦斯同中国 A 公司签订专利权转让合同,授权该公司在中国境内生产、销售 DX-001 型仪器。同年 9 月,A 公司发现市场上有大量同 DX-001 型仪器功能一样的 TX-101 型仪器,经调查,该 TX-101 型仪器为日本 B 公司生产,并出口至中国,由其在中国的分公司进行销售。A 公司遂诉至中国某法院,要求 B 公司停止生产、销售 TX-101 型仪器,并赔偿 A 公司的经济损失。B 公司辩称:该仪器的生产技术在日本已进入公共领域,该公司有权进行生产、销售。并且 B 公司对 A 公司所持 DX-001 型仪器发明专利的有效性表示怀疑。

【审理】

法院经审理认为:本案被告所进口的产品虽然有合法的来源,但基于原告在我国境内享有专利权,被告将与原告专利技术相同的产品进口到我国境内,仍然构成对原告专利权的侵犯。

【法理】

该案涉及三个问题:一是专利权的有效性问题;二是专利侵权的认定问题;三是专利权侵权的法律保护问题。

1. 关于专利权的有效性问题

本案遇到的问题是在我国有效的专利在外国已进入公有领域,对我国的专利权效力有何影响。这种情况其实并不是不可能发生的,大致可以基于以下三种情况:(1)专利机关在做新颖性检索时出现了差错。(2)我国《专利法》对新颖性的要求是在申请日以前没有同样的发明或者实用新型在国内外出版物上公开发表过、在国内公开使用过或者以其他方式为公众所知,也没有同样的发明或者实用新型由他人向国务院专利行政部门提出过申请并且记载在申请日以后公布的专利申请文件中。但各国对新颖性的要求并不一致,这可能导致该情形的出现。(3)对专利申请的审查分为初步审查和实质审查,对新颖性的审查是在实质审查阶段进行的,如果申请人没有主张优

---

① 参见《日本 B 公司与中国 A 公司专利权效力纠纷案》,载赵相林主编:《国际私法教学案例评析》,中信出版社 2006 年版,第 156—158 页。

先权或者对优先权的主张已不符合相关国家的规定,则这个时间差可能造成该情形的出现。(4)《保护工业产权巴黎公约》只是规定了各国专利保护的最低年限,具体保护年限是由各国国内法规定的,即使由于优先权致使授予专利的时间相同,保护年限的不同也会造成该情形的出现。

然而,无论该情形的出现是基于上述何种理由,都不应对在一国依然有效的专利权产生影响,除非有关当事人要去申请该专利自始无效。此即《保护工业产权巴黎公约》第4条(之二)所规定的专利权的独立性原则:(1)本同盟成员国的国民向本同盟各成员国申请的专利权与其在其他本同盟成员国或非本同盟成员国为同一发明所获得的专利权无关。(2)上述规定,应理解为具有绝对意义,特别是指在优先权期内申请的专利权,就其失效和撤销理由和其正常期间而言,是相互无关的。本案中有关国家(中国、美国、日本)都是《保护工业产权巴黎公约》的成员,根据公约,亦应如此。

2. 专利侵权的认定问题

本案被告进口的该技术生产的产品是有合法来源的,其行为是否真的构成侵权,这就涉及一国对专利权的保护问题。

正如《保护工业产权巴黎公约》第4条(之二)所规定的那样,专利权具有独立性原则,具有严格的地域性特征。通过前文的分析,认为本案中在我国有效的专利并不受到影响,则该专利在外国无论处于何种状态,我国法院只根据我国《专利法》严格衡量之。我国法律对专利的法律适用没有规定,专利权的性质决定了我国对独立性原则的奉行,况且我国也是《保护工业产权巴黎公约》的成员国。依2011年《法律适用法》第48条:"知识产权的归属和内容,适用被请求保护地法律。"因此法院应依照我国《专利法》审查被告是否构成专利侵权。

根据我国《专利法》第11条规定:"发明和实用新型专利权被授予后,除本法另有规定的以外,任何单位或者个人未经专利权人许可,都不得实施其专利,即不得为生产经营目的制造、使用、许诺销售、销售、进口其专利产品,或者使用其专利方法以及使用、许诺销售、销售、进口依照该专利方法直接获得的产品。"可见,进口权是我国专利权的效力之一,本案被告所进口的产品虽然有合法的来源,但基于原告在我国境内享有的专利权,被告将与原告专利技术相同的产品进口到我国境内,仍然构成对原告专利权的侵犯。

3. 关于专利侵权的法律保护问题

专利侵权的法律救济,包括专利权的保护范围、保护方法、保护期限和保护主体等,《保护工业产权巴黎公约》第2条(国民待遇)第2款用的是"被请求保护国"的说法。这里的"请求保护地"是指专利权人的专利权受到侵害时其请求法律救济的地方。就一般侵权而言,"请求保护地"就是其"侵权行为地",其与"专利申请地"应不同。但考虑到专利权的地域性特征,某发明创造不在一国申请注册专利,则该国就不会对该发明创造赋予专利权,亦不会对其提供保护,不保护的结果之一便是在该国也不会出现所谓侵犯专利权的行为。所以,一个理智的专利权人请求对其专利进行保护的地方必然也会是"专利申请地"。但出于逻辑上严密的考虑,公约和一些国家的立法采用

"请求保护地"的提法作为连结点。在本案中,就是中国的法律。对比2011年《法律适用法》第50条规定的"知识产权的侵权责任,适用被请求保护地法律,当事人也可以在侵权行为发生后协议选择适用法院地法律",在本案中,法院应该采用中国的法律对专利权进行保护。

## 二、关于知识产权转让和许可使用的法律适用

知识产权转让,是指知识产权出让主体与知识产权受让主体,根据与知识产权转让有关的法律法规和双方签订的转让合同,将知识产权权利享有者由出让方转移给受让方的法律行为。知识产权许可,是指许可方将所涉知识产权授予被许可方按照约定使用的活动,一般可分为三类:独占许可、排他许可、普通许可。本条对具有涉外性质的知识产权转让和许可协议的法律适用进行的规定,依之,当事人可以通过协议自主选择法律,没有选择的,适用合同的法律适用规则。

由于知识产权包括专利权、商标权、著作权以及其他知识产权法保护的形式,所以,按照知识产权的种类不同,知识产权转让包括专利权转让、商标权转让、著作权转让以及其他知识产权转让四种形式;从知识产权的具体权能来看,知识产权转让包括所有权的转让和使用权的转让。我国现行知识产权法,包括《专利法》《商标法》《著作权法》都确立了相应的知识产权转让规范;在知识产权市场交易实践中,知识产权转让行为也越来越活跃,从而使知识产权利用率大大提高,也给知识产权权利人带来了转让收益。就企业知识产权管理来说,通过知识产权转让,可以为企业创造利润,从而增强企业经营效益。

知识产权转让关系的主体有两方当事人,一方是享有知识产权的权利人,即出让人,包括专利权、商标权和版权的权利人。知识产权转让行为获得法律认可、成为一种有效转让行为的前提就是,出让人必须依法享有相应的知识产权,这也是判断出让人是否有转让权(处分权)的重要法律标志。另一方是知识产权的受让人或者受让方,即与出让人达成一致的意思表示、愿意受让知识产权的人。根据我国知识产权法律法规,知识产权转让的主体可以是自然人,也可以是法人及其他组织。例如,《专利法》第10条规定,专利申请权和专利权可以转让。中国单位或者个人向外国人转让专利申请权或者专利权的,必须经国务院有关主管部门批准。所谓"中国单位",包括依法取得中国法人资格的各类法人和其他组织;所谓中国"个人",是指我国的公民。当然,香港、澳门两个特别行政区的单位和个人除外。因为按照香港、澳门两个特别行政区基本法的规定,专利法未列入两个基本法的附件三中,因而不适用于香港、澳门两个特别行政区。

知识产权转让,不是出让方与受让方随心所欲的行为,该行为必须在现行法律法规与双方当事人签订的有效转让合同框架内方可发生。一方面,知识产权转让必须依照现行法律法规。这是由知识产权的性质以及转让管理决定的,知识产权具有无形性、专有性、时间性与地域性,它不同于一般的有形物,因此,权利转移必须要遵守法律法规,例如,专利转让合同的成立,须经过国家知识产权局专利局登记和公示后才能生

效;另一方面,知识产权转让在本质上又是一种权利转让合同,本质上是权利主体的变更行为,所以又必须遵守双方当事人依法签订的有效转让合同。

一般认为,知识产权具有无形性,是一种无形财产。权利客体的非物质性是知识产权区别于财产所有权的本质特性。知识产权的无形性与传统物权中标的有形性之区别并不影响二者在交易上的私法性。换言之,知识产权尽管是无形性的,但在权利性质上仍然是私权,私权的交易应该遵循私法规则。而在知识产权转让的实践以及纠纷处理对法律的适用来看,不仅有专利法、商标法和著作权法的适用,也有合同法的适用。因此,无论从知识产权的性质,还是知识产权转让行为规则本身的性质来看,知识产权转让的法律性质应该界定为私权转让行为,本质上是一种民事法律行为,通常通过知识产权转让合同来实现。

与知识产权转让不同,许可是在知识产权所有人保有所有权的情况下,允许他人使用与知识产权相关的权利,一般可分为三类:独占许可、排他许可、普通许可。知识产权许可关系的主体也有两方当事人,一方是享有知识产权的权利人,即许可人,包括专利权、商标权和版权的权利人。另一方是知识产权的被许可人即与许可人达成一致的意思表示、有权使用知识产权的人。知识产权许可,通常也通过双方当事人制定有效的知识产权许可合同来实现。

近些年来,随着我国对外交往的日益密切,具有涉外因素的知识产权转让与许可也愈加频繁,这就要求在法律上对之进行调整,既包括实体法上的调整,也包括国际私法上的调整。就实体法而言,我国近十年来通过制定一系列涉及知识产权的法律法规,已经基本上形成了较为完善的知识产权法律保护体系。相比之下,我国国际私法关于知识产权的规定一直处于空白状态,严重落后于司法实践的要求。在此背景下,本法专门规定了3条,对知识产权的法律适用进行了规定,而本条则是对知识产权转让与许可的法律适用的规定。由于知识产权转让与许可通常是通过知识产权转让合同与知识产权许可合同来实现的,因此,2011年《法律适用法》第49条采纳了合同法律适用的首要原则,即当事人意思自治,允许当事人通过协议来选择适用的法律。在当事人没有规定的情况,适用本法关于合同法律适用的规定。这样的规定体现了知识产权转让与知识产权许可的本质属性,尊重了当事人的意愿,有助于维护法律关系的稳定性与可预见性,有助于促进知识产权的顺利流转。

▶典型案例

【案情】[①]

2003年1月1日,原告上海海外A公司(以下简称A公司)与被告广州B公司(以

---

① 参见《上海海外股份有限公司(SHANGHAI OVERSEAS S. A.)诉广州市佐治鞋业有限公司商标使用许可合同纠纷案》,http://vip.chinalawinfo.com/case/displaycontent.asp? Gid=117461471&Keyword,访问日期:2016年7月9日。

下简称B公司)签订了一份"许可证协议",即涉案的商标许可使用合同。该协议第1条约定:A公司授予许可证,B公司拥有使用注册编号为1343428的"胡里奥"商标在第3条中定义的地区生产、经销和销售在第2条中定义产品的专有权。协议第20条约定:本协议应由中华人民共和国法律管辖并根据中华人民共和国法律进行解释。

在诉讼过程中,B公司证明其在合同签订后,曾就商标许可使用合同备案事宜与A公司进行沟通,并就商标注册人名称与许可人名称不符的问题向A公司寻求解释,因未得到其答复而向其宣称双方所签合同无效。A公司立案时提交的经公证认证的公司登记材料中显示其公司名称系由原注册名称变更而来。

【审理】

北京市第一中级法院经审理认为:A公司仅是变更了公司名称,故其对争议注册商标享有专用权,可以通过签订商标使用许可合同的方式许可他人使用该注册商标。A公司与B公司签订的商标使用许可合同,是双方当事人真实意思表示,不存在中国合同法规定的导致合同无效的情形,是有效的合同。

【法理】

虽然中国《商标法》(2001年修订版)第23条规定,注册商标需要变更注册人的名义等注册事项的,应当提出变更申请;第40条第3款规定,商标使用许可合同应当报商标局备案,《商标法实施条例》(2002年施行版)第43条又进一步规定许可人应当自商标使用许可合同签订之日起3个月内将合同副本报送商标局备案。而本案中,A公司在公司名称变更后未及时向商标局提出变更申请,也未就双方合同向商标局申请备案,但鉴于前者并未影响其对涉案商标所享有的专用权;而后者,根据《最高人民法院关于审理商标民事纠纷案件适用法律若干问题的解释》第19条的规定,商标使用许可合同未经备案的,不影响该许可合同的效力,当事人另有约定的除外。本案中,双方的许可合同并未就备案问题有相反约定。故B公司仅以许可人与商标注册人名称不同为由主张合同无效,缺乏法律依据。

2011年《法律适用法》第49条规定:"当事人可以协议选择知识产权转让和许可使用适用的法律。当事人没有选择的,适用本法对合同的有关规定。"本案中,双方当事人在共同签订的商标使用许可合同中明确约定了本合同受中华人民共和国法律管辖并依中华人民共和国法律进行解释,故应适用中国合同法解决本案纠纷。

### 三、关于知识产权侵权的法律适用

本条是关于知识产权侵权责任的法律适用。要保护知识产权,就必须对侵犯知识产权的行为进行惩罚,增加知识产权侵权行为的法定成本,因此,侵犯知识产权的惩罚制度是保护知识产权法律体系中的重要组成部分。有鉴于国际责任和维护本国自身利益的需要,各国正在加强对侵犯知识产权行为的打击力度。具有涉外因素的知识产权侵权案件在我国涉外案件中的比例也逐年上升。法律适用条款在涉外侵权案件中起着"桥梁"的作用,起到指引案件准据法的作用,会对案件的审理结果,也即对侵权行为人责任的认定和承担有着实质性的重要影响。鉴于知识产权保护的重要性日益突出,针对知识产权侵权行为而"量身定做"一条法律适用条款是适应当前经济形势之所需,同时也体现了我国对知识产权保护的重视和打击侵犯知识产权行为的决心。依据本条,知识产权的侵权责任,原则上适用被请求保护地法律,但当事人可以通过协议选择适用法院地的法律。

知识产权侵权,是一类特殊的侵权。这类侵权原则上适用被请求保护地法律是知识产权地域性特征的合理延伸,为许多国家的立法、理论与司法实践所认可。如前所述,知识产权从产生之日就具有严格的地域性特征。在相当长的时期内,一国的知识产权立法被认为仅在其地域范围内有效。随着国际交往的深入和现代科技的发展,知识产权的"地域性"在不同程度上有所突破,各国也越来越认识到知识产权保护国际协作的重要性,并且一直致力于知识产权实体法的统一。但由于各国的社会文化背景和经济发展水平有很大的差异,最终制定出的知识产权国际公约必定是一个各方相互妥协的产物。而且这些国际公约并非完整的实体法律规范,而仅仅规定了国际上知识产权的"最低保护标准"。在这一"最低保护标准"下,知识产权保护的各项具体措施和制度,仍由各国的国内法加以规定。也就是说,知识产权的地域性特征决定了国际条约体系下的知识产权保护依然需要各国的国内法提供法律支持。

如上所述,尽管知识产权保护领域的国际协作在不断加强,地域性依然是知识产权的重要特征。各国知识产权制度独立原则和知识产权国际公约中的国民待遇原则是地域性特征的绝好证明。公约的成员国依公约的规定所承担的是给予另一成员国的公民与本国公民同等的待遇,其权利的取得、内容效力以及法律救济,都受该国国内法的制约。要求知识产权保护水平比较低的国家给予来自知识产权保护水平很高的发达国家的权利人以"超国民"的待遇,除非该国自愿,否则既不现实,也没有法律上的依据。因为根据相关的知识产权公约,缔约国承担的是给予来自其他缔约国的知识产权以"国民待遇"的义务。在某种程度上国民待遇义务实际上也是对法律适用的选择,即将保护提供国的法律指定为具有管辖权的法律,至少在含有国民待遇义务的条约所规定的问题上情况是这样的。而且在涉外知识产权侵权案件中,权利请求保护地往往同时又是侵权人的住所地、户籍所在地或者主要营业地,适用权利请求保护地法律能够较好地保护被侵权人的合法权益,同时也考虑到了双方当事人对各自行为后果的合理期待。

版权保护是受网络技术冲击最大的领域。网络环境下发生的侵权行为80%以上都是侵犯版权的行为。由于网络上信息传输的特点是无国界,具有版权的作品一旦被上传到网络,则世界上任何一个角落都有可能成为侵权行为结果发生地。传统上用于确定侵权行为法律适用的连结点,如侵权人的国籍、住所地、侵权行为实施地、侵权结果发生地等,在网络环境下都变成了不确定的概念。虽然不能说侵权行为地法原则在网络环境下对侵权行为准据法的确定完全无能为力,但至少在这一方面它并不比其他法律适用原则具有更多的优势。相比之下,即使是在虚无的网络环境下,侵权请求保护地也是相对确定的,这就解决了连结点难以确定的问题。因此在这一点上,权利请求保护地原则具有其他法律适用原则无法比拟的优势。不仅在网络环境下如此,在现实中,权利请求保护地法也能较好地处理一个侵权行为同时涉及两个以上国家的情况。站在某一国内法院的角度,在具体的侵权案件中,权利请求保护地是唯一的。对于法官而言,适用起来也比较简便。

专利侵权和商标侵权的情况与版权侵权相似。所不同的是,由于专利权和商标权的成立须经过法定的行政程序,并非版权所实行的"自动保护"原则,因此从一定角度上说,专利权和商标权地域分割特征更为明显。在一国受到专利保护的产品可能在另一国则不受专利法的保护。因此在具有涉外因素的专利和商标侵权案件中适用权利请求保护地的理由似乎更加充分。

不过,权利请求保护地原则也有其自身的局限性。主要体现在两个问题上:(1)在两个以上的国家都存在侵权行为时损害赔偿的确定问题;(2)侵权行为发生在权利请求保护国之外。随着网络的普遍应用和国际贸易的兴盛,知识产权的侵权行为也具有了"国际化"的特征。侵权行为在一国境内实施而侵权结果同时发生在数个国家的情况屡见不鲜。按照权利请求保护地原则,法院在确定发生在不同国家的侵害后果时,会遇到很大的困难。如果法院依本国法只能裁决在本国境内发生的侵权后果,这会导致受害人必须要到不同国家的法院进行起诉的结果。但如果将权利请求保护地法适用于计算在其他国家发生的侵权行为所造成的损失,又会有违背知识产权法的属地原则之嫌。当侵权行为发生在权利请求保护国之外时,如何适用法律的问题则颇有争议。这里的"侵权行为发生在权利请求保护国之外"是指侵权行为全部或者绝大部分发生在权利请求保护国之外。由此可见,权利请求保护地国与案件的联系并不紧密,甚至十分松散。在此情况下依然适用权利请求保护地法并无实际意义,也不利于判决的承认与执行,同时这一做法也会被认为是违反知识产权法属地原则的。

综上所述,权利请求保护地原则具有合理性,但也有其自身的局限性,有鉴于此,本法引入当事人意思自治原则,允许当事人在侵权行为发生后通过协议原则适用法院地的法律。这一规定,既尊重了当事人的意愿,可以克服单一适用权利请求保护地法的缺陷,还可以达到扩大法院地法适用的目的。

▶ **典型案例**

**【案情】**[①]

原告美国甲公司是 MS-DOS6.0、MS-DOS6.2、Windows3.1 等计算机软件的著作权人。1993 年下半年至 1994 年 3 月,原告发现被告北京乙公司对其软件产品有侵权行为,于是,原告于 1994 年 3 月 4 日,以消费者身份在北京海淀区乙公司经营地点内购买了被告销售的新加坡 IPC 计算机一台,该机内装有 Windows3.1 测试版及 MS-DOS6.0 版计算机软件。新加坡 IPC 公司的资料显示,该机内原配置仅为 MS-DOS5.0 版计算机

---

① 参见《美国微软公司诉北京巨人电脑公司侵犯计算机软件著作权案》,载赵相林主编:《国际私法教学案例评析》,中信出版社 2006 年版,第 167—169 页。

软件。原告遂于1994年3月份以被告侵犯其软件著作权为由向北京市中级人民法院起诉,声称被告未经其授权擅自将其制作的部分软件复制并向公众发行和展示,谋取不法利润。1994年12月22日,原告再次在上述地点购买了被告销售的Windows3.1版计算机软件复制品。原告的上述两次购买行为及被告的销售行为,均已由北京市公证处公证。原告认为被告上述行为侵犯了其合法权益,故请求法院判令被告立即停止一切侵权行为,并公开向原告赔礼道歉;赔偿原告的软件在北京的销售收入损失。

**【审理】**

北京市中级人民法院经审理认为:(1)原告甲公司是MS-DOS6.0、MS-DOS6.2、WINDOWS3.1等计算机软件的著作权人,原告的上述计算机软件作品自1992年3月17日始受中国法律保护。(2)被告乙公司的工作人员在销售计算机过程中存在未经著作权人许可,以盈利为目的,非法复制、销售上述计算机软件复制品的行为。(3)被告非法持有原告上述计算机软件复制品,已构成对原告计算机软件著作权的侵犯,应承担相应的法律责任。

**【法理】**

本案为计算机版权的涉外侵权案件。

关于法律适用问题,《与贸易有关的知识产权协议》(Trips)第10条规定:无论以源代码或以目标代码表达的计算机程序,均应根据伯尔尼公约1971年文本所指的文字作品给予保护。我国已分别于1992年10月15日、1992年10月30日加入《保护文学艺术作品的伯尔尼公约》和《世界版权公约》,并且未作任何保留。我国和美国均是这两个公约的成员国。因此,我们首先寻找这两个公约之中有关公约成员国间著作权保护方面的规定:

(1)最低保护标准。根据公约规定,各成员国不论对本国作品还是对外国作品的保护都不得低于公约规定的限度。公约对权利种类和权利保护期限都做了最低限度的保护要求。

(2)《伯尔尼公约》第5条第2款规定,享有国民待遇的作者在公约成员国所得到的版权保护,不依赖其作品在来源国受到的保护;在符合公约中最低要求的前提下,该作者的权利受到保护的水平,司法救济方式,均完全适用被要求给予保护的那个成员国的法律。这就是"版权独立性原则",即对于在一成员国内提出的有关另一成员国国民的版权的保护的诉讼,可以适用提供保护的那个成员国的法律,即受诉法院地国的法律。这在国际私法的法律适用上可以称为"权利要求地法"或"权利主张地法"。因此,对于此案,所适用的法律应该为中国法律。

2011年《法律适用法》第50条规定,"知识产权的侵权责任,适用被请求保护地法律,当事人也可以在侵权行为发生后协议选择适用法院地法律。"也是这两个公约规定内容的具体体现。由于当事人在侵权行为发生后没有就适用的法律达成任何协议,因此法院应适用被请求保护地,即中国法律进行审理。

而对于计算机软件,中国主要是以版权保护的手段进行保护。中国保护计算机软件版权的法律主要有《著作权法》和国务院颁布的《计算机软件保护条例》和《著作权法实施条例》。对于外国著作权人的著作权的保护问题,《著作权法》第2条规定"外国人、无国籍人的作品根据其作者所属国或者经常居住地国同中国签订的协议或者共同参加的国际条约享有的著作权,受本法保护"。《计算机软件保护条例》第5条第3款规定:外国人在中国境外发表的软件,依照其所属国同中国签订的协议或者共同参加的国际条约享有的著作权,受本条例保护。因此,外国软件要得到中国法律的保护,必须符合下列条件之一:该外国与中国签订有双边协议,其中规定了相互保护计算机软件在内的作品的版权;该外国和中国共同参加了版权保护的国际公约。

本案中,中国应对外国的计算机软件提供保护,并且根据公约,应该适用我国的实体法对其进行保护。北京市中院经审理,认为被告非法持有原告相关计算机软件复制品,已构成对原告计算机软件著作权的侵犯,应承担相应的法律责任。

# 第八章
# 涉外合同关系的法律适用

合同是当事人之间设立、变更、终止民事权利义务关系的一种共同的意思表示。所谓涉外合同,是合同的主体、客体以及标的三要素之一具有涉外性。在当代国际社会中,涉外合同成为各国民事交往中的一个重要形式。因此,研究涉外合同关系的法律适用,确定涉外合同的准据法,对于发展中国和其他国家间的合作与交流,特别是国际经济关系方面具有重大的意义。

本章所涉及的 2011 年《法律适用法》的相关条款如下:

第 41 条  当事人可以协议选择合同适用的法律。当事人没有选择的,适用履行义务最能体现该合同特征的一方当事人经常居所地法律或者其他与该合同有最密切联系的法律。

第 42 条  消费者合同,适用消费者经常居所地法律;消费者选择适用商品、服务提供地法律或者经营者在消费者经常居所地没有从事相关经营活动的,适用商品、服务提供地法律。

第 43 条  劳动合同,适用劳动者工作地法律;难以确定劳动者工作地的,适用用人单位主营业地法律。劳务派遣,可以适用劳务派出地法律。

第 16 条  代理适用代理行为地法律,但被代理人与代理人的民事关系,适用代理关系发生地法律。当事人可以协议选择委托代理适用的法律。

第 17 条  当事人可以协议选择信托适用的法律。当事人没有选择的,适用信托财产所在地法律或者信托关系发生地法律。

## 第一节  合同关系的法律适用概述

### 一、涉外合同的概念和特征

所谓涉外合同,是指介入了国际因素的,平等主体之间设立、变更、终止民事权利义务关系的协议。

涉外合同具有以下特点。

(一) 具有涉外因素

即合同的主体、客体和内容三项因素中至少有一项与外国发生联系。比如合同签订地在外国,或合同的当事人为外国人,或合同的履行地在外国等等。

## ▶典型案例

### 【案情】①

2002年6月6日,李某(乙方)与被告甲公司(甲方)订立劳务合同书,约定:由甲方聘用乙方为"福远渔225"轮渔捞员;合同期间甲方为乙方投保人身保险;工伤事故的医疗费用由甲方承担,伤亡事故的所有费用按照劳动法规处理;被告甲公司在合同签订后,未按照合同约定为李某投保人身保险和工伤保险。

2003年3月20日凌晨,"福远渔225"轮在斯里兰卡海域遭遇不明船只的袭击,李某在袭击中死亡。事故发生后,甲公司分两次向李某遗属郑某支付30,000元,但未明确该款的用途。

"福远渔225"轮系被告甲公司所有,经农业部批准在斯里兰卡海域从事拖网捕捞作业。该远洋捕捞项目系以被告丙公司名义办理,但丙公司实际上除负责取得远洋捕捞项目指标及办理捕捞鱼货进口报关手续外,并不参与远洋捕捞渔船的经营和管理,无权决定船员的聘用和岗位、职责等。

原告李某遗属郑某认为,甲公司与李某已建立劳动合同关系,被告福建省丙渔业集团公司作为李某的实际用人单位,与李某形成事实上劳动关系,因此二被告对李某在执行职务期间死亡,应按《福建省劳动安全卫生条例》等相关劳动法律法规之规定,履行对死者近亲属赔偿及抚恤的义务。甲公司未按合同约定为李某投保人身保险,应承担违约赔偿责任。通常船员人身保险之最低保险金额为10万元,因此甲公司应承担之违约赔偿金为10万元。为此,原告请求法院判令二被告共同向原告支付李某死亡补偿费347,375元;判令甲公司向原告支付因其未履行为李某投保人身保险义务之违约赔偿金10万元。

### 【审理】

法院经审理认为:"福远渔225"轮在斯里兰卡海域生产作业、且李某死亡的事实也发生于该海域,根据法律的规定,本案属事实涉外的民事案件。因原告提起的是合同之诉,合同双方当事人均为中国自然人或法人,合同在中国签订,"福远渔225"轮为中国籍船舶,因此,应确认中华人民共和国法律为与本案有最密切联系的法律;且合同还对工伤事故处理适用我国的劳动法规等作出约定,双方当事人在诉讼中也均援引中国的法律作为诉辩依据,因此,中华人民共和国法律应作为当事人选择的法律,故本案应适用中华人民共和国法律。

### 【法理】

涉案合同是一份劳动合同,合同的履行地大部分是在航行于国外的中国国籍的船舶上,所以,本案合同属于涉外合同。依据2011年《法律适用法》第41条规定:"当事

---

① 参见《郑保妹等诉福州永丰远洋渔业有限公司等船员劳务合同案》,载国家法官学院、中国人民大学法学院编:《中国审判案例要览》(2004年商事审判案例卷),人民法院出版社、中国人民大学出版社2005年版,第415—419页。

人可以选择合同适用的法律。当事人没有选择的适用履行义务最能体现该合同特征的一方当事人经常居所地法律或其他与该合同有最密切联系的法律。"本案当事人并未对整个合同作为一个整体如何适用法律作出约定,参上述规定,本案应适用劳务实施地法律。传统的观点认为,船舶是一个国家的浮动领土,案涉船舶悬挂中国国旗,是中国国籍的船舶,故本案合同应适用我国的法律。

其实,本案合同作为一个整体虽然没有法律适用的约定,但当事人对合同履行过程中发生工伤事故如何适用法律却有约定,虽然该约定并未明确具体的法律或法规的名称,但依据该约定以及合同的具体情况完全可以确定应适用的法律。本案主要是工伤损害赔偿问题,根据当事人的约定,也适用我国的法律。

(二) 涉及内容广泛

就有关国际贸易的合同而言,通常涉及国际货物买卖、国际货物运输及保险、国际贸易支付和国际技术转让等。

(三) 适用法律多样

涉外合同可能要适用外国法、国际条约或国际惯例。合同的涉外性必然导致合同与外国法在特定条件下有着某种程度的联系,因而在某些场合下,为确定涉外合同当事人权利义务,冲突规范往往会指定适用外国法,或者直接适用国际条约或国际惯例。这种情况在国内合同中是不存在的。

## 二、涉外合同的法律冲突及其解决

1. 涉外合同之债的法律冲突,即涉外合同法律适用的冲突,指一项合同与内容相互歧异的不同国家的法律发生联系,且这些国家的法律竞相要求支配或不支配该合同而形成的冲突状态。

2. 法律冲突的解决途径。合同之债法律冲突的解决有两条途径:冲突法途径和实体法途径。前一种被称为间接调整方法,后一种被称为直接调整方法。

(1) 间接调整方法:又称为冲突法途径,即依据冲突规范的指引适用本国或者外国的实体法。统一冲突法条约目前主要有 1980 年《罗马合同公约》、1985 年《国际货物买卖合同法律适用公约》。

▶ 典型案例

【案情】[①]

2002 年 7 月 2 日,泉州甲公司与韩国买方乙株式会社签订一份《售货合同》,约定由泉州甲公司向买方出售一批罐头,单价每箱 13.65 美元 CFR 釜山,总价款 54,600 美元,装运期限为:2002 年 10 月 31 日前装运,付款条件为:买方凭卖方开具的即期跟

---

[①] 参见《泉州中侨(集团)股份有限公司诉长锦商船株式会社等海上货物运输合同案》,载国家法官学院、中国人民大学法学院编:《中国审判案例要览》(2004 年商事审判案例卷),人民法院出版社、中国人民大学出版社 2005 年版,第 432—434 页。

单汇票,于第一次见票时立即付款,付款后交单。泉州甲公司通过货运代理人,将该批货物交由被告乙株式会社承运。同年8月23日,被告签发了正本提单,提单记载托运人泉州甲公司,收货人"TO ORDER(凭指示)",通知人丙公司。

2002年8月23日,承运船舶启运,8月28日抵达目的港釜山。

同年12月,买方反映因被告未及时通知提货,在此期间市价下跌,且被告目的港代理人向其索要2,800美元仓储费作为放货条件,买方要求妥善解决,否则将拒绝提货与支付货款。原告就此与第三人交涉,要求无条件放货,未果。为避免损失扩大,在声明不做出任何承诺的情况下,原告只得以降价方式先行承担2,650美元的损失。同时要求第三人与被告提交非属其责任的证明文件,但未有回应。为此,原告向法院起诉,请求法院依法判令被告赔偿原告损失2,650美元及该款自2002年12月16日起至付清之日止的同期银行贷款利息。

【审理】

法院经审理认为:本案为海上货物运输合同纠纷,被告乙株式会社为韩国法人,本案为涉外民事案件。诉讼中双方当事人均明确表示选择适用中国法,根据《合同法》第126条规定:"涉外合同的当事人可以选择处理合同争议所适用的法律,但法律另有规定的除外。涉外合同的当事人没有选择的,适用与合同有最密切联系的国家的法律。"本案的法律适用为中国法。

【法理】

首先,本案中,被告方是韩国法人,原告方是中国法人,当事人因素中含有涉外因素,本案的性质为涉外合同纠纷案件。合同之债法律冲突的解决有两条途径:冲突法途径和实体法途径。本案中适用的是间接调整方法,又称为冲突法途径,即依据冲突规范的指引适用本国或者外国的实体法。法院适用了《合同法》第126条规定的冲突规范:"涉外合同的当事人可以选择处理合同争议所适用的法律,但法律另有规定的除外。涉外合同的当事人没有选择的,适用与合同有最密切联系的国家的法律。"2011年《法律适用法》的第41条规定:当事人可以协议选择合同适用的法律。当事人没有选择的,适用履行义务最能体现该合同特征的一方当事人经常居所地法律或者其他与该合同有最密切联系的法律。

由于本案中,当事人在诉讼中均明确表示选择适用中国法,因此,根据"当事人意思自治"的冲突规范的指引,本案的法律适用为中国法。

(2)直接调整方法:又称为实体法途径,即适用国际条约或者国际惯例中的实体规范。近一个世纪以来,一些政府间或民间的国际组织为了适应19世纪后期以来国际经济贸易往来日益发展的需要,一直致力于有关统一实体法条约的起草和制定,以及有关国际惯例的编纂工作。它们起草制定的国际条约和编纂的国际惯例涉及国际贸易中货物的买卖、运输、保险、支付和工业产权等各方面。主要的统一实体法国际公约有1980年《联合国国际货物销售合同公约》、1929年《华沙公约》等。

## 第二节　合同关系法律适用的一般原则

合同准据法，是指根据冲突规范的援引，用以确定涉外合同当事人权利义务关系的实体法。

合同法律适用的理论有如下方面：

统一论与分割论：针对合同的所有事项是受同一法律支配还是应分别受不同法律支配，即一项涉外合同的准据法应是单一的还是多个的，对这一问题的不同回答，形成了所谓涉外合同法律适用方面的"统一论"和"分割论"。前者主张合同的所有事项包括当事人的缔约能力、合同形式、合同的内容及实质效力等问题均受同一法律支配。后者主张合同所涉事项，如当事人行为能力、合同形式、合同的成立及效力，应分别受不同法律支配。

主观论与客观论：前者主张由当事人主观选择合同的法律适用。后者主张应依客观连结因素来决定合同的准据法。

根据我国有关合同法律适用的立法和司法解释，对于合同准据法的确定主要以意思自治为首要原则，在当事人未选择法律或选择法律意思不明确的情况下则以最密切联系原则作为辅助及补充。

### 一、意思自治原则

#### （一）意思自治原则的适用

意思自治原则是指涉外合同的当事人有权在协商一致的基础上选择某一国家或地区法律来支配他们之间的权利义务关系，一旦当事人之间发生争议，受案法院或仲裁机构应以当事人选择的法律作为合同的准据法，以确定双方的权利义务。

《合同法》第126条第1款规定："涉外合同的当事人可以选择处理合同争议所适用的法律，但法律另有规定的除外。涉外合同的当事人没有选择的，适用与合同有最密切联系的国家的法律。"2011年《法律适用法》的第41条规定："当事人可以协议选择合同适用的法律。当事人没有选择的，适用履行义务最能体现该合同特征的一方当事人经常居所地法律或者其他与该合同有最密切联系的法律。"

▶典型案例

【案情】[①]

1997年1月8日，丁公司与巴拿马戊公司签订贷款协议，约定丁公司向巴拿马戊公司发放贷款，巴拿马戊公司则用该笔贷款购买"兴业"轮。同日，巴拿马戊公司与深圳乙公司签订《光船租赁协议》，约定巴拿马戊公司将"兴业"轮光船出租给深圳乙公

---

[①] 参见《新加坡欧力士船务有限公司诉深圳华新股份有限公司等应依光船租赁权益转让合同给付欠付租金案》，载最高人民法院中国应用法学研究所编：《人民法院案例选》2003年第4辑，人民法院出版社2003年版，第342—350页。

司,深圳乙公司分期支付租金。协议约定适用英国法。随后,深圳乙公司将"兴业"轮光船转租给深圳丙公司,并签订了《转光船租赁协议》,约定由丙公司向乙公司支付租金。

1997年1月29日,丁公司、巴拿马戊公司和深圳乙公司签订了《光船租赁权益转让协议》,约定巴拿马戊公司将其根据《光船租赁协议》对深圳乙公司享有的一切权利转让给丁公司,由深圳乙公司直接向丁公司支付其根据《光船租赁协议》应当向巴拿马戊公司支付的款项。协议约定适用英国法。同日,丁公司、深圳乙公司和深圳丙公司签订了《转光船租赁权益转让协议》,约定深圳乙公司将其根据《转光船租赁协议》享有的一切权利转让给丁公司,由深圳丙公司直接向丁公司支付其根据《转光船租赁协议》应当向深圳乙公司支付的款项。深圳乙公司承诺实施一切必要的步骤确保深圳丙公司依据租船协议履行有关义务,协议约定适用英国法。

1998年10月7日,丁公司与新加坡甲公司签订了《"兴业"轮权益转让协议》,约定:自10月7日起,丁公司将其根据贷款协议及相关担保文件所拥有的贷款以及其他权利和利益转让给新加坡甲公司,同日,丁公司将权益转让协议的内容通知了深圳乙公司和深圳丙公司。

上述协议签订后,各方当事人相应地履行了协议,1999年1月,"兴业"轮在孟加拉被扣押,此时,尚欠第11期至第17期的租金没有支付。

2001年3月23日,新加坡甲公司以深圳乙公司和深圳丙公司拖欠租金为由向广州海事法院起诉,请求判令深圳乙公司和丙公司共同赔偿原告租金损失、利息和杂费损失等。

深圳乙公司答辩称:本案是融资租赁合同纠纷,本案合同约定适用英国法律,但新加坡甲公司在举证期限内没有提供英国法律的具体规定或相关判例,因此本案应适用中国法律,我方与巴拿马戊公司签订的《光船租赁协议》没有依法办理光船租赁登记手续,该协议无效。

深圳丙公司答辩意见与深圳乙公司的答辩意见相同。

**【审理】**

法院经审理认为:新加坡甲公司起诉的主要依据是其与丁公司之间的权益转让协议,以及丁公司、巴拿马戊公司、深圳乙公司和深圳丙公司之间的权益转让协议,因此,本案是一宗涉外光船租赁权益转让合同纠纷。涉外合同的当事人可以选择处理合同争议所适用的法律,对于本案合同中约定适用的英国法律,当事人负有举证责任。新加坡甲公司提供的英国律师出具的经司法部委托的香港律师公证的《英国法律意见书》,仅是关于本案所涉合同有效,新加坡甲公司的诉讼请求可获得英国法支持的分析意见,没有具体的英国法律内容,并且未经英国公证机关公证,因此,根据当时的规定本案应适用中华人民共和国法律。

根据中国法律,巴拿马戊公司与深圳乙公司签订《光船租赁协议》、深圳乙公司与丙公司签订《转光船租赁协议》,约定光船租赁"兴业"轮,没有在中国办理光船租赁登记手续,其法律后果不能对抗第三人,但不影响协议在双方当事人之间的效力。

之后,丁公司、巴拿马戊公司和深圳乙公司签订的《光船租赁权益转让协议》,以及丁公司、深圳乙公司和深圳丙公司签订的《转光船租赁权益转让协议》都是当事人真实的意思表示,均合法有效。丁公司有权要求深圳乙公司和丙公司支付租金。

丁公司通过有效的《"兴业"轮权益转让协议》将其对深圳乙公司和丙公司收取租金的权利转让给了新加坡甲公司,并通知了深圳乙公司和深圳丙公司。新加坡甲公司有权要求深圳乙公司和丙公司向其支付租金。

判决深圳乙公司和深圳丙公司向新加坡甲公司赔付租金、违约利息和其他杂费。

**【法理】**

本案涉及涉外合同的法律适用问题。

2011年《法律适用法》的第41条规定:"当事人可以协议选择合同适用的法律。当事人没有选择的,适用履行义务最能体现该合同特征的一方当事人经常居所地法律或者其他与该合同有最密切联系的法律。"

在本案中,原审法院依据当事人诉请的法律关系,确认本案纠纷是涉外光船租赁权益转让纠纷。在本案所涉光船租赁协议和权益转让协议中,当事人均约定适用英国法作为解决争议的准据法。因此,当事人选择英国法作为解决争议的准据法,是合法有效的。

在确定应予适用的准据法后,继起发生准据法内容的查明问题。英国属于普通法系国家,在普通法系国家的很多领域不存在制定法,而是通过判例形成了处理这些领域法律问题的基本原则,因此,要查明这方面外国法的内容,当事人应当提供这些法律原则和涉及这些原则解释和适用的最新判例,以表明这些原则仍在被遵守。在本案中,新加坡甲公司为证明英国法的内容,提供了一份英国律师出具的经司法部委托的香港律师公证的《英国法律意见书》。该律师在该意见书中没有提供具体的英国法律内容,而是根据自己对英国法的理解对合同的效力和案件结果进行了判断,因此可以认为新加坡甲公司没有完成举证。在这里,法院主要采取了由当事人自行举证证明外国法的内容的方式。最后,法院决定本案适用中国法。

(二) 中国的相关法律规定

我国 2011 年《法律适用法》第 3 条规定:"当事人依照法律规定可以明示选择涉外民事关系适用的法律"。第 41 条第 1 款规定:"当事人可以协议选择合同适用的法律"。可以看出我国承认当事人选择法律行为的效力,并且将意思自治原则作为确定涉外合同准据法的首要原则,但在实践中,我国对这一原则的适用又规定有以下限制。

1. 对当事人选择法律方式的限制

法律选择方式是指合同当事人表达自己选择合同准据法的意向形式,通常包括明示和默示两种。明示选择是指合同当事人在缔约时或争议发生之后,以文字或者言词明确作出选择合同准据法的意思表示。通行的做法是在合同中约定了法律适用条款。由于明示选择透明度强,对当事人选择法律的意思表示容易确定,大多数国家的立法都采用明示选择法律的方式。默示选择是指当事人在合同中没有明确选择合同的准据法的情况下,由法官根据当事人缔约行为或者一些因素来推定当事人已默示同意该合同受某一特定国家法律的支配。对于默示选择的方式各国态度不尽相同,有的否定,有的承认,有的有限度地承认。

我国 2011 年《法律适用法》第 3 条中使用的是"可以"一词,意味着没有完全排除模式选择,在特殊的条件或个案中允许当事人默示选择适用于合同的法律。

2. 对当事人选择法律的时间限制

主要涉及两个问题:能否在合同订立后选择支配合同的法律(包括合同订立后争议发生前以及争议发生后两个时间段);能否在合同订立后通过协议变更原来支配合同的法律。对于选择法律的时间,多数国家不加严格限制。一般认为既可以在合同订立当时选择,也可以在合同订立之后选择,甚至允许变更原来所选择的法律。

在我国的司法实践中,只要一审法庭辩论尚未终结,双方都可以通过协商一致,选择或者变更选择合同争议应适用的法律。2013 年最高人民法院新司法解释(一)第 8 条第 1 款规定:"当事人在一审法庭辩论终结前选择或者变更选择适用的法律的人民法院应当准许。"

之所以规定当事人选择或者变更选择合同争议应适用的法律的时间点为"一审法庭辩论终结前",考虑的是在涉外民事或商事案件中,如果法律适用(准据法)在当事人之间存在争议,当事人往往会在庭审的辩论阶段对法律适用问题进行激烈的对抗,而经过辩论之后当事人有可能对法律适用达成共识,从而会一致同意适用某一国家或者地区的法律。这样规定既尊重了当事人的权利也有利于案件的审理。

我国司法实践中经常遇到这样的情形,即当事人之间并没有预先对法律适用进行选择,原告起诉时依据的法律为某国法律,而被告对法律适用未提出异议,亦以某国法律进行答辩。此时,应如何确定法律适用?2013 年最高人民法院新司法解释(一)第 8 条第 2 款规定:"各方当事人援引相同国家的法律且未提出法律适用异议的,人民法院可以认定当事人已经就涉外民事关系适用的法律做出了选择。"

▶ 典型案例

【案情】[①]

1998 年 3 月 4 日,韩国甲产业株式会社(以下简称株式会社)与广东省乙进口公司(以下简称粮油公司)签订了《销货确认书》,该《销货确认书》内容记载为:粮公司为推销人,购买人一栏空白,日期为 1998 年 3 月 4 日,签订地广州,品名为冷冻刀鱼,《销货确认书》对货物单价、数量、规格、装货港和到货港、保险等作了约定,还约定装货时间为 1998 年 5 月 30 日。该《销货确认书》没盖株式会社和粮油公司的公章,粮油公司处的签字也非常草,无法辨认。

---

[①] 参见《韩国世道产业株式会社诉广东粮油进出口公司购销合同纠纷上诉案》,载广东省高级人民法院编:《涉外商事案例精选精析》,法律出版社 2004 年版,第 267—272 页。

收到货物后,因甲株式会社认为收到的货物短少 7.9M/T,且质量存在严重问题,遂委托大韩海事检验公社作出检验,发现现货数量提单上标明 4,400 纸箱,但实际只有 3,610 纸箱,重量 6,100 公斤,短货 790 纸箱,得出结果为:(1) 上述数量不足,是在集装箱门的 DKBl540、1550 封闭之前发生的。(2) 商品质量低是在包装时交货人不周到所造成的错误。甲株式会社依此向原审法院提起诉讼,要求乙公司返还 99,800 美元及利息,赔偿损失人民币 84,460 元。

在一审诉讼期间,甲株式会社、乙公司均选择中华人民共和国法律来解决双方之间的纠纷。

**【审理】**

法院经审理认为:本案是国际货物销售合同纠纷。依据当时的规定"合同当事人可以选择处理合同争议所适用的法律",因甲株式会社、乙公司在本案一审诉讼期间均选择适用中华人民共和国法律解决双方之间的争议,因此,本案应适用中华人民共和国法律。

**【法理】**

本案中,甲公司是在韩国注册成立的公司,因此,本案属于国际货物销售合同纠纷。2011年《法律适用法》第41条规定:当事人可以协议选择合同适用的法律。当事人没有选择的,适用履行义务最能体现该合同特征的一方当事人经常居所地法律或者其他与该合同有最密切联系的法律。但这部法律都没有对当事人选择法律的时间作出具体规定。

而司法实践中经常遇到这样的情形,即当事人之间并没有预先对法律适用进行选择,在诉讼进行过程中,双方才对争议适用的法律作出了选择。而本案中,一审诉讼期间,甲株式会社、乙公司均选择中华人民共和国法律来解决双方之间的纠纷。最后,法院适用了中国法来解决争议,是正确的。

3. 对当事人选择法律内容的限制

主要涉及当事人选择的是一国或地区的实体法,还是也包括该国家的冲突法和程序法,当事人能否选择与合同无客观联系的法律,能否通过法律选择排除国内法的适用或有关国家强制性规则的适用等。

对于涉外合同选择的法律是否包括冲突法问题,我国 2011年《法律适用法》第9条规定:"涉外民事关系适用的外国法律,不包括该国的法律适用法。"可见,当事人选择的法律只能是现行有效的民事实体法律,将冲突法排除与反致和转致一并排除。

但对当事人选择的法律是否必须与合同存在一定的联系,是否可以排除当事人本国强制性和禁止性规范等,2011年《法律适用法》并未作禁止性规定。2013年最高人民法院新司法解释(一)对此作了规定。第7条:"一方当事人以双方协议选择的法律与分争的涉外民事关系没有实际联系为由主张选择无效的人民法院不予支持。"

4. "意思自治原则"适用范围的限制

（1）规避中国法律、行政法规的强制性规定所作的法律选择无效。《最高人民法院关于审理涉外民事或商事合同纠纷案件法律适用若干问题的规定》（以下简称《涉外合同规定》）第 6 条规定："当事人规避中华人民共和国法律、行政法规的强制性规定的行为，不发生适用外国法律的效力，该合同争议应当适用中华人民共和国法律。"

《民通意见》第 194 条对法律规避问题作了规定，但仅仅是对当事人规避行为予以否定，至于否定其行为效力后，如何确定合同的准据法则没有明确规定。2013 年最高人民法院新司法解释（一）对此作出了明确规定，其第 11 条："一方当事人故意制造涉外民事关系的连结点，规避中华人民共和国法律、行政法规的强制性规定的，人民法院应认定为不发生适用外国法的效力。"

（2）适用所选择的外国法律违反中国社会公共利益的，该外国法律不予适用。

公共秩序保留制度具有两方面的作用：一是当本国冲突规范指定的外国法的适用与本国公共秩序相抵触时，这种保留制度具有排除外国法适用的否定或防范作用；二是由于涉及本国国家和社会的重大利益或法律和道德的基本原则，对于特定的涉外民事或商事法律关系必须直接适用本国法律中的强制性规定，而不用考虑依冲突规范去指定准据法的问题，从而具有排除外国法的适用而直接适用内国法的肯定作用。2011 年《法律适用法》第 5 条规定："外国法律的适用将损害中华人民共和国社会公共利益的，适用中华人民共和国法律。"

（3）在中国领域内履行的几种特殊合同，不适用"意思自治"原则，必须适用中国法。《合同法》第 126 条第 2 款对三类合同（即中外合资经营企业合同、中外合作经营企业合同、中外合作勘探开发自然资源合同）不得适用外国法作了规定。一般来说，按照我国的司法实践，在中华人民共和国领域内履行的下列合同，适用中华人民共和国法律：（一）中外合资经营企业合同；（二）中外合作经营企业合同；（三）中外合作勘探、开发自然资源合同；（四）中外合资经营企业、中外合作经营企业、外商独资企业股份转让合同；（五）外国自然人、法人或者其他组织承包经营在中华人民共和国领域内设立的中外合资经营企业、中外合作经营企业的合同；（六）外国自然人、法人或者其他组织购买中华人民共和国领域内的非外商投资企业股东的股权的合同；（七）外国自然人、法人或者其他组织认购中华人民共和国领域内的非外商投资有限责任公司或者股份有限公司增资的合同；（八）外国自然人、法人或者其他组织购买中华人民共和国领域内的非外商投资企业资产的合同；（九）中华人民共和国法律、行政法规规定应适用中华人民共和国法律的其他合同。"

（4）对于一些特殊合同，我国法律也做出了相应的限制选择的规定。根据 2011 年《法律适用法》第 42 条的规定，消费合同，一般适用消费者经常居所地法律，但下列两种情况则适用商品、服务提供地法律：① 消费者选择适用商品、服务提供地法律；② 经营者在消费者经常居所地没有从事机关经营活动的。该法第 43 条规定，劳动合同适用劳动者工作地法律，难以确定劳动者工作地方适用用人单位主营业地法律。劳务派遣，可以适用劳务派出地法律。

▶典型案例

**【案情】**①

1994年7月18日,普宁市甲建材公司、法国巴黎乙进出口有限公司签订《中外合资经营普宁市粤东宾馆合同书》,约定双方共同合资经营普宁市粤东宾馆,投资总额为人民币5,862,166元。法国巴黎乙进出口有限公司出资3,048,326元,占总投资额的52%;普宁市甲建材公司出资2,813,840元,占总投资的48%。合资经营期限为20年,实行所有权与经营权分离的经营方式,即由双方之一方承包经营。由普宁市甲建材公司负责办理合资物业归"粤东宾馆"共有所有权的一切合法化手续。同日,双方又签订了《普宁市丙宾馆承包经营协议书》,约定丙宾馆由上诉人承包经营,实行承包方独立核算,自主经营,自负盈亏,五年不变的形式;时间从双方确定宾馆投入使用自1994年10月10日起至1999年10月9日止,每年由普宁市甲建材公司付承包款人民币80万元给法国巴黎乙进出口有限公司,作为支付投资利息及部分折旧额。

后因合资经营发生争议,法国巴黎乙进出口有限公司向法院提起诉讼。

**【审理】**

法院经审理认为:本案是因在中华人民共和国境内履行的中外合资经营合同产生的纠纷,应适用中华人民共和国法律处理。

**【法理】**

本案属于外国公司在中国投资并签订中外合资经营合同所产生的纠纷。对于这一类合同,尽管它属于涉外合同,但它不适用关于涉外合同的一般法律适用,即根据当事人意思自治原则来确定适用的法律。如果当事人没有对所适用的法律作出选择,则适用最密切联系原则。相反,这类合同中尽管有涉外因素,如本案中主体涉外,但其法律适用则只能适用中国法。

《合同法》第126条第2款规定了三类排除适用当事人意思自治原则的涉外合同:"在中华人民共和国境内履行的中外合资经营企业合同、中外合作经营企业合同、中外合作勘探开发自然资源合同,适用中华人民共和国法律。"

值得注意的是,该规定属于强制性规定,不允许当事人以意思自治原则来排除,并且这个强制性规定只适用于在中国境内履行的合同。2013年最高人民法院新司法解释(一)第6条也作出了相应的规定,即"中华人民共和国法律明确规定当事人可以选择涉外民事关系适用的法律的,当事人选择适用法律的,人民法院应认定该选择无效。"

## 二、最密切联系原则

根据我国法律规定,当涉外合同当事人未选择法律时,适用与合同有最密切联系

---

① 参见《法国巴黎嘉华进出口有限公司诉普宁市化工建材公司中外合资经营合同纠纷上诉案》,载广东省高级人民法院编:《涉外商事案例精选精析》,法律出版社2004年版,第333—339页。

的国家的法律,同时在实践中将特征性履行原则作为最密切联系地的界定依据。

最密切联系原则是指在当事人未选择合同准据法或者选择无效时,由法院综合分析与合同或当事人相关的各种因素,以与合同有最密切联系的国家或地区的法律作为合同的准据法。

## ▶典型案例

### 【案情】①

浙江丙股份有限公司将一批货物托运给被告法国乙轮船有限公司(简称乙公司),由后者的"达飞塔尼亚"轮负责将货物从上海运往伊士坦布尔。浙江丙有限公司和原告中国人民保险公司甲分公司(简称甲分公司)签订了保险合同,甲分公司于2000年8月27日向托运人浙江丙有限公司出具了货物运输保险单,载明被保险人是浙江丙有限公司。2000年8月29日,货物由被告负责出运,并由上海丁船舶代理有限公司代理被告签发了已装船提单。9月12日,原告收到被告中国代理的传真,称承运船舶"达飞塔尼亚"轮于8月31日在上海和宁波之间的海域遭遇"PRAPIROON"风暴,导致上述提单项下的货物落海,造成货物全损。之后,原告依据保险合同向有关货主作了赔付,取得了权益转让书。之后,原告向法院起诉,认为承运船船长未采取合理谨慎的措施管理货物,才导致货物全损。请求判令被告赔偿货物损失以及利息,并承担诉讼费用。

被告辩称,提单背面已经印制了适用海牙规则或法国法,应属于双方约定的法律适用,因此,本案应适用海牙规则或法国法律。

### 【审理】

法院经审理认为,本案为海上货物运输合同纠纷,依据我国法律的规定,涉外合同的当事人可以选择合同争议所适用的法律。涉案提单属被告公司格式提单,其中载明的法律适用条款为被告公司事先单方印制,可以认为被告对此已经进行了选择,但不能证明原被告双方在涉案货物出运之前就法律适用进行了协商一致的选择。故本案应适用与合同有最密切联系的国家的法律。本案货物装货港、货损事故发生地、托运人住所地和提单签发地均在中国境内,中国与本案争议具有最密切、最实际的联系,故本案应适用中国法律。被告提出的适用提单背面载明的法律适用条款理由不当,不予采纳。

最后,法院根据中国法律,判决被告向原告赔付货物损失和利息,并由被告承担案件受理费。

---

① 参见《中国人民保险公司金华分公司诉法国达飞轮船有限公司海上货物运输合同案》,载最高人民法院中国应用法学研究所编:《人民法院案例选》2005年第1辑(总第51辑),人民法院出版社2005年版,第427—434页。

**【法理】**

本案涉及在涉外合同中,当双方没有就合同所适用的法律达成有效的选择意见时,如何来确定案件的准据法。根据2011年《法律适用法》的第41条规定:当事人可以协议选择合同适用的法律。当事人没有选择的,适用履行义务最能体现该合同特征的一方当事人经常居所地法律或者其他与该合同有最密切联系的法律。本案中,被告认为提单背面已经印制了适用海牙规则或者法国法,应属于双方约定的法律适用。但提单是被告单方事先印制的,在原告不承认就提单项下的纠纷适用提单背面条款的情况下,不能认为原、被告双方就法律适用问题进行了协商一致的选择。在确认当事人对法律适用未作选择的情况下,根据上述法律的规定,本案应适用与合同有最密切联系的国家的法律。而本案货物装货港、货损事故发生地、托运人住所地和提单签发地均在中国境内,中国与本案争议具有最密切、最实际的联系,故本案应适用中国法律。因此,最后法院根据中国法进行了审理并作出了判决。

特征性履行原则是大陆法系运用最密切联系原则的一种方法。它要求法院根据合同的特殊性质,以何方履行的义务最能体现合同的特性来决定合同的准据法。

最密切联系原则的思想渊源可以追溯到萨维尼的"法律关系本座说",其确定合同准据法并不是依据单一的连结因素,而是弹性的联系概念。它要求法院或者仲裁机构必须根据案件的具体情况,灵活地分析判断与合同有最密切联系的国家。然而在分析判断的过程中又不免会受到主观意志的影响,导致适用结果的不公正性和不可预见性。因此有必要在最密切联系地具体化的过程中防止随意自由裁量。大陆法系国家相应的措施就是采用特征履行原则所确立的方法,"特征履行说"主张按照合同的特征性履行来确定合同的准据法,要求法院根据合同的特殊性质,以某一方当事人履行的义务最能体现合同的本质特性来决定合同的准据法。

我国《合同法》第126条规定:"涉外合同的当事人可以选择处理合同争议所适用的法律,但法律另有规定的除外。涉外合同的当事人没有选择的,适用与合同有最密切联系的国家的法律。"2011年《法律适用法》也明确规定了应以"特征履行"来确定合同的准据法。在我国的司法实践中,确定"特征履行"准据法的方法如下:

1. 买卖合同适用合同订立时卖方住所地法,如果合同是在买方住所地谈判并订立的,或者合同明确规定卖方须在买方住所地履行交货义务的,适用买方住所地法。

▶ **典型案例**

**【案情】**[①]

1997年11月17日至1998年10月31日期间,由香港甲实业有限公司向香港乙

---

[①] 参见《香港谊达有限公司、蛇口中怡机芯共同体有限公司与香港敬朗实业有限公司、敬恒电子(深圳)有限公司购销合同纠纷上诉案》,载广东省高级人民法院编:《涉外商事案例精选精析》,法律出版社2004年版,第250—255页。

有限公司下采购单订货,每份采购单抬头为"乙实业有限公司",并载明订货日期、编号、规格、数量、单价、金额、送货日期、送货地址等条款以及敬朗公司代表签字,其中送货地址写明"丁电子(深圳)有限公司"。甲公司收到上述采购单后,即通过蛇口丙机芯共同体有限公司向敬恒丁电子(深圳)有限公司发货,并就每笔货物出具《成品出厂交收单》,谊达乙公司相应向甲公司出具发票(INVOICE)。《成品出厂交收单》抬头为"丙机芯共同体有限公司",并载明客户名称为"丁电子厂"、机种名称为"机芯",还记明每笔货物的数量、发货时间,其上交货单位签章栏加盖丙公司章、收货单位签章栏加盖丁公司收货专用章、备注栏加盖"代香港乙有限公司发货"章。乙公司向甲公司出具的发票则载明了货物数量、单价、货款总额和付款期限等。自1997年11月17日至1998年10月31日,乙公司根据甲公司的订单,通过丙公司共向丁公司发送了价值5,285,866元港币的货物,丁公司均进行了签收。丁公司将这些货物加工成成品后再出口给甲公司。甲公司曾通过香港的东亚银行及交通银行香港分行向乙公司签发支票支付货款,但均遭银行退票。乙公司在向甲公司追讨货款未果后,向法院提起诉讼,请求判令甲公司、丁公司支付货款港币5,285,865元及利息995,271元,并承担本案诉讼费用。

**【审理】**

法院经审理认为:本案属涉外购销合同拖欠货款纠纷。本案中双方当事人没有选择处理争议适用的法律,根据有关规定,应适用与合同有最密切联系国家的法律,本案订购合同的实际履行地在中国深圳,而且丁公司的住所地在中国深圳,故本案应适用中华人民共和国有关法律予以处理,且一审法院有管辖权。

**【法理】**

本案属于涉外购销合同拖欠货款纠纷。由于本案中双方当事人没有选择处理争议适用的法律,根据《合同法》第126条第1款规定:"涉外合同的当事人可以选择处理合同争议所适用的法律,但法律另有规定的除外。涉外合同的当事人没有选择的,适用与合同有最密切联系的国家的法律。"2011年《法律适用法》第41条规定:当事人可以协议选择合同适用的法律。当事人没有选择的,适用履行义务最能体现该合同特征的一方当事人经常居所地法律或者其他与该合同有最密切联系的法律。所以,应适用与合同有最密切联系国家的法律。

对于如何确定最密切联系地,应以"特征履行"方法来确定合同的准据法。即人民法院根据最密切联系原则确定合同争议应适用的法律时,应根据合同的特殊性质,以及某一方当事人履行的义务最能体现合同的本质特性等因素,确定与合同有最密切联系的国家或者地区的法律作为合同的准据法。

本案中,甲公司是买方,丁公司是买方指定的收货人。在采购单上规定了由卖方送货给丁公司,因此,属于买卖合同,如果合同是在买方住所地谈判并订立的,或者合同明确规定卖方须在买方住所地履行交货义务的,适用买方住所地法的司法实践。而丁公司的住所地在深圳,因此,法院在确定最密切联系地时,认定了适用中国法律。

2. 来料加工、来件装配以及其他各种加工承揽合同适用加工承揽人住所地法

▶ **典型案例**

**【案情】**①

1990年8月22日,南海市丙家用设备厂(以下简称丙设备厂)、深圳市盐田区沙头角丁家电五金总厂(以下简称丁厂)签订委托加工协议书,约定由丁厂委托丙设备厂加工YPV-2.8型双头抽油烟机箱体及配套风叶翼轮。1993年4月23日,丙设备厂、丁厂又签订协议书一份,约定:因材料上涨,对丙设备厂产品加价。1994年3月22日,丙设备厂致函丁厂,称因材料上涨,要求对产品加价,丁厂予以同意。以上协议签订后,丙设备厂、丁厂之间开始加工业务往来。1998年5月23日,丙设备厂向丁厂发出"关于深圳沙头角丁家电五金总厂欠南海丙家用设备厂货款问题的函",1998年6月9日,丁厂收到上述函件,1998年6月15日,丁厂向原告发出"关于南海丙家用设备厂货款问题的复函"。1998年9月4日,丙设备厂、丁厂签订协议一份,约定:经丙设备厂、丁厂双方友好协商,双方同意本着实事求是的态度处理丁厂欠丙设备厂货款中双方账目不一致的部分:合计金额472254.30元。鉴于此笔货款丁厂实际未收到货,而丙设备厂实际已生产并支付喷涂厂,因此双方同意各承担此款项的50%。1998年7月31日、1999年2月13日,丁厂先后分别向丙设备厂支付货款8万元、3万元。丙设备厂经催收欠款未果,遂于1999年4月21日向原审法院起诉。

1999年5月21日,上诉人深圳市盐田区甲公司(以下简称控股公司)与乙公司签订产权转让合同书一份,约定控股公司将丁厂的全部产权以100万元的价格转让给乙公司,乙公司同意以100万元的价格受让丁厂的全部产权(包括债权、债务)。1999年7月14日,深圳市盐田区国有资产管理办公室以盐国资办〔1999〕22号文件作出关于同意丁家电五金总厂转让合同的批复。1999年11月8日,深圳市外商投资局以深外资复〔1999〕0607号文件通知深圳市工商行政管理局:丁厂的全部产权转让给乙公司,丁厂变更企业性质为港资企业,名称变更为"戊电器(深圳)有限公司"。2000年1月26日,乙公司承诺承担原丁厂转让前的所有债权、债务。

**【审理】**

法院经审理认为:本案属涉港加工承揽合同纠纷。本案当事人没有约定解决争议应适用的法律,合同的履行地、签订地和被告住所地都在中国,根据最密切联系原则,本案应适用中国大陆地区法律。因南海市丙家用设备厂(以下简称丙设备厂)已按照对方约定加工货物并已将加工完成的货物交付丁厂,丁厂应当按照双方确定的货款支付给丙设备厂。

---

① 参见《深圳市盐田区投资控股有限公司、兴邦(香港)有限公司与南海市下柏家用设备厂加工承揽合同纠纷上诉案》,载广东省高级人民法院编:《涉外商事案例精选精析》,法律出版社2004年版,第370—377页。

**【法理】**

本案属涉港加工承揽合同纠纷。由于本案中双方当事人没有选择处理争议适用的法律,依据2011年《法律适用法》第41条的规定以及司法实践,本案应属于来料加工、来件装配以及其他各种加工承揽合同,其特征履行地法,应适用加工承揽人住所地法。……"因此,本案中,寻找涉港加工承揽合同纠纷的最密切联系地,应是加工承揽人住所地法。南海市丙家用设备厂是本案中的加工承揽人,其住所位于中国内地,因此,适用中国内地法。

3. 成套设备供应合同适用设备安装地法
4. 不动产买卖、租赁或者抵押合同适用不动产所在地法
5. 动产租赁合同适用出租人住所地法
6. 动产质押合同适用质权人住所地法
7. 借款合同适用贷款人住所地法

▶典型案例

**【案情】**①

1996年12月25日,珠海经济特区乙房产开发公司(以下简称乙房产公司)与中国银行某分行(以下简称某中行)签订一份编号为96年中中银人贷字第092号的《人民币资金借款合同》,约定某中行向乙房产公司发放人民币6,500万元贷款,用于房地产开发,利率9.24‰,按月结息。

1996年12月25日,丁工贸公司与中山中行、乙房产公司签订一份编号为1996年中中银保字第092号保证合同,约定丁工贸公司为96年中中银人贷字第092号合同提供保证,保证金额为人民币6,500万元及其相应的利息、费用。

同日,中山中行向乙房产公司划转了上述借款合同约定的借款6,500万元。乙房产公司于1996年12月30日出具了借款借据。

1996年12月30日,乙房产公司与中山中行签订一份编号为96年中中银人贷字第129号的《人民币资金借款合同》,约定中山中行向乙房产公司发放人民币9,650万元贷款,用于债权债务重组,利率9.24‰,按月结息,借款期限为一年零一个月。

1996年12月30日,丁工贸公司与中山中行、乙房产公司签订一份编号为1996年中中银保字第129号保证合同,约定丁工贸公司为96年中中银人贷字第129号合同提供保证,保证金额为人民币9,865万元及其相应的利息、费用。丁工贸公司对上述款项承担连带清偿责任。如乙房产公司不按主合同的约定偿付借款本息和相应费用,中山中行有权直接向丁工贸公司追偿。

---

① 参见《中国东方资产管理公司广州办事处与珠海经济特区国利房产开发公司、澳门国彪投资发展有限公司等单位借款合同纠纷案》,载广东省高级人民法院编:《涉外商事案例精选精析》,法律出版社2004年版,第9—15页。

同日,乙房产公司和中山中行签订一份《抵押合同》,约定乙房产公司为确保96年中中银人贷字第129号《人民币资金借款合同》的履行,愿意提供其有权处分的位于珠海市南屏镇的20,568平方米土地使用权作为抵押。

同日,某中行向乙房产公司划转了上述借款合同约定的借款9,865万元。乙房产公司于1996年12月30日出具了借款借据。

1997年12月29日,中山中行与丁工贸公司、丙公司、戊公司等公司分别签订编号均为97年抵字第010197081号的抵押合同,约定七单位提供上述十四幅土地使用权为96年中中银人贷字第092号《人民币资金借款合同》和96年中中银人贷字第129号《人民币资金借款合同》项下借款本息作抵押。

上述两笔借款到期后,乙房产公司没有依约还款。某中行于1999年4月19日向其发出《催收通知书》。乙房产公司和丁工贸公司在通知书上盖章确认上述欠款本息,并计划在1999年12月31日前还清。

后乙房产公司未能如约偿还款项,某中行以乙房产公司、丁工贸公司、丙公司、戊等公司为被告提起诉讼,要求还款或承担担保责任。

**【审理】**

法院经审理认为:本案为借款合同纠纷。根据最高人民法院法复〔1993〕10号规定,除当事人另有约定外,应确定贷款人所在地为合同履行地。本案借款合同没有特别约定合同履行地,故贷款人某中行所在地广东省中山市为本案合同履行地。有关担保合同均没有约定解决争议所适用的法律,依据最密切联系原则,处理本案担保合同纠纷应适用中华人民共和国内地法律。

某中行具有经营借贷业务的资格,其与乙房产公司之间签订的两份人民币资金借款合同,系双方当事人真实意思表示,内容不违反有关禁止性法律法规规定,应认定有效。中山中行依照合同约定发放了贷款给乙房产公司,乙房产公司在借款期限届满后,没有依约偿还借款本息,违反了合同义务,构成违约,应承担合同约定的违约责任。

**【法理】**

依据2011年《法律适用法》第41条的规定及司法实践关于借款合同的"特征履行地"应为贷款人住所地法。本案中,贷款人为中山中行,因此,法院适用了中国内地法律。

8. 保险合同适用保险人住所地法。
9. 融资租赁合同适用承租人住所地法。
10. 建设工程合同适用建设工程所在地法。
11. 仓储、保管合同适用仓储、保管人住所地法。
12. 保证合同适用保证人住所地法。
13. 委托合同适用受托人住所地法。
14. 债券的发行、销售和转让合同,分别适用债券发行地法、债券销售地法和债券转让地法。

  15. 拍卖合同适用拍卖举行地法。
  16. 行纪合同适用行纪人住所地法。
  17. 居间合同适用居间人住所地法。

  如果上述合同明显与另一国家或者地区有更密切联系的,适用该另一国家或者地区的法律。

  从这里,我们可以看出,我国的司法实践中,在判断与合同具有最密切联系的法律时,应当考虑合同的特殊性质,以及某一方当事人履行的义务最能体现合同的本质特性等因素来进行综合判断。一般来说,在双务合同中,一方当事人要支付金钱来履行义务,另一方为非金钱履行。在此种情况下,金钱履行的义务与非金钱履行的义务相比,金钱履行的义务较为简单,非金钱履行较为复杂,因此,将非金钱履行的一方确定为特征性履行方是合理的。按照这一做法大多数情况下能够合理地找到与合同有最密切联系的法律,而且简单明确,易于操作。对于如何确定特征性履行的场所问题,各国的立法与实践主要以特征性履行人的住所或者惯常居所地或者特征性履行人营业所地作为确定特征性履行的场所。

### 三、国际条约的直接适用和国际惯例的补缺适用

  "条约必须信守"是国际法上公认的原则,我国在规定合同的法律适用时,也确立了这一原则。2013年最高人民法院新司法解释(一)第3条和第4条对国际条约国际案例的适用做出了规定。即涉外民事联系的法律适用涉及适用国际条约和国际案例的,人民法院应当根据《民法通则》第142条以及《票据法》第95条、《海商法》第268条、《航空法》第184条等规定予以适用,但知识产权领域的国际条约已经转化或者需要转化为目的法律的除外。依据我国《民法通则》规定,中华人民共和国缔结或者参加的国际条约同中华人民共和国的民事法律有不同规定的,适用国际条约的规定,但中华人民共和国声明保留的条款除外。中华人民共和国法律和中华人民共和国缔结或者参加的国际条约没有规定的,可以适用国际惯例。这些规定包含了两层含义:如果我国法律规定同我国缔结和参加的国际条约的规定相抵触,应适用国际条约的规定,但声明保留的条款除外;根据合同法律适用原则应适用我国实体法的,而我国法律没有这方面规定,那么可以适用国际惯例,即适用国际上通行的做法。

### 四、中国对涉外合同法律适用的法律规定

  我国2011年《法律适用法》第3条规定:当事人依照法律规定可以明示选择涉外民事关系适用的法律。第41条规定:当事人可以协议选择合同适用的法律。可以看出我国承认当事人选择法律行为的效力,但是要求该选择不违反我国法律的强制性规定和我国的公共秩序,将意思自治原则作为涉外合同适用的第一原则。

  而对于最密切联系原则,我国采取了全面的引入。2011年《法律适用法》第2条第2款规定:本法和其他法律对涉外民事关系法律适用没有规定的,适用与该涉外民事关系有最密切联系的法律,该规定适用于涉外民事关系的所有领域;不仅如此,2011

年《法律适用法》的第 41 条规定：当事人没有选择的，适用履行义务最能体现该合同特征的一方当事人经常居所地法律或者其他与该合同有最密切联系的法律。明确了最密切联系原则也是选择合同准据法的一种方法。

由于"意思自治原则"和"最密切联系原则"不仅出现在统领全篇的一般规定中的第 3 条和第 2 条第 2 款中，也同样在合同领域的第 41 条中有具体的规定。因此，这里还有必要对这些关系进行简单梳理。

（1）一般规定中的"意思自治"作为概括性条款，对于适用领域没有具体规定，只是限定在涉外的"民事关系"中，这当然也包括了涉外的合同关系。我们认为可以参照法律原则和法律规则的关系来处理。相对于该法的具体规定而言，本条款更像是一种法律原则，发挥着指引立法精神的作用。在具体适用时，若其他部门法或本法其他各章对具体领域的规定中赋予当事人法律适用选择权的，首先适用的是其他部门法或各章节的具体规定。而当对具体领域的规定中没有赋予当事人法律选择的权利时，又要分两种情况：一是法律没有任何涉及和规定的领域，本条款即可发挥其法律原则的指导作用，适用本条款规定；二是当法律明确规定了法律适用规则而没有赋予当事人以选择权时，适用该规则指引的法律，而不能意思自治。而具体到合同领域的第 41 条来说，明确赋予了当事人意思自治的选择权，是一项具体的法律规则，应当优先适用。

（2）一般规定中的"最密切联系"如同上述一般规定中的"意思自治"一样，与具体章节合同领域的第 41 条中的"最密切联系"也是一种法律原则和法律规则的关系。但是与"意思自治"不同的是，"意思自治"是整个涉外民事关系的基本原则，可以说是基石的作用；而"最密切联系联系"的性质为补充原则，起的是兜底性条款的作用。这一不同也反应在合同领域的第 41 条的规定当中，只有当事人没有选择适用的法律或者其选择无效时，才能适用最密切联系原则来确定准据法。

（3）具体到 2011 年《法律适用法》中第 41 条中规定的"意思自治"与"最密切联系"来说，显然，这二者的关系是前者是基础，后者是前者的补充，后者的适用前提是当事人未做法律选择或选择无效，具体运用方法是特征性履行说，在司法实践中就十七类合同确定了准据法，同时又强调更密切联系地法优先适用：即上述合同明显与另一国家或者地区有更密切联系的，适用该另一国家或者地区的法律。简单说，除非存在明显的更密切联系，否则应以特征性履行方法来确定最密切联系法律。

## 第三节 国际贸易合同关系的法律适用

### 一、国际货物买卖合同关系的法律适用

国际货物买卖合同是指营业地分处于不同国家的当事人之间为进行货物的进出口交易所订立的协议。提供出口货物并收取货款的一方为卖方，接受进口货物并支付货款的一方为买方。国际货物买卖合同与国内货物买卖合同相比较有以下特点：（1）当事人的营业地分处于不同国家；（2）合同标的物须做跨越国界的运输；（3）通过要约承诺隔地订立，并必须遵守国际上公认的规则；（4）当事人可以选择支配合同关

系的法律,而国内货物买卖合同当事人不能选择法律,只能适用中国法。

国际货物买卖合同的法律适用,一般采用两种方式:

(1) 当事人在合同中订立一项法律选择条款,明确规定该合同应适用的法律。

(2) 在当事人没有选择法律时,适用有关的国际公约(缔约国的当事人)或由管辖法院或仲裁庭,依据法院地或仲裁地国家的冲突规则来确定合同的准据法。

不论采用哪种方法,可能被适用的法律可归纳为三类:国内法、国际公约、国际惯例。国内法就是作为准据法而被援引的某一国的实体法,对此不作详细介绍,而重点阐述国际货物买卖领域中的国际公约和国际惯例。

(一) 国际公约

调整国际货物买卖合同的国际公约主要有 1980 年的《联合国国际货物销售合同公约》和 1985 年的《国际货物销售合同法律适用公约》两个。

1.《联合国国际货物买卖合同公约》

1980 年,联合国国际贸易法委员会在维也纳外交会议上通过了《联合国国际货物销售合同公约》(以下简称《公约》)。《公约》于 1988 年 1 月 1 日生效。《公约》的结构除序言和结尾部分外,正文分四个部分:适用范围、合同订立、货物买卖和最后条款,分别就合同的定义、发价和接受的条件、货物销售总则、买卖双方的义务、风险转移、一般规定、公约的批准和生效程序作了全面的规定。

关于《公约》的适用范围,《公约》适用于营业地分处不同缔约国的当事人之间的货物买卖合同,此外,如果当事人双方或一方营业所所在国为非缔约国,但根据国际私法规则导致适用某一缔约国法律时,也适用公约。但《公约》不适用于下列 7 种情况:供私人和家庭使用的买卖;以拍卖方式进行的买卖;根据法律执行令状或其他令状进行的买卖;股票、投资证券、流通票据或货币的买卖;船舶或飞机的买卖;电力的买卖;供货方义务为提供劳务或其他服务的合同。

《公约》只对合同的订立、买卖双方的权利义务以及违约补救作了规定,而对下面几项问题并未涉及:国际货物买卖合同及其条款的有效性问题;国际货物买卖合同所引起的有关货物所有权的问题,即货物所有权转移的时间和第三人对合同标的物可能提出的权利和要求;卖方对所售货物引起的人身伤亡责任。对于这些《公约》未明确解决的问题,《公约》规定应依《公约》的一般原则解决,没有一般原则的按照国际私法规定适用的法律来解决。

此外,《公约》的第 6 条明确规定,公约不具有强制性,国际货物买卖当事人可以通过意思自治全部拒绝受公约支配,或部分减损公约的效力。因此,即使合同的各方所属国均为缔约国,合同的各方可以通过意思自治全部或者部分地排除《公约》的适用。当然这一前提是,根据《公约》的要求,排除公约适用的一致意思表示必须是真实的。

我国于 1986 年 12 月提交核准书,同时,对公约提出了两项保留:

(1) 我国对国际货物销售合同的书面形式提出保留,即公约有关口头或书面以外形式的合同也有效的规定对我国不适用。

(2) 我国对依国际私法规则导致适用公约的规定提出保留。

▶ **典型案例**

**【案情】**①

原告上海甲进出口有限公司(简称甲公司)受委托人晨川公司之托,向被告德国乙有限公司(简称乙公司)订购洪宾木材。2001年3月15日,晨川公司与甲公司订立代理进口委托合同,同日,甲公司与被告乙公司以传真形式订立了进口木材的合同,合同规定由乙公司向甲公司出售洪宾木材15立方米(10%上下误差),并规定了木材的质量等级、长度、价格等。2001年5月28日,甲公司收到乙公司所供应的13.99立方米木材,应查看,其中红榉为40%,洪宾为60%。丙公司因乙公司的违约无法按时生产交付给日本某公司的钢琴键盘,致使其被罚违约金人民币10万元。

原告甲公司诉至法院,要求被告乙公司退还货款,承担因货物进出口所发生的一切费用,并赔偿丙公司的经济损失10万元和商誉损失5万元。

被告乙公司辩称,本案中应优先适用《联合国国际货物销售合同公约》,被告的履约基本符合合同要求,即使红榉代替洪宾违反约定,但被告的赔偿责任是有限度的,原告的索赔于法无据,请求法院驳回。

**【审理】**

法院经审理认为,关于适用法律,原告认为应适用《民法通则》《合同法》,被告则认为应优先适用《联合国国际货物销售合同公约》。根据最高人民法院2000年4月17日《关于审理和执行涉外民商事案件应当注意的几个问题的通知》第2条规定"除《中华人民共和国合同法》第126条第2款规定的三类合同必须适用中国法律外,均应依照有关规定或者当事人约定,准确选用准据法;对我国参加的国际公约,除我国声明保留的条款外,应予优先适用,同时可以参照国际惯例",因原被告在合同中未约定选择适用的法律,并且原被告所在国均为公约缔约国,符合公约的适用范围,故应优先适用公约。

据此,法院根据公约的规定,因本案中被告未按照合同规定的品种、质量供货,系根本违反合同,应承担法律责任。判决被告向原告退还货款并偿付原告因货物进口产生的各类费用。但原告提出的丙公司因被告违约而导致无法向日本丁公司交货而支付违约金人民币10万元和商誉损失5万元一并要求被告赔偿之诉,因原告未能举证已经事先履行告知义务,以使被告对违反合同的后果能够预料,故对原告要求被告赔偿此经济损失的请求不予支持。

**【法理】**

本案涉及国际货物买卖合同的法律适用问题。《联合国国际货物销售合同公约》第1条第1款规定,本公约适用于营业地在不同缔约国的当事人之间所订立的货物销

---

① 参见《上海东达进出口有限公司诉德国罗伯兹-迈尔有限公司买卖合同因标的物品种、质量存在瑕疵要求赔偿案》,载最高人民法院中国应用法学研究所编:《人民法院案例选》(2004年商事、知识产权专辑),人民法院出版社2004年版,第63—68页。

售合同。现原被告所在国均为公约缔约国,并且当事人在合同中未约定选择适用的法律,按照最高人民法院《关于审理和执行涉外民商事案件应当注意的几个问题的通知》的规定,本案应适用公约。根据公约的规定,在根本违反合同情况下,一方当事人违反合同应负的损害赔偿额,应与另一方当事人因他违反合同而遭受的包括利润在内的损失额相等。这种损害赔偿不应超过违反合同一方在订立合同时,依照他当时已经知道或理应知道的事实和情况,对违反合同预料到或理应预料到的可能的损失。故原告要求退还货款、承担货物进口所发生的费用,系被告可以预见的后果,对此应予以支持;而原告因被告违反合同导致无法向日本公司交货所支付的人民币10万元以及商誉损失5万元,因原告未能事先履行告知义务,使得被告可以预见此违约后果,故依照公约的规定,对该请求不予支持。

### 2.《国际货物销售合同法律适用公约》

该公约于1985年10月在海牙特别会议上通过。这是一部用来解决各国货物买卖法律冲突的统一冲突法公约。公约适用于营业地设在不同国家的当事人之间的货物买卖合同,包括消费者的货物销售及根据单证进行的买卖,但排除公债、股票、投资证券、流通票据或货币的买卖、依执行令状进行的交易以及加工劳务合同。

公约确定了如下冲突法原则:

(1)适用合同当事人双方选定的法律。公约赋予"当事人意思自治"以广泛的内容。当事人所选择的法律可以适用于合同的全部,也可以仅适用于合同的一部分;可以随时变更已经选择的法律并且不受时间的限制,只要这种变更不损害合同形式上的有效性和第三方的权利。但当事人对合同的选择必须是明示的选择,或者是可以明显被推断出来的。

(2)当事人未对合同适用的法律作出选择时,适用合同订立时卖方设有营业所所在地的法律。

(3)适用买方营业地国家的法律的三种情形。在下面三种特殊情形下,则由买方营业地国家的法律取代卖方营业地法作为合同准据法:双方当事人进行谈判和签订合同是在买方国家;合同明确规定卖方必须在买方国家履行其交货义务;合同依据主要由买方决定的条件订立和应买方发出的投标邀请(招标)而订立。

(4)适用最密切联系国家的法律。公约规定,如果合同明显地与合同订立时卖方营业所所在地法或买方营业地法以外的法律有着更加密切的联系,则该合同依该另一国法律管辖。

(5)拍卖适用拍卖举行地国家的法律。

(6)商品交易所或其他交易所的货物买卖,适用交易所所在地国家的法律。

凡依该公约指引应适用的法律,不管是缔约国的法律还是非缔约国的法律,都应该适用,但适用的法律仅指实体法不包括冲突法。

关于合同准据法的管辖范围,依公约冲突规则援引的合同准据法调整以下内容:合同解释;当事人的责任和合同的履行;买方从货物中取得产品;收受货物的权利;来源与货物收益的时间;买方对货物承担风险的时间;双方当事人之间保留货物所有权条款的合法性和效力;不履行合同的后果;诉讼时效;无效合同后果。

(二) 国际惯例

在调整国际货物买卖合同的国际惯例中,影响较大的有以下几种:(1)《1932年华沙-牛津规则》,是由国际法协会制定的专门对到岸价格条件 CIF 进行解释的规则。(2)《2000年国际贸易术语解释通则》,是由国际商会就13种常见的贸易术语制定的统一的解释规则。(3)《1941年修订美国对外贸易定义》,是由美国商会等几个商业团体制定的就 FOB、CIF 和 C&F 等六种价格条件进行解释的规则。(4)《2010年国际贸易术语解释通则》,对2000年通则进行了修订,将13种贸易术语修改为11种。

**二、国际货物运输合同的法律适用**

在国际贸易中,买卖双方订立了买卖合同后,还要订立运输合同才能把货物运到目的地。国际货物运输合同是指承运人采用一种或多种运输方式,将托运人托运的货物从一个国家的某一地点运到另一个国家某一地点,由托运人或收货人支付约定运费的合同。

根据运输途径和工具的不同,国际货物运输合同主要可以分为海上货物运输合同、航空货物运输合同、铁路货物运输合同和国际货物多式联运合同。

(一) 海上货物运输合同及其法律适用

海上货物运输合同是指海运承运人以船舶在海上运输货物并收取运费的合同。海上货物运输合同有两种形式:一种是租船合同,另一种是班轮运输合同。

1. 租船运输合同

租船运输合同是指出租人与承租人之间关于租赁船舶所签订的协议。在国际贸易中,当出口人或进口人需要运输大宗货物时,如煤炭、谷物等,一般采用此方式。

租船运输合同根据租船方式的不同,可分为航次租船合同、定期租船合同和光船租赁合同。

(1) 航次租船合同,又称程租合同,是指船舶出租人向承租人提供船舶或者船舶的部分舱位,装运约定的货物,从一港运至另一港,由承租人支付约定运费的合同。按此合同,出租人保留船舶的所有权和占有权,并负责船舶营运的经营管理,承租人除依合同规定负担装卸费用外,不直接参与船舶的经营。

(2) 定期租船合同,又称期租合同,是指船舶出租人向承租人提供约定的由出租人配备船员的船舶,由承租人在约定的期间内按照约定的用途使用,并支付租金的合同。按此合同,出租人负责配备船长和船员,负责船舶航行和内部管理事务。承租人负责船舶调度和营运,并负担船舶营运费用。

(3) 光船租赁合同,是指船舶出租人向承租人提供不配备船员的船舶,在约定的期间内由承租人占有、使用和营运,并向出租人支付租金的合同。

2. 班轮运输合同

租船运输是由航运公司以固定的航线、固定的船期、固定的运费率、固定的挂靠港口组织的将托运人的件杂货运往目的地的运输。由于班轮运输的书面内容多以提单的形式表现出来,所以又被称为提单运输。班轮运输的固定性决定了其比较适合于件杂货的运输,即将不同的托运人运输量比较小的货物组织在一起的运输。

国际上调整提单运输的国际公约主要有三个:1924年《统一提单若干法律规定的国际公约》(简称《海牙规则》);1968年《修改统一提单若干法律规定的国际公约议定书》(简称《维斯比规则》);1978年《联合国海上货物运输公约》(简称《汉堡规则》)。我国没有加入这三个公约。

3. 法律适用

关于国际海上运输合同的法律适用,我国《海商法》第269条规定:"合同当事人可以选择合同适用的法律,法律另有规定的除外。合同当事人没有选择的,适用与合同有最密切联系的国家的法律。"可见,国际海上运输合同优先适用当事人合意选择的法律,没有选择的,则适用最密切联系地法律。

《海商法》第268条又规定:"中华人民共和国缔结或者参加的国际条约同本法有不同规定的,适用国际条约的规定;但是,中华人民共和国声明保留的条款除外。中华人民共和国法律和中华人民共和国缔结或者参加的国际条约没有规定的,可以适用国际惯例。"

▶ 典型案例

【案情】①

2003年1月2日,原告浙江甲贸易有限公司与案外人丙公司签订了买卖合同,约定由前者向后者出售针织布。为履行该买卖合同,原告向丙(中国)汽船有限公司定舱配船出运货物,货物起运港为上海,目的港为智利。2003年1月31日,丙(中国)汽船有限公司签发了日本乙汽船株式会社的格式提单,该提单上记载的托运人为原告,通知人为丙公司,收货人为凭花旗银行圣地亚哥分行指示。货抵目的港后,乙汽船株式会社未凭正本提单擅自放货,致使原告浙江甲贸易有限公司相应货款无法收回。为此,原告向法院起诉,请求法院根据中国法判令乙汽船株式会社和丙(中国)汽船有限公司连带赔偿货款损失以及利息损失和退税款损失。

被告乙汽船株式会社辩称,其在目的港已经按照当地智利法律规定将涉案货物交当地海关仓库经营人,由此涉案海上货物运输合同已经履行完毕。丙(中国)汽船有限公司则辩称,其仅为签单代理人,由此在本案中不承担任何责任。为此,乙汽船株式会社和丙(中国)汽船有限公司请求法院根据智利法律驳回原告的诉讼请求。

【审理】

法院经审理认为,案件适用的准据法是争议双方的主要争议,而准据法的适用必须按照冲突规范的指引。根据《海商法》第269条规定,合同当事人可以选择合同适用

---

① 参见《浙江金纺贸易有限公司诉川崎汽船株式会社等海上货物运输合同无单放货赔偿纠纷案》,载《海上货物运输无单放货案例》,上海人民出版社2006年版,第184—189页。

的法律,法律另有规定的除外。合同当事人没有选择的,适用与合同有最密切联系的国家的法律。本案提单背面中法律适用条款载明适用日本法,但在庭审过程中,原告主张适用中国法,被告主张适用智利法,表明双方已经不再选择日本法作为争议的准据法。因此,法院应适用与案件有最密切联系的法律,而与案件有最密切联系的是中国法,因此,法院最后适用了中国法。

**【法理】**

本案在审理过程中,法院首先根据《海商法》第269条的规定"合同当事人可以选择合同适用的法律,法律另有规定的除外。合同当事人没有选择的,适用与合同有最密切联系的国家的法律",以涉案提单背面法律适用条款载明适用的日本法,作为案件准据法,并拟在通过一定途径查明日本法的相关内容后界定争议双方的权利义务关系。然而,在案件庭审中,原告以提单法律适用条款属于被告乙汽船株式会社格式条款并与案件争议无密切联系为由要求适用中国法,乙汽船株式会社则以提供大量智利法的形式替代提供日本法而明确主张适用智利法。争议双方庭审中的各自主张,特别是乙汽船株式会社庭审中的相应主张,已经清楚地表明了日本法作为涉案提单背面载明适用的法律已经不再被争议双方尤其是提单背面条款制作方的乙汽船株式会社选择作为界定争议双方权利义务的准据法,据此法院就不再对日本法的相关内容加以查明和适用。

合同当事人没有选择的,适用与合同有最密切联系的国家的法律。据此,本案在不适用日本法的基础上,应当根据冲突规范的指引,适用与合同有最密切联系的国家的法律。由于涉外海上货物运输合同具有多环节、全球性物流的特点,因此在选择和确定"最密切联系"时必须从整个海上货物运输合同中去寻找连结点,而并非是仅仅将卸货港的交付行为作为选择适用准据法的唯一连结点。鉴于本案双方当事人明确表示不主张适用提单载明适用的法律,据此法院依据《海商法》第269条的规定,认为依据最密切联系原则,应适用中国法律界定双方的权利义务关系。

**(二)航空运输合同及其法律适用**

航空运输合同是指航空货物承运人以航空器超越国境运送货物而向托运人收取报酬的协议。实践中,国际航空货物运输没有特定的正式的合同形式,通常以承运人出具的航空运单为合同的凭证。航空货运单由托运人填写,经承运人或其代理人出具,正本背面所有的承运条款,是确定当事人之间权利义务关系的依据。

目前主要依据以下几个公约来调整国际货物航空运输:(1)1929年《关于统一国际航空运输某些规则的公约》(简称《华沙公约》),我国于1958年加入。(2)1955年《修改1929年10月12日在华沙签订的统一国际航空运输某些规则的公约的议定书》(简称《海牙议定书》),我国于1975年加入。(3)1961年《统一非缔约承运人所办国际航空运输某些规则以补充华沙公约的议定书》(简称《瓜达拉哈拉公约》),我国尚未加入。(4)1999年《统一国际航空运输某些规则的公约》(简称《蒙特利尔公约》),《蒙特利尔公约》于2005年7月31日正式对我国生效。

我国《民用航空法》第 188 条规定:"民用航空运输合同当事人可以选择合同适用的法律,但是法律另有规定的除外;合同当事人没有选择的,适用与合同有最密切联系的国际的法律。"同时,第 184 条规定:"中华人民共和国缔结或者参加的国际条约同本法有不同规定的,适用国际条约的规定;但是,中华人民共和国声明保留的条款除外。中华人民共和国法律和中华人民共和国缔结或者参加的国际条约没有规定的,可以适用国际惯例。"第 190 条规定:"依照本章规定适用外国法律或者国际惯例,不得违背中华人民共和国的社会公共利益。"

▶ 典型案例

【案情】[①]

1998 年 5 月 12 日,原告陆某乘坐被告美国甲航空公司的 U 甲 801 班机,由美国夏威夷经日本飞往香港。该机在日本东京成田机场起飞时,飞机左翼引擎发生故障,机上乘客紧急撤离。陆某在紧急撤离过程中受伤,陆某受伤后,美国甲航空公司曾向其致函,表示事故责任在于美国甲航空公司,美国甲航空公司承担了陆某两次手术的医疗费用计人民币 86,748.10 元。此后,原告陆某因与被告美国甲航空公司就损害赔偿发生争议,向中国法院提起诉讼。

原告陆某诉称:原告在乘坐被告的班机过程中受伤,致原告伤残且经济损失惨重,完全是被告的责任。经与被告多次协商赔偿,没有结果。为此,原告根据《统一国际航空运输某些规则的公约》(以下简称华沙公约)、《修订 1929 年 10 月 12 日在华沙签订的统一国际航空运输某些规则的公约的议定书》(以下简称海牙议定书)的规定,以及《蒙特利尔协议》所确定的 7.5 万美元赔偿责任限额,请求判令被告赔偿原告伤残补助费及生活护理费计 7.5 万美元。诉讼中,原告陆某变更诉讼请求,要求被告按照《吉隆坡协议》规定的 10 万特别提款权(即 132,099 美元)承担赔偿责任。

被告辩称:作为事故责任方,被告已支付医疗费用人民币 86,748.10 元,此外,对于赔偿标准,本案应适用《华沙公约》或者《民用航空法》的规定。

【审理】

法院经审理认为,双方当事人对本案应适用的法律,一致的选择是"华沙公约"。《民法通则》第 142 条第 2 款规定:"中华人民共和国缔结或者参加的国际条约同中华人民共和国的民事法律有不同规定的,适用国际条约的规定,但中华人民共和国声明保留的条款除外。"我国与美国都是《华沙公约》和《海牙议定书》的成员国。作为公约缔约国,我国有义务遵守和履行公约,故本案应首先适用《华沙公约》和《海牙议定书》。《合同法》第 126 条规定:"涉外合同的当事人可以选择处理合同争议所适用的法律,但法律另有规定的除外。涉外合同的当事人没有选择的,适用与合同有最密切联系的国家的法律。"根据"当事人意思自治"的原则,本案双方当事人也一致选择适用《华沙公

---

[①] 参见《陆红诉美国联合航空公司国际航空旅客运输损害赔偿纠纷案》,载《最高人民法院公报(2002年卷)》,人民法院出版社 2003 年版。

约》。这一选择不违反我国在涉外民事案件法律适用方面的强行性规定,应当允许。

**【法理】**

本案是涉外旅客运输合同纠纷与侵权纠纷的竞合。《合同法》第126条规定:"涉外合同的当事人可以选择处理合同争议所适用的法律,但法律另有规定的除外。涉外合同的当事人没有选择的,适用与合同有最密切联系的国家的法律。"2011年《法律适用法》第41条也做了相应的规定。这是我国法律在涉外案件法律适用方面对"当事人意思自治"原则的体现,这已成为当今各国处理民商事法律关系的重要原则。"当事人意思自治"原则是相对的、有限制的。世界各国立法都对"当事人意思自治"原则有一定程度的限制,主要体现在三个方面:一是当事人所选择的法律必须是与当事人或合同有实质性联系;二是当事人选择的法律不违反公共秩序;三是当事人选择的法律不违反强制性规定。当事人必须在不违反法律强制性规定的前提下,选择与他们本身或者与他们之间的合同有实质联系的法律。《民法通则》第142条第2款规定:"中华人民共和国缔结或者参加的国际条约同中华人民共和国的民事法律有不同规定的,适用国际条约的规定,但中华人民共和国声明保留的条款除外。"第3款规定:"中华人民共和国法律和中华人民共和国缔结或者参加的国际条约没有规定的,可以适用国际惯例。"由此可见,先国际条约,再国内法,再国际惯例,是我国法律对涉外民事案件法律适用顺序作出的强制性规定。当事人在协议选择涉外民事案件适用的法律时,必须符合这个规定。

(三) 铁路货物运输合同及其法律适用

国际铁路货物运输合同是指利用两个或两个以上国家的铁路,按照政府间共同签署的有关协定进行进出国境货物的联合运输。

国际铁路货物运输主要适用两个公约:《国际铁路货物联运协定》(简称《国际货协》),我国是《国际货协》的成员国;《关于铁路货物运输的国际公约》(简称《国际货约》)。

(四) 国际货物多式联运合同及其法律适用

国际货物多式联运合同是指多式联运经营人按照多式联运合同,以至少两种不同的运输方式,将货物从一国境内接管货物的地点运至另一国境内指定地点交货的运输方式。国际货物多式联运具有以下特点:签发多式联运提单,以集装箱为运输单元;由两种或两种以上运输方式完成全程运输;多式联运经营人对全程运输负责;全程只需托运一次,订立一次合同,支付一次费用,保险一次。

在法律适用上,目前没有统一的适用规则,联合国贸发会主持通过《联合国国际货物多式联运公约》,但该公约尚未生效。

### 三、国际货物运输保险合同的法律适用

(一) 国际货物运输保险合同概述

国际货物运输保险合同是指保险人与享有可保利益的被保险人之间签订的,由被保险人向保险人支付约定的保险费,保险人在保险期内对保险标的遭到保险事故的损

害向被保险人赔付保险金额的协议。

保险单据是用来证明保险合同的书面凭证。其作用主要为:国际货物运输保险合同的证明;被保险人索赔的依据。

保险单据的形式有三种:保险单,较正规的保险契约;保险凭证,是一种简化的保险单;联合凭证,它是保险单的一种更为简化的形式,不是一个独立存在的文件,使用范围有限。

(二)国际货物运输保险合同的法律适用

关于国际货物运输保险合同的法律适用,目前国际上还没有一个统一的国际公约,主要适用国内法和国际惯例。因此冲突不可避免,解决法律冲突的途径主要有两种。

1. 适用合同准据法的确定原则

首先适用当事人选择的法律,当事人没有选择的,则一般适用保险人所在地的法律。

## ▶典型案例

【案情】①

1999年7月16日,原告江苏甲公司作为买方,与法国丙公司达成进口木材1万立方米的贸易协议。随后,1999年10月14日,原告江苏甲公司与被告上海乙保险公司就该货物签订了保险合同。

1999年10月22日,丙公司向江苏甲公司转发了涉案货物承运人的传真,其中表明载货船已于10月14日在距南非德班港750海里处遇强烈暴风雨沉没。货物全损。11月8日,江苏甲公司向被告上海乙保险公司报案并要求理赔。当年12月30日和2000年2月21日、4月12日,上海乙保险公司三次致函江苏甲公司,以江苏甲公司违反保险单正面载明的保证条款、未依最大诚信原则披露真实情况为由,宣布自己有权废止和终止保险合同,拒绝向江苏甲公司支付保险赔款。原告向法院起诉。

另查明:被告上海乙保险公司在庭审中称,涉案保险单背面载有法律适用条款,双方当事人虽然均未向法庭提交保险单背面条款,但对依保险单背面条款的约定适用《英国1906年海上保险法》解决本案纠纷均无异议。

【审理】

法院经审理认为,本案保险合同标的及合同履行地具有涉外因素,故本案为涉外保险合同纠纷。依据我国的法律规定,涉外合同的当事人可以选择处理合同争议所适用的法律,法律另有规定的除外。故应确认《英国1906年海上保险法》为解决本案保险合同纠纷的准据法。上海乙保险公司提交的《英国1906年海上保险法》英文复印件及中文译本,江苏甲公司没有提出异议,且经法庭审查核实。对其内容予以确认。

---

① 参见《江苏外企公司诉上海丰泰保险公司海上货物运输保险合同纠纷案》,载《最高人民法院公报(2005年卷)》,人民法院出版社2006年版。

**【法理】**

本案涉及涉外保险合同的法律适用。2011年《法律适用法》第41条规定:"当事人可以协议选择合同适用的法律。……"因此,本案合同当事人可以协商选择争议所适用的法律。在本案中,双方当事人均同意依保险单背面条款的约定,适用《英国1906年海上保险法》解决本案纠纷。此约定是双方当事人的真实意思表示,不违反我国法律的一般原则和社会公共利益,且为国际私法一般冲突规范所允许,故应确认《英国1906年海上保险法》为解决本案保险合同纠纷的准据法。上海乙保险公司提交的《英国1906年海上保险法》英文复印件及中文译本,江苏甲公司没有提出异议。因此,法院审查核实后,可以作为审判所适用的法律。

2. 适用国际惯例

《伦敦保险协会货物保险条款》。该条款由英国伦敦保险协会制定,在国际保险市场和国际货物保险业务中有较大的影响。《1974年约克-安特卫普规则》。这是国际上理算共同海损所依据的一项规则。《跟单信用证统一惯例》中有关保险单据的规定。

**四、国际贸易支付的法律适用**

国际私法中的国际贸易支付,主要包括票据和支付方式的法律适用。

(一) 票据及其法律适用

1. 票据的含义及种类

票据,作为一种有价证券,是具有一定格式的书面债权凭证,代表给付与收受一定金额的债权债务关系,持票人可根据票面载明的金额和日期向发票人或指定的付款人支取款项。票据有广义和狭义之分,这里所指的票据主要是充当支付和流通工具的汇票、本票和支票三类。

(1) 汇票,是出票人向受票人开出的,要求该受票人在见票时,或在一定期间内,对某人或其指定的人或持票人支付一定金额的无条件的书面支付命令。

(2) 本票,是出票人自己签发,到指定日期,由本人无条件付款的票据,本票实际上也就是出票人的支付承诺。

(3) 支票,是由出票人签发一定金额,委托银行见票付款的票据,出票人一般是在银行有往来账户的存户。

2. 票据的法律冲突及其两大票据法体系

各国法律对票据的形式、当事人的票据能力、票据的解释和法律效力等规定不同,法律冲突不可避免。并且由于每张票据包含几个性质不同的契约文件,每个票据签章人担负着各自的责任,票据的开立、承兑、支付、背书均会产生不同的契约关系,是适用一个准据法原则解决整个票据冲突,还是根据不同阶段发生的问题,适用不同的准据法解决,使得票据法律冲突更具有复杂性。

目前主要存在两大票据法体系:(1) 日内瓦统一票据法体系,为大多数欧洲国家以及日本和拉丁美洲某些国家采用,包括四个公约:1930年《关于统一汇票和本票日内瓦公约》;1930年《关于解决汇票与本票的若干法律冲突公约》;1931年《关于统一支票法的日内瓦公约》;1931年《关于解决支票的若干法律冲突公约》。(2)英美票据法体系,为英国、美国以及一些英联邦国家采用。

两大票据法体系在票据的法律冲突上采用的冲突规则也不相同。

(1)当事人的票据能力的准据法。① 日内瓦体系:适用本国法,如果依本国法指引应适用外国法则适用该外国法,只有当依本国法或被援引的外国法当事人不具备票据能力时,才适用使当事人具有票据能力的票据签字国的法律。② 英美法系:票据当事人的行为能力适用票据签字国法律。

(2)票据形式的准据法。票据形式适用票据成立地法,附加契约的形式有效性,即承兑、背书在形式上是否有效,则适用附加契约签订地的法律。

(3)票据行为的准据法。两大票据法系都从"场所支配行为"出发,将票据行为地法律作为票据行为方式的准据法。

(4)其他问题的法律适用。票据其他问题,例如票据当事人的权利义务、票据义务的履行、票据提示的期限等,一般适用票据付款地法律。

(5)诉讼时效。票据的诉讼时效一般适用出票地法律。

3. 中国关于票据的法律适用

我国关于票据的法律适用采用分割制。

(1)关于当事人能力的法律适用。票据债务人的民事行为能力适用其本国法。票据债务人的民事行为能力,依照其本国法为无民事行为能力或者限制民事行为能力,而依照行为地法为完全民事行为能力,适用行为地法律。

(2)关于票据行为方式的法律适用。汇票、本票出票时记载事项,适用出票地法律。支票出票时的记载事项,适用出票地法律,经当事人协议,也可以适用付款地法律。票据的背书、承兑、付款和保证行为,适用行为地法律。

(3)关于票据追索权行使期限的法律适用。追索权是指票据不获承兑或不获付款时,持票人对其前手请求偿还的权利。我国《票据法》规定,票据追索权的行使期限,适用出票地法律。

(4)关于持票人责任的法律适用。票据的提示期限、有关拒绝证明的方式、出具拒绝证明的期限,适用付款地法律。

(5)关于票据丧失时权利保全程序的法律适用。票据丧失时,失票人请求保全票据权利的程序,适用付款地法律。

(二)支付方式及其法律适用

1. 支付方式的含义和种类

国际贸易中的支付方式是指因贸易而产生的每笔款项的付和收的方式。常用的支付方式有三种:汇付、托收和信用证。

(1)汇付,也叫汇款,是付款人将货款通过银行汇交收款人的一种支付方式。汇付的办法主要有三种:① 信汇(M/T),即由付款人将货款交给银行,由银行开具付款委托书,通过邮政寄交收款人所在银行,委托其向收款人付款;② 电汇(T/T),即付款人将货款交给当地银行,由银行以电报通知出口人所在地银行,委托其向收款人付款;

③ 票汇(D/D),即由付款人向当地银行购买银行汇票,自行寄给卖方,由卖方或其指定的人持汇票向指定的当地银行取款。

(2) 托收,托收是由卖方对买方开立汇票,委托银行向买方收取货款的一种结算方式。银行托收的基本做法是:由卖方根据发票金额开出以买方为付款人的汇票,向出口地银行提出托收申请,委托出口地银行(托收行)通过它在进口地的代理行或往来银行(代收行),代为向买方收取货款。托收根据交单条件的不同,分为以下两种:① 付款交单(D/P),付款交单是指卖方的交单以买方付款为条件,具体又可分为即期付款交单和远期付款交单;② 承兑交单(D/A),承兑交单是指卖方的交单以买方承兑汇票为条件,该方式只适用于远期汇票的托收。

(3) 信用证(L/C),信用证是银行根据进口人(买方)的请求开给出口人的一种保证承担支付货款责任的书面凭证,具有如下法律特征:① 开证银行开出信用证后承担第一付款责任,即首先付款;② 信用证独立于买卖合同,开证银行责任独立;③ 信用证是纯粹的单据业务,而非货物的买卖。

2. 支付方式的法律适用

在国际贸易中一般广泛使用托收与信用证进行支付结算,对此国际上采取统一解释的做法,主要依据下列两项国际惯例来调整有关的法律冲突。

(1)《商业单据托收统一规则》,国际商会1958年草拟并通过,考虑到单据既有商业性质又有资金性质,后定名为《托收统一规则》,1979年1月1日生效。该规则吸取十多年来各国银行办理托收业务的经验,对银行托收业务有关的术语、定义和原则进行了统一规定,已为世界上多数国家的银行以及其他金融机构所采用,适用于该规则所限定的一切托收。

(2)《跟单信用证统一惯例》,国际商会于1930年拟定,1933年正式公布,经5次修改,最后将1992年的修改以"500号"出版物公布。《统一惯例》统一了各国对跟单信用证的解释和做法,明确规定了各方的权利、义务和责任,消除了国际贸易中因对信用证的不同解释而形成的障碍,促进了国际贸易的发展。2006年10月,国际商会又通过了UCP600,2007年7月1日生效。相对于UCP500来说,UCP600增加了专门的定义条款,体现了UCP600细化规定的精神,对一些术语作出定义不仅可以使概念明晰化,从而有利于条款的理解与适用,而且更可以解决一些地方法律适用的问题。其中最大的变化有五处:① 删除了"可撤销信用证"的概念;② 确定了通知行的责任;③ 规定了单据审核中的一些基本事项;④ 在可转让信用证中明确了第二受益人的责任;⑤ 将"恐怖主义"纳入了不可抗力的范畴。目前已经有170多个国家和地区的银行采用了《统一惯例》,国际贸易中绝大多数的信用证都是根据《统一惯例》为准则处理有关问题。中国银行于1987年开始在开出的信用证中注明依《统一惯例》开立。

## 第四节　消费合同的法律适用

### 一、消费合同的概念及其特殊性

#### (一) 消费合同的概念

消费合同,我们选择两个定义予以参考:(1) 1980 年《欧洲经济共同体关于合同义务法律适用的公约》(即罗马公约)第 5 条第 1 款规定:"本条之规定适用于向个人(消费者)提供商品或服务为目的的合同;此项商品或服务系被认可为非供其用于行业或职业用途者,或为上述目的而提供信贷的合同。"(2) 1987 年《瑞士联邦国际私法》第 120 条第 1 款:"以消费者个人或家庭使用为目的,提供日常消费品且与消费者的行业或商业活动无关的合同。"

而"消费者"的定义可以参见国际标准化组织消费者政策委员会 1978 年在日内瓦召开第一届年会时所做界定,"消费者是为个人目的购买或使用商品和服务的个体社会成员"。通常情况下,国际社会普遍认为消费者就是"出于非职业目的缔结合同的自然人"。

因此,我们认为消费合同具有两个基本特点:(1) 合同主体特征,即买方在自己的行业或商业活动之外进行非职业性的购买行为,卖方的行为则必须发生在自己的商业活动过程中;(2) 合同目的特征,即买方购买商品或服务或使用贷款的目的是为了个人、家庭或朋友的需要。

本文所指的消费者合同是指以消费者个人或家庭使用为目的,一方购买商品或服务而另一方提供该商品或服务所达成的合同。简言之,就是合同中一方为消费者的合同。消费合同主体、客体、内容三要素之一,具有涉外因素的,为涉外消费合同。

#### (二) 消费合同的特殊性

就消费合同而言,消费者个人在合同中常处于劣势地位,可以支配选择的权利非常小,反之,经营者或供货方的主导地位和强势地位就异常突出。因此,协调并保护消费者利益,成为各国立法和实践的重点任务,也因此,在法律适用规则上,各国普遍认同单独制定不同于一般合同的法律适用规则。

1. 优先适用强制性规定

强制性规定方法的一般原则如下:当事人一般可自由选择准据法,但是,当法院地国有强制性规定时,那么该国的强制性规定将优先于准据法而适用,准据法将在这些强制性规则以外保持效力。

从理论上讲,强制性法律包括两层含义,一是实体法层面上的强制性法律,二是冲突法层面上的强制性法律。实际上,实体法层面上的强制性规定较为多见,这已成为国际社会的一项普遍做法,即以强制性立法来实现消费者利益的保护,或者从一个广义角度来说,只要存在强弱地位差距的合同,不仅消费者利益,还包括被雇佣者利益,统统都受强制性法律的保护。因此,在消费合同领域,优先适用强制性规范已成为通例。

2. 消费者单方意思自治原则

消费合同是合同种类中的一个特殊合同,因而有关合同法律适用的一般规则也应适用于消费合同,只不过因其特殊性而有一般规则的相应变通,甚至发展出来自身特殊规则。正如上述,消费者利益保护在消费合同中双方地位明显悬殊情况下凸显重要,因此,虽有均衡保护经营者和消费者双方利益的考虑,但倾向于消费者利益的保护成为该合同法律适用规则中的一个特点。

这一特点的具体化就是合同中意思自治原则受到限制:一方面,经营者或提供服务者没有选择法律的权利,换句话说,选择法律仅是消费者的权利,经营者或提供服务者只能服从这项法律的选择;另一方面,消费者只能在一定的法律空间中进行法律选择,根据我国法律规定,只有一国法律可供选择,即商品、服务提供地法律。

消费合同中的意思自治应能体现出保护弱者利益这一基本信息,一方面要由消费者单方进行选择,另一方面应该给其一定的选择范围,而非只有一个选择。当然,给消费者更多选择机会,就有可能减损对经营者权益的保护,因而无论如何都应予以避免,因此,将消费者选择法律的空间限制在与消费合同有关的地域内,是比较可行的。

3. 消费者未选择法律时的法律适用原则

虽然就消费合同而言,消费者很有可能是在经常居所地之外的地方签订或履行,但毫无疑问,消费合同仍然多与消费者经常居所地存在联系,也就是说,该地域不仅是消费者经常居所地,也是消费者购买商品、享受服务之地,同时也是经营者从事经营活动提供服务的场所,该地域的法律,通常容易被消费者和经营者获悉并有所了解。换个角度说,消费者经常居所地法律往往与消费合同具有最密切联系。因此,通常情况下,消费合同应受消费者经常居所地法律支配。

正如我们已知,消费者经常居所地国往往制定有强制性法律规范来保护消费者权益,因此,消费合同适用消费者经常居所地法律也是理所应当的。实际上,消费者权益要加以保护只是相对于一般合同而言,这种保护的绝对化,无疑是对商业发展的一定桎梏,在各国普遍加强相关强制性规定立法的情况下,法律适用规则已不必过于强化这种保护意识;同时,在法律适用规则中赋予消费者单方意思自治权利的情况下,适当考虑并保护经营者权利,也是利益平衡理论的必然结果。

二、消费合同的法律适用

人类社会进入 21 世纪后,各国都在不断加强消费者立法保护,各国也都制定了保护消费者权益的立法,但是对于消费合同法律适用有着不同的规定,就目前来说主要有两种。

(一) 适用消费者惯常居所地法

消费者惯常居所地法被认为是消费者权利和利益比较集中的中心所在地,而且容易确定,可操作性较大,选择消费者惯常居所地的法律更有利于保护消费者的利益。有一些国家的法律适用法和一些国际公约采用了这种规则,比如瑞士。

## （二）适用与当事人或交易有最密切联系的法律

该规则是受近年来"最密切联系原则"的影响而产生。在确定消费合同的法律适用时选择适用与当事人或者该交易有最密切联系的法律，这种规则具有一定的弹性，具有很强的适应性，但是由于在确定"最密切联系"本身就是一项很复杂的过程，可操作性不强。目前主要是美国在适用其规则。

## 三、中国对涉外消费合同法律适用的规定

我国目前对涉外消费合同的法律规定主要体现在 2011 年《法律适用法》的第 4 条和第 42 条。其第 4 条规定："中华人民共和国法律对涉外民事关系有强制性规定的，直接适用该强制性规定。"该条也被称为直接适用的法，就是说无须冲突规范指引而直接适用的法律。因此，冲突法中直接适用的法所指向的一定是强制性规定，从而使得强制性规定的两层含义得以全部实现。

2011 年《法律适用法》的第 42 条规定："消费者合同，适用消费者经常居所地法律；消费者选择适用商品、服务提供地法律或者经营者在消费者经常居所地没有从事相关经营活动的，适用商品、服务提供地法律。"

此规定以消费者经常居住地为一般适用规则，而以商品、服务提供地法律为例外。有利于对消费者权益的保护。一方面，相比于商品、服务提供地法律，消费者往往更熟悉其经常居住地的法律，另一方面，也考虑到了商品、服务提供地法律可能比消费者经常居住地对消费者的保护更为有利的情形，允许消费者选择适用商品、服务提供地法律。此外，若是经营者在消费者经常居住地没有从事相关经营活动的，适用商品、服务提供地的法律，体现了对经营者的保护，可见立法者对消费者和经营者二者利益和义务平衡的苦心。

▶ **典型案例**

【案情】①

2006 年 3 月，原告张某、高某、江某与被告北京某旅行公司的工作人员岳协商欲前往南非旅游，岳向原告发出传真告知每人团费价格为 12,900 元，每人交纳押金 30,000 元，并告知从约翰内斯堡到香港的"转机时间略紧，请不要耽误时间"。同年 3 月 30 日，原告以某公司名义向被告北京某旅行公司支付 128,700 元。2006 年 4 月 6 日，原告之委托人与北京某国际旅行社门市运营中心签订了《北京市出境旅游合同》，双方约定行程时间共计 8 日，成人旅游费用为 14,690 元/人。同时向原告出具了在南非旅游的具体行程表，其中包括"前往著名的鸵鸟园参观，午餐享用美味中式鸵鸟餐"、"沿途可参观 12 门徒、西蒙镇等"。协议签订后，原告于 4 月 8 日前往南非。在南非旅游期间，被告未依约安排原告"前往著名的鸵鸟园，享用鸵鸟餐"、"参观 12 门徒、西蒙镇等"。在原告从开普敦乘机到达约翰内斯堡的时间为 11:40，转机回香港的航班为

---

① 参见《张某、高某、江某诉被告北京某旅行公司、北京某国际旅行社旅游合同纠纷》，http://www.110.com/ziliao/article-199365.html，访问日期：2016 年 8 月 12 日。

12:50,在转机过程中,原告未能按时搭乘该航班,致使其在约翰内斯堡滞留一天。第二日,原告自行购买机票返回香港。此外,该旅游合同中被告的签约代表为岳。押金90,000元在被告北京某旅行公司处。

**【审理】**

法院认为,双方签订的旅游合同系双方当事人真实意思表示,其内容不违反相关法律、法规的规定,故该合同应为有效合同,双方当事人均应自觉履行。因运营中心不具有法人资格,其法律责任应由被告北京某国际旅行社承担。原告将旅游费用及押金全部支付给被告北京某旅行公司,北京某旅行公司作为该合同的实际履行人,亦应承担法律责任。被告在原告旅游过程中,未依约安排其至三个景点参观游览,属违约行为,原告要求被告赔偿600元,理由正当,本院应予支持。

被告北京某旅行公司辩称,经原告同意三个景点未参观,未向本院提供可信证据,本院不予采信。原告从开普敦乘机到达约翰内斯堡,因时间较短,未能按时转乘回香港的航班的责任问题,对此本院认为,在原告旅游之前,北京某旅行公司的工作人员即向其明确表示,在约翰内斯堡"转机时间略紧,请不要耽误",证明原告即明知在约翰内斯堡转机时存在因客观条件(如线路不熟,语言不通等)导致其无法转机的风险,故由此造成的经济损失不应由被告承担。

原告回国后,北京某旅行公司即应返还押金,其以原告未如期回国为由不同意返还,理由不充分,本院不予采纳,鉴于该款项仍在被告某旅行公司处,故应由其返还并支付利息,被告北京某国际旅行社承担连带责任。原告要求被告赔偿其导游费、住宿费、餐费、机票费及因来北京起诉而产生的误工费、差旅费和翻译费、公证费等费用缺乏事实和法律依据,对此本院不予支持。

**【法理】**

本案是一项旅游消费合同,因为其合同的标的在南非,具有涉外性,因此,也是一起典型的涉外消费合同纠纷。很显然,法院在对此案件的法律是直接适用了中国的《合同法》及其他相关的法律规定。因为此案具有涉外性,必然要涉及准据法的选择,本案中,法官直接适用中国法律是不符合法律适用的原则和规则的。

2011年《法律适用法》第42条规定:消费者合同,适用消费者经常居所地法律;消费者选择适用商品、服务提供地法律或者经营者在消费者经常居所地没有从事相关经营活动的,适用商品、服务提供地法律。可以看出,一般情况下,适用消费者经常居所地法律,但是有两种例外,一种是消费者选择了商品、服务提供地的法律作为准据法;另一种情况是经营者在消费者经常居住地没有从事相关经营活动,当这两种例外发生时,适用商品、服务提供地的法律。

具体到本案和2011年《法律适用法》第42条规定来看,不论是消费者的经常居住地还是该旅游服务的提供地,以及经营者的经营场所都是在中国,因此,该合同的相关纠纷应当适用中国法律。

## 第五节 劳动合同的法律适用

### 一、劳动合同的概念

劳动合同是指劳动者与用工单位之间确立劳动关系,来明确双方权利和义务的协议。而涉外劳动合同是指劳动合同的主体、客体、内容三要素之一具有涉外因素。

此外,还要对劳动合同、雇佣合同和劳务合同的概念进行区分。在西方国家,劳动关系和雇佣关系已经交织在一起,劳动合同与雇佣合同通常也被西方学者交替使用,因此将二者区分没有太大的实际意义。但是在中国这个以公有制为基础的社会主义国家,应当有所区分。在劳动合同中,劳动者与用人单位提供的生产资料相结合,从而实现劳动的社会化,劳动者已经成为该经济组织中的一员,与用人单位具有身份上的从属性和依附性。而雇佣合同中,合同主体间的法律地位完全平等,相互独立,不具有身份上的隶属性和依附性。

劳务合同是当事人各方平等协商达成的,劳动者以劳动形式提供好服务,完成劳务并取得劳务成果,聘用者支付报酬的协议。雇佣合同、劳务合同不属于劳动合同,从法律适用看,劳动合同适用于合同法以及民法通则和其他民事法律所调整,劳动合同适用于劳动法已经相关行政法所调整。

### 二、劳动合同的法律适用

抛开一国强制性规定,通常情况下,劳动合同是劳动者(雇员)与雇佣劳动者(雇主)之间为劳动目的而签订的合同,其内容应包括劳动者工作内容、工作条件、工作地点、职业危害、安全生产状况、劳动报酬、工作时间、休息休假、保险福利、职工培训、劳动纪律以及劳动定额管理等,这些事项都关系劳动者切身利益。而劳动合同中,一般情况下,劳动者是相对弱势的一方,其利益极有可能被占有优势经济地位的用人单位所侵害,因此,各国都在劳动合同的法律适用上进行了必要的限制。

(1) 一方面要将意思自治原则和最密切联系原则贯彻其中,另一方面又要对意思自治原则和最密切联系原则进行必要限制。意思自治原则和最密切联系原则是体现劳动者利益保护的选法原则,此外还要通过一些强制规则和国际劳工法进行限制,因此,保护和限制的双重性构成劳动合同法律适用规则的特殊性。

(2) 适用劳动者较为熟知的法律,即劳动者惯常工作地的法律。在劳动合同中,涉外性较为复杂,同时有关国家的劳动保护水平也不尽相同,但毋庸置疑,劳动地法律相比其他连结因素最为劳动者所知悉,选择其惯常工作地的法律更有利于保护劳动者的合法权益。

(3) 适用用人单位的营业所所在地法律。如果劳动地不固定或者无法确定哪个劳动地,则雇主雇佣劳动者时的营业机构所在地与劳动合同和劳动者有最密切联系,其原因基本同上,这里是雇佣双方权利义务依法成立之地,具有一定的合理性。

### 三、中国涉外劳动合同的法律适用规定

我国《劳动合同法》第4条规定:"用人单位应当依法建立和完善劳动规章制度,保

障劳动者享有劳动权利、履行劳动义务。用人单位在制定、修改或者决定有关劳动报酬、工作时间、休息休假、劳动安全卫生、保险福利、职工培训、劳动纪律以及劳动定额管理等直接涉及劳动者切身利益的规章制度或者重大事项时,应当经职工代表大会或者全体职工讨论,提出方案和意见,与工会或者职工代表平等协商确定。"可知劳动者权利义务通常情况下都是在劳动工作地和用人单位所在地作出的,因此,为体现对劳动者的保护目的,适用这两个地方的法律较为妥当,一般而言,劳动者工作地法律也是与劳动合同有最密切联系的法律,所以,劳动合同争议应适用劳动者工作地法律,但劳动者工作地难以确定时,适用用人单位主营业地法律。

2011年《法律适用法》第43条规定:"劳动合同,适用劳动者工作地法律;难以确定劳动者工作地的,适用用人单位主营业地法律。"

综合而言,我国关于劳动合同的法律适用规则是这样的:首先,我国有强制性规则的,先适用强制性规则;其次,适用劳动者工作地法律;最后,如果难以确定劳动者工作地,适用雇主主要营业地法律。

▶ 典型案例

**【案情】**[①]

原告郑建兵诉称:其于2007年11月12日进入被告台湾地区A公司代表处工作,双方口头约定原告试用期为三个月,工资为3,500元。试用期满后,被告台湾地区A公司代表处却于2008年2月20日以"大陆与台湾的文化差异"为由,强行与原告解除劳动关系。被告的行为违反了《劳动合同法》的相关规定,应承担相应责任,故请求法院判令:二被告以有关"大陆与台湾的文化差异"为由强制与原告解除事实劳动关系无效;二被告支付原告自2008年2月1日至2008年2月20日双倍工资6,360元;被告支付原告30天的经济赔偿金共计4,770元;被告支付原告自2008年2月21日至2008年5月6日的工资8,427元;被告支付原告加班费4,452元;被告为原告缴纳自2007年11月12日至2008年5月12日期间的社保费用。

被告台湾A公司未进行答辩。

福建省厦门市思明区人民法院经公开审理查明:

被告台湾地区A公司代表处向本院提交其单方制作的《证明》及《工资表》,欲证明被告台湾地区A公司代表处于2007年11月20日辞退原告,月工资为2,000元,因该两份证据上没有原告的签字确认,原告亦不予认可,对该证据的证明力本院不予确认,故被告台湾地区A公司代表处应承担举证不能的法律后果,本院依原告的陈述认定如下事实:原告于2007年11月12日到台湾地区A公司代表处上班,双方口头约定试用期3个月,月工资为3,500元。被告台湾地区A公司代表处支付了原告两个月工资后未再支付。2008年2月20日,被告台湾地区A公司代表处通知原告解除劳动关系。

---

① 参见《郑建兵与台湾某股份有限公司、台湾某股份有限公司驻厦门代表处》,载《人民法院案例选》(2009年第3辑),第204—214页。

依照当时的《民事诉讼法》参照《最高人民法院关于审理劳动争议案件适用法律若干问题的解释》第13条,《厦门市境外企业常驻代表机构管理规定》第3条、第13条、第14条的规定,判决如下:(1) 被告台湾A股份有限公司应于本判决生效之日起7日支付原告郑建兵2008年2月1日至2008年2月20日的工资3,218元(3,500元÷21.75×20天);(2) 驳回原告郑建兵的其他诉讼请求。

而后原告进行了上诉,被告进行了答辩。而二审法院维持原判。

【审理】

在一审中,法院认为,根据《厦门市境外企业常驻代表机构管理规定》"代表处聘用境内工作人员,应向厦门市人民政府指定的厦门市对外服务部门办理聘用合同手续。办理聘用合同手续应在7个工作日内完成"、"代表处聘用的境内外工作人员,应于聘用合同签订后15天内持聘用合同和聘用手续部门的证明书向市工商局申请办理工作证手续"的规定,原告与被告台湾地区A公司代表处建立劳动关系应到相关部门办理手续,但原、被告并未办理相关手续,属非法用工,为无效劳动合同。对此,原、被告均有过错,应承担相应的责任。鉴于原告于2008年2月20日劳动关系解除前付出实际劳动,被告台湾地区A公司代表处应支付原告相应的报酬,因被告台湾地区A公司代表处仅支付原告两个月的工资,故原告要求被告支付2008年2月1日至20日工资的诉讼请求,本院予以准许,但对其要求双倍支付工资的请求,本院不予支持。因双方劳动关系已于2008年2月20日解除,故原告要求确认解除劳动关系无效及要求被告支付此后的工资、社保金,缺乏事实依据,本院不予支持。原告要求被告支付加班费,因未提交相应的证据证明原告存在加班的事实,本院不予支持。因被告台湾地区A公司代表处属被告台湾A公司的分支机构,不具备诉讼主体资格,故其责任应由被告台湾A公司承担。

在二审中,法院认为,郑建兵与驻厦代表处建立劳动关系并未到相关部门办理手续,根据上述法律规定精神,双方之间的关系符合雇佣关系的法律特征,应认定为雇佣关系。因此本案争议不属《劳动合同法》调整的范围,郑建兵上诉请求按照《劳动合同法》的相关规定判令A公司和驻厦代表处支付双倍工资、经济赔偿金,以及缴交社保费用不能成立,本院不予支持。原审判决认定事实清楚,适用法律正确,依法应予维持。

【法理】

本案争议的焦点之一为该合同是否为劳动合同,是否适用《劳动合同法》的规定?2011年《法律适用法》第43条规定:"劳动合同,适用劳动者工作地法律;难以确定劳动者工作地的,适用用人单位主营业地法律。"但是,由于劳动合同的特殊性,不仅涉及合同双方尤其是劳动者本身的利益,更是关系到整个国家的国家安全和社会秩序稳定,所以在规范劳动合同的法规上必然不同于一般的合同,尤其体现在通过强制性规则的制定来对合同中的意思自治的限制,因此,劳动合同在法律适用规则是:首先,我国有强制性规则的,先适用强制性规则;其次,适用劳动者工作地法律;最后,如果难以确定劳动者工作地,适用雇主主要营业地法律。

本案中,因原告以被告违反《劳动合同法》为由起诉,而被告台湾地区 A 公司代表处具有涉外性,按照涉外劳动合同的法律适用规则,该劳动的工作地点是在中国厦门,因此,有关该合同的争议适用劳动者工作地法律,即中国大陆地区法律,而《厦门市境外企业常驻代表机构管理规定》要求,针对外国企业常驻中国代表机构招聘中国员工,必须通过外事服务单位或者中国政府指定的其他单位,根据特殊法优于一般法的规则,应优先适用此条规定。

具体到本案,由于原告与被告台湾地区 A 公司代表处建立劳动关系应到相关部门办理手续,但原、被告并未办理相关手续,违反了"针对外国企业常驻中国代表机构招聘中国员工,必须通过外事服务单位或者中国政府指定的其他单位"的特殊规定,属非法用工,为无效劳动合同,自然是不能适用《合同法》的规定,而是将其认定为雇佣关系,该案的判决是正确的。

### 四、涉外劳务派遣的法律适用及我国的法律规定

劳务派遣涉及三方关系,即派遣单位(用人单位)与被派遣劳动者、派遣单位与接受以劳务派遣形式用工的单位(即用工单位),以及用工单位与被派遣劳动者等三个关系。劳务派遣合同是劳动合同的一种特殊形式,很多国家对劳务派遣合同与劳动合同不加区分,都适用统一法律。

我国也是向外国派遣大量劳动力的国家之一。劳务派遣在我国《劳动合同法》第五章有特别规定,所谓劳务派遣,一般在临时性、辅助性或者替代性的工作岗位上实施,就是劳务派遣单位(即用人单位)与接受以劳务派遣形式用工的单位(即用工单位)订立劳务派遣协议,按约定向用工单位派遣劳动者的行为。用人单位应当与被派遣劳动者订立一定期限的劳动合同,按月支付劳动报酬,并将用人单位与用工单位签订地劳务派遣协议内容告知被派遣劳动者。

根据我国《劳动合同法》的规定,劳务派出存在两种情况,一是用人单位将劳动者派遣到用工单位;二是用工单位落实劳动者的劳动地点、劳动时间等具体劳动事项。所以,劳务派遣可以适用劳务派出地法律,就面临劳务派出地究竟是哪里的选择,是用人单位的劳务派出地还是用工单位的劳务派出地?另一个问题是,在劳务派遣中,用人单位与劳动者是存在劳动合同的,但用工单位与劳动者没有合同关系,所以,综合而言,劳务派遣应当是针对用工单位与劳动者之间的关系,同理,劳务派出地法律应该是用工单位劳务派出地法律。

2011 年《法律适用法》第 43 条规定:劳动合同,适用劳动者工作地法律;难以确定劳动者工作地的,适用用人单位主营业地法律。劳务派遣,可以适用劳务派出地法律。注意到我国采用的是"可以适用"这一表述,这就说明用工单位劳务派出地法律不是必须适用的法律,只是一个选择性适用的法律。同样也包括劳动提供地法律,理由就是劳务派遣仍是提供劳动的一种途径,其目的仍是获取劳动,所以,"场所支配行为"原理下,以劳动者工作地法律作为劳务派遣的法律适用规则也是可以选择的。

因此，劳务派遣，可以适用劳动者工作地法律，如果工作地难以确认时，也可适用用人单位主营业地法律，还可以适用劳务派出地国家的法律。

## 第六节 代理合同的法律适用

### 一、代理合同的概念

代理作为一种法律制度，是指一人以另一人名义或以自己的名义代表另一人向第三人为法律行为，由此产生的法律效果则归属于该另一人。而涉外代理合同是指合同的主体、客体和内容的三因素之一具有涉外性。

根据代理权取得的不同，可以将代理分成几种类型，如我国《民法通则》第64条第1款规定："代理包括委托代理、法定代理和指定代理。"法定代理是指基于法律的直接规定而产生代理权的代理，它不需要存在被代理人的授权行为，主要是为无行为能力人和限制行为能力人所设，例如父母行使对其未成年子女的法定代理权，监护人行使对被监护人的法定代理权等。

法定代理还包括紧急情况下依法律直接规定而产生代理权的代理，例如船长、承运人、保管人在紧急状态下依法律规定作为货主的代理人对货物进行处置。指定代理是指根据法院或其他有权机关的指定而产生的代理，其代理人和代理权限均由法院或其他有权机关确定。我国《民法通则》第21条关于失踪人财产由人民法院指定的人代管的规定，即为指定代理之例。

委托代理是指因为被代理人授予代理权而发生的代理，又称意定代理。实践中被代理人授予代理权，常与存在于被代理人和代理人之间的某种基础法律关系相伴随，如委托合同关系、合伙合同关系、承揽合同关系、劳动合同关系或雇佣合同关系等。需要指出的是，代理权的授予行为是独立于上述基础关系的，此即授权行为的独立性或代理权的独立性，为我国民法所认可。涉外代理合同是属于委托代理的范畴，即是一种意定代理。

### 二、代理合同的法律适用

代理关系就是以代理人、被代理人和相对人为当事人的一种特殊的民事法律关系，它可以分解为三个方面的关系，即本人与代理人直接的内部关系，本人与第三人、代理人与第三人之间产生的外部代理关系。而涉外代理合同的法律适用也是建立在内部关系和外部关系的基础上的。根据1978年海牙《关于代理的适用法律公约》规定：涉外代理合同的内部关系，是适用合同中的意思自治原则，允许当事人合议选择所要适用的法律，且可以选择明示或默示的方式；涉外代理合同的外部关系，同样要首先遵从意思自治原则，即本人和第三人都可以选择代理权即外部关系的适用法，但需采取明示的方式，若当事人没有进行选择时，代理权适用代理人实施代理行为时其营业所所在地的法律。而涉及本人与第三人、代理人与第三人之间的代理后果也应受该营业所所在地的法律所支配。

### 三、中国涉外代理合同的法律适用规定

我国 2011 年《法律适用法》第 16 条第 1 款规定:"代理适用代理行为地法律,但被代理人与代理人的民事关系,适用代理关系发生地法律。"该款规定没有区分代理的具体类型,而是使用"代理"这一总括性概念,因此,它适用于各种类型的代理,如委托代理、法定代理、指定代理等等。因此,该条规定也同样适用于涉外代理合同。

该第 16 条在第 2 款又规定:"当事人可以协议选择委托代理适用的法律。"因此,涉外委托代理合同的被代理人与代理人的民事关系也可以不适用代理关系发生地法律,而适用当事人协议选择的法律。当然,涉外委托代理合同当事人选择的法律,不仅仅适用于被代理人与代理人的民事关系,它也适用于该合同的其他关系和问题。

▶ **典型案例**

**【案情】**①

2000 年 3 月 16 日,美国 A 公司与 B 公司在北京签订购货合同,合同编号为 2000EMCR/47011 7008US,B 公司代表 C 公司从美国某公司进口低温辐射电热膜共 15 万片(按 500 片一卷包装为 300 卷),每片单价 0.88 美分,总价 13.2 万美元。合同规定付款条件为:50%货款在签订本合同之后以信用证方式支付,其余 50%以收货电汇方式支付。上述合同列明:美国 A 公司为卖方,B 公司为买方。C 公司为委托商。

2000 年 4 月 14 日,某公司将首批 136 卷低温辐射电热膜装船发运,B 公司收货后以信用证方式支付货款 59,840 美元。2000 年 5 月 14 日,某公司将其余 164 卷低温辐射电热膜装船发运,C 公司于同年 7 月 3 日通知某公司收到货物,但 B 公司至今未向某公司支付合同规定的货款余额 72,160 美元。故某公司诉至法院,要求判令两被告支付货款 72,160 美元,并支付滞纳金 3,247.2 美元。

**【审理】**

法院审理认为,2000 年 3 月 16 日,某公司与 B 公司、C 公司签订了低温辐射电热膜买卖合同,合同中列明买方为 B 公司、委托商为 C 公司、卖方为 A 公司。B 公司与 A 公司签订买卖合同是基于其与 C 公司签订的委托进口协议,是受 C 公司委托而签订的。B 公司以其名义与 A 公司签订合同,A 公司在订立合同时知道 B 公司与 C 公司之间的委托代理关系,B 公司系外贸代理商,仅向 C 公司收取代理费,故该合同直接约束委托人 C 公司和 A 公司,B 公司不应承担实体责任,A 公司对 B 公司的起诉,应予驳回。综上,裁定如下:驳回原告 A 公司对被告中国电子进出口总公司的起诉。

**【法理】**

本案名为买卖合同,实为代理合同。

---

① 《美国 A 公司与中国 B 总公司买卖合同纠纷案》,参见北京市海淀区人民法院民事裁定书(2001)海经初字第 3229 号,http://china.findlaw.cn/info/cpws/mscpws/16267_2.html,访问日期:2016 年 3 月 22 日。

中方外贸代理公司以自己的名义与外商签订货物买卖合同,外商履行合同后,中方终端用户因资不抵债,或因对货物质量有异议而拒向外贸代理公司支付货款,外贸公司不能对外履约而引起的纠纷。上述合同是在中国签订的,争议发生后,外商在中国仲裁机构提起仲裁,或在中国法院提起诉讼。涉外合同争议的法律适用,各国法律适用规则基本上是一致的,首先适用的法律是当事人意思自治选择的法律,当事人没有选择合同适用的法律时,根据最密切联系的原则确定合同应适用的法律。如2011年《法律适用法》第41条的规定。关于代理的法律适用,我国2011年《法律适用法》第16条规定:"代理适用代理行为地法律,但被代理人与代理人的民事关系,适用代理关系发生地法律。当事人可以协议选择委托代理适用的法律。"

本案中,当事人都没有协商选择合同适用的法律,而且代理合同的签订与成立都是在中国,即代理行为地是在中国,且代理关系的发生地也在中国,因此,此代理合同应当适用中国法律。

那么中国法律作为合同准据法,就产生了是适用《民法通则》第36条规定还是适用《合同法》第402条规定确定中方代理人的权利义务问题。《民法通则》第36条规定与《合同法》第402条的规定相抵触,因而引起仲裁实践、司法实践中的混乱。从上述案件中可以看出,同类案件采用不同的方式解决争议,甚至同类案件在同一仲裁机构审理,所适用的法律都是不一样的。

## 第七节　信托合同的法律适用

### 一、信托合同的概念

信托,是指委托人基于对受托人的信任,将其财产权委托给受托人,由受托人按委托人的意愿以自己的名义,为受益人的利益或者特定目的,进行管理或者处分的行为。通过上述规定可知,信托关系由三方主体构成,即委托人、受托人和受益人。

信托具有以下特点:(1)委托人对受托人的信任,这是信托关系产生的基础。(2)委托人将财产权委托给受托人,这是信托关系发生的条件。信托的成立、存续及管理,莫不依托于特定的财产——信托财产,故言无财产则无信托。所以,信托财产是信托关系的构成要素。我国《信托法》第7条规定:"设立信托,必须有确定的信托财产,并且该信托财产必须是委托人合法所有的财产。本法所称财产包括合法的财产权利。"(3)受托人以自己的名义管理或处分信托财产,这是信托的一个重要特征。(4)受托人按委托人意愿并为受益人利益或特定目的而管理或处分信托财产,这是信托关系的核心内容。受托人管理或处分信托财产,以委托人意愿为基本依据,以受益人利益或特定公共利益为根本目的。所以,与委托人、受益人都要发生关系的受托人,其行为(义务与责任)构成信托关系权利义务内容的核心。

信托具有多种分类。根据委托人明确表示的意思而设立的信托,是最为常见的一类信托,可称为意定信托,例如契约信托和遗嘱信托,委托人设立信托之意即分别以契约形式和遗嘱形式表示出来。与意定信托对应的是法定信托,它根据法律的直接规定而产生。而本章中所要讨论的信托合同就属于意定信托,涉外信托合同也就是信托合同中的主体、客体与内容三要素之一具备了涉外性。

### 二、信托合同的法律适用

从各国法律看,专门针对信托法律适用的国际私法规则,主要见于英美法系国家,但规则也不多。大致说来,当今英美等国适用较多的是委托人指定的法律和与信托有最密切联系的法律。大陆法系国家一般是将最为常见的信托行为——契约信托—视为合同行为,对其准用合同法律适用的规则确定准据法。

1985年海牙《关于信托的法律适用及其承认公约》,意在沟通英美法系和大陆法系的相关制度,以方便大陆法系国家对涉外信托关系的理解和调整。从参加该公约的国家看,英美法系和大陆法系的国家都有。该公约所作规定,可以说不同程度反映了当代许多国家有关信托法律适用的基本制度。公约规定,信托适用财产授予人(即委托人)选择的法律,这种选择必须规定在设立信托或证明信托的书面文件中,明示或默示均可;如果财产授予人没有选择法律,或者他选择的法律未规定信托制度或未规定所涉类别的信托,则信托应适用与之有最密切联系的法律。根据公约规定,确定与信托有最密切联系的法律时应特别考虑以下地点或因素:(1)财产授予人指定的信托管理地;(2)信托财产所在地;(3)受托人的居所地或营业地;(4)信托目的以及该目的的达到地。关于信托准据法的适用范围,依照公约规定,无论财产授予人选择的法律,还是与信托有最密切联系的法律,均应当适用于信托的有效性、信托的解释、信托的效力和信托的管理,尤其应当适用于受托人的委派和能力、受托人管理或处分信托财产的权力、受托人与受益人的关系、信托的变更和终止、信托财产的分配等10个方面。

### 三、中国的涉外信托合同的法律适用规定

我国2011年《法律适用法》第17条首先规定:"当事人可以协议选择信托适用的法律;当事人没有选择的,适用信托财产所在地法律或者信托关系发生地法律。"表明信托这种民事关系首先适用当事人协议选择的法律。由于该规定使用的是"信托"这一概括性表述,因而各种信托以及包括信托的有效设立和信托当事人的权利义务等各种问题,均依当事人协议选择的法律解决。此处所指当事人即为信托关系的委托人和受托人,信托适用的法律即由他们协议选择。因此,该条同样也适用于我国的涉外信托合同。

我国2011年《法律适用法》第17条规定信托适用当事人选择的法律,这与英美法系及大陆法系国家的做法一致,也与海牙《关于信托的法律适用及其承认公约》的规定相一致。不同的是,在当事人没有选择信托适用的法律时,我国2011年《法律适用法》第17条规定适用信托财产所在地法律或者信托关系发生地法律,而许多国家和海牙《关于信托的法律适用及其承认公约》规定适用与信托有最密切联系的法律。其实,信托财产所在地和信托关系发生地,通常情况下都与信托有密切联系。尤其信托财产所在地,许多时候就是与信托有最密切联系的地方,不动产信托更不必说。海牙《关于信托的法律适用及其承认公约》对确定与信托有最密切联系的法律规定了应当特别考虑

的地点,其中就有信托财产所在地。当然,适用信托财产所在地法律也可能遇到不易解决的问题。例如,信托财产位于多个国家时以哪一个为准?信托财产为权利时如何确定其所在地?所以,只规定适用信托财产所在地法律是不够的。作为当事人意思自治原则的补充,我国2011年《法律适用法》第17条规定适用信托财产所在地法律或者信托关系发生地法律。这样,适用法律有了选择,比仅仅规定适用一种法律要好。因为,规定几种可以任意选择适用的法律,实践中可以根据具体情况,考虑结果的公正、与法律关系联系的程度、适用的方便等因素,而选择其中之一予以适用。

▶ **典型案例**

**【案情】**[①]

广东省某集团公司分别于1979、1980年与香港某贸易有限公司签订了两份"包销协议",约定由某公司定牌及包销广东省某集团公司生产的TMT吊扇,吊扇所用TMT牌文字和图形组合由某公司提供。由于受广东省某集团公司的误导,某公司误认为当时香港公司不能在内地注册商标,故与广东省某集团公司商定,由广东省某集团公司在国内办理商标注册,香港某贸易公司在香港地区和中东部分国家办理TMT商标注册。在香港某贸易公司歇业后,由该公司原总经理与另一股东组建TMT公司,接收原香港某贸易公司与广东省某集团公司的业务,也承受了TMT商标。TMT公司成立后,广东省某集团公司又按照时任TMT公司法定代表人的王少明的要求,在国内办理了本案争议商标第200833号文字加图形组合商标的注册。按照双方定牌加工合同的约定,广东省某集团公司负责组织生产TMT等品牌的吊扇并办理出口手续,香港某贸易公司负责提供铭牌、商标并进行产品的广告宣传,负责联系订单,包销全部商品到境外国家和地区。TMT公司与广东省某集团公司从1979年到1986年签订的多份包销协议和成交确认书,均清楚地列明由TMT公司提供本案争议的商标。广东省某集团公司曾于1987年10月和12月向TMT公司发出两份证明,证明广东省某集团公司注册的1980年第142201号TMT商标及其他相关的两个商标由香港TMT公司所有和受益,广东省某集团公司只是作为受托人代表TMT公司持有此商标。

数年来,TMT公司在TMT牌吊扇的主要销售国家和地区办理了TMT、SMT、TMC商标注册,并花巨资为推销上述铭牌产品作了大量的广告宣传工作,使TMT铭牌产品在海外具有一定的知名度,同时也有不少厂家假冒TMT牌产品。1983年,TMT公司与广东省某集团公司作为共同原告,起诉香港联通利贸易有限公司商标侵权,香港高等法院于1990年10月11日对该案作出判决,两原告胜诉。1994年10月6日,广东省某集团公司与TMT公司签订一份协议,约定:在中国境内,TMT牌商标属广东省某集团公司注册,广东省某集团公司有绝对的经营和管理权利。如发现国内有任何公司和制造厂假冒或侵犯TMT牌商标行为,广东省某集团公司需要有效地制止

---

① 参见《广东省轻工业品进出口集团公司与TMT贸易有限公司商标权属纠纷上诉案》,http://china.findlaw.cn/info/cpws/mscpws/16267_2.html,访问日期:2016年9月10日。

或通过法律途径解决侵权行为,有关费用由广东省某集团公司负责。在中国境外(包括香港)"TMT"牌商标属TMT公司注册,TMT公司有绝对的经营和管理权利,如发现有任何公司或制造厂假冒或侵犯"TMT"牌商标行为,TMT公司需有效地制止或通过法律途径解决侵权行为,有关费用由TMT公司负责。该协议签订后,双方在履行过程中发生纠纷。

**【审理】**

广东省高级人民法院经审理,认定双方当事人之间存在商标委托注册和管理关系,依法确认广东省某集团公司注册的TMT商标为TMT公司所有,并判决TMT公司对广东省某集团公司给予一定的补偿。

广东省某集团公司不服一审判决上诉到最高人民法院。在上诉中,TMT公司答辩称,TMT商标是TMT公司的董事长王少明设计的,按照香港某贸易公司与上诉人之间的商定及定牌贸易合同,王少明将商标交给上诉人使用并委托其在内地办理注册事宜。香港某贸易公司歇业后,王少明又成立TMT公司接替原公司的业务,承受了香港某贸易公司与三个商标有关的民事权利,而且TMT公司从来没有接受广东省某集团公司的委托办理商标的境外注册事宜,因此广东省某集团公司与TMT公司之间存在着事实上的信托法律关系。鉴于广东省某集团公司违背双方约定,TMT公司有权要求广东省某集团公司返还自己的民事权利。

最高人民法院经过审理认为,结合案件事实,按照双方定牌加工合同的约定,广东省某集团公司负责组织生产TMT等品牌的吊扇并办理出口手续,东明公司负责提供铭牌、商标并进行产品的广告宣传,负责联系订单,包销全部商品到境外国家和地区。在履行合同过程中,TMT公司接替东明公司负责提供技术,监督生产,包销商品,进行商品的全部广告宣传并代替东明公司承担了偿付所欠广东省某集团公司款项的责任。王少明设计并代表东明公司提供TMT等商标,目的是要求广东省某集团公司定牌生产香港某公司指定牌号的商品,且双方已经实际履行了定牌生产合同,故双方形成了事实上的商标权财产信托法律关系。原审法院根据《民法通则》的有关规定判决将商标权返还给TMT公司是正确的,但原审判决认定存在委托关系,未考虑该商标是以被委托人名义注册并管理的这一事实,未认定存在信托关系,所作认定欠妥当。

**【法理】**

本案涉及涉外信托的法律适用问题。信托就是委托人、受托人及受益人三者间所存在的一种以财产权为中心的法律关系。信托的这一法律构造,使其在操作上极富弹性,且深具社会机能。任何人都可以借合同或遗嘱形式,就自己的财产权为各种合法的目的成立信托。随着国际间民商事交往的发达,信托制度在国际间广泛采用,然而信托制度并非各国都有,即使存在信托的国家,它们有关信托的法律规定也不一致,因此国际信托的法律冲突便在所难免。信托的法律冲突主要有以下几个方面:信托中的财产转让问题;信托财产的范围问题;信托成立的方式问题;信托当事人的能力问题;信托的解释和管理问题;受托人责任问题。

2011年《法律适用法》第17条首先规定：当事人可以协议选择信托适用的法律；没有协议选择的，适用信托财产所在地法律或者信托关系发生地法律。可以看出，涉外信托纠纷应当首先适用当事人意思自治原则，即适用信托人所选择的法律；在当事人没有作出选择或其选择被认为无效时，应当适用最密切联系原则决定所应适用的法律，即选择与信托有最密切联系的法律。当然，涉及不动产的信托，一般情况下应适用不动产所在地法律。

本案中，争议商标在国内注册对双方当事人产生的是何种性质的关系，一审判决认定为委托关系，二审判决认定为信托关系。从本案事实来看，一方面，当事人双方就争议商标由谁在何处注册、使用、管理有明确的约定和分工，广东省某集团公司是基于这种约定在国内注册争议商标并进行使用和管理的；另一方面，TMT公司作为争议商标实质上的权利人，通过合作关系授权广东省某集团公司以自己名义在国内注册争议商标，只是在双方不能继续合作下去的情况下，才要求广东省某集团公司返还争议注册商标，这都说明双方之间的关系应认定为商标权财产信托法律关系，受托人以自己名义为委托人从事民事活动是本质特征，在信托关系终止时，受托人应当将占有、管理的委托人的财产、利益返还给委托人。最高人民法院如此认定，其实就暗含了此案的法律适用问题，即适用与信托有最密切联系的法律，鉴于此案中信托财产地在中国内地，因此应当适用中国内地法律。

# 第九章
# 涉外侵权关系的法律适用

在国际私法发展史上,侵权行为之债的法律适用曾经是一个未受到重视的领域。斯托里在1843年发表的《冲突法评论》一书中根本没有涉及国际侵权行为的法律适用问题。但是,随着新技术革命在世界范围内产生广泛的影响,产品责任侵权、交通事故侵权、环境侵权等各种类型的侵权行为频繁涌现,自美国冲突法革命开始,对于国际侵权行为的法律适用问题研究的热情与日俱增。本章从侵权行为的概念以及法律冲突谈起,简单介绍目前国际社会侵权行为法律适用的一般原则和几种特殊侵权行为的法律适用问题。

本章涉及2011年《法律适用法》相关条款:

第44条 侵权责任,适用侵权行为地法律,但当事人有共同经常居所地的,适用共同经常居所地法律。侵权行为发生后,当事人协议选择适用法律的,按照其协议。

第45条 产品责任,适用被侵权人经常居所地法律;被侵权人选择适用侵权人主营业地法律、损害发生地法律的,或者侵权人在被侵权人经常居所地没有从事相关经营活动的,适用侵权人主营业地法律或者损害发生地法律。

第46条 通过网络或者采用其他方式侵害姓名权、肖像权、名誉权、隐私权等人格权的,适用被侵权人经常居所地法律。

## 第一节 侵权行为的概念及其法律冲突

### 一、侵权行为的概念

侵权行为之债是指因不法侵害他人非合同权利或受法律保护的利益,并造成损害而承担民事责任所构成的一种法定之债。

含有涉外因素的侵权行为即涉外侵权行为。由此产生的法定之债便是涉外侵权行为之债。涉外侵权行为会牵涉到一个或者多个国家,而各国关于侵权行为的法律和实践又有着很大的不同。因此,涉外侵权行为之债的处理便显得十分复杂。

## ▶ 典型案例

### 【案情】①

原告甲公司是一家住所地在英国伦敦的英国公司。主要从事服装、皮具、眼镜等领域的设计、生产和销售等商业活动。1997年6月21日该公司经中国商标局核准注册"dunhill"商标,核定使用商品为25类鞋、帽、袜、腰带等,商标注册证1034326号,现仍在有效期间。2005年8月,甲公司发现被告乙公司销售与其注册商标"dunhill"完全相同标识的腰带系侵权产品。于是委托案外人在被告乙公司购买标有"dunhill"标识腰带一条,被告乙公司开具的商品结账单和电子结算凭证所列商品名称为"精滑道皮带",数量1,单价53元,货号329683,时间2005年8月8日;开具的购物发票"品项"一栏上标明为"dunhill"皮带,发票号00079171。

甲公司认为,被告乙公司销售侵权产品,侵害了原告的商标专用权,故向天津市第一中级人民法院提起侵权诉讼。请求判令被告停止侵权侵害,赔偿损失,赔礼道歉。一审法院经过审理认为,由于原告为证明其主张所提交的"商品结账单""发票"、皮带实物等证据之间存在矛盾(发票上注明的"dunhill皮带"和商品结账单和电子结算凭证上的"精滑道皮带"不一致),致使法院无法确认票据与实物之间的关联性,故判决驳回原告诉讼请求。原告"dunhill"公司不服一审法院判决,以一审法院判决认定事实错误,适用法律不当向天津市高级人民法院提起上诉。

### 【审理】

二审法院经审理认为,本案的焦点在于原告甲公司作为证据出具的几项单证所记载的内容是否一致。根据《发票管理法》的规定,商品结账单及电子结算凭证上使用的"精滑道皮带"称谓是按商品特征分类,而不是按商品品牌分类。被告乙公司开具发票时,根据购物者的合法要求,明确注明了该商品品牌商标。因此可以证明被告于2005年8月8日,销售了带有"dunhill"商标标识的腰带。据此,二审法院支持了上诉人的请求,认定一审被告侵犯原告的商标权,应依法予以赔偿。

### 【法理】

本案原告甲公司是一家英国公司,被告乙公司是一家中国公司,原告认为被告侵犯其在中国合法注册的商标权而对被告提起侵权之诉。因为本案当事人中有一方是外国法人,所以这是一起国际侵权行为之诉。

我们看到本案中的涉外因素是案件当事人中的外国人因素。但是国际侵权行为中所包含的涉外因素并不仅仅限于这一方面,还可以是侵权行为发生在外国,或者被侵害的客体位于外国等等。但不管是何种形式,都由于涉外因素的存在使得该侵权行为具有了国际性,在审理过程中便要适用涉外侵权行为的法律适用原则进行处理。

---

① 参见《艾尔弗雷德·邓希尔有限公司诉天津金钟乐购生活购物有限公司商标侵权一案》,天津市高级人民法院(2006)津高民三终字第20号,转载自北大法意网 http://www.edu.lawyee.net/,访问日期:2016年3月22日。

涉外侵权行为中的涉外因素可以参考涉外民商事行为中关于涉外因素的规定来判断,无非是侵权行为的主体、客体或者内容中包含有涉外因素。主体包含涉外因素的情况,最典型的为侵权行为是由外国人引起的;客体包含涉外因素的情况则包括侵权行为所侵害的为法律所保护的权利、为外国人所享有利益等;内容包含涉外因素则是指侵权行为人的侵权行为是发生在外国境内等等情况。

**二、侵权行为的法律冲突**

如上所述,由于涉外侵权行为的涉外性,以及世界各国侵权法律规定的差异,因此在涉外侵权领域便不可避免地存在着法律冲突,集中表现在以下几个方面。

(一)侵权行为的范围方面的法律冲突

由于经济的发展,科学技术的进步,交通的日益便利以及通讯手段的不断发达,侵权行为之债的范围正在不断地扩大,出现了各种新型的侵权类型。比如在海上侵权方面,当代社会高速发展的经济需要大量的能源供给,为了满足各国对于石油的需求,海上油轮运输的规模越来越大,在给各国带来好处的同时,有关油污损害赔偿的案件也大量涌现。为了解决这个问题,各国纷纷将海上油污侵权这种新型侵权形式纳入研究视野。对于大气污染、水体污染等环境侵权问题研究也取得了极大的发展。此外,随着计算机技术的不断发展,网络已经变成人们工作生活所不可缺少的工具,网络侵权行为爆发的频繁性和侵权结果的广泛危害性使得对于网络侵权的研究变得十分紧迫和必须。因此,这一新型的侵权行为也开始受到各国学界和国际社会的重视。

为了应对这些现象,各国侵权立法都在不断寻求新的发展。但是,不可忽视的是,由于世界各国在历史、地理、社会、经济、人文等观念上都存在着极大差异,因此各国对于侵权行为的范围的认识也不尽相同。在经济比较发达、立法比较先进的国家,对于侵权行为的外延规定较为宽泛,可以保护更广泛的公民利益;相对在经济条件较为落后的国家,规定的侵权行为的范围就较小。比如,对于家庭关系的干扰、侵犯秘密、毁誉、滥用法律程序等行为在发达国家和地区已经被认定为侵权行为,但是在法治尚不发达的国家和地区则很少将这些行为纳入侵权行为的范畴。

(二)侵权行为的构成要件方面的法律冲突

侵权行为的构成要件就是判断一个行为是否构成侵权行为的标准,是侵权法中的重要内容。但是即便是这么重要的内容,在各国的理论和实践中却存在着重大的争议。甚至由于这方面存在的大量争议,有的国家索性不在法律中明确规定构成要件的内容,而是将这项工作交给实践部门。我国便是这样,我国现行侵权法对于侵权行为的构成要件并没有明确规定,理论界对此也是争论纷纷,目前的通说是三要素说,即"损害事实""因果关系"和"过错"。"损害事实"也就是要求该行为对于被侵害人造成了一定的损害;"因果关系"则要求被侵害人受到的损害是因为行为人的行为所造成的,也就是要求损害事实和行为人的行为之间存在因果关系;"过错"则是对于行为人主观上的要求,就是指行为人主观上是故意的或者是有过失的。

抛下国内学界对于侵权行为构成要件的争论不说,世界各国关于侵权行为的构成要件的规定更是五花八门。举几个例子来看:法国法规定,侵权行为的构成要件是过错、损害、因果关系;日本关于侵权行为的构成要件的规定则较为严格,分别为归责性意思状态、违法行为和损害事实、因果关系、加害人具有行为能力。具有判例法传统的英美法国家,虽然没有成文的法律规定,但仍有学者将其侵权行为的构成要件归纳为五要素说,即加害方对受害方有某种义务、受害方对加害方有某种权利、该义务被侵犯、损害结果、结果和行为间有因果关系。

各国关于侵权行为构成要件的不同规定直接导致了侵权行为构成要件之间的冲突。而这一法律冲突所导致的直接后果便是,一行为是否被认定为侵权行为依据不同国家的法律将得出不同的结论,这就会使得一行为由于在不同的国家涉诉,将得到不同的判决结果。进一步也必将导致在外国取得的有关侵权之诉的判决因为持不同意见,在国内得不到执行。

(三)侵权行为关于损害赔偿问题的法律冲突

尽管每个国家对于侵权法的规定不尽一致,但其最终目的都是统一的,那就是维护受害方的利益,调整被打乱的社会关系使其恢复正常。因此,各国侵权法一定会涉及的便是有关的赔偿问题,因为不管受害人位于何国,其提起诉讼的基本目的都是一致的,那就是要从侵害人那里得到对于自己被侵害利益的弥补。尽管各国均在侵权法中涉及了损害赔偿问题,但是对于损害赔偿的原则、赔偿的具体标准等的相关规定却是大相径庭。造成这种局面的主要原因在于目前各国的经济发展水平、社会消费水平还存在着巨大的差异,只要这种差异得不到最终消除,在这个方面存在冲突是不可避免的。最典型的便是航空侵权案件中,同一起空难中的受害者由于国籍不同,适用的侵权法不同,最终拿到的损害赔偿金甚至会相差数十倍甚至数百倍。

总之,由于涉外侵权行为在以上几个方面所存在的法律冲突,探寻合适的侵权法律适用原则,尽量消除各国法律不同所带来的不便,给予受侵害者即时的关怀和赔偿,是我们进行涉外侵权行为法律适用研究最重要的任务。

## 第二节 一般侵权行为的法律适用

**一、一般侵权行为法律适用的传统做法**

(一)侵权行为地法原则

我们在前面的章节中提到过,由于涉外侵权行为含有一个或多个涉外因素,而各国关于侵权行为的法律规定又存在着巨大的差异,涉外侵权行为在范围、构成要件等方面产生巨大的法律冲突便是在所难免的。这就使得在一项涉外侵权行为之诉中,适用哪个国家的法律审判案件成为难题。传统国际社会普遍采取侵权行为地法原则来解决这一问题。下面来看一例发生在我国的涉外侵权行为之诉。

▶ **典型案例**

**【案例】**①

本案中,原告系日本国籍,被告是中国国籍。二人于2003年3月底共同购买了位于青岛市某公寓的两套房屋。由于当时该公寓未能够办理外销许可证,所建房屋不能直接对外国人销售。所以该公寓的开发商出具的收款收据和所签订的商品房买卖合同都是被告的名字。原告与被告当初买房时曾约定:以后开发商如办了外销许可证,其中一套房屋写原告的名字;如办不了外销许可证,双方就去公证处公证购房款和中介费两人各出了一半及房屋的产权由两人共同享有。但之后,被告却在2003年6月2日从该公寓售楼处私自取走了签订的商品房买卖合同,之后又全部以自己的名义与贷款银行签订了个人住房按揭合同并且拒绝承认原告支付过购房首付款及中介费。后原告多次向被告交涉,要求被告返还属于原告的财产,被告均拒绝了原告的请求。2003年7月4日,在青岛市委市政府领导的努力下,双方达成和解协议,但是期限届满后被告仍然以种种不正当理由拒绝返还被其侵占的属于原告的债款。于是,原告向山东省青岛市中级人民法院提起侵权之诉,请求被告返还不法侵占的财产。

**【审理】**

青岛市中级人民法院经审理认为本案原告具有日本国籍,所以本案为涉外民事案件。因原告居留地和被告住所地均在该院辖区内,原告选择向该院提起诉讼,因此,该院对本案享有管辖权。另外因侵犯财产权的行为发生在中华人民共和国领域内,根据我国的法律规定,侵权行为的损害赔偿,适用侵权行为地法,该院确定中华人民共和国法律为解决本案纠纷的准据法。

本案案件事实清楚,被告承认原告所主张的欠款,基于此法院判决被告返还原告债款并支付原告利息。

**【法理】**

本案中,原告是日本人,被告是中国人,所以本案是一起涉外财产侵权案件。山东青岛市中级人民法院因为原告的选择管辖取得管辖权。根据2011年《法律适用法》的新规定,"侵权责任,适用侵权行为地法律,但当事人有共同经常居所地的,适用共同经常居所地法律。侵权行为发生后,当事人协议选择适用法律的,按照其协议。"本案中并未提到当事人双方有共同经常居所地,也未提到当事人协议选择适用法律。因此,依据一般原则应适用侵权行为地法律。本案的侵权行为发生在中国,侵权结果也发生在中国,法院可适用中国法律处理本案。

侵权行为之债适用侵权行为地法的原则是传统侵权行为法律适用的主要原则,也是国际私法最早确立的侵权行为法律适用原则。从巴托鲁斯(Bartolus)时代的法则区

---

① 参见《川口兴有诉姜有澎财产侵权一案》,山东省青岛市中级人民法院(2003)青民四初字第345号,转载自北大法意网 http://www.edu.lawyee.net,访问日期:2016年3月5日。

别说开始,侵权行为地法原则就开始运用在侵权领域,此后该原则被各国立法所采纳。侵权行为地法原则的主要理论依据是"场所支配行为"的原则,按照"侵权所产生的民事责任,来自于行为地法,其性质也决定于行为地法"这一流行于当时的论断,侵权行为理所应当地被侵权行为地法所支配。

尽管各国已经普遍承认侵权行为地法原则,但对于适用侵权行为地法的理由却各执一词。法则区别说的支持者从侵权行为和侵权行为间的天然联系出发,认为侵权行为之债的产生是由侵权行为的事实所引起的,因此侵权行为的损害赔偿问题应该适用侵权行为地法,因为侵权行为与侵权行为地存在着某种天然的联系,这种天然的联系决定了侵权行为地法对侵权行为的支配性。法国的学者则从维护行为地的法律权威出发。认为侵权行为如果不适用侵权行为地法来处理,则会冒犯行为地的法律权威。美国的学者则将这个原则的依据归为既得权的思想,认为侵权损害赔偿请求权是行为地法律赋予受害者的一种权利,这种行为地法所赋予的权利不因原告在何地起诉而消灭。德国学者则从主权思想出发去解释侵权行为地法原则,认为侵权行为使用侵权行为法的原则是为了保护行为地国的主权和公共利益,否则便会侵犯行为地国的主权。日本学者则认为,侵权行为地所受的巨大损失以及侵权法所体现的保护社会秩序的特点决定了侵权行为地法的适用。除了以上学者们提出的观点以外,侵权行为地法原则在预见性、确定性和保证判决一致性上的优势也是不可忽视的。

总之,侵权行为地作为侵权法律适用的连结点的地位已经不容撼动,但是各国立法对于"侵权行为地"这个连结点的具体含义却同样存在着分歧,主要有以下几种观点。

1. 主张侵权行为地就是侵权行为发生地

侵权行为发生地,又称侵权行为实施地或者加害行为地,是指侵权行为实际发生的地方。认为侵权行为地就指侵权行为发生地,这种观点被世界上大多数国家所采纳。比如1978年的《意大利民法典》第25条第2款规定,非合同之债,适用引起债的事实发生地法律。1964年的《阿尔巴尼亚民法典》第19条规定,非依合同所构成的义务适用产生该义务的事实形成地国家的法律。

2. 主张侵权行为地就是侵权损害发生地

侵权损害发生地,又称结果发生地。美国自1934年《冲突法重述(第一次)》以来就一直坚持这个观点。

3. 主张只要是与侵权行为有关的地方都是侵权行为地

这种观点认为凡是与侵权事实有关的地方,包括侵权行为发生地和侵权结果地均为侵权行为地。比如我国关于侵权行为地的规定便是采用这种学说。此种观点扩大了侵权行为地的选择范围,比前两种观点更加灵活,但是灵活的同时又产生了侵权行为发生地和损害结果地法律间的冲突。

总之,侵权行为适用侵权行为地法有着优势的方面,也存在着不足。赞成侵权行为地法原则的学者认为:侵权行为适用侵权行为地法符合"场所支配行为"的古老原则;侵权行为是侵权行为之债的发生原因,适用侵权行为地法更加符合法律上的逻辑关系;适用侵权行为地法可以保护侵权行为地的主权和公共秩序等。但反对侵权行地法原则的学者则认为：随着侵权行为类型的多样化，侵权行为地法原则已经无法满足现在侵权行为的需要；侵权行为地具有极大的偶然性，有些案件中，侵权行为地与侵权案件的联系并不是十分紧密，这个时候仍然坚持适用侵权行为地法对案件的审判并不公平；用维护主权来阐述适用侵权行为地法的原因已经不再符合现在国际私法的发展趋势。

**（二）法院地法原则**

侵权行为适用法院地法的原则最早是由德国学者韦希特尔（Wachter）提出的，他认为侵权行为类似于犯罪，与法院地国家的公共秩序、善良风俗等有极大牵连，依据刑事法的属地原则只能适用法院地法。之后这个观点又被德国著名法学家萨维尼所发扬。萨维尼在其著作《现代罗马法体系》第8卷中详细论述了侵权行为适用法院地法的原则。他认为，侵权行为责任和犯罪责任非常接近，所以侵权行为和刑事法律有着十分密切的关系，刑事法和侵权法均对违反社会秩序的人课以公、私责任。另外，由于刑事法普遍适用于法院地国，侵权行为适用外国法就很不合适。因此侵权案件也应该适用法院地国国内侵权法。这个观点后来得到了美国学者柯里和法国学者魏斯的支持。但是，侵权行为适用法院地法原则在现代社会很少有国家采用。

实践中采取侵权行为一律适用法院地法原则的国家主要有阿拉伯也门共和国。《阿拉伯也门共和国民法典》第31条规定："因发生于外国的非合同行为所产生的责任和赔偿，适用也门法律。"坚持这样的法律适用原则在法理上是站不住脚的，另外由于过分强调国内公共秩序，极易导致该判决在域外难以被承认和执行，况且适用法院地法律也不一定会对内国当事人有利。

另外，法院地法原则对英国也产生了巨大的影响。英国传统的国际私法自1870年菲利普斯诉艾利一案（Phillips v. Eyre）后，长期采用以法院地法为主"双重可诉"原则。即在一起涉外侵权案件中，英国法院首先依自己的法律观点来判定这个行为若发生在英国是否可以提起侵权之诉，然后再参考行为地法，如在该行为地也是不正当的，英国法院才受理该侵权案件，并且依据英国法审理。简言之，英国法院对于涉外侵权之诉仅在审查受理过程中参考行为地法律。英国的这种"双重可诉原则"对于许多国家产生了影响。并且在此基础上逐渐发展出真正的重叠适用的方法。

## 二、一般侵权行为法律适用原则的新发展

**（一）侵权行为自体法（Proper Law of the Torts）**

"侵权行为自体法"就是指侵权行为适用与侵权案件有最密切联系的法律。20年代中期开始，侵权行为地法和法院地法等传统的法律适用原则越来越凸显出其僵硬、机械的缺点，各国学者纷纷开始批判传统的侵权法律适用原则。英国学者莫里斯也加入到这股浪潮中，在对传统的侵权行为地法原则和法院地法原则进行批判的基础上，莫里斯将"合同自体法"的思想转化运用在侵权法律适用领域中，提出了"侵权行为自体法"的概念，并在其发表在1951年《哈佛法律评论》上的《论侵权行为自体法》一文中进行了详细阐述。

按照莫里斯的阐述,尽管在大多数情况下仍有适用侵权行为地法的必要,但应该有一种足够广泛而且足够灵活的冲突规范,以便能够顾及种种例外情况,这就是侵权行为自体法。他认为,用一种单一的、机械的公式适用于一切侵权行为以及侵权的所有方面,似乎是不可能的。因此,需要一种富有弹性的方法才可以适当地解决这一问题。从商业角度讲,英国法院采用合同自体法的学说,已经取得了比较方便和理想的结果。从社会角度看,采用自体法理论用以解决被告是否对侵权行为承担责任的问题,也是方便和理想的。侵权行为自体法虽然来源于合同自体法的启示,但是二者的含义却是不同的。侵权行为自体法不存在当事人对准据法的选择,而是对侵权行为地法、法院地法以及当事人属人法加以综合考虑。

虽然侵权行为自体法是由英国学者最先提出的,但是其最早被全面采纳却是在1971年美国《冲突法重述(第二次)》中。至于英国,由于其对于"双重可诉原则"的过分依赖,直到1995年制定的《国际私法(杂项规定)》中才有限制地采纳了侵权行为自体法的思想:即除诽谤案件仍适用双重可诉原则之外,将其他侵权行为区分为实质事项和程序事项分别规定不同的法律适用规则。对凡属在英国国内及国外发生的涉外或区际的侵权行为的实质问题(或主要事项),概由侵权行为准据法支配(即受"构成侵权行为的事件发生地法律"或"与该发生的事件有最重要的因素或多种因素所在地的法律"支配)。但是涉及侵权行为的程序性问题(如赔偿金的计算)仍应适用法院地法;对行为是否构成侵权的识别也只应依法院地法。

除了英美之外,侵权行为自体法由于其灵活的特性对世界上很多国家的立法甚至国际公约都产生了巨大影响。1979年《奥地利联邦国际私法法规》、1982年《土耳其国际私法和国际民事诉讼程序法》、1951年卢、比、荷三国所签订的《巴纳洛克公约》以及1968年海牙国际私法会议通过的《关于交通事故法律适用公约》都纷纷采用了此学说。

侵权行为自体法并不是完全放弃传统侵权行为地法律的适用,而是对传统规则的改进。即除考虑侵权行为地之外,还综合考虑其他连结因素,比如惯常居所地、当事人共同国籍或共同住所地等,最终依据最密切联系原则确定侵权案件的准据法。这种理论可以说是对最密切联系原则的延伸,这种理论将更多的连结因素纳入法官考量的视野,赋予了法官更大的裁量空间,有利于侵权领域法律选择的弹性化,有利于实现个案公正,有利于促进法制的正规化和法律选择规范的现代化。但是侵权行为自体法的方法同样存在着不足,即在使传统僵硬、机械的法律选择方法弹性化的同时,却给了法官无限扩张的自由裁量权,增加了判决结果的不确定性,同时给一国扩大本国法律的适用范围找到了借口。因此,一国立法在采纳侵权行为自体法之后,为了避免这一选择方法过于灵活,可以进一步对其进行限制,规定衡量密切联系的标准等,限制法官的自由裁量权,增加法律适用的确定性和判决结果的一致性。

(二) 有限制的意思自治原则

意思自治最早是由16世纪的法国学者杜摩兰针对合同的法律适用提出的,之后很快成为合同领域的主要法律选择方法。意思自治原则的主要出发点在于契约自由原则,强调合同当事人的意思自由。由于侵权行为在传统上一直与公共秩序等相联系,且其种类、免责事由等都被视为强行法,因此,传统的侵权行为法律适用一直将"意思自治"拒之门外。随着对于传统法律选择方法的批判以及最密切联系原则的引入,一些国家开始积极打破僵化局面,将意思自治因素应用到侵权行为的立法和实践中去。实践方面的例子就是荷兰,荷兰鹿特丹地区法院在1979年的"莱茵河跨国污染案"中,首次允许当事人协议选择的荷兰法作为该侵权案件的准据法。立法方面的例子就是1987年《瑞士联邦国际私法法规》,该法首次确认了当事人意思自治原则,其第132条规定:"当事人可以在侵权行为发生后的任何时候,协议选择适用法院地法。"此外,1998年《突尼斯国际私法》第71条规定:"造成损害的原因事实发生之后,当事人可以协议适用法院地法,只要案件尚处于初审阶段。"

由以上各国实践做法和立法规定可以看出,意思自治原则在侵权领域的适用和合同领域是截然不同的。意思自治原则在侵权领域受到了很大限制,这些限制主要表现在:(1)法律选择的主体是双方当事人,必须在经双方达成一致的情况下方能适用所选择的法律;(2)法律选择的时间是在侵权行为发生之后,纠纷解决之前;(3)法律选择的范围大多仅限于选择法院地法。虽然有以上诸多限制,但是将意思自治引入侵权领域仍是国际侵权行为法律适用原则的一大发展。

但是不可否认的是,有限的意思自治原则在侵权领域不可能像在合同领域那样占据主导地位。因为侵权行为之债与合同之债完全不同,在侵权领域,原被告双方之间的对立与冲突十分激烈,双方很难达成一致协议。但是即使这样,我们仍然不能忽视这种法律选择方法的重要作用,有限的意思自治原则允许当事人通过协议选择法院地法作为案件的准据法一方面可以扩大法院地法的适用范围,另一方面也为法官审理案件和判决的承认和执行带来便利。

(三)有利于受害者原则

在侵权行为法律适用领域,目前还存在一个新的趋势,那就是一些国家从保护受害者的角度出发,在立法上采用利益分析和结果选择等方法,允许受害人或法院在一定范围内选择一种对受害人最有利的法律。例如1982年《南斯拉夫冲突法》第28条规定:"除对个别情况另有规定者外,民事侵权责任,依行为实施地法或结果发生地法,其适用视何种法律对受害人最有利。"

### 三、我国的法律规定

过去,我国法律关于侵权行为的法律适用原则主要规定在《民法通则》和《民通意见》中。《民法通则》第146条规定:"侵权行为的损害赔偿,适用侵权行为地法律。当事人双方国籍相同或者在同一国家有住所的,也可以适用当事人本国法律或者住所地法律。中华人民共和国法律不认为在中华人民共和国领域外发生的行为是侵权行为的,不作为侵权行为处理。"《民通意见》第187条规定:"侵权行为地的法律包括侵权行为实施地法律和侵权结果发生地法律。如果两者不一致时,人民法院可以选择适用。"

2011年《法律适用法》对《民法通则》关于侵权行为法律适用的规定作了一定的修改,首次在侵权领域引进了意思自治原则,该法第44条规定:"侵权责任,适用侵权行为地法律,但当事人有共同经常居所地的,适用共同经常居所地法律。侵权行为发生后,当事人协议选择适用法律的,按照其协议。"依照这一规定,一般侵权的法律适用应遵循下列顺序:当事人达成合意的,适用其选择的法律;未选择的,若有共同经常居所地,适用该共同经常居所地法;没有共同经常居所的,适用侵权行为地法。

## ▶典型案例

### 【案情】①

原告某省公路局向西安市中级人民法院提起诉讼,诉被告日本某公司生产的产品对其造成侵权。案件如下:2001年8月9日17时05分左右,某省公路局司机芦某驾驶该公路局所属的甘A-05291福特越野车行驶至西安绕城高速公路(北段)K20+707米时,左前轮胎突然爆破,致使车辆失控,在K20+580米处碰撞紧急停车带防护钢板,冲出路面又碰撞通道水泥侧墙后侧翻失火,造成被害人芦某、张某、安某、许某死亡,甘A-05291号福特越野车报废。事故鉴定证实本次事故是左轮胎爆破导致车辆失控所致。另外,发生事故时汽车驾驶速度虽然超速行驶,达到了152km/h,但是152km/h的速度并没有超过被告所生产轮胎的限速180km/h。在事发后经现场勘查及检验证实,轮胎爆破是造成事故发生的直接原因,且爆破的轮胎是被告生产的。原告在起诉书中明确提出,根据中国法律相关规定,法院可以选择适用侵权行为发生地法即日本法律。

### 【审理】

法院经审理认为,本案的被告系外国法人。原告以产品责任侵权纠纷为由起诉被告,属涉外民事案件。依照我国的规定,涉及涉外民事侵权行为的损害赔偿案件,适用的准据法应为侵权行为地法律。另外我国法律还规定侵权行为地法律包括侵权行为实施地法律和侵权结果发生地法律,如果两者不一致时,人民法院可以选择适用。本案中,涉诉轮胎生产地为日本,涉诉的损害结果发生地在中国,本院依法既可以选择适用日本法为审理本案的准据法,也可以选择适用中国法律为审理本案的准据法。本案原告系涉诉案件的受害人,诉讼中,其明确要求适用日本《制造物责任法》审理本案,参照国际司法救济的一般原则,在审理产品缺陷责任纠纷案件中,由于受害人处于弱势地位,尽量方便受害人对产品责任的诉讼,在法律适用上对受害人要求适当予以考虑,目的在于更好地保护受害人的合法权益,因而本院选择适用日本的《制造物责任法》作为审理本案的准据法。

### 【法理】

本案中法院从受害人角度出发选择准据法,这种法律选择方法可以被划归为有利于被害者的原则。这一法律适用规则是晚近立法的新发展,体现了对于被害方利益的更大关注。依照我国2011年《法律适用法》第44条的规定,涉及涉外民事侵权行为的

---

① 参见《甘肃省公路局与日本横滨橡胶株式会社侵权纠纷》,陕西省西安市中级人民法院(2002)西经二初字第074号,转载自北大法意网 http://www.edu.lawyee.net,访问日期:2016年4月3日。

损害赔偿案件,一般情况下适用侵权行为地法律。侵权行为发生后,当事人协议选择适用法律的,按照其协议。我国法院在实践中采用这种做法体现了我国的国际私法也在与国际社会接轨,改进单一的、僵硬的传统法律适用原则,关注侵权行为的新发展,关注弱势群体的利益,是一种积极的进步。

有利于被害方的原则是受美国学者柯里的利益分析理论影响逐渐发展起来的一项原则,它放弃了利益分析理论中过于偏激的成分,将其与冲突规范接轨,实际上是对利益分析理论的具体化。有利于被害方的原则被纳入侵权法律适用领域是与侵权领域的新发展相辅相成的。20世纪中叶以来发生的侵权行为,多表现为产品侵权、环境污染侵权、交通事故侵权、工业事故侵权等形式,这些侵权案件中,加害人与受害人之间的经济地位相差悬殊,受害人获取消息、获取专业知识的渠道有限。此时,适用有利于受害方的原则可以更好地保护被害人的利益。

## 第三节 特殊侵权行为的法律适用

传统上,各国的侵权立法并没有区分一般侵权行为和特殊侵权行为,而是笼统地规定一个总的法律适用原则来处理所有的涉外侵权行为。这样的做法在经济尚不发达、各国间交往尚不密切的时期还勉强可以满足社会需求。20世纪中期以后,随着科学技术的飞速发展,涉外侵权行为的领域不断扩大、种类不断增加,仍然按照以前那样用一个总的原则支配所有的侵权行为已经变得不合时宜。于是,一些国家开始将某些特殊类型的侵权行为单独拿出来规定不同的法律适用原则。这种做法后来被世界上许多国家所采纳。综合各国立法,特殊侵权行为主要包括以下几种类型,我们逐一展开论述。

### 一、海上侵权行为的法律适用

海上侵权行为是指发生在一国领海内或者不属于任何国家管辖范围的公海上的的侵权行为。大概包括以下几种情形:(1)船舶碰撞侵权;(2)船舶内部侵权;(3)因海上运输致旅客死伤、行李毁损所发生的侵权;(4)油污损害侵权。关于海上侵权行为的法律适用我们先看一个案子再逐个分析。

▶典型案例

【案情】[①]

2002年2月2日凌晨04:30时,原告中国甲公司所属的A轮船在上海港朱家门码头空船掉头出口,与两韩国被告所属和所经营的B轮船发生碰撞。于是,原告甲公司于2002年3月8日将两被告公司起诉至上海海事法院,认为碰撞事故完全是由于B轮船占据了A轮船的出口航道航行,在浓雾中没有采取安全航速,瞭望疏忽所致,请

---

① 参见《中海发展股份有限公司与Shinhan Capital Co.,Ltd.、新晟海运株式会社船舶碰撞纠纷》,上海海事法院(2002)沪海法海初字第6号,转载自北大法意网 http://www.edu.lawyee.net,访问日期:2016年5月5日。

求法院依法判令两被告赔偿原告的船舶修理费、营运损失和其他费用共计 146,000 美元及利息。

两被告提起反诉,认为本起事故是由于 A 轮船疏忽瞭望,未保持正确航速,贸然闯入进口航道,与正在行驶准备靠泊的 B 轮船发生碰撞引起的,因此请求法院判令 A 轮船船东也就是原告赔偿"B 轮船船东"也即是被告由此引起的修理费、营运损失、其他费用等共计 232,800 美元。

【审理】

法院经审理认为,因为碰撞当事方分属于不同国家,所以本案属涉外船舶碰撞损害赔偿纠纷。根据我国法律规定,本起船舶碰撞案件发生在中国领海内,故适用侵权行为地法也就是我国法律。因为我国是 1972 年的《国际海上避碰规则》的缔约方,该公约对我国生效。因此,根据已查明的事实,事故发生时,黄浦江航道有雾,能见度不良,A 轮船在能见度不良的情况下航行,未遵守《上海水上安全监督规则》第 33 条第 1 款的规定,实际航速超过了 8 海里;也违反了该项该规则第 6 条关于"安全航速"的规定,未保持安全航速;同时还违反了《上海水上安全监督规则》第 20 条第 1 款关于"船舶应遵守靠右航行规定。只要安全可行,船舶应在本船航道右侧外缘行驶"的规定,在航行时,偏于航道的中心线行驶。B 轮船违反了 1972 年的《国际海上避碰规则》第 10 条第 2 款第 1、2 项关于"使用分道通航制区域的船舶应:(1) 在相应的通航分道内顺着该分道的船舶总流向行驶;(2) 尽可能让开通航分隔线或分隔带"的规定,航行于航道的中心带;同时违反了《上海水上安全监督规则》第 19 条关于"船舶应根据本船吃水、船舶流向在相应的航道内航行,并遵守分道通航的有关规定"的规定,加上绑靠在其左舷的拖轮的宽度,已经占据了出口航道的部分水域,这是造成本起事故的主要原因,两被告应承担本起事故 60% 的责任。因此,原告应承担本次事故 40% 的责任。

【法理】

侵权行为适用侵权行为地法原则在侵权法律适用领域已经根深蒂固,但是海上侵权作为一种特殊的侵权行为,其法律适用却要区分不同情况分别对待。如本案中的船舶碰撞这种侵权形式就不可同一而论。船舶碰撞是海上侵权中最为常见的一种形式,按照侵权行为的一般冲突法原则来说应该适用侵权行为地法律也就是碰撞地法律。这一法律适用原则在碰撞发生在一国领海内的时候尚无问题,但是倘若碰撞发生在公海领域,侵权行为地则变得"无法可依"。另外再有如船舶内部侵权、运输合同下的侵权、油污损害侵权这些特殊的侵权行为更是不可一刀切地适用侵权行为地法律这一传统原则,那么在这些情形下到底该如何解决法律冲突,我们将在下边展开详细阐述。

关于海上侵权的法律适用,一般按照不同的情形适用不同的冲突法原则。

(一) 船舶碰撞侵权

船舶碰撞侵权是指两艘或者两艘以上船舶发生碰撞,或者船舶与海上其他设施碰撞所发生的侵权行为。实践中,对于没有实际发生碰撞所引起的损害也参照船舶碰撞侵权处理。如我国《海商法》第 170 条规定:"船舶因操纵不当或者不遵守航行规章,虽然实际上没有同其他船舶发生碰撞,但是使其他船舶以及船上的人员、货物或者其他财产遭受损失的,适用本章的规定。"

关于船舶碰撞的法律适用,大致可以区分为领海内的碰撞和公海上的碰撞。

1. 发生在一国领海内的船舶碰撞

船舶碰撞发生于一国领海之内,各国一般规定适用碰撞地法律,即领海国法律。这其实还是传统的侵权行为地法原则的应用,船舶碰撞作为一种侵权行为通常会对侵权行为地国家的经济和社会秩序造成一定的影响,与侵权行为地国家有直接密切的联系。领海作为一国领土的重要部分,规定发生在一国领海内的船舶碰撞侵权适用该领海国法律是合乎情理的。

2. 发生在不属于任何国家管辖的公海上的船舶碰撞

公海由于不属于任何国家的管辖范围,传统的侵权行为地法无法发生作用,因此这种情况下的法律适用稍显复杂。国际上的通行做法大概有以下几种:(1)如果发生碰撞的船舶是属于同一国籍的,适用船旗国法。采用双方共同的船旗国法。(2)如果发生碰撞的船舶不属于同一国籍,综合各国做法,大致有以下几种:加害船舶国籍国法、被害船舶国籍国法、法院地法以及当事船舶选择的法律。至于到底适用何种法律,则视不同国家的法律规定而定。一般来说,在碰撞船舶不属于同一国籍的情况下,都主张适用法院地法。

(二) 船舶内部侵权

船舶内部侵权就是指发生在船舶内部的船舶与旅客之间或者旅客与旅客之间的侵权行为。一般认为,发生在船舶内部的侵权行为,不论是发生在某一国领海内还是发生在公海上,均主张适用船旗国法。但也有观点认为,船舶内部侵权的法律适用要区分不同的情况对待。即如果船舶内部的侵权行为发生在某外国领海内,并且侵权行为影响到了该外国的秩序和利益,也就是说发生在船舶内部的侵权行为的后果不仅仅及于船舶内部了,而是波及船舶以外的领海所属国家,这种情况下就不能再适用船旗国法,而是要适用领海国法律。

(三) 因海上运输致旅客死伤、行李毁损所发生的侵权

海上运输致旅客死伤、行李毁损所发生的侵权行为的法律适用是比较特殊的,因为海上运输其实多为合同关系,合同关系一般应该适用合同准据法。但是旅客作为弱势群体的一方,往往又会受到国家强制性法律的保护。因此为了统一这方面的法律,国际上 1961 年订立了《统一海上客运若干规则的国际公约》,1974 年又订立了《海上旅客及其行李运输雅典公约》,之后 1990 年又通过了《修改 1974 年海上旅客及其行李运输雅典公约的 1990 年议定书》。这三部公约层层推进,对于海上运输致旅客死伤、行李毁损所发生的侵权行为的各方面内容均作了详细的规定。

(四) 油污损害侵权

油污损害侵权行为是随着世界经济的不断发展被人们所逐渐重视起来的一种侵权行为。油污损害由于其致损范围广、损害后果严重等特点受到各方面人士的广泛关

注,因此国际海事组织在 1969 年于布鲁塞尔订立了《国际油污损害民事责任公约》,属于实体法公约。我国于 1984 年加入该公约。该公约对于油污损害的民事责任做了全方位的规定。

我国法律对于海上侵权行为的法律适用也有相关规定。我国《海商法》第 273 条规定:"船舶碰撞的损害赔偿,适用侵权行为地法律。船舶在公海上发生碰撞的损害赔偿,适用受理案件的法院所在地法律。同一国籍的船舶,不论碰撞发生于何地,碰撞船舶之间的损害赔偿适用船旗国法律。"第 274 条规定:"共同海损理算,适用理算地法律。"第 275 条规定:"海事赔偿责任限制,适用受理案件的法院所在地法律。"

## 二、空中侵权的法律适用

空中侵权,也称为航空侵权,伴随着各国间经济民事交往的日益密切,以及不断发展的航空运输技术,各国间的航空运输密度也越来越大。但航空运输给人们带来便利的同时也带来了问题,这就是航空侵权案件数目不断增加。由于航空侵权后果严重,涉及范围广,赔偿数额高,世界各国都开始对航空侵权进行专门研究,专门立法。关于空中侵权的国际公约也在不断完善。

空中侵权和海上侵权十分类似,可以分为以下几类:(1) 航空器内部的侵权行为;(2) 航空器碰撞侵权;(3) 因航空器事故致旅客死伤或行李毁损的侵权行为;(4) 航空器对地面或者水面第三人或物的侵权行为。针对不同类型的航空侵权也有着不同的法律适用原则。

### (一)航空器内部侵权

航空器内部侵权是指发生在航空器内部的旅客和旅客之间或者航空器和旅客之间的侵权行为。目前各国普遍主张航空器内部侵权不适用侵权行为地法,而是适用航空器登记国法。这是因为航空器飞行速度快,侵权行为地不容易确定;另外即使可以确定侵权行为地,发生在航空器内部的侵权行为和侵权行为地关系也不是十分密切,这种情况下适用侵权行为地法则不是十分恰当。

### (二)航空器碰撞侵权

航空器碰撞侵权指的是航空器与航空器碰撞或者航空器与其他物体碰撞所引起的侵权行为。大致可以分为三种情形:(1) 航空器与航空器在公海上空发生碰撞;(2) 航空器与航空器在一国领空发生碰撞;(3) 航空器与其他物体发生碰撞。

对于航空器碰撞侵权的法律适用规则较早见于《布斯塔曼特法典》,该法典规定:在一国领空内发生的意外碰撞事件,如果碰撞各方属于同一国旗,适用该国旗国的法律;如碰撞各方不属于同一国旗,则适用于当地法律;如果是出于过失的同一国旗的飞机碰撞事件,则适用当地法律。在公海上空发生的意外或者有过失的碰撞事件,如果碰撞各方属于同一国旗,适用该国旗国的法律;如碰撞各方不属于同一国旗,且碰撞出于过失,则该碰撞事件应依被撞飞机的国旗所属国家的法律调整。《布斯塔曼特法典》对于后来各国的航空侵权立法产生了重要的影响。

目前国际社会对于航空器碰撞的法律适用的态度与船舶碰撞相似,对于有着相同国籍的航空器,不论碰撞发生在何地,一般主张适用该国法律;对于不同国籍的航空器发生碰撞,一般主张适用被碰撞方或者受害方的航空器登记国法,这是为了保护受害方的利益。但是如果被碰撞方也有过失的情况下,也可以适用法院地法。

(三)因航空器事故导致的旅客死伤或者行李毁损的侵权行为

因航空器事故导致的旅客死伤或者行李毁损的侵权行为,又称为航空运输侵权。在这一类侵权行为中,侵权行为地这一连结点对于准据法的选择的影响并不是很大。这是由于航空运输的国际性突出,甚至每一架国际航班上都载着世界各国的人,而各国的航空侵权立法又相差甚巨,因此,国际航空运输侵权一般主张适用航空器登记地法或者法院地法。但是适用航空器登记国法或者法院地法又有着不可克服的弊端,比如这些地方和侵权行为并没有什么直接联系等等。于是,国际社会开始积极制定航空运输侵权方面的国际公约,并且已经取得了显著的成果。

▶ **典型案例**

【案情】[①]

1998年5月12日,原告陆某乘坐被告班机由美国夏威夷经日本飞往香港。经停日本东京成田机场时,因为飞机的左翼引擎起火,原告在撤离过程中受伤,后经日本成田红十字医院、香港医院、安徽省立医院检查和治疗,原告的右下肢一直肿痛且行走不便。经安徽省高级人民法院法医鉴定中心鉴定,原告现遗右踝关节活动功能部分丧失,造成终身残疾及创伤性关节炎;右膝半月板损伤,右髋部屈伸肌腱损伤,右腓总神经损伤,符合急滑扭挫所致,现遗功能性障碍。待适当时机再行"半月板切除术",手术效果难以肯定。原告认为被告造成原告伤残且经济损失惨重,经多次与被告协商无果,遂根据《统一国际航空运输若干规则的公约》(以下简称《华沙公约》)、《修订1929年10月12日在华沙签订的统一国际航空运输若干规则的公约的议定书》(以下简称《海牙议定书》)的规定,基于《蒙特利尔协议》所规定的7.5万美元的赔偿责任限额,要求判令被告赔偿原告伤残补助费及生活护理费计7.5万美元。诉讼中,原告变更诉讼请求,要求根据《国际航空运输协会关于旅客责任的承运人间协议》《关于实施国际空运输协会承运人之间的措施的协议》(两协议合称为《吉隆坡协议》)所规定的100,000特别提款权(约合132,099美元)赔偿责任限额的规定,判令被告赔偿伤残损失费、护理费、精神损失费及律师费等共计为132,099美元。

被告在诉讼中,针对原告诉求,提出以下几点反驳意见:(1)被告在原告受伤之后已经支付医疗费用86,748.10元,且原告在事故发生半年之后提出其右膝半月板损伤,则无法证明与这次航空事故有关联;(2)认为原告出具的鉴定书非法院依法委托进行的鉴定,故请求法院对原告的伤害情况重新进行司法鉴定;(3)认为《吉隆坡协议》仅是作为国际航空运输协会成员的承运人之间订立的内部协议,原告作为一名旅

---

[①] 参见《陆红与美国联合航空公司》,上海市静安区人民法院(2000)静民初字第1639号,转载自北大法意网 http://www.edu.lawyee.net/,访问日期:2016年3月21日。

客,并非该协议的签约主体,且该协议的内容也未纳入旅客运输合同之中,因此原告无权据此向被告提出索赔。

**【审理】**

法院经审理认为,本案是一起国际航空侵权案件。原告因为被告班机受伤致残对被告进行索赔,产生了合同责任和侵权责任的竞合,且原告方有权择其一要求被告承担。原告在诉讼请求中要求被告承担合同责任,但在诉讼中又一再强调要求被告承担其精神损失费。从保护受害方角度出发,法院按照侵权责任处理。本案的法律适用问题是最关键的地方,本案发生时,我国已经是《华沙公约》和《海牙议定书》的成员国,应该遵守公约的规定。而《蒙特利尔公约》当时尚未对我国生效,《吉隆坡协议》不适用于本案件的情况。故法院依据《华沙公约》《海牙议定书》以及我国相关规定,判决被告美国该航空公司应于本判决生效之日起 10 日内赔偿原告陆某护理费人民币 7,000 元、误工费人民币 105,877.50 元、伤残补偿费人民币 18.6 万元、精神抚慰金人民币 5 万元。

**【法理】**

本案是我国法院审理的国际航空侵权案件中很有代表意义的一宗案例。本案原被告在法律适用上有很大的分歧,我国法院最终依据我国对于航空侵权的特殊规定,以及我国加入的关于航空运输侵权的国际公约,处理了原被告之间的纠纷。正如前面谈到过的,航空侵权涉及范围广,损害结果严重,各国间法律冲突现象又十分严峻,故对其法律适用问题进行研究很有必要。目前国际社会上关于航空运输侵权方面的公约已经发展得十分成熟,我国也加入了一系列这方面的公约。这些公约的存在为国际航空运输侵权纠纷的及时顺利解决提供了有效的工具。

目前国际社会上关于航空运输侵权的国际公约主要有:

(1) 1929 年《统一国际航空运输若干规则的公约》(简称 1929 年《华沙条约》),1929 年 10 月在华沙签订,后经数次修改和补充。目前已有 130 多个成员国,我国于 1958 年加入。

(2) 1955 年《修订 1929 年 10 月 12 日在华沙签订的统一国际航空运输若干规则的公约的议定书》(简称《1955 年海牙议定书》),我国于 1975 年加入。

(3) 1961 年《统一非缔约承运人所办国际航空运输若干规则以补充华沙公约的公约》(简称瓜达拉哈拉公约》),我国未加入此公约。

(4) 1971 年《危地马拉议定书》,主要针对《华沙公约》和《海牙议定书》的旅客和行李运输规则进行了修订。

(5) 1999 年《统一国际航空运输某些规则的公约》(简称 1999 年《蒙特利尔公约》),我国 1999 年签署此公约,2005 年审议批准。但是这个公约暂不适用于我国香港地区。

以上这些公约中,1929 年《华沙公约》是最基本的公约,也是世界上第一个明确规

定航空运输人权利和义务的公约,是调整航空运输的最主要的公约。其主要内容如下:

1. 公约的适用范围。《华沙公约》适用于所有以航空器运送旅客、行李或货物而收取报酬的国际运输,也适用于航空运输企业以航空器办理的免费运输。

2. 承运人的责任及免责。(1)《华沙公约》在确定承运人的责任时采取了过失推定责任原则。也就是说,只要旅客的人身或财物受到损害,首先推定运送人有过失,须负赔偿责任。只有在运送人能够证明他没有过失或证明损失发生是由于受害人自己的过失或故意所造成,才得以免除或减轻运送人的责任。(2)由于公约在侵权归责原则上的规定加重了承运人的责任,但是为了平衡当事人双方的权利义务,以及为了保护国际航空运输正常发展的需要,公约还规定了承运人的赔偿责任限额。按照公约规定,运输旅客时,运送人对每一位旅客的责任以 12.5 万金法郎为限(《海牙议定书》改为 25 万金法郎),对登记的行李和托运的货物的赔偿责任以每千克 250 法郎为限(除非该顾客在托运时曾特别声明并另交附加运费),对旅客自己保管的物品以每位旅客 5,000 法郎为限。这个赔偿限额还有一个例外,那就是在运送人未发客票而载客,或者运送人有意的不良行为造成旅客损失的情况下,运送人承担无限责任。(3)公约还规定承运人自己利用其优势地位与旅客订立免责条款的,该免责条款无效。

3. 管辖权和诉讼时效。《华沙公约》基于国际航空运输的特点,在管辖权问题上就运送人对旅客损害赔偿责任的诉讼规定了选择管辖原则。《华沙公约》第 28 条规定:有关赔偿的诉讼,应该按原告的意思,在一个缔约国领土内,向运送人住所或其总管理处所在地或签订契约的机构所在地法院提出,或向目的地法院提出……关于诉讼的时效,按照公约规定,诉讼应从航空器到达目的地或应该到达之日,或从运输停止之日起两年内提出,否则当事人丧失追诉权。

1929 年《华沙公约》和之后的《海牙议定书》以及《瓜达拉哈拉公约》等合称为《华沙公约》体系,但是由于该体系内的各条约相互独立,参加国又不同,在适用过程中又出现了各种问题。1999 年《蒙特利尔公约》便是为了解决这一难堪局面而出现的。《蒙特利尔公约》的生效,取代了已适用 70 多年的《华沙公约》及修正华沙公约的一系列议定书,从而使国际航空运输的法律制度走向完整、统一。与《华沙公约》相比,《蒙特利尔公约》最主要的变化体现在责任制度和责任限额方面的不同规定。

1. 责任制度方面,由推定过失责任走向严格责任制。在旅客伤亡方面,只要造成旅客死亡或者伤害的事故发生在航空器上或者在上、下航空器的任何操作过程中,承运人就应该承担责任。在货物损失方面,只要造成货物毁损的时间是在航空运输期间发生的,承运人就应当承担责任。但是,承运人如果可以证明存在以下几个情形之一的,可以在此范围内免责:(1)毁损是由于货物的固有缺陷、质量或者瑕疵造成的;(2)承运人或者其受雇人、代理人以外的人包装货物,货物包装不良造成货物毁损的;(3)货物毁损是由于战争行为或者武装冲突造成的;(4)由于公共当局实施的有货物入境、处境或者过境有关的行为造成货物毁损的。

2. 在责任限额方面,提高了对旅客的赔偿责任限额,并且首次实行一种"双梯度"

的责任制度。按照《蒙特利尔公约》的规定,对于每名乘客的赔偿在不超过 10 万特别提款权的范围内,承运人不得免除或者限制其责任。但是超过 10 万特别提款权的赔偿部分,承运人若能证明以下情形的,不应当承担责任。这些情形包括:(1) 损失不是由承运人或者其受雇人、代理人的过失或者其他不当行为、不作为造成的;(2) 损失完全是由第三人的过失或者其他不当行为、不作为造成的。

3. 在管辖权方面增加了第五种管辖权。除了《华沙公约》规定的承运人的住所地法院、承运人的主营业地法院、订立合同的承运人机构所在地法院、目的地法院四种管辖权之外,《蒙特利尔公约》又规定了旅客的主要且永久居所所在地的国家法院有管辖权。

4. 引入仲裁机制来解决国际航空侵权纠纷。按照《蒙特利尔公约》规定,有关该公约中承运人责任所引发的任何争议均可通过仲裁解决,仲裁程序由索赔人选择,仲裁地点应该在对争议有诉讼管辖权的国家内。

(四)航空器对地面或者水面第三人或物造成损害的侵权行为

航空器对于地面或者水面第三人造成损害主要是指飞行中的航空器坠落或从飞行中的航空器坠落下的物体对地面或者水面第三人或者物造成的损害。

▶ 典型案例

【案情】[①]

原告陈甲、许乙、陈丙是上海闵行区沁园小区一村 3 号 602 室居民。1999 年 4 月 15 日下午 4 时许,被告韩国某航空有限公司一架 MD-11 飞机坠落在原告居住的物业附近,飞机坠地时形成的巨大冲击波及四处飞溅的飞机残骸,致使原告居住的整幢房屋结构严重受损。外墙破碎、粉刷脱落、水管断裂、窗户歪曲,地坪及平顶部分产生裂缝、门窗变形难以开关,房间内局部墙面粉刷开裂,起壳,脱落,室内装潢彻底损坏。被告飞机坠毁事故,损害了原告的家园,影响了原告对房屋的正常使用,给原告造成重大的经济损失,而且给原告心灵和精神造成极大的伤害。在多次协商无果后,原告起诉请求法院在适用中国法律的同时适用国际惯例,并且判令被告在媒体上公开赔礼道歉以及赔偿原告损失。但被告却认为,本案应适用中国法律对原告的损失进行赔偿。

【审理】

法院经审理认为,本案是一起涉外航空器对地面第三人侵权案件。根据我国法律规定,民用航空器对地面第三人的损害赔偿,适用侵权行为地法律,这是我国法律对于侵权行为准据法的适用规定。本案侵权行为地为我国上海,故本案应适用我国的实体法。根据我国法律规定,涉外民事关系的法律适用,我国缔结或参加的国际条约同我国民事法律有不同规定的,适用国际条约,但我国保留的条款除外。我国法律和国际条约没有规定的,可以适用国际惯例。故我国法律适用的顺序为国际条约、国内法、国

---

① 参见《陈康麟、许其红、陈辰与韩国大韩航空有限公司损害赔偿案》,上海市第一中级人民法院(2000)沪一中民初字第 390 号,转载自北大法意网 http://www.edu.lawyee.net/,访问日期:2016 年 10 月 3 日。

际惯例。因我国至今未参加相关的国际条约,而我国国内法对该类侵权行为的赔偿已作法律规定,故本案适用我国的国内法。最后判令被告赔偿原告损失,又因为被告在原告起诉之前已经书面道歉,对于原告请求被告在媒体上公开赔礼道歉的请求予以驳回。

**【法理】**

航空器对地面或者水面第三人或物造成损害是航空侵权中一类比较特殊的侵权行为,因为受害一方为航空器外部的人或者物,侵权行为地法这个连结点又被纳入法律适用原则的视线。这是由于一旦发生事故,航空器对地面或者水面造成的损害非常之巨大,本案例中虽只是一家居民起诉大韩航空公司,实际当时这起事故造成了 5 人死亡,37 人受伤,15 幢建筑物、32 家店铺、317 户居民房受损。因此,侵权行为地国家往往与侵权行为有着更密切的联系,所以此时使用侵权行为地法更为妥当。但是不得忽视的是若侵权行为发生在公海或者各国主权范围以外的领域,由于没有侵权地法可以适用,大多数国家此时代之以法院地法,也有的国家主张适用航空器登记地法律。

《华沙公约》对于航空器对于地面或者水面第三人或物的侵权行为责任并没有规定,正是由于华沙公约体系存在很多问题,经过各国的努力,1999 年国际民用航空组织(第 18 国大会上正式签署了《蒙特利尔公约》(2003 年生效)。与《华沙公约》相比,主要表现在以下几方面:① 由推定过失责任制走向严格责任制。② 提高了对旅客的赔偿责任限额。③ 增加了第五管辖权。④ 为货物运输增加了一种解决争议的方式——仲裁。我国 1995 年《航空法》第 189 条规定:"民用航空器对于地面的三人的损害赔偿,适用侵权行为地法律。民用航空器在公海上空对水面第三人的损害赔偿,适用受理案件的法院所在地法律。"我国关于这个问题的规定与国际社会对于这类侵权行为法律适用的主流观点基本是一致的。目前我国关于空中侵权行为的具体规定也仅有以上两个条文,所以仍无法解决所有航空器侵权案件的法律适用问题。

### 三、产品责任侵权的法律适用

产品侵权责任是指有缺陷的产品或者因没有正确说明用途或者使用方法,给消费者、使用者造成人身或者财产的损害时,产品的制造者、生产者和销售者要负损害赔偿的责任。

涉外产品责任是指含有涉外因素的产品责任问题,也就是位于不同国家的产品生产者,销售者与消费者、使用者之间产生的产品责任问题。

▶**典型案例**

**【案情】**[①]

1998 年 3 月至 6 月,原告潮阳市甲公司向被告汕头市乙公司订购一批香精,在使

---

① 参见《潮阳市柯士达精细化工有限公司与汕头市龙湖区维纳斯化工有限公司产品责任侵权纠纷》,汕头市中级人民法院(2000)汕中法经二初字第 1 号,转载自北大法意网 http://www.edu.lawyee.net/,访问日期:2016 年 11 月 12 日。

用过程中出现质量问题,致使产品的使用客户纷纷退货。原告将此情况函告了被告,要求被告进行处理,由于该批香精系第三人丙公司(住所地位于香港九龙)提供,亦通知了第三人。同年11月19日,原告、被告与第三人经协商,签订了一份《协议书》,对原告使用香精的数量、质量检测及经济赔偿等事宜作了约定。1999年1月6日,三方当事人又签订一份《补充协议书》,对香精质量检测标准等又作出了补充规定。上述两份协议均经潮阳市公证处公证。10月12日,三方当事人再次订立《协议书》,就相应的问题进一步确立了有关程序。然而,之后被告及第三人既不通知原告进行封存样品的质量检测,也不对原告被客户退回的货物及不合格产品进行赔付。因此,原告向法院提起侵权之诉,请求判令:(1)被告和第三人赔偿原告经济损失2,015,036.30元;(2)退回存放于原告处价值63,000元的剩余货物。

**【审理】**

法院经审理认为,本案实质是一宗加害给付的纠纷,属于违约责任与侵权责任竞合的案件。原告作为受害人已在诉讼中选择了基于侵权的请求权,故本案应按照侵权损害赔偿纠纷案件进行审理。另外由于第三人系在香港注册成立的法人,故本案是涉港侵权损害赔偿纠纷案件,按照当时我国相关法律规定,本案应适用侵权行为地法律,而本案的侵权行为地在我国内地,因此,本案应适用我国内地的法律。依据案件事实,法院最终判决被告和第三人赔偿原告损失。

**【法理】**

产品责任在不同的国家有不同的地位。有的国家将其视为一般侵权行为,适用一般的侵权法律适用原则;有的国家则将其视为特殊侵权行为,制定特殊的法律适用原则。归结产品责任的法律适用原则,大概有侵权行为地法、有利于受害方原则、有限意思自治原则、最密切联系原则等等。各个国家制定不同的法律适用原则的原因在于各国着眼保护的利益不同。有利于受害方原则和有限意思自治原则较多的保护弱方也就是受害方的利益,而最密切联系原则一般着重于维护与侵权行为有着最密切联系的地方的秩序与利益。根据我国2011年《法律适用法》第45条的规定,"产品责任,适用被侵权人经常居所地法律;被侵权人选择适用侵权人主营业地法律、损害发生地法律的,或者侵权人在被侵权人经常居所地没有从事相关经营活动的,适用侵权人主营业地法律或者损害发生地法律。"本案中,被侵权人并未选择适用侵权人主营业地法律、损害发生地法律,且侵权人与被侵权人同为中国公司法人。因此适用一般原则,即适用被侵权人经常居所地法律。本案被侵权人的经常居所地在中华人民共和国境内,因此应适用我国法律。

为了协调各国关于产品责任的法律冲突,统一产品责任的法律适用原则,海牙国际私法协会1972年第十二届会议制定了《产品责任法律适用公约》。该公约具有如下特点。

1. 公约的适用范围非常广泛,按照公约规定:"产品"包括天然产品和工业产品,不管该产品是否经过加工,也不管该产品是动产还是不动产。"损害"是对人身的侵害或对财产的损害以及经济损失,但是除非与其他损失有关,产品本身的损害以及由此引起的经济损失不应包括在内。

为了防止各国以为产品责任的定性问题而排除公约的适用,公约明确规定,不管诉讼性质如何,公约均应被考虑适用。

2. 公约对于产品责任的法律适用采用了复合型的连结点。即不是以一个连结因素决定法律适用,而是要求适用的法律必须同时具备两个或者两个以上的连结因素才能将其作为产品责任方面的准据法。这一做法是一种新型的处理法律适用的规则,既考虑了需要着重保护的消费者的利益,又兼顾到了原被告的权利义务平等。

公约规定了侵害发生地、直接遭受侵害人的惯常居所地、被请求承担责任人的主营业地、直接遭受侵害的人取得产品的地方等四个链接因素作为连结点。这四个连结点是按照如下顺序被选择适用的:

第一顺序:直接遭受损害的人的惯常居所地国家的法律,如果该国同时又是被请求承担责任的人的主营业地,或者直接遭受侵害的人取得产品的地方。

第二顺序:在上一顺序不能满足的情况下,应当适用侵害地国家的国内法,但要符合下列条件之一:该国同时又是直接遭受损害的人的惯常居所地所在国;该国同时又是被请求承担责任人的主营业地所在国;该国同时又是直接遭受损害的人取得产品的地方。

第三顺序:当第二顺序也不能满足时,原告可以基于侵害地国家的国内法提出请求,如果原告基于侵害地国家的国内法提出请求,就应适用侵害地国家的国内法。

第四顺序:当第一、二顺序都不能满足,原告也没有基于侵害地国家的国内法提出请求,那么产品责任的准据法就应适用被请求承担责任人的主营业地所在国的国内法。

此外,公约还规定,如果被请求承担责任的人能证明他不能合理地预见产品或他自己的同类产品会经由商业渠道在该国出售,那么以上四个顺序中规定的侵害地国家的国内法和直接遭受损害的人的惯常居所地国的法律都不对其适用。

### 四、公路交通侵权行为的法律适用

公路交通侵权是指,在公路交通运输过程中与交通运输工具相关的法律事件中,发生的行为人对他人人身权利和财产权利造成损害并应依法承担赔偿责任的行为。公路交通侵权中最典型的莫过于公路交通事故侵权。

▶ **典型案例**

【案情】[①]

2002 年 6 月 8 日,无驾驶执照的坦桑尼亚人穆某酒后驾驶无牌照的摩托车,沿南

---

① 参见《穆哈宁交通肇事案》,江苏省高级人民法院(2003)苏行终字第 023 号,转载自北大法意网 http://www.edu.lawyee.net/,访问日期:2016 年 11 月 10 日。

京市湖北路由北向南行驶,在左侧机动车道将由西向东横穿道路并已走至道路中心线东侧的陈某撞倒,致陈某重型颅脑损伤、右小腿开放性骨折,经法医鉴定为重伤。

**【审理】**

法院经审理认为,本案是一起涉外交通事故,穆某酒后无照驾车,属严重违反我国的相关管理制度,公安局交通管理部门在处理此次事故中认定穆某应负全责、陈某不负责任的责任认定是正确的。但是由于此次事故的当事人穆某后被公安部门侦查部门以交通肇事罪提起刑事公诉,故应遵循"刑事诉讼优先"的原则,在刑事审判中一并处理民事赔偿。

**【法理】**

本案是发生在我国境内的一起涉外交通侵权案件,根据我国法律规定,侵权行为适用侵权行为地法的原则,本案当事人间的民事赔偿纠纷应该适用中华人民共和国的法律。可以看出,涉外公路交通侵权案件在现代社会已经变得十分常见,并且也具有其特殊性。美国著名的案例"贝科克诉杰克逊"案就是一起公路交通侵权行为。因此,有必要将它作为特殊的侵权行为单独研究。

公路交通侵权在很多国家往往被作为一般侵权行为来处理,但是随着公路交通运输的发展,各国经贸的密切往来,汽车等交通工具出入国境变得十分便利,这就给涉外公路侵权的大量出现制造了前提。因此,公路侵权开始引起各国的普遍关注,各国纷纷对其进行专门规定。但综合各国的实践和理论,公路交通侵权行为仍然以适用侵权行为地法为主要原则。

1971年的《公路交通事故法律适用公约》对公路交通侵权的法律适用作了较为详细的规定。该公约的目的在于规定因为公路交通事故所引发的非合同性质的民事责任所应适用的法律。该公约的主要内容如下:

(1) 公约的适用范围是涉及一辆或者数辆机动或非机动车辆,并于公路、向公众开放的地区或特定人有权通行的私有地面上的有关事故。

(2) 公约规定,公路交通侵权行为的准据法为事故发生地国家的国内法,但是有如下几种例外情况:① 只有一辆车涉及事故,且该车又不是在事故发生地国内登记,则登记国的国内法可予以适用,以确定其对下列人员的责任:司机、车主或者控制车辆或对车辆享有权利的其他任何人,不管其惯常居所在何处;受害者为乘客而其惯常居所不在事故发生地国家的;受害者在事故发生地的车辆外,而其惯常居所设在车辆登记国内的。如果有两个或两个以上的受害者,则应分别确定其应适用的法律。② 事故涉及两辆或两辆以上的车,并且所有的车辆都在同一国家登记时,才能适用该登记国的法律。③ 有一个或几个人涉及事故,而在事故发生时,其人在车辆之外可能负有责任,只有在所有这些人均在车辆登记国内设有惯常居所时,才能适用该登记国的法律,即使这些人同时又是事故的受害者时亦同。

公约还规定,按照上述规定所确定的准据法,不仅调整对于作为受害者的乘客所承担的责任,还调整由该车辆承运并且属于该乘客或委托该乘客管理的货物的损害赔偿责任;不仅用于确定车辆所有人的责任,也用于确定该车辆承运的其他货物的损害赔偿责任。但是车外货物的损害赔偿责任依据事故发生地国家的国内法;对于车外受害者私人携带的财物的损害赔偿责任,依车辆登记国家的国内法。

此外,公约还特别强调法院在确定责任时,不管最终将何国的法律作为准据法,都应考虑事故发生时发生地国家的有效的有关交通管理规则和安全规则。

目前而言,加入此公约的国家不是很多,集中在欧洲的几个国家,但是此公约对于各国立法产生的影响却是十分巨大的。

我国并没有加入这个公约,仅在《合同法》第 302 条规定:"承运人应当对运输过程中旅客的伤亡承担损害赔偿责任,但伤亡是旅客自身健康原因造成的或者承运人证明伤亡是旅客故意、重大过失造成的除外。前款规定适用于按照规定免票、持优待票或者经承运人许可搭乘的无票旅客。"该条规定在实体上确立了赔偿的依据,在一定程度上改变了以往无法可依的状况,但对于法律选择我国目前尚没有明确的规定。在如今各国已经普遍将公路交通侵权与一般侵权相区别的趋势下,我国仍然将其作为一般侵权行为对待实在值得商榷。

**五、网络侵权行为的法律适用**

网络的诞生给社会、经济以及人们的学习、生活等带来了巨大的便利。但是与此同时,因为网络的全球性、虚拟性等特征,使得它与传统的人与人之间的交流模式有着巨大的差异,网络行为不是在一个实际的场所发生的。在网络行为发生的场所内,没有任何的领土界限;正由于可以不受任何国家领土地域划分的限制,加上网络便捷、高速等特点,网络侵权行为一旦发生,侵害后果的范围和速度都是一般侵权行为所无法比拟的。正因为此,为传统的侵权行为所制定出来的侵权法律适用规则对于网络侵权就有着各种弊端,所以对于网络侵权进行专门立法研究已经变得十分迫切。

▶**典型案例**

【案情】①

本案原告丙公司是一家住所地位于美国加利福尼亚州的美国公司。本案被告北京甲公司,是一家住所地位于北京市东城区东长安街的中国公司。本案另一被告乙公司住所地位于香港特区。

原告丙公司于 1999 年 12 月 1 日与作家周某签订了《著作权使用许可合同》,约定:周某许可原告公司于签订合同后的 6 年里,在全球范围内独家拥有被授权使用作品的电子版权。2000 年 2 月 6 日,周某向原告公司出具授权书,进一步明确了授权内容,即"原告公司作为全球独家的合法受许人,独家拥有并使用授权作品之电子版权,

---

① 参见《博库股份有限公司诉北京讯能网络有限公司、汤姆有限公司侵犯作品专有使用权纠纷案》,转载自中国法院网 http://www.chinacourt.org/html/article/200211/04/17109.shtml,访问日期:2016 年 12 月 11 日。

可以对授权作品进行数字化,通过磁盘、光盘或因特网,以电子出版物的形式出版、复制、传输、发行、播放、展览,并可以现在已有的及将来技术发展所产生的电子的或数字方式自由使用授权作品"。周某在授权书中表示没有授权给其他任何第三方。2000年6月1日,被告甲公司与北京市丙文化事务发展中心签订了一份《文学频道及文化活动合作合同》,约定双方合作为甲公司的关联公司网站(被告乙公司开办的网站)设计文学频道、制作有关栏目内容和开展相关文化活动。在合同的附随义务条款中,约定甲公司与其控股公司应在甲公司网站文学频道的显著位置显示其文学频道的合作伙伴为"今日作家网",并制作链接。

被告甲公司与今日视点根据合作合同的约定,合作在被告乙公司开办的网站内的中文简体版上开设了中国文学频道,在该频道内设有名为"小妖周某的网"栏目,该栏目网页上载有周某两部小说集的作品目录,目录页下方均标注"本专栏内容由今日作家网提供"。访问者点击作品名称后,就可阅读到作品内容。

原告公司向北京市第二中级人民法院提起诉讼,诉称:被告甲公司将作家周某的26篇作品提供给被告汤姆公司开办的网站登载,侵害了本公司对这些作品电子版的专有使用权。请求判令二被告立即停止侵权行为,公开赔礼道歉,共同给本公司赔偿经济损失42,620元,并承担本案诉讼费。得知原告公司提起诉讼后,乙公司的网站立即取消了与今日作家网的链接。原告公司承认起诉前没有向甲公司或乙公司主张过权利。

两被告辩称:本案涉及的周某作品登载于今日作家网,乙公司的网站只是链接了今日作家网的网页,而这种链接是乙公司根据甲公司与今日作家网的主管单位今日视点签订的合同设置的。乙公司网站本身没有登载周某的作品,故二被告的行为不构成侵权,法院应当驳回原告的诉讼请求。

**【审理】**

依据我国最高人民法院《关于审理涉及计算机网络著作权纠纷案件适用法律若干问题的解释》第1条规定:网络著作权侵权纠纷案件由侵权行为地或者被告住所地人民法院管辖。本案中被告甲公司的住所地在北京。因此,北京中院获得对此案的管辖权。法院经审理认为,本案涉及三方当事人,分别为美国公司、香港地区公司和中国内地公司。因此本案是一起涉外的网络侵权案件。本案的原告是著作权人授权的作品专有使用权人,涉及的是侵犯专有使用权问题,因此,在法律适用方面,法院依据我国相关的冲突法规定,适用了中国法律作为案件的准据法,最终支持被告的意见,驳回了原告的诉讼请求。

**【法理】**

本案所关注的焦点主要在于网络侵权案件的管辖权问题、法律适用问题。众所周知,网络侵权案件具有其他侵权案件所没有的独特特征,就是网络侵权是在一个虚拟空间内完成的。因此其侵权行为地难以确定,随之而来的就是网络侵权行为的管辖权的确定问题以及准据法的确定问题。目前世界各国对于网络侵权的法律适用均没有做出专门的法律规定,只能依靠理论和实践来确定。

网络侵权的主要表现形式是通过网络侵犯他人的著作权、版权、名誉权等。而网络侵权均需要一个载体,那就是网络服务,包括提供网络信息的服务以及中介服务,而提供网络服务者被称为 ISP(Internet Service Provider)。

根据目前各国已有的理论研究和实践做法,网络侵权的法律适用规则主要有如下几种。

1. 适用侵权行为地法律

这种观点的理由是:网络侵权也属于侵权行为,所以侵权行为的一般法律适用原则即侵权行为适用侵权行为地法律对其也应予以适用。

持这种观点的人认为网络空间作为一个虚拟空间,其侵权行为地的确定与一般的侵权行为不同。网络空间与物理空间的联系因素是网址和网络服务器,因此,网址和网络服务器所在地可以被认为侵权行为地,相应的网络侵权适用网址和网络服务器所在地法律。

但是这种观点的缺陷也是显而易见的,因为依据网址和网络服务器所在地确定的侵权行为地有着很大的偶然性和不确定性。

2. 适用最密切联系地的法律

最密切联系原则将传统的侵权行为地法、法院地法、当事人本国法、住所地法和新型的当事人惯常居所地法等连结点都纳入到侵权准据法的选择范围,结合案件的具体情况,找出与案件及当事人有最密切联系的地方,适用该地的法律作为准据法。

最密切联系原则弥补了传统连结点僵硬的弊端,可以更好地保证个案公正。依据最密切联系原则来确定侵权行为的准据法是涉外侵权行为法律适用发展的一个重要趋势,网络侵权领域也应该注意到这一重要的趋势。并且由于网络侵权这一特殊侵权形式,适用最密切联系原则具有其独到的优势:(1) 由于网络空间的虚拟性和不确定性,适用最密切联系原则可以找到与该侵权案件有最大利益关系的国家的法律予以适用,有利于保证案件审理的公正公平。(2) 适用最密切联系原则,而不是采用传统单一、机械的法律选择方法,与网络侵权行为复杂多样的特性完全符合。极富弹性的最密切联系原则采用多元连结因素确定侵权准据法更符合网络侵权的客观实际。(3) 采用最密切联系原则有利于保护被害人的利益。最密切联系原则通过采取复合的连结点,赋予法院极大的裁量权,使其可以在法律允许的范围内尽量选择对被害人有利的法律作为案件的准据法。

3. ISP 所在地法规则

ISP 所在地法规则是指网络侵权适用 ISP 所在地法。ISP 所在地法具体包括 ISP 所在国法,ISP 所选择的法律,以及若前两种准据法不予以适用,则适用最有利于受害人的法律。采用这种法律选择方法的原因在于在网络空间里,ISP 起着十分重要的作用,且在网络侵权中,最容易确定的就是侵权人属于哪个 ISP 服务的用户。另外,ISP 所在地法规则可以说是最密切联系原则的一种变体,因为,很多情况下,ISP 所在地即是与侵权案件有着最密切联系的地方。

这种法律选择方法是针对网络侵权这种特殊的侵权形式设计出来的,考虑到了这一特殊侵权形式的特点,相对来说是比较科学的做法,但是目前很少有国家采用这种做法。

除了以上三种法律选择方法之外,像法院地法、当事人共同属人法、有限自治原则以及有利被害方原则这些法律选择规则在网络侵权领域也有所体现。但总体来说,目前国际社会尚未形成关于这一新型侵权行为的比较成熟的法律适用规则。在发生侵权行为之后,一般国家的做法还是依据一般侵权行为法律适用的规定,具体考虑网络侵权案件的特殊情况来决定该侵权案件的准据法。这样的立法与实践状况根本无法满足网络迅速发展的需要,给国际经济交往带来很多不便。为了更好地利用网络这个工具,我们要积极探索这方面的法律适用规则。

**六、环境侵权行为的法律适用**

生态环境的良好持续发展是人类社会持续稳定发展的基本条件。目前各国已经普遍认识到环境保护的重要性。随着工业的不断发展,环境保护问题越来越严峻,各国纷纷立法规定环境保护的相关问题,我国也不例外。2015年6月3日起施行的《最高人民法院关于审理环境侵权责任纠纷案件适用法律若干问题的解释》第1条规定:"因污染环境造成损害的不论污染者有无过错污染者应多承担侵权责任。"但是各国间环境保护立法风格迥异,这就给跨国的环境侵权案件的处理带来了法律适用问题。

众所周知,环境侵权案件涉及地域极其广泛,侵害后果也十分严重。除此以外,环境侵权还具有十分突出的国际性特征。比如大气污染,由于空气是自由流动的,任何人或任何国家都无法控制大气的自然流向,这就使得一国内一旦爆发气体污染,很难即时采取措施预防损害后果殃及他国。正是因为环境侵权的国际性特征,如何处理好侵权后的损害赔偿问题就具有十分重要的实践意义。

涉外环境侵权,又称国际环境侵权,是指行为人因合法或不法行为间接或者直接造成环境污染、生态破坏,使他国国家、法人、公民的财产权、人身权、环境权受到损害而应依法承担民事责任的特殊侵权行为。

目前国际社会协调涉外环境侵权的法律冲突主要采取统一实体法的方法。这是因为环境保护问题已经得到了全人类的普遍共识,因此,各国均积极致力于探索有效保护全球环境的措施。但是,目前达成的有关环境保护的公约多限制在政治性、行政性的公约上,而缺乏关于民事损害赔偿的统一实体法公约。比较有代表意义的就是1969年的《国际油污损害民事责任公约》,该公约已经生效,缔约国将近90个国家,在协调跨国油污损害问题上发挥着重要的影响。

**七、人格权侵权行为的法律适用**

所谓人格权,是指作为民事主体的自然人对自身所享有的权利。自然人的生命、身体、健康、自由、姓名、肖像、名誉、隐私等,是作为一个"人"所不可缺的"东西",我们可以称之为"人格利益"。作为民事主体的自然人,对自己的生命、身体、健康、自由、姓名、肖像、名誉、隐私等"人格利益"所享有的权利,称为人格权。人格权,是与民事主体不可分离的权利,因人的出生而当然享有,因人的死亡而当然消灭。

涉外侵犯人格权属于涉外侵权的特殊情形,因为人格权不同于一般的实体权利,其具有无形性、精神性的特点,因此需要确定特殊的连结点以便更好地保护被侵权人的利益。

▶典型案例

**【案情】**①

原告彼某、波某、克某原为长沙乙学校聘请的外籍教师。三原告诉称,2000年6月17日及18日,被告长沙甲学校、湖南某电视频道、湖南某传媒公司在其完全不知晓的情况下,擅自将摄有三人肖像的录像用于招生广告中,损害了原告的肖像权及名誉权。三原告为此受到长沙乙学校"违约"的质疑,并不得不向校方解释、致歉;也导致三原告感觉其在同事及学生中的信任感的丧失与下降,进而使三原告的人格尊严及社会形象受到贬损,并由此对三原告产生了不可逆转的严重的精神损害。故向湖南省长沙市雨花区人民法院提起侵权诉讼。请求判令被告赔偿损失,赔礼道歉。

**【审理】**

法院经审理认为,该案为典型的肖像权侵权纠纷案件。肖像权是自然人对自己的肖像依法享有利益并排斥他人侵害的权利,是自然人人格权的重要组成部分。三原告作为在我国国内居住、工作的外国人,其肖像权亦受我国法律保护。被告长沙甲学校、湖南某电视频道、湖南某传媒公司未经三原告同意将其肖像用于向社会公众播放的电视广告片中,侵犯了三原告的肖像权,并对其造成精神损害。基于上述基本事实,被告的共同侵权行为,除依法应承担停止侵害、消除影响、赔礼道歉和赔偿经济损失的民事责任外,还应当适当赔偿三原告的精神损害抚慰金。

**【法理】**

本案三原告均为外籍自然人,三被告为中国法人,原告认为被告侵犯其肖像权而对被告提起侵权之诉。因为本案当事人中有一方是外国法人,所以这是一起涉外侵权行为之诉。根据2011年《法律适用法》第44条的规定,侵权责任,适用侵权行为地法律。本案的侵权行为发生在中国,侵权结果也发生在中国,长沙市雨花区人民法院适用中国法律处理了本案。

从当今各国立法情况来看,把人格权作为一项独立权利,规定人格权法律适用的国家不是很多,但是还有一些国家和地区单独规定了人格权的法律适用,其主要规则有如下几项。

1. 适用当事人属人法

1999年10月1日生效的《澳门民法典》第26条规定:"对人格权之存在,保护以及

---

① 参见《彼特·威廉·罗宾逊、波维多·罗特么、克丝特·雷丽·麦克威与湖南长沙同升湖国际实验学校、湖南电视台文体频道、湖南电广传媒股份有限公司肖像权纠纷案》,湖南省长沙市雨花区人民法院(2001)雨民一初字第1221号,转载自北大法意网 http://www.edu.lawyee.net/,访问日期:2016年9月5日。

对其行使时所施加之限制,亦适用属人法。"一些国家的立法未对人格权的法律适用作出全面的规定,而是对部分人格权的法律适用作出了规定。例如1997年《德国民法施行法》第10条规定,人的姓名,适用其所属国法律。

2. 适用法人成立地法或业务执行地法律

法人是否具有人格权,这在理论和实践上都是有争议的问题,有的国家承认法人的人格权,规定了法人人格权的法律适用。1998年《突尼斯国际私法》第43条第2款规定:"与法人人格相关的权利由其组成地国法支配,或由其业务执行地国法支配。"

3. 适用侵权行为地法或者适用有利于受害人的法律

一些国家对人格权受到侵害的法律适用作了规定。1979年《匈牙利国际私法》第10条第2款规定:"因人格权受到侵权而发生的请求权适用损害发生地和当时的法律;但是,如果匈牙利法规定对受害人的赔偿更有利,则依匈牙利法。"

4. 适用受害人选择的法律

1987年《瑞士联邦国际私法》第139条规定:人格权侵害,(1)基于通过媒体,特别是通过报刊、广播、电视或其他公共信息传递工具对人格权的侵害而提起的请求,依受害方选择适用:① 受害方惯常居所地国家的法律,如果侵权行为人应当预见到影响会在该地发生;② 侵权行为人营业机构所在地或惯常居所地国家的法律;③ 侵害影响发生地国家的法律,如果侵权行为人应当预见到影响会在该地发生。(2)对定期传播媒介的抗辩,排他地适用刊物发行地或无线电广播或电视节目播放地国家的法律。(3)本条第(1)款也适用于基于对个人数据(Personal Data)的处理对人格权的侵犯提起的请求以及基于对有关个人数据信息权利的损害而提起的请求。

5. 适用最密切联系原则

1971年《美国第二次冲突法重述》第153条规定:"因书籍或报纸的任何一个版本、电台或电视台的任何一次广播、电影的任何一次放映或类似的一次性传播中的侵犯原告隐私权的内容而引起的权利义务,在特定问题上,按照第6条规定的原则,适用与该事件及当事人有最重要联系的州的本地法。如果被指控的内容在原告住所地州出版,该州通常即为具有最重要联系的州。"

我国2011年的《法律适用法》第46条明确规定:"通过网络或者采用其他方式侵害姓名权、肖像权、名誉权、隐私权等人格权的,适用被侵权人经常居所地法律。"其中"被侵权人经常居所地"属于与案件有着更密切联系的连结点,具有更强的可操作性,能够为被侵权人提供更为切实的保护。2011年《法律适用法》颁布前,我国没有人格权法律适用方面的立法,该法的颁布填补了我国人格权立法的空白。

# 第十章
# 涉外不当得利和无因管理的法律适用

不当得利与无因管理是债的基本发生原因,为重要的民事法律制度。与由合同、侵权等引起的债法的其他领域相比,不当得利与无因管理最为突出的特点是它们在各国法制上的巨大差异。当前,国际民商事交往空前频繁,具有涉外因素的不当得利与无因管理之债也与日俱增,因此学习、研究不当得利与无因管理的法律适用问题,亦愈加重要。

**本章涉及 2011 年《法律适用法》相关条款:**

**第 47 条** 不当得利、无因管理,适用当事人协议选择适用的法律。当事人没有选择的,适用当事人共同经常居所地法律;没有共同经常居所地的,适用不当得利、无因管理发生地法律。

## 第一节 不当得利的法律适用

### 一、不当得利的概念

不当得利是指没有法律上的原因取得利益,致他人受损害的事实。不当得利发端于罗马法,经过漫长的演变,到近代得到大陆法系各国的普遍承认,成为与合同、侵权并立的一项重要制度。

### 二、不当得利的特征以及成立要件

不当得利发生时取得利益的人称受益人,遭受损害的人称受害人。不当得利的取得,不是由于受益人针对受害人而为的违法行为;而是由于受害人或第三人的疏忽、误解或过错所造成的。受益人与受害人之间因此形成债的关系,受益人为债务人,受害人为债权人。具体特征根据有三:(1)双方当事人必须一方为受益人,他方为受害人。(2)受益人取得利益与受害人遭受损害之间必须有因果关系。(3)受益人取得利益没有合法根据,即既没有法律上、也没有合同上的根据,或曾有合法根据,但后来丧失了这一合法根据。

不当得利的成立有四个要件:(1)一方取得财产利益。(2)一方受有损失。(3)取得利益与所受损失间有因果关系。(4)没有法律上的根据。

### 三、不当得利的法律适用

(一) 解决不当得利法律适用问题的三种模式

综观各国理论界提出的不当得利的法律适用规则,不外乎以下三种模式:

(1) 模式一:该模式主张对所有的不当得利请求权不加区分,采用单一的法律适用规则。

(2) 模式二:该模式主张视不同情形,将不当得利请求权分为若干种类,每一类型适用不同的法律选择规则。这种模式通常是以"自体法"的形式出现的。

(3) 模式三:该模式主张在确定不当得利的准据法时,彻底抛弃传统的法律适用规则,而采用"个案分析法"。

(二) 不当得利的法律适用规则

基于上述三种不同的模式,各国立法和学者对不当得利的法律适用问题提出了若干具体规则,下面对这些具体规则进行评析。

(1) 法院地法。少数学者主张,不当得利之债应适用法院地法。他们认为不当得利事关正义与内国公序,故应适用法院地国的法律。

(2) 属人法。有学者提出属人法说,认为涉外不当得利案件应由当事人的共同属人法决定,如果当事人的属人法不同,则适用被告之属人法。

(3) 发生地法。受"场所支配行为"这一古老法律原则和"既得权"理论的共同影响,不少学者提出,不当得利之债应适用不当得利发生地法。

(4) 物之所在地法。当不当得利涉及不动产产权,或其因不动产交易而产生,且无其他法律与之有更密切联系时,适用物之所在地法是一条被广泛接受的规则。

(5) 合同的准据法。在实践中,大量的不当得利之债是产生在曾存在合同关系的当事人之间的。尤其是在合同被撤销或宣告无效后,当事人之间经常会发生不当得利的返还问题。针对这种情况,很多学者提出,如果不当得利的产生与合同有关,则应适用合同的准据法。

(6) 有关法律关系的准据法。随着法律关系的日趋多样,不当得利发生的实际情况更为复杂,有关当事人之间不仅可能曾存在过合同关系,还有可能曾有其他各种各样的法律关系,如侵权、代理、信托等。于是有学者提出如果当事人之间曾存在某种法律关系,且不当得利因之产生,则不当得利适用调整该法律关系的法律。

(三) 我国涉外不当得利的法律适用

我国2011年《法律适用法》合并规定了不当得利与无因管理的法律适用问题,并创新性地引入了当事人意思自治,第47条规定如下:不当得利、无因管理,适用当事人协议选择适用的法律。当事人没有选择的,适用当事人共同经常居所地法律;没有共同经常居所地的,适用不当得利、无因管理发生地法律。

本条是关于具有涉外因素的不当得利所产生的债权应适用的法律。

"不当得利适用当事人协议选择适用的法律"是意思自治的体现,也就是在侵权领域有限制的意思自治的适用。在某些案件中,由受害人来选择他自己认为最有利的法律,比由法官决定适用何国法律更能体现公平正义。在侵权领域,这已不仅是一种学术主张,而是逐渐为各国立法和司法接受的方式,同时也是当代国际私法的一个新发展。

"当事人没有选择的,适用当事人共同经常居所地法律。""居所地法律"这就是国际私法所说的属人法,属人法主要适用于人的身份和能力的问题。采用属人法作为不当得利的准据法,原因主要是不当得利制度意在衡平,即保护利益之受损人和纠正不当受益人,因而某些时候当事人的属人法确实与不当得利具有密切联系。

"没有共同经常居所地的,适用不当得利、无因管理发生地法律。"不当得利适用发生地法的主要依据是:有关事件发生地的法律与不当得利之债有最密切的联系。

## ▶典型案例

### 【案情】①

美国甲公司总裁谢某经朋友引荐与乙公司有关管理人员相识,之后甲公司与乙公司邮件往来密切。这些电子邮件,涉及许多软件开发计划、设计及开发中的具体细节问题。如 2001 年 1 月 8 日由谢某发给乙公司员工沈某的一份邮件中谈到:我已经完成了 McGraw-Hill POPS 项目的设计,请指派 2 个 ASP SOL Server2000 的开发人员开始此项目。甲公司预计要用 4—6 个月来完成此项目。甲公司总裁在 2001 年 6 月 20 日发给乙公司员工张某和刘某的电子邮件中写到:请给我做个 Key entry 系统的原型。同年 6 月 26 日甲公司员工王某发给乙公司员工张某的电子邮件表示:谢谢你们开发小组做的 Key entry 系统的原型。甲公司 2002 年 1 月 1 日发给乙公司员工张某某的一份邮件中认为,收到 17 个中国项目的宣传册,而实际上苏州几乎做了 40 个项目,请根据我在文档里的邮件列表做个表出来,那样的话可以发现哪些项目还没有做宣传册了。2002 年 9 月 20 日,乙公司员工张某在给甲公司员工 M 的电子邮件中写到:我马上把 MCI Admin Tools 发给你,以便给客户演示用。2 天后 M 做了回复,说演示很成功。

2001 年 12 月 6 日,乙公司收到甲公司汇来 10 万美元,同月 12 日乙公司总经理沈某发电子邮件给甲公司法定代表人,要求甲公司将美元汇入乙公司账户。至 2002 年 9 月 9 日,甲公司又分 6 次汇付乙公司 20 万美元。这样,乙公司共收到甲公司 30 万美元的汇款。

2002 年甲公司总裁谢某抵苏州期间,要求乙公司明确该批汇款的所有权应归甲公司及确定还款日期,遭到乙公司的拒绝。甲公司认为乙公司取得该款无合法根据,属于不当得利,遂起诉要求乙公司返还 30 万美元。

### 【审理】

法院经审理认为:甲公司并未提供相应的证据证明乙公司收款没有合法根据。甲

---

① 参见《DSI公司与迪迅公司不当得利案》,载赵相林主编:《国际私法教学案例评析》,中信出版社2006年版,第213—215页。

公司起诉请求判令乙公司返还该30万美元的诉讼请求缺乏依据,不能成立。依法应驳回甲公司的诉讼请求。

**【法理】**

本案涉及不当得利的法律适用问题。

一般认为,凡是没有法律上的根据致他人遭受损害而自己获得利益即构成不当得利。作为债的发生原因,不当得利起源于罗马法上的"个别诉权",经过漫长的演变,到今天才发展为一般的规定。在大陆法系中,不当得利的构成要件有:(1)一方已获得利益;(2)另一方受到损失;(3)获利没有法律或合同的依据。而在英美法系中,其构成要件为:(1)被告受有利益;(2)致原告受损;(3)被告保有该利益具有不正当性。

关于本案的法律适用,我国2011年《法律适用法》第47条规定:"不当得利、无因管理,适用当事人协议选择适用的法律。当事人没有选择的,适用当事人共同经常居所地法律;没有共同经常居所地的,适用不当得利、无因管理发生地法律。"本案中未曾提到双方当事人之间关于法律适用的协议,双方也没有共同经常居住地,因此应适用不当得利发生地法律,当事人的不当得利之债发生在我国,故应适用发生地法即中国的法律。

就本案来说,是否构成不当得利,考查获利方的获利是否具有合法根据是一项重要判断标准。而是否具有合法根据的焦点在于举证责任的承担。由于不当得利往往是因受损方的过失造成的,故坚持由受损方来承担双方不存在合法债权债务关系或利益转移关系的举证责任是不太切合实际的。就给付金钱利益而言,从公正、公平原则出发,由获利方承担是否具有合法根据的举证责任也许更为合理。但本案中,争议的款项是由甲公司根据乙公司指定的汇款线路在长达9个月的时间内分7次汇入其在招商银行苏州分行账户的,因此,不管甲公司出于什么原因和用途汇款,没有理由认为收付30万美元是甲公司过失而非双方一致意思表示的结果。在双方合意一致且乙公司无过错的情形下,仍由乙公司来承担其收款是否具有合法根据的举证责任,显然有违举证责任承担的一般原则,故甲公司应当对乙公司取得该30万美元是否具有合法根据负举证责任。但甲公司未能举证证明。

综上所述,可以认为,甲公司并未提供相应的证据证明乙公司收款没有合法根据。甲公司起诉请求判令乙公司返还该30万美元的诉讼请求缺乏依据,不能成立。

## 第二节 无因管理的法律适用

**一、无因管理的概念**

无因管理是指无法律上的义务而为他人管理其事务,其性质上属于事实行为,为债的发生原因之一。我国《民法通则》第93条明确规定:"没有法定的或者约定的义务,为避免他人利益受损失进行管理或者服务的,有权要求受益人偿付由此而支出的必要费用。"

## 二、无因管理的特征以及成立要件

无因管理之债的产生是基于法律规定,而非当事人意思。无因管理的法律特征有五:(1)无因管理的主体包括管理人与本人,区别于其他一般民事主体。(2)无因管理是一种事实行为。(3)管理人没有法定义务或约定义务。(4)管理人为他人管理事务。(5)补偿性。

无因管理的构成要件有主观要件和客观要件,主观要件为无因管理的构成在主观上须管理人有为他人管理的意思。管理人为他人管理事务的意思即管理意思,是指以其管理行为所生的事实上的利益,归属于他人的意思。这种管理意思,就是在管理人主观上,使管理或者服务行为所产生的利益,归属于本人。客观要件有管理他人事务的行为并且没有法律上的义务。

## 三、无因管理的法律适用

### (一) 解决无因管理法律适用问题的几种模式

(1) 准用委任合同准据法。瑞士债务法将无因管理规定于第二编"各种合同"中,视其为类似于委任合同的一种合同。

(2) 事务管理地法。世界上有很多国家和地区将事务管理地法作为无因管理的准据法,如法国、西班牙、日本、泰国和我国台湾地区等。

(3) 弹性准据法。自20世纪70年代以来,最密切联系原则在各国国内立法、司法实践和国际条约中得到广泛运用,成为当代国际私法的一项重要原则。在此背景下,越来越多的国际私法立法开始将最密切联系原则运用到无因管理的法律适用中。

### (二) 无因管理的法律适用规则

(1) 委任合同准据法。如前所述,受实体法影响,《瑞士联邦国际私法》没有规定专门调整无因管理的法律适用规则,而以委任合同的准据法解决无因管理问题。

(2) 属人法。有学者提出属人法说,认为涉外法定之债(包括不当得利与无因管理)的当事人若有共同属人法,则其共同属人法应优先适用。

(3) 事务管理地法。受"场所支配行为"这一古老法律原则和"既得权"理论的共同影响,不少学者都提出,无因管理适用事务管理地法,且该规则被大多数国家的立法所采纳。

(4) 无因管理起因法律关系之准据法。在实践中,无因管理的当事人之间往往有某种法律关系,且正是该法律关系诱发了无因管理之债的产生。针对这种情况,茨威格特提出,若当事人之间曾存在某种法律关系,且其引发了无因管理之债,则无因管理应适用调整该法律关系的法律。

### (三) 我国涉外无因管理的法律适用

我国2011年《法律适用法》合并规定了不当得利与无因管理的法律适用问题,并创新性地引入了当事人意思自治,其第47条规定如下:不当得利、无因管理,适用当事人协议选择适用的法律。当事人没有选择的,适用当事人共同经常居所地法律;没有共同经常居所地的,适用不当得利、无因管理发生地法律。

本条是关于具有涉外因素的无因管理所产生的债权应适用的法律。

"无因管理,适用当事人协议选择适用的法律"是意思自治的体现,也就是在侵权领域有限制的意思自治的适用。在某些案件中,由受害人来选择他自己认为最有利的法律,比由法官决定适用何国法律更能体现公平正义。

"当事人没有选择的,适用当事人共同经常居所地法律。""居所地法律"这就是国际私法所说的属人法,属人法主要适用于人的身份和能力的问题。采属人法作为无因管理的准据法也是有迹可循的,《波兰国际私法》第 31 条第 1、2 款就规定,无因管理之债适用事实发生地法。但当事人有同一国籍,又在同一国家有住所的,适用当事人本国法。

"没有共同经常居所地的,适用不当得利、无因管理发生地法律。"受"场所支配行为"这一古老法律原则和 20 世纪上半叶在普通法国家占主导地位的"既得权"理论的共同影响,不少学者都提出:不当得利之债应适用不当得利发生地法。无因管理采用发生地法的理由是:(1) 管理人与本人之间虽形成债权债务关系,但不是合同关系,不能适用当事人自治原则;(2) 因为它是一种债务关系,不宜适用当事人自治原则;(3) 无因管理是一种值得提倡和鼓励的行为。故有些学者认为:无因管理之结果,当事人之一方就已取得之权利,享有既得权,而当事人之他方,依管理地法而有所负担时,其负担不应较依其他法律所负担者为更多,为使双方利益得有公平之保护起见,适用管理地法最为允当。

▶ **典型案例**

【**案情**】①

上海丙公司与美国丁公司存在国际货物买卖合同关系,美国丁公司为货款结算事宜向丙公司申请付款方式为 Release Documents against Payment(以下简称 D/P 方式,译名为付款放单)。丙公司同意美国丁公司提出的 D/P 付款方式。丙公司于 1999 年 12 月 31 日,委托上海船务有限公司承运货物,约定按其与美国丁公司约定的日期将货物装船运抵至目的地。丙公司于 2000 年 1 月 12 日开出汇票一份。该汇票载,开证行为美国乙银行;金额 140,393.55 美元;D/P(付款放单)。丙公司于 2000 年 1 月 14 日将该汇票、提单、发票等单据交给了甲银行上海分行,并填写了给甲分行的托收委托书。该委托书载,托收按国际商会第 522 号〔跟单托收统一规则〕(1995 年修订版)(以下简称 522 规则)的规定办理等。同日,甲银行上海分行致函丙公司,确认其已收到丙公司托收项下的汇票/单据,并表示本次托收按 522 规则办理。同日,甲银行上海分行还制作了《汇票提示清单》,该单载明托收方式为 D/P,并对收件银行提出了不要放弃托收和所需收取利息及手续费的要求。该《汇票提示清单》的收件人写为美国乙银行,而地址却误写为美国戊银行。该《汇票提示清单》及所附汇票、提单、发票等单据均由戊银行收到。

---

① 参见《汇丰银行上海分行诉美国佛罗里达州梅隆联合国民银行国际托收无因管理纠纷案》,赵相林主编:《国际私法教学案例评析》,中信出版社 2006 年版,第 215—217 页。

戊银行收到上述单据后不顾《汇票提示清单》载明的付款放单规定,将提单等单据径直寄给了美国丁公司。美国丁公司在并非正常途径取得的提单下,提取了全部货物。丙公司曾向美国丁公司催索货款,但遭该公司无理拒绝。后来丙公司通过诉讼获得甲银行上海分行共计 8,275.49 美元的赔偿。甲分行因此以戊银行不当无因管理为由,将美国戊银行诉至中国法院,请求法院判决戊银行给予一定的赔偿。

【审理】

审判认为,本案的准据法是美国法,虽然美国没有无因管理概念,但根据英美法系的准契约义务的规定,本案的无因管理人戊银行仍然要对甲分行的业务本着善意、谨慎、合理行事,而不能使甲分行的利益受到损失。所以在本案中,戊银行应该对甲分行给予一定的赔偿。

【法理】

本案涉及无因管理的法律适用问题。

无因管理是指无法律上的义务而为他人管理其事务的行为。无因管理是一项古老的法律制度,起源于罗马法。一般认为,无因管理的构成要件有:(1) 管理他人事务;(2) 为避免他人利益损失而为管理;(3) 无法律上的义务。无因管理的管理人原本无管理的义务,但因无因管理的成立,管理人也就承担了一定的义务,其主要义务如下:(1) 适当管理义务。即不违反本人的意思,以有利于本人的方法为适当管理,这是管理人的基本义务。若管理人未尽适当管理义务,发生债务不履行的法律后果,应当依法承担相应的民事责任。若管理人能证明自己是没有过错的,则可不承担民事责任。(2) 通知义务。管理人在开始管理后,应将开始管理的事实通知本人,但管理人的此项义务以能够通知和有必要通知为限。(3) 报告与计算义务。

关于本案的法律适用,我国 2011 年《法律适用法》第 47 条规定:"不当得利、无因管理,适用当事人协议选择适用的法律。当事人没有选择的,适用当事人共同经常居所地法律;没有共同经常居所地的,适用不当得利、无因管理发生地法律。"本案中未曾提到双方当事人之间关于法律适用的协议,双方也没有共同经常居住地,因此应适用无因管理发生地法律,本案中戊银行的无因管理行为发生在美国,依据当今国际社会的通行做法和我国的司法实践,应该适用无因管理的事实发生地法作为解决双方当事人争议的准据法,所以本案的准据法是美国法。

就本案来说,英美法系与大陆法系不同,并没有无因管理这个概念。按照英美法系正统的观点,认为对一人未经他人要求提供的劳务,不管这些劳务带来多大的得益,给予补偿,甚至偿还是完全不恰当的、不可能的。美国《返还法重述》把好管闲事的干涉作为根本禁止的事项之一。该法第 1 条要求不公平得益的人返还,但第 2 条接着就规定,好管闲事地授予另一人得益的人,无权就此项得益要求返还。该条的评论解释说:一人一般不应该成为债务人,除非他愿意。一般认为,在英美法系中执行部分无因管理功能的有以下几种制度:(1) "必要时的代理原则",该原则包括一般提供生活必需品诉讼与保持财产诉讼;(2) 拟制信托(Contrutive Trust);(3) 不当得利制度,管理人可以以不当得利为理由对本人提起诉讼;(4)针对管理人的不法管理问题,本人可以以准契约义务对管理人提起赔偿之诉。

综上所述,在英美法系中虽然没有大陆法系所特有的无因管理概念,但并不代表如果出现了大陆法系中无因管理的情形,当事人的合法权益会得不到救济,当事人仍然可以通过其他制度得到救济。所以在本案中,佛州银行应该对汇丰分行给予一定的赔偿。

# 第十一章
## 国际民事诉讼

国际民事诉讼程序,又称涉外民事诉讼程序,主要涉及管辖权、外国人在内国的民事诉讼地位、国际民事诉讼期间、保全以及域外送达、调查取证以及法院间判决承认与执行等一系列司法协助问题,在解决这些问题时,国际条约、国际惯例、双边协定以及各国国内法的规定都起到了相当重要的作用。同时,国际民事活动还要遵循一定的原则,如国家主权原则、平等与对等原则、国际条约优先原则以及方便诉讼原则等。

**本章涉及相关的法规及国际条约:**
1965年海牙《关于向国外送达民事或商事司法文书和司法外文书公约》
1970年海牙《关于从国外调取民事或商事证据公约》
2005年海牙《选择法院协议公约》
2012年修订的《中华人民共和国民事诉讼法》第四编第259—284条
2015年最高人民法院《关于适用〈民事诉讼法〉解释》第522—551条
1986年《中华人民共和国外交特权与豁免条例》
1990年《中华人民共和国领事特权与豁免条例》
1999年《中华人民共和国海事诉讼特别程序法》
2002年最高人民法院《关于适用〈中华人民共和国海事特别程序法〉若干问题的解释》
2006年最高人民法院《关于涉外民事或商事案件司法文书送达问题若干规定》
2013年最高人民法院《关于依据国际条约和双边司法协议条约办理商事案件司法文书送达和调查取证司法协助请求的规定》

## 第一节 国际民事诉讼概述

### 一、国际民事诉讼概念

国际民事诉讼程序,是指一国法院在审理涉外民事诉讼案件时,法院、当事人及其他诉讼参与人进行诉讼活动所必须遵循的特殊程序的总称。由于国际民事诉讼涉及两个或两个以上国家或地区的当事人,因此,其不仅要保护受诉法院所在国或地区当事人的利益,同时要注意保护对方当事人的合法利益不受损害。

▶ **典型案例**

**【案情】**[①]

1999年1月31日下午,深圳蔡某驾驶汽车在高速公路发生交通事故,车子撞断护栏后坠入路下水沟,安全带断裂,气囊未弹出,蔡某当场死亡。事后,蔡某的父亲(以下简称蔡父)认为,汽车安全气囊未弹出是造成儿子死亡的重要原因。2000年1月,蔡父将汽车生产商德国甲汽车公司告上法庭。由于该公司坚持要求以外交方式将起诉书送达德国总部,导致该案迟迟未能开庭。

2002年3月全国"两会"期间,数位全国人大代表向大会提交了要求保护使用进口产品的消费者的正当权益的联名议案,建议司法部门应协助解决起诉书送达问题。2002年6月22日,最高人民法院发布第15号公告,规定司法文书可以向受送达人设在我国境内的代表机构送达。

2003年9月5日,东莞市中级人民法院开庭审理了此案。

**【审理】**

法院经审理认为:由于轿车安全带断裂加之气囊不能适时弹出,导致蔡某在交通事故中死亡,德国该汽车公司应对其涉案车辆产品质量缺陷承担责任,赔偿受害人由此造成的物质和精神损失。

**【法理】**

本案主要涉及国际民事诉讼法在内国法院的适用问题,涵盖国际民事诉讼进行过程中国家主权原则的适用、管辖权以及文书送达等问题。国际民事诉讼法属于程序法,一般来说,一国法院应适用本国诉讼程序法来审理涉外民商事纠纷,除非条约有特殊规定。在进行国际民事诉讼时,法院、各方当事人及其诉讼代理人以及其他诉讼参与人都必须遵守法院地国有关国际民事诉讼的有关规定,只有这样,才能保证诉讼程序的顺利进行,从而保护诉讼当事人的利益。

各国有关国际民事诉讼的立法主要分为国际渊源和国内渊源两类。前者表现为国际条约和国际惯例,后者多体现为国内立法与判例。我国加入了1965年在海牙缔结的《关于向国外送达民事或商事司法文书和司法外文书公约》(以下简称海牙《送达公约》)、1970年在海牙缔结的《关于从国外调取民事或商事证据公约》(以下简称海牙《取证公约》)等公约,并与很多国家缔结了双边司法协助条约,这些公约和条约构成我国国际民事诉讼法的国际渊源。我国目前尚不承认判例作为法律渊源效力,我国有关国际民事诉讼程序的规定主要体现在2013年修正的《中华人民共和国民事诉讼法》(以下简称《民事诉讼法》)第四编中,涉及涉外民事诉讼程序中的一般原则、管辖、送达和期间、财产保全、仲裁以及司法协助等内容。此外,2015年《最高人民法院关于适用

---

[①] 参见《蔡壮钦诉奔驰公司产品质量纠纷案》,载赵相林主编:《国际私法教学案例评析》,中信出版社2006年版,第262—263页。

《民事诉讼法》的解释》(以下简称《民事诉讼法解释》)、1986 年《外交特权与豁免条例》、1990 年《中华人民共和国领事特权与豁免条例》中关于外交人员和领事人员在我国人民法院进行民事诉讼时的地位、豁免权及限制所作的规定、1999 年《海事诉讼特别程序法》和最高人民法院《关于涉外海事诉讼管辖的具体规定》、2002 年最高人民法院《关于适用〈中华人民共和国海事特别程序法〉若干问题的解释》以及我国与大约 32 个国家签订包含有民事司法协议内容的双边协定等都是我国国际民事诉讼法的主要国内法渊源。

## 二、外国人的民事诉讼地位

(一) 外国人民事诉讼地位概述

外国人的民事诉讼地位,是指一国根据其国内法或者有关国际条约的规定,赋予外国人在本国境内进行民事诉讼时享有民事诉讼权利、承担民事诉讼义务的实际状况。这里的外国人应作广义理解,包括无国籍人、难民、外国法人和其他组织。顺应国际交往的需要,各国一般都赋予外国人与内国公民同等的民事诉讼地位。外国人在一国境内具有一定的民事诉讼地位,是国际民事诉讼开始和进行的前提条件,规定外国人民事诉讼地位的法律规范是国际民事诉讼程序法的重要组成部分,各国立法和有关的国际条约对此都作了明确规定。

(二) 国际民事诉讼中的国民待遇原则

外国人民事诉讼地位的国民待遇原则,又称平等待遇原则,是指一国赋予本国境内的外国人在民事诉讼地位方面享有与本国公民同等的诉讼权利。外国人的民事诉讼地位经历了从排斥到合理待遇的发展阶段,是世界各国交往不断深入的必然结果。目前,各国一般都实行有条件的国民待遇,即互惠的国民待遇原则。这种互惠的国民待遇原则建立在推定的基础上,即首先推定外国国家赋予本国在该国的国民与该国公民在民事诉讼地位上平等的诉讼地位,一旦证实某一外国国家对本国在该国国民的民事诉讼地位加以限制,则根据对等原则限制该国国民在本国的民事诉讼地位。有条件的国民待遇成为国际民事交往中的一个重要原则。

▶ 典型案例

【案情】①

2002 年 2 月中旬,外籍 H 号油轮驶入我国广东某水域。2002 年 2 月 19 日,美国甲服务有限公司(以下简称美国公司)以该油轮拖欠油款为由向广州海事法院申请扣押该油轮,并根据法院要求提供了担保。后广州海事法院经审查裁定准许了美国公司的扣船申请,并具体对该船进行了扣押。H 号油轮被扣押后,希腊乙油品公司(以下简称希腊公司)也以该油轮拖欠油款为由向广州海事法院申请扣押该轮。2002 年 2 月 25 日,广州法院经审查,同样裁定准许了希腊公司的扣船申请,并对 H 号油轮进行了

---

① 参见《"航海者"号油轮被扣并拍卖偿付债权案》,载赵相林主编:《国际私法教学案例评析》,中信出版社 2006 年版,第 264—265 页。

第二次扣押。2002年3月14日,美国丙银行(以下简称美国银行)以H号油轮的所有人丁公司拖欠以该油轮抵押所担保的贷款为由申请扣押该轮,并要求L公司提供担保。2002年3月15日,广州海事法院经审查对该油轮实施了第三次扣押。

在H号油轮被扣押后,丁公司既没有向法院提供担保,也没有与上述债权人达成还款协议,于是,这些债权人向人民法院申请要求拍卖该油轮以偿还欠款。丁公司未进行任何抗辩。2002年5月9日,广州海事法院依法裁定公开拍卖H号油轮。

【审理】

法院经审查认为:虽然本案原告为外国法人,且案件与我国无实质性联系,在没有证据证明该外国人所属国家对中国公民的民事诉讼地位予以限制的情况下,根据国民待遇原则,本案原告可以在我国法院提起诉讼。

【法理】

本案涉及外国人在我国进行民事诉讼时的国民待遇问题。我国2013年修正的《民事诉讼法》第5条规定:"外国人、无国籍人、外国企业和组织在人民法院起诉、应诉,同中华人民共和国公民、法人和其他组织有同等的诉讼权利义务。外国法院对中华人民共和国公民、法人和其他组织的民事诉讼权利加以限制的,中华人民共和国法院对该国公民、企业和组织的民事诉讼权利,实行对等原则。"由此可以看出,我国同样实行有条件的国民待遇原则。具体到本案中,广州海事法院正是依据这一条款的规定受理并审理了本案。

国民待遇原则包含两个方面的内容:第一,外国人在内国境内享有与内国国民同等的诉讼权利,承担同等的诉讼义务,其诉讼权利不因其为外国人而受到限制;第二,外国人在内国境内所享有的诉讼权利不能超出内国国民所享有的权利范围,任何要求享有超出当地国民所享有的权利范围的主张都是不合理的,内国可以予以拒绝。

关于外国人民事诉讼地位问题,我国采取的也是有条件的国民待遇制度,与国际社会的普遍实践相一致,我国2013年修正的《民事诉讼法》第5条第2款规定:"外国法院对中华人民共和国公民、法人和其他组织的民事诉讼权利加以限制的,中华人民共和国人民法院对该国公民、企业和组织的民事诉讼权利实行对等原则。"对于互惠问题,实践中也是采取推定存在原则。此外,我国相继同很多国家签订了双边司法协助协定,通过条约的方式进一步保障彼此国民在对方国家享有诉讼地位的国民待遇。

此外,根据我国2011年《法律适用法》《民法通则》《民事诉讼法》有关条文的规定,以及法律实务,外国人在我国参加民事诉讼的权利能力和行为能力原则上依其属人法确定。外国人依其属人法无诉讼权利能力和诉讼行为能力,而依我国法具有诉讼权利能力和诉讼行为能力的,则认为其有诉讼权利能力和诉讼行为能力。

(三) 外国人的民事诉讼能力

外国人的民事诉讼能力包括外国人的民事诉讼权利能力和民事诉讼行为能力两个方面。

1. 外国人的民事诉讼权利能力

外国人的民事诉讼权利能力是指外国人行使民事诉讼权利和承担民事诉讼义务的身份和资格。外国人的民事诉讼权利能力是外国人民事权利能力在诉讼领域的具体体现。在通常情况下,外国人的诉讼权利能力与民事权利能力基本上是一致的,即外国人在多大范围内享有民事权利能力也就在同等范围内享有民事诉讼权利。然而,诉讼权利能力毕竟不完全等同于民事权利能力,两者分别属于程序法和实体法上的概念,诉讼权利能力是民事实体权利能力在民事诉讼领域的延伸或具体体现,其自身具有一定的特殊性。因此,一国在赋予外国人民事实体权利能力的同时并不一定赋予其民事诉讼权利能力。法院地国究竟在多大范围内赋予外国人民事诉讼权利能力,一般由法院地法或者条约决定。目前,在外国人民事诉讼地位问题上,国际社会普遍采取国民待遇。

2. 外国人的民事诉讼行为能力

外国人的民事诉讼行为能力,是指外国人以自己的行为行使诉讼权利和承担诉讼义务的能力。外国人的民事诉讼行为能力是外国人民事行为能力在诉讼领域的延伸。诉讼行为能力是与民事行为能力相对应的一个概念,通常情况下,外国人的诉讼行为能力与民事行为能力是一致的,但二者也并非完全等同。此外,就诉讼行为能力与诉讼权利能力的关系而言,有诉讼行为能力的人必然有诉讼权利能力,然而,受年龄、精神状态等因素的制约,在实践中,相当一部分具有诉讼权利能力的外国人却并不具有诉讼行为能力。外国人的民事诉讼行为能力一般由其属人法确定,即外国人国籍国或住所地国认为其有诉讼行为能力的,法院地国也认为其有诉讼行为能力;但在外国人国籍国或住所地国认为其无诉讼行为能力而根据法院地国法律认为其有诉讼行为能力时,则依法院地法确认。

但是,对于外国人在我国进行诉讼所享有的民事诉讼权利能力和民事诉讼行为能力适用的准据法问题,需要我国立法进一步予以明确。

(四) 外国人的诉讼费用制度

1. 诉讼费用的担保

诉讼费用担保是指外国人或者在内国没有住所的人在内国法院提起诉讼时,应被告的请求或者根据内国法律的规定,由内国法院责令其提供一定的财物作为担保。这一制度的设立主要是为了防止一方当事人滥用诉讼权利以及防止原告败诉后拖欠诉讼费用。这里的诉讼费用主要指除了案件受理费之外为进行诉讼而需要由当事人承担的必要开支。

▶典型案例

【案情】[①]

被告 W 先后向本案 87 名原告(其中 81 人经常居住地位于爱尔兰共和国)出售一

---

① 参见《Fitgerald 等 87 人诉 Williams 返还艺术作品价款案》,载赵相林主编:《国际私法教学案例评析》,中信出版社 2006 年版,第 268 页。

部分艺术品,并承诺100%的高额利润。此后,这些艺术品由于其真实价值遭到怀疑而被警方没收。经专业评估机构鉴定,这些艺术品的真实价值很小。于是,87名原告向英国法院起诉,要求被告返还其购买这些艺术品的价款,并要求被告就其欺诈行为对原告进行损害赔偿。1995年7月23日,英国法官依据英国法律要求原告提供诉讼费用担保,原告则请求法院撤销这一命令。随后,上诉法院法官作出判决,支持了原告的这一主张。

**【审理】**

上诉法院认为:根据《关于民商事案件管辖权和判决执行公约》的规定,在爱尔兰执行判决不会遇到任何困难,所以,让居住于爱尔兰的原告提供诉讼费用担保是不公正的。该公约规定,不论是否有程序上的特殊要求,任何缔约国的判决必须在其他缔约国中得到承认。英联邦各国均为该公约的缔约国。

**【法理】**

本案涉及外国人民事诉讼地位中的诉讼费用担保问题。尽管各国对于诉讼费用担保制度的立法和实践各不相同,但都旨在防止原告滥用其诉讼权利以及在败诉时逃避其缴纳诉讼费用的义务,是一种保障制度。但在本案中,英国上诉法院却撤销了要求原告提供诉讼费用担保的命令,这说明该制度的实施需要一定的条件,否则,会在防止原告滥用诉讼权利的同时给予被告滥用该制度的可能。

由于诉讼费用担保制度在一定程度上限制了外国当事人的诉权,成为外国人行使诉讼权利的一大障碍,因此一直备受争议。而世界各国在这一问题上的做法也不尽一致。目前,很多国家坚持在互惠的基础上免除对方国家国民作为原告时提供诉讼费用担保的义务。而对于这一问题,我国的立法也逐渐从要求提供担保到实行互惠条件下互免担保,是一个重大的转变。2006年的《诉讼费用交纳办法》第5条规定:"外国人、无国籍人、外国企业和组织在人民法院进行诉讼,适用本办法。外国法院对我国公民、法人和其他组织,与其本国国民、法人和其他组织在诉讼费用交纳上实行差别对待的,按照对等原则处理。"该条表明我国将要求提供担保作为例外规定。此外,通过签订有关国际条约的方式在缔约国之间相互免除对方国民的诉讼费用担保也是国际社会努力的方向,1954年订于海牙的《民事诉讼程序公约》以及1980年订于海牙的《国际司法救助公约》均对这一问题作出了规定。

2. 诉讼费用的减免和司法救助

诉讼费用的减免,是指当外国诉讼当事人交纳诉讼费用确有困难时,可以向内国法院请求减交或免交,经查证属实,内国法院准许该外国当事人减交或免交诉讼费的一种制度。诉讼费用的减免制度保证了平等诉讼权利在更广泛的范围内得以实现。诉讼费用的减免一般建立在条约或互惠关系的基础之上。需要注意的是,诉讼费用的减免并没有免除减免费用的当事人偿还对方当事人因诉讼而支出的费用的义务。

与诉讼费用减免密切相关的一个制度是司法救助。司法救助制度同样是为了保证当事人诉讼权利的顺利行使而设立,与诉讼费用减免相比,司法救助制度包括的内容更为广泛,不仅包括诉讼费用的减免,还包括诸如律师费用等其他费用的减免以及相关便利的提供。各国法律对于提供司法救助的条件有不同规定,但通常都考虑如下因素:(1) 当事人确实没有能力支付相关的诉讼费用;(2) 如果不提供司法救助将使当事人诉权的行使遭受障碍;(3) 当事人提出救助申请;(4) 申请人国籍国与法院地国之间有条约或互惠关系。

(五) 外国人的诉讼代理制度

诉讼代理是指根据法律的规定、法院的指定或当事人及其法定代理人的委托,为当事人利益以被代理人的名义代为进行诉讼活动的一种制度。根据代理行为发生的原因不同,可以将诉讼代理分为法定代理、指定代理和委托代理。法定代理和指定代理主要规定在一国国内法中,国际民事诉讼程序中的外国人诉讼代理制度主要涉及委托代理和领事代理。

▶ 典型案例

【案情】[①]

德国籍人尤某根据中德学术交流计划来到上海市甲大学任教。在任教期间,尤某与某中国公民结婚。后因双方性格不合等原因,尤某向上海市中级人民法院提起离婚诉讼。因任教期间届满需要回国,尤某欲委托其在上海任教的某德国籍人或德国驻上海领事馆的工作人员担任其离婚诉讼中的诉讼代理人。由于我国当时的法律并未对外国人的代理制度作出规定,上海市高级人民法院就是否允许外籍当事人委托居住在我国境内的外国人或本国驻我国领事馆的工作人员为诉讼代理人的问题向最高人民法院请示,要求作出司法解释。

【审理】

最高人民法院就此问题作出《关于是否允许外籍当事人委托居住我国境内的外国人或本国驻我国领事馆工作人员为诉讼代理人的批复》,其中指出:(1) 外籍当事人委托居住在我国境内的本国人为诉讼代理人,不违背《中华人民共和国民事诉讼法(试行)》的规定,可以准许。(2) 驻华使、领馆官员,受本国国民的委托,以个人名义担任诉讼代理人时,亦应准许。同时根据我国参加的《维也纳领事关系公约》的规定,外国驻华领事馆官员(包括经我国外交部确认的外国驻华使馆的外交官同时兼有领事官衔者),当作为当事人的本国国民不在我国境内,或由于其他原因不能适时到我国法院出庭时,还可以在没有委托的情况下,直接以领事名义担任其代表或为其安排代表在我国法院出庭。

---

① 参见《德国籍人尤塔·毛雷尔在中国起诉离婚案》,载赵相林主编:《国际私法教学案例评析》,中信出版社 2006 年版,第 266—267 页。

**【法理】**

本案是关于国际民事诉讼中的代理制度的一个典型案例,涉及委托代理和领事代理。我国2013年修正的《民事诉讼法》第23章规定了涉外民事诉讼程序的一般原则,其中包括委托律师代理诉讼必须委托中国律师的原则。《民事诉讼法》第263条规定:"外国人、无国籍人、外国企业和组织在人民法院起诉、应诉,需要委托律师代理诉讼的,必须委托中华人民共和国的律师。"根据2015年最高人民法院《关于适用〈中华人民共和国民事诉讼法〉的解释》第528条的规定,涉外民事诉讼中的外籍当事人,可以委托本国人为诉讼代理人,也可以委托本国律师以非律师身份担任诉讼代理人;外国驻华使、领馆官员,受本国公民的委托,可以以个人名义担任诉讼代理人,但在诉讼中不享有外交特权和豁免权。该规定是指,外国当事人在我国人民法院起诉、应诉,如果需要委托律师代理诉讼,必须委托中国的律师,外国律师不得以其律师的身份参加中国的诉讼活动。当今各国法律都规定了类似原则,其基本依据是,律师活动是司法活动的组成部分,主权国家不允许他国司法活动在本国渗透。

该案发生在《民事诉讼法》颁布之前,当时《中华人民共和国民事诉讼法(试行)》只规定了委托代理,因此,本案的处理依据是最高人民法院的批复。

律师制度是一国司法制度的重要组成部分。在国际民事诉讼中,各国立法和实践都允许外国当事人委托律师代为进行诉讼,但一般又都对这一行为加以限制,规定外国当事人只能委托内国律师。我国2013年修订的《民事诉讼法》及其2015年《民事诉讼法解释》作了如下规定:"外国人、无国籍人、外国企业和组织在人民法院起诉、应诉,需要委托律师代理诉讼的,必须委托中华人民共和国的律师。""涉外民事诉讼中的外籍当事人,可以委托本国人为诉讼代理人,也可以委托本国律师以非律师身份担任诉讼代理人;外国驻华使、领馆官员,受本国公民的委托,可以以个人名义担任诉讼代理人,但在诉讼中不享有外交特权和豁免权。""涉外民事诉讼中,外国驻华使、领馆授权,其本馆官员,在作为当事人的本国国民不在我国领域内的情况下,可以以外交代表身份为其本国国民在我国聘请中国律师或中国公民代理民事诉讼"。

领事代理是国际民事诉讼中的一种独特的代理制度。它是指根据驻在国的法律或者有关国际条约的规定,出于保护派遣国国民或法人在驻在国的合法权益的目的,一国的领事可以在其职权范围内,在驻在国的有关法院代表派遣国国民或法人参加有关诉讼。不同于律师代理,领事代理无须当事人的委托,而是基于领事官员的职务而进行诉讼。此外,领事代理具有临时性,一般只要当事人委托了诉讼代理人或者自己参加了诉讼,领事代理即告终止。1963年订立的《维也纳领事关系公约》明确肯定了领事代理制度,根据该《公约》第5条第8款和第9款的规定,领事在接受国法律规章所规定的限度内,保护为派遣国国民之未成年人及其他无充分行为能力人之利益;领事的行为以不抵触接受国的法律和程序为限,在派遣国国民不在接受国或因故不能于适当期间进行自行辩护时,领事可以代其进行诉讼。我国对该制度采取一种灵活的方式,外国当事人可以亲自出庭进行诉讼,也可以委托诉讼代理人代为进行诉讼,亦可以委托其国籍国驻华使、领馆官员。只是委托律师进行诉讼的,只能委托中国律师,委托使、领馆官员的,该使、领馆官员只能以个人名义担任诉讼代理人,不享有豁免权。我国与美国、意大利、印度、波兰、匈牙利、朝鲜、蒙古、墨西哥、土耳其、罗马尼亚、古巴、老挝等国家签订的领事条约中,都订有领事代理条款。

(六)司法豁免制度

1. 概述

国际民事诉讼中的司法豁免,又称外交特权与豁免,是指一国的外交代表和领事代表及其他有关人员在驻在国所进行的职务行为,在其职权范围内享有驻在国法院的管辖豁免权。

对于外交特权与豁免的理论依据,主要有三种学说:

(1)治外法权说,即尽管外交代表位于驻在国,但在法律上假定他们仍然在派遣国境内,因此不受驻在国法院的管辖。

(2)代表性质说,即外交人员代表的是一个国家,根据平等者之间无管辖权的国际法原则,驻在国法院无权对外交代表行使管辖权。

(3)职务需要说,即赋予外交代表特权与豁免是出于外交代表履行职务所必需,使外交代表可以自由地在驻在国为职务行为。

这三种学说都在一定程度上解释了驻在国给予外交代表特权与豁免的原因,其中,治外法权说已经被抛弃,目前主要采代表性质说和职务需要说。《维也纳外交关系公约》主要采用职务需要说,但同时结合代表性质说,确立了外交代表所享有的特权与豁免。

2. 国际条约的有关规定

1961年4月18日通过的《维也纳外交关系公约》是规定外交代表及外交机构特权与豁免的主要公约,其肯定了外交人员在驻在国法院所享有的管辖豁免权,对于外交人员司法豁免权的例外作出了详细规定。根据公约第31、32条的规定,外交代表不接受驻在国的刑事管辖、民事管辖和行政管辖,但外交代表在下列民事案件中不享有司法豁免权:(1)外交代表以私人身份在驻在国境内为有关私有不动产物权的诉讼;(2)外交代表以私人身份为遗嘱执行人、遗产管理人、继承人或受遗赠人的有关继承的诉讼;(3)外交代表于驻在国境内在公务范围以外所从事的专业或商务活动的诉讼;(4)派遣国明确表示放弃司法豁免的诉讼,此种放弃豁免的表示只能由派遣国以明示的方式作出;(5)因主动在驻在国法院以原告身份提起诉讼而引起的与本诉直接相关的反诉。此外,公约还规定,外交代表及其他享有司法豁免权的人,在民事诉讼程序上放弃管辖豁免并不等于放弃了强制执行豁免;驻在国法院不得强迫外交代表及其他享有司法豁免权的人以证人身份作证。

根据《维也纳外交关系公约》第37条的规定,除外交代表外,下列人员在一定程度上享有特权和豁免:(1)外交代表的同户家属如非接受国国民,则享有与外交代表同等的特权与豁免;(2)使馆行政技术人员及其家属如非接受国国民且不在接受国永久居住,除民事和行政管辖豁免权不适用于执行职务以外的行为,其享有的其他特权与豁免同外交人员一样;(3)使馆服务人员如非接受国国民且不在接受国永久居住,就其执行职务的行为享有特权与豁免;(4)使馆人员的私人服务人员如非接受国国民且不在接受国永久居住,也在接受国许可范围内享有特权与豁免。

1963年签订的《维也纳领事关系公约》对于领事官员和领事雇佣人员的司法豁免权也予以肯定,但同时规定了以下例外情形:(1)因领事官员或领事雇佣人员未明示或默示以派遣国代表身份而订立的契约所产生的诉讼;(2)第三者因车辆、船舶或航空器在接受国内所造成的意外事故而要求损害赔偿的诉讼。此外,公约对于特权与豁免的放弃的规定,与《维也纳外交关系公约》基本相同。

3. 中国关于司法豁免权的立法与实践

我国加入了《维也纳外交关系公约》和《维也纳领事关系公约》,并与许多国家签订了双边领事条约,这些公约和条约的规定构成了我国关于司法豁免权的国际渊源,必须予以遵守。

我国国内立法对司法豁免权也作出了规定。我国《民事诉讼法》第261条规定:"对享有外交特权与豁免的外国人、外国组织或国际组织提起的民事诉讼,应当依照中华人民共和国法律和中华人民共和国缔结或参加的国际条约的规定办理。"我国《外交特权与豁免条例》第14条则将这一规定细化,在肯定外交豁免存在的前提下,对外交代表享有的民事和行政豁免作出了例外规定:(1)以私人身份进行的遗产继承诉讼;(2)违反规定在中国境内从事公务范围以外的职业或商业活动的诉讼。相应地,《领事特权与豁免条例》第14条对于领事官员及领事行政技术人员所享有的司法豁免权也作出了例外规定:(1)涉及未明示以派遣国身份所订立契约的诉讼;(2)涉及在中国境内的私有不动产诉讼;(3)以私人身份进行的遗产继承诉讼;(4)因车辆、船舶或航空器在中国境内造成事故而引起的有关损害赔偿的诉讼。

## 第二节 国际民事诉讼管辖权

### 一、国际民事诉讼管辖权概述

国际民事诉讼管辖权是指一国法院或具有审判权的其他司法机关,根据本国缔结或参加的国际条约和国内法的有关规定,受理某一国际民商事案件并行使审判权的资格或权限。国际民事诉讼管辖权问题主要解决的是某一特定的民商事案件究竟由哪一个国家的法院行使管辖权的问题。至于在确定了由哪一个国家的法院管辖以后,该案件应该由相关国家的哪一个地方法院或地方哪一级法院进行审判的问题则是一个国内管辖权的问题,依据国内民事诉讼法确定。二者之间虽然在程序上有着衔接的关系,但却属于性质不同的两个问题。

在国际民事诉讼中,管辖权问题具有十分重要的意义。国际民事诉讼管辖权问题不仅关系到维护国家主权,而且对于维护当事人的权益具有重要意义,此外,管辖权问题的解决是一国法院受理案件从而开始国际民事诉讼程序的前提,合法有效的管辖权也是判决承认与执行的重要条件。

## 二、确定国际民事诉讼管辖权的一般原则

从世界各国有关立法和司法实践出发,不管是大陆法系还是英美法系,确定国际民事诉讼管辖权的原则主要有以下几种。

(一) 属地管辖原则

属地管辖原则,又称地域管辖原则,它主张以案件的事实和当事人双方与有关国家的地域联系作为确定法院国际管辖权的标准。该原则强调一国法院基于领土主权的原则,对其所属国领域内的一切人和物以及法律事件和行为具有管辖权限。属地原则是国家主权原则特别是国家领土主权原则在国际民事诉讼管辖权问题上的具体体现,它侧重于有关法律或者法律行为的地域性质或属地性质,即在有关的国际民事案件中,强调有关当事人特别是被告的住所地、惯常居所地、居所地甚至所在地,有关诉讼标的物所在地,被告财产所在地,有关的法律事实——包括法律行为和法律事件发生地,如合同签订地、合同履行地、侵权行为发生地、不当得利发生地、无因管理发生地、自然人失踪地等有关地方所属国家的法院具有国际管辖权。

▶ **典型案例**

**【案情】**[①]

1998年,南非丙公司通过原告欲从中国进口一批货物,向被告提出了开立信用证的申请。被告分别于1999年6月23日、6月25日开立了以该公司为申请人、原告为受益人、中国工商银行(总部)为议付行的不可撤销循环信用证两份,这两份信用证均为提单日180天后付款的延期付款信用证,金额分别为105,000美元和11万美元。两份信用证条款中均规定:授权适用国际商会跟单信用证统一惯例第525号出版物。原告在收到被告开立的上述信用证后即依约履行了交货义务,然后通过中国工商银行淮阴市分行(以下简称工行淮阴分行)向被告交单。从1999年8月19日至同年12月17日,原告在信用证规定期限内通过工行淮阴分行共向被告交单13次,总金额86万美元。1999年12月22日,被告来电称,根据"欺诈免责"原则撤销信用证,并对1999年12月9日以后所发货物不再承担付款责任。在上述所有应付款中,被告已承兑信用证项下金额535,000美元,未承兑付款、未退单信用证项下金额22万美元。事实上,以上所有款项在信用证付款日期满后被告均未予支付。为此,原告起诉至淮阴市中级人民法院,要求判令被告:(1)兑付信用证项下金额计86万美元,赔偿原告利息及银行罚息损失计189,587.86美元。(2)承担本案诉讼费用。

被告在答辩期内提出管辖异议,称:本案双方的争议属于信用证项下的付款争议,该争议为非合同性的担保责任争议,依照原告就被告的原则,应由担保人或信用证开证人所在地法院管辖。由于被告在北京设有办事处,根据我国的法律规定,本案应由其代表机构所在地的人民法院管辖。

---

[①] 参见《淮阴市对外贸易公司诉南非莱利银行信用证承兑纠纷案》,载最高人民法院中国应用法学研究所编:《人民法院案例选》2001年第4辑(总第38辑),人民法院出版社2001年版。

**【审理】**

淮阴市中级人民法院经审查认为：信用证虽然有别于作为其依据的基础合同，但其作为一个独立的交易，就其本质而言，仍然不能改变其契约性质。对此，被告开立的信用证授权适用的国际商会跟单信用证统一规则（即 UCP525）以及国际商会制定的相关惯例、操作指南都予以肯定。在本信用证承兑纠纷中，原告一直通过实际的议付行工行淮阴分行履行向被告的交单义务，对此，有原告举证的相关证据证明，据此，可以认定淮阴是合同的履行地。故被告所提管辖权异议不能成立，法院不予支持。依据《中华人民共和国民事诉讼法》第38条、第243条之规定，法院裁定：驳回被告南非乙银行对本案管辖权提出的异议。

被告南非乙银行不服一审裁定，仍以原管辖权异议的理由，向江苏省高级人民法院提起上诉。被上诉人淮阴市甲公司答辩称：本案为信用证纠纷，属一种特殊的合同法律关系。其依信用证条款向指定的银行交单，即是履行其合同项下义务，其交单地当然为合同履行地。本案应由合同履行地即淮阴市中级人民法院管辖。

江苏省高级人民法院经审查认为：上诉人、被上诉人的信用证承兑纠纷属于信用证项下的付款纠纷，根据 UCP500、525，它是一种独立的票据合同法律关系。被上诉人在合同履行中向工行淮阴分行交付了全部单证，上诉人亦依照信用证要求通过工行淮阴分行向被上诉人履行了部分付款义务，工行淮阴分行成为信用证的实际议付行。依据最高人民法院关于票据权利纠纷由票据支付地或者被告住所地人民法院管辖的规定，江苏省淮阴市中级人民法院对本案享有管辖权。上诉人的上诉理由不成立，不予采纳。该院依法裁定：驳回上诉，维持原裁定。

**【法理】**

本案涉及国际民事诉讼中有关地域管辖的规定。淮阴市中级人民法院对该案享有管辖权的依据是国际民事诉讼管辖权中的属地管辖原则。因此，管辖权争议的焦点集中在对信用证性质的认定上。被告认为信用证不是合同，只是非合同性的担保责任，不能依合同纠纷确定管辖地，只能依财产权益纠纷，由被告或其代表机构所在地法院管辖。一审法院认为信用证属于合同，且履行地在受诉法院辖区内，因而受诉法院对本案享有管辖权。二审法院虽然也认为信用证属合同，但认为属于票据合同关系，由于票据的支付地在受诉法院所在地，所以受诉法院才有管辖权。信用证的性质决定着本案的管辖权问题，承认信用证的合同性质符合国际社会的立法。《跟单信用证统一惯例》和《国际商会跟单信用证操作指南》在一定程度上都肯定了信用证的合同性质。根据我国2013年新修订的《民事诉讼法》第265条有关涉外案件管辖的规定，信用证纠纷应依合同履行地或签订地来确定管辖。

所谓地域管辖，是指一国法院依据本国与某涉外民事案件的地域联系而行使管辖权。属地管辖主要有下列几种地域因素。

（1）以被告的住所、居所、临时所在地为联系因素确定国际民事管辖权。即"原告就被告"原则，换言之，就是由原告向被告所在地国家的法院提起诉讼。英美还采取

"有效控制"原则,即只要受案法院能够直接控制被告或其财产,只要判决能够有效作出,法院就享有管辖权。

(2) 以物之所在地为联系因素确定管辖权。物之所在地强调与案件有关的财产的所在地国法院所享有的管辖权,通常来说,这一联系因素主要有不动产所在地、遗产所在地等。

(3) 以诉讼原因发生地为联系因素确定管辖权。这一因素又可以具体分为:合同案件由合同成立地或履行地法院管辖;侵权案件由侵权行为地法院管辖;海事案件区分不同的诉因由不用的法院管辖,如船舶登记地、行为发生地以及船舶扣留地等。

我国立法关于国际民事诉讼的属地管辖规定了三个方面的内容。

(1) 普通地域管辖。根据我国2013年新修订的《民事诉讼法》第21条以及相关司法解释的规定,对公民提起的民事诉讼,由被告住所地人民法院管辖;被告住所地与经常居住地不一致的,由经常居住地人民法院管辖;对法人或其他经济组织提起的民事诉讼,由被告住所地人民法院管辖。

(2) 特别地域管辖。我国2013年新修订的《民事诉讼法》第265条规定:"因合同纠纷或者其他财产权益纠纷,对在中华人民共和国领域内没有住所的被告提起的诉讼,如果合同在中华人民共和国领域内签订或者履行,或者诉讼标的物在中华人民共和国领域内,或者被告在中华人民共和国领域内有可供扣押的财产,或者被告在中华人民共和国领域内设有代表机构,可以由合同签订地、合同履行地、诉讼标的物所在地、可供扣押财产所在地、侵权行为地或者代表机构住所地人民法院管辖。"

(3) 在普通地域管辖和特别地域管辖之外,我国《民事诉讼法》还就一些具体争议的管辖权归属作了规定,如票据纠纷、保险合同纠纷、运输合同纠纷以及因海难救助费用和共同海损产生的纠纷等。

(二) 属人管辖原则

属人管辖原则主张以双方当事人与有关国家的法律联系作为确定法院管辖权的决定性标准,它强调一国法院对本国国民具有的管辖权限。属人管辖原则同样是国家主权原则在国际民事诉讼管辖权问题上的具体体现。它侧重于诉讼当事人的国籍,强调一国法院对于涉及其本国国民的国际民商事案件具有受理、审判的权限。

▶ **典型案例**

【案情】[①]

在日本的中国公民桂某与日本籍女子于2001年在夏威夷办理了结婚登记手续,并长期居住于日本。2005年,该日本女子向我国上海市静安区法院起诉,要求与桂某离婚。

---

① 参见《日本公民山下优子诉中国公民桂先生离婚案》,载赵相林主编:《国际私法教学案例评析》,中信出版社2006年版,第269页。

**【审理】**

法院经审理认为：双方的婚姻关系形成于夏威夷，而原告又是日本籍人士，依照我国法律规定，双方已经形成涉外民事法律关系。尽管桂某居住在日本，但其仍然是中国公民，我国法院对该起离婚诉讼案件享有管辖权。

**【法理】**

本案涉及有关国际民事诉讼管辖权原则中的属人管辖原则。属人管辖以当事人的国籍为确定管辖权的标志。本案被告虽然长期居住于日本，但其仍具有中国国籍，我国法院依据属人管辖原则而享有对该案件的管辖权。

根据属人管辖原则，涉外民事案件的当事人，无论是原告还是被告，也不管其居住于何处，当事人的国籍国法院对案件均享有管辖权。一般来说，属人管辖原则主要用于解决与人的身份有关系的案件，如结婚、离婚、监护、亲子、继承等案件，原则上都承认当事人国籍国法院享有的管辖权。但是，由于属人管辖过于强调国籍国法院的管辖权以及对本国当事人利益的保护，就有可能置相关外国国家法院的管辖权于不顾，这样不仅容易造成管辖权的冲突，而且有可能损害外国当事人平等参与诉讼的基础。属人管辖的弊端已经日益暴露，目前，很多国家都改变了原来单纯依据国籍来确定管辖权的做法，而是更多地考虑住所、惯常居所等地域因素，对管辖权问题作出灵活规定。

（三）专属管辖原则

专属管辖原则主张以国际民商事案件与有关国家的联系程度作为确定法院国际管辖权的标准，强调一国法院对与其本国国家和国民的根本利益具有密切联系的国际民商事案件具有专属管辖权限。专属管辖原则是国家主权原则在国际民商事案件诉讼管辖权问题上的突出表现。它强调一国法院对于那些与其国家及其国民的根本利益密切相关的，如涉及国家公共政策或重要的政治和经济问题的民商事案件无条件地享有国际管辖权，从而排除其他国家法院对该国际民商事案件的管辖。

专属管辖有利于保护内国的公共秩序，但过于强调专属管辖，一方面会加剧各国管辖权之间的冲突，另一方面，不利于日益频繁和不断深入的国际民商事交往。因此，各国应适当限制自己的专属管辖权。

（四）协议管辖原则

协议管辖原则也是主张以国际民商事案件与有关国家的联系程度作为确定法院国际管辖权的标准，它强调对于那些与有关国家和国民的根本利益影响不大的国际民商事案件，可以基于双方当事人的合意选择确定管辖法院。协议管辖原则是意思自治原则在国际民事诉讼管辖权问题上的具体体现。协议管辖原则是目前国际社会所普遍承认和采用的一项原则，世界各国的立法和司法实践都在不同程度上对这一原则作了肯定。

同时，由于这一原则的适用实际上赋予了当事人一种只有国家立法机关和司法审判机关才能享有的权利，所以，各国的立法和司法实践又都对这一原则的具体适用给予了一定的限制，如协议管辖的范围仅限于合同争议以及其他财产权益纠纷；管辖协议必须有效且以书面形式作出;协议管辖不得排除专属管辖等。

### 三、国际民事诉讼管辖权的冲突及解决

国际民事诉讼管辖权的冲突主要表现为,在国际民事诉讼中,两个或两个以上与涉外民商事案件有关联的国家对某一案件都主张或拒绝管辖的情况。前者被称为管辖权的积极冲突,后者被称为管辖权的消极冲突。长期以来,国际民事诉讼管辖权的冲突主要表现为积极冲突。

▶ **典型案例**

【案情】[①]

忻某与曹某于1944年在中国结婚,婚后生育两个女儿。被告曹某于1957年去美国定居并于1991年加入美国国籍。原告忻某也于1975年去美国。后双方发生矛盾,被告独自回到中国并与一妇女同居。1990年10月,被告在美国办理了与原告的离婚手续,并以挂失为名提取了夫妻二人在美国的存款8万余元。1991年3月,被告持美国法院的离婚判决书在中国办理了与他人的结婚登记。1991年12月,原告向宁波市中级人民法院提起诉讼,要求与被告离婚,分割夫妻关系存续期间的共同财产;判令被告支付1989年至今的生活费并要求被告承担其离婚后每月的扶养费。被告同意离婚,但不同意支付扶养费。

【审理】

法院经审理认为:原、被告之间有扶养义务。原告没有固定收入且身有残疾,而被告则有固定养老收入,根据我国法律规定,需要扶养的一方有要求对方给付扶养费的权利。本案被告有经济能力,应当承担对原告的扶养责任。

【法理】

本离婚案件涉及国际民事诉讼程序中的管辖权的积极冲突问题。"一事两诉"或"平行诉讼"是管辖权积极冲突的主要表现。平行诉讼是指当事人就同一争议基于相同事实以及相同目的在两个以上国家的法院进行诉讼的现象。平行诉讼又分为两种:一种是一方当事人分别在两个以上国家的法院对同一被告提起诉讼,此为"重复诉讼";一种是双方当事人在两个以上国家的法院分别以对方当事人为被告提起诉讼,称为对抗诉讼。本案中,曹某向美国法院提起离婚诉讼,而忻某向中国法院提起离婚诉讼,两国法院均对该案件享有管辖权,由此形成管辖权冲突,属于典型的平行诉讼中的对抗诉讼。

(一)冲突原因

管辖权的积极冲突已经成为国际民事诉讼管辖权冲突的实质问题和核心问题,究

---

① 参见《忻清菊诉曹信宝承担婚后扶养义务案》,载赵相林主编:《国际私法教学案例评析》,中信出版社2006年版,第246页。

其原因，主要有以下几个方面。

1. 主权原因

国家主权原则是国家之间进行民商事交往的前提，也是国际民事诉讼管辖权冲突的理论基础。各国基于立法主权确定本国国际民事诉讼管辖权规则，基于司法主权享有属地管辖权和属人管辖权。正是基于国家主权原则，各国在国际民事诉讼程序中都极力扩大自己的管辖权，从而导致管辖权冲突的产生。

2. 法律原因

目前，除了各国一致承认外国国家、外国国家元首、外交代表以及国际组织及其官员享有司法豁免权之外，国际社会上还不存在有关国际民事诉讼管辖权的统一立法，各国立法的差异导致国际民事诉讼管辖权的冲突在所难免。这种差异主要表现在：各国关于国际民事诉讼管辖权的标准不同，即使在采取相同标准的国家之间，也可能因为对于同一标准的解释和理解不同而产生冲突。这样一来，一旦发生国际民商事案件，有关国家的法院往往依据其内国法的规定来决定是否行使管辖权，管辖权冲突在所难免。

3. 经济原因

由于各国立法对某些民商事案件规定了平行管辖原则，允许当事人从中选择一个法院进行诉讼，加之各国实体法的规定不尽相同，案件在不同国家进行审理有可能得到不同判决，因此，国际民商事案件的原告为了保护自己的利益，倾向于在法律许可的范围内挑选对自己有利的法院进行诉讼。

(二) 解决途径

国际民事管辖权冲突的存在不仅不利于保护当事人的利益，更不利于国际民商事交往的进一步发展。因此，长期以来，国际社会一直致力于解决这一问题。本着国际协调的原则，不仅要考虑不同国家的有关立法和司法实践，而且应该考虑国际社会的一般做法，从而有效地避免和消除国际民事诉讼管辖权的冲突。

目前，有关国际民事诉讼管辖权积极冲突的协调途径主要有以下几种。

1. 缔结国际条约

国际民事诉讼管辖权的积极冲突发生在国家之间，通过缔结国际条约加强国际社会的联系与合作，进而达到避免和消除诉讼管辖权冲突的目的不失为一种有效的途径。本着互谅互让的精神，经过几十年的努力，国际社会制定出一系列调整民商事案件管辖权的国际公约和双边条约。如海牙国际私法会议制定的 1958 年《国际有体动产买卖协议管辖权公约》、1961 年《关于未成年人保护的管辖权和法律适用公约》、1965 年《收养管辖权法律适用和判决承认公约》等。这些公约的缔结对于解决国际民事诉讼管辖权的冲突以及促进国际民商事交往的进一步发展起到了积极作用。然而这一冲突协调途径同样存在着一定的局限性，主要表现为：(1) 有关国际民事诉讼管辖权的条约本身具有一定的局限性，缺乏全面规定国际民事案件管辖权的公约。(2) 这些国际条约是国家间斗争与妥协的产物，其规定具有很大的灵活性和折中性。(3) 条约只在缔约国之间有效，而不能约束非缔约国，因此，其调整范围是有限的。

2. 承认当事人的协议管辖

意思自治引入管辖权领域的最重要表现就是允许当事人协议选择管辖法院,这一途径主要是通过当事人的合意选择而将管辖权特定于某一国的法院,从而达到避免管辖权冲突的目的。这种合意建立在双方协商一致的基础之上,可使当事人对判决结果有一定的预见,从而保证判决的顺利执行。应该承认,允许当事人协议选择管辖法院是解决国际民事诉讼管辖权冲突的有效途径,应在立法上尽量扩大当事人协议选择管辖法院的范围。这一途径通过2005年海牙《协议选择法院公约》的制定与生效正在缔约国之间得以实现。

▶典型案例

**【案情】**[①]

1986年,德国某公司(以下简称德国公司)与中国某租赁公司(以下简称中国公司)签订合作协议,并同时签署了主租赁协议。合作协议明确约定:本合作协议及任何租赁协议均受德意志联邦共和国法院管辖,但出租人也有权向其他适合的法院提出权利要求。后双方签订了子租赁协议,就中国公司向德国公司支付租赁费用的金额、支付期限和支付方式作了约定。1992年开始,中国公司未能履行其在协议项下的承诺,并于1993年完全停止支付。多次催讨无果,1995年12月,德国公司向法兰克福地方法院提起诉讼,该法院于1998年12月作出缺席判决,判令中国公司向德国公司支付到1995年12月29日的本金和利息,并要求租赁公司承担诉讼费用。中国公司未执行该判决,于是德国公司向北京市第二中级人民法院提起诉讼,中国公司就该法院的管辖权提出异议。

**【审理】**

审理过程中,经法院主持调解,双方达成了调解协议。

**【法理】**

本案涉及有关国际民事诉讼管辖权中的协议管辖问题。允许当事人对管辖法院进行协议管辖,是当事人意思自治原则在国际民事诉讼程序中的具体体现。各国立法一般都规定,当事人可以在争议发生前后合意选择管辖法院。允许协议管辖的直接后果就是排除了其他法院的管辖权,由此达到避免国际民事诉讼管辖权积极冲突的效果。本案中,当事人在争议发生前约定一旦发生争议应由德国法院进行管辖,相应地,该约定确立了德国法院的管辖权。但本案当事人虽约定争议由德国法院管辖,但对管辖权的约定却非唯一和排他的,不仅如此,当事人还约定出租人有权向其他适合的法院提出其权利要求。这样,德国公司在德国法院和中国法院分别提起诉讼,同样形成"一事两诉"。

---

① 参见《德意志某公司诉中国某租赁公司偿付租赁费用案》,载赵相林主编:《国际私法教学案例评析》,中信出版社2006年版,第278页。

### 3. 确立一事不再理原则

一事不再理原则是指对于外国法院已经受理的相同当事人基于相同事实和相同目的的诉讼，后受理法院承认外国法院正在进行的诉讼的效力而拒绝或中止本国诉讼的制度。平行诉讼的存在是各国扩大司法管辖权以及当事人挑选法院的必然结果，不仅造成诉讼成本的增加和司法资源的浪费，而且不利于判决的承认和执行。通过确立一事不再理原则，先开始的诉讼程序排斥后开始的诉讼程序，从而达到解决管辖权冲突的目的。

在司法实践中，一事不再理原则主要有以下几种表现：

（1）未决诉讼原则。未决诉讼原则是美国在司法实践中确立的一个原则，一般适用于外国诉讼先于美国诉讼开始的情形。在这一情形下，美国法院为支持他国法院进行的涉及相同或类似当事人及争议事项的诉讼，发布未决诉讼命令中止令而中止本国法院诉讼的一种手段，该手段常与不方便法院原则结合适用。

（2）禁诉令制度。禁诉令制度同样是美国司法实践中确立的一个制度，与未决诉讼原则不用的是，该制度是美国法院为使外国法院进行的诉讼终止而发布的命令，禁止受美国法院属人管辖的一方当事人在外国法院起诉或参加预期的或未决的外国诉讼的一种制度。但是，禁诉令限制了外国法院的管辖权，有违国家主权原则，在实践中很少被采用。

（3）先受理法院原则。顾名思义，该原则是按照受理案件的时间先后顺序确定管辖权，由先受理案件的法院行使管辖权，后受诉法院应拒绝管辖。

## ▶典型案例

### 【案情】[①]

1995 年 5 月，被告山东乙公司与原告澳大利亚甲公司签订了进口 60,500 公吨铁矿砂的买卖合同。后因跟单信用证付款发生纠纷，1996 年 10 月 15 日，西太平洋银行向澳大利亚新南威尔士地区联邦法院提出扣押本案原告公司所属某轮的申请，同时责令原告提供 140 万美元的担保，该法院于同日将该轮予以扣押，10 月 18 日，上述船舶在提供足额担保后被释放。之后，西太平洋银行又以该轮为被告，并以该轮无正本提单放货为由诉至新南威尔士联邦法院。原告在履行了澳大利亚法院判决并遭受扣押船舶损失及提供担保损失后，依据被告出具的保函多次向被告追偿以上所遭受损失，但被告以种种理由拒付，遂于 1997 年 2 月 28 日诉至青岛海事法院，要求判令被告支付原告的损失。

### 【审理】

青岛海事法院受理案件后，由于原告在澳大利亚法院的诉讼正在进行，应原告的申请，裁定中止案件的审理，1999 年 7 月 16 日，澳大利亚法院作出判决，2000 年 1

---

① 参见《纳瓦嘎勒克西航运有限公司诉中国冶金进出口山东公司凭保函提货案》，载最高人民法院中国应用法学研究所编：《人民法院案例选》2003 年第 3 辑（总第 45 辑），人民法院出版社 2003 年版，第 387 页。

月 18 日,原告履行该判决完毕,应原告申请,案件恢复审理。其间,因外国法的查明及境外取证、办理相关文件的公证认证手续等程序,应当事人申请,案件审理予以延期。

**【法理】**

本案是一起典型的凭保函提货纠纷案,涉及原、被告双方分别向不同国家法院提起诉讼所产生的一事两诉问题。我国法院在受理案件之后,本着一事不再理的原则,首先裁定中止对案件的审理,待澳大利亚法院作出判决并执行完毕再恢复审理,符合未决诉讼的做法,有效地避免了管辖权的冲突。

4. 采用不方便法院原则

不方便法院原则是英美法系国家普遍采用的解决管辖权冲突的方法之一,是指一国法院依据内国法或有关国际条约,对某一涉外民商事案件享有管辖权,由于其本身就审理该案件而言非常不方便或不公平而拒绝行使管辖权,使当事人在另一个更为方便的法院进行诉讼的制度。由此可以看出,适用不方便法院原则的直接后果是撤销原告在内国法院提起的诉讼,或者中止该诉讼,直到同一诉讼请求能在另一更为合适的法院进行审理。因此,不方便法院原则的运用要求存在一个更为合适的可替代的法院,否则,容易造成管辖权消极冲突的产生。

▶典型案例

**【案情】**[①]

北京居民赵某原是伪满州国法院院长的遗孀,他们夫妇侨居日本时,在东京购置了多处土地、住宅并储存了大量金银珠宝。1964 年以来,来自我国台湾地区、日本、马来西亚的一些骗子企图冒领赵家在日本的财产。该国际诈骗案涉讼财产主要位于日本,主要诈骗人也在日本,但原告在中国,有些证据和证人也在中国,还有部分行骗人在中国被捕。因此,中国法院和日本法院对本案均享有管辖权。

**【审理】**

中国法院认为:从传讯证人、搜集证据等方面看,日本法院受理此案对当事人来说更为便利,因此裁定不予受理。

**【法理】**

本案涉及不方便法院原则在国际民事诉讼程序中的适用。不方便法院原则的适用不仅可以有效地解决国际民事诉讼管辖权中的积极冲突,而且可以避免司法资源的浪费,便利当事人进行诉讼活动,节约当事人的诉讼成本。本案中,在日本法院和中国法院都享有管辖权的情况下,中国法院考虑到域外取证、域外送达等问题,认为如果其

---

① 参见《赵碧炎确认产权案》,载赵相林主编:《国际私法教学案例评析》,中信出版社 2006 年版,第 282—283 页。

受理该案不仅无法向当事人提供及时和足够的保护和救济,而且诉讼程序的进行也将面临许多障碍,因此拒绝受理本案。此外,本案存在一个更为"方便"的法院——日本法院,而本案最终也是在日本法院进行审理并最终解决争议。

然而,不方便法院原则的适用过分依赖法院的自由裁量,而各国对于判断何为"不方便"存在不同的标准,这就容易造成该原则的适用因过于灵活而可能有失公平。一般来说,判断"不方便法院"时应考虑以下因素:(1)原、被告参加诉讼是否方便;(2)证据的取得是否存在困难;(3)对当事人为文书送达存在的障碍;(4)外国是否正在进行未决诉讼;(5)未来判决的可执行性;等等。2015年最高人民法院在《民事诉讼法解释》中对于不方便法院管辖作出规定。即第523条规定:"涉外民事案件同时符合下列情形的,人民法院可以裁定驳回原告的起诉,告知其向更方便的外国法院提出诉讼:(一)被告提出条件应由更方便外国法院管辖的请求,或者提出管辖权异议;(二)当事人之间不存在选择中华人民共和国法院管辖协议;(三)案件不属于中华人民共和国法院专属管辖;(四)案件不涉及中华人民共和国公民、法人或其他组织的利益;(五)案件争议的主要事实不是发生在中华人民共和国境内,且案件不适用中华人民共和国法律,人民法院审理案件在认定事实和适用法律方面存在重大困难;(六)外国法院对案件各省管辖权,且审理案件更加方便。"

## 四、中国的立法实践和规定

我国有关国际民事诉讼管辖权的法律渊源主要是有关国际条约和国内立法。

### (一)国际条约

我国分别于1953年、1958年和1980年参加了《1951年国际铁路货物联运协定》《1929年统一国际航空运输某些规则的公约》《1969年国际油污损害民事责任公约》,这些条约构成了我国目前有关国际民事诉讼管辖权的主要国际法律渊源。

《1951年国际铁路货物联运协定》规定,凡有权向铁路提出赔偿请求的人,只能由受理赔偿请求的铁路国的适当法院管辖。《1929年统一国际航空运输某些规则的公约》适用于所有以航空器运送旅客、行李或货物而收取报酬的国际运输以及航空运输企业以航空器办理的免费运输。根据该公约规定,承运人对旅客因死亡、受伤或身体上的任何其他损害而产生的损失,对于任何已登记的行李或货物因毁灭、遗失或损坏而产生的损失以及对旅客、行李或货物在航运过程中因延误而造成的损失承担责任。发生索赔诉讼,原告有权在一个缔约国领土内,向承运人住所地、其总管理处所在地、签订合同的机构所在地或目的地法院提出。《1969年国际油污损害民事责任公约》则规定,油污损害如在一个或若干个缔约国领土(包括领海)发生或在上述领土或领海内采取了防止或减轻油污损害的预防措施的情况下,有关诉讼只能向上述一个或若干个缔约国法院提出,每一个缔约国都保证它的法院具有处理上述赔偿诉讼的必要管辖权。

此外,我国与一些国家的双边经贸协定、双边司法协助条约或领事条约中也规定了管辖权的确定原则,例如1987年中法《关于民事、商事司法协助的协定》、1980年

《中华人民共和国和美利坚合众国领事条约》等,在这些双边条约中,一般采用"原告就被告"原则确定直接国际民事诉讼管辖权以及外国法院判决承认与执行中的间接国际民事诉讼管辖权。

显然,这些国际条约的调整范围是相当有限的,并不能协调所有的国际民事诉讼管辖权冲突,需要有关国内立法予以补充。

(二) 国内立法和司法实践

我国《民事诉讼法》及其解释、《海事诉讼特别程序法》及其解释中均有关于国际民事诉讼管辖权方面的规定。这些法律、法规及解释主要规定了以下几种管辖。

1. 普通地域管辖

我国2013年新修订的《民事诉讼法》没有专门规定涉外民事案件的普通管辖,但《民事诉讼法》第259条规定:"在中华人民共和国领域内进行涉外民事诉讼,适用本编规定。本编没有规定的,适用本法其他有关规定。"据此,我国有关涉外民事案件的普通管辖同样采用"原告就被告原则",以被告住所地作为普通管辖的依据;被告住所地与经常居住地不一致的,由经常居住地人民法院管辖;对法人或其他经济组织提起民事诉讼,由被告住所地人民法院管辖。在这里,公民住所是指公民户籍所在地,经常居住地即连续居住一年以上的地方,法人住所地即法人的主要营业地或主要办事机构所在地。

普通地域管辖的例外情形是"被告就原告原则",依据我国2013年新修正的《民事诉讼法》第22条的规定,对不在中华人民共和国领域内居住的人提起的有关身份关系的诉讼,对下落不明或者宣告失踪的人提起的有关身份关系的诉讼,对被劳动教养以及被监禁的人提起的诉讼,由原告住所地人民法院管辖;原告住所地与经常居住地不一致的,由原告经常居住地人民法院管辖。此外,2015年最高人民法院《民事诉讼法解释》第13条规定:"在国内结婚并定居国外的华侨,如定居国法院以离婚诉讼须由婚姻缔结地法院管辖为由不予受理,当事人向人民法院提出离婚诉讼的,由婚姻缔结地或一方在国内的最后居住地人民法院管辖。"第14条规定:"在国外结婚并定居国外的华侨,如定居国法院以离婚诉讼须由国籍所属国法院管辖为由不予受理,当事人向人民法院提出离婚诉讼的,由一方原住所地或在国内的最后居住地人民法院管辖。"第15条规定:"中国公民一方居住在国外,一方居住在国内,不论哪一方向人民法院提起离婚诉讼,国内一方住所地的人民法院都有权管辖。国外一方在居住国法院起诉,国内一方向人民法院起诉的,受诉人民法院有权管辖。"由此可以看出,离婚案件的管辖权依据也呈现出多元化态势。

2. 特别地域管辖

我国2013年新修订的《民事诉讼法》第265条规定:因合同纠纷或其他财产权益纠纷,对在我国领域内没有住所的被告提起的诉讼,如果合同在中华人民共和国领域内签订或履行,或诉讼标的物在我国领域内,或者被告在我国有可供扣押的财产,或者被告在我国领域内有代表机构,可以由合同签订地、合同履行地、诉讼标的物所在地、可供扣押财产所在地、侵权行为地或代表机构住所地人民法院管辖。由此,涉外合同纠纷和其他财产权益纠纷的管辖,即使被告在我国领域内没有住所,只要上述五个地点中有一个在我国领域内,我国人民法院就有权管辖。

此外,我国《民事诉讼法》还规定了如下纠纷的管辖法院:(1)因保险合同纠纷提起的诉讼,由被告住所地或者保险标的物所在地人民法院管辖;(2)因票据纠纷提起的诉讼,由票据支付地或者被告住所地人民法院管辖;(3)因铁路、公路、水上、航空运输和联合运输合同纠纷提起的诉讼,由运输始发地、目的地或者被告住所地人民法院管辖;(4)因侵权行为提起的诉讼,由侵权行为地或者被告住所地人民法院管辖;(5)因铁路、公路、水上和航空事故请求损害赔偿提起的诉讼,由事故发生地或者车辆、船舶最先到达地、航空器最先降落地或者被告住所地人民法院管辖;(6)因船舶碰撞或者其他海事损害事故请求损害赔偿提起的诉讼,由碰撞发生地、碰撞船舶最先到达地、加害船舶被扣留地或者被告住所地人民法院管辖;(7)因海难救助费用提起的诉讼,由救助地或者被救助船舶最先到达地人民法院管辖;(8)因共同海损提起的诉讼,由船舶最先到达地、共同海损理算地或者航程终止地的人民法院管辖。

▶ 典型案例

**【案情】**①

1985年5月1日,巴拿马籍某油轮(简称巴拿马船)自香港驶往天津新港,空载航行。天降大雾,其右航与苏联籍某油轮(简称苏联船)轮首相撞。事故发生后,巴拿马船船长要求苏联船船长立即救助遇难船员,并将遇难船员送至烟台港。由于当时有雾,苏联船船长对航路不熟悉,故误驶威海港,1985年5月2日才到达烟台港。巴拿马船于1985年5月3日凌晨被烟台救捞局"烟救2号"和"烟救10号"拖轮拖至烟台港锚地。苏联船到港以后,巴拿马船船长根据船东指示,1985年5月3日向青岛海事法院申请扣船,并通过烟台外轮代理公司电告青岛海事法院。

**【审理】**

法院经审理认为:根据我国的相关规定,我国法院对该案件拥有管辖权。1985年5月8日,法院裁定责令苏联船船东在5日内提供55万美元的担保。届时如拒不提供,对该轮即予扣押。1985年5月9日苏联船船东保赔协会已按巴拿马船船东的要求提供担保,并达成了协议。

**【法理】**

本案涉及的管辖权问题在于碰撞双方均为外国船舶,跟我国并无利害关系,因此,一方当事人在我国提起诉讼,我国法院是否享有管辖权?我国现行《民事诉讼法》第30条规定:"因船舶碰撞或者其他海事损害事故请求损害赔偿提起的诉讼,由碰撞发生地、碰撞船舶最先到达地、加害船舶被扣留地或者被告住所地人民法院管辖。"由于

---

① 参见《青岛海事法院扣船案》,载中国涉外商事海事审判网 http://www.ccmt.org.cn/hs/news/show.php? cId=49,访问日期:2016年9月10日。

碰撞船舶最先到达我国烟台港口,因此,我国法院具有管辖权。

此外,我国行使管辖权也符合有关国际法的规定。《联合国海洋法公约》第28条第3款规定:"第2款不妨害沿海国按照其法律为任何民事诉讼的目的而对在领海内停泊或驶离内水后通过领海的外国船舶从事执行或加以逮捕的权利。"虽然公海上的船舶受船旗国管辖是国际法中的一项基本原则,但本款规定却赋予沿海国按照其法律,为了民事诉讼的目的,对在领海内停泊的船舶实施管辖权的权利。

需要注意的是,本案中,申请人只要求扣留对方的船舶,而并不想通过法院解决其之间的实体纠纷,因此,本扣船案是作为一个独立的案件予以受理的。

3. 专属管辖

我国关于专属管辖的规定主要体现在2013年新修订的《民事诉讼法》和《海事诉讼特别程序法》中。其中,《民事诉讼法》第33条规定,因不动产纠纷提出的诉讼,因港口作业提出的诉讼、因继承遗产纠纷提起的诉讼属于专属管辖案件,管辖法院分别是不动产所在地法院、港口所在地法院和被继承人死亡时住所地或者主要遗产所在地法院。《民事诉讼法》第266条规定:"因在中华人民共和国履行中外合资经营企业合同、中外合作经营企业合同、中外合作勘探开发自然资源合同发生纠纷提起的诉讼,由中华人民共和国人民法院管辖。"《海事诉讼特别程序法》第7条规定了由海事法院专属管辖的案件类型:因沿海港口作业纠纷提起的诉讼,由港口所在地海事法院管辖;因船舶排放、泄露、倾倒油类或者其他有害物质,海上生产、作业或者拆船、修船作业造成海域污染损害提起的诉讼,由污染发生地、损害结果地或者采取预防污染措施地海事法院管辖;因在中华人民共和国领域和有管辖权的海域履行的海洋勘探开发合同纠纷提起的诉讼,由合同履行地海事法院管辖。

4. 协议管辖

我国《民事诉讼法》第34条规定:"合同或者其他财产权益纠纷的当事人可以书面协议选择被告住所地、合同履行地、合同签订地、原告住所地、标的物所在地等与争议有实际联系的地点的人民法院管辖。但不得违反本法对级别管辖和专属管辖的规定。"该条是我国集中规定协议管辖的立法表现。我国立法表明,允许协议管辖的案件只能是涉外合同或者财产权益纠纷,有关身份关系的诉讼不允许当事人协议管辖;该有关管辖的合意必须以书面形式达成,并不得违反我国有关级别管辖和专属管辖的规定。至于协议管辖的法院是否必须与争议有实质联系,我国《海事诉讼特别程序法》第8条规定:"海事纠纷的当事人都是外国人、无国籍人、外国企业或者组织,当事人书面协议选择中华人民共和国海事法院管辖的,即使与纠纷有实际联系的地点不在中华人民共和国领域内,中华人民共和国海事法院对该纠纷也具有管辖权。"这一规定打破了我国《民事诉讼法》有关协议选择的法院必须与争议有实际联系的规定,但目前这一规定只适用于外国当事人之间发生的纠纷。

▶ 典型案例

**【案情】**①

1997年10月7日,原告甲进出口公司出口72,600公斤带壳花生,自天津新港海运至波兰格丁尼亚港。深圳乙公司代承运人法国某公司签发了清洁提单。该批货物于同年11月30日在德国汉堡港转船,实际承运人签发了集装箱有缺陷的不清洁提单,同年12月1日货物运到目的港波兰格丁尼亚,经抽样检查,花生有霉变气味,霉变主要存在花生壳上,该批货物被认为不适合人类消费及不能被买卖。原告只好委托法国丙公司将该批货物运回天津港销毁。此事发生之后,原告向我院起诉,要求被告深圳乙公司、法国丙公司赔偿货物损失,货物回程运费及相关费用损失,因未能交付货物遭客户索赔的损失、货物回到港后的费用及销毁费用等损失。天津海事法院受理此案后,被告法国公司提出管辖权异议,认为原被告之间的权利义务关系应依据提单的规定确定。提单写明"本提单项下或因此产生的一切索赔和纠纷应由马赛法院而不得由其他任何国家的法院判决"。

**【审理】**

天津海事法院认为:尽管本案所涉及提单正面写有管辖权条款,但该条款只能约束原告和被告法国丙公司,而不能约束本案另一被告深圳乙公司,上述二被告均为本案所涉货物的承运人,本案为不可分之诉,即必要的共同诉讼。而且被告深圳乙公司住所地在天津,被告法国丙公司在天津设有办事处,天津又是货物运输的起运港,在天津海事法院审理本案有助于查清案件事实,便利各方当事人诉讼。而法国马赛除是被告法国丙公司的注册地外,与本案再无任何实际联系。

被告法国丙公司不服,就管辖问题提出上诉,天津高级人民法院经审查维持天津海事法院裁定。

**【法理】**

本案涉及提单管辖权条款的问题。对此问题,理论界存在不同观点,实践中的处理结果也不尽相同。一种观点认为,本案原告是提单上的托运人,其在接受被告的提单时对提单的内容是了解的,其接受提单的行为就应视为接受了提单的全部内容,这也就包括提单管辖权条款的内容。另一种观点则认为,提单有其本身的特性,它是提单制定人单方的意思表示,而并非提单持有人(包括托运人)的合意,因此,确定提单管辖权条款的效力要因案而异。

本案中,天津是提单签发地,同时是货物起运港,而且两被告在天津均设有办事处;而法国马赛除了是法国丙公司的注册地之外,与本案再无其他联系,因此,在法国马赛提起诉讼对当事人来说是不方便的,而在天津海事法院诉讼则更有利于查清事实,便利当事人诉讼。法院的裁定符合我国《民事诉讼法》的规定。

---

① 参见《燕丰进出口公司诉深圳蛇口大洋海运有限公司提单管辖权条款是否有效案》,载中国涉外商事海事审判网 http://www.ccmt.org.cn/hs/news/show.php?cId=3171,访问日期:2016年10月11日。

5. 应诉管辖。

2013 年修订的《民事诉讼法》第 127 条规定:"人民法院受理案件后,当事人对管辖权有异议的,应当在提高答辩状期间提出。人民法院对当事人提出的异议,应当审查。异议成立的,裁定将案件称送有管辖权的人民法院;异议不成立的,裁定驳回。当事人未提出管辖权异议,并应诉答辩的,视为受诉人民法院有管辖权,但违反特别管辖和专属管辖规定的除外。"由此可见,法院行使管辖权必须同时落实两个条件:① 被告对受诉法院管辖权未提出异议,即尽管受诉法院本来对此案无管辖权,原、被告之间也未曾订立将此案交给受诉法院管辖的书面协议,但被告对管辖问题未提出异议。② 被告应诉答辩成提出议诉,即被告以实际的诉讼行为参与到受诉法院的审理活动中。

## 第三节 财产保全与证据保全

### 一、财产保全

(一) 财产保全的概念

财产保全是指为了及时有效地保护当事人及利害关系人的合法权益,而在诉讼开始前或者判决作出前,法院根据当事人或利害关系人的申请或主动依职权对有关当事人的财产所采取的一种强制措施。国际民事诉讼一般案情复杂、涉案标的比较大、诉讼周期比较长,为了保证法院日后作出的判决能够得到有效执行,各国法律一般都规定财产保全制度。财产保全是一种具有临时性的强制措施。

▶ **典型案例**

**【案情】**[①]

1995 年 6 月 1 日,申请人越南甲公司与某国际公司签订了一份买卖合同,约定由申请人向该国际公司购买 25,000 公吨(由卖方选择 5% 的增减)的巴西原糖,货物交付地点为越南海防港。1995 年 9 月 3 日被申请人马耳他乙航运公司所属的某油轮抵达巴西桑托斯港,装运申请人购买的原糖。该油轮装载完毕后,轮船长签发的提单载明:装货港巴西桑托斯,卸货港越南海防港。1995 年 10 月 23 日,申请人与被申请人经口头协商,同意将卸货港改为中国蛇口港。1995 年 11 月 10 日,"科罗"轮抵达中国蛇口港并开始卸货。卸货前,经检查,发现该轮 7 个货舱签封完好。同日,受申请人委托进行灌包作业的蛇口招商港务股份有限公司函告申请人:"在作业过程中,发现货物含有很多块状杂质和其他杂质。"申请人认为:申请人作为"科罗"轮所载货物的收货人及提单持有人,具有据以申请扣押船舶的海事请求权,为保全海事请求权,特申请扣押该油轮。

**【审理】**

本案是一宗典型的诉讼前扣押船舶案件,涉及诉讼前扣押船舶的基本问题。

---

① 参见《越南海防商业贸易进出口公司申请马耳他阿法罗纳航运有限公司诉讼前扣押船舶案》,载中国涉外商事海事审判网 http://www.ccmt.org.cn/hs/news/show.php? cId=3652,访问日期:2016 年 11 月 12 日。

法院经审理认为：申请人的申请符合法律规定，依照《中华人民共和国民事诉讼法》第251条第2款、第252条的规定，自即日起扣押被申请人马耳他乙航运公司所属的某油轮；责令被申请人在收到裁定书之日起30内提供1,000,000美元的担保。同日，海事法院院长签发了扣押船舶命令，执行人员登上该油轮，向船长宣读并送达了民事裁定书和扣押船舶命令。1995年11月19日，被申请人向海事法院提供了中国船东互保协会出具的1,000,000美元的担保函。1995年11月20日法院解除对该油轮的扣押。

**【法理】**

诉讼前扣押船舶，是海事请求保全的主要形式之一，也是海事法院特有的一种保全形式，是指海事法院根据海事请求人在提起诉讼之前的扣押船舶申请，依照法律程序，对船舶实施扣押的诉讼前财产保全措施。对诉讼前扣押船舶的申请，海事法院要依据法律对申请人提出的申请和提供的证据进行审查，决定是否准许。审查诉讼前扣押船舶申请主要围绕诉讼前扣押船舶的形式要件和实质要件两个方面。形式要件主要包括：(1) 申请人提交书面申请并提供证据。(2) 提供担保。(3) 交纳申请费。实质要件主要包括：(1) 申请人具有海事请求权。(2) 被申请人对海事请求权负有责任。(3) 被扣押的船舶属于可扣押的范围。

扣押船舶作为一种保全措施，旨在保全海事请求权，直接目的一般是取得被申请人的担保。一旦被申请人提供了充分可靠的担保，海事法院应当立即释放船舶。船舶释放意味着诉讼前扣押船舶的程序便告终结。至于实体争议，申请人可以与被申请人协商解决，也可以向有管辖权的法院提起诉讼。

## （二）财产保全的申请

一般来说，诉讼保全程序既可以基于一方当事人的申请而开始，又可以由法院依职权主动实施。例如1976年实施的《法国民事诉讼法典》第515条规定："除法定的假执行外，在法官认为必要或在案件性质许可的情况下，可以根据当事人的请求，或法官自动地命令凡非法律禁止的假执行。"

根据我国2013年新修订的《民事诉讼法》第100条和第101条的规定，当事人和利害关系人可以向法院申请财产保全；当事人虽没有提出申请而人民法院认为必要时，可依职权主动采取财产保全。但这一规定主要用于国内民事诉讼案件中的财产保全。

由于诉讼保全的实施会极大地影响当事人或利害关系人的利益，因此，各国均规定诉讼保全的提起要具备相应的条件。我国《民事诉讼法》就规定了提起诉讼保全申请的两种情形：人民法院对可能因当事人一方的行为或者其他原因使判决不能执行或难以执行的案件，可以根据对方当事人的申请作出财产保全的裁定；利害关系人因情况紧急，不立即申请财产保全将会使其合法权益受到难以弥补的损害的，可以在起诉前向人民法院申请财产保全措施。由此确立了我国诉讼保全制度的两种类型：诉讼中财产保全和诉前财产保全。《民事诉讼法》在其涉外章第272条仅规定了保全措施仲裁中的。

海事诉讼中的财产保全有其特殊性,为此,我国最高人民法院1994年7月6日《关于海事法院诉讼前扣押船舶的规定》,海事请求权人在提起海事诉讼前申请法院对有关船舶实行扣押的条件有:(1)被申请扣押船舶的所有人、经营人或承租人应对海事请求负有责任;(2)扣押当事船舶,必须是在申请扣押时和发生海事请求时,该当事船舶属于同一船舶所有人、同一经营人或同一承租人,但为行使船舶优先权而申请扣押船舶的除外。

(三)财产保全的范围及方法

对于财产保全的范围及方法,各国立法和司法实践不尽一致。

根据我国2013年新修正的《民事诉讼法》第103条的规定,我国法院进行诉讼保全的财产仅限于请求的范围及与案件有关的财物,具体采取查封、扣押、冻结等法律规定的方法。此外,《民事诉讼法》还规定了解除保全的两种情形:(1)被申请人提供担保的;(2)人民法院裁定准许诉前财产保全后30日内申请人不提起诉讼的。

## 二、证据保全

证据保全是在证据可能灭失或今后难以取得的情况下,由当事人提出申请或由法院依职权主动采取保全措施。证据在诉讼程序中往往起到决定性的作用,影响着案件结果的发展方向,可以说提出证据是当事人保护自己合法权益的有力武器。证据保全制度正是建立在证据的这种重要性基础之上,为了防止因证据可能灭失或今后难以取得而使当事人的合法权益遭受不合理的风险,世界各国通常允许当事人申请进行证据保全。

▶ **典型案例**

【案情】[①]

申请人我国甲国际经济贸易总公司持有的1号正本提单表明,被申请人乙公司所有的马来西亚籍A油轮于2001年7月23日在南非某港口装载135,830吨矿石驶往中国宁波港。该轮应该在2001年8月21日左右到达宁波港,但该轮实际到港时间却为2001年9月20日,较正常船期超过1个月。申请人经过初步调查,认为上述延误系该轮在开航前和开航当时处于不适航状态所致。由于A轮将在短时间内驶离宁波港,届时证明船舶是否适航的有关证据将无法获得,特于2001年9月27日向宁波海事法院提出诉前证据保全申请,要求对被申请人乙公司所有的马来西亚籍A油轮本航次开航前和开航当时是否适航进行公正性检验,检验的范围包括但不限于船体强度和结构、主机及副机、航行通讯设备与仪表,以及与航行安全及货物运送相关的技术状态等。申请人已向宁波海事法院提供了担保,保证如因申请错误给被申请人造成损失时承担赔偿责任。

---

① 参见《武钢集团国际经济贸易总公司诉前申请对"ABLE DIRECTOR"轮的适航性进行证据保全案》,载涉外商事海事审判网 http://www.ccmt.org.cn/hs/news/show.php?cId=255,访问日期:2016年1月3日。

**【审理】**

法院经审理认为：申请人的诉前海事证据保全申请符合《中华人民共和国海事诉讼特别程序法》第62条、第63条、第67条之规定，且已提供担保，应予支持，遂裁定：对被申请人乙公司所有的马来西亚籍A油轮本航次开航前和开航当时是否适航进行公正性检验，检验的范围包括但不限于船体强度和结构、主机及副机、航行通讯设备与仪表以及与航行安全及货物运送相关的技术状态等。

**【法理】**

由于海事案件的证据具有流动性和涉外性的特点，诉前海事证据保全程序具有较强的实用性。但与常见的提取货物样品、复印船舶资料、复印货运资料等海事证据保全案件相比，本案具有如下特殊性：

首先，本案采取保全的是一种特殊种类的证据。通常情况下，申请人申请保全的证据有物证、书证、视听资料等，申请对船舶是否适航进行公证性检验的极为少见。船舶是否适航是个专门性问题，应由具有专门知识的人进行检验并出具检验报告，从证据分类上看，申请人申请保全的证据属于鉴定结论的范畴。

其次，采取特殊的证据保全的方法。因当事人申请保全的是一种特殊的证据，故本案不适用封存、复制、拍照、录像、制作节录本、调查笔录等普通的保全方法，只能采取请有关部门指派专业人员登轮检验的方法进行保全，以获得检验报告这一重要证据。

最后，法官并不直接进行保全活动。一般的保全活动通常是由法官进行的，比如提取物证、复印资料、拍照录像、作调查笔录等。而本案对船舶状况和有关资料的检验、固定等保全活动，却是由专业人员来完成的，法官提取的仅仅是专业人员检验后所形成的检验报告，这也是由本案所保全的证据的属性所决定的。

宁波海事法院受理本案后，能够根据所保全的证据的特点，灵活运用《海事诉讼特别程序法》第5章关于海事证据保全的规定，较好地解决了保全裁定的执行和证据的提取等问题。

我国2013年新修订的《民事诉讼法》第81条规定："在证据可能灭失或以后难以取得的情况下，当事人可以在诉讼过程中向人民法院申请保全证据，人民法院也可以主动采取保全措施。"这是我国《民事诉讼法》有关证据保全的重要规定。由"诉讼参加人"的用词可以看出，该款规定针对的是诉讼进行中的财产保全，《民事诉讼法》对诉前证据保全作出规定，其第101条规定："利害关系人因情况紧急，不立即申请保全将会使其合法权益受到难以弥补损害的，可以在提起诉讼或者申请仲裁前向被保全财产所在地，被申请人住所地或者对案件有管辖权的人民法院申请采取保全措施，申请人应当提供担保，不提供担保的，裁定驳回申请。"我国《海事诉讼特别程序法》第67条规定了进行诉前证据保全的四个条件：(1) 请求人是海事请求的当事人；(2) 请求保全的证据对该海事请求具有证明作用；(3) 被请求人是与请求保全的证据有关的人；(4) 情况紧急，不立即采取证据保全措施就会使该海事请求的证据灭失或者难以取得。

## 第四节 国际民事司法协助

### 一、国际民事司法协助的概念

国际民事司法协助,是指不同国家的法院之间,根据本国缔结或参加的国际条约或者按照互惠原则,彼此相互协助,为对方代为一定诉讼行为的制度。广义的国际民事司法协助的内容包括两个方面:一是代为一般的诉讼行为,即代为送达文书和调查取证;二是特殊的国际民事司法协助,即承认与执行外国的法院判决和仲裁裁决或者请求外国法院代为执行我国法院的判决和裁定。狭义的国际民事司法协助仅指代为送达诉讼文书、代为询问当事人或证人和域外取证。这里的司法协助是就广义上来说的。

▶典型案例

**【案情】**①

1993年6月16日,美国甲公司(以下简称美国公司)与中国山东乙公司(以下简称山东公司)签订了售货确认书,约定山东公司向美国公司销售大蒜。合同签订后,山东公司如约从烟台港、青岛港分批将大蒜发往美国。在合同未全部履行完毕前,美国公司尚欠部分货款未付给山东公司。1993年12月9日,美国公司向山东公司提出质量问题,后双方多次进行协商无果。1998年2月25日,山东公司向山东省高级人民法院提起诉讼,请求判令美国公司支付所欠货款并赔偿其相应的损失及违约金。山东省高级人民法院受理该案后,向美国公司在中国境内的法定代表人送达了法律文书。法院经审理认为,双方签订的售货确认书是双方当事人的真实意思表示,不违反有关法律规定,合法有效。双方在1994年7月7日《洽谈备忘录》中确认了部分没有质量问题的大蒜,对此部分,美国公司应向山东公司支付相应的货款和滞纳金。对于存在质量问题的部分大蒜,应依照双方约定进行协商解决,并由此驳回了原告对该部分的诉讼请求。

美国公司不服一审判决,认为中国法院向美国公司法定代表人送达了法律文书,而没有通过外交途径,违反法定诉讼程序;山东公司则认为原审程序合法。

**【审理】**

最高人民法院最后认定:原审法院向位于中国境内的美国公司的法定代表人送达法律文书并不违反我国法律的规定,是合法有效的,并因此驳回美国公司的上诉。

**【法理】**

本案涉及国际民事诉讼司法协助中的域外送达问题。被告美国公司认为中国法院应通过外交途径进行送达,即人民法院先将需要送达的文书送到我国外交部领事司,由外交部领事司将文书送达给我国驻相关国家大使馆,再由大使馆送交该国外交

---

① 参见《美国联合企业有限公司与中国山东省对外贸易总公司烟台公司购销合同纠纷案》,载赵相林主编:《国际私法教学案例评析》,中信出版社2006年版,第285—286页。

部转送司法部,并最终由司法部通过法院将文书送达当事人。很明显,该司法协助程序相当复杂,容易产生送达周期长、效率低下的问题。本案中,我国法院认为不需要向域外送达,并根据我国法律规定向美国公司在中国境内的法定代表人进行了送达。

## 二、国际民事司法协助的依据

基于国家主权原则,各国的司法机关只能在该国领土范围内行使司法权,一国既不能强迫别国遵从自己的法律和管辖,也没有义务遵从别国的法律和管辖。但是,经济、政治、文化等各方面的交流使得国与国之间的联系更为密切,迫切需要进行各方面的合作与协助,司法活动方面也不例外。为了诉讼程序的顺利进行和保护当事人的利益,往往需要各国在文书送达、域外调查取证以及判决的承认与执行等方面彼此给予司法协助。国家之间存在条约或者互惠关系是彼此互相提供司法协助的依据或前提。在实践中,还存在一种特殊的情况,一国向另一国家提供司法协助既没有条约依据,也不存在互惠关系,这主要是两国在长期的实践中形成了一种事实上的互惠,或者一国法院认为提供司法协助有利于促进双方交往的发展,维护本国国家或当事人在案件中的利益。

▶ 典型案例

【案情】①

1985年10月,中国江苏省苏州市中级人民法院收到美国加利福尼亚高等法院邮寄的由其审理的蔡某与周某离婚案件的判决书副本等材料,这些材料既无委托书也无中文译本。

【审理】

最高人民法院于1985年12月26日作出批复指出:美国加利福尼亚高等法院邮寄给苏州市中级人民法院的离婚判决书副本等材料,既无委托书,又无中文译本,亦未通过外交途径。在中美两国目前尚无司法协助协定的情况下,美国法院的这种做法,不仅违反了我国《民事诉讼法》的有关规定,也不符合一般的国际惯例。根据国际关系中的对等原则,以上材料可由苏州市中级人民法院径直退回美国加利福尼亚高等法院。

【法理】

本案涉及司法协助的法律依据和尊重国家主权原则等法律问题。一国为另一国提供司法协助并非理所当然的义务,而是对其他主权国家的尊重。同时,在这一程序的进行中,提供司法协助的国家更应该注重维护本国的主权。各国提供司法协助一般依据国际条约、双边司法协定或互惠原则进行。本案发生的时间较早,当时我国尚未

---

① 参见《苏州中院退回美国加利福尼亚高等法院离婚判决案》,载赵相林主编:《国际私法教学案例评析》,中信出版社2006年版,第286—287页。

制定《民事诉讼法》,也没有参加海牙《送达公约》,与美国之间更是没有签订双边司法协助协定,因此,对于美国法院直接邮寄送达文书的行为主要依据最高人民法院的批复处理。而随着我国立法的不断完善以及加入海牙《送达公约》,还有一系列双边司法协助协定的签订,司法协助的法律依据将会越来越丰富,该程序的进行也将越来越顺利。

各国进行司法协助的前提是主权的平等,一方面,提供协助的一方按照其本国法律所规定的条件和程序行事,不受其他国家的干预和外国法律的约束;另一方面,提供协助的一方又要考虑到司法协助的结果在委托提供司法协助的法院地国产生的诉讼上的意义。这就要求双方本着平等、互助、合作的态度进行司法协助。

### 三、国际民事司法协助的机关

提供司法协助的机关主要分为中央机关和主管机关。

#### (一) 中央机关

中央机关是指一国为司法协助目的指定或建立的负责统一对外联系并转递有关司法文书和司法外文书的机关。在司法协助中,中央机关起着联系各缔约国的作用。以中央机关替代外交机关作为司法协助的联系机关,不仅减少了各国外交机关在司法协助中的工作压力,便利了各国之间司法协助请求的转递,也使得司法协助请求的审查制度得以确立。然而,各国指定的中央机关却不尽相同。大多数国家指定本国司法部为中央机关,一些国家指定本国的最高法院为中央机关,还有一些国家指定本国外交部为中央机关。

中央机关的职能取决于有关国际条约的规定,一般包括:(1) 接受和审查其他缔约国提出的司法协助请求;(2) 将司法协助请求转递给本国主管机关;(3) 向委托方通报协助执行情况;(4) 交换法律情报等。

#### (二) 主管机关

主管机关是指一国有权向外国提出司法协助请求并有权执行外国司法协助请求的机关,即主管机关是具体执行司法协助的机关。

法院是主要的司法协助主管机关。但实践中,有的国家指定法院以外的机关或人员执行外国的司法协助请求。如根据波兰法律,除法院是主管机关外,公证处也有权处理数额不大的财产纠纷以及关于遗嘱有效性、遗产保护等方面的纠纷;比利时等国规定由司法执达员完成送达文书的请求;美国允许本国律师在法院的控制下依一定的程序完成送达等司法行为。

中央机关和主管机关都是司法协助机关,但是具体职能有所不同。一般来说,请求国的主管机关将司法协助请求交由请求国的中央机关,由请求国的中央机关转送给被请求国的中央机关,再由被请求国的中央机关将上述司法协助请求交由被请求国的主管机关予以执行。

#### (三) 我国的司法协助机关

我国的司法协助机关同样有中央机关和主管机关之分。在我国同外国签订的司法协助协定以及《送达公约》和《取证公约》中,一般都指定我国司法部为司法协助的中央机关。但具体的中央机关要依据我国与外国缔结的司法协助协定中的规定确定。

### 四、国际民事司法协助的法律适用

由于司法协助是具有程序性质的司法行为,如果不依据一定的法律予以实施,就很难保证这一行为的效力。各国立法和司法实践一般都规定司法协助适用被请求国的法律。特殊情况下,当请求国要求被请求国依某一特别程序或方式提供司法协助时,只要这类特别程序或方式不与被请求国的法律或公共秩序相抵触,也可以适用请求国法律。例如在取证程序中,有的国家要求证人宣誓,有的国家要求原被告当面对质,有的国家还要求对取证过程进行录音、录像等,如果这些要求得不到满足,就可能影响到证据的有效性。因此,在一定情形下适用请求国的法律是有必要的,1965年《送达公约》和1970年《取证公约》均规定了这一特殊情形。其中,《送达公约》规定,被请求方送达文书应按照其国内法规定的在国内诉讼中对在其境内的人员送达文书的方法。

我国立法也规定了司法协助的法律适用。我国2013年新修正的《民事诉讼法》第279条规定:"人民法院提供司法协助,依照中华人民共和国法律规定的程序进行。外国法院请求采用特殊方式的,也可以按照其请求的特殊方式进行,但请求采用的特殊方式不得违反中华人民共和国法律。"由此,我国也承认特殊情形下适用请求国的法律进行司法协助,但有一定的限制。我国与其他国家签订的双边司法协助协定也规定了司法协助的法律适用问题。如《中华人民共和国和法兰西共和国关于民事、商事司法协助的协定》第4条规定:"缔约双方在本国领域内实施司法协助的措施,各自适用其本国法,但本协定另有规定的除外。"

此外,各国立法和司法实践一般都承认,如果请求国提出的司法协助事项与被请求国的公共秩序相抵触,被请求国有权拒绝提供司法协助,从而终止司法协助程序。这是公共秩序保留制度在司法协助领域的具体体现,为国际社会所普遍承认。1965年《送达公约》和1970年《取证公约》均对此作出了明确规定:前者规定文书发往国在其认为执行请求将损害其主权或安全时可以拒绝执行;后者规定被请求国认为嘱托书的执行将会损害其主权或安全条件下可以拒绝执行。我国《民事诉讼法》第276条第2款也规定:"外国法院请求协助的事项有损于中华人民共和国的主权、安全或者社会公共利益的,人民法院不予执行。"该条款肯定了公共秩序保留制度在我国司法协助活动中的适用。

## 第五节 域外送达

### 一、域外送达的概念

域外送达是指在国际民事诉讼中,请求国司法机关依据其参加的国际条约或国内立法的规定的方式,将司法文书或司法外文书交由居住在被请求国的诉讼当事人或其他诉讼参与人的制度。文书送达是一项很重要的司法行为,是一国司法主权的表现,具有严格的属地性。在国际交往中,一国的司法机关在未征得外国同意的情况下不能在该国为送达行为,内国也不承认外国司法机关在没有条约依据或者法律规定的情况下在内国所实施的送达行为。

司法文书一般被认为是具有诉讼意义的文件,是一国法院在审理涉外民事案件中依法制作的各种书面材料,包括:传票、通知、决定、调解书、裁定书、判决书、送达回证、公告、法庭制作的各种笔录以及诉讼参与人依法提交的起诉书、答辩状、反诉状、上诉状、申请书、委托书及鉴定意见书等。司法外文书是指非法院制作的诉讼程序以外的文书,主要包括:有关国家机关依法制作的公证书、认证书、汇票拒绝书、给付催告书、离婚协议书、收养同意书、申请人提交的需要确认的材料等。

## 二、域外送达的途径

域外送达在国际民事诉讼中具有举足轻重的作用,文书的合法有效送达不仅保证了法院诉讼活动的正常进行,而且对于当事人及时确定自己如何行使诉讼权利和承担诉讼义务具有重要意义。

▶典型案例

### 【案情】[①]

1990年日本乙公司及其法定代表人宇某以在中国投资的中国大连甲公司(以下简称大连公司)急需资金为由,向日本某公民借款15,000万日元。到期未还,该公民起诉至日本国横滨地方法院,要求二被告连带偿还该款,并承担利息。但因被告无可供执行的财产,判决生效后无法执行。1993年12月,日本法院根据该生效判决,在执行中作出第171号债权扣押令,追加大连公司为债务第三人,并责令将二被告在大连公司的投资款人民币485万元予以扣押。同月,日本法院某分院又作出第76号债权转让命令,要求大连公司将上述扣押令扣押的人民币485万元转让给该日本公民。1994年2月,日本法院依据《海牙送达公约》通过其中央机关经我国司法部将上述债权扣押令送达给大连公司。大连公司认为该债务与自己无关,拒绝履行该债权扣押令。该日本公民遂于1994年5月向中国大连市中级人民法院提出申请,要求中国法院承认日本国上述法院的判决、债权扣押命令和债权转让命令的法律效力,并执行在大连公司的扣押款。

### 【审理】

大连市中级人民法院受理申请后,经审查,驳回了申请人的请求。

### 【法理】

本案涉及涉外民事诉讼司法协助中的代为送达文书。

---

[①] 参见《日本公民五味晃申请中国法院承认与执行日本法院判决案》,载最高人民法院中国应用法学研究所编:《人民法院案例选——民事卷(下)》(1992—1999年合订本),中国法制出版社2000年版,第2032页。

我国 2013 年新修订的《民事诉讼法》第 277 条规定："请求和提供司法协助，应当依照中华人民共和国缔结或者参加的国际条约所规定的途径进行；没有条约关系的，通过外交途径进行。外国驻中华人民共和国的使领馆可以向该国公民送达文书和调查取证，但不得违反中华人民共和国的法律，并不得采取强制措施。除前款规定的情况外，未经中华人民共和国主管机关准许，任何外国机关或者个人不得在中华人民共和国领域内送达文书、调查取证。"

在本案中，日本法院依据《海牙送达公约》，通过其中央机关经我国司法部将上述债权扣押令送达给大连公司，属于以条约为基础，通过各自指定的代为协助的中央司法机关进行司法协助的方式，其代为送达诉讼文书的程序是合法的。

域外文书送达是狭义司法协助的内容。对于送达文书的性质，英美法系国家和大陆法系国家存在不同的认识，这与两大法系在民事审判模式上存在的差异有关。众所周知，英美法系国家实行当事人主义，诉讼活动由当事人发动、推进和主导，法院或法官则处于中立的裁判者地位，其更倾向于认为送达文书是当事人或律师的职责；大陆法系国家采取职权主义，诉讼过程主要由法院或法官控制和主导，法官处于主动地位，送达文书也被视为法院的职权行为。基于此，涉外民事诉讼中域外文书送达的方式多种多样，但国际上通用的域外送达方式主要有以下几种。

（1）外交代表或领事送达。请求国法院将需要送达的司法文书或司法外文书通过本国外交机关转交驻被请求国的外交代表或领事，并由该外交代表或领事送达给有关当事人或诉讼参与人。这种方式存在于已建立外交关系的国家之间，在这些国家既未签订双边司法协定又未共同参加有关送达的国际条约的情况下，只要国家之间存在互惠关系，即可采取该途径直接送达。这种方式为国际社会所普遍认可和采用，1965 年海牙《送达公约》也规定了这一途径。但一般来说，采用该途径进行送达的对象只能是请求国本国国民，且不得采取强制措施。

（2）邮寄送达。一国法院通过邮寄方式将需要送达的司法文书或司法外文书直接寄给国外的当事人或其他诉讼参与人。各国立法、实践及国际条约对此方式的态度不尽一致，反对的主要理由在于认为这一做法有损送达国或被请求国的司法主权，是一种违反国际法的行为。1965 年海牙《送达公约》则规定，如果受送达国不反对，公约也承认这种送达途径。由此，采用这种方式应以被请求国的法律许可为前提；另外，两国之间应存在双边或多边司法协助条约。

（3）个人送达。一国法院将需要送达的文书委托给具有一定身份的个人代为送达。所谓具有一定身份的个人一般是指当事人的诉讼代理人或其指定的人或与其有密切关系的人。这一方式多为英美法系各国所承认和采用。甚至有些国家规定，在当事人指定了诉讼代理人之后，有关的文书一律向该诉讼代理人送达。

（4）公告送达。一国法院将需要送达的文书通过登报、广播、张贴公告等方式告知当事人，自公告之日起一定期限届满之时，视为已送达。该方式一般被作为一种补充方式，即在前述送达方式不能实行或当事人地址不明时或在满足了一定条件的情况下所采取的一种送达途径。很多国家法律认可这种方式。

（5）中央机关送达。请求国的中央机关将需要送达的有关文书交给被请求国的中央机关，再由被请求国的中央机关交给其本国法院或直接送达至有关当事人。这种方式以存在双边或多边的司法协定为基础。

（6）法院送达。请求国法院将需要送达的有关文书直接交给被请求国主管的法院，并由其送达给当事人。采用这一送达方式同样要以存在双边或多边司法协助条约为基础。

### 三、1965年海牙《关于向国外送达民事或商事司法文书和司法外文书公约》

为了统一司法协助中的文书送达问题，国际社会制定了两个较有影响的国际公约：1954年在海牙制定的《国际民事诉讼公约》和1965年的《关于向国外送达民事或商事司法文书和司法外文书公约》（以下简称《送达公约》）。后者是迄今为止国际上关于文书域外送达的最为完备的公约。该《公约》有广泛的成员，我国于1991年加入该公约，该公约于1992年1月1日起对我国生效。此外，我国香港和澳门特别行政区也是该公约的成员。

《送达公约》旨在建立一套制度，在尽可能的范围内使受送达人能够实际知悉被送达的文书，以便其有足够的时间为自己辩护；简化请求国和被请求国间对这些文书的转递方式；以统一规格的证明书方式便利对已完成送达的证明程序。

《送达公约》明确规定的几种送达途径如下：

（1）中央机关送达。各缔约国指定一个中央机关，负责接受缔约国间文书送达的请求并负责送交。一国中央机关接受的送达申请可以来自另一国的中央机关，也可以来自该外国主管机关或司法官员，还可以来自该外国的外交代表或领事官员。

（2）外交代表或领事送达。由文书发出国驻文书接收国的外交代表或领事代表机关直接将文书送达给收件人，无论收件人国籍如何。但是，这一方式允许缔约国提出保留，即缔约国可以只允许外国外交代表或领事向其本国国民直接送达。

（3）邮寄送达。公约允许缔约国通过邮局直接将诉讼文书寄给在国外的人，同时公约明确规定，这一途径须经目的地国也就是受送达国同意，否则无效。

（4）个人送达。允许个人（包括司法助理人员、司法官员、其他主管人员或诉讼利害关系人）通过受送达国或目的地国的有关个人（包括主管司法人员、官员或其他人员）送达，该送达方式也须受送达国同意。

（5）其他途径。公约允许缔约国为送达文书的目的采取其他途径送达，尤其是针对主管机关彼此之间的送达。同时公约还允许缔约国针对其境内送达以国内法方式来规定公约所列途径以外的其他途径。

我国加入海牙《送达公约》时作出如下声明：(1)根据《公约》第2条和第9条的规定，指定司法部为中央机关，负责接收和转送司法文书和司法外文书；(2)对《公约》第8条第2款声明保留，即只有在文书送达给文书发出国国民时，才能在我国境内采用领事送达方式；(3)反对《公约》第10条规定的邮寄送达和个人直接送达。

### 四、中国有关域外送达的立法实践

我国已经加入1965年海牙《送达公约》,并从1987年起先后同法国、蒙古、波兰、意大利、比利时等32个国家签订了双边民事司法协助协定。

我国法律规定的域外文书送达有三种途径:(1)外国法院请求和提供司法协助,应当依照中华人民共和国缔结或者参加的国际条约所规定的途径进行;(2)中国与外国没有条约关系的,通过外交途径进行;(3)通过外国驻中国的使领馆送达,但只能在不违反中华人民共和国法律并不得采取强制措施的前提下,才能向本国公民送达文书和调查取证。

我国《民事诉讼法》第277条规定:"请求和提供司法协助,应当依照中华人民共和国缔结或者参加的国际条约所规定的途径进行;没有条约关系的,通过外交途径进行。外国驻中华人民共和国的使领馆可以向该国公民送达文书和调查取证,但不得违反中华人民共和国的法律,并不得采取强制措施。除前款规定的情况外,未经中华人民共和国主管机关准许,任何外国机关或者个人不得在中华人民共和国领域内送达文书、调查取证。"该条表明外国法院向我国领域内的受送达人的送达途径有条约途径和外交途径两种。

我国《民事诉讼法》第267条规定:"人民法院对在中华人民共和国领域内没有住所的当事人送达诉讼文书,可以采用下列方式:(1)依照受送达人所在国与中华人民共和国缔结或者共同参加的国际条约中规定的方式送达;(2)通过外交途径送达;(3)对具有中华人民共和国国籍的受送达人,可以委托中华人民共和国驻受送达人所在国的使领馆代为送达;(4)向受送达人委托的有权代其接受送达的诉讼代理人送达;(5)向受送达人在中华人民共和国领域内设立的代表机构或者有权接受送达的分支机构、业务代办人送达;(6)受送达人所在国的法律允许邮寄送达的,可以邮寄送达,自邮寄之日起满6个月,送达回证没有退回,但根据各种情况足以认定已经送达的,期间届满之日视为送达;(7)采用传真、电子邮件等能够确认受送达人收悉的方式送达;(8)不能用上述方式送达的,公告送达,自公告之日起满6个月,即视为送达。"该条表明我国法院向外国送达文书的途径有:(1)条约途径;(2)外交途径;(3)个人送达;(4)邮寄送达;(5)电子送达;(6)公告送达。

2015年最高人民法院《民事诉讼法解释》第534条、第535条、第536条分别对公告送达、个人送达和邮寄送达等3种方式进行了说明。"对在中华人民共和国领域内没有住所的当事人,经用公告方式送达诉讼文书,公告期满不应诉,人民法院缺席判决后,仍应当将裁判文书依照民事诉讼法第267条第八项规定公共送达。自公告送达裁判文书满3个月之日起,经过30日的上诉期当事人没有上诉的,一审判决发生法律效力。""外国人或者外国企业、组织的代表人、主要负责人在中华人民共和国领域内的,人民法院可以向该自然人或者外国企业、组织的代表负责人送达。外国企业、组织的主要负责人包括该企业、组织的董事、监事、高级管理人员等。""受送达人所在国允许邮寄送达的,人民法院可以邮寄送达。邮寄送达时应当附公送达四证。受送达人未在送达四

## 第六节 域外调查取证

### 一、域外调查取证的概念

域外调查取证是指一国主管机关为进行有关的国际民事诉讼程序而在法院国境外进行调查或收集证据的行为。调查取证行为同样是一国司法主权的表现，未经有关国家的允许，是不能在该国家实施的。然而诉讼证据直接关系到案件的审理结果，因此，域外取证是国际民事诉讼程序必不可少的一个环节。一般而言，互相进行域外调查取证均须以存在条约关系或互惠关系为基础。

域外取证主要包括以下内容：(1) 询问诉讼参加人、证人、鉴定人或其他诉讼参与人。这里的"诉讼参与人"除了原被告以外，还包括共同诉讼人、诉讼中的第三人和诉讼代理人。(2) 提取与民事诉讼程序有关的书证、物证和视听资料。(3) 对某一事实进行调查或对有关书证的真实性进行审查。(4) 对与案件有关的现场、物品进行勘查和检验。

### 二、域外调查取证的方式

各国立法和有关国际条约都规定了有关域外调查取证的方式，主要分为域外直接取证和域外间接取证。

▶ **典型案例**

**【案情】**[①]

1986年，美国法院受理了一起破产诉讼，诉讼双方均为美国公司。在诉讼进行过程中，该案被告为了获取有关证据，于1987年自行来到我国境内向我国的公司和公民进行了取证活动，并由美国领事官员在场目证。为此，我国外交部与美国驻华使领馆进行了交涉。之后，原告美国公司的代理律师来到中国，向我国主管部门提出直接取证的申请，但遭到拒绝。此后，该公司又委托中国律师进行协助取证，并在北京市公证处对证词进行了公证。但当该代理律师将经公证的证据提交我国外交部领事司进行认证时，同样遭到拒绝，原因是这种取证方式并非中美双方认可的取证方式。

该未经认证的证据提交美国法院后，法院认为证明的手续不完备，于是通过外交途径向我国法院提出司法协助申请，并请求由我国法院向原证人宣读由美国律师委托中国律师取得的证词，由该证人进行确认。

**【审理】**

我国有关部门认为：原证词是以与我国法律相违背的方式取得的，不能再加以确

---

[①] 参见《1988年美国加利福尼亚州中区法院代理律师来华取证案》，载赵相林主编：《国际私法教学案例评析》，中信出版社2006年版，第297页。

认。如果美国法院需要获取有关证词,应另行提出取证申请,由我国法院依据国内相关法律予以进行,故退回美国法院的请求。

**【法理】**

本案涉及国际民事诉讼程序中的域外取证问题。域外调查取证是司法协助的重要内容,各国立法和有关国际条约对此都作出了规定。但由于各国在证据制度上存在的差异,各国对于域外取证的方式和程序的规定也存在很大的分歧。域外调查取证作为一项重要的司法活动,涉及一国的主权,因此,各国法律一般都对协助外国进行调查取证的程序和方式作出规定,对不符合国际公约、双边条约或国内法规定的调查取证请求,各国有权拒绝提供协助,从而对该问题进行限制。

(一) 域外直接调查取证

域外直接调查取证,顾名思义,是指一国法院依据其所属国家与其他国家之间的条约或互惠关系而直接在外国进行调查取证而无须外国法院予以协助的制度。

(1) 外交或领事人员取证,即受诉法院通过其所属国驻他国的外交代表或领事人员在驻在国直接调查取证。这一做法为大多数国家所普遍接受,也为《维也纳领事关系公约》以及国家之间订立的双边或多边条约所肯定。

(2) 特派员取证,即受诉法院委派专门官员去外国调查取证的制度。法院可以委派法官、律师或其他公职人员到其他国家进行调查取证。英美法系国家认可和采用这一方式,但大多数大陆法系国家认为此种方式有损国家司法主权,因而不允许外国特派员在本国境内取证。

(3) 当事人或诉讼代理人自行取证,即由当事人或其诉讼代理人直接进行调查取证的制度。这一取证方式主要为英美法系国家所采用,1970 年海牙《取证公约》也肯定了这一方式,但同时规定各缔约国可以声明保留。事实上,大多数国家都对此提出了保留。

(二) 域外间接调查取证

间接调查取证,是指受诉法院依据其所属国与证据所在国之间的条约或互惠关系,通过发送请求书的方式委托外国主管机关代为进行调查取证的方式,因此又称为请求书方式。这一取证方式为多数国家所采用,也为 1970 年海牙《取证公约》所肯定。一般而言,域外间接调查取证主要遵循以下程序。

1. 请求的提出

各国立法和有关的国际条约都明确规定,请求国法院或其他机构需要请求外国法院或其他有关机构代为调查取证时,应当提出书面请求。1970 年《取证公约》第 1 条第 1 款规定:"在民商事方面,一个缔约国的司法机关可以根据其法律规定,通过委托书要求另一缔约国的司法机关调查证据或为其他司法行为。"这一条款表明,提出请求书的主体只能是一国的法院或具有该项权力的有关机构,其他任何机构、团体和诉讼当事人都不能直接向外国法院提出该项请求。

各国立法对于请求书的形式和内容一般都有规定。请求书应当采取书面形式,一般应以被请求国的文字或者有关缔约国在条约中约定的某一特定文字作成,否则,应附上用这种文字翻译的译本。相应地,这些译本应该依据各国立法及有关条约的规定通过一定的认证程序。

2. 请求书的传递

请求书的传递有以下几种方式:

(1) 中央机关传递。即请求书由各国指定的专门的中心机构进行传递,是国际间司法协助所普遍采取的一种传递途径。1970 年《取证公约》第 2 条规定:"每个缔约国应指定一个中央机关负责接收来自另一缔约国司法机关的请求书,并将请求书转交给执行请求的主管机关。中央机关根据被请求国规定的方式组成。"

(2) 法院传递。即受诉法院以请求书的方式直接向有关国家的法院提出取证请求,由请求国法院代为调查取证的方式。这一途径最为便捷,但是以国家之间存在明确的条约规定为基础。

(3) 外交或领事传递。即先由请求国主管机关将取证请求书交由本国外交机关或本国驻被请求国领事,由本国外交机关或驻被请求国领事转交给该外国的主管法院或有关机构,由该外国主管法院或有关机关代为进行调查取证。这一取证方式也为各国所普遍接受。

3. 取证行为的实施和证据的移交及有关执行情况的通知

在取证请求书依据适当的途径传递给被请求国特定机构之后,紧接着要解决的问题就是被请求国机构应依据哪个国家的法律,按照什么方式和程序提取有关证据的问题。目前,国际社会所普遍承认的实施取证行为的依据主要有两种:一是依据被请求国法律所规定的取证方式和程序进行取证;二是依据请求国所要求的特殊方式和程序实施取证行为。后者的适用须以不与被请求国法律相冲突为前提。

请求国机关按照一定的方式和程序协助请求机关实施调查取证行为之后,不论结果如何,都应将相关调查结果或证据通过相应途径移交请求机关。如果有关请求书的一部分或全部没有得以执行,被请求机关应毫不迟延地将这一情况通知请求机关。

4. 请求的拒绝

被请求国法院在收到取证请求书之后并非必须毫无条件地予以执行,其可以基于一定的理由拒绝执行有关的请求,并将拒绝执行的理由与取证请求书一并退回请求机构。国际社会公认的拒绝调查取证的理由是协助调查取证的请求"明显违背被请求国的公共秩序"或者"被请求国认为在其境内执行取证请求有损其国家主权或安全"。

### 三、1970 年海牙《关于从国外调取民事或商事证据公约》

1970 年海牙第十一届国际私法会议通过的《关于从国外调取民事或商事证据公约》(以下简称 1970 年《取证公约》)是目前国际社会在统一取证程序和规则方面取得的最重要成果。该公约主要包括以下内容。

(一) 调查取证的方式

公约规定的调查取证的方式主要有如下三种。

1. 请求书方式。公约规定各缔约国应指定一个中央机关作为统一接受取证请求的机关和依法将请求转达至本国有权执行请求的机关。继海牙《送达公约》之后进一步确立了中央机关在司法协助取证领域的地位。请求书需由缔约请求国司法机关作成并转递缔约被请求国中央机关,再由后者转交给被请求国主管机关。请求书应包括当事人的情况、诉讼的性质和标的及案件的简况、请求事项及特殊要求等主要内容。请求书被拒绝执行的理由有两点:(1)请求书的执行不属于被请求的法院权限范围。(2)被请求国认为请求书的执行将会损害其主权或安全。同时公约规定,被请求国不得仅以其国内法对诉讼事项享有专属管辖或以其国内法对该事项不准提起诉讼为由拒绝执行。

2. 外交或领事方式。公约规定缔约国的外交官或领事人员可以在另一缔约国领土上不受约束地进行只涉及其侨民且属于其本国法院受理的诉讼的取证行为。但是,应被请求国声明,该取证行为应事先得到被请求国许可的除外。同时,被请求国也可以许可请求国驻内国外交官或领事人员向驻在国公民或第三国公民调取证据。

3. 特派员取证方式。在得到被请求国指定的主管机关的许可后,被指定为特派员的人员可不受约束地在被请求国进行取证。

(二) 域外取证的依据

公约规定取证行为的实施一般适用被请求国法律,可以采取被请求国允许的强制措施;如果请求国申请以特殊方式进行,在不违背被请求国法律的条件下,也可以适用请求国法律。

(三) 调查取证的费用

根据《公约》第 14 条规定,缔约国之间原则上互免取证费用,但被请求国有权要求请求国偿还付给鉴定人、翻译人员的酬金以及因采取请求国要求的特殊方式执行请求所发生的费用。公约还规定,如被请求国法律规定当事人有义务自己收集证据,且被请求机关不能执行取证行为,在征得被请求机关的同意后,可指定一个适当的执行人。如果请求机关同意当事人自己收集证据,则应对发生的费用给予补偿。

四、中国域外取证的立法与实践

我国有关域外调查取证的依据主要是我国参加的一些国际条约、签订的一些双边司法协助条约以及相关国内法。

▶ 典型案例

【案情】①

2002 年 12 月 14 日,美国法院受理了原告甲公司诉被告乙公司使用虚假原产地证明非法从中国进口并销售碳钢管配件一案。由于该案涉及产品原产地问题,2003 年 3 月 25 日,美国法院依据 1970 年《取证公约》向我国司法部提出协助调查沈阳某压力容

---

① 参见《美国伊利诺伊州北部地区法院根据海牙〈取证公约〉来华取证案》,载赵相林主编:《国际私法教学案例评析》,中信出版社 2006 年版,第 298 页。

器厂与被告的交易情况和相关证人证言的请求。在请求书中,详细列举了请求取证的具体内容,请求取证的法官特别声明:"本人已决定,根据中国对海牙1970年《取证公约》的声明,上述文件类别与本案的主体有着直接而密切的关系。本人进一步请求,将上述文件通过官方指定的官员交给我方。"此外,请求书还提出在中方指定的时间和地点并依据中国法律规定的程序传唤相关证人;在证人宣誓的情况下,对证人进行口头调查并录像为证;同时要求中国法院准许此案双方当事人的美国律师出席取证现场。

**【审理】**

法院经研究认为:应准许美国法院提出的取证请求,并允许双方律师出席取证现场,但对要求证人宣誓且对证人的口头调查以录像方式进行的请求予以拒绝。

**【法理】**

本案涉及域外调查取证的法律适用问题。作为司法协助的重要内容之一,域外调查取证适用证据所在国的法律是国际司法协助法律适用的一般原则。但在特殊情况下应请求国的请求适用其本国的法律也是被允许的,但前提是不得与被请求国的法律、公共秩序相冲突,否则将遭到拒绝。本案中,中美双方均加入了海牙1970年《取证公约》,因此,两国之间进行域外取证需要按照公约规定的方式和程序进行。公约第7条和第9条还就证据的形式问题作出了规定,根据该规定,如果请求机关提出请求,应将进行司法程序的时间和地点通知该机关,以便有关当事人和他们已有的代理人能够出席;执行请求书的司法机关适用其本国法规定的方式和程序。但是,该机关应采纳请求机关提出的采用特殊方式或程序的请求,除非其与执行国国内法相抵触或因其国内惯例和程序或存在实际困难而不可能执行。根据我国批准加入海牙《取证公约》时提出的保留和声明,法院拒绝了美国法院要求证人宣誓且对证人的口头调查进行录像的要求,但准许当事人律师到场。

我国2013年修订的《民事诉讼法》第276、277条就域外调查取证制度作了明确规定:我国法院与外国法院依据国际条约或按照互惠原则相互请求代为调查取证,但外国法院的请求以不得损害我国的主权、安全和社会公共利益为前提,否则,人民法院不予执行;外国驻我国使领馆可向其本国公民调查取证,但不得向我国公民或第三国公民调查取证,也不得违反我国法律,并不得采取强制措施;未经我国主管机关准许,外国机关或个人不得在我国境内调查取证。

我国于1997年加入海牙1970年《取证公约》,与此同时,指定司法部为我国中央机关;声明对于普通法系国家旨在进行审判前文件调查的请求书,1970年《取证公约》仅执行已在请求书中列明并与案件有直接密切联系的文件调查请求;对特派员取证方式予以保留。因此,我国不承认特派员取证方式。我国与外国缔结的大量双边司法协助协定中对于调查取证制度也作了相应规定。

2013年5月最高人民法院《关于依据国际条约和双边司法协助条约办理民商事案件司法文书送达和调查取证司法协助、请求规定》,明确了人民法院提出办理民商事案件司法文书送达、调查取证国际司法协助请求应多遵循的原则、管理机制及制定建设。

## 第七节 国家间法院判决承认与执行

### 一、国家间法院判决承认与执行的概述

国家间法院判决承认与执行，又称国家间判决的承认与执行，是指主权国家之间在一定条件下相互承认与执行对方法院判决在本国的效力。判决的承认与执行是诉讼程序进行的最终目的，也是整个诉讼程序的归宿，一项判决作出之后如果不能得到承认与执行，相关的诉讼程序也就失去了存在的意义。

基于司法主权的地域性，一国法院的判决原则上只能在判决国境内生效，而没有域外效力。然而，在一定条件下相互承认外国法院判决在内国的效力并在必要的时候按照国内法予以执行已经非常必要，这一点已为国际社会所公认。

承认与执行是两个既相互联系又有区别的概念。一般而言，承认外国法院判决是执行该判决的前提条件；执行外国法院判决是承认该判决的最终目的。然而，在国际民事诉讼中，有些判决只需要予以承认，而无须执行。如有关人的身份和能力方面的判决以及确权判决。

### 二、国家间法院判决承认与执行的条件

基于政治、经济及法律上的种种原因，一国法院作出的判决并不能当然地在他国获得承认和执行，承认与执行外国法院判决的法律依据主要是国际条约和互惠原则。国际社会就判决承认与执行达成的一系列的公约，主要有欧共体国家分别于1968年和1988年制定的两个《关于民商事案件管辖权及判决执行的公约》、2000年欧盟理事会《关于民商事管辖权及判决承认与执行的法规》、1971年海牙《关于承认与执行外国民事和商事判决的公约》及其附加议定书、2005年海牙《选择法院协议公约》等。此外，一些专门性的国际公约，如1958年海牙《关于抚养儿童义务判决的承认和执行公约》、1970年海牙《承认离婚和分居公约》以及1973年海牙《扶养义务判决的承认与执行公约》等，对特定领域判决的承认与执行也作出了规定。而即使依据条约和互惠，各国对于承认与执行他国法院的判决一般也都设置了种种条件。

▶ 典型案例

【案情】[①]

1985年申请人蒋某与中国籍人陈某在中国西安登记结婚。从1989年初开始，陈某在新西兰国克赖斯特彻奇市长期居住，蒋某仍住在国内。1992年初，陈某向新西兰国克赖斯特彻奇地区法庭起诉，要求与在中国境内的蒋某离婚，并放弃对在蒋某处的

---

[①] 参见《蒋某诉陈某离婚案》，载最高人民法院中国应用法学研究所编：《人民法院案例选——民事卷（下）》(1992—1999年合订本)，中国法制出版社2000年版，第2036页。

夫妻共同财产的任何要求。该法庭将陈某的离婚起诉状副本通过陈某之父转送给蒋某，并同时附上诉讼通知书，告知蒋某对陈某的离婚起诉应提出答辩并通知本法庭，同时应向陈某提交答辩状副本；告知蒋某应直接或通过一名中国境内的律师用航空信件委托一名新西兰律师作为其诉讼代理人。但蒋某没有应诉答辩，对此诉讼未予理睬。1992年10月，新西兰国克赖斯特彻奇地区法庭依据陈某的诉讼请求和新西兰国1980年《家庭诉讼条例》第39条作出第1219号决议书，决议解除蒋某与陈某的婚约。1994年5月2日，蒋某持新西兰国克赖斯特彻奇地区法庭的上述第1219号解除婚约决议书、该法庭的诉讼通知书和陈某的离婚起诉状副本的英文本和中文译本向西安市中级人民法院申请承认该解除婚约决议书的效力。

**【审理】**

法院经审理认为：蒋某申请承认的新西兰国克赖斯特彻奇地区法庭的解除其与陈某的婚约关系第1219号决议书，内容与我国法律不相抵触，符合我国法律规定的承认外国法院判决效力的条件，裁定对新西兰国克赖斯特彻奇地区法庭第1219号决议书的法律效力予以承认。

**【法理】**

本案是有关中国公民申请承认外国法院离婚决议书的案件。1991年7月最高人民法院《关于中国公民申请承认外国法院离婚判决程序问题的规定》（以下简称《规定》）对这一问题作出了明确规定。

根据《规定》的有关规定，申请人向我国法院申请承认外国法院离婚判决时，不受该外国法院与我国是否订有司法协助协议的限制；若外国法院与我国订立有司法协助协议，申请人按照协议的规定进行申请；如果没有司法协助协议，申请人可以根据《规定》向人民法院申请承认。本案中，虽然我国与判决作出国新西兰之间没有订立司法协助协议，蒋某仍然可以根据《规定》向人民法院申请承认新西兰法院解除婚约的决议书。

在申请时，申请人应当提出书面申请，并提交外国法院离婚判决书正本及经证明无误的中文译本。本案申请人蒋某持新西兰克赖斯特彻奇地区法庭的第1219号解除婚姻决议书、该法庭的诉讼通知书和陈某的离婚起诉状副本的英文本和中文译本，向西安市中级人民法院申请承认，符合《规定》的要求，西安市中级人民法院应当受理。

此外，申请人申请执行的是已生效的决议书，并且该决议书的作出不存在被告未经合法传唤而缺席判决的情形，符合我国相关法律的规定，西安市中级人民法院裁定予以承认与执行是正确的。

综观各国立法及相关国际条约的规定，这些条件主要包括：

1. 原判决国法院对案件具有合格的管辖权。一国法院对涉外案件具有管辖权是涉外民事诉讼在该国法院得以开始和进行的前提。因此，内国法院在被请求承认与执行某一外国法院判决时，首先必须依据一定的标准来判定外国法院对该案件有没有管辖权。这种标准来自于前面所述的"间接管辖权规范"。而有关这一标准,各国立法存在很大的差异,而有关的国际条约也未能达成一致。

我国民事诉讼法对于如何判定判决作出国法院的管辖权问题没有作出规定,依据我国与外国签订的双边司法协助条约对此作出的规定,主要有以下三种形式:(1)依据被请求国法律判断请求国法院是否有管辖权;(2)依据被请求国对案件是否具有专属管辖权的规定来判断请求国法院是否具有管辖权;(3)规定若干管辖权标准,只要作出裁决的法院符合所列情形之一,即被视为有管辖权。

2. 有关诉讼程序必须公正。为保护诉讼中败方当事人的诉讼权益,各国立法和有关国际条约大多规定,国内法院在被请求承认与执行外国法院判决时,如果发现判决国法院在诉讼中对败诉方当事人的合法权益未提供充分保护,如败诉一方未得到合法传唤,从而未能陈述自己的诉讼主张;或败诉一方在没有诉讼行为能力时没有得到适当代理的,被请求国法院便可以认定有关的诉讼因缺乏公正性而拒绝承认和执行其判决。

3. 有关判决必须合法取得。也就是说,有关外国法院的判决必须是基于合法手段获取的,任何通过欺诈手段获取的判决都是不能在内国境内得到承认与执行的。虽然关于什么是"欺诈"的标准不一,但大多数国家一般都依据内国法来进行判断。

4. 有关判决是终局的。各国对有关判决的终局性同样存在不同的认识。但一般可以将判决的"终局性"理解为,由一国法院或有审判权的其他机关按照其内国法所规定的程序,对诉讼案件中的程序问题和实体问题所作的具有约束力并且已经发生法律效力的判决或裁定。至于判断外国法院判决是否为确定判决,依据外国法院所属国的法律比较合适。

5. 有关判决不与承认国的公共秩序相抵触。公共秩序在国家交往中起到安全阀的作用,在国家间判决的承认与执行中,大多数国家的立法都规定,如果外国法院判决的承认与执行将损害内国的公共秩序,内国法院可以拒绝承认与执行该项判决。

6. 原判决国适用了适当的准据法。根据有些国家的立法,只有在判决国法院所适用的法律与被请求国冲突规范所指定的准据法相一致的情况下,才对该法院所作出的判决予以承认与执行。这一标准并非各国所普遍采取的条件。

### 三、承认与执行外国法院判决的方式

承认与执行外国法院判决的程序主要涉及被请求国承认与执行外国法院判决的方式。目前,国际社会上主要存在以下几种方式。

(一) 执行令方式

这一方式以法国、德国和俄罗斯为代表。在这一程序中,由被请求国法院对申请承认与执行的外国法院判决进行审查,如果该判决符合内国法律或相关国际条约规定的条件,则发给执行令,从而赋予该外国法院判决与内国法院判决同等的效力,并按照被请求国法律规定的程序予以执行。

被请求国法院对外国法院判决进行的审查可以分为形式审查和实质审查两种。

所谓形式审查,就是只审查外国法院判决是否符合内国法律或有关国际条约规定的条件,而不对判决所认定的事实和适用的法律进行审查;相应地,实质审查不仅要审查外国法院判决是否符合内国法律或有关国际条约的规定,而且要审查判决所认定的事实是否正确,适用的法律是否适当。由于后者实质上相当于对案件重新进行了审理,不仅违背了"一事不再理"原则,也是对外国法院司法审判权的不尊重。

(二) 重新审理方式

重新审理方式,就是被请求国法院要求申请执行的当事人在被请求国法院重新提起诉讼,由被申请国法院进行审查,如果该外国判决不与国内立法相抵触,由被请求国法院作出一个内容与外国法院判决相同或相似的判决,然后依据内国一般程序予以执行。

(三) 登记执行方式

登记执行方式,是被请求国法院只要查明外国法院判决符合被请求国法律或相关国际条约规定的条件就予以登记,从而依据执行内国法院判决的程序执行该外国法院判决。

**四、承认与执行外国法院判决的程序**

(一) 请求的提出

各国对于提出请求的主体的规定各不相同,有的国家规定应由当事人提出申请,而有的国家则规定只能由原审法院提出申请,还有的国家规定当事人和法院均可以提出申请。然而,无论由谁提出申请,也无论通过何种途径,申请书均需采用书面形式,并应提供相关文书。

根据各国有关立法和实践,这里的相关文书主要包括:(1) 经法院证明确认无误的判决书副本;(2) 证明未出庭的当事人已经合法传唤或者在其没有诉讼行为能力时已经得到适当代理的证明书;(3) 以被请求方文字或双方认可的第三国文字作出的上述请求书、判决书副本和证明书经确认无误的译本。

(二) 对外国法院判决的审查

1. 审查的依据。审查的依据主要涉及应该依何国法律对判决进行审查的问题。通常认为,承认与执行外国法院判决,应按照被请求国的法律规定进行审查。这一审查依据也为1971年海牙《关于承认与执行外国民事或商事判决的公约》所肯定,公约在其第14条第1款规定:"除本公约另有规定外,承认或执行外国民事或商事判决的程序应适用被请求国法律。"

2. 审查的范围。对承认与执行外国法院判决请求的审查,主要有形式审查和实质审查两种。所谓实质性审查,是指对申请承认与执行的外国法院的判决,从事实和法律两个方面进行审查,只要审核国认为该判决在认定事实和适用法律方面是不适当的,它就可以根据本国法律不予执行。而形式审查并不审查原判决所查明的事实和适用的法律,仅在形式上审查外国法院判决是否符合本国法律规定的承认与执行外国法院判决的条件。由于实质审查有侵犯他国司法主权的嫌疑,目前,各国的普遍实践是对申请承认与执行的外国法院判决仅作形式上的审查,而不作实质审查。

## 五、中国关于国家间法院判决承认与执行的立法与实践

我国目前有关承认与执行外国法院判决的规定主要集中在《民事诉讼法》、最高人民法院的有关规定以及我国缔结或参加的国际公约和双边条约中。

▶ **典型案例**

**【案情】**①

2000年10月24日晚,新加坡甲轮船在驶往天津港的航行中,碰撞到天津海事局天津航标处管理的某灯塔,造成该灯塔严重损害。天津海事局天津航标处于2000年11月8日诉至天津海事法院,要求新加坡公司承担损害赔偿责任。2002年9月24日,天津海事法院做出判决,判决被告轮船所属的新加坡公司给付原告灯塔损坏修复款及其他经济损失、案件受理费、鉴定费等共计人民币6,386,013.68元。该判决生效后,由于某公司未按规定履行给付义务,天津海事局天津航标处于2002年11月26日向天津海事法院申请强制执行。

**【审理】**

法院经调查,被执行人为新加坡公司,在中国境内无财产可供执行。2002年12月10日,申请人申请追加担保人中国乙保险公司开发区支公司为被执行人。法院依法裁定追加担保人中国乙保险公司开发区支公司为被执行人,并向其下发了执行通知书。中国乙保险公司开发区支公司接到执行通知书后,根据其担保的范围向法院交纳了30万美元,其余债款申请人向我院申请领取债权凭证。经合议庭讨论,法院裁定本案执行程序终结,向债权人发放债权凭证。

**【法理】**

该案属于海事侵权性质的案件,当事人依法应该向海事法院申请强制执行。由于本案属于涉外案件,被申请人在我国境内并无财产可供执行,为了满足申请执行人的合法权益,《民事诉讼法》第231条规定:"被执行人逾期仍不履行的,人民法院有权执行被执行人的担保财产或者担保人的财产。"因此,海事法院追加其担保人中国乙保险公司开发区支公司为被执行人于法有据,从而保证申请人的合法权益得以实现。

(一)我国法院判决在外国的承认与执行

我国2013年修订的《民事诉讼法》第280条规定:"人民法院作出的发生法律效力的判决、裁定,如果被执行人或者其财产不在中华人民共和国领域内,当事人请求执行的,可以由当事人直接向有管辖权的外国法院申请承认和执行,也可以由人民法院依照中华人民共和国缔结或者参加的国际条约的规定,或者按照互惠原则,请求外国法

---

① 参见《新发轮船触碰大沽灯塔案》,载中国涉外商事海事审判网 http://www.ccmt.org.cn/hs/news/show.php? cId=3313,访问日期:2016年10月9日。

院承认和执行。"这一规定表明,我国法院判决在域外承认与执行的基础是有关的国际条约和互惠原则。

(二) 外国法院判决在我国的承认与执行

我国《民事诉讼法》第281条规定:"外国法院作出的发生法律效力的判决、裁定,需要中华人民共和国人民法院承认和执行的,可以由当事人直接向有管辖权的中级人民法院申请承认和执行,也可以由外国法院依照该国与中华人民共和国缔结或参加的国际条约的规定,或者按照互惠原则,请求人民法院承认和执行。"这一规定表明,对外国法院的判决,我国法院依照我国缔结或参加的国际条约或者互惠原则进行审查。也就是说,在没有条约关系的情况下,我国法院承认与执行外国法院判决要求以互惠关系的存在为前提。如果既无条约关系也无互惠关系,则不予承认与执行外国法院判决。2015年《民事诉讼法解释》第544条进一步规定:"当事人向中华人民共和国有管辖权的中级人民法院申请承认和执行外国法院作出的判决、裁定,如果该法院所在国与中华人民共和国没有缔结或者共同参加国际条约,也没有互惠关系的,裁定驳回申请,但当事人向人民法院申请承认外国法院作出的发生法律效力的离婚判决的除外。"第51条规定:"与中华人民共和国没有司法协助关系又无互惠关系的国家的法院,本通过外交途径,直接请求人民法院提出司法协议的,人民法院应予退回,并说明理由。"

《民事诉讼法》第282条规定:"人民法院对申请或者请求承认和执行的外国法院作出的发生法律效力的判决、裁定,依照中华人民共和国缔结或者参加的国际条约,或者按照互惠原则进行审查后,认为不违反中华人民共和国法律的基本原则或者国家主权、安全、社会公共利益的,裁定承认其效力,需要执行的,发出执行令,依照本法的有关规定执行。违反中华人民共和国法律的基本原则或者国家主权、安全、社会公共利益的,不予承认和执行。"这一规定表明,外国法院的判决、裁定申请在我国执行的,由人民法院发出执行令,然后依据我国国内法规定的程序予以执行。该条还强调了公共秩序保留问题,明确规定对于违反我国法律的基本原则或者有害国家主权、安全、社会公共利益的判决拒绝承认与执行。

我国法律规定的拒绝承认与执行外国法院判决、裁定的条件基本上与国际社会保持一致,都要求判决必须是由有管辖权的法院作出;审判程序必须公正且为判决义务人提供了应诉和答辩的机会;判决必须是终局的,并不与我国国内正在进行或已经终结的诉讼相冲突等。

根据我国2013年修订的《民事诉讼法》的规定,申请执行的期间为2年。

关于拒绝承认和执行外国法院判决的条件,规定在我国《民事诉讼法》第282条、最高人民法院《关于中国公民申请承认外国法院离婚判决程序问题的规定》以及我国与外国签订的司法协助条约中,这些条件是:

(1) 依据判决作出国与我国缔结或者共同参加的国际条约的规定,或者依据我国法律规定,该判决所属国法院不具有管辖权。

(2) 依据判决作出国法律,判决尚未生效或不具有执行力。

(3) 判决作出国法院的诉讼程序不具有必要的公正性,即败诉一方当事人未经合法传唤而未出庭参加诉讼,或当事人在无诉讼行为能力时未得到适当的代理。

(4) 我国法院对于相同当事人之间基于相同事实就同一标的进行诉讼的案件已先受理或者正在审理的;或者我国法院对于相同当事人之间就同一诉讼标的的案件已经作出了发生法律效力的裁决;或者已经承认了第三国法院对同一案件作出的发生法律效力的判决。

(5) 外国法院判决违反我国法律的基本原则,或者对外国法院判决的承认与执行将有损我国国家主权、安全和社会公共利益。

我国法院在对承认和执行外国法院判决的申请或请求进行审查之后,对具有上述情形之一的外国法院判决,可裁定驳回申请。2015年《民事诉讼法解释》第544条第2款规定:"承认和执行申请被裁定驳回的,当事人可以向人民法院起诉。"第546条规定:"对外国法院作出的发生法律效力的判决、裁定或外国仲裁裁决,需要中华人民共和国法律执行的,当事人应当先向人民法院申请承认,人民法院经审查,裁定承认后,再根据民诉法第三编的规定予以执行。当事人仅申请承认而未同时申请执行的,人民法院仅对应否承认执行审查并作出裁定。"

# 第十二章

# 国际商事仲裁

仲裁是解决国际商事争议的较好的方式,它与诉讼、调解和友好协商相比具有许多优点。因此,当今解决国际商事争议的主要方式就是国际商事仲裁。国际商事仲裁的概念与类型、主要的国际商事仲裁机构、仲裁协议的效力及法律适用、国际商事仲裁程序、仲裁裁决的撤销以及国际商事仲裁裁决的承认与执行等问题都是国际社会共同关心的问题。

**本章涉及相关的法规与国际条约:**

**1958 年《承认及执行外国仲裁裁决公约》**

**1985 年联合国《国际商事仲裁示范法》**

**1987 年最高人民法院《关于执行我国加入的〈承认及执行外国仲裁裁决公约〉的通知》**

**2012 年修订的《中华人民共和国民事诉讼法》**

**2015 年最高人民法院《关于适用〈民事诉讼法〉的解释》**

**1994 年《中华人民共和国仲裁法》**

**2006 年最高人民法院《关于适用〈中华人民共和国仲裁法〉若干问题的解释》**

## 第一节 国际商事仲裁概述

### 一、国际商事仲裁的概念

国际商事仲裁是指在国际商事活动中,当事人各方依据事先在合同中订立的仲裁条款或者事后达成的仲裁协议,自愿将他们之间发生的或者可能产生的契约性或非契约性的具有国际性或涉外性的商事争议提交一名或数名仲裁员组成的仲裁庭或者临时仲裁庭进行评断和裁决,由该仲裁庭作出对当事人具有约束力的裁决。

(一)商事的含义

多数国家尽可能作广义的解释,《国际商事仲裁示范法》对"商事"的注释是:"'商事'一词应给予广义的解释,以便包括产生于所有具有商业性质的关系的事项,不论这种关系是否为契约关系。具有商事关系的关系包括但不限于下列交易:任何提供或交换商品或劳务的贸易交易;销售协议;商事代表或代理;保付代理;租赁;咨询;设计;许可;投资;融资;银行业;保险;开采协议或特许权;合营企业或其他形式的工业或商业合作;客货的航空、海洋、铁路或公路运输。"

我国在加入1958年《承认及执行外国仲裁裁决公约》(以下简称《纽约公约》)时作出商事保留声明:"契约性和非契约性商事法律关系是指,由于合同、侵权或者根据有关法律规定而产生的经济上的权利义务关系,例如货物买卖、财产租赁、工程承包、加工承揽、技术转让、合资经营、合作经营、勘探开发自然资源、保险、信贷、劳务、代理、咨询服务和海上、民用航空、铁路、公路的客货运输以及产品责任、环境污染、海上事故和所有权等,但不包括外国投资者与东道国政府之间的争端。"

(二) 国际的含义

根据国际社会有关仲裁的立法与实践,判断商事仲裁的"国际性"主要有以下标准。

1. 以单一的国籍因素作为判断标准,即把当事人具有不同国籍作为认定仲裁国际性的依据。例如,1965年3月18日订于华盛顿的《关于解决国家和他国国民间投资争端的公约》第25条就规定,解决投资争端国际中心的仲裁管辖权限于缔约国和另一缔约国国民之间直接因投资而产生的任何法律争端。

2. 以单一的住所或惯常居所作为判断标准,即把当事人住所或惯常居所位于不同国家作为认定仲裁国际性的标准。例如,1989年1月1日生效的《瑞士联邦国际私法法规》第176条第1款规定:"本章的规定适用于所有仲裁庭在瑞士的,并且至少有一方当事人在缔结仲裁协议时在瑞士既没有住所也没有习惯居所的仲裁。"

3. 复合标准。即以国籍、住所、营业地、合同履行地、争议标的所在地、仲裁地等为判断标准,只要上述连结因素之一不在内国的,则认定为具有国际性的商事仲裁。《国际商事仲裁示范法》第1条第3款将"国际"定义为:"一项争议是国际性的,如果 1. 仲裁协议双方当事人在签订该协议的时候,他们的营业地位于不同的国家;或者 2. 下列地点之一位于双方当事人营业地共同所在的国家之外:(1) 仲裁协议中或根据仲裁协议确定的仲裁地;(2) 商事关系义务的主要部分将在要履行的任何地点或与争议的客体具有最密切联系的地点;或者 3. 双方当事人已明示约定仲裁协议的客体与一个以上的国家有联系。"美国、加拿大、法国、俄罗斯等国均采取了这种标准。

我国现行《民事诉讼法》与《仲裁法》没有对仲裁的"国际性"与"涉外性"作出明确的规定。从2015年最高人民法院颁布的《民事诉讼法解释》第522条的规定看,对民商事关系的"涉外性"的判断是以法律关系的三要素中至少有一个因素与外国存在联系作为判断标准。我国的仲裁实践也倾向于采用复合标准,同时对涉及香港特别行政区、澳门特别行政区或台湾地区的争议一般比照涉外仲裁规则处理。

▶ **典型案例**

**【案情】**①

第一申请人甲家用电器(集团)公司、第二申请人X市丙厂与被申请人乙有限公司签订了89MSSC-PRG号合同。合同中有仲裁条款,申请人据此于1997年3月28日提交中国国际经济贸易仲裁委员会(以下简称为贸仲),仲裁委员会受理了此案。被申请人于1998年5月18日提交了《仲裁管辖异议书》,理由如下:根据当时贸仲仲裁规定,中国法人及/或自然人之间的非产生于国际或涉外的经济贸易争议不在仲裁委员会的仲裁管辖范围内。本案的三方当事人均是中国法人,合同只是一般的货物买卖合同,合同的签订地和履行地都在中国,并无涉外因素。因此申请人和被申请人的买卖合同有关或由其引起的争议不在仲裁委员会仲裁管辖范围内,合同的仲裁条款无效。第一申请人对管辖异议的答辩称:根据当时贸仲仲裁规定第7条,凡是当事人同意将争议提交仲裁委员会仲裁的,均视为同意按照本规则仲裁。双方在合同中签订了仲裁条款,这足以认定双方当事人同意按照仲裁规则仲裁。故仲裁委员会有管辖权。

**【审理】**

仲裁庭审查合同及有关资料认为:申请人和被申请人对于本案是否具有涉外因素产生了分歧,被申请人认为合同没有涉外因素,但是申请人认为应适用当时贸仲仲裁规定第7条,仲裁委员会则认定有涉外因素。理由是:合同采用的贸易术语是CIF。合同说明了CIF的价格构成是FOB美国价格+运费+保险费,从表面看来,货物的装运港在美国,即本案合同的履行地点是美国。仲裁委员会采用了《民通意见》第304条规定的判断标准:当事人之间民事法律关系的设立、变更、终止的法律事实发生在外国,或者诉讼标的物在外国的民事案件,为涉外案件。结合第178条的规定,认定本案属于中国法人及/或自然人之间发生的具有涉外因素的经济贸易争议,符合当时贸仲仲裁规定第2条关于仲裁委员会受案范围的规定,驳回了被申请人的管辖权异议。

本案合同三方当事人均为中国法人,但是本案合同仍具有涉外因素,属于涉外案件。

**【法理】**

在本案中,出现了用什么标准来判断商事仲裁的国际性问题。许多国家将国际仲裁和国内仲裁严格地加以区分,各国的仲裁立法和相关的国际公约对国际性的判断标准大致有以下几种:(1)以单一的住所或惯常居所为连结因素,当事人中至少一方的住所或惯常居所不在内国的,则为国际仲裁。(2)以单一的国籍为连结因素,当事人中至少一方的国籍是非内国国籍的,则为国际仲裁。(3)以国籍、住所、合同履行地、标的物所在地等多种连结因素作为界定标准,只要上述连结因素之一不在内国,则为国际仲裁。(4)以仲裁地唯一双方营业地所在国之外,争议双方当事人营业地位于不同的国家为标准。(5)以争议的实质内容为标准。虽然存在标准上的差异,但总的发

---

① 参见《甲家用电器(集团)公司与乙有限公司买卖合同管辖异议仲裁案》,载赵相林主编:《国际私法教学案例评析》,中信出版社2006年版,第305页。

展趋势是趋于广泛的,一般来说,满足上面的标准之一,就认定具有国际性。

我国人民法院判断涉外仲裁的国际性时,不是按照是否有仲裁机构做出的仲裁裁决这一标准的,而是按照《民通意见》的规定来判断涉外仲裁的:凡民事关系的一方或者双方当事人是外国人、无国籍人、外国法人的;民事关系的标的物在外国领域内的;产生、变更或者消灭民事权利义务关系的法律事实发生在外国的,均为涉外民事关系。涉港、澳、台的仲裁也参照涉外仲裁处理。2013年新司法解释(一)第1条对涉外民事关系构成条件做出了规定,(1)当事人一方或双方是外国公民、外国法人或者其他组织、无国籍人;(2)当事人一方或双方的经常居所地在中华人民共和国领域外;(3)标的物在中华人民共和国领域外;(4)产生、变更或者消灭民事关系的法律事实发生在中华人民共和国领域外;(5)可以认定为涉外民事关系的其他情形。此外2015年《民事诉讼法解释》第522条对"涉外性"也做出一致的规定。

## 二、国际商事仲裁的特点

涉外商事争议的解决,主要有协商、调解、仲裁、诉讼四种方法。除协商外,调解、仲裁、诉讼是在有第三者参与的情况下解决国际商事争议的,国际商事仲裁的特点可以通过与调解和诉讼比较予以凸现。

(一) 国际商事仲裁与斡旋和调解的异同

尽管它们三者都是在双方当事人自愿的基础上进行的,但仲裁与斡旋和调解的区别在于以下方面。

1. 斡旋和调解的进行,自始至终必须得到双方的同意,而仲裁只要双方当事人合意达成了仲裁协议,即使后来一方当事人不愿意,他方仍可依仲裁协议提起仲裁程序,仲裁庭所作的裁决也无需征得双方当事人的同意。

2. 斡旋人和调解人主要起疏通、说服、劝解和协商的作用,仲裁员则主要起裁判的作用。

3. 仲裁得到了国家权力的支持,即仲裁裁决具有强制执行力。

4. 调解更具有灵活性和随意性。

(二) 国际商事仲裁与司法诉讼的异同

仲裁和司法诉讼的处理决定都是由第三者独立自主作出的,并对当事人有约束力,但两者的区别主要有如下几点。

1. 法院具有法定的强制管辖权,而仲裁机构不具有强制管辖权,只能受理双方当事人根据其订立的仲裁协议提交解决的争议。

2. 法官是国家任命的,当事人没有选择或指定审理争议的法官的权利,而仲裁员是由当事人指定的。

3. 仲裁员在审理案件时,可较法官更多地考虑商业惯例。

4. 法院的受案范围是由法律规定的,而仲裁的事项和范围是由双方当事人事先约定的。

(三) 国际商事仲裁的特点

从上面的比较中,我们可以将仲裁的特点概括为以下五点。

1. 广泛的国际性。这主要表现在以下两个方面:

(1) 几乎所有的常设仲裁机构都聘用了许多不同国家的专业人员作仲裁员,许多国际仲裁案件是由不同国籍的仲裁员组成仲裁庭来进行审理。

(2) 由于已有一百多个国家参加了1958年《纽约公约》,仲裁裁决的承认和执行便有了可靠基础,使仲裁裁决比较容易地在国外得到承认与执行。

2. 高度的自治性。在国际商事仲裁中,双方当事人享有多方面的选择自由,具有高度的自治性。这种高度的自治性体现在以下几个方面:

(1) 双方当事人可以选择仲裁机构或仲裁的组织形式。选择不同于常设仲裁的仲裁组织形式,即临时仲裁庭处理有关争议。

(2) 双方当事人可以选择仲裁地点。

(3) 双方当事人可以选择审理案件的仲裁员。

(4) 双方当事人可以选择进行仲裁的程序或程序法。

(5) 双方当事人可以选择仲裁所适用的法律。

3. 强制性。虽然国际商事仲裁具有民间性,国际商事仲裁机构是一种民间性质的组织,不是国家司法机关,但各国的立法和司法都明确承认仲裁裁决的法律效力,并赋予仲裁裁决和法院判决同等的强制执行效力。如果一方当事人不按照事先的约定自觉地履行仲裁裁决,另一方当事人可以依照有关的国际公约、协议或执行地国家的法律规定申请强制执行仲裁裁决。

4. 相当的灵活性。仲裁的灵活性很大,它不像法院那样要严格遵守程序法,特别是在临时仲裁中更是如此。例如,仲裁可以和调解结合起来,仲裁的审理气氛也较法院宽松,有利于双方当事人达成和解意见。

5. 很强的权威性。由于仲裁员是由各行各业的专家或具有丰富实践经验的人组成的,所以许多仲裁案件都是由有关问题的专家来审理,因此仲裁庭作出的裁决也有很强的权威。

### 三、国际商事仲裁的种类

(一) 临时仲裁和机构仲裁

这是以仲裁庭的组织形式作为标准,将仲裁分为临时仲裁和机构仲裁。

临时仲裁,是指根据双方当事人的仲裁协议,在争议发生后由双方当事人推荐的仲裁员临时组成仲裁庭,负责审理当事人之间的有关争议,并在审理终结做出裁决后即行解散仲裁庭。

机构仲裁,是指有常设的仲裁机构进行的仲裁,常设的仲裁机构,是指根据国际公约或者一国国内立法所成立的,有固定的名称、地址、组织形式、组织章程、仲裁规则和仲裁员名单,并有完整的办事机构和健全的行政管理制度,用以处理国际商事争议的仲裁机构。

## (二) 依法仲裁和友好仲裁

以仲裁庭是否必须按照法律做出裁决为标准,可将仲裁分为依法仲裁和友好仲裁。

依法仲裁,是指仲裁员或者仲裁庭依照法律做出裁决。仲裁员或者仲裁庭在审理实体问题时,首先适用当事人选择的准据法,如果当事人未选择,则根据仲裁应适用的法律。总之,要根据国际私法规则指引的实体法进行案件审理,做出裁决。

友好仲裁,是指在国际商事仲裁中,不适用任何法律,而允许仲裁员或者仲裁庭根据公平、善意、诚实信用等原则对争议实质问题进行审理并做出裁决的制度。是否可以进行友好仲裁,取决于两个因素:一是当事人的意愿,如果未经双方当事人的授权,仲裁庭不能进行友好仲裁。二是仲裁地的许可,如果仲裁地法不允许友好仲裁,则友好仲裁也不可能进行。

## (三) 私人间仲裁和非私人间仲裁

以当事人双方是否为私人为标准,可将仲裁分为私人间仲裁和非私人间仲裁。

私人间仲裁,是指争议双方当事人均是自然人或者是法人的仲裁。私人间的仲裁在国际商事仲裁中是最为普遍的。有的国家的法律和仲裁机构的仲裁规则明确规定,只进行私人间仲裁。

非私人间仲裁,是指一方当事人为私人另一方当事人为国家的仲裁。大多数常设的仲裁机构不受理非私人间仲裁。但设在巴黎的国际商会仲裁院依其仲裁规则进行的仲裁中包括国家或国家实体为一方当事人的仲裁,当事人一方或者双方是国家的也比较多。根据1965年《解决国家与他国国民间投资争端的公约》而设立的"解决投资争端国际中心"则是专门受理一方当事人为国家另一方当事人为私人的私人投资争议的常设仲裁机构。

## ▶ 典型案例

### 【案情】①

在一项在中东某一国家承包工程案件中,美国一家公司在欧洲的子公司作为总承包商和斯堪的纳维亚的一家分包商之间由于承包合同产生争议。分包合同中约定:在日内瓦仲裁解决,适用纽约的程序法和实体法。美国公司的子公司以承包人未能按合同规定的时间完成特定的任务为由提请仲裁。

双方之间有很多争议,其中之一就是对利息的支付问题。但是合同中没有规定如何支付应付款项的利息。被申请人认为,如果仲裁庭认定被申请人应当支付利息,应当按照合同的约定适用纽约的法律,即年利率6%的利息裁定。申请人则认为,被申请人在支付问题上延期应当承担责任,应当支付的款项的利息应按照伦敦同业银行拆放利率(LIBOR)计算,此项利率在当时约为年利率15%。

---

① 参见《美国某公司的子公司与斯堪的纳维亚公司之间分包合同仲裁案》,载赵相林主编:《国际私法教学案例评析》,中信出版社2006年版,第310页。

仲裁员分别来自加拿大、英国和美国。

**【审理】**

仲裁庭很快裁定应当支付利息,然而,如何确定此项利息的适当利率,按照纽约的法律,6%的年利率是强制性规定,但此项规定仅对纽约法院审理案件时适用。仲裁庭在开庭审理此案后综合案件的总体情况,既未适用纽约的利率,也未适用伦敦的利率,而是取其中。此案得到双方当事人的确认和接受。

**【法理】**

以仲裁员是否必须按照严格的法律规则作出裁决为标准,仲裁被分为依法仲裁和友好仲裁。

本案中,仲裁庭没有严格按照纽约或伦敦的法律来确定利率,而是综合案件的整体情况,根据公平和善意的原则,对利率的确定采用折中的办法,虽然没有严格按照法律来进行裁决,但是裁决仍然得到了双方当事人的接受,说明了友好仲裁是很必要的。同时,来自不同国家的仲裁员采用了友好仲裁的方式,也表明了友好仲裁的影响也越来越广泛。

我国应该对友好仲裁加以规定。仲裁庭在当事人授权之下进行友好仲裁符合当事人意思自治的原则。意思自治是当事人进行商事交易的基本原则。另外,当事人授权仲裁员进行友好仲裁也是追求实质公平的需要。当事人期望通过友好仲裁能够避免因适用法律规则而产生的不公平结果。并且,规定友好仲裁也是国际社会发展形势的需要。

### 四、国际商事仲裁仲裁机构

(一)国际仲裁机构

(1)解决投资争端国际中心。中心的管辖权只限于缔约国和另一缔约国国民之间直接因投资而产生的任何"法律争端",而该争端经双方书面同意提交给中心。而当双方表示同意后,则不得单方面撤销其同意。

在进行仲裁时首先应适用双方当事人合意选择的法律;当事人未作选择或未能达成一致意见时,仲裁庭可以适用争议一方缔约国(一般是指东道国)的法律,以及可以适用的有关国际法规则。

(2)国际商会仲裁院。国际商会仲裁院作为一个全球性的国际常设仲裁机构,具有极为广泛的管辖范围,任何国家的当事人,不管其是否为国际商会成员国的当事人,都可以通过仲裁协议将有关争议提请国际商会仲裁院仲裁。而且当事人任何一方既可以是个人,也可以是法人,甚至可以是国家和政府的企业、机构或国家和政府本身。

(二)国内仲裁机构

(1)瑞典斯德哥尔摩商会仲裁院。瑞典斯德哥示摩商会仲裁院成立于1917年,在保证仲裁程序迅速及时地进行与仲裁的独立性和公正性方面,该仲裁院在国际社会享有很高声誉。

(2) 瑞士苏黎世商会仲裁院。
(3) 英国伦敦国际仲裁院。

(三) 中国涉外仲裁机构

(1) 中国国际经济贸易仲裁委员会。中国国际经济贸易仲裁委员会(以下简称仲裁委员会,自 2000 年 10 月 1 日起同时启用名称"中国国际商会仲裁院")是中国国际贸易促进委员会属下的一个民间性的常设商事仲裁机构。仲裁委员会同时受理当事人提交的国内仲裁案件。

中国国际经济贸易仲裁委员会的受案量近几年来已跃居世界第一位,仲裁裁决可以在世界上 140 多个国家得到承认和执行。

(2) 中国海事仲裁委员会。中国海事仲裁委员会是中国国际商会下属机构,总部在北京,受理海事、海商争议。

(3) 中国新组建的仲裁委员会。根据我国《仲裁法》第 79 条的规定,各地可以组建新的仲裁机构。与原有仲裁机构比较,新仲裁机构的最大特色是独立于行政机关,与其不存在隶属关系。1996 年 6 月 8 日国务院办公厅《关于贯彻实施〈中华人民共和国仲裁法〉需要明确的几个问题的通知》第 3 条则明确规定:"涉外仲裁案件的当事人自愿选择新组建的仲裁委员会仲裁的,新组建的仲裁委员会可以受理。"截止到 2016 年底,新组建的仲裁委员会已达到 242 家。由此,各地仲裁委员会在当事人自愿选择的情况下,有权受理涉外仲裁案件。这有利于仲裁机构之间形成竞争的局面,提高仲裁的效率,增强仲裁的独立性与公正性。

(四) 香港国际仲裁中心

香港国际仲裁中心成立于 1985 年。它是根据香港公司法注册的非盈利性公司,是为配合亚洲地区对仲裁服务的需要而设立的。中心的仲裁事务分为本地仲裁和国际仲裁。国际仲裁是指一方或双方当事人为非香港人的案件,适用《联合国国际贸易法委员会仲裁规则》。

## 第二节 国际商事仲裁协议

### 一、国际商事仲裁协议概念与表现形式

仲裁协议是指双方当事人愿意把他们之间将来可能发生或者业已发生的争议提交仲裁的协议。仲裁协议既是争议双方当事人将争议提交仲裁的依据,也是仲裁机构受理国际商事案件的唯一依据。仲裁协议是当事人合意的产物,最集中地反映了当事人的意志,因而各国立法都最大限度地尊重其约定,赋予其法律效力。民商法中的意思自治原则是仲裁协议存在的基础。仲裁协议是双方当事人所表达的采用仲裁方式解决纠纷意愿的法律文书,是将双方当事人之间的仲裁合意书面化、法律化的形式。

一般情况下,仲裁协议有以下三种表现形式:

(1) 仲裁条款,是指双方当事人在订立合同时,在合同的某一条款中,自愿约定将以后因本合同中未来可能发生的争议提交仲裁,并接受仲裁裁决约束的一种仲裁协

议。仲裁条款一般存在于合同中。商事仲裁条款是现代国际民商事领域最常见和最重要的一种形式。

(2) 仲裁协议书，是双方当事人为把有关争议提交仲裁解决而专门单独订立的协议书，它独立于合同而存在。仲裁协议书是一种传统的商事仲裁协议，在当今商事关系中出现的较少。

(3) 其他书面文件中包含的仲裁协议，是指双方当事人针对有关合同关系或非合同性质的商事法律关系而相互往来的信函、电报、电传、传真或其他书面材料中，如含有当事人同意将其已经发生或将来可能发生的争议提交仲裁的内容，那么有关文件即构成仲裁协议。这种形式的仲裁协议常见于国际商事仲裁。

我国《仲裁法》第16条第1款规定："仲裁协议包括合同中订立的仲裁条款和以其他书面方式在纠纷发生前或者纠纷发生后达成的请求仲裁的协议。"因此，书面方式是法律对仲裁协议形式方面的明确要求。我国《仲裁法》关于仲裁协议书面方式的要求，与世界各国仲裁立法、国际公约的有关规定是一致的。一般而言，合同中的仲裁条款大多属于书面方式，以其他书面方式达成的请求仲裁的协议亦符合法律关于书面方式的要求。但对书面方式如何理解，在各国商务和司法实践中较易发生分歧。2006年最高人民法院《关于适用〈中华人民共和国仲裁法〉若干问题的解释》，以下简称《仲裁法司法解释》）第1条参考了《合同法》第11条有关书面形式的内容，对《仲裁法》第16条规定的其他书面方式作出了明确规定，即以合同书、信件和数据电文（包括电报、电传、传真、电子数据交换和电子邮件）等形式达成的请求仲裁的协议，都是书面形式的仲裁协议。

根据《仲裁法司法解释》的有关规定，下列情形原则上亦符合法律关于仲裁协议书面方式的要求：当事人在订立仲裁协议后合并、分立的，其权利义务的继受人与合同他方之间就该仲裁协议约定的条款；当事人在订立仲裁协议后死亡的，承继被继承人权利义务的继承人与合同他方之间就该仲裁协议约定的条款；债权债务的受让人与合同他方之间就仲裁协议约定的条款；合同中未约定仲裁条款，但明确约定争议解决适用其他合同中有效仲裁条款的；涉外合同中未约定仲裁条款，但应适用的有关国际公约、双边协定明确规定纠纷应提请仲裁解决的。

## 二、国际商事仲裁协议的基本内容

综合各国仲裁法规定来看，国际仲裁协议内容一般包括以下事项。

### (一) 提交仲裁的意思表示

双方当事人得在仲裁协议或者相应的书面文件中有明确的约定就他们之间所发生的或者将要发生的与主商事合同有关的一些争议提交给他们共同选择的仲裁机构来审理和作出裁决。

### (二) 提交仲裁的争议事项

当事人首先应在仲裁协议中约定将什么样的争议提交仲裁，即应在仲裁协议中明确提交仲裁的争议事项，日后当事人之间发生争议，只能就仲裁协议中约定的提交仲裁的争议事项向仲裁机构申请仲裁,而不能超出仲裁协议的范围。这是仲裁庭行使仲裁管辖权的重要依据之一,也是当事人申请有关国家的法院协助承认与执行仲裁裁决必备的重要条件之一。如果一方当事人申请仲裁的事项不属于仲裁协议所约定的仲裁的争议事项范围,对方当事人有权对有关仲裁机构的管辖权提出异议;即使仲裁机构就此争议事项经过仲裁审理终结并作出实质性裁决,当事人也可以此为理由申请法院不予承认和执行该项裁决。

我国《仲裁法》第16条第2款规定:"仲裁协议应当具有下列内容:(1)请求仲裁的意思表示;(2)仲裁事项;(3)选定的仲裁委员会。"因此,有效的仲裁协议必须具有明确的交付仲裁的事项。仲裁事项首先受制于国家法律,即只有法律规定可以提交仲裁的纠纷,仲裁庭才有权作出裁定。如果仲裁事项不具有可仲裁性,则仲裁协议无效,仲裁裁决因而也无效,依法应予撤销或者裁定不予执行。根据我国《仲裁法》第3条的规定,婚姻、收养、监护、扶养、继承纠纷以及依法应当由行政机关处理的行政争议不能仲裁,这是我国法律关于不可仲裁的规定。

另一方面,仲裁事项亦受制于当事人的意思表示,即当事人有权决定将何种及哪些争议事项提请仲裁庭仲裁。因此,仲裁庭只能就法律规定具有可仲裁性且当事人明确提请仲裁的事项作出裁决。当事人关于仲裁事项的约定可以是概括的,也可以是具体的。但在绝大多数情况下,仲裁协议并不具体列举提交仲裁的事项,而是笼统地约定"因本合同发生或与本合同有关的一切争议"提请仲裁解决。在此情形下,当事人之间实际发生的争议是否属于"因本合同发生的争议"或者"与本合同有关的争议",往往因不同当事人的理解不同而得出截然相反的结论。为避免实践中产生争议,《仲裁法司法解释》第2条明确规定,当事人概括约定仲裁事项为合同争议的,基于合同成立、效力、变更、转让、履行、违约责任、解释、解除等产生的纠纷都可以认定为仲裁事项。

(三)仲裁机构

仲裁机构作为仲裁协议的必备内容,是指受理具体提交仲裁争议事项的机构,既包括常设的仲裁机构也包括临时的仲裁机构。临时仲裁机构又称特别仲裁机构,是指根据双方当事人的仲裁协议,在争议发生后由双方当事人推荐的仲裁员临时组成,负责审理当事人之间的争议,并且在审理终结做出裁决后即行解散的仲裁机构。常设仲裁机构,是依据国际条约或者一国国内法而设立,有固定的名称、地址、组织章程、仲裁规则,并具有自己的办事机构和行政管理制度,用以处理国际商事法律争议的仲裁机构。就一方当事人而言,常设仲裁机构的确立主要有以下几种情况:(1)其在本国的常设机构;(2)在第三国或在国际组织的常设仲裁机构;(3)在被诉人方所属国的常设仲裁机构。此外在实践中,双方当事人有时也采用一种比较灵活的方式,即在仲裁条款中并不明确规定将合同争议提交哪一国仲裁机构仲裁,只规定发生合同争议时应提交被诉方国家常设仲裁机构仲裁,一旦仲裁申请提出,被诉方所属国仲裁机构就被确定为审理该争议的仲裁机构。

《仲裁法》第16条第2款明确要求,仲裁协议应当具有"选定的仲裁委员会"。根据《仲裁法》第18条的规定,仲裁协议未约定仲裁机构或者约定不明的,当事人可以就此达成补充协议;未达成补充协议的,仲裁协议无效。由于绝大多数国家和地区的仲裁法均规定当事人有仲裁意愿仲裁协议即为有效。所以,即使我国的《仲裁法》明确规定了仲裁协议需要约定仲裁机构,但是未约定仲裁机构的仲裁协议并不必然无效。我国实践中的做法是:当事人约定的仲裁规则本身能够明白无误地指引出依该规则管理该仲裁程序的仲裁机构的,该仲裁协议有效。

商务实践中,仲裁协议对仲裁机构的约定五花八门。比如,有些仲裁协议未约定仲裁机构而仅约定了仲裁应适用的仲裁规则;有些仲裁协议虽指明了由某仲裁机构进行仲裁,但引用的仲裁机构名称不准确;有的仲裁协议直接或者间接约定了两个或者两个以上的仲裁机构等等。因当事人对上述仲裁协议的效力容易产生分歧,《仲裁法司法解释》第3—6条分别针对上述有关仲裁机构的约定作出了明确规定。

(四) 仲裁地点

仲裁地点是进行仲裁程序,作出仲裁裁决的所在地。没有仲裁地点,仲裁机构就缺少行使仲裁权进行仲裁程序并作出仲裁裁决的具体场所。仲裁所适用的法律往往由仲裁地点决定。在国际商事仲裁中,仲裁地点是确定仲裁裁决国籍的标准,并直接影响着对仲裁裁决的承认与执行。有的仲裁协议只规定了仲裁地点,未规定仲裁机构。如果在这个约定的地点只有一个仲裁机构,则实际上也符合对仲裁机构的指定。如果在这个约定的地点有两个或者两个以上的仲裁机构存在,那么这个时候,如果双方当事人能够对仲裁机构的选定达成有效的合意,或者双方的行为对仲裁机构做出有效的选定,这样的做法在实践中都是可行的。

(五) 仲裁规则

仲裁规则是仲裁机构根据仲裁法律所制定的推进仲裁进行的准则,是仲裁庭行使仲裁权和当事人进行仲裁所应遵循的程序规则,是由当事人合意选择的。仲裁规则主要规定进行仲裁的程序和做法,包括仲裁申请的提出,仲裁员的选定,仲裁庭的组成,仲裁的审理,仲裁裁决的作出以及裁决的效力等内容。选择不同的仲裁规则将导致适用不同的仲裁程序,产生不同的仲裁结果。如果当事人在仲裁协议中未约定仲裁规则,则可以补充仲裁规则或授权仲裁庭确定仲裁规则。在机构仲裁的情况下,该仲裁机构指定的仲裁规则很有可能将会被强制适用。当仲裁协议中选定的仲裁机构与选定的仲裁规则相矛盾的时候,此种仲裁协议应属效力待定。因为许多仲裁机构规定若选择该机构进行仲裁,则需强制适用该机构的仲裁规则。如果当事人不愿意对仲裁规则进行补正,则无法实现其仲裁意愿,仲裁协议归于无效;如当事人愿意补正仲裁规则,则仲裁协议是有效的。

(六) 裁决的效力

仲裁裁决的效力主要是指仲裁机构就有关争议所作出的实质性裁决是否为终审裁决,即仲裁裁决是否具有终局性。对双方当事人有无或者在多大程度上具有约束力,当事人是否有权诉请法院变更或者撤销该项裁决等问题。仲裁裁决的效力是仲裁协议中一项很重要的内容,当事人双方应该对裁决的效力作出明确的规定。目前在此问题上,绝大多数国家的仲裁立法,有关国际公约以及各常设仲裁机构的仲裁规则都规定,仲裁裁决具有终局效力,对双方当事人均具有法律约束力,任何一方都不得上诉。但仍有个别国家允许仲裁裁决可被上诉,如英国、奥地利。

## ▶典型案例

**【案情】**①

1997年9月至10月,乙公司(住所地:四川省)与甲商社(住所地:韩国)双方通过传真方式在中国四川成都签订了四份购销合同,合同约定以信用证为支付方式。为此,乙为信用证申请人申请开证行农行国际业务部开立了以甲商社为受益人,农协会为议付行的五份信用证,开出并承兑信用证款项总金额为9,867,601.93美元。但甲商社既不提供货物,也不装船发运,并故意制作虚假装运提单,进行诈骗。乙公司发现提单上指定的船舶并不在装运期间在装运港装货后,曾及时通知了甲商社,但甲商社一直未予答复。与此同时,作为议付行的农协会明知受益人的被告提交的单据是虚假的,却将该虚假单据提交给开证行农行国际业务部,一次骗取了开证行对上述四笔信用证项下款项的承兑。

1998年11月6日,乙公司以甲商社为被申请人、农行国际业务部为第三人向四川省高级人民法院申请停止支付信用证,四川省高级人民法院于1998年11月18日裁定,冻结中国农业银行四川省分行国际业务部信用证项下的款项共计9,867,591.83美元。1998年12月4日,乙公司以甲商社为被告,农协会、中国农业银行四川省分行国际业务部(以下简称农行国际业务部)为第三人,向四川省高级人民法院提起诉讼,请求:(1)判决以原告为信用证申请人,被告为受益人,由开证行中国农业银行四川省分行向议付行农协会开出并承兑的信用证无效,终止支付;(2)判决被告承担本案的全部诉讼费用。

第三人农行进行了实体答辩,而甲商社则以其与乙公司之间订立的买卖合同有仲裁条款为由,提出管辖权异议。该仲裁条款约定:"因双方而引起的所有争议应由第三国商业仲裁委员会依商业仲裁条款而最终裁决。"

**【审理】**

四川省高级人民法院认为:甲商社提出管辖权异议所依据的仲裁条款是甲商社与乙公司在销售合同中的约定,与本案的信用证欺诈纠纷无关。且该条约定了仲裁:因双方而引起的所有争议应由第三国商业仲裁委员会依商业仲裁条款而最终裁决。该条款约定不明,且乙公司选择向法院起诉,表明其已放弃重新协商予以明确的权利。根据《中华人民共和国仲裁法》第18条规定,该仲裁条款无效,裁定驳回韩国甲商社对本案管辖权的异议。

甲商社不服审原裁定,提起上诉。最高人民法院认为:甲商社与乙公司之间买卖合同中的仲裁条款是一个不明确的、无法执行的仲裁条款,由于原销售合同中的仲裁

---

① 参见《韩国甲商社与四川省欧亚经贸乙公司信用证欺诈纠纷案》,载赵相林主编:《国际私法教学案例评析》,中信出版社2006年版,第315页。

条款没有约定仲裁的方式和机构,属内容不明确,无法执行,因此原审人民法院对乙公司的起诉应予受理。

**【法理】**

本案涉及仲裁协议的内容和有效性问题。一项有效的仲裁协议应具备哪些内容,一些国家以立法的方式做了规定,但更多的国家没有规定。提交临时仲裁的仲裁协议中一般包括提交仲裁的争议事项、仲裁地点、仲裁规则及仲裁所适用的法律等。提交常设仲裁机构的仲裁协议,一般包括提交仲裁的争议事项、仲裁地点、仲裁机构、仲裁规则以及裁决的效力。我国《仲裁法》第16条规定:仲裁协议包括合同中订立的仲裁条款和以其他书面方式在纠纷发生前或者纠纷发生后达成的请求仲裁的协议。仲裁协议应当具有下列内容:(1)请求仲裁的意思表示;(2)仲裁事项;(3)选定的仲裁委员会。

本案中,乙公司和甲商社存在两个比较主要的法律关系。一个是买卖合同关系,乙公司是购销合同的买方,甲商社是购销合同的卖方,双方受买卖合同的约束。另一个是信用证法律关系,在这个法律关系中,乙公司是信用证申请人,甲商社是受益人,受信用证法律关系的约束。双方在买卖合同中约有仲裁条款:"因双方而引起的所有争议应由第三国商业仲裁委员会依商业仲裁条款而最终裁决。可见,根据约定,由买卖合同引起的所有争议双方都希望仲裁解决。本案中,乙公司以甲商社为被告,请求以原告为信用证申请人、被告为受益人、由开证行中国农业银行四川省分行向议付行农协会开出并承兑的信用证无效,终止支付。可见其提请诉讼依据的是双方的信用证法律关系。四川省高级人民法院认为,本案是双方当事人依据信用证法律关系提起的诉讼,信用证法律关系和基础交易合同是完全独立的两个法律关系。被告依据基础合同中的仲裁条款提出管辖权异议,是没有依据的。

### 三、国际商事仲裁协议的法律效力

(一) 对当事人的法律效力

这是仲裁协议效力的首要表现。仲裁协议约定的特定法律关系发生争议后,当事人就该争议的起诉权受到限制,只能将争议提交仲裁解决,不得单方撤销协议而向法院起诉。并且必须依仲裁协议中确定的仲裁范围、仲裁地点、仲裁机构等内容进行,不得随意更改。仲裁协议对当事人还产生基于前两项效力之上的附随义务:任何一方当事人不能随意解除、变更已发生法律效力的仲裁协议;当事人应履行仲裁委员会依法作出的裁决,如果一方当事人违反协议向法院起诉,另一方当事人可以提出管辖权抗辩等等。

我国《民事诉讼法》第271条规定:"涉外经济贸易、运输和海事中发生的纠纷,当事人在合同中定有仲裁条款或者事后达成书面仲裁协议,提交中华人民共和国涉外仲裁机构或者其他仲裁机构仲裁的,当事人不得向人民法院起诉。"

此外,订立仲裁协议的任何一方当事人也只能就仲裁协议所规定的事项提交仲裁,对任何超过仲裁协议范围以外的事项,双方当事人都有权自由决定是否承认和参与涉及该项争议的仲裁,有权对仲裁庭就该项争议所进行的仲裁提出异议。

(二) 对仲裁机构的法律效力

有效的仲裁协议是仲裁机构行使仲裁管辖权,受理案件的唯一依据。没有仲裁协议的案件,即使一方当事人提出仲裁申请,仲裁机构也无权受理。仲裁管辖权属于协议管辖权,此不同于国际民事诉讼管辖权,后者的管辖权起源于国家的司法主权,具有强制性,不以当事人之间的协议作为管辖的前提条件。虽然国际民事诉讼中也允许当事人协议选择管辖法院,但必须是在特定国家法律允许的范围内,受特定国家法律规定的种种条件的限制,当事人协议的自由度是非常有限的。仲裁协议对仲裁管辖权还有限制的效力,并对仲裁裁决的效力具有保证效力。当然,仲裁机构对仲裁协议的存在、效力和范围也有裁决权。依据《国际商会仲裁规则》(1998年1月1日生效)第6条第3款的规定,如果被申请人不按照第5条的规定提交答辩,或者一方当事人对仲裁协议的存在、效力或范围提出一种或多种异议,而仲裁院初步认定可能存在按照国际商会仲裁规则进行仲裁的仲裁协议时,仲裁庭得在不影响对这种或多种异议的可接受性和实质性下决定继续仲裁。在此情况下,有关仲裁庭的管辖权应由仲裁庭自己决定。如果仲裁院不确信存在仲裁协议,则应通知当事人仲裁不能进行。在此情况下,当事人仍有权请求有管辖权的法院对是否存在有约束力的仲裁协议作出裁定。

仲裁协议中规定的可仲裁事项的范围,严格限制了仲裁庭的受案范围,仲裁庭只能就当事人双方约定的提交仲裁的争议事项进行审理并作出裁决。对于任何超出仲裁协议范围以外的事项,即使仲裁庭作出了裁决,任何一方当事人也均可以以此为由拒绝履行该项裁决所规定的义务,而所作裁决将被裁决作出地法院撤销,或者被要求承认和执行地国法院拒绝承认和执行。《纽约公约》第5条第1款第3项规定:"裁决涉及仲裁协议所未曾提到的,或者不包括在仲裁协议规定之内的争执;或者裁决内含有对仲裁协议范围以外事项的决定……",被请求承认或执行裁决的主管机关可以根据当事人的请求,拒绝承认和执行该项裁决。

(三) 对法院的法律效力

有效的仲裁协议排除了法院的管辖权。仲裁协议的本质在于"确认仲裁,排除诉讼"。有效的仲裁协议是排除法院管辖权的依据,是仲裁的源泉。在存在仲裁协议的情况下,如果一方当事人提起仲裁,而另一方当事人提起诉讼时,法院应依一方当事人的请求,以存在仲裁协议为由,驳回起诉或者中止诉讼程序。我国2013年新修订的《民事诉讼法》第271条规定:"涉外经济贸易、运输和海事中发生的纠纷,当事人在合同中定有仲裁条款或者事后达成书面仲裁协议,提交中华人民共和国涉外仲裁机构或者其他仲裁机构仲裁的,当事人不得向人民法院起诉。当事人在合同中没有订有仲裁条款或者事后没有达成书面仲裁协议的,可以向人民法院起诉。"如果一方当事人违反有效的仲裁协议,就有关争议诉诸法院或者法院已经就该项争议开始诉讼程序,对方当事人则可根据仲裁协议要求法院停止诉讼程序,把有关争议案件发还仲裁庭审理。《纽约公约》第2条第3款规定:"如果缔约国的法院受理一个案件,而就这个案件所涉及的事项,当事人已经达成本条意义内的协议时,除非该法院查明该项协议是无效的、未生效的或不可能实行的,应依一方当事人的请求命令当事人将案件提交仲裁。"

(四)对裁决承认与执行的法律效力

一项有效的仲裁协议是保证仲裁裁决具有强制执行力的重要依据。由于当事人在仲裁协议中已经表示愿意服从仲裁裁决,因此,裁决作出之后,一般情况下,当事人都能自动执行;如果一方当事人不能自动执行,另一方当事人可以据此向有关的法院提出申请,请求法院给予强制执行。各国立法和国际公约通常从相反的方面对此予以规定,如《纽约公约》第5条允许主管机关拒绝承认及执行国际商事仲裁裁决的情形之一就是有证据证明缺乏有效的仲裁协议。我国《民事诉讼法》第274条也规定:对中华人民共和国涉外仲裁机构作出的裁决,被申请人有证据证明是当事人在合同中没有订有仲裁条款或者事后没有达成书面仲裁协议情形下作成的,经人民法院组成合议庭审查核实,裁定不予执行。一般来说,法院在强制执行仲裁裁决时,都会要求申请人提供仲裁协议。例如,《纽约公约》第4条规定:为获得仲裁裁决的承认和执行,申请承认和执行裁决的当事人应当在申请时提供仲裁协议的正本或经正式证明的副本。

**四、国际商事仲裁协议的有效要件**

仲裁协议的有效要件是指一项有效的仲裁协议所必须具备的基本条件。一项有效仲裁协议的存在,是仲裁得以有效进行以及仲裁裁决能够得到承认和执行的最重要的基础。从理论上看,这些要件可分为形式要件和实质要件两大类,分别指仲裁协议之所以有效所必须具备、必须排除的形式或实质要件。

(一)仲裁协议的形式要件

仲裁协议有口头和书面之分,一项有效的仲裁协议必须有合法形式。各国的仲裁立法对仲裁协议的形式不尽一致,但多数国家和公约规定仲裁协议必须具备书面形式。

要求仲裁协议采用书面形式,有利于证明当事人在主观上确实是同意提交仲裁协议的;另一方面是用以补救各国法律对仲裁协议形式上的差异,即达到所谓统一规则的目的。其突出体现于1958年《纽约公约》比未对仲裁协议形式作任何规定的1923年日内瓦《仲裁条款议定书》和1927年日内瓦《关于执行外国仲裁裁决公约》更为先进、完善。这也是《纽约公约》对仲裁协议形式的唯一要求。任何依据公约可实施的仲裁协议和可强制的公约裁决所基于的仲裁协议都必须符合这一形式要件。该条旨在确立一个可遵循的国际统一规则,事实上这一目标应该已基本实现。多数国家在各自的立法中都采纳了仲裁协议书面形式的规定,我国《仲裁法》第16条第1款规定:"仲裁协议包括合同中订立的仲裁条款和以其他书面方式在纠纷发生前或者纠纷发生后达成的请求仲裁的协议。"我国法律要求仲裁协议必须采取书面形式。但是有些国家如瑞典、日本等国的法律没有要求仲裁协议必须采取书面形式。因此,在订立仲裁协议时既应符合仲裁地国家对仲裁协议形式的要求,也应注意裁决执行地国家对仲裁协议形式的法律规定,以便仲裁裁决能够得到承认和执行。

## （二）仲裁协议的实质要件

仲裁协议除应符合对形式的要求外，还应具备对实质的要求。

### 1. 当事人具备完全的行为能力

仲裁协议应只能由具有完全行为能力的自然人、法人及其他组织订立。订立协议的当事人必须具有合法的资格和能力，即作为仲裁协议当事人的自然人和法人必须具备缔约能力。从事商务交易的当事人必须具备法律上的行为能力，是保证该商务交易活动有效性的基本前提。一项有效的仲裁协议也是如此。民事行为能力即当事人亲自参加民事活动，从而取得公民权利，承担民事义务的能力。

（1）自然人的行为能力

对于自然人而言，确定其是否具有行为能力，一般依其属人法加以确定。目前采取本国法作为自然人的属人法已是当今的主要潮流。除了属人法原则外，许多国家在当事人缔结合同行为上都主张可选择适用当事人的属人法或行为地法，以此求得买卖关系的确定，进一步发展和扩大国际海运贸易。依照我国《民法通则》及其相关规定，自然人根据其年龄和精神健康状况划分为完全民事行为能力人、限制民事行为能力人和无民事行为能力人；而对于法人组织自其产生起有完全的民事行为能力。仲裁协议的订立主体只能是有完全民事行为能力的自然人和法人组织。无民事行为能力人和限制民事行为能力人不能缔结仲裁协议。否则，仲裁协议无效。但是，限制民事行为能力人和无民事行为能力人可以通过其有完全民事行为能力的法定代理人订立有效的仲裁协议。另外，非法人的其他组织虽然在民法理论上不具备民事行为能力，但《民事诉讼法》及其相关规定却承认其诉讼主体资格，我国《仲裁法》第2条也明确规定其他组织之间发生的合同纠纷和其他财产权益纠纷可以仲裁，因此，其他组织应视为有缔结仲裁协议的能力。

（2）法人行为能力的法律冲突及其解决

法人的权利能力和行为能力同生共灭，即从其被批准成立之日起开始，到其解散时为止。一国法人到另一国从事民事活动，一般须经该国核准或认可，并且要遵守当地国家的法律。但如何确定法人的国籍和住所，在国际上并无一致的做法。对于法人国籍的确定，各国采取了种种不同的学说和标准，如登记地说、住所地说、投资地说、资本控制说、准据法说及复合标准说等。但是各国实践也不一致，通常主张属地法原则。

### 2. 提交仲裁的意思表示真实

仲裁协议本质属于契约，故自愿亦为订立仲裁协议的基础。以前理解意思自治仅以无外力的胁迫与欺诈作为完全的意思表示。这其实仅仅从形式上设定双方当事人的平等地位和意思的自由表达，但从实质上加以考证，情形不完全是这样的。如果一方当事人屈从于经济上的不平等地位，或由于地位上处于弱者的身份而无机会、无能力完全地、自由地表达意思时，这种当事人的意思自治就是不完全的、不真实的、不彻底的。而若依此选择仲裁作为处理纠纷的一种手段，必将损害处于弱者地位的当事人的利益。当事人不真实的意思表达完全背离了仲裁制度中所确立的当事人意思自治的原则。

很多国家的法律明确规定,这类仲裁协议无效。如《德国民事诉讼法》第 1025 条第 2 款规定:如一方当事人利用其所拥有的任何经济或社会地位迫使另一方当事人签订仲裁协议或接受其中的条件,导致仲裁程序有利于一方当事人,特别在指定仲裁员或仲裁员不接受指定方面,则该仲裁协议无效。但有些国家的法律规定,这种仲裁协议在矫正不公平上是有效的,这种矫正主要是依赖法律,在此不做详述。意思表示真实要求请求仲裁的意思表示必须明确、肯定、符合仲裁一裁终局的本质以及具有排除法院管辖权的效力,以往的国际仲裁实践对意思表示真实持严格解释和认定的态度,但是随着仲裁的发展和仲裁实践的深入,这种做法受到了挑战,这从世界各国的法律政策给予仲裁的优先管辖权中也可以受到一定的启示。对提交仲裁意思表示真实进行宽松解释已为越来越多的学者所呼吁,在实践中,一般认为除了因欺诈、胁迫或乘人之危订立的仲裁协议因当事人的意思表示不真实而应当无效外,以往观点中认为意思表示不真实的几种仲裁协议,如今都有可能获得有效的地位。

3. 仲裁内容必须合法

(1) 仲裁协议的内容不应与仲裁地国家的公共秩序相抵触。各国法律通常都规定,仲裁协议不得损害本国的公共利益。

(2) 提交仲裁的事项必须是依据有关国家的法律可以提交仲裁的事项。

仲裁协议必须在内容上明确所适用的争议,或者从其用语及所处背景可确定其适用的争议。如我国《仲裁法》第 16 条规定:仲裁协议应当具有以下内容:① 请求仲裁的意思表示;② 仲裁事项;③ 选定的仲裁委员会。故可得之,不具备仲裁事项的仲裁协议实为一纸空文,不具执行力。

在仲裁协议中约定提交仲裁的事项,必须是有关国家立法所允许用仲裁方式处理的事项。争议事项的可仲裁性与公共政策概念关系比较密切。在许多国家,争议事项可仲裁问题被视为属于一国公共政策的范畴。各国法律关于争议事项可仲裁性的规定,常常表现为强制性的法律规则。这是由于国家出于维护自身重大利益的一些特殊需要。

(3) 协议内容不得违反仲裁地国法律中的强制性规定。例如,有些国家的仲裁法规定,仲裁协议中必须载明仲裁员的姓名和地址,或者指定仲裁员的方法,否则协议无效;有些国家则无上述规定。因此,同样内容的仲裁协议,在一些国家看来是合法有效的,在另一些国家就可能被视为非法,但无论如何,仲裁协议的内容至少不得违反仲裁地国法律中的强制性规定。

▶ **典型案例**

【案情】①

申请人甲私人有限公司和被申请人乙有限公司于 1997 年 2 月 24 日在 A 地签订了 97-BAX-24 号合同及 1997 年 3 月 31 日签订了 97-BAX-331A、97-BAX-331B、97-

---

① 参见《甲私人有限公司和乙有限公司货物买卖合同仲裁案》,载赵相林主编:《国际私法教学案例评析》,中信出版社 2006 年版,第 319 页。

BAX-331C号合同。在上述四份合同中第11条规定：凡因执行本合同所发生的或与本合同有关的一切争议，应由双方通过友好协商解决，如果协商不能解决，应提交中国国际贸易促进委员会对外经济贸易仲裁委员会根据该会的仲裁程序暂行规定进行仲裁。仲裁裁决是终局的，对双方都有约束力。

申请人就此于1998年3月31日向中国国际经济贸易仲裁委员会提交仲裁申请书，请求裁决被申请人支付欠款。被申请人提出管辖异议，理由是：被申请人和申请人之间无贸易契约。申请人提交的97-BAX-24号合同中买方签名和盖章是被申请人的真实行为，但被申请人将买方为空白的要约传真给申请人后，申请人未就该要约回复被申请人。另外三份合同是被申请人将要约传真给申请人，同样没有得到申请人的回复。合同不是双方真实意思表示，其中的仲裁条款对双方没有约束力。另外，被申请人没有进出口权，依中国有关外贸法律规定，被申请人无主体资格签订合同也无法操作和履行四份合同。

申请人随后又提交两份证据：证明被申请人于1997年12月9日致函申请人，声称资金周转困难，只能于1998年4月底向申请人支付欠款；1998年5月27日被申请人致函申请人，再次确认了欠款事实，并明确了欠款金额是USD64699。

【审理】

仲裁委员会认为双方存在合同关系，被申请人有权签订仲裁协议，因此，合同中的仲裁条款有效，仲裁委员会有管辖权。

【法理】

本案中涉及仲裁协议的有效要件，即指一项有效的仲裁协议必须具备的基本条件。一般来说，主要包括三个问题：仲裁协议的形式、仲裁协议当事人的行为能力、争议事项的可仲裁性。

国际商事仲裁协议必须采用书面形式，已作为一项统一性的要求为现代国际仲裁法所接受，绝大多数国家的仲裁法都规定仲裁协议必须以书面形式作成。本案中当事人双方的仲裁条款存在于合同中，但是对合同是否达成双方存在分歧，直接影响到仲裁条款的存在与否。对于第一份合同，买方处有被申请人的签名并盖章。后三份合同买方处虽没有被申请人签字或盖章，但被申请人在1997年12月9日和1998年5月27日致函申请人时均承认因交易欠申请人货款64,669美元。双方当事人的往来函电确认了双方之间存在合同关系，那么双方也认可了存在合同当中的仲裁条款，作为合同一部分的仲裁条款对双方当事人具有约束力。《仲裁法》第16条规定：仲裁协议包括合同中订立的仲裁条款和以其他书面方式在纠纷发生前或者纠纷发生后达成的请求仲裁的协议。"其他书面方式"包括但不限于双方当事人往来的函件、传真、电报等，本案中双方通过合同文件和往来函电的形式达成了合同，也符合对仲裁协议所作书面方式的要求，因此，被申请人的第一个理由不能成立。

订立仲裁协议的当事人的行为能力也是决定仲裁协议效力的有效要件之一。本案中被申请人的第二个异议的理由就是被申请人没有进出口权，也没有签订合同的主体资格。仲裁委员会认为,是否具有进出口权只与合同的效力有关,而不影响作为平等主体的被申请人和他方签订仲裁协议的能力。换言之,即使被申请人因不具有进出口经营权而无权签订外贸合同,被申请人作为具有完全民事权利能力和完全民事行为能力的法人,也是具有签订仲裁协议的能力的。因此,被申请人的第二个抗辩理由也是不能成立的,本案中的仲裁条款有效。

仲裁协议中约定的提交仲裁的事项,必须是有关国家法律所允许采用仲裁方式处理的事项。我国《仲裁法》第3条规定,对于婚姻、收养、监护、扶养、继承纠纷,以及依法应当由行政机关处理的行政争议不能仲裁。一般来说,当事人在订立一项合格的仲裁协议时,就争议事项的可仲裁性,至少应该考虑到仲裁地法律和裁决可能承认与执行地法律,必须符合该两个法律关于可仲裁性的相关规定。否则,违反前者,则仲裁协议无效,仲裁程序无法在该国进行;违反后者,则作出的仲裁裁决无法得到该国的承认与执行。

据此,仲裁委员会认为本案中的仲裁条款具备了实质生效的要件。

**(三) 有瑕疵的仲裁协议有效性的确定**

在国际商事仲裁实践中,当事人由于不了解有关国家的法律或者出于疏忽,可能会订立一些在内容上有瑕疵的仲裁协议,对于这类仲裁协议效力的认定通常反映一国立法对仲裁的支持程度。就国际商事仲裁的发展趋势来看,各国趋向于尊重当事人的真实意愿,对于有瑕疵的仲裁协议并非一概否定其效力。下面将结合我国的仲裁立法与实践,探讨有瑕疵的仲裁协议有效性的确定问题。

1. 当事人同时约定两个以上仲裁机构,仲裁协议是否有效?由于我国《仲裁法》第16条规定,仲裁协议中应当有选定的仲裁委员会。2006年9月8日起施行的《最高人民法院关于适用〈中华人民共和国仲裁法〉若干问题的解释》(以下简称《解释》)第5条对这一问题作出了明确的规定:"仲裁协议约定两个以上仲裁机构的,当事人可以协议选择其中的一个仲裁机构申请仲裁;当事人不能就仲裁机构选择达成一致的,仲裁协议无效。"

2. 当事人仅约定了仲裁地点但未约定仲裁机构,仲裁协议是否有效?根据2006年最高人民法院的《解释》,仲裁协议约定由某地的仲裁机构仲裁且该地仅有一个仲裁机构的,该仲裁机构视为约定的仲裁机构。该地有两个以上仲裁机构的,当事人可以协议选择其中的一个仲裁机构申请仲裁;当事人不能就仲裁机构选择达成一致的,仲裁协议无效。

3. 当事人约定争议既可以向仲裁机构申请仲裁也可以向人民法院起诉,仲裁协议是否有效?根据《解释》第7条的规定:"当事人约定争议可以向仲裁机构申请仲裁也可以向人民法院起诉的,仲裁协议无效。但一方向仲裁机构申请仲裁,另一方未在仲裁法第20条第2款规定期间内提出异议的除外。"

4. 当事人约定了仲裁规则,但未约定仲裁机构,仲裁协议是否有效?2015年实施的《中国国际经济贸易仲裁委员会仲裁规则》第4条第2款规定:"当事人约定将争议提交仲裁委员会仲裁的,视为同定按照本规则进行仲裁。"正因如此,2006年最高人民法院的《解释》在第4条中规定:"仲裁协议仅约定纠纷适用的仲裁规则的,视为未约定仲裁机构,但当事人达成补充协议或者按照约定的仲裁规则能够确定仲裁机构的除外。"

5. 文字表述有微小瑕疵的仲裁协议有效性的认定。2006年最高人民法院的《仲裁法的司法解释》第3条也规定:"仲裁协议约定的仲裁机构名称不准确,但能够确定具体的仲裁机构的,应当认定选定了仲裁机构。"

(四)认定仲裁协议有效性的机构

根据有关的国际公约、国内立法及其仲裁实践,有权认定仲裁协议效力的机构主要有以下几种。

1. 仲裁机构

对于仲裁之前对仲裁协议有效性的认定,许多国家的仲裁立法和国际条约都规定仲裁机构有权认定仲裁协议是否有效。这是仲裁前认定仲裁协议效力最主要、最普遍的机构。例如联合国国际贸易法委员会《国际商事仲裁法》第16条第1款规定,仲裁庭可以决定它的管辖权,包括对仲裁协议是否存在以及是否有效的决定权。《联合国国际贸易法委员会仲裁规则》第21条第1款规定,仲裁庭应有权对认为他没有管辖权的异议,包括对关于仲裁条款或单独仲裁协议是否存在或有效的任何异议作出裁定。我国《仲裁法》第20条也规定,当事人对仲裁协议的效力有异议的,可以请求仲裁委员会作出决定。并且此种异议,应该在仲裁庭首次开庭前提出。

2. 仲裁庭

仲裁庭有权对一项商事仲裁协议是否有效予以认定。许多国家的商事仲裁立法和商事仲裁规则都有明确的规定,仲裁庭有权对商事仲裁协议有效与否的问题作出决定或者中间裁决。因为商事仲裁协议的有效与否直接关系到案件的仲裁管辖权,如果有效,仲裁庭即有管辖权,否则,仲裁庭无管辖权,因此有关商事仲裁立法和商事仲裁规则通常赋予仲裁庭对商事仲裁协议有效性进行认定的权力,这就是所谓的"仲裁管辖权自裁原则"。《联合国国际商事仲裁法》第16条第1款规定:"仲裁庭有权对其管辖权包括对仲裁条款或单独的仲裁协议的存在或效力所提出的任何异议,作出裁决。"

3. 法院

法院对商事仲裁协议的效力进行认定,是各国及国际社会的普遍做法。不仅如此,在仲裁庭或仲裁机构和法院的认定意见不同时,将以法院的意见为准,这体现了法院对仲裁进行司法监督的一个方面。根据《纽约公约》第2条第3款的规定,法院有权认定仲裁协议是否有效。如果法院查明仲裁协议是无效的、未生效的或者是不可能实行的,法院可以受理此案。如果法院查明仲裁协议是有效的,则应以一方当事人的请求,命令当事人将案件提交仲裁。

根据我国《仲裁法》第20条规定:"当事人对仲裁协议的效力有异议的,可以请求仲裁委员会作出决定或者请求人民法院作出裁定。一方请求仲裁委员会作出决定,另一方请求人民法院作出裁定的,由人民法院裁定。"根据最高人民法院1998年10月21日《关于确认仲裁协议效力几个问题的批复》,如果当事人对仲裁协议的效力有异议,一方当事人申请仲裁机构确认仲裁协议效力,另一方当事人请求人民法院确认仲裁协议无效,如果仲裁机构先于人民法院接受申请并已作出决定,人民法院不予受理;如果仲裁机构接受申请后尚未作出决定,人民法院应予受理,同时通知仲裁机构终止仲裁。另外,当事人对仲裁协议的效力有异议的,应当在仲裁庭首次开庭前提出。根据最高人民法院1995年8月28日《关于人民法院处理与涉外仲裁及外国仲裁事项有关问题的通知》,凡起诉到人民法院的涉外、涉港澳和涉台经济、海事海商纠纷案件,如果当事人在合同中订有仲裁条款或者事后达成仲裁协议,人民法院认为该仲裁条款或者仲裁协议无效、失效或者内容不明确无法执行的,在决定受理一方当事人起诉之前,必须报请本辖区所属高级人民法院进行审查;如果高级人民法院同意受理,应将其审查意见报最高人民法院。在最高人民法院未作答复前,可暂不予受理。这就是人民法院在商事仲裁上的内部报告制度。

(五) 自裁管辖权原则

自裁管辖权原则对于仲裁庭来讲,意味着它自己可以裁判自己的管辖权,作出管辖或者不管辖的决定,而不必等待法院判决。也就是说,如果当事人提出仲裁协议无效的抗辩,不需要中止仲裁程序提交法院决定,而是由仲裁庭自己来决定。即使在仲裁开始之前或仲裁进行当中,一方当事人向法院提出有关仲裁管辖权的异议,仲裁庭也可以继续仲裁程序,直至作出裁决,这可以说是仲裁庭的积极权利。另一方面,法院同时有一个消极的义务,就是在仲裁庭作出管辖权决定之前,不对该问题发表意见,让仲裁庭成为管辖权问题的第一个决策者。这样,如果当事人就一个争议向法院起诉,法院只要发现有"表面证据"证明存在仲裁协议,就应要求当事人去仲裁。自裁管辖权的理论基础一般有以下两种观点:"合同授权论"和"法律授权论",但这两种解释都不是天衣无缝,都在某些方面有讲不通的地方。并且虽然自裁管辖权原则已被各国广泛接受,但大多数停留在第一层的意义上,即仲裁庭的积极管辖权方面。也有少数国家接受了它的第二层含义,给仲裁庭一个时间上的优先权,让法院承担最后发言的消极义务。

(六) 认定仲裁协议有效性依据的法律

尽管在判定一项仲裁协议是否有效时,有时会适用当事人选择的法律,有时可能适用仲裁协议订立地法或当事人的属人法,但仲裁地法是确认仲裁协议所适用的主要法律,特别是当事人没有选择应适用的法律的情况下,其适用几乎是独一无二的。仲裁地法对仲裁协议的约束主要体现在以下几个方面:(1) 仲裁协议的形式。(2) 仲裁协议的内容。仲裁协议的内容不能违背有关国家的强行性规定,不应与仲裁地国家的公共秩序相抵触。(3) 仲裁协议约定的事项的可仲裁性。当事人在订立仲裁协议时,要查明其所提交仲裁的事项依照仲裁地国法律是否被允许仲裁,否则仲裁协议将会归于无效。

**五、国际商事仲裁协议的法律适用**

与合同准据法的确定方式相同,仲裁协议的法律适用也有分割制和整体制之分。所谓分割制,就是将仲裁协议的各个方面,如当事人的缔约能力、协议的订立、形式的有效性、实质有效性、效力、解释等,分割适用不同国家的法律。这种做法曾受到理论界和国家实践的支持,但无疑增加法院、仲裁庭适用法律的困难,也增加了仲裁协议有效成立的条件,不利于体现支持国际商事仲裁的政策。20世纪60年代以来,整体制逐渐占了上风,所谓整体制是指除当事人的缔约能力外,将仲裁协议的其他方面视为不可分割的整体,适用同一个准据法。这一方法简便易行,为国际仲裁实践普遍采纳。

(一) 适用当事人选择的法律

仲裁协议作为当事人之间的一个合同,可以适用当事人意思自治原则解决法律适用问题。各国普遍允许当事人合意选择仲裁程序,以体现意思自治原则,但此种选择不得违反仲裁地强制性规则;如无此选择,往往适用仲裁机构自身的仲裁规则,或其决定的仲裁程序规则。仲裁协议的本质是当事人之间的一个合同。依据仲裁协议独立性原则,不论其表现为主合同中的仲裁条款还是争议发生后双方当事人之间达成的仲裁协议书,仲裁协议就其本质而言是一项独立的契约。因此,意思自治原则当然地可以用来解决仲裁协议的法律适用问题。

意思自治原则用来解决仲裁协议的法律适用问题同时也得到了有关国家立法和国际公约的肯定。

(二) 适用仲裁地的法律

当事人未明示选择仲裁协议的准据法时,国际上通行的做法是以仲裁地法或者裁决地法作为仲裁协议的准据法。尤其是在当事人于仲裁条款中明确约定仲裁在某一个特定国家进行时,只能推定当事人意欲适用该国法,仲裁地法的适用更是不可辩驳。甚至即使仲裁协议中未指明仲裁地,但依协议以外的情况,可以判断当事人的意图是把某国当作仲裁地时,该仲裁地法律仍具有决定意义。但是,如果裁决已经作出,则裁决作出地国法律具有决定意义。但是,如果裁决已经作出,则裁决作出地国法律具有决定意义,在当事人无明示法律选择时,适用裁决作出地国法决定仲裁协议的效力。

关于适用当事人意思自治原则和仲裁地法律作为仲裁协议的准据法,这两种做法在有关国内立法和国际公约中都有体现,在理论和实务中均无重大的分歧。但是在具体运用的过程中,在仲裁条款的情况下,会出现一个问题,那就是当事人在主合同中选择的法律是否适用于仲裁条款。一种观点是认为应予适用,除非在仲裁条款中单独约定了适用的法律。另一种观点则认为不应予以适用,基于仲裁条款的独立性,认为仲裁条款应有自己可以适用的法律,当事人如果未明确指定,不能推定即为主合同的准据法。在仲裁实践中,当事人单独约定仲裁协议的准据法,尤其约定仲裁条款的准据法极其少见。所以仲裁协议准据法中的意思自治原则主要是理论上的,实践中常见的是适用仲裁地的法律。

仲裁法《解释》第16条对具有重要影响的涉外仲裁协议效力的准据法作了规定。

(1) 应按照当事人约定的准据法认定涉外仲裁协议的效力。这是当事人意思自治原则在法律适用方面的充分体现。除非有关约定违反了法院地国家的禁止性规定或者违反了社会公共利益,当事人选择的准据法应优先适用。这里需要注意的是:不能适用当事人约定的主合同的准据法来认定涉外仲裁协议的效力。(2) 当事人没有选择准据法但约定了仲裁地的,则按照仲裁地的法律认定有关涉外仲裁协议的效力。仲裁地法在国际商事仲裁立法及实践中得到了普遍适用。按照我国参加的1958年《承认及执行外国仲裁裁决公约》第5条第1款第1项的规定,在当事人未选择仲裁协议所适用的法律时,应根据仲裁地国的法律来认定仲裁协议是否有效。仲裁法《解释》的上述规定符合国际公约的相应规定。(3) 如果当事人既没有约定适用的法律,也没有约定仲裁地或者仲裁地约定不明,应以法院地法作为确认仲裁协议效力的准据法。涉外仲裁协议是一种程序性契约,在当事人既未对仲裁协议准据法作出约定,又未明确约定仲裁地的情况下,以法院地法作为确认仲裁协议效力的准据法是合理的。

### 六、仲裁条款独立性原则

（一）仲裁条款独立性原则的含义

国际商事仲裁是一种民间纠纷解决方式,其管辖权的确立依赖当事人的协议。如果仲裁协议是主合同即基础合同的一个条款,那么主合同的变更、终止、无效等是否直接影响仲裁条款的效力？仲裁庭是否因主合同的失效而失去对争议的管辖权？对于这个问题的回答将直接涉及现代国际商事仲裁领域重要的原则——独立性原则。

仲裁条款的独立性是指仲裁条款作为主合同的一个条款,尽管其依附于主合同,但其仍然可以与主合同的其他条款分离,独立于它所依附的主合同而存在。即仲裁条款不因主合同的无效、终止或被撤销而无效,也不因主合同的变更而受到影响。当主合同发生无效、终止、变更等情形时,合同的当事人依然可以依据合同中的仲裁条款向仲裁机构申请仲裁,由仲裁机构对他们之间的争议做出裁决。随着仲裁实践的发展,仲裁条款的独立性作为一种原则已为世界上绝大多数国家的法律和仲裁规则所接受。仲裁条款的独立性原则可以防止当事人拖延纠纷解决程序,能使纠纷得到及时、高效的解决。

仲裁协议独立性原则有两层含义:(1) 仲裁协议的效力不受主合同效力变化的影响。(2) 仲裁协议可以适用与主合同不同的法律,即仲裁协议可以有独立的准据法。

近几十年来,有关国际商事仲裁的国际公约以及国际组织制定的调整国际商事仲裁的示范法,都承认和充分体现了仲裁条款独立性原则。1985年《国际商事仲裁示范法》第16条第1款规定:"构成合同一部分的仲裁条款应视为独立于其他合同条款以外的一项协议。仲裁庭作出关于合同无效的决定,不应在法律上导致仲裁条款的无效。"该条款可以视为对仲裁条款独立性原则最为明确、清晰的表述。

国际商事仲裁机构的仲裁规则对仲裁条款独立性原则也作出了具体的规定,例如,1976年《联合国国际贸易法委员会仲裁规则》第21条第2款,1988年《国际商会调解与仲裁规则》中的《仲裁规则》第8条第4款等。1998年《伦敦国际仲裁院仲裁规则》

第14条第1款规定:"仲裁庭有权对其本身的管辖权作出决定,包括对有关仲裁协议的存在或有效性的异议作出决定。为此,构成合同一部分的仲裁条款应被看作是独立于合同其他条款之外的协议。仲裁庭作出关于合同无效的决定依法律不应引起仲裁条款无效的结果。"

仲裁条款独立性原则在我国有关国际商事仲裁的立法中已得到确立,并在司法实践中逐步得以巩固。我国最早确认仲裁条款独立性原则是已经失效的1985年《中华人民共和国涉外经济合同法》第35条,该条规定:"合同约定的解决争议的条款,不因合同的解除或者终止而失去效力。"该条仅规定了合同解除或终止情况下仲裁条款的独立性,而且只适用于国际经济合同,不包括国内合同。

1994年《仲裁法》第19条第1款明确规定:"仲裁协议独立存在,合同的变更、解除、终止或者无效,不影响仲裁协议的效力。"该条表明我国已较全面地承认了仲裁条款独立性原则。1999年颁布的《合同法》第57条规定:"合同无效、被撤销或者终止的,不影响合同中独立存在的有关解决争议方法的条款的效力。"2015年《中国国际经济贸易仲裁委员会仲裁规则》第5条对仲裁条款独立性原则的含义和适用范围都作了十分明确的规定:"合同中的仲裁条款应视为与合同其他条款分离地、独立地存在的条款,附属于合同的仲裁协议也应视为与合同其他条款分离地、独立地存在的一个部分;合同的变更、解除、终止、失效或无效,均不影响仲裁条款或仲裁协议的效力。"至此,我国仲裁立法已经确立了完整的仲裁条款独立性原则。

《仲裁法》第19条第1款规定:"仲裁协议独立存在,合同的变更、解除、终止或者无效,不影响仲裁协议的效力。"但该法未就合同成立后未生效、被撤销以及合同不存在的情况下,仲裁条款的独立性问题作出规定。仲裁法《解释》第10条对《仲裁法》规定的仲裁协议的独立性问题作了补充规定。

合同成立后未生效是指当事人就合同的全部条款已经达成一致,但法律规定有关合同应当经过批准才能生效而未经批准的,或者当事人约定附条件、附期限才能生效的合同而条件、期限未成就的情形。合同成立后被撤销是指当事人就合同的全部条款已经达成一致,但因存在《合同法》第54条规定的情况而请求人民法院或者仲裁机构撤销合同的情形。当事人有权申请撤销的理由包括:(1)合同因重大误解订立的;(2)在订立合同时显失公平的;(3)一方以欺诈、胁迫的手段或者乘人之危,使对方在违背真实意思的情况下订立的合同。由于合同成立后未生效或者被撤销均属于当事人已就合同条款(包括仲裁条款)达成了合意,因此不能因合同未生效或者被撤销而否定合同中有效仲裁条款的效力。《合同法》第57条规定:"合同无效、被撤销或者终止的,不影响合同中独立存在的有关解决争议方法的条款的效力。"仲裁法《解释》第10条之规定,与《合同法》第57条规定一致。

但是,如果有关当事人尚未就合同条款达成一致,则其争议应否通过仲裁解决,应根据案件的具体情况作出认定。如果有关当事人就仲裁解决争议达成了合意,则当事人达成的有效仲裁条款对解决合同争议具有法律约束力;如果当事人未达成合意,则应认定仲裁条款无效,不能以合同中存在仲裁条款为由主张对相关争议进行仲裁。

（二）仲裁条款独立性原则的运用

1. 仲裁条款在主合同有效情况下的独立性

（1）主合同转让时仲裁条款的独立性。

▶ **典型案例**

**【案情】**①

瑞典最高法院审理的案子就是一个典型案例。丹麦甲船厂与德国乙船运公司签订合同，由前者为后者造船。甲又与另一家丹麦船厂丙签订了分包合同，船的发动机由芬兰制造商丁提供。丙与丁之间的发动机交货合同中，双方援引了ECE188一般条件和TP73E一般条件，其中都含有仲裁条款。船交付乙使用后，因发动机故障，给其造成巨大经济损失。为使乙能够直接向发动机生产商索赔，甲和乙与丙签订转让协议书，将他们在发动机交货合同中对丁的全部权利转让给乙。乙遂以此为根据，向特洛拉坦法院（Trollhattan）起诉，要求丁赔偿经济损失。丁援引仲裁条款，对法院的管辖权提出异议。一审法院和二审法院均裁定该争议应提交仲裁，法院没有管辖权。

**【审理】**

瑞典最高法院指出，在债权让与中，原合同中的仲裁条款对受让人是有效的。如果受让人知道或者应当知道原合同中的仲裁条款，按照瑞典大多数学者的意见，他就应当受到仲裁条款的约束；合同的另外一方当事人与转让人签订合同时，本来是希望将争议提交仲裁解决的，如果转让人通过自己的单方行为（转让债权）就使合同另外一方当事人的仲裁愿望落空的话，这对合同另外一方当事人是不公平的。

**【法理】**

合同转让，准确地说是合同权利、义务的转让，指在不改变合同内容的前提下，合同关系的一方当事人依法将其合同的权利、义务全部或者部分地转让给第三人。任何合同之外的第三人在成为合同新当事人之前，都会对合同内容进行全面考察，以决定是否加入合同，这其中就包括对作为合同组成部分的仲裁条款的考察。不论是合同的全部转让还是部分转让，仲裁条款仍作为解决合同争议的方式附于合同之中。第三人在完整了解合同时，必然会对仲裁条款的内容进行查明，若其自愿接受该合同，成为合同新当事人，表明其愿意接受仲裁条款，则仲裁条款对合同新当事人同样具有拘束力。同时，这也是尊重当事人意思自治的体现。

主合同转让时仲裁条款仍然有效这一原则，已经得到了国内外商事仲裁实践的肯定。

（2）主合同变更时仲裁条款的独立性。合同变更指的是狭义的合同变更，即当事人不变，合同内容改变。当事人双方对合同的实体权利义务条款进行修改，而未涉及

---

① 参见《丹麦甲船厂与德国乙船运公司主合同转让仲裁条款效力有效案件》，载瑞典最高法院，http://www.ielaw.com.cn/article/，访问日期：2016年7月22日。

仲裁条款时,意味着双方仍愿以仲裁解决合同争议,因而仲裁条款的独立性不会受到影响。由于变更后的实体权利义务条款也构成合同的组成部分,所以仲裁条款对合同变更后的当事人仍然具有约束力。

▶ 典型案例

【案情】[①]

甲公司与武汉丙进出口公司(以下简称丙公司)签订合资经营企业合同,合同中订有仲裁条款:"与本合同有关的一切争议,应提交中国国际经济贸易仲裁委员会仲裁。"丙公司与乙公司签订协议,将其与甲公司合资企业的股权全部转让给乙公司。乙公司与甲公司签订协议书,约定中苑公司替代东湖公司承担原合资企业的债权债务,并对原章程、经营范围等事项作了部分变更,但协议书未对原合资合同中的仲裁条款进行约定。乙公司与甲公司以该协议书和原合资合同章程办理变更审批手续,工商行政管理部门审批备案的合同也是甲公司与丙公司签订的合资合同和甲公司与乙公司签订的协议书。乙公司与甲公司发生争议后,乙公司向武汉市中级人民法院起诉,请求确认仲裁条款的效力。

【审理】

武汉中级人民法院认为:乙公司与甲公司签订的协议书,是对原合同的认可和部分变更,该协议书未明确规定仲裁条款,由于仲裁条款具有相对独立性,故原合营合同中约定的仲裁条款对合同的受让人无拘束力。裁定:甲公司所依据的"武汉丁高科技有限公司合资合同"的仲裁条款及"协议书"不能作为确认双方接受CIETAC管辖权的依据。甲公司不服,向最高人民法院提起申诉。贸仲亦向最高人民法院反映情况。最高人民法院经审查指出,乙公司与甲公司签订的协议书只是对原合营合同部分条款的变更,未变更的原合营合同的其他条款仍然有效,应视为甲公司与乙公司对原合营合同中的仲裁条款是认同的,双方因合营合同发生的争议,应按约定提交仲裁裁决,最高人民法院根据审判监督程序指令湖北省高级人民法院对武汉中院的民事裁定予以纠正。

湖北高院提审后认为:甲公司与丙公司签订的合资合同中已规定,与本合同有关的一切争议,应提交中国国际经济贸易仲裁委员会仲裁。乙公司虽然在取得了丙进出口公司转让的全部股权后与甲公司签订了"协议书",但该"协议书"只是对原合资合同、章程中的投资额、注册资本、经营范围作了部分变更,未变更原合资合同其他条款。原合同其他条款仍然有效。鉴于甲公司与乙公司在该"协议书"中对仲裁条款未进行新的约定,原合资合同的仲裁条款应视为有效。武汉市中级人民法院(1997)武经终字第0277号裁定处理不当,甲公司申诉理由成立。裁定如下:(1)撤销武汉市中级人民法院(1997)武经终字第0277号民事裁定书。(2)人民法院对此案不予受理。

---

[①] 参见《香港甲(集团)有限公司诉武汉乙科教公司合资经营纠纷案》,武汉中级人民法院(1997)武经终第0277号民事裁定书,转载自中国涉外商事海事审判网 http://www.ccmt.org.cn/,访问日期:2016年11月10日。

## 【法理】

此案给我们的启示是：债权转让如果伴随合同的部分变更，未变更的原合同其他条款，包括仲裁条款仍然有效，而不需另行声明仲裁的合意。这一判决恰恰曲解了仲裁条款独立性原则适用的本意。

（3）主合同解除或终止时仲裁条款的独立性。合同解除后其中所有条款都溯及既往地消灭，包括仲裁条款。但是，由于仲裁条款针对的是该合同解除前的争议，如果合同双方当事人在合同解除的过程中，对原合同的内容和合同解除的具体条件等问题发生争议，那么合同中的仲裁条款仍然适用于该争议，对双方当事人具有拘束力。同理，合同终止情况下，若当事人之间的争议指向原合同，则仲裁条款仍然有效，其独立性并未受到影响。

2. 仲裁条款在主合同无效情况下的独立性

（1）当事人意思表示不真实时仲裁条款的独立性（欺诈合同中仲裁条款的独立性）。《合同法》第52条第1项规定：一方以欺诈、胁迫的手段订立合同，损害国家利益的，合同无效。如前所述，在主合同的订立过程中可能存在欺诈行为，但是仲裁条款是双方自愿将合同争议提交仲裁解决的意思表示，其不可能也是欺诈的产物，不能因主合同无效而推定仲裁条款也无效。从尊重当事人意思自治的角度，应承认因欺诈而导致无效的合同中仲裁条款的独立性。

▶ 典型案例

【案情】①

在中国甲公司（以下简称甲公司）诉瑞士乙公司（以下简称乙公司）中，上海市中级人民法院和高级人民法院的判决，均以侵权行为损害赔偿为基础，认定被告乙公司采取一系列欺诈手段，利用合同形式侵吞原告的货款，已经构成侵权，不再是合同争议，因此，不能适用合同中的仲裁条款。

【审理】

上海市中级人民法院和高级人民法院将本案纠纷定性为侵权损害赔偿纠纷，从而回避了对仲裁条款效力的认定。但事实上，法院对本案的处理是以欺诈合同无效，从而导致仲裁条款无效，因此不受仲裁条款约束为前提的。

【法理】

笔者认为，本案的争议没有超出国际商事仲裁中可仲裁事项的范围，而且应承认当事人订立的仲裁条款的效力，法院的判决不能令人信服。理由如下：

首先，本案是国际商事争议，不属于《中华人民共和国仲裁法》（以下简称《仲裁法》）第3条规定的不能仲裁事项，因而可以将其依法提交仲裁。

---

① 参见《中华人民共和国最高人民法院公报》，1989年第1号，第26—28页；转载自中国涉外商事海事审判网 http://www.ccmt.org.cn/，访问日期：2016年2月13日。

其次,上海市高级人民法院在判决理由中指明:"双方当事人的纠纷,已非合同权利义务的争论,而是侵权损害赔偿纠纷。侵权之诉不受双方所订立的仲裁条款的约束。"但是,"仅因将争议归入侵权纠纷而排除仲裁条款的效力,这种做法的根据是有疑问的。"最高人民法院《关于执行我国加入的〈承认及执行外国仲裁裁决公约〉的通知》第2条规定:"根据我国加入该公约所作的商事保留声明,我国仅对按照我国法律属于契约性和非契约性商事法律关系所引起的争议适用该公约。所谓'契约性和非契约性商事法律关系',具体的是指由于合同、侵权或者根据有关法律规定而产生的经济上的权利义务关系"可见,侵权纠纷属于商事法律关系,可提交仲裁解决。法院以侵权之诉排除仲裁条款,是没有法律依据的。

再次,仲裁条款是否有效,应依据我国法律规定。本案的仲裁条款不属于《仲裁法》第17条规定的三种仲裁协议无效情形,因而应当承认其合法性。

最后,虽然本案中主合同因欺诈订立而无效,但是没有证据证明仲裁条款也是由于欺诈而订立的。《仲裁法》第19条第1款规定:"仲裁协议独立存在,合同的变更、解除、终止或者无效,不影响仲裁协议的效力。"根据仲裁条款独立性原则,应承认本案中仲裁条款的效力。

(2) 主合同违反法律或社会公共利益时仲裁条款的独立性(违法合同中仲裁条款的独立性)。主合同因违反法律或社会公共利益而无效时,若仲裁条款本身不具有违法性,其可独立于主合同而保持效力。我国司法实践中也有承认仲裁条款可独立于自始违法合同的判例。一家内地企业与香港一家公司订立在中国境内设立合资企业的合同中规定:由本合同产生的争议,交由贸仲按照该会的仲裁规则仲裁解决。合同经双方签署后,在报请上级主管部门审批过程中发生争议。中方当事人将争议诉诸广东省惠州地区中级人民法院,被告以双方签署的合同中存在仲裁条款为由,对法院管辖权提出抗辩。中级人民法院经审理认为:该合资合同中的仲裁条款无效,因为合资合同尚未经上级主管部门批准;既然该合资合同尚未对各方产生拘束力,原告有权将争议诉诸法院。被告不服,上诉广东省高级人民法院。法院审理认为:上诉人的上诉理由成立,法院不应当仅以合同尚未生效为由,否认仲裁条款的法律效力。本案中,尽管双方签署的合资合同因未经审批机构批准,而未能产生法律上的拘束力,但仲裁条款的生效并不以审批机构的批准为要件,主合同无效的理由不适用于仲裁条款,合同中的仲裁条款可以独立于它所依据的合资合同而单独存在。

3. 仲裁条款在主合同不存在情况下的独立性

有学者指出,应将主合同无效与主合同不存在两种情形加以区分。主合同无效不影响仲裁条款的效力。主合同不存在,意味着仲裁条款没有存在的基础,其独立性也就无从谈起。

主合同不存在的情形一般是指:一方当事人坚持主合同存在,并据此提起仲裁;而另一方当事人声称主合同不存在,并主张仲裁庭无管辖权。此时产生的问题是,关于主合同及仲裁条款是否存在的争议应该由法院审理还是由仲裁庭审理,即仲裁庭的管辖权由于一方当事人提出主合同不存在的异议而暂时处于不确定状态时,仲裁庭能否对该异议行使管辖权。

"一般说来,只要有初步证据(Prima Facie)表明主合同是存在的,其中的仲裁条款是存在的,仲裁庭便可以对当事人提出的主合同不存在的异议行使管辖权。"这一做法已被许多国家立法和国际条约采纳。1961年《关于国际商事仲裁的欧洲公约》第5条第3款规定:"在依从随后法院地法中规定的任何司法审核的条件下,其管辖权尚未确定的仲裁员有权进行仲裁,就其自己的管辖权作成裁定,并决定仲裁协议或仲裁协议作为其中一部分的合同的存在或有效性。"如果仲裁庭经审理后查明当事人之间确实不存在合同时,合同中的仲裁条款自然也就不存在,仲裁庭的管辖权到此终止。如德国1998年修订颁布的《民事诉讼法》第1040条规定,仲裁庭可以对自己的管辖权作出裁定。该条款同时规定,如果仲裁庭认为自己有管辖权,可以作出中间裁决,任何一方当事人收到该裁决书面通知后一个月内可要求法院对此作出决定。

综上,主合同不存在情况下,仲裁条款的独立性可以概括为:主合同存在与否不影响仲裁条款的独立性,对主合同是否存在的法律确定权属于仲裁庭。早在20世纪50年代,英国法官皮·德夫林曾陈述道:"法律没有要求仲裁员在其管辖权遭到反对或质疑时,应该拒绝履行其职责。法律也没有要求在管辖法院就仲裁庭管辖权问题作出判决前,仲裁员不对管辖权异议作出实质调查和裁定,而是继续仲裁,把管辖权问题留待有权决定的法院去作判决。仲裁员没有义务采取上述任何一种做法。仲裁员有权就他们是否有管辖权的问题进行审查,其目的不是为了得出任何对当事人有约束力的结论,而是作为一个预先问题向当事人证实他们是否应该继续进行仲裁。"

## 第三节 国际商事仲裁程序

国际商事仲裁程序是指国际民商事案件一方当事人提请仲裁直至仲裁裁决得到执行的整个过程中,有关仲裁机构、仲裁员、申请人、被申请人、证人、代理人、鉴定人参与仲裁活动所必须遵守的程序和规则。仲裁程序一般由双方当事人选择的仲裁规则加以规定,主要包括仲裁申请的提出和受理、仲裁员的选定、仲裁庭的组成、案件的审理、仲裁中的调解、仲裁裁决的作出和执行、仲裁费用的分担和给付等等。仲裁规则的选定一般是仲裁协议双方当事人意思自治的一个体现。双方当事人如果在仲裁协议当中,如果对此项内容有非常清晰的界定,在一般情况下,当事人本身的意愿还是能够得到普遍的尊重。世界上绝大多数的仲裁机构都明确规定了本机构的仲裁规则。在实践中,也存在这样的仲裁协议,就是当事人仅仅选定了仲裁机构没有选定仲裁规则。很多仲裁机构明确规定,如果选择本机构仲裁,那么本机构的仲裁规则将自动适用。同时也有很多机构将这个问题留给当事人自己。但是,在实践中,一般情况下,由于效率等因素的影响,当事人选择在某一仲裁机构进行仲裁,当事人一般也会选择该机构的仲裁规则。本节主要以2015年修订的《中国国际经济贸易仲裁委员会仲裁规则》(以下简称2015年贸仲《仲裁规则》)为例说明国际商事仲裁的运作过程。

## 一、国际商事仲裁申请、受理、答辩和反请求

### （一）仲裁申请

仲裁的申请是指仲裁协议中所约定的争议事项发生以后，仲裁协议的一方当事人依据该项协议将有关争议提交他们所选定的仲裁机构，从而引起仲裁程序的行为。申请是仲裁的"启动器"，它同时也是开始仲裁程序的必要环节。

从商事仲裁的实践来看，一方当事人提出申请，必须向对方当事人及其选定的仲裁机构（临时仲裁以外）发出书面通知，并初步陈述其主张和相关的事实和理由。所谓申请书，是指有关争议的一方当事人向特定的仲裁机构提交的，请求该机构对双方当事人之间的争议进行仲裁的文件。

关于仲裁申请的内容，各国仲裁立法、国际条约或者仲裁规则都做了明确的规定，从国际商事仲裁的实践来看，一项合格有效的仲裁协议申请书一般应包含如下几个方面的内容。

1. 当事人的基本情况。这部分的内容具体包括：申请人和被申请人的姓名、性别、年龄、职业、工作单位、住所、联系方式等等。2015年贸仲《仲裁规则》第12条规定：申请人提出仲裁申请时应：(1) 提交仲裁申请书，仲裁申请书应写明：① 申请人和被申请人的名称和住所（如有邮政编码、电话、电传、传真、电报号码或其他电子通讯方式，也应写明）；② 申请人所依据的仲裁协议；③ 案情和争议要点；④ 申请人的请求及所依据的事实和理由；⑤ 仲裁申请书应由申请人及/或申请人授权的代理人签名及/或盖章。(2) 在提交仲裁申请书时，附具申请人请求所依据的事实的证明文件。(3) 按照仲裁委员会制定的仲裁费用表的规定预缴仲裁费。

2. 仲裁请求和事实及理由。

3. 证据和证据来源。申请人提出仲裁申请，应当同时提供必要的证据和证据来源。有证人时，包括证人的姓名及其住所。

4. 如果选择常设仲裁机构进行仲裁，应指明有关仲裁机构的名称。如果是选择临时仲裁机构进行仲裁，则应指明临时仲裁机构的组成方式。

5. 应按有关国家的立法附上有关的文件。如合同、仲裁协议等等。

6. 申请人在提出仲裁申请时，应按被申请人和仲裁员的数量提出申请书的副本。

### （二）仲裁受理

国际商事仲裁的申请和受理是两个内容不同但紧密联系的行为。申请是受理的前提，受理是申请的进一步发展。只有申请被仲裁机构受理后，仲裁程序才可以实质性的开始。2015年贸仲《仲裁规则》第13条规定：仲裁委员会收到申请人的仲裁申请书及其附件后，经过审查，认为申请仲裁的手续不完备的，可以要求申请人予以完备；认为申请仲裁的手续已完备的，应立即向被申请人发出仲裁通知，并将申请人的仲裁申请书及其附件，连同仲裁委员会的仲裁规则、仲裁员名册和仲裁费用表各一份，一并发送给被申请人，同时也将仲裁通知、仲裁规则、仲裁员名册和仲裁费用表发送给申请人。仲裁委员会向申请人和被申请人发出仲裁通知后，应指定一名秘书局的人员负责

仲裁案件的程序管理工作。

（三）答辩

国际商事仲裁答辩，是指国际商事仲裁案件中的被申请人，为了维护自己的权益，对申请人在仲裁申请书中所提出的仲裁请求和该项请求所依据的事实及理由进行的答复和辩解。很多仲裁规则对这些活动的进行，都提出了时间上的具体要求。2015年贸仲《仲裁规则》规定：申请人和被申请人应各自在收到仲裁通知之日起15天内在仲裁委员会仲裁员名册中各自选定一名仲裁员，或者委托仲裁委员会主任指定。被申请人应在收到仲裁通知之日起45天内向仲裁委员会秘书局提交答辩书和有关证明文件。

（四）抗辩及反请求

如果当事人对仲裁协议书或仲裁案件管辖权持有异议，被申请人可以在答辩书中对申请人提出的要求进行抗辩，且其抗辩应当在仲裁庭首次开庭前提出；对审理的案件的管辖权的抗辩，应当在第一次实体答辩前提出。在此种情况下，则由仲裁委员会作出有关仲裁协议的有效性和仲裁案件的管辖权问题的决定后，再进行或终止案件的仲裁程序。对仲裁协议或仲裁案件管辖权提出抗辩不影响按仲裁程序进行审理。被申请人还可以就有关争议事项向申请人提出反请求。在商事仲裁中，与商事仲裁答辩一样，提出反请求是被申请人用以保障其利益的重要手段。允许被申请人提出反请求，既体现了当事人在商事仲裁中的地位平等，也有利于提高仲裁庭解决商事法律争议的效率。

反请求具体是指在商事仲裁程序进行中，被申请人为了维护自己的权益，针对申请人提出的、且与申请人的仲裁请求有直接联系的、独立的仲裁请求。2015年贸仲《仲裁规则》规定：被申请人如有反请求，最迟应在收到仲裁通知之日起45天内以书面形式提交仲裁委员会。仲裁庭认为有正当理由的，可以适当延长此期限。被申请人提出反请求时，应在其书面反请求中写明具体的反请求及其所依据的事实和理由，并附具有关的证明文件。被申请人提出反请求，应当按照仲裁委员会的仲裁费用表的规定预缴仲裁费。当事人提交仲裁申请书、答辩书、反请求书和有关证明材料以及其他文件时，应一式五份，如果当事人人数超过两人，则应增加相应份数，如果仲裁庭组成人数为一人，则可以减少两份。被申请人未提交书面答辩及/或申请人对被申请人的反请求未提出书面答辩的，不影响仲裁程序的进行。仲裁庭受理反请求后，通常把申请人提出的原请求跟被申请人提出的反请求合并审理。但由于原请求和反请求是两个独立的仲裁请求，即使合并审理，裁决也要分别作出。因此，即使提出仲裁申请的申请人，在审理过程中撤回仲裁申请，也不影响反请求审理的继续进行。

## 二、仲裁庭的组成

（一）仲裁员的资格

在国际商事仲裁活动中，仲裁员是有关商事法律争议的直接裁判者，而且仲裁员享有完全独立的自由裁量权。为了保证有关商事法律争议能获得公正、公平、合理、合法的解决,依法确定仲裁员的资格和素质就显得尤为重要。关于仲裁员的资格问题,各国仲裁立法及有关的国际条约都做了不同程度的规定。一般而言,涉及以下几个方面的问题。

1. 仲裁员的国籍

外国人能否担任仲裁员,各国立法有不同的规定,但是现大多数国家规定内外国人均可担任仲裁员。中国国际经济贸易仲裁委员会和中国海事仲裁委员会自20世纪80年代末就开始聘请外国人和中国内地以外的其他法域的人士担任仲裁员。聘请外国人士和中国港、澳、台地区的人士担任仲裁员参与仲裁审理商事案件,无疑有助于增强外国当事人和中国港、澳、台地区的当事人对中国内地商事仲裁的信心,有利于发展和扩大中国内地的对外民事交往,同时还可以促进中国商事仲裁机构的办案质量和效率。

2. 仲裁员必须具有完全权利能力和行为能力

3. 仲裁员必须公道正派

为人公道正派是对仲裁员的个人品德素质提出的基本要求。作为仲裁员,他必须首先具备这种素质。另外,就某一具体的仲裁案件来说,与仲裁当事人有亲属关系或利害关系的,以及由于其他原因而可能影响到公正性的人,都不能担任仲裁员。1994年《仲裁法》第13条第1款即规定:"仲裁委员会应当从公道正派的人员中聘任仲裁员。"

4. 仲裁员应该具有一定的专业素质和水平

国际商事仲裁中的法律争议及其解决具有很强的专业性。仲裁员应该具有一定的专门知识,也是由仲裁活动本身的特性所决定的。1994年《仲裁法》第13条第2款即规定,仲裁员应当符合下列条件之一:(1)从事仲裁工作满八年的;(2)从事律师工作满八年的;(3)曾任审判员满八年的;(4)从事法律研究、教学工作并具有高级职称的;(5)具有法律知识、从事经济贸易等专业工作并具有高级职称或者具有同等专业水平的。仲裁委员会按照不同专业设仲裁员名册。

(二)仲裁员的指定

关于仲裁员的指定,各国的仲裁立法和有关的国际条约以及国际社会目前存在的各种仲裁规则作出了不尽相同的规定,但是一般情况下都对合议仲裁庭的仲裁员和独任仲裁庭的独任仲裁员的身份加以区分并分别作出规定。

1. 合议庭仲裁员的选定

在国际商事仲裁中,仲裁双方当事人一般都是约定由3人组成仲裁庭,以合议庭的方式来审理案件。这三人中有一人担任首席仲裁员。合议庭的首席仲裁员是合议庭仲裁庭的主持者,负责主持仲裁庭的仲裁程序。在一般情况下,首席仲裁员除应负责为举行仲裁员会议决定适当的时间和地点,安排传唤当事人和证人及安排其他行政管理工作并主持程序之外,同其他仲裁员享有一样的权利。不过,也有不少的国家的仲裁立法和有关的仲裁规则,作为例外,规定在仲裁庭不能形成多数意见时,赋予首席仲裁员依据自己的意见作出裁决的权利。我国《仲裁法》第53条也规定"……仲裁庭不能形成多数意见的时候,裁决应当按照首席仲裁员的意见作出。"

关于合议庭的仲裁员的指定,各国仲裁立法及各种仲裁规则都作了比较一致的规定,都要求申请人在提出仲裁申请书时按规定选定 1 名仲裁员,被申请人在一定期限或在提出答辩书时依法选定 1 名仲裁员,而且仲裁当事人都可以委托某个机构或个人代为指定仲裁员。这种机构或个人一般都是双方当事人所选择进行仲裁的某常设仲裁机构或该机构的主任。关于首席仲裁员的选定,各国仲裁立法及各种仲裁规则都作了各不相同的规定。有的规定由当事人选定的前两名仲裁员决定首席仲裁员的人选。我国《仲裁法》第 31 条第 1 款就明确规定:"……第三名仲裁员由当事人选定或共同委托仲裁委员会主任指定。第三名仲裁员是首席仲裁员。"

2. 独任仲裁庭仲裁员的选定

独任仲裁庭的仲裁员叫独任仲裁员。因为独任仲裁员一个人负责主持整个仲裁程序的进行,并对整个仲裁过程中所发生的任何问题独立地作出决定,就整个争议事项独立地作出实质性裁决,所以,独任仲裁员的技能、资格和公正性对仲裁争议的最终解决有着比其他情况下的仲裁员更为直接和重要的影响。从而使得独任仲裁员的选定在国际商事仲裁程序中有着更为重要的意义。多数仲裁立法及各种仲裁规则都承认仲裁当事人双方选定独任仲裁员的自主权。《仲裁法》第 31 条第 2 款就允许双方当事人在仲裁委员会提供的仲裁员名册中合意选定或委托仲裁委员会主任指定 1 名独任仲裁员审理有关仲裁案件。

(三) 仲裁庭的组成

在国际商事仲裁中,仲裁庭的组成一般有两种类型,一种是独任仲裁庭,由一名仲裁员进行仲裁;一种是合议仲裁庭,一般由三名仲裁员组成。这两种组成方式都各有利弊。

(四) 仲裁员的回避

作为仲裁庭成员的仲裁员如果存在不能参与特定案件审理的情况,应该主动或根据一方当事人提出的异议,退出对特定案件的审理,这就是商事仲裁中的仲裁员回避制度。仲裁员的回避有仲裁员自行回避和当事人异议回避两种。仲裁员回避的理由包括以下三种情况:(1) 事先接触过一方当事人;(2) 主体资格或行为能力不合法;(3) 仲裁员在办案过程中没有尽到勤勉谨慎地履行自己的职责的义务。如我国《仲裁法》34 条规定,"仲裁员有下列情形之一的,必须回避,当事人也有权提出回避申请:(一) 是本案当事人或者当事人、代理人的近亲属;(二) 与本案有利害关系;(三) 与本案当事人、代理人有其他关系,可能影响公正仲裁的;(四) 私自会见当事人、代理人,或者接受当事人、代理人的请客送礼的。"第 35 条规定:"当事人提出回避申请,应当说明理由,在首次开庭前提出。回避事由在首次开庭后知道的,可以在最后一次开庭终结前提出。"第 36 条规定:"仲裁员是否回避,由仲裁委员会主任决定;仲裁委员会主任担任仲裁员时,由仲裁委员会集体决定。"

2015 年贸仲《仲裁规则》第 32 条第 2 款规定,"当事人对被选定或者被指定的仲裁员的公正性和独立性产生具有正当理由的怀疑时,可以书面向仲裁委员会提出要求该仲裁员回避的请求,但应说明提出回避请求所依据的具体事实和理由,并举证。"

▶ **典型案例**

**【案情】**[①]

申请人乙公司因与被申请人中国甲厂就双方于1988年7月4日签订的《中外合资丙有限公司合同书》产生争议,经双方协商未能解决,申请人遂向仲裁委员会提请仲裁。

申请人选定A先生为仲裁员,被申请人选定C先生为仲裁员,由于双方未能按期共同选定或共同委托仲裁委员会主任代为指定首席仲裁员,仲裁委员会主任根据仲裁规则的规定指定B先生为首席仲裁员。上述三人组成仲裁庭。1997年8月25日,仲裁庭在北京对本案进行了开庭审理。申请人和被申请人均派代理人出席了庭审,双方均向仲裁庭陈述了事实经过,阐述了各自的法律观点,进行了法律辩论,并回答了仲裁庭的有关询问。

庭审后,被申请人向仲裁委员会提交了要求A仲裁员回避的申请。被申请人称:本案于1997年8月25日上午在仲裁委员会庭审室进行了审理。被申请人的仲裁代理人是北京市某律师事务所的D律师。在D律师答辩过程中,A仲裁员多次无理的打断其发言,以教训的口吻指责D律师发言的语气、方式和内容。如,仲裁员说:"你不要谈你认为……"对一些需要说明的问题,A仲裁员说:"对于这个问题你不要解释……"等等。被申请人认为,A仲裁员的行为严重干扰和影响了被申请人代理人履行其职责,从某种程度上剥夺了代理人陈述案情与观点的权利,值得一提的是,在申请人方代理人进行陈述时,A仲裁员并无上述表现。据此被申请人认为,A仲裁员明显偏袒申请人,显失公平。不宜担任本案的仲裁员,特向仲裁委员会申请其回避。

但是被申请人并没有提供A仲裁员具有《仲裁法》第34条规定的仲裁员必须回避的情形的证据和理由。仲裁委员会没有同意被申请人关于A仲裁员的回避请求。

**【审理】**

就本案例而言,被申请人认为,申请人指定的仲裁员A在被申请人的代理律师发言中,多次打断其发言,以教训的口吻指责代理人,严重干扰和影响了被申请人方代理人履行其职责,从某种程度上剥夺了代理人陈述案情与观点的权利等,这些现象发生在仲裁员身上,严格的说是有违仲裁员公平中立的职责,但却不构成《仲裁法》第34条规定的仲裁员必须回避的情形,所以回避请求不予满足。按现行《仲裁法》,而仲裁员的回避必须证据确凿、理由充分,并且有法律依据。并且被申请人并没有提供A仲裁员具有《仲裁法》第34条规定的仲裁员必须回避的情形的证据和理由,仲裁委员会因此没有同意被申请人关于A仲裁员的回避请求。

---

[①] 参见《申请人中国甲厂要求仲裁员回避案》,载赵相林主编:《国际私法教学案例评析》,中信出版社2006年版,第319页。

**【法理】**

本案涉及的主要法律问题是仲裁员回避的情形。

我国《仲裁法》第35条规定:"当事人提出回避申请,应当说明理由,在首次开庭前提出。开庭事由是在首次开庭后知道的,可以在最后一次开庭终结前提出。"

在实践中,仲裁庭在处理仲裁员回避问题时,应当严格以仲裁员是否具有回避的情形为依据。对于仲裁员必须回避的情形,《仲裁法》第34条已经作了明确的规定,这个内容我们之前已经有所涉及。可以看出,当事人是可以对仲裁员提出回避的,但是必须说明提出回避请求所依据的具体的事实和理由,并举证。也就是说一定要证据确凿、理由充分,否则不予支持其回避申请。这是因为在仲裁审理中,一些当事人以没有让其充分陈述为由,就凭空怀疑仲裁员偏袒对方或与对方有某种关系,从而提出回避的请求,却拿不出任何有力的证据。这种情况下,仲裁庭对其回避请求不予支持。

### 三、仲裁审理

**(一)审理方式**

1. 开庭(口头)审理与不开庭(书面)审理

2015年贸仲《仲裁规则》规定,仲裁庭应当开庭审理案件。但经双方当事人申请或者征得双方当事人同意,仲裁庭也认为不必开庭审理的,仲裁庭可以只依据书面文件进行审理并作出裁决。

2. 公开审理与不公开审理

各仲裁规则一般规定除当事人双方同意公开审理的以外,仲裁审理应不公开进行。2015年贸仲《仲裁规则》规定:仲裁庭开庭审理案件,不公开进行。如果双方当事人要求公开审理,则由仲裁庭作出是否公开审理的决定。

**(二)开庭地点与缺席审理**

2015年贸仲《仲裁规则》规定,当事人约定了仲裁地点的,仲裁案件的审理应当在约定的地点进行。

2015年贸仲《仲裁规则》明确规定,仲裁庭开庭审理时,如果一方当事人不出席,仲裁庭可以进行缺席审理和作出缺席裁决。

**(三)调取证据和鉴定**

2015年贸仲《仲裁规则》规定,当事人应当对其申请、答辩和反请求所依据的事实提出证据。仲裁庭认为必要时,可以自行调查事实,收集证据。仲裁庭可以就案件中的专门问题向专家咨询或者指定鉴定人进行鉴定。

**(四)调解**

如果双方当事人有调解愿望,或一方当事人有调解愿望并经仲裁庭征得另一方当事人同意的,仲裁庭可以在仲裁程序进行过程中对其审理的案件进行调解,仲裁庭可以按照其认为适当的方式进行调解。

**(五)保全措施**

仲裁庭受理案件后,为了防止一方当事人非法隐匿、转移、抽逃或破坏资产,确保仲裁裁决的执行,另一方当事人通常会提出采取临时性的财产保全请求;同时,为了防止一方当事人非法隐匿、转移、毁损或伪造证据,确保案件公正审理,对方当事人也可能会提出证据保全的申请。国际商事仲裁中的保全措施就是指财产保全和证据保全。

### 四、仲裁裁决

**(一) 仲裁裁决的概念与种类**

国际商事仲裁裁决从狭义上是指仲裁庭对争议事项进行审理后所作出的终局裁决。仲裁庭作出最终裁决后,整个仲裁程序即告终结。从广义上讲,除了最终裁决外,仲裁庭根据仲裁规则还可以作出中间裁决、部分裁决、合意裁决、缺席裁决、补充裁决等。

(1) 中间裁决(Interim Award),又称临时裁决。它是指仲裁庭在仲裁程序进行过程中,就案件的程序、证据等问题的解决作出的临时性裁决,该裁决不是终局的,其目的在于解决一些紧迫问题,促进仲裁程序的进行。例如,仲裁庭可以通过中间裁决要求一方当事人变卖容易腐烂的货物等。

(2) 部分裁决(Partial Award),是指在仲裁程序进行过程中,仲裁庭为了有利于继续审理其他争议,就已经查明的部分事实先行作出的裁决。部分裁决具有法律约束力,并不得在终局裁决中被更改。它通常用于涉及面广、案情复杂的案件。

(3) 最终裁决(Final Award),即终局性裁决。它是指在仲裁案件审理终结后,仲裁庭就当事人之间的争议作出的具有终局效力的裁决。最终裁决的作出意味着仲裁程序的终结。

(4) 合意裁决(Consensual Award),是指仲裁庭依据双方当事人达成的和解协议或者仲裁调解协议作出的裁决。合意裁决与终局裁决一样具有强制执行力。

(5) 缺席裁决(Default Award),是指仲裁庭在被申请人(包括反请求中的被申请人)及其代理人接到开庭通知无正当理由拒不到庭,或者未经许可中途退庭的情况下作出的仲裁裁决。

(6) 补充裁决(Additional Award),是指仲裁庭在作出最终裁决后的一段时期内,自行或者根据当事人的申请,就被遗漏的当事人的请求事项作出的裁决。

**(二) 仲裁裁决的形式和内容**

(1) 仲裁裁决的形式。我国《仲裁规则》规定仲裁裁决由多数仲裁员署名,并加盖仲裁委员会印章,写明日期和地点。

(2) 仲裁裁决的内容。仲裁裁决的内容一般应包含仲裁当事人、背景事实、审理情况、裁断结论、仲裁费用负担,并应当说明裁决理由。

**(三) 作出仲裁裁决的决定和期限**

(1) 裁决的决定。我国《仲裁规则》规定,由三名仲裁员组成的仲裁庭审理的案件,仲裁裁决依全体仲裁员或多数仲裁员的意见决定,仲裁庭不能形成多数意见时,仲裁裁决依首席仲裁员的意见作出,少数仲裁员的意见可以作成记录附卷。

(2) 期限。2015 年贸仲《仲裁规则》规定,仲裁庭应当在组庭后 6 个月内作出仲裁裁决书；如果仲裁庭要求，并且仲裁委员会秘书长认为确有必要和确有正当理由的，可以延长该期限。

（四）裁决的效力和补正

（1）裁决的效力。2015年贸仲《仲裁规则》第49条规定：仲裁裁决是终局的，对双方当事人均有约束力。任何一方当事人均不得向法院起诉，也不得向其他机构提出变更仲裁裁决的请求。

（2）对裁决的补正。2015年贸仲《仲裁规则》规定，如果仲裁裁决有漏裁或书写之类错误，当事人或仲裁庭应在裁决书发出之日起30日内要求补正或由仲裁庭自行补正，该书面更正构成裁决书的一部分。

（五）其他规定

1. 简易程序

（1）采用简易程序的条件。2015年贸仲《仲裁规则》规定，争议数额不超过500万元，或争议数额虽然超过500万元但双方当事人同意的，可以采用简易程序。

（2）简易程序的审理方式。适用简易程序的案件，由一名独任仲裁员审理。

（3）期间。2015年贸仲《仲裁规则》规定，答辩时间为20天，开庭通知时间为15天，审理期限如果开庭为30天，书面审理为90天。

2. 财产保全和证据保全

2015年贸仲《仲裁规则》规定，当事人申请财产保全，仲裁委员会应将当事人的申请交被申请人住所地或被申请人的财产所在地中级人民法院作出是否采取保全措施的裁定。

当事人申请证据保全，仲裁委员会应将当事人的申请交证据所在地法院作出是否采取保全措施的裁定。

3. 语文和费用

（1）语文。以中文为语文，但允许使用外国语言文字。

（2）费用。按照标的额的百分比累进递减收费。

**五、国际商事仲裁程序的法律适用**

与诉讼程序适用法院地法的一般规则不同，仲裁程序的法律适用在国际商事仲裁中更为复杂。

（一）意思自治原则

国际商事仲裁的自愿性和民间性使当事人的意思自治构成仲裁的基础。不少国家基于仲裁的这一特点赋予当事人根据意思自治原则选择仲裁适用的法律的权利，包括仲裁程序所适用的法律。2015年贸仲《仲裁规则》第4条第2、3款规定："当事人约定将争议提交仲裁委员会仲裁的，视为同意按照本规则进行仲裁。当事人约定将争议提交仲裁委员会仲裁但对本规则有关内容进行变更或约定适用其他仲裁规则的，从其约定，但其约定无法实施或与仲裁程序适用法强制性规定相抵触者除外。当事人约定适用其他仲裁规则的，由仲裁委员会履行相应的管理职责。"如果当事人没有明确选择可适用的仲裁程序法,许多国际商事仲裁立法已明确赋予仲裁庭确定仲裁程序应当适用的程序法或仲裁规则的权力。当然,当事人选择国际商事仲裁程序法的意思自治权也并非不受限制,一般来说,它不能违反仲裁地国法律的强制性规定,也不能违反仲裁所适用的仲裁法的强制性规则。

(二) 仲裁地法的适用

按照传统的法律观点,仲裁程序应适用仲裁地的法律。正如诉讼程序受法院地法支配一样,仲裁程序受仲裁举行地法律的支配,我国《仲裁法》第65条规定:"涉外经济贸易、运输和海事中发生的纠纷的仲裁,适用本章规定。本章没有规定的,适用本法其他有关规定。"据此,在我国境内进行的仲裁应当适用我国的仲裁法。

(三) "非当地化"理论

20世纪60年代以后,在国际商事仲裁的实践中出现了试图使仲裁程序摆脱仲裁地国法律支配的新动向,随之产生一种新的理论——"非当地化"(Delocalization)理论。该理论主张国际商事仲裁程序不应受仲裁地国法的约束,应当允许当事人约定适用仲裁地国以外的程序规则作为规范国际商事仲裁的程序法。

## 第四节 国际商事仲裁裁决的撤销制度

### 一、申请撤销仲裁裁决概述

仲裁裁决撤销程序是指仲裁裁决存在法律规定的情形,由当事人申请并经法院审查核实,判决或裁定予以撤销、使之归于无效的一种特殊程序。作为制度化的司法外解决争议的方式,仲裁在本世纪得到了世界各国的普遍承认和广泛采用。在我国,司法监督主要体现在两个方面,其一是开庭前的监督,即对仲裁协议的效力的审查与确认。其二是仲裁裁决后的监督,即对仲裁裁决的司法复审。该监督又可具体分为两种制度,即申请撤销仲裁裁决制度和申请不予执行裁决制度。相比之下,申请撤销裁决程序属于主动性的程序,审查的内容可包括全部的仲裁程序和已经生效的仲裁裁决。仲裁机构所在地法院受理撤销裁决申请和裁定撤销裁决的效果可发生普遍的影响力,即可影响到其他法院进行当中的强制执行程序。所以,仲裁裁决撤销制度研究的重要性可见一斑。

我国《仲裁法》第58—61条、最高人民法院《关于审理当事人申请撤销仲裁裁决案件几个具体问题的批复》和最高人民法院《关于人民检察院对撤销仲裁裁决的民事裁定提起抗诉人民法院应如何处理问题的批复》等,对仲裁裁决撤销制度的申请时间、级别管辖和人民法院的审查范围、审理期限、处理方式和法律文书适用都作了明确的规定。

依照《仲裁法》第58条规定,如果当事人能够举证证明,国内仲裁裁决有下列情形之一的,可以被人民法院裁定撤销:(1) 没有仲裁协议的;(2) 裁决的事项不属于仲裁协议的范围或者仲裁委员会无权仲裁的;(3) 仲裁庭的组成或者仲裁的程序违反法定程序的;(4) 裁决所根据的证据是伪造的;(5) 对方当事人隐瞒了足以影响公正裁决的证据的;(6)仲裁员在仲裁该案时有索贿受贿,徇私舞弊,枉法裁决行为的。

《仲裁法》对于涉外仲裁裁决的撤销,并未直接载明具体的撤销理由,而是在该法第70条规定:当事人提出证据证明涉外仲裁裁决有《民事诉讼法》第274(原文为第258条)条第1款规定的情形之一的,经人民法院组成合议庭审查核实,裁定撤销。

经该法所援引的《民事诉讼法》第274条第1款规定的可以撤销裁决的情形包括:第一,当事人在合同中没有订有仲裁条款或者事后没有达成书面仲裁协议的;第二,被申请人没有得到指定仲裁员或者进行仲裁的通知,或者由于其他不属于被申请人负责的原因未能陈述意见的;第三,仲裁庭的组成或者仲裁的程序与仲裁规则不符的;第四,裁决的事项不属于仲裁协议的范围或者仲裁机构无权仲裁的。

从上述国内仲裁与涉外仲裁关于撤销裁决的理由可知,对于涉外仲裁的撤销并不包含事实和证据方面的理由。所以,仅就涉外仲裁裁决的这一规定,是符合当前世界各国的普遍趋势的。而国内仲裁裁决,人民法院可以依据证据的缺陷予以撤销,即可以依法进行实体审查,美国、德国、法国、日本等许多国家都有这样的程序。[①] 就其立法精神而言,强调的是公平合理,使当事人的合法权益不至于因仲裁机构的失误而受到损失。即主要是加强对仲裁一裁终局权力的监督,防止仲裁权的滥用,是我国《仲裁法》增设裁决撤销程序的根本宗旨。

我国在起草《仲裁法》过程中片面地强调了法院对仲裁的司法监督权,而忽视了对法院自身的监督,也忽视了由仲裁机构和仲裁员特点所决定的自律精神及行为规范对公正仲裁的深刻影响。并且,由于我国立法方面的不足,在《仲裁法》生效后短短的数年间,这些缺陷迅速地膨胀,致使仲裁裁决撤销程序演变成制约我国仲裁制度,尤其是影响我国涉外仲裁制度声誉的实质性障碍。得出这样的结论并非杞人忧天,而是有其事实依据的。

中国的国情是,《仲裁法》对仲裁员的资格规定了世界上绝无仅有的、极其严格的条件(见《仲裁法》第13条),而目前地方法院的法官受教育程度却普遍尚未达到大学本科水平,并且毫无法律学习或工作背景的人员还在源源不断地进入各级法院;政府的财政不能保证法院的工作的必需开支,法官的相应报酬需要通过办案收入来补充,迄今不能做到"收、支两条线"。这样,1994年《仲裁法》中的某些缺陷,如撤销程序没有相对人、法院裁定撤销一裁终局,不得上诉等,成为某些地方法院滥用司法监督权、曲解法律精神,继而偏袒一方当事人利益的护身符。我们的立法精神是"保护当事人合法权益,减少仲裁工作的失误",而对于法院在司法监督时的失误,却无法依据该法加以纠正,立法宗旨就难以实现。

考虑到我国涉外仲裁机构所作的仲裁裁决也将承受中国法院的双重司法监督,撤销裁决的程序已经在某种程度上嬗变为败诉方可随意加以利用,特别是阻碍中国当事人在胜诉后申请外国法院承认及执行裁决的可资利用的一种手段。这一后果恐怕是

---

① 全国人大常委会法制工作委员会民法室、中国国际经济贸易仲裁委员会秘书局编著:《中华人民共和国仲裁法全书》,法律出版社1995年版,第152页。

我国的立法者在引入撤销仲裁裁决程序时始料未及的。如果对撤销程序的运用不加限制,或者地方法院轻率从事,必将使包括中国国际经济贸易仲裁委员会在内的所有中国仲裁机构降至基层法院的地位。

### 二、撤销仲裁裁决的程序性规定

申请撤销仲裁裁决制度中的程序性规定涉及以下几方面的内容。

(一) 提起申请的方式

各国允许当事人对仲裁裁决提起撤销之诉的方式各不相同。有的国家采取上诉方式,亦有的国家采用的是申请复议和宣告无效的方式。

(二) 当事人申请撤销仲裁裁决的期限

《仲裁法》第59条规定,当事人申请撤销仲裁裁决,应自收到仲裁裁决书之日起6个月内提出。对于此6个月的期限,有的学者认为,这是"为了减少和正确解决当事人之间的纠纷,稳定社会经济秩序,促进社会主义经济建设"。当前世界各国的仲裁立法中的司法监督之基本精神是保证当事人以仲裁方式解决其争议,若法律规定的提起撤销裁决的期限过长,将使裁决的法律效力长期处于不确定状态,不利于维护合法当事人的利益。所以,各国法律规定的提起撤销程序的期限相对于裁决承认及执行的期限而言,要短得多。例如,1996年《英国仲裁法》第70条规定,申请撤销的期限为裁决作出之日起28天内,而当事人申请承认及执行裁决的期限是6年;《法国民事诉讼法典》第1505条规定的期限为通知裁决及其执行许可后的1个月内。

(三) 人民法院作出裁定的期限

依照《仲裁法》第60条之规定,法院应当在受理撤销裁决申请之日起2个月内作出撤销裁决或者驳回申请的裁定。

这一期限属于法定期限,而且该法未规定法院可以延长该期限;换言之,如果法院作出撤销裁定或者驳回裁定的日期超过此期限,该项法院裁定本身就应属无效。从法律角度分析,对当事人提出申请的要求是在收到裁决书之日起的6个月内,逾期则丧失此项权利;对法院而言,要求法院作出裁定的期限是在受理申请之日起的2个月内,否则将使一方当事人遭受损失。

(四) 受理申请的法院及其处理决定

我国《仲裁法》第58条将涉外仲裁裁决的撤销之诉的管辖法院确定为仲裁委员会这一仲裁机构所在地的中级人民法院,同时第60条和第61条对于法院可以作出的四种裁定分别作出规定。依照法律的规定,在我国,法院对于当事人提起的申请撤销仲裁裁决之诉可以区别不同的情况,作出以下裁定:(1) 裁定撤销裁决;(2) 裁定驳回申请;(3) 裁定中止撤销程序;(4) 裁定恢复撤销程序。

(五) 撤销之诉的效力

《仲裁法》第64条规定,一方当事人申请执行裁决,另一方当事人申请撤销裁决的,人民法院应当裁定中止执行程序。换言之,在两种程序并行时,撤销程序优越于执行程序。在实践中,即使执行程序发生于外国时,受理执行裁决的外国法院通常也不会执行效力尚有疑问的裁决。事实上,在《仲裁法》生效后,香港高等法院已经产生了因中国内地的撤销裁决程序而中止正在进行的承认及执行程序的案例。另一方面,我国法院作出撤销裁决的裁定,就意味着我国仲裁机构所作出的裁决无效,在此情况下,外国法院将以裁决被我国人民法院撤销而拒绝承认及执行我国涉外仲裁机构的裁决。

总而言之,我国法院作出的撤销中国涉外仲裁机构裁决的裁定,必然产生域外效力。正是此缘故,我国人民法院对于当事人申请撤销裁决应谨慎从事。

▶ 典型案例

**【案情】**①

2002年11月14日,甲化纤公司与乙投资公司达成协议,化纤公司确认承担丙化纤联合总公司欠投资公司的300万美元债务,并约定该借款纠纷提请仲裁解决。2002年11月15日,投资公司就上述欠款纠纷向我国某地仲裁委员会提出仲裁申请。2002年11月22日和11月29日,化纤公司与投资公司分别达成两份协议书,主要内容为:(1)化纤公司对投资公司在仲裁时提出的300万美元债务及提交的证据不持异议;(2)化纤公司以其所有的房产作价133万美元抵偿欠投资公司的等额债务;(3)投资公司不接受化纤公司已持有的某线业有限公司的股权抵偿债务。之后,该仲裁委员会作出仲裁裁决,裁决确认化纤公司与投资公司于2002年11月22日和11月29日达成的协议书合法有效,化纤公司应按照协议书的规定向投资公司清偿300万美元债务并支付仲裁费用。此后,投资公司以化纤公司未履行仲裁裁决为由,向人民法院申请强制执行。2003年3月3日,化纤公司又与投资公司达成执行和解协议,化纤公司同意除按2002年11月22日和11月29日的协议书履行外,还同意将持有的某线业有限公司的33.7%的股权交由投资公司处置。

2004年7月20日,人民法院在执行投资公司(即该案的申请人)与化纤公司信用证纠纷一案时,化纤公司向人民法院出具一份说明,称其已无财产可供处理。于是投资公司向法院提出撤销上述仲裁裁决的申请,其理由如下:(1)化纤公司确认承担某化纤联合总公司欠投资公司的300万美元债务的行为,根据《民法通则》第58条第1款第4项的规定,属于无效民事行为。2002年10月10日,香港高新公司起诉化纤公司,要求化纤公司支付代开信用证款赎单款、开证费等合计867,791.55美元。2002年11月14日,化纤公司即与投资公司达成协议,确认承担前述债务。化纤公司的出资者是我国丁市政府,而投资公司的上级主管部门也是该市政府,因此,化纤公司与投资公司的上述行为显系恶意串通的结果,其目的是转移化纤公司的财产,损害包括香港投资公司在内的化纤公司的所有债权人的利益,属于无效民事行为。(2)化纤公司在确认承担某化纤联合总公司欠投资公司的300万美元债务后,以两份以物抵债协议书和一份执行和解协议将其所有的全部财产抵偿给投资公司,使自己彻底丧失履行债务

---

① 参见郭晓文:《中国涉外仲裁裁决撤销制度中存在的问题及其立法完善》,载陈安主编:《国际经济法论丛》(第1卷),法律出版社1998年版,第412页。

的能力,致使其所有债权人的债权完全无法受偿,这一行为既属于恶意串通损害案外人利益的行为,也违反了民法通则第4条和第5条的规定,属于无效行为。(3)上述仲裁裁决确认了投资公司和化纤公司达成的两份无效协议合法有效,违背了社会公共利益,依据《仲裁法》第58条第3款规定,应予撤销。综上所述,香港投资公司请求撤销本案所涉仲裁裁决。此本案合议庭驳回了申请人的申请。

**【审理】**

首先,本案申请人系香港的企业,该企业向人民法院申请撤销国内仲裁机构作出的仲裁裁决,那么如何对案件进行准确识别与定性?本案是否属于涉港商事案件,即本案应否进行集中管辖的问题。根据最高人民法院《关于涉外民商事案件诉讼管辖若干问题的规定》(法释〔2002〕5号)第3条第(3)项规定,申请撤销、承认与强制执行国际仲裁裁决的案件属集中管辖的案件。也就是说申请撤销的仲裁裁决是国际仲裁裁决。而本案裁决本身并不具有涉外因素,只是申请人具有涉外因素,对涉外申请人申请撤销国内仲裁裁决的案件是否应集中管辖,法律及司法解释并未明确规定,在实务中也产生了不同意见。有意见认为,虽然仲裁裁决本身不具有涉外因素,由于申请人具有涉外因素,使得整个案件具有了涉外因素,因而应属于集中管辖的案件。另外一种意见是:法释〔2002〕5号规定的是申请撤销国际仲裁裁决的案件属集中管辖的案件,故申请撤销国内仲裁裁决的案件不属于集中管辖的案件。此处虽申请人涉港,但由于仲裁裁决本身是国内仲裁裁决,故应按国内仲裁裁决的审查程序进行。笔者认为,根据确立案件是否属涉外案件的若干要素理论,因本案申请人主体涉外,应当按涉外案件来处理,故应采纳前一种意见。

**【法理】**

处理本案的争议焦点问题在于,作为案外的第三人(利害关系人)能否申请撤销仲裁裁决。对此问题理论与实务均存在不同意见。一般认为,利害关系人不能申请撤销涉外仲裁裁决,因为利害关系人不是仲裁裁决案件的任何一方当事人。而对于利害关系人能否申请撤销我国国内仲裁机构作出的裁决在国内也引起不同的思考。有意见认为:利害关系人不能申请撤销我国国内仲裁裁决,应裁定不予受理或驳回申请。理由是:《仲裁法》第58条规定,当事人提出证据证明仲裁裁决有法定情形的可以申请撤销裁决。该条规定申请撤销裁决的主体是当事人而未规定利害关系人可以申请撤销仲裁裁决;最高人民法院在就有关问题的解答中的明确态度是利害关系人不能申请撤销我国涉外仲裁裁决,但对我国国内仲裁裁决也可参照适用;利害关系人可通过行使撤销权而解决。反对意见认为:利害关系人可以申请撤销我国国内仲裁裁决。理由是:上述法律规定当事人可以申请撤销国内仲裁裁决,但并未否定利害关系人可以申请撤销国内仲裁裁决。法律未明确禁止的就是允许的。在仲裁案件中,若出现当事人规避法律规定,损害国家、集体或第三人利益的,如果不允许利害关系人行使撤销仲裁裁决权,可能会导致不公平。笔者认为,仲裁权与司法权均是解决纠纷的方式,仲裁具备解决纠纷的终局性,当事人约定以仲裁的方式解决纠纷,表明当事人排除法院的管辖,排除司法权的介入。而只有当仲裁裁决具备法律规定的错误以及违反了最根本的国家以及社会公共利益等情形时,才允许当事人通过司法的程序补救,这种补救的范围也应受到严格的限制,不能随意扩大司法权干涉的范围,否则有悖于设立仲裁制度的根本意义以及当事人意思自治的原则,不利于仲裁裁决结果的确定性与稳定性。无论是国内的仲裁还是国际的仲裁都遵循上述基本的原则要求。在司法实践中,最高人民法院对具体案件作出过批复。2001年9月28日,最高人民法院在关于对(香港)崇正国际联盟集团有限公司申请撤销仲裁裁决人民法院应否受理的问题复函北京市高级人民法院(〔2001〕民立他字第36号)对此问题进行了明确的答复:《仲裁法》第70条规定的"当事人"是指仲裁案件的申请人或被申请人,崇正国际联盟集团有限公司并非V19990351号仲裁案件的申请人或被申请人,该公司不具备申请撤销该仲裁裁决的主体资格,故对该申请人民法院不予受理。最高人民法院作出批复的两点理由也完全支持了本文的主要论点:(1)按照我国仲裁法的有关规定,申请撤销仲裁裁决的只能是仲裁当事人即申请人与被申请人,申请人崇正国际联盟集团有限公司并非贸仲裁字第V19990351号仲裁裁决当事人,不具备撤销上述仲裁裁决的主体资格。(2)由于案外第三人的范围无严格的界定,且裁决是否损害案件第三人利益还需经审理查明,而撤销裁决的申请受理后原裁决需中止执行,因此对赋予案件第三人撤销裁决的申请权必须慎重,否则易产生审判权过多干预仲裁权的现象,不利于仲裁裁决的稳定性与仲裁工作的发展。上述批复体现了仲裁裁决的独立性与终局性,遵循了司法权不应过多地对仲裁进行干涉的原则,故此本案合议庭驳回了申请人的申请。

### 三、重新仲裁和裁决的不予承认和执行

(一) 重新仲裁

与国际商事仲裁裁决撤销制度密切相关的一个有关仲裁裁决的救济制度就是重新仲裁制度。重新仲裁,是指法院在受理了当事人撤销仲裁裁决的申请以后,认为仲裁裁决虽然具有法律规定的撤销情形,但可以通过仲裁庭重新进行仲裁加以纠正的,则裁定中止撤销程序,并通知仲裁庭在一定期限内重新仲裁,如果仲裁庭拒绝重新仲裁,法院再裁定恢复撤销程序。这其中对重新仲裁的客观范围有三方面限定:(1)可进行重新仲裁的裁决必须属于法定可撤销情形。从各国立法来看,重新仲裁都是附属于当事人申请撤销仲裁裁决这一司法审查制度的;(2)仲裁裁决的错误是仲裁庭可以通过重新仲裁加以纠正的错误;(3)法院认为可以进行重新仲裁,即法院的司法审查过程。重新仲裁制度是仲裁裁决的救济制度,为仲裁庭提供了更正其自身的错误和裁决瑕疵的机会,减少裁决被撤销的可能,保证当事人原定以仲裁方式解决争议的意愿的实现,节省有关各方的时间、人力和费用的投入,减少资源浪费。

由于重新仲裁是附属于裁决撤销程序的一个制度,重新仲裁的事项范围也必然与可申请撤销裁决的事项范围紧密相关,从逻辑上说,重新仲裁的适用范围是以裁决撤销程序的适用范围为前提的。

(1) 重新仲裁的客观范围只能限于当事人申请撤销仲裁裁决的事由。如果在当

事人未申请的情况下仲裁庭主动重新仲裁，那么仲裁庭就会因无正当授权而不具有仲裁权；如果当事人提出原仲裁裁决之外的新请求要求仲裁，由于没有相关仲裁协议，仲裁庭亦无仲裁权。若当事人就该请求另行达成仲裁协议，则成立一个新仲裁，不再是重新仲裁了。

（2）无论是可申请撤销裁决的事项范围，还是重新仲裁的事项范围，均应在不违反公共利益和法律强行性规定的前提下，限于仲裁裁决过程中出现的程序性事项，而排除实体事项的司法审查。

仲裁程序中的重新仲裁制度作为申请撤销的一个重要组成部分，是对有瑕疵的仲裁裁决的有效法律救济手段，是当事人行使追诉权，保护其合法权益，减少仲裁程序中的失误，保证当事人仲裁意愿的实施的重要途径。通过仲裁解决商事争议，避免因撤销裁决而带来的其他后果。这种方式为许多国家立法所确认，广为国际商事仲裁采用。我国《仲裁法》增加了这方面的内容，但缺少可操作性的具体规定，例如，重新仲裁与裁决的范围、法院决定重新仲裁的条件、重新仲裁与原仲裁裁决终局性的关系、重新仲裁后的执行期限问题等未有明确的法律依据。《仲裁法》第61条规定："人民法院受理撤销裁决的申请后，认为可以由仲裁庭重新仲裁的，通知仲裁庭在一定期限内重新仲裁，并裁定中止撤销程序。仲裁庭拒绝重新仲裁的，法院应当裁定恢复撤销程序。"

由于重新裁决只是撤销裁决的一个步骤，由法官自由裁量，其副作用的影响也是明显的，即容易产生滥用申请撤销的程序，从而拖延仲裁的及时有效执行，使得涉外仲裁终局的优势受到挑战，这也是立法与司法中需要完善的事情。

（二）裁决的不予执行

我国《仲裁法》规定法院对仲裁的监督方式，主要体现在两个方面，一是不予执行，一是撤销裁决。关于撤销裁决的规定是在制订《仲裁法》时，在吸取和借鉴各国仲裁法的成功经验的基础上新增加的内容。规定申请撤销裁决的程序，基于如下几个方面的原因：(1) 根据我国的实际情况，国内仲裁要抛弃浓厚的行政色彩，与国际仲裁接轨，需要法院加强监督，设立申请撤销裁决的程序，能够促使仲裁庭公正地审理案件；(2) 撤销程序与不予执行程序是两个不同的程序，不予执行程序仅保护一方当事人，只有被执行人在有法定不予执行证据的情况下才能申请法院裁定不予执行裁决，而撤销程序使双方当事人都能得到保护；(3) 在《仲裁法》中规定申请撤销裁决的程序符合仲裁制度本身的需要，符合国际社会发展的需要，也和世界上多数国家的仲裁法的规定相一致。

# 第五节　国际商事仲裁裁决的承认与执行

## 一、国际商事仲裁裁决承认与执行的含义

在国际商事仲裁中，大多数仲裁裁决是能够得到自动履行的，但是也存在着败诉方不愿履行裁决的情形，此时胜诉方除了对败诉方施加商业上或其他方面的压力以促使其履行裁决外，还可通过求助于法院采取各种强制手段迫使败诉方履行裁决义务。

承认与执行仲裁裁决,是指具有管辖权的法院依据仲裁当事人一方的申请,确认仲裁裁决具有法律效力,并依据法定条件和程序予以强制执行的法律制度。一般来说,仲裁裁决作出后,当事人应当按照裁决书自动履行其义务,但实践中败诉方当事人不主动执行仲裁裁决的情况时有发生,与此同时,仲裁机构及仲裁庭没有强制执行裁决的权力,一旦败诉方不愿执行裁决,胜诉方就得请求有关法院强制执行裁决。承认与执行仲裁裁决的制度,为当事人实现其在仲裁裁决中的权益提供了法律保障,因而,要使中、外投资者之间的争议通过仲裁方式得以彻底解决,就不能忽视仲裁裁决的承认与执行问题。

承认外国仲裁裁决和执行外国仲裁裁决是既有联系又有区别的两个问题。承认外国仲裁裁决意味着,确认仲裁裁决在执行国有执行可能性而许可其执行。内国仲裁裁决因有与法院的生效判决同等的效力,对此不必经过国家的承认程序,只要依法院的执行判决就可以请求执行。但外国仲裁裁决,对执行地国来说,因仲裁裁决无国家司法机构的强制力从而比外国判决更难以接受其效力,因此,需各国内法院对外国仲裁裁决予以与内国仲裁裁决相同的效力的公认程序,这即外国仲裁裁决的承认问题。执行外国仲裁裁决是指法院在承认外国裁决的基础上,依照本国法律规定的执行程序予以强制执行,也即败诉方当事人不履行自己的义务时,通过法院执行判决保证对胜诉方有利的判决得以顺利进行,实现胜诉方的权利的程序。

承认外国仲裁裁决与执行外国仲裁裁决两者的关系是:承认外国裁决是执行外国裁决的前提条件,内国法院只有依法确认外国裁决在其境内具有法律效力,才能采取强制措施予以执行;执行外国仲裁裁决是承认外国仲裁裁决的必然结果。

在仲裁裁决的承认与执行中,需要承认的裁决是指确认性的裁决,无须法院的强制执行;需要执行的裁决则指只有通过法院依法定程序执行裁决书中的要求,才能实现当事人权益的裁决。就仲裁裁决的执行来说,一般是在败诉方财产所在地国请求执行。本国法院执行裁决有两种情况,一是执行本国裁决,即执行在本国境内作出的裁决;一是执行外国裁决,即在外国境内制作的裁决。根据各国法律,执行本国裁决,手续比较简单;执行外国裁决,往往受到某些限制,且手续比较复杂,各国规定不尽一致。

## 二、关于承认和执行外国仲裁裁决的国际公约

为了统一各国承认和执行外国仲裁裁决的制度,国际上曾先后缔结了三个有关承认和执行外国仲裁裁决的国际公约。第一个是1923年在国际联盟主持下制定的《仲裁条款议定书》,于日内瓦签订,1924年7月生效,是专门关于仲裁裁决的多边条约,规定缔约国间相互承认在彼此国家境内签订的仲裁协议的有效性,并执行依据仲裁协议作出的仲裁裁决。

第二个也是在国际联盟主持下制定的1927年《关于执行外国仲裁裁决的公约》,作为1923年日内瓦议定书的补充议定书,是1927年9月26日于日内瓦签订,1929年7月生效,参加公约的缔约国仅限于批准1923年议定书的国家。公约规定了缔约国间相互承认与执行仲裁裁决以及拒绝承认与执行外国仲裁裁决的条件。

第三个是1958年6月10日在联合国主持下于纽约订立的《承认及执行外国仲裁裁决公约》(又称1958年《纽约公约》)。此外,还有一些区域性的国际商事仲裁公约也对这个问题作了规定。《纽约公约》补救了前述《议定书》及《公约》的不足,且自该公约对公约当事国发生约束力之日起,前述两个公约就停止适用了。目前,该公约已成为最全面的关于承认与执行外国仲裁裁决的国际公约,已有100多个国家加入了《纽约公约》。

我国于1986年12月2日由第六届全国人民代表大会常务委员会第十八次会议决定加入1958年《纽约公约》。该公约已于1987年4月22日对我国生效。我国在加入该公约时作了互惠保留和商事保留声明。

(一) 1958年《纽约公约》的主要规定

1. 缔约国相互承认仲裁裁决具有约束力,并应依照承认或执行地的程序规则予以执行。在承认或执行其他缔约国的仲裁裁决时,不应在实质上比承认或执行本国的仲裁裁决规定更繁琐的条件或更高昂的费用。

2. 申请承认与执行仲裁裁决的一方当事人,应该提供原裁决的正本或经过适当证明的副本,以及仲裁协议的正本或经过适当证明副本。必要时应附具经适当认证之译本。

3. 该《公约》第5条规定了拒绝承认和执行外国仲裁裁决的条件。按照该条第1款规定,凡外国仲裁裁决有下列情况之一者,被请求执行的国家的主管机关可依被执行人的请求,拒绝予以承认和执行:

(1) 签订仲裁协议的当事人,根据对他们适用的法律,当时是处于某种无行为能力的情况下;或者根据仲裁协议所选定的准据法,或在未选定准据法时依据裁决地法,该仲裁协议无效;

(2) 被执行人未接到关于指派仲裁员或关于仲裁程序的适当通知,或者由于其他情况未能在案件中进行申辩;

(3) 裁决所处理的事项,非为交付仲裁的事项,或者不包括在仲裁协议规定之内,或者超出仲裁协议范围以外;

(4) 仲裁庭的组成或仲裁程序同当事人间的协议不符,或者当事人间没有这种协议时,同仲裁地所在国家的法律不符;

(5) 裁决对当事人还没有拘束力,或者裁决已经由作出裁决的国家或据其法律作出裁决的国家的主管机关撤销或停止执行。

按照该条第2款规定,如果被请求承认和执行仲裁裁决地所在国家的主管机关查明有下列情况之一者,也可以拒绝承认和执行:

(1) 争议事项,依照这个国家的法律,不可以仲裁方法解决者;

(2) 承认和执行该项裁决将与这个国家的公共秩序抵触者。

4. 裁决的国籍

对于外国仲裁裁决的确定,1958年《纽约公约》第1条第1款实际上是采取了两种标准,此条款前半部分即为领域标准,或者说是仲裁地标准,它采用的是一种排除法,即只要不是在内国领域内作成的裁决均为外国裁决。同时公约确立了非内国裁决标准,即虽在内国但依外国仲裁法进行仲裁而作出的裁决属于非内国裁决。

(二) 1958年《纽约公约》的特点

(1) 成功地使国际仲裁程序摆脱了仲裁地法的支配。

(2) 承认仲裁协议。迫使缔约国法院将诉讼中的当事人之一提出的事项提交仲裁。

(3) 不侵犯法院裁定属于其当地确认的管辖权范围的案件的主权职能。

(4) 不干预缔约国与其他国家就承认和执行仲裁裁决问题签订双边和多边条约的主权权利。

(5) 明确界定允许缔约国对公约提出"保留"的范围。

(6) 规定缔约国除了受该公约约束之外,无权利用该公约的好处。(第14条)

我国已加入《纽约公约》,这说明,我国仲裁机构作出的裁决,可依公约在任何缔约国得到执行;同时,在缔约国境内作出的仲裁裁决,也可依公约在我国得到承认与执行。但我国在加入公约时作了两项声明:(1) 中国在互惠的基础上对另一缔约国领土内作出的仲裁裁决的承认和执行适用该公约;(2) 中国只对根据中国法律认定为属于契约性和非契约性商事法律关系所引起的争议适用该公约。故此,只有符合这两个条件的外国仲裁裁决,有关当事人才可依照《纽约公约》申请我国法院予以承认和执行。我国还同一些国家签订了有关司法协助的双边协定,协定中规定缔约双方应根据《纽约公约》相互承认和执行在对方境内作出的仲裁裁决。

### 三、承认和执行外国仲裁裁决的程序和条件

(一) 承认和执行外国仲裁裁决的程序

在承认和执行裁决的程序问题里,我们主要是讨论各国有关承认和执行外国仲裁裁决的方式的不同规定。综观各国立法,这些方式大致有以下四种:(1) 将外国裁决当做外国判决,一般只审查裁决是否违反了法院地的法律原则,如无此情形即发给执行令予以执行,如意大利、西班牙、瑞士、墨西哥等国。(2) 将外国裁决视为本国裁决,按执行本国裁决的程序予以执行,如法国、德国、日本、希腊、比利时等国。(3) 将外国裁决作为合同之债,使之转化为一个判决,再按执行本国判决的程序执行,但也仅是对裁决所构成的新契约进行形式上的审查,如一些普通法国家。(4) 区分《纽约公约》适用范围内的裁决和其他外国裁决,对前者适用简便程序,如英国、美国、瑞典、印度、澳大利亚、新西兰,以及我国香港等国家和地区。

1958年《纽约公约》第3条规定:"各缔约国应承认仲裁裁决具有拘束力,并依援引裁决地之程序规则及下列各条所载条件执行之,承认或执行适用本公约之仲裁裁决时,不得较承认或执行本国仲裁裁决附加之过苛条件或征收过多之费用。"从以上规定可以看出,《纽约公约》规定关于公约适用范围内的裁决之执行的程序规则适用被请求执行国的法律,但要求各国依自己的程序规则执行公约裁决时,不应较执行国内裁决附加更苛刻的条件或征收过高的费用。

## （二）承认和执行外国仲裁裁决的条件

关于承认与执行外国仲裁裁决的条件，在许多方面与外国法院判决的承认和执行有类似之处，因而在某些双边司法协助条约或多边国际条约中，甚至将两者一并作出规定，或作类推适用的规定。然而两者之间还是存在着某些重要的区别，而且各国的要求也不尽相同。基于《纽约公约》的普遍影响，下面主要根据《纽约公约》的规定对此问题加以论述。《纽约公约》以排除的方式规定了承认和执行外国仲裁裁决的条件，如果被请求承认和执行的裁决具有公约规定的排除情形时，被请求执行国家有权拒绝承认和执行，即凡外国仲裁裁决有下列情形之一的，被请求承认和执行的机关可以依据仲裁裁决的执行义务人的请求和证明，拒绝予以承认和执行。

1. 仲裁协议无效。
2. 未给予适当通知或未能提出申辩。根据《纽约公约》第5条第1款第2项的规定，如果对作为裁决执行对象的当事人未曾给予有关指定仲裁员或者进行仲裁程序的适当通知，或者作为裁决执行对象的当事人由于其他情况未能提出申辩，则可拒绝承认和执行该项裁决。被申请人拒绝参加仲裁或者在仲裁中持不积极的态度，则认为被申请人是有意放弃其陈述案情的机会。在适当通知后，照常进行的缺席仲裁并不妨碍裁决的效力。至于当事人未能在仲裁过程中提出申辩，应该是指由于该当事人自身的过失以外的原因而使他未能提出申辩。
3. 仲裁庭超越权限。
4. 仲裁庭的组成和仲裁程序不当。
5. 裁决不具有约束力或已被撤销、停止执行。

另外，根据《纽约公约》第5条第2款的规定，如果被请求承认和执行外国仲裁裁决的国家的主管机关，认为按照该国法律，有下列情形的，可以主动予以拒绝承认和证明：(1) 裁决的事项属于不可裁决事项；(2) 承认或执行裁决违反该国公共政策。

## 四、中国承认和执行外国仲裁裁决的条件及程序

### （一）涉外仲裁机构仲裁裁决在中国的执行

按照我国《民事诉讼法》和《仲裁法》的有关规定，对我国的涉外仲裁机构的裁决，一方当事人不履行的，对方当事人可以申请被申请人住所地或财产所在地的中级人民法院执行。申请人向人民法院申请执行我国涉外仲裁机构的裁决，须提出书面申请，并附裁决书正本。如申请人一方为外国当事人，其申请书须用中文本提出。对我国涉外仲裁机构作出的裁决，被申请人提出证据证明涉外仲裁裁决有《民事诉讼法》第274条第1款规定的情形之一的，经人民法院组成合议庭审查核实，裁定撤销或不予执行：

(1) 当事人在合同中没有订有仲裁条款或者事后没有达成书面仲裁协议的；

(2) 被申请人没有得到指定仲裁员或者进行仲裁程序的通知，或者由于其他不属于被申请人负责的原因未能陈述意见的；

(3) 仲裁庭的组成或者仲裁的程序与仲裁规则不符的；

(4) 裁决的事项不属于仲裁协议的范围或者仲裁机构无权仲裁的。此外，人民法院有权根据本条第2款的规定认定执行该裁决违背社会公共利益的，也得裁定不予执

行。一方当事人申请执行裁决,另一方当事人申请撤销裁决,人民法院应当裁定中止执行。对于不予以执行的仲裁裁决,依照我国2013年新修订《民事诉讼法》第275条的规定,有两种补救措施:根据仲裁协议重新仲裁或者向人民法院起诉。

(二) 中国涉外仲裁机构仲裁裁决在外国的承认和执行

依照我国《民事诉讼法》第280条第2款和《仲裁法》第72条的规定,涉外仲裁机构作出的发生法律效力的仲裁裁决,当事人请求执行的,如果被执行人或者其财产不在中国领域内,应当由当事人直接向有管辖权的外国法院申请承认和执行。由于我国现在已加入1958年《纽约公约》,当事人可依照公约规定直接到其他有关缔约国申请承认和执行我国涉外仲裁机构作出的裁决。

(三) 外国仲裁裁决在中国的承认和执行

我国《民事诉讼法》对于承认和执行外国仲裁裁决规定了跟承认和执行外国法院判决完全相同的程序。根据1986年12月2日全国人民代表大会常务委员会《关于我国加入〈承认及执行外国仲裁裁决公约〉的决定》(即《纽约公约》)、1987年4月10日最高人民法院《关于执行我国加入的〈承认及执行外国仲裁裁决公约〉的通知》的规定以及《民事诉讼法》的有关规定,我国承认和执行外国仲裁裁决主要分三种情况:(1) 依据我国参加的1958年《纽约条约》承认与执行;(2) 根据我国缔结的有关双边协定进行;(3) 对于设立条约关系的,按照互惠原则办理。

在中国缔结或加入的有关外国仲裁裁决的承认和执行的国际条约中,《纽约公约》是最为重要的一部公约。由于世界上大多数国家均已加入了这部公约,外国仲裁裁决在中国申请承认和执行将主要依据该公约的规定办理。我国在参加《纽约公约》时作了互惠保留声明和商事保留声明。根据《纽约公约》的规定,缔约国和非缔约国的仲裁裁决都可依公约规定的条件和程序予以承认和执行,但是任何一个国家在加入公约时都可以声明,该公约的规定仅适用于缔约国,这就是"互惠保留"。所谓"商事保留",是指我国只承认和执行对属于契约性和非契约性商事法律关系争议作成的仲裁裁决。具体来说:(1) 根据我国加入该公约时所作的互惠保留声明,我国仅对在另一缔约国领土内作成的仲裁裁决的承认和执行适用该公约。(2) 根据我国加入该公约时所作的商事保留声明,我国仅对按照我国法律属于契约性和非契约性商事法律关系引起的争议适用该公约。具体是指由于合同、侵权或者根据有关法律规定而产生的经济上的权利义务关系,例如货物买卖、财产租赁、工程承包、加工承揽、技术转让、合资经营、合作经营、勘探开发自然资源、保险、信贷、劳务、代理、咨询服务和海上、民用航空、铁路、公路的客货运输以及产品责任、环境污染、海上事故和所有权争议等,但不包括外国投资者与东道国政府之间的争端。

符合上述两个条件的外国仲裁裁决,当事人可依照1958年《纽约公约》的规定直接向我国有管辖权的人民法院申请承认和执行。对于在非缔约国领土内作出的仲裁裁决,需要我国法院承认和执行的,只能按互惠原则办理。我国有管辖权的人民法院接到一方当事人的申请后,应对申请承认和执行的仲裁裁决进行审查,如果认为不违反我国缔结或参加的国际条约的有关规定或《民事诉讼法》的有关规定,应当裁决承认其效力,并依照《民事诉讼法》规定的程序执行,否则,裁定驳回申请,拒绝承认及执行。如果当事人向我国有管辖权的人民法院申请承认和执行外国仲裁机构作出的发生法律效力的裁决,但该仲裁机构所在国与我国没有缔结或共同参加有关国际条约,也没有互惠关系的,当事人应该以仲裁裁决为依据向人民法院起诉,由有管辖权的人民法院作出判决,予以执行。

根据《纽约公约》第4条的规定,申请我国法院承认和执行在另一缔约国领土内作出的仲裁裁决,是由仲裁裁决的一方当事人提出的。对于当事人的申请,应由我国下列地点的中级人民法院受理:被执行人为自然人的,为其户籍所在地或者居所地;被执行人为法人的,为其主要办事机构所在地;被执行人在我国无住所、居所或者主要办事机构,但其财产在中国境内的,为其财产所在地。

需注意的是,于2002年3月1日起施行的最高人民法院《关于涉外民商事案件诉讼管辖若干问题的规定》这一司法解释对管辖法院作了新的规定(见该司法解释第1条①和第3条②)。

我国有管辖权的人民法院接到一方当事人的申请后,应对申请承认和执行的仲裁裁决进行审查,如果认为不具有《纽约公约》第5条第1、2两款所列的情形,应当裁定承认其效力,并且依照我国法律规定的程序执行;如果认定具有第5条第2款所列的情形之一,或者根据被执行人提供的证据证明具有第5条第1款所列的情形之一的,应当裁定驳回申请,拒绝承认和执行。

申请我国法院承认及执行的仲裁裁决,仅限于《纽约公约》对我国生效后在另一缔约国领土内作出的仲裁裁决。该项申请应当在我国《民事诉讼法》第239条规定的申请执行期限2年内提出。该期限从法律文书规定履行期间的最后一日起计算,法律文书规定分期履行的,从规定的每次履行期间的最后一日起开始计算。

▶ 典型案例

【案情】③

申请执行人:甲股份有限公司。被申请人:中国乙公司。

甲股份有限公司(船东)与中国乙公司(租船方)之间,因"A号"租船合约一事产生争议。甲股份有限公司根据双方租船合约中的仲裁条款,向伦敦海事仲裁员协会申请仲裁。伦敦海事仲裁员协会根据1950—1979仲裁条例,于1990年1月8日对甲股份

---

① 《关于涉外民商事案件诉讼管辖若干问题的规定》第1条,第一审涉外民商事案件由下列人民法院管辖:国务院批准设立的经济技术开发区人民法院;省会、自治区首府、直辖市所在地的中级人民法院;经济特区、计划单列市中级人民法院;最高人民法院指定的其他中级人民法院;高级人民法院。上述中级人民法院的区域管辖范围由所在地的高级人民法院确定。

② 《关于涉外民商事案件诉讼管辖若干问题的规定》第3条,本规定适用于下列案件:涉外合同和侵权纠纷案件;信用证纠纷案件;申请撤销、承认与强制执行国际仲裁裁决的案件;审查有关涉外民商事仲裁条款效力的案件;申请承认和强制执行外国法院民商事判决、裁定的案件。

③ 参见《甲股份有限公司申请承认及执行伦敦海事仲裁员协会作出的海事仲裁决案》,载赵相林主编:《国际私法教学案例评析》,中信出版社2006年版,第305页。

有限公司与中国乙公司就1985年6月4日签订的"A号"租船合约一事作出终局裁决:(1)租船方立即按租船合约规定的每天4,000美元费率,向租船东支付123,652.40美元的滞期费以及该笔金额的利息。利息按每年11%利率计算,计息日期从1985年12月1日起至本最终裁决日期止。(2)租船方立即向船东支付14,748.60美元的运费以及该笔金额的利息。利息按每年10%利率计算,计息日期从1989年9月19日起至本最终裁决日期止。(3)租船方自己负担其仲裁费用并立即支付船东已支付的仲裁费用。裁决生效后,中国乙公司未自动履行裁决内容,甲股份有限公司委托中国丙律师事务所丁律师全权代理申请执行,并于1990年2月26日依照我国法律的规定,向被申请人中国乙公司住所地北京市中级人民法院送交了申请执行书及有关的文书材料。北京市中级人民法院认为其申请符合受理条件,受理了申请执行人的申请,并依法组成合议庭对该仲裁裁决进行审查。

【审理】

北京市中级人民法院经审查认为:伦敦海事仲裁员协会就本案作出的仲裁裁决,符合《承认及执行外国仲裁裁决公约》以及《全国人民代表大会常务委员会关于我国加入〈承认及执行外国仲裁裁决公约〉的决定》应当承认及执行的规定,不具有《承认及执行外国仲裁裁决公约》第5条第1、2两项所列拒绝承认及执行的情形,亦不违反我国加入该公约时作出的保留性声明条款,对其效力应当予以承认。据此,北京市中级人民法院依法作出裁定:对伦敦海事仲裁员协会于1990年1月8日就甲股份有限公司与中国乙服务公司关于"A号"租船合约一事作出的终局裁决的效力予以承认。中国乙服务公司自接到本裁定书之日起15日内履行该仲裁裁决确定之义务。申请执行费人民币3,311.50元,由被申请人中国航海技术咨询服务公司负担。

在执行过程中,双方自愿达成和解协议,约定中国乙服务公司支付给甲股份有限公司16万美元。

【法理】

本案承认并执行外国常设海事仲裁机构的裁决,按照最高人民法院1987年4月10日法(经)发〔1987〕5号《关于执行我国加入的〈承认及执行外国仲裁裁决公约〉的通知》中的规定,对当事人向我国法院提出承认及执行外国仲裁机构裁决的申请,必须符合下列条件,才可以被受理,外国仲裁机构的裁决才可以被承认并执行:

(1)不违反我国加入该公约时所作的互惠保留声明。即我国只在互惠的基础上对在另一缔约国领土内作出的仲裁裁决的承认和执行适用该公约。伦敦海事仲裁员协会就甲股份有限公司与中国乙公司关于"A号"租船合约一事所作的裁决,是在该公约的另一缔约国英国作出的。因此,受理该案不违反我国加入该公约时所提出的互惠声明。

(2)不违反我国加入该公约时所作的商事保留声明,即我国只对根据我国法律认定为属于契约性和非契约性商事法律关系所引起的争议适用该公约。该案是因双方当事人租船合约一事所引起的争议,根据我国法律,应认定为由于合同而产生的经济上的权利义务关系。因此,受理此案,不违反我国加入该公约时所提出的商事保留声明。

(3) 必须由仲裁裁决的一方当事人提出申请。此案由该仲裁案中的甲股份有限公司向我国法院提出申请,符合这个条件。

(4) 申请我国法院承认及执行的外国仲裁裁决,必须在《承认及执行外国仲裁裁决公约》对我国生效后,即在1987年4月22日以后作出的。此案申请承认及执行的伦敦海事仲裁员协会的仲裁裁决,是在1990年1月8日作出的,是在该公约对我国生效之后。

(5) 承认并执行外国仲裁裁决的申请,应在《民事诉讼法》规定的申请执行期限内提出,就此案而言,应在外国仲裁终局裁决作出之日起2年内提出,甲股份有限公司于1990年2月26日向北京市中级人民法院提出申请,没有超过申请执行的期限。

(6) 被申请承认及执行的外国仲裁裁决不具有《承认及执行外国仲裁裁决公约》第5条第1、2两项所列的情形的,才可被承认和执行。此案经过审查,不具有《承认及执行外国仲裁裁决公约》第5条第2项所列的情节;被执行人也未提供证据证明具有第5条第1项所列的情形之一。

综上所述,北京市中级人民法院依法受理此案并对伦敦海事仲裁员协会就本案当事人之间的争议所作出的仲裁裁决予以承认及执行,是正确的。

# 第十三章

# 区际私法

伴随着香港、澳门的相继回归,相信台湾地区在不久的将来也会回到祖国的怀抱。由于我国在香港和澳门特别行政区实行"一国两制"的基本制度,所以目前我国存在了两种社会制度,三种法系传统。这就使得我国由一个单一法域的国家一下子变成了和美国、加拿大等国家一样的复合法域国家。多个法域的存在便不可避免地产生了区际法律冲突,2011年《法律适用法》中没有规定解决中国区际民事法律冲突的法律适用可参照适用,因此,制定中国区际法律适用的立法工作任重道远。

**本章涉及的相关法规:**

1982年《中华人民共和国宪法》第31条

1990年《中华人民共和国香港特别行政区基本法》

1993年《中华人民共和国澳门特别行政区基本法》

1998年《关于内地与香港特别行政区法院相互委托送达民商事司法文书的安排》

1999年《关于内地与香港特别行政区相互执行仲裁裁决的安排》

2007年《关于内地与香港特别行政区法院相互认可和执行当事人协议管辖的民商事案件判决的安排》

2001年《关于内地与澳门特别行政区就民商事案件相互委托送达司法文书和调取证据的安排》

2006年《关于内地与澳门特别行政区关于相互认可和执行民商事判决的安排》

2007年《关于内地与澳门特别行政区相互认可和执行仲裁裁决的安排》

2009年最高人民法院《关于涉港澳民商事案件司法文书送达问题若干规定》

1994年《中华人民共和国台湾同胞投资保护法》

2008年最高人民法院《关于涉台民事诉讼文书送达的若干规定》

2011年最高人民法院《关于审理涉台民商事案件法律适用问题的规定》

2011年最高人民法院《关于人民法院办理海峡两岸送达文书和调查取证司法互助案件的规定》

2013年最高人民法院《关于适用〈中华人民共和国涉外民事关系法律适用法〉若干问题的解释(一)》

2015年最高人民法院《关于认可和执行台湾地区法院裁决的规定》

2015年最高人民法院《关于认可和执行台湾地区法院民事判决的规定》

## 第一节　区际法律冲突和区际私法

### 一、区际法律冲突的含义和特征

法律冲突可以发生在主权国家之间,也可以发生在一个主权国家内不同的法域之间。前者为国际法律冲突,后者则为区际法律冲突。法域是法律区域的简称,它是指一个主权国家或一个地区享有立法权、司法权和行政权的具有自己独特法律制度的特定地域。依照这一概念,我们可以知道,区际法律冲突发生在含有两个以上法域的国家内,也就是发生在复合法域国家。

▶典型案例

**【案情】**[①]

原告郑某系广东省中山市人,被告系香港物流公司。2004年4月,郑某与韩国乙公司签订买卖合同。该韩国公司指定该项合同下货物的承运人为被告香港甲公司。7月,郑某根据韩国公司的指示,将货物交给被告承运,同时被告向原告开出提单。之后韩国公司没有支付货款,原告于是多次电话通知被告在原告未收到货款的情况下不要放货。但是同年10月,原告得知货物已被提走。在与被告多次交涉无果的情况下,2005年7月,郑某向广州海事法院起诉被告无单放货侵权。

**【审理】**

法院经审理认为,本案是一起涉港侵权案件。本案被告在没有正本提单的情况下,私自放货,严重损害了原告的利益,对原告损失负有直接责任。依据我国相关法律规定,本案适用中国法律作为准据法,判决被告赔偿原告未收回货款等直接损失。

**【法理】**

本案的争议事实并不复杂,是一起简单的无单放货侵权案件。但是应该注意的是本案虽然涉及一个韩国公司,但是主要争议发生在内地和香港当事人之间。虽然我国法院自香港、澳门回归之后,仍一直将涉港澳案件视为涉外案件处理,但是不可否认的是,涉港澳案件仍然不同于普通的涉外案件,而是区际民商事案件。既然区际民商事案件在性质上不同于普通的涉外案件,那么二者在管辖权问题、法律适用问题等方面都有着很大的区别。

与国际法律冲突产生的原因相类似,区际法律冲突产生的原因大概有以下几方面:(1)一主权国家内含有两个以上不同民商事法律制度的法域;(2)一国内各法域之间因为民事交往产生大量的跨法域的民事法律关系;(3)各法域之间相互承认外法域的法律在本法域内的效力。

---

① 参见《郑礼强诉香港物流有限公司海上货物运输合同货物交付纠纷案》,广州海事法院(2005)广海法初字第267号,转载自中国涉外商事海事审判网http://www.ccmt.org.cn/,访问日期:2016年3月15日。

区际法律冲突具有其特征：(1)区际法律冲突存在于一个主权国家领土范围之内，不同于国际法律冲突产生在不同的主权国家之间。这是区际法律冲突和国家法律冲突之间最根本的区别，也是研究区际法律冲突解决方式最基本的出发点。(2)区际法律冲突的解决方法更为灵活。区际法律冲突存在于一国国内，尽管各法域之间也有着各方面的差异，但比起国家与国家之家的差异来说则相对较小。因此在处理区际法律冲突的过程中，可以采用更为灵活的方式，有的国家通过制定一部统一的区际私法来解决法律冲突，如1926年的《波兰区际私法法典》。(3)冲突法中的各项基本制度在区际法律冲突中的应用不同于国际法律冲突。比如公共秩序保留制度，由于区际法律冲突存在于一国国内，各法域间的公共秩序冲突不如国际法律冲突中表现的明显，因此在适用公共秩序保留制度的时候就会不同于国际法律冲突。

**二、区际私法概述**

区际私法既是一个法律部门的称谓，又是法律科学中的一个重要分支的名称。区际私法是指用于解决一个主权国家内部具有独特法律制度的不同地区之间的民事法律冲突的法律适用法或是指适用于解决主权国家内部不同法域之间利益冲突关系的法律，但经常表现为调整各法域之间法律冲突的规则和原则的综合。

在国际私法学界，"法则区别说"被公认为国际私法的起源。但是细细分析我们会发现，早期的所谓国际私法在本质上其实是区际私法。13、14世纪，意大利各城邦之间民商事交往越来越密切，为了适应这种情况，以巴托鲁斯为代表的一些注释派学者创立了"法则区别说"，用来协调各城邦间的法律冲突。15、16世纪，法国的杜摩兰和达让特莱为了解决法国国内省际间的法律冲突，研究创立了法国的"法则区别说"。17世纪，以伏特父子和胡伯为代表的荷兰学者将法则区别说进一步发展，创立了具有荷兰特色的"法则区别说"。可见，从意大利到荷兰，国际私法学说的出现都是为了解决区际法律问题的，只不过随着各国间的经济交往，处理国内法律冲突的规则被延伸使用到国际间的法律冲突，这才出现了国际私法。

17世纪荷兰"法则区别说"是区际私法学说法时代的终结，又是解决国际法律冲突的国际私法的开端。自此，国际私法得到迅猛发展，并很快出现在制定法中。在17世纪至19世纪末这段时间里，区际私法和国际私法的界限十分模糊，很多国家将其混为一体，一些规则既用来调整国际法律冲突也用来调整区际法律冲突。区际私法这个国际私法的母亲被国际私法的发展势头所淹没。

19世纪末开始，特别在第一次世界大战后，由于列强对世界的重新瓜分，在世界版图上出现了许多法制不统一的国家，区际法律冲突问题重新回到人们的视野中。在这样的背景下，区际私法开始了它的复兴之路。一些大陆法系国家开始制定区际冲突法，而一些英美法系国家则开始在判例中创设特殊的区际冲突法规则。

第二次世界大战至今，区际私法开始作为一个独立的法律部门重新登上历史的舞台。不管是立法方面还是实践方面，无论在单一制的复合法域国家还是在联邦制的复合法域国家，区际私法表现出集中统一的趋势，即由各法域单独制定自己的区际私法演变为全国制定统一的区际私法。

## 第二节 中国区际法律冲突及其解决模式

### 一、中国的区际法律冲突

中国的区际法律冲突是伴随着香港、澳门的相继回归以及由于大陆与台湾地区的特殊情况所形成的。1982年时任中共中央顾问委员会主任邓小平在会见英国首相撒切尔夫人时,第一次提出一国两制的概念。所谓"一国两制"是指一个国家两种制度。其核心是在一个统一的中华人民共和国内,中国大陆实行社会主义制度,中国香港、澳门、台湾地区实行原有的资本主义制度。"一国两制"构想的提出首先是为了解决台湾问题出发的,但却最早用于解决香港和澳门问题。随着香港、澳门于1997年、1999年相继回归,"一国两制"构想成为现实,也标志着我国从此成为一个多法域的国家。台湾地区在历史上一直是我国的领土,这就使得我国"一国两制四域"的格局最终形成,这种特殊的法域格局造成了我国的区际法律冲突开始出现,并呈现出比较复杂的局面。

▶ **典型案例**

【案情】[①]

1996年8月17日,乙公司所有的、由甲公司经营的丁轮船在北纬26°35′、东经125°20′附近海面发生故障,后甲与广东海上救助打捞局联系,并以传真方式书面委托救捞局,要求救捞局派拖轮并备三天的船员伙食,将丁轮船拖到珠海联大船厂,并确认此次拖轮费用为5万美元。救捞局接受委托后,于23日将丁轮船拖到珠海九洲港联检锚地。丁轮船船长签认了完成施工作业的报告单,并承认收到价值人民币1,278元的伙食。后应丁轮船的要求,广州海上救助打捞局派出的搜救轮船在抵珠海九洲港联检锚地后仍继续守护丁轮船直至24日。对此,救捞局提出守护费为1,800美元,甲公司没有表示异议。23日,甲公司向救捞局支付港币8万元,但其后未再向救捞局支付任何其他款项。

1996年9月6日,救捞局向广州海事法院提出诉前扣押丁轮船的申请。7日,海事法院裁定准许救捞局的申请,并在珠海联大船厂扣押了丁轮船。10月10日,救捞局向广州海事法院提出公开拍卖丁轮船的申请,广州海事法院准许并于12月3日将丁轮船依法拍卖,拍卖成交价款67,500美元。广州海事法院从拍卖船舶的价款中先支付给丁轮船拖欠的在编船员2个月的船员工资,并于12月12日将丁轮船船员全部遣返原籍。

---

① 参见《广州海上救助打捞局与香港万富船务有限公司、巴拿马菊石海运公司海上救助合同纠纷案》,广州海事法院(1996)广海法深字第108号,转载自北大法意网 http://www.edu.lawyee.net/,访问日期:2016年4月15日。

**【审理】**

法院经审理认为：这是一宗涉外海上救助合同纠纷案,甲公司与救捞局没有就救助合同适用的法律作出选择。根据《海商法》的规定,应适用与合同有最密切联系的国家的法律。本案中,救捞局与甲公司之间合同的签订地、被救助船舶丁轮船的最先到达地均在中国,且该轮被中国法院扣押并拍卖,因此,中国是与本案有最密切联系的国家,本案纠纷应适用中国法律解决。最终法院判决被告向原告支付报酬和延期利息,乙公司承担连带责任。宣判后案件双方都没有上诉。

**【法理】**

本案发生在1997年7月1日香港回归之前,因此仍然是一起涉外案件,而非区际案件。广东海事法院依据我国处理一般涉外案件的法律适用原则审理了这起案件。但是随着港澳的回归,像本案这类涉港澳台的案件不再属于涉外案件,我国又没有相应的解决区际民商事案件的法律依据,所以对于此类案件的审理出现了一系列急需解决的问题。

由于中国国情的特殊性以及区际法律冲突产生原因的特殊性,中国的区际法律冲突有着与世界上其他国家所不同的特征。

(一) 存在不同社会制度的冲突

世界上多法域国家存在的区际法律冲突都是在同一性质的社会制度下存在的,都属于资本主义制度的像美国、英国、澳大利亚,都属于社会主义制度的有前苏联、前南斯拉夫等。但是由于我国实行"一国两制"制度,大陆地区实行社会主义制度,港澳台地区实行资本主义制度,因此,我国既有存在于不同的社会制度之间的区际法律冲突,如内地与港澳台地区间的法律冲突,也有存在于相同法律制度之间的法律冲突,如港澳台地区之间的法律冲突。这样一个主权国家内部同时存在社会主义和资本主义两种制度的现象,在世界上是独一无二的。

(二) 存在多个法系之间的冲突

按照不同的法律传统,世界上的国家可以划分为普通法系、民法法系、伊斯兰法系和社会主义法系等等。我国的香港地区属于普通法系,澳门和台湾地区属于民法法系,而大陆地区则属于社会主义法系,这就使得我国存在了三个不同的法系。由于各法系之间的区别较大,比如普通法系是判例法传统,民法法系是成文法传统,就使得我国区际法律冲突的解决变得更为复杂。虽然世界上也存在一国内的各法域属于不同的法系的情况,但像我国这样突出的状况却几乎没有。

(三) 以横向冲突为主但存在纵向的区际法律冲突

一般而言,区际法律冲突都是横向概念上的,但是我国的区际法律冲突却既有着横向法律冲突的特征,也有着纵向法律冲突的特征,这是因为特别行政区特殊的法律地位所决定的。一方面特别行政区是我国的一个行政地方单位,直辖于中央人民政府;另一方面特别行政区有着独立的立法权和司法权。这就使得我国的区际法律冲突既包括全国各省、自治区和直辖市和特别行政区以及台湾地区之间产生的横向的法律冲突，也包括特别行政区以及台湾地区和全国人大所制定的在全国普遍适用的法律之间产生的纵向的法律冲突。

(四) 特别行政区具有高度的立法权和司法权

这也是我国区际法律冲突一个很有特色的地方。世界上大多数多法域国家，包括美国这样的联邦国家，联邦政府对于地方的立法权都有着一定的限制。但是由于我国的一国两制制度，除了在涉及国家统一、安全等问题上，特别行政区都有着高度独立的立法权和司法权。因此，由谁来制定一部适用于各法域之间的统一的区际私法来解决区际法律冲突将暂时难以解决。另外，特别行政区设有终审法院，这就使得我国也不存在一个统一的凌驾于各法域之上的最高法院来协调各法域之间的法律冲突。

(五) 各法域适用国际条约上的冲突

一般的多法域国家尽管内部存在不同的法域，但是对外仍然以一个主权国家的名义行使外交权，参加国际组织，缔结多边或者双边条约。即使是联邦国家，其各成员邦对外也没有外交权利。但是我国的各法域却不同，一国两制制度赋予了特别行政区在经济贸易等领域的外交权，港澳台三个地区分别以中国香港、中国澳门、"台、澎、金、马特别关税区"的名义加入WTO或者其他国际组织，并且以上述名义同其他国家或者国际组织缔结各种经济贸易条约。但是，值得注意的是，中华人民共和国缔结的国际条约并不当然适用于其他三个领域，中央人民政府可根据情况及香港地区、澳门地区的需要，在征询香港和澳门特别行政区的意见后，决定是否适用于香港和澳门行政区。相应的，原有的港澳台地区参加的国际条约在不违背《中华人民共和国宪法》(以下简称《宪法》)的基础上予以保留，但也并不必然地适用于内地地区。这样就导致了同一国际条约在内地和港澳台地区适用上的冲突，从而使得我国的区际法律冲突更为复杂。

## 二、中国区际法律冲突的协调原则

1. 坚持"一国两制"原则，维护国家统一

"一国两制"既是实现国家统一的设计和方案，也是实现国家统一最有效的途径。解决区际法律冲突不能有损于"一国两制"的构想和实践。坚持"一国两制"原则要求我们在解决我国的区际法律冲突时，对公共秩序保留制度的适用必须严格限制。此外，由于港、澳、台地区的法制根本不同于内地的法制，解决中国的区际法律冲突问题，不宜简单、草率、操之过急地采取统一各个地区的实体法的方式，因此，只宜多利用区际冲突的办法来解决，对各地区已上升为法律制度的生活方式和社会制度加以保留，否则危及"一国两制"方案的实现。我国《宪法》第31条以法律的形式确立了"一国两制"的方针，顺利收回了香港和澳门，并将这项原则贯彻在香港、澳门的两个基本法中，而且我们有理由相信，台湾问题在"和平统一、一国两制"方针的指导下，也将最终得到解决，实现国家的完全统一。维护国家统一的原则成为解决我国区际民商事法律冲突问题的首要的基本原则，也是我国解决香港、澳门和台湾问题的终极目标。它要求各法域的法律、法规中不得有违反一个中国原则的提法和做法，否则其他法域应不予承

认。因此,我们必须坚持香港、澳门和台湾地区是中华人民共和国领土不可分割的组成部分,本着各法域协助合作的精神,在确定解决我国的区际法律冲突所采用的法律方式、途径和步骤时,都应以维护国家统一的大局为重,都必须有助于而无害于国家的统一。

2. 坚持各法域平等原则,促进和保障正常的区际民商事交往

所谓法域平等原则,是指国家内部各法域在对于涉外案件"法律适用"上处于平等地位,不同法域就该法院有管辖权的涉外案件,其法律适用选择的机会均等,各法域的法律无所谓位阶效力的高低或特别优先适用的关系。法域平等原则反映在立法方面,各法域应相互承认和给予外法域人相互平等的民事法律地位,相互承认其他法域民商事法律的域内和域外效力,同时各法域在制定区际冲突规范时,应尽量采用双边冲突规范的方式,而避免单方制定适用某一法域的法律为准据法。法域平等原则反映在司法方面,则表现为各法域对外法域的判决应给予承认与执行,不能以意识形态为借口,滥用公共秩序保留制度加以拒绝。各法域间因管辖权发生争议时,不能相互推诿,在没有共同遵守的准则时,可由有关法院公平合理、协商解决。只有这样,才能保证各个法域的民商事法律在有关区际民商事案件中有平等的被适用的机会,才能保证各个法域法院作出的生效的民商事判决或裁定能在其他法域得到顺利的承认和执行。

3. 坚持实事求是的原则,促进和维护各个区域的繁荣稳定

坚持实事求是原则,就是要一切从实际出发,各个法域相互尊重其他法域的社会政治制度、经济制度和法律制度,相互尊重对方的生活方式和价值观念。这也是我国"一国两制"方针的具体要求。表现在解决中国区际法律冲突的立法和司法实践上应当尊重各个法域现行的法律法规,应当尊重我国区际法律冲突的特殊性,承认各个法域相对独立的立法权、司法权和终审权的现实,承认我国各法域在立法、司法上的相对独立性和较大自主性,尽量利用一个国家内不同区域间协商便利通过区际协议的方式解决区际民商事法律冲突。从各个法域共同作为一些条约缔约方的现实出发,条约被用于解决国际民商事法律冲突的方式时,只要能够解决我国区际民商事法律冲突问题的,尽量变通后采用,而不是一味地排斥;另外,我们还应承认和尊重我国尚未完全统一的现实,在区际民商事法律冲突问题的处理上,尽量赋予台湾地区与香港特别行政区和澳门特别行政区大致相同的地位,并且通过适当的方式明确承认台湾地区的民商事法律的域内和域外效力。只有这样,才能保证中国的区际法律冲突问题的处理不会影响中国各个法域的繁荣与稳定,使得各法域达到共赢的局面。

### 三、中国区际法律冲突的解决模式

前面已经谈到,我国的区际法律冲突有着不同于其他多法域国家的独特特征,因此我国区际私法的理论探讨和立法实践也有着不同于其他国家的特色。结合目前理论界的研究和实务部门的工作,关于我国区际法律冲突的解决模式的主张有以下几种。

(一) 区际冲突法模式

　　1. 适用国际私法

　　因为区际法律冲突也是一种法律冲突,可以将区际法律冲突视为一般的国际法律冲突采用我国现存的国际私法来解决。这种解决方法具有简便、明确等特征,因为不用再单独制定适用于区际法律冲突的规则。但是这一方式却会产生政治上的问题,那就是:(1) 国际私法是用于解决两个主权国家之间的法律冲突,而区际法律冲突却发生在一个主权国家内部;(2) 国际私法中有大量的法律适用采取当事人国籍这个连结点来确定准据法,但是依据国籍来处理区际法律冲突却无法发生作用,因为区际法律冲突的双方当事人具有相同的国籍。

　　2. 类推适用国际私法

　　这一区际法律冲突解决方法和上述方法可以说是换汤不换药,只是在措辞上有所不同。虽然这样的措辞可以回避政治上的一些硬伤,但是其优势和劣势也是显而易见的。何况我国各法域分属于不同的法系,利用类推适用国际私法的模式来解决区际法律冲突问题只是权宜之计,并非长久之道。

　　3. 各法域分别制定区际冲突法

　　各法域分别制定区际冲突法来解决区际法律冲突在世界上是有先例的。我国也有多数学者持此主张,并且我国各法域已经分别制定了某些解决区际法律冲突的规则。例如《香港基本法》《澳门基本法》"两岸人民关系条例"以及"香港澳门关系条例"等等。

　　但是,我们也要注意到,各自制定区际冲突法有着种种的不便:(1) 由于我国的四个法域分别属于不同的法系,并且有着不同的社会制度,因此,分别制定各自的区际冲突法,必定会导致区际冲突法之间的冲突,使区际法律冲突变得更为复杂;(2) 另外各自制定区际冲突法还会导致各法域之间的不平等,如台湾地区指定的"两岸人民关系条例"和"香港澳门关系条例"就将大陆地区和港澳地区置于不平等的地位;(3) 由于各法域之间的区际法律冲突各不相同,还会出现"挑选法院"的现象,影响案件判决的一致性。

　　虽然有着种种的不便,但是由于短暂时间内我国还难以出台一部统一的区际冲突法,因此,这样分别制定区际冲突法的局面在短时间内还将维持。

　　4. 制定全国统一的区际冲突法

　　制定全国统一的区际冲突法可以说是一种比较理想和完美的解决区际法律冲突的方法。制定全国统一的区际冲突法有利于减少"挑选法院"的现象,有利于避免各自制定区际冲突法所产生的反致、转致等问题,有利于保证判决的一致性,也有利于判决的承认与执行。

　　但是,由于大陆和台湾地区尚没有统一,另外由于我国"一国两制"制度赋予了香港和澳门特别行政区高度的立法权和司法权,由谁来制定这个统一的区际冲突法还是一个难题。因此,短期内,我国区际法律冲突采用统一的区际冲突法的模式还难以实现。

（二）统一实体法的模式

1. 制定全国统一的实体法

制定全国统一的实体法可以说是最为理想的一种解决方法，但是由于目前我国实行"一国两制"的基本制度，港澳特别行政区拥有独立的立法权和司法权，台湾即使在不久的将来回归祖国，在其域内实行的制度应该也会保持高度的自治性。所以，综合我国目前的实际情况，可以发现这种方法虽然完美，但不可行。

2. 制定适用部分领域的统一的实体法

这种方法是在认识到制定统一的实体法暂不可行的问题后，主张先在某一领域某一局部问题上各法域间通过协商达成一致，制定这个领域特定问题上的统一的实体法。虽然在可行性上此种方法明显优于上一种主张，但是这种方法并不能彻底的、全面的解决区际法律冲突问题。

3. 共同加入国际统一实体法公约

一些复合法域国家在解决其国内区际法律冲突的实践中，根据其国内法制，通过缔结或者参加统一冲突法和统一实体法关系条约，并将之转化为国内法，从而在国际条约所涉及问题上实现国内冲突法或者实体法的统一，解决相关的区际法律冲突问题。目前我国也有采用这种方法来解决区际法律冲突，比如我国内地和香港地区都是1958年《纽约公约》的成员国，因此，在内地和香港间相互承认民商事判决的问题上就是依据该公约来处理。此种方法和主张制定某一领域的统一实体法的方法其实有着换汤不换药的嫌疑，所以仍然不是一个全面、彻底的解决办法。

4. 利用最高法院的审判来推动实体法的统一

考察世界上的复合法域国家，比如加拿大、美国、澳大利亚等等，研究它们处理区际法律冲突问题的方法，可以发现它们的最高法院（或者说最高司法审判机关）在这个过程中起到了非常重要的作用。一些有争议的区际民商事案件被提交至最高司法机关由其来最终判定如何适用法律、处理纠纷，在解决这些纠纷的过程中，最高司法机关就同时解决了各法域间相类似的区际法律问题。这也不失为一种便利、有效的方法。但是，考虑到我国各法域均享有司法上的终审权，四个法域之上没有一个共同的最高的司法机关，所以，目前这种办法仍无法具体操作。

（三）区际司法互助的模式

区际司法互助就是指，在一国内各个法域的司法审判活动中，其司法机关相互提供便利、互相合作和帮助的制度。

主张采用区际司法互助的模式来解决区际法律冲突问题，这种方法是十分聪明和巧妙的。其绕开制定统一冲突法或实体法的复杂性和过于理想化，从实务的角度出发，强调为了民商事争议的顺利解决，各法域法院间应该展开合作和互助。目前我国区际私法领域已经展开了此种方法的尝试，并且取得了初步的成功。比如，内地与香港特别行政区之间的《关于内地与香港特别行政区法院相互委托送达民商事司法文书的安排》，以及内地与澳门特别行政区之间的《内地与澳门特别行政区关于相互认可和执行民商事判决的安排》等等。

尽管已经取得了初步的成功,但是我们仍然能够发现区际司法协助模式的一些不足,比如此种模式下,进行司法协助的主体到底应该是谁?因为此种模式较多侧重于程序事项,那么大量的实体上的区际冲突问题如何解决等等。或者用一种最尖锐的说法,以《安排》模式来解决区际法律冲突从其本质来看,并没有真正解决区际法律冲突问题。

除了以上三种模式之外,还有学者提出中立区或者中介团体模式以及判例法模式的方法来协调区际法律冲突问题。

## 第三节 中国各法域间解决区际法律冲突的实践

### 一、区际司法管辖权冲突的协调

区际管辖权冲突是指一国内各个法域之间关于民商事案件管辖权规定上的法律冲突。就我国而言,区际管辖权冲突是指我国内地、香港、澳门以及台湾四个地区在民商事案件管辖权问题上的不同规定所引起的冲突。由于我国四个法域存在两种不同的社会制度,还存在着三种不同的法系,故我国的区际法律冲突的局面十分复杂,随之而来的民商事案件管辖权的冲突也相对复杂。故如何协调好各法域间的管辖权冲突是正确处理区际民商事案件的首要前提。

▶ 典型案例

【案情】[①]

香港甲公司与香港乙公司签订了一份《租购协议》,约定由甲公司向乙公司出租设备一批,乙公司以分期付款方式租购。乙公司收到甲公司的设备后,放于其在内地独资开办的广东佛山丙公司厂房内使用。后因乙公司未能如期支付租金,甲公司于2003年11月5日向广东省佛山市中级人民法院提起诉讼,请求终止双方的租购协议,乙公司支付尚欠的租金和利息,乙公司与丙公司返还租购的设备。

2003年12月11日,丙公司就本案管辖问题向人民法院递交申请,称原告在本案受理后,又在香港特别行政区高等法院以同样的事实与理由起诉乙公司及其董事,认为甲公司先后在中国内地人民法院和香港特别行政区高等法院以同样的事实与理由起诉,实际上是在中华人民共和国领域内分别在香港地区与内地法院就同一法律关系和同一法律事实的两次起诉,为避免因起诉的先后顺序不同而引起对同一法律关系和法律事实不同的裁判结果,请求人民法院驳回甲公司的起诉。

【审理】

人民法院经审理认为:丙公司已于2003年11月12日收到本案的应诉通知书及起诉状副本,丙公司的上述申请因已超出民事诉讼法规定的管辖权异议提出期间,不

---

[①] 参见《香港港基公司与香港创恒公司租赁合同纠纷》,载佛山法网://www.fszjfy.gov.cn/program/article.jsp? ID=8027,访问日期:2016年12月10日。

构成管辖权异议。丙公司在被法院告知管辖权异议不成立后,在庭审过程中以相同的事由作为一项答辩意见对人民法院行使本案的管辖权表示其异议。经进行实体审查,甲公司与乙公司在其所签的《租购协议》对争议的解决约定了双方"甘愿受香港特别行政区法院及/或中华人民共和国法院的非专有司法管辖权围制",法院认为,根据当事人的管辖协议约定,内地法院和香港地区法院对该协议引起的商事纠纷均具有司法管辖权,而由于内地与香港属不同法域,且目前内地与香港的法院尚未相互承认两地判决,故即使甲公司在香港法院的诉讼与本案属同一商事纠纷诉讼,也不能影响佛山市中级人民法院对本案的审理,法院对上述答辩意见不予采纳。

**【法理】**

这是一起涉港租赁合同纠纷,本案当事人在管辖权问题上存在较大争议。由于租赁合同双方在合同中约定了该合同项下纠纷的管辖法院——即我国内地和香港地区均具有管辖权,所以在内地法院和香港法院间便产生了管辖权的积极冲突。很明显,原告公司分别在内地和香港提起了同一个诉讼。这时,内地法院是驳回原告起诉还是继续审理案件是一个很大的问题。

我们首先来看一下我国各法域区际民商事管辖权的立法现状。

(一) 内地关于区际民商事案件管辖权的立法现状

2001年12月25日最高人民法院通过的《关于涉外民商事案件诉讼管辖若干问题的规定》第5条正式规定:"涉及香港、澳门特别行政区和台湾地区当事人的民商事纠纷案件的管辖,参照本规定处理。"自此,我国实践中一直将区际民商事案件视为"涉外案件"处理这一约定俗成的做法被正式以司法解释的形式确定下来。2015年最高人民法院《民事诉讼法解释》也做出相同的规定。第551条"人民法院审议涉及香港、澳门特别行政区和台湾地区的民事诉讼案件,可以参照适用涉外民事诉讼程序的特别规定。"

关于我国涉外民事管辖权的相关规定在前面国际民事诉讼一章中已经详细介绍,此不赘述。

(二) 香港特区民事诉讼管辖权的实践作法

由于香港是判例法传统,所以并没有一个具体的成文法来全面规定涉外民事诉讼管辖权,而是由法官在实践中根据先前判例、国际条约等来行使管辖权。

1. 一般管辖。由于香港在历史上曾是英国的租借地,所以英国法对于香港有着极大的影响。与英国一样,香港法院行使管辖权的基本依据是"有效原则"或者"实际控制原则",即法院对案件行使管辖权,必须对其所管辖的案件有实际的支配力,如被告能被传唤到庭、判决能被有效的执行等。

2. 特别管辖。对于无法在香港境内对被告送达传票的诉讼,当原告向香港法院起诉并单方申请许可令请求法院对在香港境外的被告送达传票时,香港法院也可以行使域外(扩大)管辖权。但这种管辖权的行使是由法院自由裁量决定的。

3. 协议管辖。香港法院承认当事人的协议管辖。香港特别行政法律将当事人选择法院的协议分为排他性管辖协议和非排他性管辖协议两种。排他性管辖协议,是指当事人排他性地将案件授予某个国家或地区法院管辖的协议,这种协议具有绝对的效力。非排他性管辖协议则没有这么强的效力,而是由法院根据当事人的举证、案件同所选择法院的关系、选择的合理性等因素自由裁量决定该协议的有效性。由此可见,香港特别行政法律对于当事人协议管辖的规定相对宽泛,形式也比较灵活。

4. 专属管辖。香港并没有关于专属管辖的规定的明确规定,实践中,香港法院对于其境内的不动产物权诉讼行使专属管辖权。

5. 对于管辖权的限制。在解决管辖权冲突的问题上,香港特别行政法律承袭了英国的做法,那就是更合理诉讼地原则,也即"不方便法院原则"。该原则是指,当外国法院是审理特定案件的更合适法院时,即外国法院与案件或者当事人有更为密切及真实联系时,香港法院可以拒绝受理该案或中止自己的诉讼。除此以外,在存在条约或其他义务而不得行使管辖权时,按照香港特别行政法律规定,香港法院就必须放弃管辖权。

(三) 澳门地区民事诉讼管辖权的立法现状

澳门地区关于民事诉讼管辖权的法律规定主要见之于《澳门民事诉讼法典》,有学者认为此法典中关于管辖权的规定既适用于国际民商事案件,也适用于区际民商事案件。

1. 一般地域管辖。《澳门民事诉讼法典》第15条规定了澳门法院可以行使一般管辖权的依据:(1)法律事实发生地原则,即作为诉因之事实或任何组成诉因之事实在澳门作出,澳门法院就享有管辖权。(2)一事两诉原则。如果作为原告的澳门居民在外法域的法院就同一事项被诉,且被告非澳门居民时,只要该被告在其居住地法院提起相同诉讼时,该原告得在当地被起诉。(3)联系地原则。如果不在澳门法院提起诉讼,有关权利将无法实现,且拟提起之诉讼与澳门之间在人或物方面存在有任何应予考虑的连结点。

2. 特殊地域管辖。《澳门民事诉讼法典》第16条列举了澳门法院对12项特殊事项的管辖权。且这些特殊管辖的规定不影响上述一般地域管辖的效力。

3. 专属管辖。根据《澳门民事诉讼法典》,澳门法院对下列诉讼享有专属管辖权:(1)与位于澳门地区以内的不动产物权有关的诉讼;(2)对住所位于澳门地区之内的法人的破产宣告或无清偿能力宣告。

4. 协议管辖。澳门地区关于协议管辖的规定较香港地区严格。主要包括以下条件:(1)协议管辖的事项属于当事人有权处分的权利发生争议;(2)被指定法院所在地的法律承认该指定的效力;(3)该指定符合双方的重大利益,或者符合一方的重大利益且不给另一方造成严重不便;(4)协议管辖事项不属于澳门法院专属管辖事项;(5)协议是书面形式,且在协议中明确指定何地法院有管辖权。

考察澳门地区法律对于民事诉讼管辖权的规定,可以发现在出现管辖权积极冲突时,澳门法院和内地做法相似,即在存在平行诉讼的情况下,均极力主张自己的管辖权,这其实不利于管辖权积极冲突的解决。但是换个角度讲,这一点对于解决管辖权的消极冲突又有着正面的作用。因为它从"实现有关权利"的观念出发,同时参考诉讼与澳门的一定联系因素而主张管辖权,这显然可以缓解当事人投诉无门的矛盾。

(四) 台湾地区民事诉讼管辖权的立法现状

1. 一般管辖。台湾地区法院一般管辖的原则和内地基本一致。即"原告就被告"的原则,且台湾地区法律规定无论被告是当地居民或外国人,只要其在台湾境内有住所、居所或曾有住所,则不管其在外国是否拥有住所或境内有住所,台湾法院一概享有管辖权。当民事案件中的当事人为法人时,通常以国籍、主事务所及主营业地为管辖依据。

2. 特殊管辖。特殊管辖就是指对特定事件的管辖权的规定。特别管辖涉及的案件包括:财产权纠纷、业务纠纷、船舶纠纷、社员资格纠纷、不动产纠纷、契约纠纷、票据纠纷、财产管理纠纷、侵权行为纠纷、海难救助纠纷、登记纠纷和继承纠纷等等。

3. 专属管辖。按照台湾相关法律规定,不动产案件、和解和破产宣告以及人事诉讼均属于专属管辖案件。有关人事诉讼案件的专属管辖规定是台湾民事诉讼法的一大特色。人事诉讼案件主要包括:婚姻案件、亲子关系案件、禁治产案件以及宣告死亡案件。

4. 协议管辖。台湾地区的协议管辖主要有以下规定:(1) 管辖协议必须以书面订立或书面证明;(2) 管辖协议只能在约定初审法院管辖;(3) 协议管辖事项仅限于因一定法律关系产生的争议;(4) 管辖协议不违反专属管辖的规定;(5) 被告若非因为法院无管辖权进行抗辩而出庭进行言辞辩论的,视为应诉答辩。

协调解决我国的区际管辖权冲突,可以借鉴国际管辖权冲突的解决方法,主要从以下几个方向着手。

首先,协商确立一致的专属管辖范围。尊重专属管辖是国际民事诉讼普遍遵循的原则。尽管我国四个法域间关于专属管辖的规定有较大差异,但是还是可以通过区际协议的方法,各法域尽量做出让步,放弃不合理的专属管辖规定,缩小各法域专属管辖的范围,尽量使专属管辖的立法保持一致。这样可以避免各法域间管辖权的积极冲突,使判决得到即时、有效的承认和执行。

其次,确立协议管辖优先原则。目前国际社会普遍承认协议管辖的效力,因为协议管辖可以十分有效地防止管辖权冲突,节约诉讼资源,保证将来判决的顺利承认和执行。我国各法域均已经承认协议管辖的效力,但是关于协议管辖的具体规定却风格迥异。比如,香港地区对于协议管辖限制较少,而澳门和台湾地区则规定较为严格。这就使得协议管辖并不能很好地在我国区际管辖权冲突问题上发挥作用。因此,目前的主要任务是各法域尽量对协议管辖做出明确统一的限制,这样才有利于当事人更好地运用协议管辖规则来确定区际民商事案件的管辖权。

再次,确立"一事不再理"原则。"一事不再理"原则是针对平行诉讼而言的。在区际管辖权问题上,"一事不再理"是指对于外法域已经受理的相同当事人基于相同事实和相同目的的诉讼,后受理法院承认外法域正在进行的诉讼的效力而拒绝或者终止本法域诉讼的制度。此原则对于解决管辖权的积极冲突十分有效,目前国际社会在处理国际管辖权冲突时普遍采用。所以协调我国区际管辖权冲突也可以大胆使用此原则。

最后，有条件地扩大"不方便法院"原则的适用范围。"不方便法院"原则是指有关法院依据法律规定对案件享有管辖权，但是因为其本身审理该案非常不方便或不公平，而主动拒绝其对于案件的管辖权。这是一种积极限制自己管辖权的做法。这个原则对于节约司法资源，便利案件审理，保障判决的顺利执行都有着重要的意义。另外，由于区际管辖权冲突发生在一个国家主权之下，各法域间的对立冲突远不如国际管辖权冲突，各法域之间可以通过协商和合作，有条件地扩大此原则的适用范围。

总之，区际管辖权问题是解决区际民商事案件的首要问题，如何协调好我国各法域间的管辖权冲突是一个重要的课题。各法域之间应该积极协商，努力摸索出一套有效的区际管辖权冲突的解决机制。

## 二、中国区际民事司法互助

民事司法互助是指，在国际民事诉讼中，一国法院应另一国法院的要求，代为进行某些诉讼行为。区际司法互助则是发生在一主权国家领域内各法域之间的司法互助行为。由于区际私法互助不涉及主权因素，所以较国际司法协助来说，有着更为灵活和便利的方式。

### （一）内地与香港之间的区际司法互助

#### 1. 内地与香港之间的文书送达

▶ **典型案例**

【案情】[①]

本案原告刘某是香港居民，住所位于香港湾仔港湾道18号中环广场39楼。两被告分别是广东乙高尔夫球度假俱乐部和甲旅游总公司。1994年4月22日，原告刘某申请加入了"莲花山高尔夫球会"和"莲花山高尔夫球会度假村会所"，成为其会员。1994年5月25日，原告与被告乙高尔夫球度假俱乐部（以下简称乙俱乐部）、甲旅游总公司（以下简称甲公司）签订了一份《莲花山高尔夫球会住所使用合同》，约定由乙俱乐部和甲公司将其所有的莲花山高尔夫球会会员度假村湖景路37号别墅，以使用费港币797,000元的价格，给刘某使用，使用期限为40年；合同还约定了双方的约定违约责任等。同年6月9日，刘某一次性付清住所使用费。

6月24日，两被告通知原告于1995年11月1日（已经迟于合同约定的交房日期）前往办理住所交楼结算手续，同时将住所花园面积增大41.06平方米和每平方米收取使用费500元港币的信息函告原告。原告接到通知后，多次要求对方补偿逾期交付住所期间的利息，但均遭到对方拒绝。双方协商不成，原告于1997年12月19日向番禺市人民法院起诉，请求法院判令两被告支付补偿利息153,729港元。在诉讼中，双方达成协议，被告同意支付153,729港元的利息给原告，但在法院送调解书时原告反悔，

---

① 参见《刘秀花与番禺市高尔夫球度假俱乐部、番禺市旅游总公司租赁合同纠纷案》，广东省广州市中级人民法院，转载自北大法意网 http://www.edu.lawyee.net/，访问日期：2016年5月5日。

变更诉讼请求,要求解除合同关系,两被告返还全部住所使用费 683,240 港元,及从交款时起至退款时止按银行定期利率计息。

**【审理】**

法院经审理认为:这是一起租赁合同纠纷,被告在别墅建好后函告原告办理并将增大住所花园面积通知原告,原告在接到被告通知后,只是要求对方补偿逾期交付住所期间的利息,并没有就房间增加面积提出异议,按照双方合同约定:"被告方有按实际需要变更原设计的权利",可以推定原告对两被告改变住所花园面积是同意的。现原告以两被告擅自改变住所面积违反合同为由,要求终止合同履行,返还全部已交付的使用费 683,240 元及利息,理由不足,不予采纳。因此,法院判决合同继续履行,并且判令被告支付因迟延履行给原告造成损失的补偿金。

原告在一审判决作出后上诉至广州市中级人民法院,广州市中级人民法院经审理认为:原判决认定事实清楚,适用法律正确,处理并无不当。因此判决驳回上诉,维持原判。

**【法理】**

本案起诉时间是 1997 年 12 月 9 日,此时,香港已经回归,所以本案是一起区际民商事案件。但是本案进行初期,也就是 1997 年 12 月至 1998 年 12 月期间,我国内地与香港之间尚没有达成关于文书送达的司法协助协议,此时,关于文书的相互送达由于没有相关法律依据而十分困难。但到了本案审理的后期,由于《关于内地与香港特别行政区法院相互委托送达民商事司法文书的安排》的出台,两地间的司法文书送达渠道重新畅通。所以,本案的审理过程跨越了我国内地与香港间关于文书送达司法协助的两个阶段,是非常有代表性的一个案子。

(1) 内地与香港间文书送达的两个阶段:香港回归之前,内地与香港之间有关司法文书送达的主要依据有 1987 年最高人民法院《关于审理涉港澳经济纠纷案件若干问题的解答》,1991 年《中华人民共和国民事诉讼法》中关于涉外民事诉讼程序的规定,1992 年最高人民法院、外交部、司法部联合发布的《关于执行〈关于向国外送达民事或商事司法文书和司法外文书〉有关程序的通知》和《关于印发〈关于执行海牙送达公约的实施办法〉的通知》以及 1998 年广东省高级人民法院与香港最高法院以换文方式订立的"七点协议"(以下简称"粤港送达协议")。

香港回归之后,内地和香港之间文书送达的局面经历了两个阶段:第一个阶段两地间的文书送达几乎处于停滞期。这是因为一方面香港回归后,香港与内地同处于一个主权统治之下,两地之间就不能再依据国际公约的方式来送达文书,这样有违"一国两制"的基本原则;另一方面香港和内地间尚没有达成相互送达文书的协议,两地之间文书的送达没有法律依据。第二个阶段是在《内地与香港特别行政区送达安排》出台之后,两地间的文书送达渠道重新变得畅通。

(2)《内地与香港特别行政区送达安排》内容:根据《中华人民共和国香港特别行

政区基本法》第 95 条的规定，经过协商，内地与香港特别行政区于 1998 年 12 月 30 日正式签署了《关于内地与香港特别行政区法院相互委托送达民商事司法文书的安排》。这个安排是在双方平等协商的基础上有两地代表分别代表各自法域签订的，充分体现了我国的"一国两制原则"以及特别行政区高度的自治权原则。《安排》主要内容如下：

第一，主管机关。《安排》规定两地互送司法文书均需通过各高级人民法院和香港特区高等法院，内地的最高人民法院可以直接委托香港特区高等法院进行文书送达。也就是说委托送达文书的主管机关在内地是各高级人民法院及最高人民法院，若审理案件的法院是中级人民法院，则按照内地中级人民法院——省高级人民法院——香港特区高等法院的顺序进行文书送达。而在香港可以委托送达文书的主管机关只有香港特区高等法院，也就是凡由香港特区高等法院原讼法庭审理的案件或下级法院审理的需要向内地送达司法文书的，均应由香港高等法院向内地的各高等法院提出委托申请，香港高等法院不可以直接向内地的最高人民法院提出委托申请。

第二，可被送达的文书的范围。依据《安排》规定，可被送达的司法文书仅限于民商事司法文书，不包括刑事司法文书和民商事司法外文书。仅包括：在内地，指起诉状、上诉状副本、授权委托书、传票、判决书、调解书、裁定书、决定书、通知书、证明书、送达回证；在香港特别行政区则包括：起诉状副本、上诉状副本、传票、状词、宣誓、判案书、判决书、裁决书、通知书、法庭命令、送达证明。

第三，送达文书的方式以及费用。《安排》规定了两地相互送达文书需要用委托书的方式提出，委托书中应说明委托机关的名称、受送达人姓名或名称、详细地址及案件的性质，同时加盖委托印章。《安排》还规定正式语言是中文，不仅委托书必须是中文文本，并且香港法院做出的随委托书所附的司法文书如果不是中文文本，也应该提供中文的译本。另外，送达文书产生的费用双方互免，但是由于委托方的特殊要求所产生的费用由委托方承担。

第四，送达文书的期限。《安排》规定受托方应及时完成送达，最晚不得超过收到委托书之日起 2 个月。

第五，送达文书所依据的程序。《安排》规定送达文书的程序依照受托方所在地的法律规定进行。

第六，文书送达后的证明。《安排》对于送达司法文书后的证明程序这样规定：香港特别行政区法院应当出具送达证明书，内地法院应当出具送达回证。证明书和回证上都应当加盖受托方法院印章。

第七，文书送达的异议。《安排》对于被请求方对于请求方申请的异议做出了严格的限制。规定只有在受托方认为委托书与本安排的规定不符合时，才可提出异议，但应及时通知委托方，必要时可以要求委托方补充材料。

第八，文书送达的拒绝。对于送达请求的拒绝，《安排》并没有直接规定，只是规定在受托方无法送达的情况下，应当在送达回证或证明书上注明妨碍送达的原因、拒收事由及日期，并及时退回委托书及所附全部文书。可以说《安排》对于委托的拒绝原则是不允许的，这样规定的主要原因是《安排》是用于处理我国两个不同法域之间的司法协助问题,可以不像国际司法协助那样考虑各国的公共秩序和政策。但是细想一下,虽然不适用或者说尽量避免适用公共秩序保留制度,有利于一国内各法域的融合,但是不可忽视的是由于我国"一国两制"的特殊政策,我国内地和香港间在某些公共政策方面还是存在冲突的。

第九,《安排》最后还规定,对于在本安排的执行过程中所出现的问题,应当通过最高人民法院与香港特别行政区高等法院协商解决。

《关于内地与香港特别行政区法院相互委托送达民商事司法文书的安排》是在香港回归祖国后,内地与香港间达成的第一个区际司法协助协议,具有重要的意义。其不仅为两地提供了正式的制度化的相互送达文书的途径,而且为我国处理区际司法协助问题以及其他区际法律冲突问题提供了模型。

(3) 最高人民法院《关于涉港澳民商事案件司法文书送达问题若干规定》。为规范涉及香港特别行政区、澳门特别行政区民商事案件司法文书送达,根据《中华人民共和国民事诉讼法》的规定,结合审判实践,2009 年 2 月 16 日最高人民法院审判委员会第 1463 次会议通过法释〔2009〕2 号《关于涉港澳民商事案件司法文书送达问题若干规定》(以下简称《送达规定》)。

第一,适用范围:《送达规定》第 1 条规定本规定适用于人民法院审理涉及香港特别行政区、澳门特别行政区的民商事案件时,向住所地在香港特别行政区、澳门特别行政区的受送达人送达司法文书。

第二,送达文书的种类:本规定所称司法文书,是指起诉状副本、上诉状副本、反诉状副本、答辩状副本、传票、判决书、调解书、裁定书、支付令、决定书、通知书、证明书、送达回证等与诉讼相关的文书。

第三,送达途径:① 直接送达:受送达人在内地设立有代表机构的或者在内地设立有分支机构或者业务代办人并授权其接受送达的,人民法院可以向上述机构直接送达。② 留置送达:人民法院向在内地的受送达人或者受送达人的法定代表人、主要负责人、诉讼代理人、代表机构以及有权接受送达的分支机构、业务代办人送达司法文书,可以适用留置送达的方式。③《安排》方式送达:人民法院向在内地没有住所的受送达人送达司法文书,可以按照《最高人民法院关于内地与香港特别行政区法院相互委托送达民商事司法文书的安排》或者《最高人民法院关于内地与澳门特别行政区法院就民商事案件相互委托送达司法文书和调取证据的安排》送达。按照前款规定方式送达的,自内地的高级人民法院或者最高人民法院将有关司法文书递送香港特别行政区高等法院或者澳门特别行政区终审法院之日起满 3 个月,如果未能收到送达与否的证明文件且不存在本规定第 12 条规定情形的,视为不能适用上述安排中规定的方式送达。④ 邮寄送达:人民法院向受送达人送达司法文书,可以邮寄送达。邮寄送达时应附有送达回证。受送达人未在送达回证上签收但在邮件回执上签收的,视为送达,签收日期为送达日期。自邮寄之日起满 3 个月,虽未收到送达与否的证明文件,但存在本规定第 12 条规定情形的,期间届满之日视为送达。自邮寄之日起满 3 个月,如果未能收到送达与否的证明文件,且不存在本规定第 12 条规定情形的,视为未送达。

⑤ 电子送达:人民法院可以通过传真、电子邮件等能够确认收悉的其他适当方式向受送达人送达。⑥ 公告送达:人民法院不能依照本规定上述方式送达的,可以公告送达。公告内容应当在内地和受送达人住所地公开发行的报刊上刊登,自公告之日起满3个月即视为送达。(7) 多种送达途径并重:除公告送达方式外,人民法院可以同时采取多种法定方式向受送达人送达。采取多种方式送达的,应当根据最先实现送达的方式确定送达日期。

第四,视为送达的情形:受送达人未对人民法院送达的司法文书履行签收手续,但存在以下情形之一的,视为送达:① 受送达人向人民法院提及了所送达司法文书的内容;② 受送达人已经按照所送达司法文书的内容履行;③ 其他可以确认已经送达的情形。

第五,送达程序:下级人民法院送达司法文书,根据有关规定需要通过上级人民法院转递的,应当附申请转递函。上级人民法院收到下级人民法院申请转递的司法文书,应当在七个工作日内予以转递。上级人民法院认为下级人民法院申请转递的司法文书不符合有关规定需要补正的,应当在七个工作日内退回申请转递的人民法院。

2. 内地与香港间仲裁裁决的相互承认与执行

在1997年香港回归以前,英国参加了1958年《承认及执行外国仲裁裁决公约》(《纽约公约》),并且该公约也适用于香港,内地也是该公约的成员国。因此,实践中香港与内地间仲裁裁决的承认与执行均依照《纽约公约》来处理。但是随着香港的回归,"一国两制"原则的前提下《纽约公约》无法继续适用,而两地间也没有相关的法律规定,这就在仲裁裁决的承认与执行领域出现了将近两年的法律空白期。在此期间,两地间的仲裁裁决由于得不到及时的执行,给两地间的经贸往来带来极大的不便。在各方面的努力下,以《基本法》为基础,1999年6月最高人民法院和香港特别行政区律政司在深圳签署了《关于内地与香港特别行政区相互执行仲裁裁决的安排》(以下简称《安排》),以司法解释的形式予以公布。该《内地与香港间裁决安排》于2000年2月1日起施行,1997年7月1日后申请执行在内地或者香港特区做出的仲裁裁决的均适用此安排。

▶ 典型案例

【案情】[①]

被告安徽甲公司系海南乙公司的股东。1993年10月25日,海南乙公司总经理张某,利用其持有的安徽甲公司派驻海南乙公司任职人员的相关文件的便利,采取剪取、粘贴、复印、传真等违法手段,盗用安徽甲公司圆形行政公章,以安徽甲公司的名义与香港丙食品有限公司签订买卖合同,合同约定合同纠纷由香港国际仲裁中心仲裁。之后,合同在履行过程中出现争议,丙公司依据此仲裁条款向香港国际仲裁中心提起仲

---

[①] 参见《香港享进粮油食品有限公司申请执行香港国际仲裁中心仲裁裁决》,载最高人民法院民事审判第四庭编:《涉外商事海事审判指导》2004年第1辑,人民法院出版社2009年版,第36页。

裁,安徽甲公司书面向仲裁庭提出抗辩(但未出庭),认为由于张某没有得到安徽甲公司的明确授权,而是采用违法的手段盗用其印章签订合同,且事后张某未告知安徽甲公司,更未得到追认,所以其不是合同的当事人。但香港国际仲裁中心认为安徽甲公司没有充分证据证明其不是合同当事人。故依法对该合同纠纷做出裁决,要求安徽甲公司承担违约责任。1997年12月1日,丙公司依据香港国际仲裁中心做出的仲裁裁决向合肥市中院递交了强制执行申请书。同年12月10日,安徽甲公司向合肥市中院递交不予执行申请书,请求该院对香港国际仲裁中心的裁决裁定不予执行。合肥市中院在接到申请后,就法律适用问题向安徽省高级人民法院请示。其后,安徽省高院又向最高人民法院院请示。最高院答复:"由于目前对香港地区的仲裁裁决尚无法律、法规等方面的规定,因此待有关规定出台后再恢复审查"。2001年1月24日,《关于内地和香港特别行政区相互执行仲裁裁决的安排》出台。同年3月10日,合肥市中院向安徽粮油公司发出执行通知书,限期履行付款义务。4月18日,丙公司再次向合肥市中院递交补充执行申请书。6月7日,安徽甲公司再次向合肥中院递交不予执行申请书。

**【审理】**

法院经审查认为:合同所载事项与实际情况不符,所以该合约对于安徽甲公司没有法律约束力。香港国际仲裁中心仲裁裁决要求安徽甲公司承担违约责任,违反了我国民商事法律的立法精神,违反了民商事活动应当遵循的自愿、公平、等价有偿、诚实信用的基本原则。所以,合肥市中院拟决定不予执行,并按照法律规定将不予执行决定报安徽省高级人民法院审查。安徽省高院维持了合肥市中院的意见,并将此不予执行决定报最高人民法院审查。最高人民法院经审查后认为,依据合同当事人属人法即我国内地相应的法律规定,张某无权代理安徽甲公司签订合同,亦即其不具备以安徽甲公司名义签订合同的行为能力,相应地,其亦不具有以安徽甲公司名义签订合同中仲裁条款的行为能力。由于本案所涉仲裁协议是张某通过欺诈手段签订的,因此,根据本案仲裁地法即香港特别行政区的法律,该仲裁协议也应认定无效。故根据最高人民法院《关于内地与香港特别行政区相互执行仲裁裁决的安排》第7条第1款第(1)项的规定,应不予执行本案仲裁裁决,同意了安徽省高院的处理意见。但最高院同时指出安徽省高院不宜以最高人民法院《关于内地与香港特别行政区相互执行仲裁裁决的安排》第7条第3款的规定,也就是公共秩序保留条款,作为不予执行仲裁裁决的法律依据。

**【法理】**

这个案子完整地呈现了香港回归以后,我国内地和香港特别行政区之间仲裁裁决相互承认与执行的发展过程。在最高人民法院《关于内地与香港特别行政区相互执行仲裁裁决的安排》出台之前,大量的仲裁裁决被积压起来,得不到即时的处理。《内地与香港间裁决安排》出台以后,规定内地或香港特区法院在1997年7月1日以后至《内地与香港间裁决安排》生效之日拒绝受理或者拒绝执行仲裁裁决的案件,允许当事人重新申请。使得这些积压的案子得到了正确处理,重新打通了内地和香港特区之间仲裁裁决相互承认与执行的通道。

《内地与香港间裁决安排》吸收了《纽约公约》中的一些规定,体现了我国"一国两制"的原则和各法域平等的基本思想。

(1)《内地与香港间裁决安排》规定,为了两地间相互承认与执行对方涉外裁决的连续性和稳定性,双方同意"参照国际条约和国际惯例的原则"。内地执行香港裁决时,对于我国在加入《纽约公约》时所作出的商事保留继续适用,而香港执行内地的涉外仲裁裁决,也应包括截至2016年5月内地依据《仲裁法》成立的242家仲裁机构的有关裁决。

(2)管辖法院。依据《内地与香港间裁决安排》规定,内地或者香港特区做出的仲裁裁决,一方当事人不履行仲裁裁决的,另一方当事人可以向被申请人住所地或者财产所在地的有关法院申请执行。① 这里的"有关法院"在香港特区指香港高等法院,在内地指中级人民法院;② 如果被申请人住所地或者财产所在地在内地分属于不同的中级人民法院的管辖范围,则申请人可以选择其中的一个人民法院申请执行裁决,不得分别向两个或者两个以上的人民法院提出申请;③ 被申请人的住所地或者财产所在地既在内地又在香港特区的,申请人不得同时分别向两地有关法院提出申请,只有在一地法院执行不足偿还其债务时,才可就不足部分向另一地法院申请执行,两地法院先后执行仲裁裁决的总额,不得超过裁决数额。

(3)申请执行仲裁裁决所应提交的材料。按照《内地与香港间裁决安排》的规定,申请人向有关法院执行在香港或者内地做出的仲裁裁决,应当提交以下材料:① 执行申请书;② 仲裁协议;③ 仲裁裁决书。

(4)对仲裁裁决的审查。按《内地与香港间裁决安排》规定,一方当事人向有关法院申请执行内地或者香港做出的仲裁裁决,另一方当事人提出证据证明该仲裁裁决具有法律规定的事由,如果审查核实,则有关法院裁定不予执行该仲裁裁决。这些导致仲裁裁决不予执行的情形包括:① 仲裁协议无效或者不存在仲裁协议;② 当事人未接到指定仲裁员的合理通知或者因为其他原因而未能陈述意见;③ 裁决事项超过仲裁协议的范围,超出范围的部分不予执行;④ 仲裁庭的组成或者仲裁程序不符合当事人约定或者法律规定;⑤ 裁决尚未生效或者裁决已被依法撤销或停止执行。另外,《内地与香港间裁决安排》还规定,依据执行地法律,争议事项不能以仲裁解决的,则可不予执行该裁决。由以上内容可看出,我国区际间相互执行仲裁裁决不同于国际间仲裁裁决的相互承认与执行,不仅仅审查裁决作出的程序事项,还对裁决事项的可仲裁性进行审查。

(5)关于公共秩序保留制度的规定。《内地与香港间裁决安排》规定香港或者内地法院在执行对方地区所作出的仲裁裁决时,如果认定该裁决的执行违反法院地的公共利益或秩序,则可以以此为理由不予执行该仲裁裁决。

(6)执行费用问题。《内地与香港间裁决安排》规定执行费用按照被申请执行地有关诉讼费用的办法交纳。

(7)《内地与香港间裁决安排》还对1997年7月1日至此《安排》生效之日的裁决申请的处理做出了规定。规定1997年7月1日至本《安排》生效之日因故未能向内地或香港特区法院申请执行仲裁裁决的,申请人为法人或者其他组织的,可以在安排生效后6个月内提出,申请人为自然人的,可以在《内地与香港间裁决安排》生效后的1年内提出。对于内地或香港特区法院在1997年7月1日以后至《内地与香港间裁决安排》生效之日拒绝受理或者拒绝执行仲裁裁决的案件,应当允许当事人重新申请。

3. 内地与香港特别行政区民商事判决的相互承认与执行

香港回归以前,内地与香港间在相互承认和执行对方判决方面是一个空白。但是民商事判决的认可和执行问题作为内地与香港特区司法协助领域的重要组成部分,受到了两地法律界的高度关注。香港回归以后,最高人民法院和香港特区政府根据香港《基本法》的规定,自2002年7月25日以来进行了多次会谈,最终双方于2007年7月14日签署了《关于内地与香港特别行政区法院相互认可和执行当事人协议管辖的民商事案件判决的安排》(以下简称《内地与香港间判决安排》)。这一《安排》为两地间判决的相互认可与执行开创了新局面。但是这一《安排》可以说仅仅是两地法院间判决相互认可与执行的一个初步尝试,因为其在很多方面进行了限制。

(1) 适用范围。《内地与香港间判决安排》明确规定可以在内地及香港特区得到承认和执行的判决仅限于内地人民法院和香港特别行政区法院在具有书面管辖协议的民商事案件中作出的须支付款项的具有执行力的终审判决。这一规定包括以下两个要点:① 判决涉及的合同必须是当事人之间的民商事合同,而不包括雇佣合同以及自然人因个人消费、家庭事宜或者其他非商业目的而作为协议一方的合同;② 必须存在明确约定内地人民法院或者香港特别行政区法院具有唯一管辖权的书面协议,且该管辖权协议条款具有独立的法律效力。

(2) 管辖法院。依据《内地与香港间判决安排》,申请认可和执行符合此安排规定的民商事判决,在内地应向被申请人住所地、经常居住地或者财产所在地的中级人民法院提出,在香港特别行政区向香港特别行政区高等法院提出。

(3) 同时申请执行的问题。此安排中规定了两种情况下的申请执行。① 同时向内地不同的中级人民法院申请的情况。《内地与香港间判决安排》不允许此种情况下的同时申请,申请人应当选择向其中一个人民法院提出认可和执行的申请。② 同时向内地和香港法院申请的情况。对于这种情况,《安排》出于保护申请人的目的,表现出较为宽松的态度。即如果被申请人的住所地、经常居住地或者财产所在地,既在内地又在香港特别行政区的,申请人可以同时分别向两地法院提出申请,两地法院分别执行判决的总额,不得超过判决确定的数额。已经部分或者全部执行判决的法院应当根据对方法院的要求提供已执行判决的情况。

(4) 不予认可和执行的情形以及对申请人的救济。《内地与香港间判决安排》明确规定了哪些情形下法院可以拒绝承认和执行有关判决。具体情形如下:① 根据当事人协议选择的原审法院地的法律,管辖协议属于无效,但选择法院已经判定该管辖协议为有效的除外;② 判决已获完全履行;③ 根据执行地的法律,执行地法院对该案享有专属管辖权;④ 根据原审法院地的法律,未曾出庭的败诉一方当事人未经合法传唤或者虽经合法传唤但未获依法律规定的答辩时间。但原审法院根据其法律或者有关规定公告送达的,不属于上述情形;⑤ 判决是以欺诈方法取得的;⑥ 执行地法院就相同诉讼请求作出判决,或者外国、境外地区法院就相同诉讼请求作出判决,或者有关仲裁机构作出仲裁裁决,已经为执行地法院所认可或者执行的。

《内地与香港间判决安排》还规定在法院受理当事人申请认可和执行判决期间以及已获认可和执行的判决,当事人依相同事实再行提起诉讼的,法院不予受理。但是如果法院依《内地与香港间判决安排》规定的不予认可和执行的情形裁定不予认可和执有关判决的,申请人不得再行提起认可和执行的申请,但是可以按照执行地的法律依相同案件事实向执行地法院提起诉讼。

此外,《内地与香港间判决安排》还规定了法院裁定不予认可和执行有关判决时申请人的救济措施,即当事人对认可和执行与否的裁定不服的,在内地可以向上一级人民法院申请复议,在香港特别行政区可以根据其法律规定提出上诉。

(5)公共秩序保留制度。安排明确规定了公共秩序保留制度。内地人民法院认为在内地执行香港特别行政区法院判决违反内地社会公共利益,或者香港特别行政区法院认为在香港特别行政区执行内地人民法院判决违反香港特别行政区公共政策的,可以不予认可和执行。

(6)关于终局判决的特别规定。由于香港属于普通法系,内地为大陆法系,为了符合普通法中关于终局判决的规定,《内地与香港间判决安排》还作了以下特别规定。① 对于香港特别行政区法院作出的判决,判决确定的债务人已经提出上诉,或者上诉程序尚未完结的,内地人民法院审查核实后,可以中止认可和执行程序。经上诉,维持全部或者部分原判决的,恢复认可和执行程序;完全改变原判决的,终止认可和执行程序。② 内地地方人民法院就已经作出的判决按照审判监督程序作出提审裁定,或者最高人民法院作出提起再审裁定的,香港特别行政区法院审查核实后,可以中止认可和执行程序。再审判决维持全部或者部分原判决的,恢复认可和执行程序;再审判决完全改变原判决的,终止认可和执行程序。

除了上述规定以外,《内地与香港间判决安排》还规定了申请人申请时需要提交的材料、认可和执行判决所适用的法律、申请认可和执行判决的期间等等。总之,《内地与香港间判决安排》为两地间判决的相互认可和执行设立了新机制,使内地和香港特区法院的判决,能在两地简易地相互执行,使债权人无须花费大量时间和金钱在债务人资产所在地再进行诉讼。新安排标志着两地司法向更紧密协助关系迈进,相互协助的范围,从民商事文书送达、仲裁裁决执行方面向更高层次、更广泛的领域扩展,这对保护两地当事人合法权益,维护两地司法的权威,促进内地、香港经济发展和保持香港长期繁荣稳定,都将产生积极影响。但是还必须注意,两地应该继续研究扩大双方认可和执行判决的范围,以进一步推动两法域间的融合和交流。

(二)内地与澳门间的司法互助

1. 内地与澳门地区间的文书送达和取证途径

1999年12月20日澳门回归以后,依据《澳门特别行政区基本法》的有关规定,最高人民法院和澳门特别行政区代表经协商,就内地与澳门特别行政区法院就民商事案件相互委托送达诉讼文书和调查取证问题达成一致,签订了最高人民法院《关于内地与澳门特别行政区就民商事案件相互委托送达司法文书和调取证据的安排》(《内地与澳门间取证安排》)。该安排在内地于2001年8月7日由最高人民法院以司法解释的形式发布。

《内地与澳门间取证安排》集取证和文书送达于一体,是内地与澳门间的第一个区际司法协助协议,开创了我国区际间互相协助调查取证的先例,对于我国的区际协助具有十分重要的作用。

(1)《内地与澳门间取证安排》与《内地与香港间文书送达的安排》在文书送达方面的异同。《内地与澳门间取证安排》中关于文书送达的内容主要借鉴了1958年《纽约公约》,与《内地与香港间文书送达的安排》的基本内容是一致的,只是在以下两个方面有所不同:

第一,主管机关上的不同。根据《内地与香港间文书送达的安排》,内地与香港间互送司法文书均需通过各高级人民法院和香港特区高等法院,内地的最高人民法院可以直接委托香港特区高等法院进行文书送达。而根据《内地与澳门间取证安排》,内地与澳门间相互委托送达司法文书均需通过各高级人民法院和澳门特区终审法院进行,内地最高人民法院与澳门特区终审法院可以直接相互委托送达文书。也就是说澳门特区终审法院和内地最高人民法院间的委托送达是相互的,而香港特区高等法院和内地最高人民法院间的委托送达却是单向的,即只有内地最高人民法院可以委托香港特区高等法院来送达文书。

第二,对于委托请求的拒绝。《内地与香港间文书送达的安排》并没有对文书送达的拒绝做出直接规定,而《内地与澳门间取证安排》却在第8条明确规定了拒绝委托请求的条件:包括受委托事项不属于法院职责范围之内以及受委托事项违反受委托法院所在地的公共政策。另外,《内地与澳门间取证安排》还特别规定受委托法院收到委托书后,不得以其本辖区法律规定对委托方法院审理的民商事案件享有专属管辖权或不承认对该请求事项提起诉讼的权利为由,不予执行受托事项。《内地与澳门间取证安排》在这方面的规定就比《内地与香港间文书送达的安排》前进了一步,在条款中明确规定了公共秩序保留制度,正面回应了公共秩序保留制度在区际私法问题中的尴尬局面,具有很重要的意义。但是区际问题毕竟处于一国之内,公共秩序保留制度的范围还是要严格限制,尽量避免其对一国内各法域间的沟通和交往造成阻碍。

(2)《内地与澳门间取证安排》中关于内地与澳门特区间协助调查取证的规定。《内地与澳门间取证安排》较好地借鉴了1970年《海牙民商事案件国外调取证据公约》的规定,主要包括如下一些内容。

第一,取证途径和主管机关。《内地与澳门间取证安排》在相互取证的途径上采取了法院直接委托的方式，同时借鉴了《海牙取证公约》中的"特派员取证"方式。即原则上内地和澳门间相互协助调查取证采取法院直接委托的方式，那就是委托均通过内地各高级人民法院和澳门特区终审法院进行，内地最高人民法院和特区终审法院之间可以相互委托调查取证。例外地根据委托方法院的请求，受托方法院可以允许委托方法院的司法人员赴受托方法院辖区内调查取证，必要时该司法人员可以向证人、鉴定人等发问。

第二，证据的范围。依据《内地与澳门间取证安排》规定，内地和澳门特区间可以相互委托调取的证据仅限于与民商事诉讼有关的证据，另外，《安排》还规定双方代为调取证据的范围包括：代为询问当事人、证人和鉴定人，代为进行鉴定和司法勘验，调取其他与诉讼有关的证据。

第三，受托方的通知义务。受托方应当依据委托方的请求，将取证的时间、地点通知委托方法院，以便有关当事人及其诉讼代理人能够出席。如果当事人、证人根据受委托方的法律规定，拒绝作证或推辞提供证言时，受委托方法院应当以书面通知委托方法院，并退回委托书及所附全部文件。

第四，受托方的说明义务。受托方法院完成委托调取证据的事项后，应当向委托法院书面说明。如果未能按照委托方法院的请求全部或者部分完成调取证据事项，受委托方法院应当向委托方法院书面说明妨碍调取证据的原因，并及时退回委托书。

第五，关于证人、鉴定人出庭作证的规定。根据《内地与澳门间取证安排》规定，根据委托方的请求，并且经过证人、鉴定人的同意，受托方法院可以安排其辖区内的证人、鉴定人到委托方法院辖区内出庭作证。同时，《内地与澳门特别行政区取证安排》还规定这些证人、鉴定人在委托地区逗留的合理期间内，其人身、财产应得到有效保护。也就是在证人、鉴定人完成所需诉讼行为且可自由离开委托方地域后7天内，不得因在其离开委托方地域之前，在委托方境内所实施的行为或针对他所做的裁决而被刑事起诉、羁押，或者为履行刑罚或者其他处罚而被剥夺财产或者扣留身份证件，或者以任何方式对其人身自由加以限制。以上豁免在证人、鉴定人离开委托方地域又自行返回的情况下不成立。

第六，期限。《内地与澳门间取证安排》规定，受托方法院完成调查取证的期限，最迟不得超过自收到委托书之日起3个月。

第七，此外，《内地与澳门间取证安排》中关于委托调查取证的费用、异议以及拒绝方面的规定和两地间文书送达的规定基本一致，此处不再赘述。

2. 内地与澳门地区间民事判决的相互承认与执行

澳门回归祖国后，两地经贸关系不断加强，涉及两地的诉讼案件以及需要对方执行的判决不断增加。2004年11月时任最高人民法院院长肖扬考察访问澳门期间，双方正式确定协商签订一份关于内地和澳门特区间民商事判决的承认和执行的协议。之后，两地代表于2005年下半年分别在澳门和珠海进行了两次正式磋商。期间经过各自进行研究论证、征求相关部门意见，以及多次交换书面修订文本和电话沟通。最终，《内地与澳门特别行政区关于相互认可和执行民商事判决的安排》（以下简称《内地与澳门间判决安排》)于 2006 年 2 月 28 日在澳门签署,并自 2006 年 4 月 1 日起生效。《内地与澳门间判决安排》的签署是两地本着相互尊重、平等协商、积极探索、务求实效的原则,通过多次磋商、沟通,在充分交流、相互体谅的基础上实现的。《内地与澳门间判决安排》的签署,是一国两制下内地与澳门特区之间在民商事司法协助领域,继 2001 年 8 月《关于相互委托送达司法文书和调取证据的安排》达成之后,又一次成功的实践。《内地与澳门间判决安排》在以下几个方面作了规定。

(1) 适用范围。《内地与澳门间判决安排》适用于内地和澳门特区民商事案件判决的相互认可和执行,此处的民商事案件在内地还包括劳动争议案件,在澳门特区包括劳动民事案件。另外,《安排》还适用于刑事案件中有关民事损害赔偿的判决、裁定,但是不适用于行政案件。

依据《内地与澳门间判决安排》规定,判决所涵盖的文书在内地包括判决、裁定、决定、调解书、支付令;在澳门特别行政区包括裁判、判决、确认和解的裁定、法官的决定或者批示。

(2) 管辖法院。按照《内地与澳门间判决安排》规定,内地有权受理认可和执行判决申请的法院为被申请人住所地、经常居住地或者财产所在地的中级人民法院。两个或者两个以上中级人民法院均有管辖权的,申请人应当选择向其中一个中级人民法院提出申请。澳门特别行政区有权受理认可判决申请的法院为中级法院,有权执行的法院为初级法院。

(3) 同时在两地申请执行的问题。按照《内地与澳门间判决安排》的规定,内地与澳门特区间判决的相互承认与执行,不同于内地与香港间仲裁裁决的相互承认与执行。《内地与澳门间判决安排》允许当事人同时在内地和澳门特区提起执行申请。但是对于这种同时提出的申请,《安排》做了严格限制。即被申请人在内地和澳门特别行政区均有可供执行财产的,申请人可以向一地法院提出执行申请。申请人向一地法院提出执行申请的同时,可以向另一地法院申请查封、扣押或者冻结被执行人的财产。待一地法院执行完毕后,可以根据该地法院出具的执行情况证明,就不足部分向另一地法院申请采取处分财产的执行措施。两地法院执行财产的总额,不得超过依据判决和法律规定所确定的数额。

(4) 认可判决的程序。按照《内地与澳门间判决安排》的规定,判决的认可和执行适用被请求方的法律。认可判决的程序主要包括以下几点。

第一,当事人提出执行申请。当事人应当首先向管辖法院提交申请书。申请书应当用中文制作,所附司法文书及其相关文件未用中文制作的,应当提供中文译本。其中法院判决书未用中文制作的,应当提供由法院出具的中文译本。申请书应该按照《内地与澳门间判决安排》规定载明应记载的事项,这些事项主要包括被申请人的情况、判决书的内容、请求执行判决的理由等等。

《内地与澳门间判决安排》还规定,申请书应当附生效判决书副本,或者经作出生效判决的法院盖章的证明书,并且除了被请求方法院认为已充分了解有关事项外,申请书应当同时附作出生效判决的法院或者有权限机构出具的证明下列事项的相关文件：① 传唤属依法作出,但判决书已经证明的除外；② 无诉讼行为能力人依法得到代理,但判决书已经证明的除外；③ 根据判决作出地的法律,判决已经送达当事人,并已生效；④ 申请人为法人的,应当提供法人营业执照副本或者法人登记证明书；⑤ 判决作出地法院发出的执行情况证明。

另外,被请求方法院对当事人提供的判决书的真实性有疑问时,可以请求作出生效判决的法院予以确认。

第二,被申请人答辩。法院收到申请人请求认可和执行判决的申请后,应当将申请书送达被申请人。被申请人有权提出答辩。

第三,法院做出裁定。法院经过审查,认为被请求执行的判决不具有《内地与澳门间判决安排》规定的不予认可的情形的,可做出认可的裁定,并及时送达。被请求方法院不能对判决所确认的所有请求予以认可和执行时,可以认可和执行其中的部分请求。

当事人对认可与否的裁定不服的,在内地可以向上一级人民法院提请复议,在澳门特别行政区可以根据其法律规定提起上诉;对执行中作出的裁定不服的,可以根据被请求方法律的规定,向上级法院寻求救济。

经裁定予以认可的判决,与被请求方法院的判决具有同等效力。判决有给付内容的,当事人可以向该方有管辖权的法院申请执行。

(5) 不予认可的情形。按照《内地与澳门间判决安排》规定,被请求方法院经审查核实判决存在下列情形之一的,裁定不予认可：① 根据被请求方的法律,判决所确认的事项属被请求方法院专属管辖；② 在被请求方法院已存在相同诉讼,该诉讼先于待认可判决的诉讼提起,且被请求方法院具有管辖权；③ 被请求方法院已认可或者执行被请求方法院以外的法院或仲裁机构就相同诉讼作出的判决或仲裁裁决；④ 根据判决作出地的法律规定,败诉的当事人未得到合法传唤,或者无诉讼行为能力人未依法得到代理；⑤ 根据判决作出地的法律规定,申请认可和执行的判决尚未发生法律效力,或者因再审被裁定中止执行；⑥ 在内地认可和执行判决将违反内地法律的基本原则或者社会公共利益,在澳门特别行政区认可和执行判决将违反澳门特别行政区法律的基本原则或者公共秩序。判决被裁定不予认可后申请人不可再行就该判决提出认可和执行申请。但是这里有一个例外,那就是按照第⑤项原因未被认可的判决在该情形消失后,申请人仍然可以再行提起认可和执行的申请。

(6) 另行诉讼的问题。《内地与澳门间判决安排》规定,在被请求方法院受理认可和执行判决的申请期间,或者判决已获认可和执行,当事人再行提起相同诉讼的,被请求方法院不予受理。这项规定还有一个例外,那就是若判决因为上述不予认可情形中的第①④⑥项原因而未被被请求方法院予以认可,并且根据被请求法院地的法律,被请求方法院对于案件有管辖权的,那么申请人可以就相同案件事实向当地法院另行起诉。

(7) 除了以上内容以外,《内地与澳门间判决安排》对于法院受理认可和执行请求期间的财产保全问题、公共机构文书的免除认证、诉讼费用及其减免等问题都做出了详细规定。

我们知道,澳门回归以后至《内地与澳门间判决安排》生效之前还积压了大量的民商事判决没有得到及时处理,对于这些案件的处理问题,《内地与澳门间判决安排》也做出了规定,即《安排》生效前已经提出的认可和执行请求不适用《内地与澳门间判决安排》,但两地法院自1999年12月20日以后至《内地与澳门间判决安排》生效前作出的判决,当事人未向对方法院申请认可和执行,或者对方法院拒绝受理的,当事人仍可以于《安排》生效后提出申请。澳门特别行政区法院在上述期间内作出的判决,当事人向内地人民法院申请认可和执行的期限,自《内地与澳门间判决安排》生效之日起重新计算。

3. 内地与澳门间仲裁裁决的相互承认与执行

2007年7月14日,香港特区与内地间达成了《内地与香港间判决安排》。至此,内地与香港特区间的司法协助体系已基本完整。但是内地与澳门间的司法协助体系还缺少一个重要的组成部门,那就是两地间仲裁裁决的相互承认与执行。此外,随着内地与澳门特别行政区经济、贸易交往不断加强,两地互涉仲裁案件,特别是内地涉澳仲裁案件随之增多。为使两地法院相互认可和执行仲裁裁决具有明确的法律依据,最高法院与澳门特别行政区于2007年10月31日签署了《关于内地与澳门特别行政区相互认可和执行仲裁裁决的安排》(以下简称《内地与澳门间裁决安排》),使两地间相互认可和执行仲裁裁决的程序更加简便易行。

(1) 适用范围。依据《内地与澳门间裁决安排》,可以在两地法院得到承认与执行的仲裁裁决仅指民商事仲裁裁决,而不包括劳动仲裁和行政仲裁。此外,在澳门特区作出的临时仲裁裁决也可以在内地法院得到承认与执行。

(2) 管辖法院。《内地与澳门间裁决安排》对于认可的管辖法院和执行的管辖法院作了区分。在澳门,对于认可仲裁裁决的申请,由澳门中级法院处理,但是认可后仲裁裁决的执行,一般则由具有管辖权的澳门初级法院处理。而在内地,虽然认可和执行的申请均由中级人民法院处理,但是由于内地地域辽阔,中级人民法院较多,因此,具体行使管辖权的中级人民法院应当根据申请执行的债务人的住所地、经常居住地或者财产所在地来确定。

(3) 同时申请问题。《内地与澳门间裁决安排》允许当事人分别向两地法院提出执行仲裁裁决的申请,要求两地法院要依法进行审查,对于认可该裁决的,要依法采取查封、扣押或者冻结被执行人财产的执行措施。为了防止两地法院执行程序的重复,从而造成司法资源的浪费,《内地与澳门间裁决安排》还规定,仲裁地法院应当先进行执行清偿。另一地法院在收到仲裁地法院关于经执行债权未获清偿情况的证明后,可以对申请人未获清偿的部分进行执行清偿。两地法院执行财产的总额,不得超过依据裁决和法律规定所确定的数额。《安排》的这一规定,使两地承认和执行机制对债权的保护更趋合理和完善。

(4) 不予执行的情形。《内地与澳门间裁决安排》参照《内地与香港间裁决安排》和《纽约公约》,规定了6种不予执行的情形:① 仲裁协议无效或者不存在仲裁协议;② 当事人未接到指定仲裁员的合理通知或者因为其他原因而未能陈述意见;③ 裁决事项超过仲裁协议的范围,超出范围的部分不予执行;④ 仲裁庭的组成或者仲裁程序不符合当事人约定或者法律规定;⑤ 裁决对当事人尚无约束力,或者已经仲裁地的法院撤销或者拒绝执行的;⑥ 执行地法院认定,依执行地法律,争议事项不能以仲裁方式解决的。

(5)公共秩序保留制度。《内地与澳门间裁决安排》明确规定执行地法院依据公共秩序保留制度可以拒绝认可或执行仲裁裁决。

(6)溯及力问题。关于溯及力问题,《安排》是这样规定的:对于内地裁决在澳门的认可和执行,因为在《内地与澳门间裁决安排》出台以前,澳门特区可以依据澳门法律认可和执行内地仲裁裁决,所以对于澳门特区法院已经受理申请认可和执行内地仲裁裁决的案件,可以继续按照澳门特区的有关法律规定审查处理,不必再重新适用《内地与澳门间裁决安排》进行审查。而1999年12月20日澳门回归以后至安排实施前这一段时间作出的仲裁裁决在内地的认可和执行,都可以根据《内地与澳门间裁决安排》进行。并且此《安排》还规定这类案件申请认可和执行的期限自本《安排》实施之日起计算。

总之,《内地与澳门间裁决安排》的出台弥补了内地与澳门特区间司法协助制度中的一大缺憾,标志着我国的区际司法协助制度已经初具模型。

(三)大陆地区关于涉台的法律适用与司法协助的规定

2009年4月26日海协会和海基会签署《海峡两岸共同打击犯罪及司法互助协议》(以下简称《互助协议》)。这是两岸首次在司法领域签署共同打击犯罪及司法互助的协议,体现了两岸司法交流合作从无到有,从窄到宽,从个案到常态的历史进程。尽管《互助协议》主要是关于两岸在刑事领域的司法互助,但是对于两岸以往在民事司法互助中的问题进行了关注,并在送达义务的确定、证据免证待遇以及裁判认可与执行的原则等方面取得了突破,对两岸民事司法互助制度的确认与完善起了极其重要的作用。

1.关于法律适用

最高人民法院《关于审理涉台民商事案件法律适用问题的规定》(以下简称《规定》)已于2011年1月1日实施,针对近年来两岸全面直接双向"三通"的实现,海峡两岸经贸交流、人员往来日益频繁,涉台婚姻、继承、经贸投资等民商事纠纷越来越多,案件涉及的法律和审判规范也越来越复杂的现状,该《规定》用3条内容解决人民法院审理各类涉台民商事案件的法律适用问题,同时对台湾地区当事人的民事诉讼法律地位也作出了明确规定。《规定》第1条规定,人民法院审理涉台民商事案件,应当适用法律和司法解释的有关规定。根据法律和司法解释中选择适用法律的规则,确定适用台湾地区民事法律的,人民法院予以适用。第2条规定,台湾地区当事人在人民法院参与民事诉讼,与大陆当事人有同等的诉讼权利和义务,其合法权益受法律平等保护。最高人民法院有关负责人表示,台湾同胞在诉讼中当然具有与大陆当事人同等的诉讼权利和义务。司法实践中,人民法院也一贯坚持平等保护包括台湾同胞在内的各方当事人的诉讼权利。同时,第3条规定,根据本规定确定适用有关法律违反国家法律的基本原则或者社会公共利益的,不予适用。

▶ **典型案例**

**【案情】**①

被继承人王某是台湾地区居民,王某有兄弟姐妹四人,姐姐王一某于1983年春季去世,生育子女四名;哥哥王二某于1992年月去世,生育子女5名,分别为明某、芳某、珍某、陆某、荣某;弟弟王三某于1997年4月去世,生育子女四名,分别为山某、芳某、合某、平某。1948年王某随国民党军去台湾,在台湾地区居住期间,未婚,未领养子女。1995年1月,王某在台湾地区患高血压导致中风,其弟王三某与儿子平某去台湾省,于1996年1月将王某接到潢川县魏岗乡居住。王某与王三某口头协商,王某由其侄子轮流护理。王某来潢川后,大小便不能自理,卧床不起,神志不清。1996年8月20日被继承人王某去世,其留在台湾地区的遗产共计新台币398万元,约合人民币70万元,后经人交给王某的弟弟王三某。

1996年3月13日王某立有公证遗嘱,其公证遗嘱的内容为:王某在台湾地区台南县玉井乡玉井村的房屋一间,遗留给王三某处理,其在台南储蓄所存款在其死后全部遗留给王三某。1996年王泽民收养王三某的小儿子平某为其养子。王某在立遗嘱以及签订收养协议时,神志不清尚没有得到恢复,不具备行使上述民事法律行为的能力。且形式要件并不完备,该遗嘱没有代书人、见证人以及遗嘱人的签名,遗嘱公证书没有向立遗嘱人送达。而收养协议没有向潢川县民政局登记。

王某姐姐王一某生前生育的4子女,在诉讼前均已经书面表示放弃对被继承人王某遗产继承权。而王某哥哥王二某的5个子女将王三某的妻子廖某及其子女告上法庭。

潢川县人民法院受理了案件,法院审理认为,被继承人王某死亡时,无第一顺序继承人,第二顺序继承人亦在王某死亡前后相继去世,故王某遗产应由王三某的代位继承人和继承人王三某的转继承人依法继承。该一审判决作出后,王三某的妻子及子女以王二某系旁系血亲,不存在代位继承为由,向河南省信阳市中级人民法院提起上诉,请求法院驳回上诉人的诉讼请求。

**【审理】**

法院经审理查明,潢川县人民法院所查案件事实属实。王某死亡时,无第一顺序继承人,仅有第二顺序继承人王三某,王三某去世以后,王某的遗产应由王三某的继承人廖某、山某、芳某、合某、平某依法继承。被上诉人王二某之子女不是王某的晚辈直系血亲,故不能代位继承。被继承人以王某合法继承人身份向原审法院起诉请求继承王某遗产于法无据,不予支持,上诉人上诉理由成立,本院予以支持。原审判决适用法律不当,应当予以纠正。依法判决撤销潢川县人民法院(2000)潢民初字第2号民事判

---

① 参见《台湾地区居民王泽民遗产继承案》,载《人民法院裁判文书选》(河南2000年卷),法律出版社2001年版,第220—222页。

决;驳回陆某、芳某、珍某、荣某的诉讼请求。

**【法理】**

该案的争议虽然发生在大陆地区居民之间,但本案并不必然适用大陆地区的法律。判案法院没有过多地考虑由于是涉台案件而应该予以考虑的法律适用问题。该案的判决书中没有体现出冲突规范的适用。

依照 2011 年《法律适用法》第 31 条规定:"法定继承,适用被继承人死亡时经常居所地法律,但不动产法定继承,适用不动产所在地法律。"以及 2011 年 1 月 1 日最高人民法院《关于审理涉台民商事案件法律适用问题的规定》(以下简称《规定》),王某由其弟弟王三某和侄子平某去台湾地区接到河南省潢川县魏岗乡居住的时间是 1996 年 1 月 31 日,王某在大陆地区死亡的时间是 1996 年 8 月 20 日,王某在内地居住的时间不足一年,而且王某在内地居住时有一段时间是在医院里,因此认定王某死亡时的住所地在台湾地区,根据 2011 年《法律适用法》第 31 条的规定,王某遗产继承案的准据法是台湾地区法律,而不是大陆地区法律。

**2. 关于诉讼文书的送达与调取证据**

在两会签署《互助协议》后,两岸司法互助进入制度化、规范化的运作,最高人民法院为此于 2011 年 6 月 25 日发布了《关于人民法院办理海峡两岸送达文书和调查取证司法互助案件的规定》(以下简称《规定》)及其配套文件《人民法院办理海峡两岸司法互助案件文书样式(试行)》(以下简称《文书式样》),一并于 2011 年 6 月 25 日《互助协议》生效两周年之际起施行。《规定》指出人民法院办理海峡两岸民事、刑事、行政诉讼案件中的送达文书和调查取证司法互助业务应当遵循一个中国原则,遵守国家法律的基本原则,不得违反社会公共利益,共分为 5 章 30 条。《文书样式》为 24 种。《规定》将《互助协议》的有关内容以司法解释的形式加以转化,进一步提升了《互助协议》的操作性,为人民法院办理海峡两岸司法互助案件提供了更加明确具体的法律依据。

(1) 基本原则。《规定》第 2 条第 1 款规定,人民法院应当在法定职权范围内办理海峡两岸司法互助业务。所谓"法定职权范围内",结合《规定》的相关条文,一是指人民法院对自身办理的案件向台湾地区请求协助,二是指人民法院对台湾地区法院办理的案件提供协助,三是指人民法院为台湾地区提供协助时要符合国家有关法律特别是诉讼法的规定。

(2) 联络窗口。《规定》在《互助协议》确定的以最高人民法院为对台联络的一级窗口基础上,以最高人民法院授权各高级人民法院的方式,就办理送达文书司法互助案件开通了对台联络的二级窗口。自 2011 年 6 月 25 日起,送达文书司法互助案件的办理工作将由各高级人民法院负责审查转送,不再通过最高人民法院进行,这等于在大陆方面减少了一道工作程序,可以有效提高涉台司法互助工作效率。今后,经最高人民法院授权的各高级人民法院联络人可以就送达文书司法互助案件的具体办理与台湾地区联络人直接联系。对于调查取证司法互助案件,因其比较复杂且数量不是很大,仍须通过最高人民法院审查转送和对台联络。

(3) 时效性。《互助协议》对送达文书司法互助规定了 3 个月的时限,对调查取证未规定时限。但我们起草《规定》的基本考虑之一就是要切实提高司法互助效率。为此,就协助台湾地区送达文书和调查取证,《规定》对具体办理法院分别明确规定了 2 个月和 3 个月的最长办理时限,而且分别要求一般应当在 15 日和 1 个月内完成,这等于是我们主动提出并提高了办理时限要求。同时,《规定》参照过去一些司法解释对人民法院办理司法协助案件转递时限的要求,对人民法院办理涉台司法互助的审查、转送等工作时限也统一规定为 7 个工作日;对于立案期限,则规定为 5 个工作日。这些时限要求,充分体现了人民法院切实落实《互助协议》有关尽最大努力及时向对方提供协助的精神。

(4) 规范性。《规定》对各级人民法院办理涉台送达文书和调查取证司法互助案件的职责分工、具体办理程序、审查转递时限和相关保障措施等进行了全面规范。尤其是,考虑到涉台司法互助工作具有高度的专业性和办理程序的特殊性,不能简单套用办理一般案件的文书格式,我们在起草《规定》的同时,根据《互助协议》第 19 条有关文书格式的要求,又起草了《文书样式》,设计了人民法院在办理海峡两岸司法互助业务过程中常用和具有代表性的 24 种文书样式,以确保各级人民法院办理涉台司法互助案件的规范和质效。

(5) 送达文书司法互助方式。依据《规定》第 7 条的规定:"人民法院向住所地在台湾地区的当事人送达民事和行政诉讼司法文书,可以采用下列方式:① 受送达人居住在大陆的,直接送达。受送达人是自然人,本人不在的,可以交其同住成年家属签收;受送达人是法人或者其他组织的,应当由法人的法定代表人、其他组织的主要负责人或者该法人、其他组织负责收件的人签收。受送达人不在大陆居住,但送达时在大陆的,可以直接送达。② 受送达人在大陆有诉讼代理人的,向诉讼代理人送达。但受送达人在授权委托书中明确表明其诉讼代理人无权代为接收的除外。③ 受送达人有指定代收人的,向代收人送达。④ 受送达人在大陆有代表机构、分支机构、业务代办人的,向其代表机构或者经受送达人明确授权接受送达的分支机构、业务代办人送达。⑤ 通过协议确定的海峡两岸司法互助方式,请求台湾地区送达。⑥ 受送达人在台湾地区的地址明确的,可以邮寄送达。⑦ 有明确的传真号码、电子信箱地址的,可以通过传真、电子邮件方式向受送达人送达。采用上述方式均不能送达或者台湾地区当事人下落不明的,可以公告送达。人民法院需要向住所地在台湾地区的当事人送达刑事司法文书,可以通过协议确定的海峡两岸司法互助方式,请求台湾地区送达。"《规定》第 8 条规定:"人民法院协助台湾地区法院送达司法文书,应当采用民事诉讼法、刑事诉讼法、行政诉讼法等法律和相关司法解释规定的送达方式,并应当尽可能采用直接送达方式,但不采用公告送达方式。"

(6) 调查取证司法互助。依据《规定》第 15、16 条的规定,人民法院办理海峡两岸调查取证司法互助业务,限于与台湾地区法院相互协助调取与诉讼有关的证据,包括取得证言及陈述;提供书证、物证及视听资料;确定关系人所在地或者确认其身份、前科等情况;进行勘验、检查、扣押、鉴定和查询等,并应当采用民事诉讼法、刑事诉讼法、行政诉讼法等法律和相关司法解释规定的方式。在不违反法律和相关规定、不损害社会公共利益、不妨碍正在进行的诉讼程序的前提下,人民法院应当尽力协助调查取证,并尽可能依照台湾地区请求的内容和形式予以协助。另外,《规定》第24条还指出,对于依照协议和本规定从台湾地区获得的证据和司法文书等材料,不需要办理公证、认证等形式证明。

3. 关于仲裁裁决认可与执行

为保障海峡两岸当事人的合法权益,更好地适应海峡两岸关系和平发展的新形势,根据民事诉讼法、仲裁法等有关法律,总结人民法院涉台审判工作经验,就认可和执行台湾地区仲裁裁决,2015年6月2日最高人民法院审判委员会第1653次会议通过《关于认可和执行台湾地区仲裁裁决的规定》(法释〔2015〕14号)。该规定的内容如下:

(1)裁决范围:本规定所称台湾地区仲裁裁决是指,有关常设仲裁机构及临时仲裁庭在台湾地区按照台湾地区仲裁规定就有关民商事争议作出的仲裁裁决,包括仲裁判断、仲裁和解和仲裁调解。

(2)申请主体与申请事项:台湾地区仲裁裁决的当事人可以根据本规定,作为申请人向人民法院申请认可和执行台湾地区仲裁裁决。申请人同时提出认可和执行台湾地区仲裁裁决申请的,人民法院先按照认可程序进行审查,裁定认可后,由人民法院执行机构执行。申请人直接申请执行的,人民法院应当告知其一并提交认可申请;坚持不申请认可的,裁定驳回其申请。申请人申请认可和执行台湾地区仲裁裁决的期间,适用《民事诉讼法》第239条的规定自裁决作出之日起2年内。申请人仅申请认可而未同时申请执行的,申请执行的期间自人民法院对认可申请作出的裁定生效之日起重新计算。

(3)管辖法院:申请认可台湾地区仲裁裁决的案件,由申请人住所地、经常居住地或者被申请人住所地、经常居住地、财产所在地中级人民法院或者专门人民法院受理。申请人向两个以上有管辖权的人民法院申请认可的,由最先立案的人民法院管辖。申请人向被申请人财产所在地人民法院申请认可的,应当提供财产存在的相关证据。对申请认可台湾地区仲裁裁决的案件,人民法院应当组成合议庭进行审查。

(4)委托授权:申请人委托他人代理申请认可台湾地区仲裁裁决的,应当向人民法院提交由委托人签名或者盖章的授权委托书。台湾地区、香港特别行政区、澳门特别行政区或者外国当事人签名或者盖章的授权委托书应当履行相关的公证、认证或者其他证明手续,但授权委托书在人民法院法官的见证下签署或者经中国大陆公证机关公证证明是在中国大陆签署的除外。

(5)申请文件:申请人申请认可台湾地区仲裁裁决,应当提交以下文件或者经证明无误的副本:第一,申请书。应当记明以下事项:申请人和被申请人姓名、性别、年龄、职业、身份证件号码、住址(申请人或者被申请人为法人或者其他组织的,应当记明法人或者其他组织的名称、地址、法定代表人或者主要负责人姓名、职务)和通讯方式;申请认可的仲裁判断书、仲裁和解书或者仲裁调解书的案号或者识别资料和生效日期;请求和理由;被申请人财产所在地、财产状况及申请认可的仲裁裁决的执行情况;其他需要说明的情况。第二,仲裁协议。第三,仲裁判断书、仲裁和解书或者仲裁调解书。申请人申请认可台湾地区仲裁裁决,应当提供相关证明文件,以证明该仲裁裁决的真实性。申请人可以申请人民法院通过海峡两岸调查取证司法互助途径查明台湾地区仲裁裁决的真实性;人民法院认为必要时,也可以就有关事项依职权通过海峡两岸司法互助途径向台湾地区请求调查取证。

（6）受理及财产保全:① 对于符合本规定第4条和第7条规定条件的申请,人民法院应当在收到申请后7日内立案,并通知申请人和被申请人,同时将申请书送达被申请人;不符合本规定第4条和第7条规定条件的,应当在7日内裁定不予受理,同时说明不予受理的理由;申请人对裁定不服的,可以提起上诉。② 人民法院受理认可台湾地区仲裁裁决的申请后,当事人就同一争议起诉的,不予受理。当事人未申请认可,而是就同一争议向人民法院起诉的,亦不予受理,但仲裁协议无效的除外。③ 人民法院受理认可台湾地区仲裁裁决的申请后,作出裁定前,申请人请求撤回申请的,可以裁定准许。④ 人民法院受理认可台湾地区仲裁裁决的申请之前或者之后,可以按照民事诉讼法及相关司法解释的规定,根据申请人的申请,裁定采取保全措施。⑤ 申请人申请认可和执行台湾地区仲裁裁决的期间,适用《民事诉讼法》第239条的规定自裁决书生效之日起2年内。申请人仅申请认可而未同时申请执行的,申请执行的期间自人民法院对认可申请作出的裁定生效之日起重新计算。⑥ 申请认可和执行台湾地区仲裁裁决,应当参照《诉讼费用交纳办法》的规定,交纳相关费用。

（7）中止:一方当事人向人民法院申请认可或者执行台湾地区仲裁裁决,另一方当事人向台湾地区法院起诉撤销该仲裁裁决,被申请人申请中止认可或者执行并且提供充分担保的,人民法院应当中止认可或者执行程序。申请中止认可或者执行的,应当向人民法院提供台湾地区法院已经受理撤销仲裁裁决案件的法律文书。台湾地区法院撤销该仲裁裁决的,人民法院应当裁定不予认可或者裁定终结执行;台湾地区法院驳回撤销仲裁裁决请求的,人民法院应当恢复认可或者执行程序。

（8）不予认可条件:对申请认可和执行的仲裁裁决,被申请人提出证据证明有下列情形之一的,经审查核实,人民法院裁定不予认可:① 仲裁协议一方当事人依对其适用的法律在订立仲裁协议时属于无行为能力的;或者依当事人约定的准据法,或当事人没有约定适用的准据法而依台湾地区仲裁规定,该仲裁协议无效的;或者当事人之间没有达成书面仲裁协议的,但申请认可台湾地区仲裁调解的除外;② 被申请人未接到选任仲裁员或进行仲裁程序的适当通知,或者由于其他不可归责于被申请人的原因而未能陈述意见的;③ 裁决所处理的争议不是提交仲裁的争议,或者不在仲裁协议范围之内;或者裁决载有超出当事人提交仲裁范围的事项的决定,但裁决中超出提交仲裁范围的事项的决定与提交仲裁事项的决定可以分开的,裁决中关于提交仲裁事项的决定部分可以予以认可;④ 仲裁庭的组成或者仲裁程序违反当事人的约定,或者在当事人没有约定时与台湾地区仲裁规定不符的;⑤ 裁决对当事人尚无约束力,或者业经台湾地区法院撤销或者驳回执行申请的。依据国家法律,该争议事项不能以仲裁解决的,或者认可该仲裁裁决将违反一个中国原则等国家法律的基本原则或损害社会公共利益的,人民法院应当裁定不予认可。

(9) 裁定:① 人民法院应当尽快审查认可台湾地区仲裁裁决的申请,决定予以认可的,应当在立案之日起2个月内作出裁定;决定不予认可或者驳回申请的,应当在作出决定前按有关规定自立案之日起2个月内上报最高人民法院。通过海峡两岸司法互助途径送达文书和调查取证的期间,不计入审查期限。② 人民法院在办理申请认可和执行台湾地区仲裁裁决案件中所作出的法律文书,应当依法送达案件当事人。人民法院依据本规定第14条和第15条作出的裁定,一经送达即发生法律效力。③ 对人民法院裁定不予认可的台湾地区仲裁裁决,申请人再次提出申请的,人民法院不予受理。但当事人可以根据双方重新达成的仲裁协议申请仲裁,也可以就同一争议向人民法院起诉。

(10) 溯及力:本规定自2015年7月1日起施行。本规定施行前,根据《最高人民法院关于人民法院认可台湾地区有关法院民事判决的规定》(法释〔1998〕11号),人民法院已经受理但尚未审结的申请认可和执行台湾地区仲裁裁决的案件,适用本规定。

### 4. 关于法院判决的认可与执行

为保障海峡两岸当事人的合法权益,更好地适应海峡两岸关系和平发展的新形势,根据民事诉讼法等有关法律,总结人民法院涉台审判工作经验,就认可和执行台湾地区法院民事判决,2015年6月2日最高人民法院审判委员会第1653次会议通过《关于认可和执行台湾地区法院民事判决的规定》(法释〔2015〕13号)。该规定与上述《关于认可和执行台湾地区仲裁裁决的规定》的内容相比具有如下不同。

(1) 判决范围:本规定所称台湾地区法院民事判决,包括台湾地区法院作出的生效民事判决、裁定、和解笔录、调解笔录、支付命令等。包括① 在刑事案件中作出的有关民事损害赔偿的生效判决、裁定、和解笔录的;② 乡镇市调解委员会等出具并经台湾地区法院核定,与台湾地区法院生效民事判决具有同等效力的调解文书的。

(2) 申请文件:第一,申请人申请认可台湾地区法院民事判决,应当提交申请书,并附有台湾地区有关法院民事判决文书和民事判决确定证明书的正本或者经证明无误的副本。"申请书应当记明以下事项:① 申请人和被申请人姓名、性别、年龄、职业、身份证件号码、住址(申请人或者被申请人为法人或者其他组织的,应当记明法人或者其他组织的名称、地址、法定代表人或者主要负责人姓名、职务)和通讯方式;② 请求和理由;③ 申请认可的判决的执行情况;④ 其他需要说明的情况。"第二,台湾地区法院民事判决为缺席判决的,申请人应当同时提交台湾地区法院已经合法传唤当事人的证明文件,但判决已经对此予以明确说明的除外。

(3) 受理:人民法院受理认可台湾地区法院民事判决的申请后,当事人就同一争议起诉的,不予受理。一方当事人向人民法院起诉后,另一方当事人向人民法院申请认可的,对于认可的申请不予受理。案件虽经台湾地区有关法院判决,但当事人未申请认可,而是就同一争议向人民法院起诉的,应予受理。人民法院受理认可台湾地区法院民事判决的申请后,作出裁定前,申请人请求撤回申请的,可以裁定准许。

(4) 不予认可条件：台湾地区法院民事判决具有下列情形之一的，裁定不予认可："① 申请认可的民事判决，是在被申请人缺席又未经合法传唤或者在被申请人无诉讼行为能力又未得到适当代理的情况下作出的；② 案件系人民法院专属管辖的；③ 案件双方当事人订有有效仲裁协议，且无放弃仲裁管辖情形的；④ 案件系人民法院已作出判决或者中国大陆的仲裁庭已作出仲裁裁决的；⑤ 香港特别行政区、澳门特别行政区或者外国的法院已就同一争议作出判决且已为人民法院所认可或者承认的；⑥ 台湾地区、香港特别行政区、澳门特别行政区或者外国的仲裁庭已就同一争议作出仲裁裁决且已为人民法院所认可或者承认的。"另外，认可该民事判决将违反一个中国原则等国家法律的基本原则或者损害社会公共利益的，人民法院应当裁定不予认可。

(5) 裁定：人民法院受理认可台湾地区法院民事判决的申请后，应当在立案之日起 6 个月内审结。有特殊情况需要延长的，报请上一级人民法院批准。通过海峡两岸司法互助途径送达文书和调查取证的期间，不计入审查期限。人民法院经审查能够确认台湾地区法院民事判决真实并且已经生效，而且不具有本规定第 15 条所列情形的，裁定认可其效力；不能确认该民事判决的真实性或者已经生效的，裁定驳回申请人的申请。裁定驳回申请的案件，申请人再次申请并符合受理条件的，人民法院应予受理。经人民法院裁定认可的台湾地区法院民事判决，与人民法院作出的生效判决具有同等效力。人民法院在办理申请认可和执行台湾地区法院民事判决案件中作出的法律文书，应当依法送达案件当事人。人民法院依据本规定第 15 条和第 16 条作出的裁定，一经送达即发生法律效力。当事人对上述裁定不服的，可以自裁定送达之日起 10 日内向上一级人民法院申请复议。对人民法院裁定不予认可的台湾地区法院民事判决，申请人再次提出申请的，人民法院不予受理，但申请人可以就同一争议向人民法院起诉。申请人申请认可和执行台湾地区法院民事判决的期间，适用《民事诉讼法》第 239 条的规定自判决生效之日起 2 年内，但申请认可台湾地区法院有关身份关系的判决除外。申请人仅申请认可而未同时申请执行的，申请执行的期间自人民法院对认可申请作出的裁定生效之日起重新计算。

(6) 溯及力：本规定自 2015 年 7 月 1 日起施行。《最高人民法院关于人民法院认可台湾地区有关法院民事判决的规定》(法释〔1998〕11 号)、《最高人民法院关于当事人持台湾地区有关法院民事调解书或者有关机构出具或确认的调解协议书向人民法院申请认可人民法院应否受理的批复》(法释〔1999〕10 号)、《最高人民法院关于当事人持台湾地区有关法院支付命令向人民法院申请认可人民法院应否受理的批复》(法释〔2001〕13 号)和《最高人民法院关于人民法院认可台湾地区有关法院民事判决的补充规定》(法释〔2009〕4 号)同时废止。

# 跋

从 1986 年《民法通则》的 1 章、9 条规定，到 2011 年《中华人民共和国民事法律关系适用法》的 8 章、52 条规定，中国的国际私法立法得到了跨越式的发展，取得了举世瞩目的成就。作为从事国际私法教学与研究 30 年的学者及此次立法的参与者与见证者，在倍感欣慰的同时也深感对国际私法原理与案例以及 2011 年这部新法的进一步细致、深入阐释与研究的责任重大。

本人一直致力于国际私法原理与案例的研究。早在 2006 年，本人在讲授研究国际私法、涉港澳台区际私法以及国际民商事案例评析等本科生和研究生课程的同时，申请了中国政法大学教学改革项目《国际私法案例课研究》，对我国涉外审判中的 328 个真实案例进行汇总和研究，依据本人参与撰写的《国际私法》教材[①]的体系撰写了《国际私法教学案例库》项目成果，该成果成为本人讲授国际私法原理时的配套案例教材，深受学生的喜爱和好评。之后，2008 年本人与中国政法大学李显冬教授合作编写出版了《民法通则案例重述》丛书之《国际民商事关系法律适用法案例重述》，由于该书结合真实案例全面系统地阐述了国际私法的"基本原则、基本制度、基本理论"，其通俗易懂，系统直观，以其较高的参考价值，深受广大学生和法律实务界人士欢迎。2012 年本人又撰写出版了《涉港澳台区际私法》[②]，该教材获得了北京市高等教育精品教材立项项目并填补了法学教材在该领域的空白。上述成果均为本人撰写本书《国际私法——原理与案例》奠定了基础。

在本书的撰写过程中，首先，要感谢李显冬教授对于本书撰写体系的指导和帮助。其次，在本书的撰写过程中，参考了赵相林教授主编的《国际私法》、黄进教授主编的《〈中华人民共和国涉外民事关系法律适用法〉释义与分析》[③]等相关著作和资料，对以上著作中的主编和作者，特致谢忱。最后，对于参与本书资料整理和案例搜集工作的同学们也一并表示感谢。

书中不足之处在所难免，本人期待将来再版时不断予以新的案例和理论来充实和补正。

冯　霞
2017 年 5 月 7 日

---

[①] 赵相林主编：《国际私法》（"十一五"国家级规划教材），中国政法大学出版社 2014 年版。
[②] 冯霞著：《涉港澳台区际私法》，中国政法大学出版社 2012 年版。
[③] 黄进、姜茹娇主编：《〈中华人民共和国涉外民事关系法律适用法〉释义与分析》，法律出版社 2011 年版。